LA FIN DU MONDE MODERNE

Du même auteur :

- *La faillite du monde moderne*. Éditions Fiat Lux, 2012.
- *La dérive Skyrock. Danse avec Bellanger*. Éditions Fiat Lux, 2013.
- *Vitamine C liposomale et cancer*. Éditions Fiat Lux, 2015.
- *Le mythomane. La face cachée d'Alain Soral*. Éditions Fiat Lux, 2015.
- *Ils aiment l'islam*. Éditions Fiat Lux, 2018.
- *Algérie, de la théorie à la pratique du complot*. Éditions Fiat Lux, 2019.

Salim Laïbi

LA FIN DU MONDE MODERNE

Préface du
Pr Pierre Dortiguier

Éditions Fiat lux
1ère édition - Janvier 2022
ISBN : 979-10-91157-34-6
Dépôt légal : 1er trimestre 2022.

Je tiens par ces quelques mots remercier mon épouse pour sa patience. Mes parents pour leur aide précieuse. Sans oublier les internautes nombreux dont le soutien est crucial en ces temps troubles.

PRÉFACE DU P[R] PIERRE DORTIGUIER

« *Les hypocrites craignent qu'une sourate ne descende d'en haut et ne dévoile ce qui est dans leurs cœurs. Dis : vous riez. Dieu fera sortir au grand jour ce que vous appréhendez.* »
Sourate IX, *L'Immunité* ou *le Repentir*, verset 65.

L'auteur de cette seconde partie de *La Faillite du Monde Moderne* mérite bien ce titre d'auteur, dont la racine latine est celle du verbe « augmenter » ; en effet, le prestige de celui-ci, qui le distinguait du simple écrivain, était qu'il rehaussait son style par le crédit de ses actes et de ses engagements, de ses analyses antérieures. Notre fidèle ami Salim Laïbi, fils d'un médecin que nous avons eu l'honneur de connaître en goûtant à son hospitalité à Bouira et à Alger, touche à plusieurs sujets qui sont dans la continuité de notre décadence et pourraient se résumer par les trois questions spéculatives autant que pratiques, d'un philosophe célèbre : que puis-je savoir, que dois-je faire et enfin, que m'est-il permis d'espérer ? René Guénon (1886-1951), qui inspire notre auteur, était lui-même formé à cette école de la pensée, amie de la sagesse, de la vérité et témoignant d'un Dieu juste nécessairement vengeur des crimes et des lâchetés qui veulent se draper sous les vocables de la modernité. Nous pensons ici à ce vers du second couplet du chant de l'*Internationale* débutant, chose oubliée, par la négation de Dieu : « *Il n'est pas de Sauveur suprême, ni Dieu, ni César, ni tribun !* ». Avons-nous des Césars ou des tribuns du peuple, ou bien des serviteurs ou des profiteurs de l'État ruinant ce dernier comme la fièvre brûle un corps malade ? À cet égard, les pages suivantes nous exposent, sur un ton et avec un art d'enquêteur réellement médical, et appuyé sur une méthode scientifique ou logique avérée, les tentations sataniques de faire prendre des vessies pour des lanternes, de confondre par aveuglement volontaire, le sanitaire avec un champ d'expérience de dégradation de toutes les formes de santé, physique, morale, familiale, intellectuelle... Et aussi, sinon surtout, de contrôle de la population, le sanitaire voilant la politique !

Ma génération avait, avec ses vrais maîtres – j'entends qualifier ainsi nos bons instituteurs et professeurs – pressenti puis vécu cette chute accélérée des valeurs de la civilisation ; et, en effet, le préfacier à l'œuvre philosophique – il n'y a pas d'autre mot qui contienne la généralité et la portée de son effort de compréhension et d'aide à l'humanité en péril – de Salim Laïbi, fidèle à son serment d'Hippocrate, aime à citer son maître de français du lycée parisien Henri IV, Laurent Michard (que son âme repose en paix) entendu, en présence de sa douce femme attentive, à la fontaine parisienne Saint-Michel, fin août 1969 : « *Vous savez qu'après vous avoir quitté, en 1960, j'ai été nommé inspecteur général. J'ai alors compris, au vu des intructions que je recevais, que l'on voulait détruire la culture que vous aviez reçue.* ». Jugement d'un homme, d'origine simple, qui avait formé trente années durant, des normaliens de la prestigieuse rue d'Ulm parisienne ! Et de conclure, après avoir entendu que son ancien élève allait prendre son premier poste : « *Dortiguier, ce n'est plus la peine d'aller enseigner, il n'y a plus d'enseignement !* ». Mon premier maître de philosophie parisien, interne des hôpitaux de Paris pendant de nombreuses années, et anti-psychanalyste, Henri Dreyfuss-Le Foyer (1897-1969) me dit, après l'appel du stade Charléty, du futur président Mitterrand, le 27 mai 1968, qu'avec cet homme, c'était « *la fin de la culture* » ! Ces paroles rapportées, que les ignares ou semi-savants prétendent maintenant « complotistes », rien ne les effacera, jusqu'au jugement dernier, tandis que l'Enfer aura les places toujours libres pour enfourner les corrupteurs de la jeunesse, qui fredonnent l'Internationale, avertissent, par des prédictions trompeuses de je ne sais quelle couche de gaz carbonique étouffeuse de la planète, de faire moins d'enfants, de quitter son pavillon et jardin de banlieue pour s'inscruster dans un immeuble, par la faute de sa voiture ou de son train polluant, bref de devoir partager le sous-développement ou de substituer à la Création une forme illusoire dite transhumaniste, dont le but direct est d'abaisser l'Humanité, d'asphyxier les classes moyennes, de ruiner et anéantir ce que Iblis ne veut pas reconnaître par orgueil ! Ce sont ces vues qui inspirent nos agitateurs et diffuseurs de peur collective ou paralysante.

*

Quel est le pire pour l'être humain ? Je l'ai lu autrefois dans une note de bas de page de la *Revue de Métaphysique et de Morale*, de 1901, peut-être, extraite d'un rapport de thèse sur le philosophe allemand Kant mort en 1804 : « l'inertie » (*die Trägheit*) ! Ce souvenir de jeunesse nous accompagne et se revivifie à la lecture de Salim Laïbi, lequel a sacrifié tout, jusqu'à sa situation, à la vérité. Les Jésuites, nos premiers éducateurs, avaient aussi choisi la formule latine d'œuvrer « *pour une plus grande gloire de Dieu* », « *ad majorem Dei gloriam* ». Le noble Koran ne dit pas autre chose, et ceux qui suivent le diablotin médiatique accusant l'Islam de miner le château français devraient se reporter à un illustre auteur, le Voltaire allemand, le grand Goethe qui fit cet éloge du Koran, dans son célèbre *Diwan occidental-oriental* de 1819 : « *le livre le plus important* (*das wichtigste Buch*)... *jusqu'à la fin du monde* ».

Salim est vilipendé, chez les bien-pensants, en fait des hypocrites, comme étant « d'extrême-droite », sauf que ce terme se métamorphose en celui de patriote, quand il s'agit, comme le firent, sous la quatrième République, François Mitterrand ministre de la justice en 1954, d'actionner la guillotine à Alger, ou pour le ministre communiste de l'Air, Charles Tillon, en 1945, après les manifestations populaires, de bombarder avec des avions U.S. empruntés, les Algériens révoltés. Laissons plusieurs « catho-tradis » sous hypnose médiatique, se ranger du côté du diablotin du jour et attendons la réalisation du seul prophète que la modernité tolère, le polytechnicien Jacques Attali qui annonce la venue d'une femme au pouvoir, après qu'Emmanuel Macron n'ait pu, suivant sa voyance d'homme habile, achever son mandat ! Le monde aura, assure une voix publique, vaincu la pandémie par tous les moyens de l'industrie pharmaceutique, sans que les télétoubibs (l'expression est reprise par Salim) aient répondu aux questions posées par ces gens attachés à l'expérience et que les anciens Hellènes, pour cette raison, qualifiaient d'Empiriques ! Être attaché à l'expérience, telle était la qualité attendue du médecin ! Mais ce que Salim a trouvé, et reste intolérable aux « *esprits forts* » est ce que Platon – disciple d'un père de six enfants, Socrate, condamné à mort par un tribunal aussi démocrate que le sont nos ploutocrates nous annonçant un « reset » ou réinitialisation mondiale, avec salaire unique et abrutissement chimique garantis, mais avec liberté de changer de sexe ! – a exposé au quatrième livre de ses *Lois* sur la différence entre une médecine servile ou tyrannique et une médecine libre. Que ces mots, qui devraient être placardés dans tous les cabinets médicaux, incitent, dans une sorte de préambule à toute activité médicale, le lecteur ou le médecin à prendre au sérieux cette vraie philosophie qui est retirée de notre enseignement par des marchands de poisons et des collecteurs de contre-vérités anesthésiantes : « *Ceux-ci* », à savoir les médecins, écrit, sous le nom de « l'Athénien », Platon, au livre *delta* ou quatrième des « Lois » déjà cité plus haut (720b-c-d-e) : « *peuvent être précisément soit libres, soit esclaves, qui d'après la formation des maîtres, et la théorie et, suivant l'expérience, possèdent la technique, mais non suivant la nature que les hommes libres enseignent à leurs disciples. Vois-tu ces deux genres de* dénommés médecins ? »

- « *Comment non en effet ?* »

- « *Alors donc tu réalises que, esclaves et hommes libres étant parmi les malades dans les villes, .../... les médecins esclaves, qui soignent leurs pareils* », explique cet Aristoclès athénien, se conduisent avec la suffisance d'un tyran, faisant comme s'il était parfaitement informé de l'état du patient, puis s'en va d'un pas léger vers un autre. Il décharge ainsi son maître du souci des malades ; le médecin libre agit autrement : il s'informe de son malade, « *depuis le début et conformément à la nature* » (720d), il le persuade, avant de lui imposer un remède, et l'amène ainsi progressivement à la santé. La méthode double de prescription et de persuasion l'emporte sur la voie unique exaspérant le patient (720 e). Le monisme ou réduction à une seule méthode pharmaceutique céde le pas au dualisme intelligent, quoique pénible, mais nécessaire à l'être libre. C'est ce qui différencie le vrai médecin de son ombre robotique animée par la sécurité sociale déficitaire au profit de sociétés pharmaceutiques.

Ce que Salim propose, et que l'Ordre des médecins ne veut voir par servilité, est cette dualité d'action et de persuasion !

Salim aura été un médecin-dentiste libre et non pas un de ces prétendus « libéraux », qui « crient la *Marseillaise* et cassent des carreaux », pour se hisser au pouvoir, comme l'écrit un talentueux auteur français fort spirituel et ami de l'Iran au XIXe siècle ; il est, comme Socrate, père de famille, et va sacrifiant la quiétude de sa vie à la recherche de la vérité. Il accomplit son devoir d'homme de science avec cette question socratique : « *Montre ta preuve* » ! C'est pour cela qu'il trouve de nombreux amis parmi ses lecteurs et l'en louons ! À lui et à sa famille vont nos pensées pieuses et reconnaissantes pour son unité, son héroïsme ou refus ferme de la lâcheté générale ! Là est le courage.

Nous l'avons soutenu quand il était roué de procès par des gens de peu, mais infatués de leur personne, et espérons que ses lecteurs, des deux rives de la Méditerranée, en Afrique, Océanie, Asie et Amérique francophones et dans tout l'espace européen, lui sauront gré de sa science et de son courage.

* *

Le grand Voltaire évoque plusieurs fois, comme dans ce passage de son excellent *Essai sur les Mœurs et l'Esprit des Nations*, où il exalte l'islamisme (terme qu'il popularisa et n'avait alors rien de péjoratif) le « *génie toujours léger, et quelquefois très cruel, de la nation française* [01] ». Changerait-il d'avis en revenant parmi nous ? Il eût apprécié Salim et pourfendu ses persécuteurs !

Il a aussi plusieurs fois écrit, comme dans cette lettre de sa propriété *Les Délices*, datée du 20 septembre 1760, adressée à un chevalier toulousain : « *Comptez que le monde est un grand naufrage, et que la devise des hommes est* : *Sauve qui peut !* ». Tel pourrait être le sous-titre de l'ensemble de l'œuvre de l'ami Salim ! Que Dieu le protège.

---

01. op. cit. Paris, chez Antoine-Augustin Renouard, 1819, tome III, ch. 138, « *De la Religion en France sous Fran*çois Ier et ses successeurs », pp. 218-219.

INTRODUCTION

> « *Celui qui choisit le mensonge comme principe choisit inévitablement la violence comme méthode.* »
> Alexandre Soljenitsyne

Cela fait maintenant presque neuf ans que mon premier livre *La faillite du monde moderne. Aux premières loges d'un chaos* planifié a été publié. Livre qui a nécessité une grande charge de travail puisqu'il était question de six années de recherches intenses comme le lecteur a pu s'en rendre compte avec pas moins de 1.200.000 caractères et plus de 500 notes de bas de page. Le but de ce livre, qui en est aujourd'hui à sa cinquième édition, était d'expliquer à quel point le monde moderne allait mal ! Non pas à cause d'une quelconque attaque extérieure mais plutôt à cause de ses fondations, sa doctrine, ses choix réalisés ces deux derniers siècles et qui ont abouti au chaos que l'on observe tous aujourd'hui. Il était déjà question, au premier chapitre de ce livre, de l'accusation de complotisme. Les onze chapitres suivants portaient sur la crise financière, la puissance des médias, les techniques de subversion utilisées pour démoraliser les populations afin de les empêcher d'agir, les dérives dangereuses et criminelles d'un des plus puissants lobbys au monde, celui de Big Pharma, ainsi que sur les réseaux occultes puissants, à l'image de la franc-maçonnerie...

Tout ce qui a été écrit dans ce livre l'a été petit à petit au fur et à mesure que le temps passait inexorablement. *La faillite du monde moderne* n'a eu à souffrir que d'un seul reproche, celui d'avoir eu raison à l'avance. J'ai eu le soin et le scrupule d'envoyer l'ouvrage papier à de nombreux adversaires médiatiques qui n'ont jamais daigné y répondre mais sans jamais rater l'occasion de me traiter de « complotiste » ! Il est vrai que c'est un gros pavé nécessitant beaucoup d'efforts en matière de vérification, mais nous vivons malheureusement une époque de médiocrité et d'indigence. D'aucuns n'ont d'ailleurs jamais eu pour objectif de rechercher la vérité, mais de soutenir sans cesse et coûte que coûte le narratif de la Doxa, quelles que soient ses contradictions et ses absurdités. C'est une stratégie comme une autre, sauf qu'elle est immanquablement perdante et cela se voit de plus en plus. On y reviendra dans le détail plus loin dans le chapitre traitant du Covid-19, mais on peut d'ores et déjà affirmer que le mensonge est érigé par l'exécutif, aujourd'hui en France, comme un outil de gouvernance. On peut dire une chose et son contraire le même jour, sans avoir à se soucier des conséquences ni de la perte de crédibilité de l'appareil d'État ! On a pu voir le ministre de la santé Olivier Véran affirmer calmement le vendredi 2 juillet 2021, lors d'un déplacement à Villeneuve-la-Garenne, qu'il est faux de dire que les vaccins sont toujours en phase 3 d'expérimentation, car cette dernière serait, selon lui, terminée depuis longtemps : *« Parmi les « fake news » que l'on entend, il y aurait celle qui consiste à dire que le vaccin serait encore en cours d'expérimentation ; c'est absolument faux. La phase 3 est terminée depuis des mois, elle est validée. »*, a-t-il déclaré ! Comment un ministre, médecin de surcroît, peut-il mentir à ce point, en tordant le réel et en niant l'évidence. Même l'équipe des Décodeurs du journal *Le Monde*, spécialiste en désinformation et en fake news, n'a pas osé approuver Véran, ayant même pris la peine de contacter le laboratoire Pfizer qui a confirmé que son *« essai de phase 3 se poursuivait »*. Dans le monde réel, la fin des essais cliniques est fixée au 2 mai 2023 pour le vaccin Comirnaty de Pfizer-BioNTech et au 27 octobre 2022 pour le Spikevax de Moderna. Comme vous pourrez le constater plus loin au chapitre concernant le Covid-19, ce type de mensonges s'est multiplié au cours des 18 derniers mois comme jamais dans toute l'histoire de l'humanité.

Concernant la crise économique, deux chapitres lui étaient consacrés dans *La faillite du monde moderne* : *L'argent*, suivi de *L'état de la finance mondiale*. Il s'agissait de revenir sur les principes fondamentaux qui ont été totalement corrompus, avec le temps, par l'élite globaliste. Il fallait absolument rappeler ce qu'est l'argent, la monnaie, l'étalon or... Ensuite, j'ai détaillé le pourquoi de la crise des *subprimes* de 2008 qui a ruiné la planète et dont les effets désastreux se ressentent aujourd'hui encore. Il était nécessaire également de rappeler que tous les outils financiers les plus dangereux, les plus criminels étaient toujours utilisés afin de laisser plus de place à la spéculation la plus débridée (trading à haute fréquence, darks pools...) ! Le 20 septembre dernier, nous apprenons qu'un des plus grands géants de l'immobilier chinois, Evergrande (123.000 salariés, 145 milliards de dollars d'actifs), est en faillite[1]. Cette banqueroute va toucher aussi bien les salariés qui se sont endettés pour payer un appartement qui ne sera jamais livré - ils sont estimés à 1,5 million de personnes - mais également des petits porteurs qui ont acheté des actions d'entreprises ! La société holding du groupe a été constituée comme on pouvait s'y attendre aux îles Caïmans. L'entreprise compte sur le principe du *too big to fail* pour sortir de la crise, espérant que la direction du Parti Communiste Chinois (PCC) qui va injecter quelques centaines de milliards d'argent magique. Au même moment, la secrétaire d'État au Trésor US, Janet Yellen, prend la parole dans les colonnes du *Wall Street Journal* expliquant qu'il est vital que le congrès américain relève le plafond de la dette, autrement le gouvernement risque de ne pas avoir les moyens de payer ses factures. Il est question, ici, d'un risque élevé de « shutdown[2] », ou de banqueroute de l'État américain. Alors que la dette est déjà de 28.400 milliards de dollars, élevée près de 80 fois depuis les années 60, l'empire américain continue de vivre au-dessus de ses moyens et de dicter sa loi au monde entier, alors qu'il est en faillite ! Selon Janet Yellen, si le plafond de la dette n'était pas relevé : « *En quelques jours, des millions d'Américains seraient à court de cash* [...]. *Près de 50 millions de personnes âgées ne recevraient plus leur chèque de retraite et les soldats ne seraient plus payés* » ! La situation financière et économique dramatique actuelle est d'ailleurs totalement oubliée avec la crise sanitaire, étant donné que le virus SARS-CoV-2 a eu pour effet inattendu la création à l'infini d'argent magique. Les milliers de milliards d'euros et de dollars créés ex-nihilo se sont déversés sur les entreprises et les particuliers sans se soucier des conséquences. Ce qui était inconcevable quelques mois plus tôt, selon les propres mots d'Emmanuel Macron lorsqu'il s'adressait à Mme Valérie Foissey, aide-soignante à la maternité du CHU de Rouen qui l'interpellait justement au sujer du manque de moyens à l'hôpital public, juste avant la crise sanitaire du Covid-19, devient aujourd'hui la norme avec cet argent virtuel qui coule à flots. Ce qui était impossible naguère malgré plus de 200 milliards d'euros de cotisations annuelles à la Sécurité sociale, est devenu tout à fait possible, voire souhaitable en offrant 10.000 € mensuels aux restaurateurs restés fermés à cause de la crise sanitaire, alors que tout le monde savait que ces commerces n'étaient pas du tout des lieux de contamination. Faut-il rappeler à nos lecteurs que l'assurance-maladie est allée jusqu'à payer 750 € de l'heure[3] les médecins vaccinateurs ? Payés à l'acte, certains médecins pouvaient donc atteindre un salaire de 7500 € pour une journée de travail de 10 heures consacrée à la vaccination ! On imagine que l'exécutif a utilisé cette stratégie de l'argent magique afin de corrompre tout le monde et pousser les gens à la passivité via cet argent facile. On comprend donc que la folie à l'origine de la crise des *subprimes* est toujours présente ; les décisions prises par l'exécutif n'ont absolument rien de logique bien au contraire, elles sont malsaines et répondent systématiquement à l'inverse de ce qui aurait dû être fait.

Concernant l'un des plus puissants lobbys au monde, celui de Big Pharma, j'avais choisi de parler dans *La faillite du monde moderne* de deux grandes problématiques. Premièrement, l'échec cuisant de la lutte contre le cancer dans le monde occidental malgré des milliards d'euros injectés dans la recherche depuis des décennies. Deuxièmement, je voulais également parler de la dérive de l'hyper médicalisation de la grossesse traitée désormais comme une quasi maladie. J'ai aussi longuement étudié les dérives de cette industrie mortifère avec le précédent scandale de la fausse pandémie de grippe A H1N1 de 2009 qui est d'ailleurs, au point de vue de sa gestion politico-médiatique et sanitaire, l'ancêtre de la crise du Covid-19. J'ai également parlé d'un nombre incalculable de scandales médicamenteux meurtriers comme celui du Mediator© de Servier qui vient d'être condamné[4] en première instance par la justice pour « tromperie aggravée » et « homicides et blessures involontaires » à une amende de 2,7 millions d'euros dans un procès historique qui a duré plus de 500 heures. Toute personne ayant pris connaissance de tous ces scandales sanitaires impliquant l'industrie pharmaco-chimique comprend aisément à quel point elle est puissante ; la crise sanitaire du Covid-19 finira par convaincre les plus sceptiques. La preuve définitive de la puissance de Big Pharma sera offerte à la face du monde par le plus gros scandale médical de toute l'histoire de la publication scientifique, que fut le LancetGate ! C'est tout simplement l'histoire d'une fraude scientifique gigantesque qui avait pour objectif de discréditer l'hydroxychloroquine, le seul traitement préventif à administrer précocèment à l'époque contre le Covid-19 (en association avec l'azithromycine). C'est l'histoire ahurissante de 96.000 dossiers médicaux qui n'existaient pas et qui ont été « étudiés », selon les auteurs de l'article, en quelques mois seulement puisque publiés par le Lancet le 22 mai 2020. Toute personne sérieuse, ayant déjà fait de la recherche sait pertinemment que c'est impossible, humainement parlant, sauf à investir plusieurs dizaines de millions d'euros, ce que personne ne s'aventurera à faire, étant donné que l'industrie n'investit que dans des traitements vendus très cher et certainement pas pour une boîte d'hydroxychloroquine vendue à 4,12 € en France (Plaquénil©) ! Cette fraude grossière n'a pas empêché des milliers de médecins de tomber dans le panneau et des dizaines de médecins cathodiques, adeptes, voire amoureux, des plateaux télé de se ridiculiser ! Il m'avait suffi de lire les premières lignes de l'article pour comprendre la supercherie et l'affirmer publiquement dans une vidéo lors d'un direct le lendemain de la publication, à savoir le 23 mai 2020. Cette escroquerie n'a d'ailleurs donné lieu à aucune enquête internationale alors que la fraude était historique et ses conséquences dramatiques. Olivier Véran avait d'ailleurs tweeté le 23 mai à 12h47 : « *Suite à la publication dans @TheLancet d'une étude alertant sur l'inefficacité et les risques de certains traitements du #COVID-19 dont l'hydroxychloroquine, j'ai saisi le @HCSP_fr pour qu'il l'analyse et me propose sous 48h une révision des règles dérogatoires de prescription* » ! Le tweet est toujours en ligne alors que l'article n'existe même plus puisqu'il a été retiré du site du Lancet ! Que Véran se trompe est une chose mais que l'ensemble du HCSP (Haut Conseil de la santé publique) se plante avec lui est très inquiétant puisqu'il va valider cette interdiction de prescription de l'hydroxychloroquine pour soigner le Covid-19 dans son avis[5] du 25 mai 2020 ! Nous y reviendrons dans le détail au prochain chapitre.

Il était aussi question dans mon premier livre de la puissance des médias et de toutes les techniques de subversion utilisées pour tromper et manipuler le public afin qu'il ne se réveille jamais de l'hypnose de masse dans laquelle il est profondément plongé depuis quelques décennies maintenant. Il faut dire que cette crise sanitaire nous montre tous les jours à quel point les médias sont dangereux pour la santé publique des citoyens. L'hystérie générale créée autour de cette crise sanitaire l'a été uniquement à cause de la force de frappe des médias. Tous les jours, 24 heures sur 24 et 7 jours sur 7, il n'est question que de Covid-19 ! On a l'impression que plus rien n'existe en France, que plus aucune autre maladie ne sévit, qu'il n'y a plus 150.000 décès du cancer chaque année, bien plus nombreux que ceux du Covid-19 ! Curieusement, le comptage annuel des décès dus à ce virus *diabolique* ne s'arrête pas au 31 décembre, mais se poursuit contrairement à tous les usages épidémiologiques ! Ce qui lui permet d'atteindre des chiffres toujours plus effrayants afin de terroriser toujours plus la population, lui faisant croire qu'elle risque à chaque minute de mourir dans d'atroces souffrances. Comment expliquer que le patron de la DGS (Direction générale de la santé), Jérôme Salomon, a pendant plusieurs mois égrené les chiffres de la mortalité, tous les soirs en direct à la télévision ! Tout a été fait pour effrayer la population afin de la rendre docile et obéissante, ça a très bien fonctionné un certain temps. Ce n'est rien d'autre que du terrorisme sanitaire qui a eu certainement des conséquences désastreuses sur la santé des citoyens car un des premiers effets directs de la peur sur la santé est l'abaissement de l'efficacité du système immunitaire ! Se rendre coupable d'une telle chose alors qu'un virus virulent circule relève de la pure folie et de l'inconscience totale. L'immunologiste française, Sophie Ugolini, directrice de recherche Inserm au Centre d'Immunologie de Marseille-Luminy (Inserm/CNRS/Aix-Marseille Université), s'est évertuée à démontrer dans ses travaux, le lien biologique entre le stress psychologique et l'abaissement des défenses immunitaires. Elle affirme[6] : « *Nous avons confirmé expérimentalement que les hormones du stress qui se lient aux récepteurs β2-*

adrénergiques réduisent la réponse immunitaire et que cela passe par une diminution de la production de certaines cytokines inflammatoires, requises pour l'élimination des virus ». C'est d'autant plus grave que cet abaissement des défenses immunitaires ne va pas concerner uniquement le coronavirus, mais toutes les maladies potentielles contre lesquelles le corps sera incapable de faire face et de se défendre. Sans oublier, bien entendu, les 8,5 millions d'hypocondriaques[7] français figés devant leur écran télé et avalant ces milliers de chiffres effrayants, s'imaginant mourir à chaque seconde dans d'atroces souffrances ! Alors que l'hypocondriaque est extrêmement inquiet de nature, sans même être malade et vivant dans un environnement paisible, que dire de son état psychique avec une telle propagande assénée de façon continue !

Mais là où le pouvoir médiatique va commettre une grave et irréversible erreur c'est lorsqu'il décidera de criminaliser toute parole contraire à la Doxa. On peut également constater qu'ils se sont tous mis au diapason, non seulement au niveau national, mais aussi au niveau international, ce qui interpelle naturellement la raison. Le doute n'est plus permis, toute personne qui osera poser une question sur des contradictions autour du narratif officiel sera considérée comme un ennemi à abattre et sera affublée d'un certain nombre de qualificatifs dévalorisants : *complotiste*, *conspirationniste*, *paranoïaque*... avec carrément la création de nouveaux mots pour discréditer l'adversaire, comme celui d'*antivax* ! Ce harcèlement aura des conséquences importantes notamment au niveau professionnel puisqu'il sera question de mettre la pression sur les employeurs afin de se débarrasser de ces dangereux et irresponsables « complotistes » ! Cette chasse aux sorcières, version 2020, est complètement contredite par le fameux slogan « Je suis Charlie » et le culte de la liberté d'expression qui prévalait alors en France ! Alors que Macron se mettait à dos tout le monde musulman, prenant même des risques pour les Français expatriés, en affirmant que le droit au blasphème était un droit très important pour les Français, un grand nombre de ces mêmes Français n'ont même pas le droit de se poser des questions sur l'interdiction de prescription faite aux médecins, sur la véritable efficacité de la vaccination, encore pire, sur les possibles effets indésirables ainsi que l'efficacité de la pharmacovigilance. Le simple fait de poser la question relève du blasphème le plus condamnable, valant immédiatement excommunication. Certains contestataires de la vaccination Covid-19, y compris ceux qui ont subi tous les vaccins, obligatoires et non obligatoires, sont taxés immédiatement d'antivax ! Nous observons d'ailleurs que ce comportement relève de la mécanique sectaire avec pour résultat, la naissance d'une nouvelle religion, le Covidisme !

Nos lecteurs qui ont encore un peu de mémoire se souviennent des grands mensonges diffusés par les mondialistes il n'y a pas si longtemps. Cette histoire du Covid-19 est loin d'être la première escroquerie, il suffit de rappeler l'affaire de la première guerre du Golfe ou même de la seconde. Cette dernière a été enclenchée en se basant sur des mensonges d'une profonde bêtise puisque la Doxa a osé accuser le très laïciste Saddam Hussein d'être le complice de Ben Laden ! Les USA l'ont accusé de détenir des armes de destruction massive, en ayant osé parader à l'ONU avec de prétendues fioles d'anthrax ; souvenez-vous de l'image historique de Colin Powell et de sa fiole de farine censée terroriser la planète entière et lever une alliance internationale en vue de la guerre ! Tout le monde savait que Saddam

Hussein peinait à nourrir correctement son peuple et qu'il ne possédait absolument aucune arme de ce type qui pouvait d'ailleurs menacer la stabilité des États-Unis qui, rappelons-le, sont à 10.000 km de Bagdad. Cette guerre a d'ailleurs permis la déstabilisation de toute la région et la création de l'État islamique – Daech - ainsi que le début de grandes périodes de migration vers l'Europe ; on continue d'en payer les conséquences aujourd'hui encore.

Toute personne douée de raison devine que la mise en place d'une telle machine de guerre de propagande à un niveau international ne peut être le fait du hasard. Bien au contraire, elle nécessite une organisation d'une grande qualité, une longue préparation, une union des élites mondialistes dans l'objectif d'atteindre un agenda politique précis. Il était question dans *La faillite du monde moderne* de l'existence au niveau international de grands clubs mondialistes comme le CFR, le Bilderberg, la Commission trilatérale, les Skull and Bones... Au niveau local, ce sera, entre autre, le réseau très puissant de la franc-maçonnerie qui se mettra en branle pour faciliter la mise en place cet agenda politique dont le peuple est totalement ignorant. Il s'agit bien entendu du « Nouvel ordre mondial », concept totalement insensé et absurde notamment lorsque l'on observe des dirigeants français incapables de faire le bien et de tenir leurs promesses électorales au niveau local et en même temps avoir l'arrogance de revendiquer une gouvernance mondiale avec la volonté de diriger 7 milliards d'individus aux intérêts totalement divergents ! Il y a 15 ans, parler de Nouvel ordre mondial relevait du complotisme ; petit à petit, le temps aidant, nous avons pu constater des déclarations claires et franches de nombreux présidents européens en faveur de la mise en place de ce gouvernement mondial, que ce soit Sarkozy, François Hollande ou Emmanuel Macron...

En réalité, tout observateur attentif, sain d'esprit, honnête et surtout courageux est à même de constater que nous ne sommes plus en démocratie et que le désordre règne. Le philosophe et historien franco-bulgare Tzvetan Todorov l'explique clairement dans son livre publié en 2003, *Le nouveau désordre mondial,* écrit précisément après le désastre de la guerre du Golfe et des attentats du 11 septembre 2001. Dans un entretien vidéo[8] que vous pouvez retrouver sur Internet, il va plus loin et affirme que nous ne sommes plus en démocratie, même si le système continue d'utiliser le terme de démocratie. Il rappelle qu'aux États-Unis, la Cour suprême a autorisé les entreprises à financer les politiciens lors des élections, c'est pour lui un coup terrible à la démocratie puisque ce sont ceux qui financent le candidat qui vont lui dicter les prochaines lois à voter. D'ailleurs, aux États-Unis, c'est quasiment systématique, c'est le candidat qui dispose du plus grand budget qui gagne les élections. Aux USA, la loi permet à un candidat milliardaire de dépenser autant de milliards qu'il le souhaite pour sa propre élection. Tzvetan Todorov revient également, non seulement sur la possibilité pour l'oligarchie de faire gagner qui elle souhaite, mais également de faire perdre ses adversaires en lançant des campagnes de dénigrement.

En réalité, depuis quelques décennies, plus spécialement après la chute du mur de Berlin, le monde a sombré dans le chaos à partir du moment où l'oligarchie a pris le pouvoir. Tout le monde peut le constater, la grande majorité des médias officiels appartiennent à des milliardaires, que ce soit en Occident ou en Orient. Ce sont ces mêmes milliardaires qui décident qui va diriger le pays au prochain quinquennat.

L'exemple d'Emmanuel Macron, ex-banquier d'affaires chez Rothschild, est suffisant pour le démontrer. Pour aller encore plus loin, même les dissidents au système sont également créés et promus de toutes pièces par ces mêmes oligarques, comme l'est par exemple un certain Éric Zemmour. Nous apprenons en effet dans une enquête[9] de la cellule d'investigation de France Infos que l'Association des amis d'Éric Zemmour a été mise en place et gérée par deux ex de chez Rothschild, Julien Madar et Jonathan Nadler.

La crise mondiale du Covid-19 est une véritable malédiction pour l'humanité dans bien des domaines, sauf qu'elle a eu quand même pour avantage de faire tomber les masques en laissant apparaître des visages hideux de personnes dénuées de compassion ou d'empathie, promptes à haïr, condamner et vouer aux gémonies toute personne qui s'oppose à leurs certitudes si fragiles. Ce n'est certainement pas agréable mais c'était nécessaire car les incompétents et corrompus qui se sont illustrés lors de cette crise l'étaient déjà mais le cachaient bien.

Cette crise nous a également permis de faire un constat effrayant : une grande partie des élites intellectuelles et universitaires de France est totalement incompétente, incapable d'analyser correctement les événements, avec un esprit critique. Elles ont toutes plongé dans le piège et gobé bêtement le narratif officiel se positionnant, bien entendu, dans le camp du bien, celui des *progressistes*, contre le camp du mal, celui des *populistes complotistes* ! Il n'y a rien de plus humiliant pour un intellectuel que de sombrer dans une telle simplification. Nous avons d'ailleurs assisté lors de cette crise sanitaire à l'apparition de médecins de plateaux télé, les télétoubibs vissés sur leurs sièges dont certains étaient là en direct, matin midi et soir au lieu d'être dans leurs services d'infectiologie ou de réanimation à soigner et sauver les malades ! Ces KOL ou *key opinion leaders*, têtes de gondoles très souvent appartenant à l'AP-HP (Assistance Publique des hôpitaux de Paris) ont participé activement à la mise en place de ce terrorisme sanitaire et intellectuel, empêchant toute contestation de la Doxa. Cette mascarade est allée tellement loin que l'on a pu observer des médecins déblatérer sur le Covid-19 puis rester sur le plateau donner leur avis lorsque le sujet concernait par exemple l'Afghanistan ou la Géorgie ! Mais le plus choquant, le plus dramatique, sera d'entendre dire l'ex-président de la Ligue contre le cancer, feu Axel Kahn, lors d'une interview[10] sur France Culture avec Christine Ockrent, que la démocratie est l'ennemi de la santé et qu'elle empêche la mise en place de mesures sanitaires efficaces contre le virus : « *Face à une pandémie, c'est un inconvénient d'être dans une démocratie et encore plus dans une démocratie contestataire. On le voit très bien, cette exigence de ne pas se plier à quelques préconisations sanitaires ou autres, que ce soit chez les mouvements de résistance aux États-Unis d'Amérique, en Allemagne aussi bien ou en France, ce sont des phénomènes qui nuisent à l'efficacité des mesures sanitaires. La démocratie, de ce côté là, peut être un avantage pour énormément de choses mais pas d'un point de vue sanitaire par rapport au virus.* » ! En tant que Grand Prêtre de l'Ordre du Temple Covidiste, Axel Kahn sans être élu, sans aucun mandat de quelque sorte que ce soit, décide pour vous, à votre place, ce qui est bien, ce qui est digne, ce qui est moral. Pire encore, le Pr Olivier CLARIS, Président de la Commission Médicale d'Établissement des Hospices Civils de Lyon, va publier un appel[11] signé par l'URPS des médecins libéraux Auvergne Rhône-Alpes dans lequel il appelle à une « Union nationale » : en demandant de signer une pétition[12] le 20 octobre 2020 sur Change.org qui a d'ailleurs fait un flop total puisqu'elle peine à dépasser les 5000 signataires ! À l'instar d'Axel Kahn, le propos est choquant : « *Dans cette période difficile, nous n'avons pas besoin de polémiques sur les mesures gouvernementales ; nous n'avons pas besoin de clivages et de propos haineux qui sèment le doute dans l'esprit de nos concitoyens ; nous n'avons pas besoin de tribunes bien-pensantes opposant indûment la liberté et la science et qui remettent en cause la plus élémentaire des valeurs humaines : se protéger et protéger les siens.* » ! En d'autres termes, il est interdit de penser, de critiquer ou de se poser des questions et certainement pas demander des comptes à l'exécutif qui n'a cessé de mentir depuis le début de cette épidémie. D'ailleurs, pour ce collectif de médecins, la seule façon de stopper l'épidémie est de respecter les restrictions et les gestes barrières ; à aucun moment, il n'est question de soigner les malades, cet appel est tout simplement une négation de leur métier de soignant. De surcroît, il nous semble culotté de la part de ces médecins de nous demander de leur faire aveuglément confiance alors que nous nous souvenons tous d'un nombre incalculable de scandales sanitaires en tout genre qui leur ont fait perdre toute crédibilité depuis longtemps : affaire du Mediator© de Servier et de l'Isoméride©, de la Dépakine©, du Distilbène, du Lévothyrox©, du sang contaminé, de l'hormone de croissance, des prothèses PIP©... sans oublier le Chlordécone[13], l'amiante... mais également le scandaleux rapport[14] de la Cour des comptes concernant l'Ordre des médecins qui dénonce une gestion catastrophique aussi bien sur le plan budgétaire, que sur les plans administratif, éthique etc. ! Bref, ce sont bien des médecins qui ont prescrit le Mediator© pendant des années et qui sont responsables des quelques milliers de morts et non le boulanger ou le mécanicien du coin. Il est également assez choquant de constater que ce type d'appel national n'est rien d'autre qu'une réaction de panique qui ne peut créer que plus de confusion alors qu'il est exigé du médecin de ne justement pas perdre ses moyens et de rester inébranlable face à la crise.

Les dérives sont tellement graves et dangereuses avec, petit à petit, un changement complet de paradigme en passant de la démocratie à la tyrannie sanitaire. Il est essentiel de comprendre que toutes les mesures de restriction des libertés mises en place lors de cette crise sanitaire seront reprises pour la question de la lutte contre le pseudo dérèglement climatique. Nous sommes en train de changer de monde et la population ne s'en rend même pas compte. Nous en reparlerons dans le chapitre concernant les ODD ou objectifs de développement durable. Il faut bien saisir que demain, pour sauver la planète, des restrictions des libertés, semblables à celles que nous vivons aujourd'hui, serons imposées à la population pour une durée illimitée. La mise en place du « pass sanitaire » a pour vocation de durer dans le temps et de s'imposer comme une norme sociale à la chinoise. Manger plus de 200 grammes de viande par semaine deviendra bientôt un acte criminel et ce sont les dirigeants cinglés qui ont détruit la planète ces 50 dernières années qui sont en train de vous expliquer aujourd'hui comment la sauver demain. Pensez-vous réellement que la concomitance du vote de la loi « Sécurité globale » est due au hasard ?

Les dernières déclarations folles d'Emmanuel Macron démontrent que nous vivons véritablement un moment historique grave. Le président de la république censé représenter l'unité de la nation a jeté en pâture 10 % de la population non vaccinée en la désignant comme bouc émissaire : « *Les non-vaccinés, j'ai très envie de les emmerder. Et donc on va continuer de le faire. Jusqu'au bout.* [...] *C'est l'immense faute morale des antivax : ils viennent saper ce qu'est la solidité d'une nation. Quand ma liberté vient menacer celle des autres, je deviens un irresponsable. Un irresponsable n'est plus un citoyen* » ! Alors que ceux qui refusent les injections expérimentales sont dans une parfaite légalité, le président de la nation se donne pour mission, avec un langage de pochtron, de les « *emmerder jusqu'au bout* ». Il ira plus loin avec une proposition de déchéance de citoyenneté, ce qui est une première. Au même moment, comme par hasard, le Pr André Grimaldi propose dans une tribune[15] du *JDD* du 2 janvier 2022 de ne pas soigner ni réanimer les non vaccinés, piétinant allègrement le code de déontologie (avec le silence complice du conseil de l'Ordre des médecins) ! Pourtant, ils affirment tous que le vaccin est très efficace contre les formes graves, du coup on aimerait bien savoir comment les non vaccinés pourraient menacer la vie des vaccinés !

Le Rubicon a été franchi en quelques jours seulement ; le covidisme impose son agenda et sa folie. En Indonésie, premier pays au monde à avoir imposé la vaccination, une jeune femme a été interdite de déposer plainte[16] pour viol car elle ne possédait pas de... pass vaccinal ! C'est loin d'être la seule dérive constatée en Indonésie et il faut dire que les décisions stupides sont également nombreuses en France comme le fait de devoir s'asseoir dans les restaurants avec interdiction de consommer debout ! Cette interdiction va plus loin dans les TGV et les avions puisque toute consommation d'aliments est proscrite ! Comment est-il possible de conseiller d'aérer les appartements et les domiciles en ouvrant régulièrement les fenêtres et en même temps demander aux gens de se masquer à l'extérieur ?

C'est pour toutes ces raisons que la nécessité s'est imposée d'écrire cet ouvrage qui se veut être la suite de mon premier livre, *La faillite du monde moderne*. D'autant qu'une majorité de Français a déjà oublié ce qui s'est passé depuis mars 2020. C'est donc une opportunité qui nous est offerte de revenir dans cet ouvrage sur les événements les plus importants. Mais comme il ne suffit pas de faire le constat du désordre et du chaos actuels, j'ai tenu, avant de conclure, à proposer des possibilités de solutions, de conseils et d'initiatives à prendre afin de mettre fin à cette folie.

Notes

1. https://www.latribune.fr/bourse/menaces-de-faillite-d-evergrande-de-shutdown-aux-etats-unis-le-cac-40-plombe-d-entree-de-jeu-892678.html
2. https://www.lesechos.fr/finance-marches/marches-financiers/la-secretaire-au-tresor-americain-alerte-sur-un-defaut-de-paiement-de-la-dette-americaine-1347570
3. https://www.ladepeche.fr/amp/2021/04/15/des-medecins-payes-jusqua-750-euros-de-lheure-pour-vacciner-lassurance-maladie-met-fin-a-la-facturation-a-lacte-9490097.php
4. https://www.lemonde.fr/societe/article/2021/03/29/scandale-du-mediator-les-laboratoires-servier-condamnes-a-2-7-millions-d-euros-d-amende_6074840_3224.html
5. https://www.hcsp.fr/Explore.cgi/avisrapportsdomaine?clefr=837
6. https://presse.inserm.fr/quand-le-stress-affaiblit-les-defenses-immunitaires/38527/
7. https://www.leparisien.fr/societe/8-5-millions-d-hypocondriaques-23-02-2014-3617389.php
8. https://www.youtube.com/watch?v=jQMBXOe9gYA
9. https://www.francetvinfo.fr/elections/presidentielle/derriere-eric-zemmour-un-banquier-et-un-patron-de-start-up_4773765.html
10. https://www.franceculture.fr/emissions/linvitee-des-matins/covid-19-des-recits-nationaux-aux-consequences-sanitaires-avec-axel-kahn-et-christine-ockrent
11. https://www.urps-med-aura.fr/appel-a-nos-concitoyens-nous-avons-besoin-dunion-nationale/
12. https://www.change.org/p/appel-%C3%A0-nos-concitoyens-nous-avons-besoin-d-union-nationale?
13. C'est d'ailleurs le scandale de la chlordécone qui est responsable du très faible taux de vaccination en Guadeloupe - qui dépasse à peine les 25 % - car la population locale ne fait du plus du tout confiance à tout ce qui est décidé à Paris.
14. https://www.ccomptes.fr/fr/publications/lordre-des-medecins
15. https://www.lejdd.fr/Societe/Sante/tribune-et-si-les-non-vaccines-assumaient-aussi-leur-libre-choix-de-ne-pas-etre-reanimes-4085300
16. https://www.courrierinternational.com/article/abus-en-indonesie-lobligation-vaccinale-donne-lieu-des-derives

« *Nous allons protéger les travailleurs vaccinés des collègues non-vaccinés*[1] »
Joe Biden, 10 septembre 2021

« *La troisième dose augmente l'immunité, donc après la quatrième dose, vous êtes protégé. Une fois que 80% de la population a reçu la cinquième dose, les restrictions peuvent être assouplies car la sixième dose empêche la propagation du virus. Je suis calme et je crois que la septième dose résoudra nos problèmes et nous n'avons aucune raison de craindre la huitième dose. La phase clinique de la neuvième dose confirme que les anticorps restent stables après la dixième dose. La onzième dose garantit qu'aucune nouvelle mutation ne se développera, il n'y a donc plus de raison de critiquer l'idée de la douzième dose.* »
Trouvé sur le Net

Chapitre I

COVID-19 ET MÉDIAS

> « *La France est bourrique, c'est plein la Kommandantur des personnes qui viennent dénoncer... Elles vont au Parquet ensuite... le lendemain elles retournent rue de Rivoli... Au nom de la Patrie toujours !* »
>
> L.-F. Céline

Est-ce possible de dissocier les médias de la crise sanitaire du Covid-19 ? Certes, non. C'est même à se demander si cette crise sanitaire ne serait pas en réalité une crise purement médiatique. Non pas que je nie l'existence même de la maladie, loin de là ; elle est bien réelle et sa symptomatologie caractéristique voire spécifique ne peut être réfutée. Il s'agit ici de se demander si cette maladie a réellement tué autant de personnes et s'il n'existe pas d'autres maladies qui tuent plus de gens chaque année en France, et dont plus personne ne parle, comme le cancer par exemple. Pourtant, le cancer tue près de 160.000 Français chaque année, c'est la première cause de mortalité prématurée, avant les maladies cardio-vasculaires, sans parler des 382.000 nouveaux cas de cancers survenant chaque année[2]. Pour terroriser davantage la population, le comptage des morts du Covid-19 ne s'est pas arrêté au 31 décembre 2020 comme le veut la norme en épidémiologie et pour toutes les maladies d'autant que ce nombre est, d'année en année, en continuelle augmentation, du fait du vieillissement de la population ainsi que, bien entendu, d'une pollution globale toujours plus importante. C'est comme si nous cumulions les décès du cancer de chaque année depuis des décennies, ce qui nous donnerait un chiffre effrayant de plusieurs millions de morts ! Pire encore, M. Jean-Paul Vernant, professeur émérite d'hématologie et vice-président de la Ligue contre le cancer, a déclaré le lundi 20 septembre sur le site de franceinfo.fr que les pénuries de médicaments pour traiter cette maladie sont de plus en plus nombreuses et très inquiétantes pour la santé des malades : « *Elles s'aggravent. Il y a vingt ans, il y avait 50 ou 60 pénuries par an. Actuellement, près de 2.500 sont recensées par l'Agence du médicament. Ces pénuries ne touchent que des médicaments qui sont dans le domaine public, des médicaments anciens qui existent depuis 20 ans, 30 ans, 40 ans, 50 ans*[3]. » Ces pénuries sont voulues par Big Pharma, car ces médicaments sont tombés dans le domaine public et ne rapportent plus grand-chose. L'industrie préfère vendre des médicaments nouveaux et souvent inefficaces, comme les anticorps monoclonaux à 1000 € l'ampoule pour traiter le Covid-19 ! Le gouvernement pourrait très facilement mettre fin à ces pénuries en imposant à l'industrie de garantir des stocks sur six ou neuf mois. Il ne l'a pas fait ; il a fait voter une loi imposant un délai ridicule de deux mois qui ne sert à rien et n'améliore guère le sort des malades. Pourtant, ce même gouvernement est prompt à légiférer lorsqu'il est question de restreindre drastiquement les libertés publiques de 67 millions d'habitants, mais il est incapable de s'attaquer aux intérêts de Big Pharma en lui imposant de faire leur travail pour le bien des cancéreux. Le gouvernement a imposé le masquage des enfants de six ans alors qu'il sait pertinemment que ça ne sert à rien et que les dégâts collatéraux causés par le port du masque sont catastrophiques. Le gouvernement a imposé un confinement strict qui a plongé 1.000.000 de Français dans la pauvreté ! Ce même gouvernement a fait voter une loi pour interdire d'exercer et exclure des milliers de médecins et de soignants non-vaccinés, mettant en danger la santé des citoyens et la continuité du soin qui est pourtant un impératif et même un droit constitutionnel. Par contre, il est incapable d'imposer à Big Pharma un délai de six mois de stock de médicaments vitaux. D'ailleurs, selon le Pr Jean-Paul Vernant, cette nouvelle loi qui impose un délai de deux mois a été votée il y a deux ans et le gouvernement a mis tout ce temps, soit 24 mois, pour publier le décret d'application qui rend cette loi applicable en septembre 2021 ! Oser prétendre que Big Pharma est là pour le bien de l'humanité et que ses laboratoires viennent de créer un vaccin capable de sauver 7 milliards d'individus relève moins de la naïveté puérile que de l'escroquerie, voire de la criminalité. Nous y reviendrons dans le détail dans ce chapitre qui se veut également être une réflexion sur cette crise sanitaire en essayant de prendre de la hauteur et de ne pas tomber dans le piège de la seule description méthodique et chronologique des événements, sachant que le travail de synthèse est plus profitable que celui de la simple analyse. Même si bien entendu, nous allons remettre chronologiquement les événements dans leur contexte afin de rappeler les moments clés de cette crise sanitaire et nous en servir comme support du travail de synthèse qui va suivre.

RAPPEL DES FAITS

Ce n'est pas la première fois que le coronavirus va émouvoir la planète puisque c'était déjà le cas avec le SRAS (syndrome respiratoire aigu sévère), apparu en Chine en novembre 2002 et qui avait causé 774 décès dans 29 pays avec un taux de létalité très élevé de 10 %. Ce sera ensuite le cas du MERS (syndrome respiratoire du Moyen-Orient) qui va apparaître à Djeddah en Arabie Saoudite en juin 2012. Avec 600 décès sur 2000 cas, son taux de létalité est estimé à 35 %.

Le premier cas de Covid-19 infecté par le virus appelé SARS-CoV-2 est repéré en Chine, à Wuhan, dans la province centrale de Hubei le 1er décembre 2019 avec une première hospitalisation le 16 décembre suivant. Le premier cas infecté hors de Chine sera diagnostiqué le 13 janvier 2020. Dès le mois de janvier, le PCC va commencer à imposer des restrictions lourdes comme les confinements et les limitations de circulation dans toute la province. Le 11 mars 2020 le Covid-19 est déclaré pandémie (épidémie mondiale) par l'OMS. Depuis lors, nous vivons dans un état de panique générale et d'hystérie collective qui a terrorisé les populations. Des nouveau-nés à peine sortis du ventre de leurs mères sont masqués ! Nous avons pu voir des joggeurs masqués pratiquer leur footing en pleine forêt ! D'autres, très ingénieux, ont fabriqué des espèces de bulles en plastique pour aller faire les courses dans les supermarchés, s'exposant à la risée de tous sur les réseaux sociaux. La folie du confinement chinois initial s'est emparée du monde puisqu'il a été imposé sur quasiment partout, sans aucun résultat concret. Effectivement, nous pouvons constater à ce jour que nous en sommes à la quatrième, voire la cinquième vague, ce qui démontre que ça ne fonctionne pas du tout, sinon le virus aurait disparu. Mais comme tout marche de travers, on se dit que si le confinement le plus strict ne fonctionne pas c'est qu'il n'a pas été assez strict et que du coup il faut en imposer encore un autre beaucoup plus strict. C'est exactement la même réflexion, complètement stupide, qui naîtra pour la vaccination : si les deux premiers vaccins n'ont pas été utiles pour arrêter la contagion ou l'hospitalisation, c'est qu'il y a nécessité d'une troisième dose et ainsi de suite !

Chronologie

- 8 décembre 2019 : date la plus récente à laquelle la Chine a reconnu une infection au SARS-CoV-2.
- 31 décembre : la Chine a signalé pour la première fois une « pneumonie de cause inconnue » à l'OMS.
- 1er janvier 2020 : le marché de Wuhan a été fermé pour une désinfection.
- 9 janvier : la Chine rend public le génome du coronavirus.
- 11 janvier : la Chine a signalé son premier décès.
- 13 janvier : le premier cas hors de Chine est signalé.
- 23 janvier : la ville de Wuhan est confinée.
- 31 janvier : l'OMS a enfin déclaré une « épidémie de préoccupation internationale ».
- 23 février : l'Italie signale un groupe de cas.
- 11 mars : le Covid-19 est déclaré pandémie par l'OMS.
- 29 mai : la Chine affirme que le virus n'est pas originaire de marchés humides mais de chauves-souris chinoises avant qu'il ne saute aux humains via un « animal intermédiaire ». Le mythe du pangolin est né.
- 31 juillet : un chercheur chinois admet certaines expériences sur les coronavirus menées dans des laboratoires de biosécurité inférieure.
- 16 décembre : l'OMS annonce qu'elle se rendra à Wuhan pour enquêter sur les origines du virus en janvier 2021.
- 5 janvier 2021 : la Chine refuse l'entrée à l'équipe d'enquête de l'OMS.
- 9 février : l'OMS rejette la théorie du virus échappé d'un laboratoire et soutient l'affirmation de la Chine selon laquelle il a été importé via de la viande congelée.
- 28 mars : d'anciens responsables de la sécurité nationale des États-Unis ont déclaré que les renseignements montraient qu'« *il y avait un ordre direct de Pékin de détruire tous les échantillons viraux* » au laboratoire de Wuhan.
- 17 avril 2021 : la barre des 3 millions de morts est dépassée dans le monde.
- 13 août 2021 : la Chine refuse toute nouvelle enquête de l'OMS concernant l'origine du virus.

Très vite, le mythe du pangolin va s'imposer au monde entier et un grand nombre d'êtres humains va apprendre son existence. Selon la thèse officielle initiale, c'est l'hôte intermédiaire qui va permettre au virus de passer de la chauve-souris à l'être humain. En réalité tout ceci s'avérera totalement faux, inventé de toutes pièces, et même la presse officielle en parle[4] aujourd'hui. Pourquoi le pangolin ? Pour deux raisons essentielles. Primo, une origine naturelle va exclure immédiatement toute possibilité de manipulation humaine qui serait qualifiée de théorie « complotiste ». Ce qui était considéré comme « complotiste » il y a un an et demi est devenu tout à fait acceptable aujourd'hui. Deuzio, le pangolin étant un animal protégé, au sens symbolique très fort, il s'agissait de faire croire qu'il était question d'une « vengeance » de mère nature contre les excès du genre humain ; ce qui correspondait parfaitement à la nouvelle Doxa que veulent nous imposer les élites mondialistes de l'urgence climatique. Il n'existe à ce jour aucune preuve que le pangolin soit impliqué dans cette transmission de la chauve-souris à l'homme, les chercheurs parlent plus aujourd'hui de blaireaux-furets. À vrai dire, il n'y avait même pas de pangolins vendus au marché de Wuhan à l'époque. Même l'AFP[5] est obligée de rectifier sa propre propagande. Mediapart va très vite publier un article[6] le 20 mars 2020 parlant du livre de M. Frédéric Keck, *Les sentinelles des pandémies* (éd. du Seuil, janv. 2021, 336 pages). Cet auteur est directeur de recherche au CNRS, anthropologue. Le sous-titre du papier en dit long : « *L'anthropologue Frédéric Keck explore dans un ouvrage vertigineux, à paraître quand le coronavirus le permettra, comment la nature se venge avec des virus qui rendent caduques nos techniques de prévention des maladies et des épidémies, chamboulant la géopolitique planétaire.* » Pourtant il n'en savait absolument rien en mars 2020, il n'a même pas les connaissances nécessaires pour faire une telle déclaration, ce qui ne l'a pas empêché de le faire et d'être diffusé par un média important ; ce n'est rien d'autre qu'une fake niouze !

Il est vrai qu'au début, nous sommes tombés dans le piège de la peur. Le virus étant inconnu, on ne savait pas comment réagir face à la menace. Chacun a dans sa famille une personne âgée fragile, voire une femme enceinte et des enfants en bas âge et personne n'a envie de les perdre. Du coup, on a tous commencé à nettoyer les courses en rentrant des grandes surfaces avec des serviettes javellisées après les avoir laissées deux heures à l'air libre pour « tuer » le virus. Le gel alcoolique était devenu notre meilleur ami malgré la pénurie et son prix exorbitant à l'époque. Rappelons également la publication sur les réseaux sociaux de vidéos effrayantes de personnes soi-disant infectées par le SARS-CoV-2 qui tombaient comme terrassées par la mort en pleine rue. On sait aujourd'hui que ce n'était que de la propagande. Ensuite, ce sera très vite la menace de la contamination des enfants avec un curieux syndrome, la fameuse maladie de Kawasaki. Après l'apparition de très rares cas en France et en Grande-Bretagne, ce fut la panique générale car les médias se sont mêlés de ce non-événement. L'Inserm ira jusqu'à publier un article[7] sur son site le 4 mai 2020, alors qu'il savait déjà à l'époque que la maladie n'atteignait pas les enfants, ce qui a été confirmé depuis. Une telle panique suscitée par des cas très rares a permis de continuer à maltraiter les enfants dans les écoles avec le portage du masque, la fermeture des écoles en cas de cas positif, la distanciation sociale... Afin de maintenir la pression sur les populations, les autorités sanitaires, aidées en cela par les médias, ont inventé une nouvelle maladie infantile, le fameux PIMS. C'est un syndrome flou avec une symptomatologie hasardeuse qui ne veut rien dire puisque imprécise et qui nécessite immédiatement l'hospitalisation, selon les autorités sanitaires sans même effectuer un test PCR ou antigénique !

Le fait de dramatiser pour pousser à la vaccination n'est même pas caché puisque le journal *Le Parisien* va l'écrire dans son article *Nouveau tour de vis sanitaire* du 12 août 2021. Selon un fidèle du président interrogé par le quotidien : « *Il faut décrocher ceux qui ont des réticences compréhensibles, montrer par l'exemple que ça empêche ce qu'il y a de pire. Il faut qu'on dramatise un peu pour que tout le monde se vaccine* ». La manipulation par le mensonge en utilisant le terrorisme sanitaire est un outil de gouvernance totalement assumé par l'exécutif, et les chroniqueurs télé n'y trouvent rien à redire. N'est-ce pas Sibeth Ndiaye, porte-parole du gouvernement, qui a affirmé[8] face à des journalistes le 12 juillet 2017 et rapporté dans *L'Express* par Stéphanie Marteau : « *J'assume parfaitement de mentir pour protéger le président* ». Reste à savoir de qui et de quoi veut-elle le protéger ? C'est cette même Sibeth Ndiaye qui va s'illustrer tout au long du début de cette crise sanitaire par des déclarations folles et totalement contradictoires qui ont participé au discrédit du gouvernement. Sibeth Ndiaye atterrira chez le géant mondial du travail temporaire Adecco[9] pour bons et loyaux services rendus. Ainsi, la tradition du pantouflage est respectée, les membres du gouvernement passant allègrement au privé pour servir au mieux ses intérêts ; c'est le fameux jeu des chaises musicales.

L'amateurisme du gouvernement est également à relever. Le flop de l'application TousAntiCovid en est l'illustration puisqu'elle n'a jamais dépassé les 10 millions d'abonnés. Mais la situation est encore plus grave puisque le gouvernement ne communique absolument pas sur le nombre réel d'abonnés, d'utilisateurs actifs, de désinstallations... Pourtant, une demande officielle de la Cnil[10] a été envoyée au gouvernement qui n'a pas jugé utile d'y répondre. Mais comme il y a toujours pire, cette application est visée par une enquête[11] du parquet national financier (PNF) qui estime qu'un appel d'offres publique aurait dû être lancé concernant la maintenance de l'application, ce qui n'a pas été fait. C'est l'association Anticor qui est à l'initiative de cette plainte pour favoritisme concernant cette maintenance payante assurée par la société Outscale, filiale de Dassault Systèmes. C'est la même chose outre-Manche, un article du *Canard enchaîné* publié le 30 décembre 2020 montre à quel point la situation est catastrophique en Grande-Bretagne où l'on constate la présence au sein du gouvernement de gens très proches de l'industrie pharmaceutique, s'enrichissant à foison avec cette crise sanitaire. Ils appellent cela la « *chumocracy*[12] », la république des copains et des cousins. En d'autres termes, peut-on raisonnablement penser que ceux qui dirigent actuellement le gouvernement britannique et qui se font des centaines de millions de livres de bénéfices avec les décisions politiques qu'ils prennent, vont faire de leur mieux pour mettre fin à cette crise ? Rien n'est moins sûr car plus la crise durera dans le temps, plus ils se feront de l'argent facile sur le dos du Trésor public.

Les données personnelles des Français ont également été piratées à de nombreuses reprises et leurs QR Code se retrouvent par millions sur la toile. L'AFP nous apprend le 15 septembre 2021 dans un tweet[13] que : « *Les données personnelles d'environ 1,4 million de personnes, qui ont effectué un test de dépistage du Covid-19 en Île-de-France mi-2020, ont été dérobées "à la suite d'une attaque informatique", a annoncé aujourd'hui l'Assistance publique-Hôpitaux de Paris* » ! Les données dérobées comprennent « *l'identité, le numéro de sécurité sociale et les coordonnées des personnes testées, l'identité et les coordonnées des professionnels de santé les prenant en charge, les caractéristiques et le résultat du test réalisé* ». Ce piratage est le plus récent, il y en a eu d'autres. Notamment un, fin février dernier concernant près de 500.000 patients[14]. Les données de 28 laboratoires d'analyses se sont retrouvées sur le dark web. C'est très grave car avec des données aussi précises, les tentatives de hameçonnages sont beaucoup plus faciles car crédibles. Une autre faille[15] informatique, qui relève véritablement de l'amateurisme, a permis de rendre facilement accessibles des centaines de milliers d'autres dossiers médicaux via Internet. « *Les noms, prénoms, dates de naissance, adresses, numéros de téléphone, numéros de Sécurité sociale et adresses e-mail, ainsi que les résultats des tests de 700.000 personnes étaient disponibles* » car les officines pharmaceutiques utilisaient une plateforme non agréée qui leur a certes facilité leur travail mais qui n'était pas du tout sécurisée ! Bien entendu, le pompon dans cette affaire sera de retrouver, en train de circuler sur les réseaux sociaux, les pass sanitaires d'Emmanuel Macron[16] et de Jean Castex.

Ce qui interpellera un grand nombre d'observateurs, c'est la constatation d'un très grand nombre de contradictions, au point qu'une journaliste allemande traitera la France dans un article d'un célèbre quotidien local, de pays de fous[17].

Absurdistan

Interviewée sur BFM, la journaliste Annika Joeres, correspondante en France de *Die Zeit*, affirme que « *Nulle part ailleurs on n'a besoin d'une attestation pour aller chercher sa baguette ou ses enfants à l'école. Toutes ces mesures absurdes peuvent prêter à rire, mais c'est dramatique* » ! Sans oublier le fait d'avoir interdit de baignade des malades qui avaient besoin d'aller dans l'eau de mer pour soulager leurs douleurs articulaires ou l'interdiction de faire du sport, une pratique pourtant très importante pour le système immunitaire ! Elle revient sur les décisions totalement absurdes de fermeture des rayons de librairie dans les supermarchés, des rayons surveillés par des policiers ; alors que les librairies sont ouvertes aussi bien en Belgique qu'en Suisse. Elle s'étonne aussi de l'obligation de signer la même attestation pour aller faire un footing dans un rayon d'un kilomètre de chez soi… La journaliste revient également sur la gestion quasi monarchique de cette crise sanitaire par un Macron à la tête d'un Conseil de défense antidémocratique puisqu'il n'a de compte à rendre à personne !

Puis un jour, on apprend qu'un sauna libertin est félicité[18] par la police pour son respect du protocole sanitaire, alors que les restaurants sont toujours fermés depuis 10 mois ! La grande roue de Lille sera autorisée à tourner, mais sans public !

Un collectif de 55 psychologues indépendants a publié le 31 août 2021 une tribune intitulée *Gestion Covid-19 : pour que le respect de la personne dans sa dimension psychique soit toujours un droit inaliénable !* adressée à E. Macron, aux membres du Conseil de défense et de sécurité nationale, à M. Blanquer, ministre de l'éducation nationale, de la jeunesse et des sports, aux membres du Conseil Scientifique Covid-19… Tribune fort intéressante dans laquelle le collectif affirme que : « *Injonctions paradoxales, discours alarmistes s'appuyant sur une énumération de faits ou de statistiques décontextualisés, renversement en son contraire ou inversion des valeurs morales, attaque des besoins primaires (tant sur le plan physiologique, du sentiment de sécurité que du lien social), chantage et menaces, instauration de clivages (en bon/ mauvais, vax/ antivax, responsables/ complotistes, etc.), iniquité des décisions, culpabilisation, aboutissent à l'augmentation de vécus dissociatifs tels que la déréalisation et la dissonance cognitive, résultant de la croyance en des idées ou des valeurs contradictoires, et engendrent un mal-être difficilement surmontable et pathogène.* »

Le « nudge » a été utilisé lors de cette crise sanitaire par les gouvernements du monde entier, notamment la Grande-Bretagne, les États-Unis et la France[19]. Ce sont des techniques de manipulation neuro-comportementales utilisées dans le marketing et la vente ! En d'autres termes, la crise est gérée comme dans la vente de voitures ou de dentifrice ! Ce sont des techniques de manipulation qui s'appuient sur les faiblesses du cerveau humain et c'est totalement assumé par l'exécutif et les médias. Il s'agit de changer le comportement des gens sans qu'ils ne s'en rendent compte au point de leur faire admettre et accepter l'inacceptable[20]. On apprend dans un article paru sur le site de France Info le 12 juin 2021 que : « *Cette technique a été popularisée par deux américains : Richard Thaler (prix Nobel d'économie en 2017) et le professeur à Harvard, Cass Sunstein (qui a conseillé Barack Obama et vient d'être rappelé par Joe Biden) à travers leur livre* Nudge, la méthode douce pour inspirer la bonne décision, *publié en 2008 aux États-Unis et en 2010 en France.* ». Pour comprendre l'état d'esprit des gens derrière cette technique de manipulation, prenons l'exemple de M. Éric Singler de BVA, le pape de cette technique en France, celui qui a conseillé le gouvernement au début de la crise en mars 2020. Il a posté le 13 mars 2020 un message sur le réseau professionnel LinkedIn : « *Le gouvernement semble découvrir avec stupéfaction que les humains ne sont pas raisonnables* [...] *J'appelle solennellement (et humblement) les autorités à la constitution d'une task force d'experts en sciences comportementales pour travailler à côté des autorités de santé afin de concevoir des actions qui vont significativement renforcer l'adoption des gestes barrières.* » ! Donc pour lui, les êtres humains ne sont pas raisonnables, ils sont irresponsables et il faut les guider, les diriger, sans quoi ils courent au désastre. Ce genre de notes méprisantes ont été facturées par Éric Singler entre 2000 et 5000€ pièce ! Bien entendu, le contenu est resté secret puisqu'il n'a jamais été rendu public. On apprend dans ce même article de Franceinfo qu'un appel d'offres de 800.000 € a été lancé en avril 2021 par le Service d'information du gouvernement pour ce type de conseils neuro-comportementaux et la mise en place « d'experts seniors en nudge ». En d'autres termes, ce type de manipulations a vocation à durer et à se normaliser en France. Pourtant, il semble évident que toutes ces stratégies n'ont rien à voir avec la médecine ni la science. Le nudge est la preuve factuelle que cette crise n'a rien de sanitaire, cette maladie existe, mais elle a servi de prétexte dans la mise en place d'un système politique nouveau, fondé sur le contrôle, la surveillance, le chantage, la peur et la punition. C'est d'ailleurs une nouveauté historique, jamais de tout temps, une maladie n'a bouleversé à ce point les comportements humains. Seuls les médecins auraient dû gérer cette crise sanitaire ; ils ont été formés pour cela au cours de longues études qui ont coûté très cher à la communauté nationale des contribuables.

Le rôle du politique aurait dû se cantonner à la mise à disposition des moyens nécessaires aux médecins. Le rôle de l'exécutif était de mettre de l'huile dans la machine, de débloquer les budgets pour ouvrir des lits supplémentaires, embaucher des professionnels de soins, s'assurer un approvisionnement continu en médicaments et en matériel... À aucun moment les politiciens n'auraient dû s'ingérer dans la crise sanitaire au point d'interdire aux médecins de soigner et de prescrire des médicaments sous peine de poursuites disciplinaires. C'est pourtant ce que fera le gouvernement systématiquement sans jamais rater une occasion de créer de la confusion, de la division, de la discorde... Quel autre gouvernement que celui de Macron a autant fait de mal à sa population ? Comment est-il possible de semer les graines de la haine et de la division dans sa propre population en taxant d'antivax/complotistes toute personne qui se pose des questions légitimes ? Comment est-il possible de permettre au gouvernement de s'immiscer dans les affaires familiales en autorisant les enfants de 16 ans à prendre, seuls, une décision relative à la vaccination ? Un enfant de 16 ans qui n'a pas le droit de voter, n'a pas le droit d'acheter une bouteille d'alcool ou un paquet de cigarettes, est incapable de voyager seul ou même de s'inscrire pour des études à l'université, sans autorisation parentale, se voit soudain investi du pouvoir de décider si un « vaccin » peut lui être injecté ou non ! C'est du jamais vu dans toute l'histoire contemporaine, nous sommes véritablement face à un gouvernement qui considère le peuple comme un ennemi et il est temps et juste que le peuple considère en retour le gouvernement comme un véritable ennemi.

Un rapport[21] incendiaire du général Richard Lizurey – ex-n°1 de la gendarmerie – datant de juin 2020 sur la gestion lamentable de la crise sanitaire, dont les 67 pages étaient restées secrètes, a été divulgué par la presse ! Le rapport revient sur le cafouillage général de l'exécutif, pointant un nombre trop important de services, une prolifération de cellules, malgré la mise en place d'une cellule interministérielle de crise (CIC) qui était censée, justement, coordonner tous les intervenants, sachant que le ministre de la santé avait également une même cellule de crise qui faisait doublon. Le rapport pointe une centralisation dangereuse de la prise de décision, ce qui ne pouvait être que mauvais en raison de la dilution de l'information due aux trop nombreuses cellules et commissions en tous genres[22]. Faut-il rappeler l'existence du Conseil de défense, le Conseil scientifique, le Conseil d'orientation de la stratégie vaccinale, la Direction générale de la santé, le CIC, la HAS, SPF, les ARS, le HCSP, l'ANSM... Le général Lizurey pointe d'autres dysfonctionnements au niveau régional concernant le manque de communication entre les préfets et les directeurs des Agences régionales de santé. Selon lui, la « *superposition de structures avec des rôles proches, des frontières de compétences floues* [...] *a complexifié le partage et la circulation de l'information* ». Le rapport va également mettre la lumière sur un point majeur, une défaillance dans la logistique, puisque selon lui, le ministère de la santé a éprouvé des difficultés à faire appel à des acheteurs qualifiés. Sans oublier les ARS qui, selon lui, ont mis du temps à identifier les compétences et les moyens disponibles pour distribuer les masques. Ce chaos au sommet de l'État, cette gabegie sont d'autant plus graves que les dirigeants de toutes ces structures sont très bien payés avec des salaires mirobolants, inversement proportionnels à leur compétence et à leur efficacité. Nous apprenons par exemple dans un article[23] du *Quotidien du médecin* que Dominique Le Guludec, patronne de la HAS en 2019 touchait 210.197 euros annuels bruts, environ 163.954 net, soit 13.663 euros par mois ! Les salaires sont tellement indécents que nous apprenons dans cet article qu'ils ne veulent pas trop les rendre publics. Un autre article[24] de *Vosges Matin* nous apprend que les directeurs des ARS ont des salaires supérieurs à ceux des ministres, gravitant autour des 16.000 € mensuels bruts, l'équivalent de 12.480 € net. Comment est-ce possible de gaspiller autant d'argent en les payant si cher, alors que le pays est endetté, le budget de la Sécurité sociale est exsangue et que ces mêmes directeurs d'ARS ont pour mission de fermer toujours plus de lits d'hospitalisation, se rendant ainsi totalement responsables de la catastrophe sanitaire dans laquelle nous pataugeons depuis 18 mois, sachant que le confinement a été décidé parce que la France ne possédait pas plus de 5000 lits de réanimation ! En réalité, on comprend vite que ces salaires s'apparentent plutôt à de la corruption passive incitant des fonctionnaires à fermer les yeux quelles que soient les décisions absurdes qu'ils doivent prendre. Ce ne sont d'ailleurs plus des fonctionnaires mais des mercenaires à la solde des lobbys. C'est d'autant plus le cas que lorsqu'ils quittent la fonction publique, ils se retrouvent propulsés à des postes haut placés dans des entreprises du privé. La même stratégie sera utilisée avec les médecins dont certains seront payés par la Sécurité sociale jusqu'à 750 € de l'heure[25] dans les centres de vaccination ou comment devenir millionnaire en vaccinant ! C'est effectivement un bon moyen pour fermer les yeux à certains praticiens au sujet du consentement éclairé et de toute problématique liée à la déontologie. Après le tollé engendré par cette information publiée dans la presse régionale, la Sécurité sociale a mis fin à cette tarification à l'acte qui n'a pas manqué de choquer tout le monde.

Les contradictions sont innombrables, notamment le fait d'imposer la vaccination obligatoire et le pass sanitaire à toute la population mais pas à l'Assemblée nationale ni au Sénat. Fermer les restaurants et autoriser le transport dans le métro parisien est juste incompréhensible et insupportable. Toutes ces contradictions et ces injonctions paradoxales vont créer de la confusion et empêcher les gens de penser correctement car il n'y a absolument rien de logique derrière tout ça. Ce sont ces techniques connues que vont utiliser les pervers narcissiques pour manipuler leur entourage. Au bout d'un moment toutes ces contradictions commencent à se voir et à devenir gênantes ; du coup l'exécutif va tenter de se couvrir en recourant, de plus en plus souvent, au mensonge.

1- Le mensonge comme outil de gouvernance

Le premier mensonge le plus visible et le plus grossier est celui des chiffres épidémiologiques. « *On peut débattre de tout, sauf des chiffres.* » *dixit* le gouvernement sur Twitter le 19 août 2021, sauf s'ils sont faux et manipulés ; il reste néanmoins à le démontrer. Mais avant d'aborder la falsification des chiffres, il faut également revenir sur le changement, intervenu dernièrement, autour des définitions médicales. On peut parler par exemple de la définition de la « pandémie ». Le site du Sénat a publié un rapport édifiant sur la gestion lamentable de la crise sanitaire de la grippe A H1N1 de 2009. Le Sénat revient justement dans ce rapport[26] sur le changement de définition du terme pandémie : « … *de 2003 à 2009, une pandémie a été définie par l'apparition de « plusieurs épidémies simultanées à travers le monde avec un grand nombre de décès et de maladies » ; un changement a été opéré entre le 1er et le 9 mai 2009, faisant disparaître le critère de gravité.* ». Nous observons ici clairement la minimisation de la gravité de la maladie afin de rendre possible et simple la déclaration de pandémie. Quel peut être l'intérêt de déclarer une pandémie et de faire paniquer les populations si un virus n'a pas de pouvoir pathogène ? Ensuite, la Doxa va créer un nouveau concept, celui de « malade asymptomatique » (*sic*) ! C'est extrêmement important car cela va permettre de gonfler les chiffres de manière spectaculaire, sachant que de très nombreuses personnes seront en contact avec le virus sans jamais tomber malades ni être contagieuses. Il sera ainsi beaucoup plus facile de terroriser les populations en égrenant tous les soirs ces chiffres falsifiés, de plus en plus élevés, à mesure que l'on augmente le nombre de tests le plus souvent défaillants. Le malade asymptomatique n'existe pas puisqu'il n'est pas malade ; un malade est quelqu'un dont la santé est altérée et qui a besoin de soins et de repos pour la recouvrer.

Ensuite ce sera au tour du taux d'incidence qui a complètement changé, au point que ce ne sera plus au réseau Sentinelles[27] de s'en occuper comme par le passé, mais à Santé publique France (SPF). Créé en 1984 par l'Inserm et Sorbonne Université, le réseau Sentinelles est sous tutelle du Ministère de la Santé et des Solidarités comme l'indique l'en-tête officiel de tous ses documents publiés. Au 1er janvier 2018, le réseau était composé de 1314 médecins généralistes libéraux (soit 2,1% des médecins généralistes libéraux en France métropolitaine) et de 116 pédiatres libéraux. L'objectif est de surveiller quotidiennement et tout au long de l'année 10 indicateurs de santé : coqueluche, diarrhée aiguë, maladie de Lyme, varicelle, les infections respiratoires aiguës, oreillons, zona, les infections sexuellement transmissibles bactériennes ainsi que les actes suicidaires. Répartis de manière homogène sur l'ensemble du territoire, les retours de chaque praticien libéral vont permettre d'avoir des statistiques solides avec une expertise de près de 40 ans, qui sera balayée d'un revers de main lors de cette crise sanitaire. Il suffit de faire la comparaison entre les chiffres de SPF et ceux du réseau Sentinelles pour comprendre l'énormité de l'escroquerie. Alors que le réseau Sentinelles comptabilise uniquement les malades qui viennent en consultation et qui sont testés positifs, comme le veut l'usage ces 40 dernières années, SPF s'appuiera uniquement sur les tests en publiant des taux d'incidence 10 à 20 fois plus élevés. Mais ce qui est le plus troublant c'est de voir le logo de Santé Publique France sur les rapports hebdomadaires du réseau Sentinelles ! Nous avons donc affaire à deux entités officielles distinctes, placées sous la tutelle du Ministère de la santé et des solidarités, qui publient des chiffres totalement différents les uns des autres, mais ça ne choque pas grand monde ! La modification du taux d'incidence est capitale car il va très vite devenir l'indicateur permettant de mettre en place des restrictions ou de les lever. Il est également intéressant de rappeler que pour la grippe et afin de déclarer l'épidémie et d'instaurer le plan blanc à l'hôpital, le taux d'incidence du virus grippal devait osciller entre 150 et 200 cas pour 100.000 habitants. Aujourd'hui, à partir de 50 cas pour 100.000 personnes, le gouvernement peut imposer des restrictions qui n'ont pas lieu d'être (couvre-feu, port du masque, pass sanitaire...).

Nous avons pu lire sur un tweet[28] du compte officiel du gouvernement que l'on peut tout discuter sauf les chiffres officiels mais ces chiffres sont falsifiés et ce n'est pas moi qui le dis mais le dernier rapport de la Cour des Comptes, intitulé *Les soins critiques* et publié en juillet 2021, concernant la gestion de la crise sanitaire, notamment le nombre de lits de réanimation.

En effet, la Cour des Comptes[29] dénonce le « *faible degré de transparence, et en tout cas de rigueur, dans la présentation des données des autorités sanitaires* » ! Pourtant ce sont ces chiffres qui ont poussé le gouvernementeur à confiner, mettre en place des couvre-feux, imposer le port du masque à des enfants, fermer les écoles, fermer les restaurants, les cinémas, les théâtres... et ainsi détruire tout un tissu économique, sans oublier bien entendu le pass sanitaire et l'obligation vaccinale des soignants et bientôt de tout le monde. Les conclusions du rapport sont claires : « *Lorsque la pandémie de covid-19 est survenue, et jusqu'à la mi-mars 2020, les autorités sanitaires n'ont ainsi pas pris la mesure de ses conséquences sur les besoins en réanimation. C'est donc une adaptation d'une ampleur et d'une rapidité sans précédent de l'offre de soins critiques qui a dû être engagée, sur la base de recommandations ministérielles reprenant parfois au mot près celles qui avaient été formulées en 2006. Cela s'est fait, d'une part, au prix d'une déprogrammation nationale et durable des soins non urgents – alors même que la pandémie n'avait pas frappé de manière égale l'ensemble des régions –, dont les conséquences en termes de santé publique restent à évaluer. D'autre part, il a été nécessaire de mobiliser de très nombreux renforts, en particulier des médecins et infirmiers travaillant dans les secteurs d'anesthésie-réanimation. Des transferts de patients atteints de la covid-19 ont également été organisés entre établissements, voire entre régions. Enfin, des mesures d'adaptation à la situation de crise ont été mises en œuvre, notamment en matière de suivi, d'achat et de production de médicaments et de dispositifs médicaux.* » En d'autres termes, rien n'a été fait pour améliorer la situation ! Nous en reparlerons plus loin.

Revenons à présent aux mensonges d'État dont se sont rendu coupables le gouvernement et un certain nombre de responsables de la haute administration. Un livre entier pourrait être consacré à ces nombreux mensonges qui ont très vite débuté, diffusés nuit et jour par les médias. Nous pouvons par exemple citer le sujet de l'utilité du port du masque. En effet, le port en population générale des masques chirurgicaux est passé de « *totalement inutile* » avec verbalisation sévère des pharmaciens qui en vendraient à « *obligatoire* » avec le même type de mesure de sécurité dans la verbalisation, puisqu'il s'agit d'une amende de 135 €. Tout pharmacien récalcitrant encourait une peine de six mois de prison ferme et de 10.000 € d'amende[30]. Concernant les amendes pour non port du masque, le ministre de l'Intérieur Gérard Darmanin se vantait devant une Commission d'enquête sénatoriale[31], mi-septembre 2020, d'avoir verbalisé près de 45.000 Français ! Anecdote intéressante, lors de l'audition du ministre devant cette commission d'enquête, le vice-président de la commission, René-Paul Savary, lui-même médecin de formation, lui a demandé de remettre correctement le masque car il l'avait enlevé. En réalité, tout le monde a compris que le discours officiel changeait selon la disponibilité des stocks de masques. Certains n'ont pas manqué de se ridiculiser, comme l'ex-porte-parole du gouvernement, Mme Sibeth Ndiaye, qui expliquait ne pas savoir mettre le masque et qu'elle était incapable de l'utiliser correctement avec cette surenchère qui caractérise les très arrogants membres de la start-up macronienne ! L'exemple type de leur aptitude phénoménale à mentir sans jamais rougir de honte, sera une interview de Sibeth Ndiaye sur RTL dans laquelle le journaliste lui demandera pourquoi un match de rugby devant 17.000 personnes a été autorisé à l'aréna de la Défense. Elle répondra que c'est possible, car c'est un endroit ouvert alors qu'elle n'en avait aucune idée, étant donné que c'est l'inverse. Lorsque son interlocuteur lui fera la remarque, elle bafouillera mais ne lâchera pas ; ces gens ne reculent devant aucune ignominie, aucune bassesse. Nous ne sommes pas les seuls à porter ce jugement puisque l'éditrice franco-italienne Teresa Cremisi, confinée en Italie pendant plusieurs semaines, a publié une tribune assez cinglante, dans le *JDD* : « [Vos prestations médiatiques] *sont toutes pénibles à regarder depuis le début du quinquennat, mais celles liées à la crise sanitaire sont accablantes : petits ricanements méprisants, coups de menton fiérots et peu courtois, autosatisfaction immotivée, navrante pauvreté du langage. La mascarade des masques a mis surtout en valeur votre technique personnelle des mensonges assénés au marteau* ».

Concernant l'ex-ministre de la santé Agnès Buzyn, avant de parler de ses mensonges concernant la crise du Covid-19, faut-il rappeler tout simplement celui concernant sa non-participation aux élections municipales à Paris. Elle affirmait le 14 février 2020 : « *Je ne pourrai pas être candidate aux municipales : j'avais déjà un agenda très chargé, j'ai beaucoup de réformes dans le ministère, et s'est rajouté un surcroît de travail avec la crise du coronavirus, qui aujourd'hui m'occupe énormément*[32] » ! 48 heures plus tard, oui à peine deux jours, elle affirmera le contraire en remplaçant en catastrophe le candidat Benjamin Grimaud impliqué dans une sombre et glauque affaire de sextape. La ministre de la Santé et des Solidarités a quitté le navire France en pleine crise sanitaire pour aller se présenter à la mairie de Paris, qu'elle perdra, de surcroît, lamentablement. D'ailleurs, on apprend dans un article du *Monde* qu'après sa défaite aux municipales, elle se posera une question d'un égoïsme rare, étant donné la situation catastrophique dans laquelle la France est engouffrée : « *Je me demande ce que je vais faire de ma vie*[33] » avait-elle osé dire aux journalistes.

Dans cette même interview, la ministre de la santé va faire des déclarations qui vont choquer toute la classe politique française et agacer au plus haut point le gouvernement : « *Je savais que la vague du tsunami était devant nous... Quand j'ai quitté le ministère, je pleurais parce que je savais que la vague du tsunami était devant nous. Je suis partie en sachant que les élections n'auraient pas lieu... Le 11 janvier, j'ai envoyé un message au président sur la situation. Le 30 janvier, j'ai averti Édouard Philippe que les élections ne pourraient sans doute pas se tenir* » ! Elle affirme donc qu'elle était au courant dès le 11 janvier que la situation était catastrophique et qu'elle en avait informé le président de la république. Sauf qu'il y a un gros problème dans ce récit puisque nous pouvons constater que lors d'un point presse d'information filmé et réalisé le 24 janvier 2020, elle affirme l'inverse : « *En termes de risques pour la France, les analyses de risques d'importation sont modélisées régulièrement par des équipes de recherche. Le risque d'importation de cas depuis Wuhan est modéré, il est maintenant pratiquement nul parce que la ville est isolée. Les risques de cas secondaires autour d'un cas importé sont très faibles, et les risques de propagation du coronavirus sont très faibles*[34] » ! C'est extrêmement sérieux et gravissime car elle ment dans l'exercice de sa fonction et trompe le public. L'accumulation de tous ses mensonges a conduit à la convocation d'Agnès Buzyn devant la justice[35] le 10 septembre 2021 pour « mise en danger de la vie d'autrui ». Faut-il ajouter qu'elle s'était rendue coupable d'un autre mensonge, du moins une autre volte-face, une contradiction rare en prononçant la phrase : « *Pour la population en général, il n'y a aucune indication à porter le masque aujourd'hui. Le masque bleu ne protège de rien* ». On peut ajouter également cette phrase malheureuse prononcée le 14 février 2020 lors d'une interview sur France Inter[36] face à Ali Baddou dans laquelle elle affirme que la France était « prête » à faire face à cette épidémie. On aimerait vraiment bien comprendre comment est-ce possible, sachant pertinemment que la France n'avait ni masques, ni surblouses, ni charlottes..., qu'elle n'avait pas de tests ni de gel hydroalcoolique, pas assez de lits de réanimation, n'avait pas assez de personnels soignants, n'avait même pas assez de médicaments pour faire face à la crise !

Concernant l'allégation que la France était « prête » à faire face, nous avons un autre Pinocchio au gouvernement qui n'a cessé de mentir depuis le début de la crise avec un aplomb assez remarquable ; je parle bien entendu d'Olivier Véran. Lui, solide du menton, le regard vitreux, osera prononcer les mots suivants le 18 février 2020 toujours sur France Inter[37], invité du *Grand entretien* de Nicolas Demorand et Alexandra Bensaid : « *La France est prête, nous avons un système de santé extrêmement solide* » ! Il a osé ! « ... *extrêmement solide* » avait-il dit ! Comment s'aventurer à faire une telle déclaration, sachant que l'hôpital public vivait une grave crise avant l'épidémie. De nombreux mouvements de grèves étaient lancés dans le système hospitalier français depuis déjà de nombreux mois et Véran le savait puisqu'il est lui-même médecin. Nul besoin de disserter sur le résultat catastrophique de la gestion de la crise sanitaire, connaissant le nombre de morts par million d'habitants classant la France parmi les pays à plus forte mortalité dans le monde malgré un système de soins parmi les plus avancés et un budget de plus de 200 milliards d'euros dépensés chaque année.

Le gouvernement Macron a décidé de s'appuyer uniquement sur l'hôpital public défaillant en excluant la médecine de ville représentant 90.630 médecins généralistes selon les chiffres de l'Ordre ! Faut-il rappeler que ces derniers ont été contraints de fermer leurs cabinets pendant deux mois, lors du confinement, et qu'il leur a été interdit de soigner leurs malades. Comme le pire ne déçoit jamais, le gouvernement a décidé d'exclure 300.000[38] professionnels de santé et de les suspendre suite à l'obligation vaccinale ; il s'agit d'un peu plus de 10 % des 2,7 millions de salariés du service public. Ceci n'a pas empêché Olivier Véran de mentir une énième fois en tentant de minimiser les chiffres, affirmant qu'il ne s'agit que de 3000 suspensions[39] qui n'ont aucun effet sur le système de soins ! À l'hôpital de Trévenans près de Belfort, une centaine d'agents ne sont pas vaccinés[40] ! Le Groupe hospitalier de la région Mulhouse et Sud-Alsace (GHRMSA) a annoncé mardi 21 septembre 2021 le déclenchement du Plan blanc[41]. Les urgences de la clinique du Diaconat-Fonderie[42] de Mulhouse dans le Haut-Rhin étaient restées fermées pendant une semaine à cause du manque de personnel soignant. Un médecin de la région de Besançon m'a expliqué au téléphone comment un greffon rénal a été jeté car il n'y avait personne pour assurer la chirurgie. Un ami travaillant à l'hôpital Nord m'a expliqué qu'un service hospitalier entier était fermé au septième étage, par manque de bras.

Pendant que Véran ment effrontément, sans jamais être confronté à des contradicteurs qui lui tiennent tête, on a pu lire sur le compte Twitter de LCP[43] que Mme Christelle Petex-Levet, députée LR depuis 2021, alerte sur le manque d'effectifs dans les Ehpad et les centres médico-sociaux. Elle réclame des actions pour stopper cette situation « *intolérable* » : « *De nombreuses personnes âgées et handicapées risquent de se trouver sans lieu d'accueil.* » On peut d'ailleurs la voir poser sa question au gouvernement le 21 septembre 2021. Pour réponse, la ministre déléguée à l'autonomie, Brigitte Bourguignon, va nier la réalité en affirmant sans rougir que le nombre de professionnels de santé suspendus restait « *marginal* » !

Pourtant, il est de notoriété publique que le secteur des Ehpad et autres centres médico-sociaux sont extrêmement mal gérés par des fonds de pension pingres, des vautours à la recherche incessante de la moindre petite économie leur permettant de gonfler leurs profits. Depuis déjà des décennies, les résidents des Ehpad sont très mal traités, malgré des tarifs exorbitants puis d'un coup, la Doxa vient nous faire accroire qu'ils veulent leur sauver la vie ! Il suffit de voir la photo[44] du repas d'un résident qui a beaucoup circulé sur le Net pour comprendre à quel point ils sont méprisés. Faut-il rappeler que les plus grands Ehpad ne dépensent pas plus de 5€ par jour et par résident, pour 4 repas (4,35€ chez Korian), toute la France a pu voir le témoignage d'un cuisinier en octobre 2017 dans le reportage *Pièces à conviction.* Sans oublier les nombreuses affaires de maltraitances[45] qui ont défrayé la chronique ces dernières années. Nous pouvons ajouter à cette longue liste de scandales le témoignage de l'aide-soignante marseillaise, Mme Hella Kherief, qui a accepté de témoigner en 2018 à visage découvert dans un reportage d'*Envoyé spécial* sur France 2. Elle y a dénoncé les couches rationnées, les draps souillés qui ne sont pas changés, l'abandon des résidents pendant des heures, le manque dangereux de personnels, des personnes qui décèdent par défaut de soins, on peut voir dans ce reportage une résidente abandonnée dans un couloir au milieu de la nuit totalement déshydratée et demandant de l'eau contre de l'argent ! Mme Hella Kherief a publié un livre chez Hugo Documents en mai 2019 relatant son expérience douloureuse, intitulé *Le scandale des Ehpad.*

Afin de réaliser son point-presse du 7 janvier 2021 concernant la crise sanitaire, Jean Castex n'a rien trouvé de mieux à faire que de demander à une directrice d'Ehpad de venir témoigner que tout allait très bien dans son établissement, ceci bien entendu afin d'éviter tout dérapage en direct ; mais pas n'importe quelle directrice ; il s'agit de Mme Romy Lasserre qui avait d'ailleurs publié sur son compte Twitter sa carte d'électrice annonçant avoir voté pour Macron sans hésitation. Elle a posté de nombreux messages d'encouragements aux membres du gouvernement ! C'est ainsi que fonctionne le nouveau monde macronien, en s'auto-congratulant de la sorte et sans jamais craindre le ridicule, pas même le fait de tomber dans l'illégalité.

Pour se rendre compte de la gravité de la situation et démontrer une bonne fois pour toutes que le chiffre avancé des 3000 médecins suspendus est totalement mensonger, il suffit d'aller sur le site de Pôle emploi pour constater le nombre impressionnant d'annonces concernant les personnels soignants : infirmiers, médecins, aides-soignants, ambulanciers, anesthésistes-réanimateurs..., c'est exactement la même chose au niveau des agences d'intérim spécialisées dans le secteur médical, à en croire un reportage[46] de LCI diffusé le 22 septembre 2021 intitulé *Nous sommes sur la corde raide* : les agences d'intérim débordées pour remplacer les soignants non-vaccinés. On peut y lire les déclarations de M. Damien Tardivon, directeur développement Vitalis Médical affirmant : « *Clairement. Nous estimons avoir entre 1200 et 1300 demandes supplémentaires depuis le 15 septembre.* » ! Il ne s'agit ici que de la région de Mulhouse.

La période estivale étant terminée, nous rentrons de plain-pied dans la saison des affections respiratoires et d'une possible remontée de l'épidémie. On vous laisse donc imaginer à quel point la politique gouvernementale est totalement irresponsable, voire criminelle car tout problème sanitaire, quel qu'il soit, ne pourra pas être géré par un hôpital public à genoux. La seule solution qui reste au gouvernement et aux autorités sanitaires sera de déclencher le plan blanc qui est lui-même une catastrophe, car à part rappeler des professionnels en vacances et demander aux autres de travailler un peu plus et de prendre des gardes supplémentaires sur le planning, ça ne suffira jamais à combler le manque. D'autant que l'annulation des autres soins pour tout concentrer sur les malades Covid-19 va causer des dommages collatéraux importants, en raison du retard de prise en charge, sans parler de la rupture de la « continuité de soin », un principe constitutionnel piétiné par le gouvernement. Pour finir, faut-il rappeler qu'il y a également en France des centaines de dentistes (dont moi-même), des médecins libéraux, des orthophonistes, des kinésithérapeutes, des infirmières... qui ne peuvent plus exercer et qui ont donc été obligés d'abandonner leurs patients dans la nature !

J'ai réalisé une revue de presse des 20 dernières années concernant l'état de l'hôpital public lors de l'émission *L'info en questions*[47] n°22 du 5 novembre 2020. La revue de presse commence donc par un article du *Monde* intitulé *Malaise aux urgences* daté du 11 mars 2000 ; il s'agit des urgences de l'Hôtel-Dieu à Paris avec des médecins surmenés, en grève. Dans un autre article du 3 février 2000 intitulé *Martine Aubry face à l'angoisse de l'hôpital public*, il sera question de syndicats en grève. Toujours dans le journal *Le Monde* du 3 octobre 2000, un article intitulé *Panique à l'hôpital*, le journaliste Dominique Dhombres revient sur l'état catastrophique des hôpitaux publics parisiens. Le 10 septembre 2002, le même quotidien publiera l'article *La crise de l'hôpital public réclame des solutions urgentes*. L'article a comme sous-titre : *La pénurie des médecins et d'infirmières, aggravée par la mise en place des 35 heures, compromet les conditions d'accueil et pèse sur les conditions de travail*. Dernière plaie en date, le refus des assureurs de prendre en charge les risques liés à la loi sur le droit des malades. Toujours dans le même journal, vendredi 5 juillet 2002, on apprend que *L'été et les 35 heures aggravent la situation des hôpitaux publics*. On devine déjà que depuis deux ans rien n'a été fait pour améliorer la situation. Le 28 novembre 2003, le quotidien le plus prestigieux de France publiera l'article suivant : *L'hôpital public menacé par la pénurie d'argent et de personnels*. On y apprend que les 1500 hôpitaux publics sont dans une situation dramatique et qu'ils traversent « *une crise sans précédent* » et que les syndicats appellent à une journée d'action le 16 décembre. Le samedi 14 juin 2003, *Le Monde* publiera l'article intitulé *Hôpital au bord de la crise de nerfs*, il parle du documentaire diffusé sur France 2 et réalisé par Monsieur Stéphane Mercurio. Il est question de l'hôpital de Gonesse dans la région parisienne avec une magnifique machine de résonance magnétique qui ne produit aucune image car il n'y a pas de technicien pour la faire fonctionner, sans oublier le manque de lits et de personnels de soins. Le 1er janvier 2004 un autre article du journal *Le Monde* est publié, il est intitulé *SOS hôpital public*. Le 14 mai 2005, on apprend dans les colonnes du même journal que *La pénurie de personnel* [est] *au cœur de l'insécurité en psychiatrie* ! Le sous-titre de cet article est effrayant, je le reproduis ici intégralement afin que tout le monde puisse lire : « *La baisse des effectifs, la mutation dans la formation, l'accroissement de la demande de soins ont contribué à déstabiliser les équipes soignantes et à aggraver les risques, qu'a illustré une récente série de faits divers, dont le double meurtre à l'hôpital psychiatrique de Pau, en 2004.* » Encore une fois, voici les conséquences dramatiques d'une mauvaise gestion de l'hôpital psychiatrique, la mort. Le 24 avril 2006, le même journal dans son éditorial va titrer, *Hôpitaux en panne.* Le 4 septembre 2007, dans l'article *Hôpitaux : une profonde réforme s'impose*, on apprend qu'il faut réduire d'un tiers le nombre d'hôpitaux en France pour optimiser les soins ! En d'autres termes, c'est exactement l'inverse des demandes formulées par les syndicats et les professionnels de santé. En somme, rien de mieux que de détruire l'hôpital pour le réparer ! D'ailleurs, la revue de presse des prochaines années va démontrer que c'est ce qui a été décidé en haut lieu et appliqué méticuleusement sur le terrain. Le mercredi 19 septembre 2007, le même journal va aborder la question des déserts médicaux dans son article *Attention au désert médical* ! C'est exactement le résultat direct et catastrophique de l'avant-dernier article qui expliquait qu'il fallait fermer un tiers des établissements français. On se retrouve avec des déserts médicaux dangereux pour la population, notamment pour les femmes enceintes qui doivent rouler plus d'une heure avant de trouver une maternité qui leur permettra d'accoucher dans de bonnes conditions ; que dire des urgences qui nécessitent une prise en charge dans les plus brefs délais. Le 7 septembre 2008, l'article *On achève bien l'hôpital public* démontre que la loi Bachelot n'avait pour seul objectif que de transformer l'hôpital en entreprise privée avec une activité rentable. C'est d'ailleurs ce qui s'est passé avec la tarification à l'acte. *Le Figaro* du 23 août 2008 titrera quant à lui *Loi Bachelot : le risque d'achever l'hôpital public.* En d'autres termes, tout le monde savait que c'était voué à l'échec, mais la loi a quand même été votée et appliquée. En guise de remerciements, Roselyne Bachelot, ex-salariée de Big Pharma, a été nommée ministre de la culture par Emmanuel Macron. Ceux qui ont lu *Le Monde* du 21 novembre 2008 se souviennent sans doute de l'article *La psychiatrie française va de plus en plus mal.* La situation est tellement dramatique qu'ils sont obligés de relâcher des malades pour en accepter d'autres. On sait aujourd'hui que le confinement et la pression médiatique terrorisant la population ont fait exploser le nombre d'admissions, notamment d'enfants, dans des structures psychiatriques déjà très mal en point. Le mercredi 29 avril 2009, *Les Échos* vont publier l'article *La forte mobilisation hospitalière pousse l'UMP à amender sa réforme.* On y apprend que « *Les médecins parisiens ont fait grève massivement hier pour protester contre la loi de réforme de l'hôpital. Le Premier ministre a convoqué une réunion de crise avec les sénateurs.* ». Dans ce même journal, le lundi 10 août 2009, on peut lire l'article *Grippe : les hôpitaux réclament des moyens supplémentaires face à l'épidémie.* Dans *Le Parisien* du 9 octobre 2010, on peut lire le titre *Samedi noir à l'hôpital de Tenon*[48] dans le XXe arrondissement de la capitale. On peut y lire que « *Les urgences de l'hôpital Tenon ont presque dû fermer leurs portes, faute d'infirmières, pendant 24 heures. Par un jeu de dominos, les urgences de Saint-Antoine (XIe) et Saint-Louis (X^e^) ont à leur tour été engorgées, provoquant de mauvaises prises en charge de malades. À Tenon, les infirmières, visiblement très fatiguées, n'ont pas oublié cet épisode dramatique.* » On vient de parcourir la moitié de cette revue-de-presse, c'est-à-dire une décennie entière, pourtant la situation ne s'améliore pas, bien au contraire, elle est pire puisqu'elle met en danger la vie des malades. En 2000, les recettes[49] de la Sécurité sociale étaient de 1400 milliards de francs, l'équivalent de 213 milliards d'euros d'aujourd'hui. C'est une somme colossale et pourtant depuis, les moyens ne cessent de s'effondrer et de disparaître laissant place à un hôpital public malade. Le 6 octobre 2011, le journal *Sud-Ouest* publie l'article *Tension aux urgences* sous-titré, *Après la mort d'un patient à l'hôpital Marius-Lacroix, le syndicat Sud Santé dénonce un manque de personnel et de lits aux urgences.* Dans les colonnes de *Libération* du 26 février 2013, on apprend qu'il y a un *Sévère coup de froid dans les services d'urgences, que les hôpitaux français sont mis à mal par la recrudescence des épidémies respiratoires.* Dans *Le Monde* du 26 juin 2015, on apprend que *Les hôpitaux de Marseille [sont] mobilisés pour sortir d'une grave crise* ! Dans un article de 2017, intitulé *Grippe : tension dans 142 hôpitaux et déjà l'annonce d'un lourd bilan*, on y apprend qu'un grand nombre d'établissements sont en saturation alors que le pic épidémique n'est même pas encore passé. En d'autres termes, l'hôpital public est incapable en 2017 de gérer une simple crise sanitaire d'une maladie saisonnière ! Dans le journal *Le Monde* du 18 mars 2018, on apprend dans l'article *Hôpital : malaise à l'AP-HP* qu'après des décennies d'économie, les soignants tirent la sonnette d'alarme. On y lit le désarroi d'une infirmière qui abandonne son métier et qui raconte comment il y a huit ans, le service maternité effectuait 2800 accouchements par an contre 3700 aujourd'hui avec exactement le même nombre de soignants ! Ce n'est plus une maternité mais une usine chinoise de baskets Nike... Une autre infirmière du service de gériatrie explique qu'en deux heures il est impossible de faire manger 10 personnes, que leur toilette est également bâclée mais ça on le savait déjà. On peut même lire dans cet article une interview du patron de l'AP-HP, Martin Hirsch, qui est parfaitement conscient du sentiment de « lassitude » et de « souffrance » du personnel de soins. Dans ce même numéro du 18 mars du journal *Le Monde*, on apprend à la page 9, que les urgences sont confrontées à une surchauffe inhabituelle sur l'ensemble du territoire. Cette surchauffe concerne 97 hôpitaux sur 650 et que, faute de lits, de nombreux patients passent la nuit sur des brancards dans les couloirs des urgences. Les urgentistes interviewés se demandent d'ailleurs le pourquoi de cet afflux important étant donné que le pic de l'épidémie de grippe a été passé à la mi-janvier. Le vendredi 14 juin 2019, on peut lire dans un article de *Libération* intitulé *Nous apportons notre soutien à la grève des urgentistes* que les personnels médicaux les plus importants de l'AP-HP soutiennent les grèves à venir car ils ne veulent pas voir mourir l'hôpital public. *Le Monde* du 12 octobre 2009 va publier un article - *Crise à l'hôpital : médecins et soignants appellent à s'unir* - dans lequel on apprend que le Collectif inter-hôpitaux appelle à une grève générale le 14 novembre suivant. « *C'est la dernière chance de sauver l'hôpital public auquel nous croyons* » déclare le Pr Antoine Pelissolo, chef de service en psychiatrie de l'hôpital Henri-Mondor de Créteil. La principale revendication sera bien entendu l'arrêt immédiat de la fermeture des lits ainsi qu'une augmentation des salaires qui sont, à vrai dire, assez insultants. D'ailleurs, on pourra trouver dans l'édition du journal *Le Monde* du 14 novembre un article qui concerne la grève des soignants, intitulé *Crise dans les hôpitaux : les soignants en colère dans la rue.* On y apprend que les urgences de l'hôpital de Mulhouse risquent de fermer pour manque de médecins en nombre suffisant. Nous sommes arrivés ici au terme de cette revue de presse qui démontre qu'à la veille de la crise sanitaire du Covid-19, l'hôpital public français était déjà dans une situation lamentable.

On peut lire dans un article du *Parisien*[50] du 24 avril 2019, interviewant le Dr Christophe Prudhomme, porte-parole d'un syndicat d'urgentistes, que les différents gouvernements français successifs ont fermé 100.000 lits en 20 ans : « *En février, une femme a perdu son enfant à l'hôpital de Die, dans la Drôme, qui ne disposait plus de maternité, une autre est décédée à Concarneau, dans le Finistère, parce qu'il n'y a plus d'urgences à partir de 19 heures. On a fermé 100.000 lits en vingt ans !* » C'est un véritable massacre, un sabotage en bonne et due forme de l'hôpital public malgré plus de 200 milliards d'euros de budget annuel versé par les cotisants et les entreprises. Les conséquences sont dramatiques étant donné que la France a perdu la moitié de ses maternités. La maman a perdu son bébé à l'hôpital de Die car il est à plus d'une heure de Valence et de Montélimar ; la ville de Die n'a plus de maternité depuis le 31 décembre 2017, comment est-ce possible ?

Faut-il rappeler qu'en parallèle avec cette baisse de 100.000 lits d'hospitalisation en deux décennies, la population générale française a augmenté de près de 7 millions[51] d'individus sans oublier un vieillissement certain. Ceci aurait dû pousser les autorités à augmenter préventivement les moyens hospitaliers comme la logique l'impose, mais il a conduit plutôt à la mise en place du plan blanc dans différentes régions de France ainsi que la fermeture de nombreux services. Ceci engendrera un retard de soins, une rupture anticonstitutionnelle du contrat de soins qui causera certainement des pertes de chance et donc des dégâts qui feront plus tard l'objet de poursuites pénales par les victimes.

L'hôpital public français ne pourra jamais faire face à une véritable catastrophe sanitaire, comme un tremblement de terre sévère, un tsunami sur ses côtes, une canicule comme celle de 2003 ou une épidémie de grippe saisonnière comme celles de 2015 ou 2017. Ce ne sera pas du tout à cause de la catastrophe sanitaire elle-même, mais à cause du manque de moyens hospitaliers.

Concernant Olivier Véran, en restant sur la problématique du manque de moyens de l'hôpital public français, faut-il rappeler qu'il avait promis aux Français de passer de 5000 à 12.000 lits de réanimation ; c'était lors de la première vague épidémique. Depuis, les mois passent, les vagues se succèdent... malgré une estimation de 9000 malades en réanimation réalisée par l'institut Pasteur, la France ne s'est pas dotée d'un seul lit de réanimation supplémentaire[52]. C'est extraordinaire, du jamais vu, d'autant que c'est ce nombre de lits très insuffisant pour un pays de 67 millions d'habitants qui entre en ligne de compte dans la prise de décision et la mise en place par les autorités des confinements et des couvre-feux destructeurs de santé mentale et d'économie. Pour la comparaison, l'Allemagne dispose de 25.000 lits pour une population de 83 millions d'habitants. Même le *Figaro* se pose la question dans son article *Pourquoi le nombre de lits de réanimation en France n'a pas augmenté depuis mars* en relevant le mensonge d'Olivier Véran. Le Pr Philippe Juvin a déclaré sur France Info : « *C'est quand même assez incroyable que huit mois après la crise, on soit dans un système où on n'a pas augmenté le nombre de lits de réanimation ou d'hospitalisations, on l'a même réduit. Paradoxalement, au mois d'octobre, nous risquons d'avoir moins de moyens hospitaliers à la disposition des malades du Covid qu'au mois de mars* ». Comment est-ce possible ? D'ailleurs, étant donné la baisse très importante du nombre de cas covid en réanimation, le gouvernement n'a rien trouvé de plus judicieux à faire que de mettre en avant le nombre de cas positifs et non plus le nombre de malades graves. Du coup, il suffisait de tester de plus en plus de gens pour faire croire que l'épidémie était très grave alors que la mortalité n'a cessé de baisser depuis.

Avant d'en finir avec Olivier Véran, l'actuel ministre de la santé, il faut parler d'un grossier mensonge qu'il va balancer à la télévision concernant la phase actuelle de l'essai clinique des vaccins anti Covid-19. Il affirmera en direct sur la chaîne LCI lors d'une visite à Villeneuve-la-Garenne : « *De la même manière, parmi les fake newss qu'on entend, il y a celle qui consiste à dire que le vaccin serait encore en cours d'expérimentation, c'est absolument faux, la phase 3 est terminée depuis des mois, elle est validée* » !

La journaliste des *Décodeurs*, Assma Maad, a publié un article[53], censé être la vérification d'une information donnée, qu'il est impossible de qualifier correctement, tant la langue française pourtant si belle et si riche est malheureusement démunie d'adjectif adéquat, tellement il est impressionnant de bêtise et de mauvaise foi, à tel point que nous sommes enclins à le comparer à une usine de fausses nouvelles et de fake niouzes ! Du coup, les manipulateurs et mythomanes des *Décodeurs* sont venus à la rescousse d'un autre mythomane récidiviste très connu du grand public français ! À l'instar de la justice qui n'a pas voulu condamner Laurent Fabius dans l'affaire du sang contaminé, en donnant naissance au nouveau concept de *responsable mais pas coupable*, les Décodeurs du *Monde* ont créé un autre concept révolutionnaire : « Il a tort mais il a raison quand même » ! C'est nouveau, ça vient de sortir, c'est financé par Bill Gates. Dit autrement, nous avons affaire à une inversion accusatoire. C'est tellement ridicule et pathétique qu'il suffit de lire les quelques commentaires[54] sous le tweet des *Décodeurs* pour voir à quel point le public se moque d'une si grossière manipulation. Les *Décodeurs* sont devenus la risée du Net, en somme de vulgaires trolls. Cette journaliste a même appelé Pfizer qui a confirmé l'information donnée par notre site et qui était disponible sur Internet avec trois simples clics ! Tout le monde est au courant sauf les *Décodeurs* et Véran. L'astuce utilisée par la journaliste (*sic*) est d'employer le terme se « *méprendre* » en lieu et place de « *mensonge* », le mensonge commis par Olivier Véran. La technique aurait pu marcher s'il n'était pas médecin et qu'il ne connaissait pas par cœur les quatre phases des essais cliniques ! On aurait pu accepter une telle méprise si ces mêmes mythomanes n'avaient pas pendant des mois crié à l'escroquerie concernant l'hydroxychloroquine en expliquant qu'il n'y avait aucun essai clinique randomisé mené en double aveugle avec placebo, seule méthode valable pour garantir sa fiabilité. Mais là où la journaliste s'avérera dangereuse par son incompétence et sa mauvaise foi, c'est lorsqu'elle essaiera de faire passer la phase 4 pour la phase 3. La phase 3 des essais cliniques est capitale, elle s'effectue sur un grand nombre de patients avec en face le groupe placebo afin de déterminer l'efficacité et la sécurité du traitement. Ce n'est qu'à l'issue de cette phase 3 que l'autorisation de mise sur le marché définitive – valable cinq ans – est accordée aux fabricants. Ensuite, le fabricant sera obligé de contrôler et de surveiller la commercialisation du médicament en phase 4 ; le médicament est surveillé tout au long de sa commercialisation. Ainsi, la journaliste et ses complices vont essayer de faire accroire à leurs lecteurs que la phase 3 est un luxe, un genre de service rendu par les laboratoires, une option supplémentaire de sécurité offerte, eux qui ont un cœur gros comme ça, c'est connu ! C'est d'autant plus grave que l'inamovible et ubiquitaire Mathieu Molimard, pharmacien hospitalier à Bordeaux, va mentir en affirmant qu'il n'y a jamais eu de vaccin qui ait produit des effets secondaires à long terme, au-delà de 2 mois d'utilisation ! Nous pouvons lui donner un contre exemple, celui du vaccin de la grippe[55] A H1N1 de 2009 – avec le Pandemrix© - qui a causé des centaines de narcolepsies cataplexies dont les victimes n'ont d'ailleurs toujours pas été indemnisées à ce jour par l'Oniam ! C'est donc tout simplement une fake news. Qu'en est-il du scandale meurtrier du Dengvaxia©[56] de Sanofi aux Philippines ? Ils n'avaient pas vu venir les graves effets indésirables non plus lors des essais avant commercialisation et le lancement d'une campagne de vaccination sur plus de 850.000 élèves ! Mathieu Molimard ne peut pas ignorer le fait que la fin de la phase 3 est obligatoire pour obtenir l'AMM, c'est son métier, il doit le savoir et pourtant il affirme le contraire ! Mathieu Molimard sait qu'il est impossible de rendre obligatoire un vaccin en phase 3, car cela reviendrait à contraindre les Français à participer à un essai thérapeutique sans leur consentement, ce qui est puni par la loi ! Enfin, avancer le chiffre de 3 milliards de vaccinés comme si cela représentait une garantie d'efficacité et d'innocuité relève de l'escroquerie intellectuelle. Pendant des décennies le Mediator© était vendu en France à des millions de consommateurs alors qu'il tuait chaque année des centaines d'entre eux ! N'importe quel médecin qui aurait alerté de la dangerosité du Mediator© à ce moment là, aurait été traité de complotiste et on lui aurait sorti le chiffre de 5 millions de consommateurs et l'absence de remontée de la pharmacovigilance ! Tout le monde sait que la pharmacovigilance est totalement corrompue en France et que l'ANSM a été condamnée[57] justement dans le cadre du scandale meurtrier du Mediator© de Servier. Bref, Assma Maad devrait reprendre les cours de journalisme et les chiader sérieusement. Elle devrait apprendre par cœur la charte de Munich et la recopier 1000 fois, ça ne lui ferait que du bien. Elle est loin, très loin, l'époque où *Le Monde* de Hubert Beuve-Méry était considéré comme le journal français de référence.

Puisqu'il était question précédemment de M. Martin Hirsch, qu'en est-il de ses mensonges ? Ils sont nombreux et ils datent d'avant la crise sanitaire. Le patron de l'AP-HP s'est à de nombreuses reprises illustré par la facilité avec laquelle il ment à son auditoire. On peut rappeler l'épisode des Gilets jaunes alors qu'ils étaient violentés par les forces de l'ordre de la macronie le 1er mai 2019, ils ont essayé tant bien que mal de se réfugier, totalement terrorisés, dans le parking de l'hôpital de la Pitié-Salpêtrière. Immédiatement, Martin Hirsch a déclaré dans un tweet[58] puis à la télévision (BFM le 1er mai à 22h et sur France Info le 2 mai à 7h10) qu'ils voulaient rentrer pour débrancher les monitorings des lits de malades en réanimation, laissant imaginer que c'est pour les tuer ! Pourtant, l'hôpital public aurait dû jouer justement son rôle de protection de civils français qui manifestaient dans la rue et qui ont été violentés par les forces de l'ordre. Nous allons apprendre le 17 avril 2019 à la page trois du *Canard enchaîné* dans un article[59] signé Jérôme Canard intitulé : *Les blouses blanches face à un drôle de fichage des gilets jaunes* que des médecins ont participé au fichage de manifestants Gilets jaunes pour aider la police, que les établissements de l'Assistance Publique-Hôpitaux de Paris ont « *noté avec zèle le nom des blessés de certaines manifs* » ! Rien à rajouter, tout est dit. Nous vous conseillons d'ailleurs de lire l'excellent article du site *Acrimed*[60] qui revient sur ce scandale politico-médiatique. Ensuite ce sera le cas du Dr Sabrina Ali Benali qui, en 2017, alors qu'elle était interne de l'AP-HP alertait sur la situation catastrophique de l'hôpital public. Habitué de diffuser des fake news, Martin Hirsch ira sur le plateau de France inter, dans l'émission *Le téléphone sonne* affirmer qu'elle n'est pas du tout interne à l'AP-HP. Le lendemain, Patrick Cohen qui avait invité la veille Sabrina Ali Benali, s'excusait auprès de ses auditeurs en expliquant qu'il avait le sentiment de s'être fait gruger par cette dernière. Du coup, le Dr Sabrina Ali Bénali publiera un droit de réponse[61] sur le site du *Huffington Post* qui démontre à quel point Martin Hirsch est un mythomane invétéré qui ne recule devant rien. Bien entendu, le très mauvais journaliste Patrick Cohen pouvait facilement se procurer les preuves que Sabrina Ali Benali travaillait bien pour l'Assistance Publique des hôpitaux de Paris puisqu'elle leur avait fourni ses fiches de paie. Mais c'est sans compter sur la malhonnêteté, la bassesse, l'incompétence crasse de ces salariés du service public qui n'ont cessé de mentir et qui ne cessent de le faire à ce jour. Nous pouvons également rappeler, concernant le directeur de l'AP-HP l'affaire du Tocilizumab[62], un anticorps monoclonal utilisé pour combattre le Covid-19 mais qui n'a pas du tout marché alors que Martin Hirsch avait annoncé le 27 avril une amélioration des malades avec ce traitement : « *Dans ce contexte pandémique et dans un intérêt thérapeutique, nous avons considéré qu'il était éthique de partager ces informations* ». Ceci a conduit à la démission de la totalité du Comité de surveillance des essais Covid-19 en raison d'un « *vif désaccord* ». Cette démission collective a été bien entendu cachée par l'AP-HP puisque c'est le *Canard enchaîné* du 5 mai 2021 qui va nous en informer. L'hebdomadaire du mercredi explique que « *Pour ces experts, non seulement il était trop tôt pour tirer des conclusions et annoncer des résultats positifs, mais la conduite de cette étude est entachée de nombreux dysfonctionnements tels que des changements de critères en cours de route* ». Nous avons donc un directeur de l'AP-HP qui décide de court-circuiter tout le protocole, au motif que, selon lui, il existe un contexte pandémique d'urgence ; cette même situation d'urgence a été refusée au Pr Didier Raoult lorsqu'il avait communiqué sur l'hydroxychloroquine. À propos du tocilizumab, nous apprendrons le 22 janvier 2021 sur le site legeneraliste.fr qu'une étude[63] brésilienne publiée dans le British Medical Journal (BMJ), a révélé qu'il était plus délétère qu'efficace sur les formes graves de la maladie. Est-il utile de rappeler que M. Martin Hirsch n'a aucune formation médicale ; c'est un simple énarque, un technicien.

Il était question jusque-là de l'AP-HP, voyons ce qu'il en est de sa cousine marseillaise, l'AP-HM ! J'ai personnellement vécu un moment de grande solitude en avril 2020 lorsque je m'étais présenté à l'IHU Méditerranée de Marseille pour subir un test PCR à l'appel d'un ami qui travaille au sein de cette institution et qui m'a demandé de venir pour constater de visu la queue interminable de Marseillais venant se faire tester. Je me présente sur les lieux, me fais tester et en sortant, je filme la queue interminable, en serpentin, s'étendant jusqu'au métro la Timone. La vidéo[64] de 5min39 est diffusée en live sur Facebook le 20 mars 2020 et devient virale comptabilisant près de 3 millions de vues en quelques jours. Le 21 mars 2020 la page Facebook de l'AP-HM publiera le communiqué[65] mensonger suivant : « *Attention l'IHU Méditerranée Infection ne pratique pas le dépistage systématique. Ne vous présentez pas spontanément à l'Hôpital de la Timone ni dans aucun autre hôpital pour vous faire dépister. #RestezChezvous #Aidezlessoignants !* ». La page Facebook de l'ARS Paca reprendra le communiqué en ajoutant : « *Fake News. Ne vous présentez pas spontanément à l'hôpital de la Timone de Marseille pour vous faire dépister Covid-19*[66] » (*cf.* annexe n°1). L'ARS région PACA vient d'inventer un nouveau concept, la double fake news ! Le surlendemain, les médias nationaux vont confirmer mon information. De toute façon, il eût été très compliqué de cacher longtemps cette réalité en raison de la longueur de la file d'attente devant l'IHU dont la bâtisse longe le très embouteillé boulevard Jean Moulin reliant l'autoroute Est à l'autoroute Nord. Depuis, l'IHU Méditerranée a testé à ce jour, 300.000 Marseillais et soigné 30.000. Au même moment, les autorités officielles demandaient aux gens de rester chez eux et de prendre du paracétamol en cas de contagion. On connaît le résultat final, une des plus élevées mortalités au monde.

Un autre mensonge s'est très vite imposé dans le narratif officiel, il concerne l'origine du SARS-CoV-2, qui s'est transformée en sujet tabou relevant de l'excommunication immédiate. Il est inconcevable aujourd'hui en France d'affirmer que le virus est d'origine laborantine, c'est-à-dire humaine. Il ne s'agit pas ici de dire s'il a été fabriqué de manière à tuer intentionnellement le plus de gens possible, mais qu'il pourrait être question tout simplement d'une fuite accidentelle. Il est juste question d'émettre l'hypothèse d'une possible origine humaine du virus, ce qui a été totalement interdit par la Doxa. Tous les médias se sont mis à contrer cette hypothèse avec l'éclosion d'une ribambelle de sites de vérification de l'information – *check news* - ainsi qu'une censure extraordinairement violente et implacable au niveau des réseaux sociaux – Facebook et Twitter - ou sur la plateforme vidéo YouTube. On se souvient tous du pseudo débunkage du film *Hold-Up* par les médias mainstream. Tous ceux qui affirment l'inverse de la Doxa sont traités de « complotistes » ! Pourtant, ce n'est pas la première fois qu'un virus extrêmement dangereux s'échappe accidentellement des laboratoires les plus sophistiqués du monde, le Pr Didier Raoult en a régulièrement parlé dans ses livres. De plus, comment expliquer l'extrême diversité de la symptomatologie du Covid-19 : infections respiratoires, troubles digestifs, troubles nerveux (anosmie et agueusie), troubles de la mémoire, problèmes rénaux, troubles de la coagulation (thrombose, destruction de plaquettes...)... c'est un indice supplémentaire laissant à penser qu'il s'agit bien d'un patchwork de virus.

On se souvient également du professeur Luc Montagnier, prix Nobel de médecine, qui s'était fait littéralement atomiser par les médias pour avoir osé dire le 23 septembre 2020 sur le plateau de Cnews dans la matinale de Pascal Praud[67] que c'était un virus d'origine humaine. Nous avons pu d'ailleurs constater à ce moment précis que des chroniqueurs télé bac+2 totalement incultes en matière de génétique, pouvaient traiter un prix Nobel de médecine, découvreur du virus du VIH, de vulgaire charlatan sénile !

La propagande médiatique va se répandre en France. Concernant les origines du virus, dès le 29 janvier 2020, la rubrique Santé du site lefigaro.fr affirmera avec certitude et détermination que « *C'est la théorie du complot par excellence*[68] » ; pourtant, à cette époque, il n'en savait absolument rien. Le 15 avril 2020 ce sera la rubrique fact checking de RTL qui va récidiver avec l'article *Coronavirus : non, le virus n'a pas été fabriqué dans un laboratoire chinois*[69]. Ensuite ce sera un article[70] de l'AFP Factuel - on y reviendra plus loin dans le chapitre médias - publié le 31 mai 2021 qui continue de soutenir la Doxa. Le papier laisse croire que le pangolin pourrait être responsable de la transmission du virus de la chauve-souris à l'homme. Les déclarations du professeur Luc Montagnier sont évacuées d'un revers de main en expliquant qu'il a été désavoué par ses pairs, ce qui est totalement mensonger et l'avenir le prouvera. Enfin, l'article affirme que des scientifiques ont étudié le génome du SARS-CoV-2 et qu'ils ont conclu qu'il ne pouvait être que d'origine naturelle ce qui est totalement faux puisque nous apprendrons plus tard que personne n'a eu accès à la banque de données du laboratoire P4 de Wuhan puisque cette dernière a été retirée du Net par les autorités chinoises quelques mois avant le début de l'épidémie (en septembre 2019). Shi Zhengli a affirmé dans un courriel que la base de données avait été piratée au début de l'épidémie de Covid-19 alors que c'est totalement faux, on le sait maintenant.

Pire encore, l'agence de presse va, pour appuyer son argumentaire, utiliser une tribune[71] publiée dans le prestigieux Lancet britannique du 19 février 2020. Contrairement à ce que peuvent croire de nombreux lecteurs, le Lancetgate de l'hydroxychloroquine - on y reviendra plus loin - n'est pas la première grande fraude de cette revue médicale, c'est la deuxième puisque cette tribune est la première escroquerie officialisée par le journal médical. Les auteurs de la tribune vont citer de nombreuses autres études ainsi qu'une lettre des présidents des académies nationales des sciences, de l'ingénierie et de la médecine des États-Unis pour lui donner le maximum possible de crédit. Nous allons d'ailleurs observer l'apparition du terme « complotiste » pour la première fois dans cette tribune concernant une possible origine laborantine et humaine du virus. L'un des auteurs principaux de la tribune est un certain Peter Daszak, président de l'EcoHealth Alliance, une organisation US financée par l'Institut Antony Fauci. Selon un article du site de *France Soir*[72] : « *... il entretient des relations étroites avec le chef du laboratoire de Virologie de Wuhan (WIV), le Dr Shi Zhengli dont il a financé des recherches sur le gain de fonction des coronavirus venant des chauves-souris* ». Son nombre impressionnant de conflits d'intérêts ne l'a pas empêché d'appartenir au groupe de 28 experts internationaux partis en Chine à la découverte des origines du virus ! On croit rêver. Malgré tout, nous apprendrons que le journal du Lancet va l'exclure[73] de son équipe de recherches car il n'a pas déclaré tous ces conflits d'intérêts. Peter Daszak a quand même eu le culot d'affirmer sans rougir que la Chine est un pays exemplaire sur le plan de la transparence !

On sait aujourd'hui que tout était faux car petit à petit, au fil du temps, ces derniers mois, les médias ont commencé à parler de cette possible origine laborantine. Ce qui était considéré comme complotiste et dangereux en février-mars 2020 devient aujourd'hui une simple information. Le 7 novembre 2020, le journaliste Julien Pain publiera sur son Twitter une vidéo[74] issue de sa rubrique de fact checking *France Info*. Il y explique calmement que le pangolin n'a plus rien à voir avec cette affaire, ni d'ailleurs le fameux marché de bestiaux de Wuhan. Il parle des différentes hypothèses et affirme que la 3ᵉ pourrait être celle d'un laboratoire et que, s'appuyant sur les travaux du chercheur marseillais Étienne Decroly, les patchworks viraux sont couramment réalisés. Il termine en appuyant le fait que la réponse à la question de l'origine du virus ne peut être résolue que par une commission d'enquête qui se déplace au laboratoire P4 de Wuhan, ce que la Chine empêche[75] depuis le début. Du coup, on aimerait bien savoir comment se fait-il qu'au début de l'année 2020 les médias affirmaient l'inverse en s'appuyant sur des scientifiques totalement ignorants ! On apprend même dans un encadré du *Canard enchaîné* du mercredi 7 juillet 2021 en page 8, repris d'une information du *Wall Street Journal*, que les autorités chinoises faisaient disparaître le maximum de preuves. De toute façon, le PCC affirme que le virus a été importé dans de la viande congelée occidentale. Le 6 février 2021, *Newsweek* va publier un article[76] explosif qui montre comment une équipe de citoyens – 24 personnes environ disséminées dans le monde entier – a réussi ce que les milliards de la presse mainstream n'a même pas osé faire. Les preuves accumulées par l'équipe DRASTIC sont accablantes pour la Chine et démontrent clairement que la fuite du virus du laboratoire P4 de Wuhan est plus que probable, elle devient évidente contrairement à la propagande initiale.

Ensuite ça s'enchaîne assez vite puisqu'un article[77] du *Daily Mail* publié le 28 mai 2021 va faire l'effet d'une bombe. On y apprend que des manipulations ont été réalisées sur l'ARN viral puis une rétro-ingénierie afin de « camoufler » leurs modifications ! Le tout pour réaliser des « gains de fonctions » qui rendent les virus plus contagieux, plus pathogènes ! Les auteurs de l'article sont deux éminents scientifiques, le britannique Pr Angus Dalgleish et le virologue norvégien, le Dr Birger Sørensen. La théorie qui consiste à faire croire que le virus résulte d'un accident de laboratoire ne tient plus car il eût fallu ne pas essayer de camoufler les modification de l'ARN, ne pas effacer les données du site du laboratoire P4 de Wuhan, laisser les spécialistes chercher l'origine du virus en toute liberté, ne pas empêcher l'accès aux fameuses grottes de chauves-souris… Quand on a été responsable d'un grave accident, même mortel, on n'essaie pas de se débarrasser du cadavre en essuyant les empreintes et en nettoyant la scène du crime !

Un article explosif publié sur le *Wall Street Journal* le 6 juin dernier par le Dr Quay et le Pr Muller démontre avec clarté pourquoi la séquence ARN du SARS-CoV-2 signe sa provenance laborantine. Il n'y a que le laboratoire P4 de Wuhan à être capable de produire un tel virus d'autant que l'on sait maintenant que des travaux d'ingénierie moléculaire de « gain de fonction » ont été réalisés en grande quantité sur les coronavirus. La preuve est très claire, il s'agit d'une balise génétique, le code ARN CGG-CGG codant pour l'arginine et que l'on retrouve sur le SARS-CoV-2. Ce codage est introuvable à l'état naturel alors qu'il est très souvent utilisé, car simple, dans les laboratoires. C'est d'autant plus étonnant que cette modification va accroître la capacité du virus à entrer dans les cellules et ainsi faire exploser la contagiosité ! Comme à l'accoutumée, le *WSJ* publie un article long, exhaustif, tout le contraire de ce que produit la presse hexagonale.

Le 13 août 2021 un article du *Dauphiné*[78] confirmera cette origine laborantine plus que « probable » du virus. La presse française ne considère plus le sujet comme tabou, sauf qu'elle ne s'excusera jamais d'avoir pourtant diffusé de fausses nouvelles en condamnant violemment tous ses adversaires et contradicteurs. D'ailleurs, la feuille de chou du *Point*, pour ne pas dire torchon, a publié le 17 septembre 2021 un article intitulé *Covid-19 : pourquoi la thèse du laboratoire n'est plus une théorie du complot* ! En effet, « *La question de l'origine naturelle ou synthétique du SARS-CoV-2 ne doit pas dépendre d'un agenda politique ou de logiques de communication. Elle mérite d'être examinée à la lumière des données scientifiques à notre disposition.*[79] » comme l'explique parfaitement le Dr et directeur de recherche au CNRS Étienne Decroly. Malheureusement, les médias ont très vite politisé le débat en diabolisant toute parole contraire à la leur.

Le livre *SARS-CoV-2 : aux origines du mal*, une enquête du journaliste Brice Perrier aux éditions Belin, paru en mai 2021, revient sur les mensonges concernant les origines du virus et confirme quasiment tout ce qui a été écrit ci-dessus[80]. Il n'a pas eu droit, hélas, à une grande couverture médiatique.

Venons-en maintenant à la plus grande fraude scientifique du siècle, certainement de toute l'histoire humaine, le « LancetGate ». La situation de la corruption médicale dans le monde entier a tellement dégénéré que nous sommes ici face à un scandale humiliant dans lequel sont impliqués un professeur de Harvard, la plus prestigieuse revue médicale au monde – The Lancet – et une actrice de charme ! C'est gravement insultant pour le corps médical, mais c'est ainsi que fonctionne la corruption ; elle avili tout sur son passage. Je dois à la vérité de rappeler que j'ai dénoncé la supercherie Surgisphere, publiée par le Lancet le 23 mai 2020, dès le lendemain de la publication dans une vidéo[81] en direct. C'est un détail important à rappeler, car l'excuse brandie par Richard Horton, rédacteur du Lancet, concernant les lecteurs des études ne tient pas la route, elle est même risible. À la lecture des premières lignes de l'article du Lancet, précisant qu'il était question de 96.000 dossiers médicaux, j'ai immédiatement compris que c'était une mauvaise farce. Pourquoi ? Tout simplement parce qu'il est impossible de produire une étude aussi massive en si peu de temps, sachant que chaque dossier contient des centaines de données (nom, prénom, âge, sexe, poids, comorbidités, analyses sanguines, urinaires, oxymétrie, scanner, électrocardiogramme... tout au long de l'hospitalisation). Ensuite, sachant qu'il est question de centaines d'hôpitaux disséminés à travers le monde entier, parlant différentes langues, la mise en page des tableurs statistiques nécessiterait outre un temps inouï, des dizaines de bras et des millions de dollars de budget que personne ne mettra sur la table et certainement pas Big Pharma, car il n'y a aucune possibilité de réaliser le moindre bénéfice. Pour avoir moi-même validé un diplôme d'études approfondies en anthropologie biologique à la faculté de médecine de Marseille, j'ai dû réaliser des statistiques sur des dizaines de milliers de mesures qualitatives et quantitatives, je sais parfaitement le temps nécessaire à une telle étude. Ensuite, j'ai cité dans ma vidéo le scandale de l'empoisonnement des eaux en Virginie par l'industriel Dupont de Nemours, fabriquant des plaques Tefal. J'invite d'ailleurs les lecteurs à visionner le film *Dark Waters* qui raconte l'histoire de l'avocat Robert Billot qui a attaqué l'industriel pour avoir empoisonné des milliers de personnes et dont les propres salariés étaient en train de mourir de cancers, l'un après l'autre. Après avoir réussi à obtenir de la justice que soient réalisées des analyses toxicologiques des consommateurs d'eau de la région contaminée, dont le nombre est évalué à 36.000 personnes, les résultats ne sont tombés que sept ans plus tard, analysés par quatre épidémiologistes. Si vous multipliez le chiffre de 36.000 par trois, comment est-il possible de diviser le temps nécessaire à la publication d'une telle étude par 28 ? C'est inconcevable d'autant que personne ne s'est proposé pour financer une telle folie.

Afin de traiter ce sujet de la corruption systémique, je vais m'appuyer sur le communiqué se rapportant au dernier film *Hold-up,* émanant de l'Académie des sciences, l'Académie nationale de médecine, l'Académie nationale de Pharmacie et l'Académie des technologies. Ce communiqué publié à Paris le 26 novembre 2020 s'attaque avec virulence au documentaire de M. Pierre Barnérias, en concluant : « *Au-delà de la santé, les attaques contre la science affectent aujourd'hui de nombreux aspects de la vie de nos sociétés. Ces attaques invitent scientifiques, éducateurs, professionnels des médias et citoyens à la plus grande vigilance.* […] *Nos Académies s'y engagent résolument* » !

Du coup, étant donné qu'ils invitent à la plus grande vigilance contre la fausse science on aimerait bien avoir leur avis en ce qui concerne la corruption de la science dans les milieux académiques. Il ne s'agit pas ici d'un simple documentaire réalisé par un citoyen qui se pose des questions légitimes sur la gestion calamiteuse de la crise sanitaire par l'exécutif et ce, avec son propre argent ; il s'agit de la corruption massive et systémique de la recherche scientifique. Il est question ici des plus prestigieuses revues scientifiques médicales mondiales. Il faut bien comprendre que la carrière d'un chercheur français ou d'un praticien hospitalier dépend de ces revues, comme le Lancet, NEJM, BMJ, JAMA... Ensuite, quand on est médecin et que l'on veut se tenir au courant des avancées scientifiques, on s'abonne à ces revues prestigieuses. Le classement 2020 des plus importantes revues est le suivant, par ordre décroissant, en fonction du facteur d'impact : NEJM, Nature, Lancet, BMJ, Annals of Internal Medicine, JAMA ! Vous remarquerez qu'aucune revue française n'est citée.

Précisément, les rédacteurs en chef de trois de ces journaux très importants ont écrit des tribunes incendiaires contre la corruption de la science. Nous pouvons commencer, suivant un ordre chronologique, par le Dr Marcia Angell, la rédactrice en chef du célèbre NEJM, ayant appartenu au staff de rédaction de 1979 à 2000 ; elle déclara en 2004 dans un article intitulé *Sociétés pharmaceutiques et médecins, une histoire de corruption* : « *Il n'est tout simplement plus possible de croire une grande partie des publications de la recherche clinique, ni de compter sur le jugement des médecins expérimentés ou les directives médicales faisant autorité. Je ne prends aucun plaisir à formuler cette conclusion, à laquelle je suis parvenue lentement et à contrecœur lors de mes deux décennies passées au poste de rédacteur en chef du New England Journal of Medicine.* » Elle ajoutera plus tard : « *Au cours des deux dernières décennies, l'industrie pharmaceutique s'est très éloignée de son objectif initial de découvrir et de produire de nouveaux médicaments utiles. Désormais essentiellement réduite à une machine marketing pour vendre des médicaments dont les bienfaits sont douteux, cette industrie utilise sa richesse et son pouvoir pour coopter toutes les institutions qui pourraient lui faire obstacle, notamment le Congrès américain, la FDA, les centres médicaux universitaires et la profession médicale elle-même.* » !

Le Dr Catherine D. DeAngelis, rédactrice en chef du non moins prestigieux JAMA est d'accord avec sa consœur Marcia Angell puisqu'elle a publié en mars 2016 dans le « *Milbank Quarterly* » un papier dans lequel elle critique le prix exorbitant des médicaments et les stratégies lamentables de Big Pharma pour les maintenir toujours très haut. Elle affirme que : « *Big Pharma a franchi la ligne des bénéfices raisonnables aux bénéfices contraires à l'éthique.* » !

Revenons à la très sérieuse problématique de la corruption de la science. Richard Horton qui s'occupe du Lancet depuis plus de deux décennies, depuis 1995 pour être précis, et toujours en poste, a publié une tribune explosive en avril 2015 qui avait fait beaucoup de bruit dans le Landerneau scientifique, intitulée *What is medicine's 5 sigma ?* à savoir *Qu'est-ce que le 5 sigma de la médecine ?* dans laquelle il déclare : « *Une grande partie de la littérature scientifique, sans doute la moitié, pourrait être tout simplement fausse. Affligée d'études avec des échantillons réduits, d'effets infimes, d'analyses préliminaires invalides, et de conflits d'intérêts flagrants, avec l'obsession de suivre les tendances d'importance douteuse, à la mode, la science a pris le mauvais tournant conduisant vers les ténèbres.* » citation dont la référence est : Vol 385 April 11, 2015. Le Dr R. Horton est membre du Collège royal de médecine ainsi que de l'Academy of Medical Sciences.

Si vous n'êtes pas encore convaincus de la gravité de la situation, nous allons citer à présent le rédacteur en chef du BMJ, le Dr Kamran Abbasi. Il a publié une tribune dans son journal le 13 novembre dernier intitulée *Quand la bonne science est supprimée par le complexe médico-politique, les gens meurent.* Tribune dans laquelle il déclare le plus simplement du monde : « *La science est supprimée à des fins politiques et financières. Covid-19 a déclenché la corruption d'État à grande échelle, et il est nocif pour la santé publique. Les politiciens et l'industrie sont responsables de ce détournement de fonds opportuniste. Il en va de même pour les scientifiques et les experts en santé. La pandémie a révélé comment le complexe médico-politique peut être manipulé en cas d'urgence - à un moment où il est encore plus important de sauvegarder la science -.* », puis conclut son article ainsi : « *Il est important de noter que la suppression de la science, que ce soit en retardant la publication, en sélectionnant des recherches favorables ou en bâillonnant les scientifiques, est un danger pour la santé publique, causant des décès en exposant les gens à des interventions dangereuses ou inefficaces et en les empêchant de bénéficier de meilleurs soins. Et, à mesure que les puissants gagnent en succès, s'enrichissent et s'enivrent davantage de pouvoir, les vérités pratiques de la science sont supprimées. Lorsque la bonne science est supprimée, les gens meurent.* »

On peut ajouter à ces déclarations inquiétantes les écrits nombreux du Dr Peter C. Gøtzsche concernant la corruption du système de santé par Big Pharma et dont j'ai déjà parlé au moment où j'ai eu à présenter son livre *Médicaments mortels et crime organisé : comment les grandes entreprises pharmaceutiques ont corrompu les soins de santé !* Le Dr Peter C. Gøtzsche est un médecin et chercheur danois, il est cofondateur de la célèbre « Collaboration Cochrane » en 1993 ! Il informe le public néophyte, hélas trop ignorant, de la réalité du danger d'une surconsommation de médicaments qui est la troisième cause de mortalité dans le monde après les cancers et les maladies cardio-vasculaires !

Nous pouvons également évoquer ici le livre du Dr John Virapen, *Médicaments effets secondaires : la Mort*, préfacé par le Pr Philippe Even, dans lequel il fait part de son expérience de PDG du très gros laboratoire américain Eli Lilly, en Suède. Dans une sorte de confession, il écrira : « *J'ai été certes manipulé, mais sans me poser de questions. J'ai vendu mon âme au diable.* » Il y a malheureusement tant d'autres livres qui rapportent les dérives et les scandales meurtriers de Big Pharma...

Ainsi, nous aimerions bien connaître l'avis de ces quatre académies prestigieuses concernant la véritable corruption de la science, sa suppression même, selon les mots du Dr Kamran Abbasi, rédacteur en chef du BMJ. Si tous ces éminents académiciens ont trouvé le temps de commenter un documentaire citoyen inoffensif, qui a d'ailleurs droit à l'erreur et ne souffre d'aucun conflit d'intérêts, comment expliquer qu'ils n'aient pas fait, à ce jour, le moindre commentaire sur la place de plus en plus importante que prend la mauvaise science, la « *bad science* », dont l'exemple le plus emblématique et le plus effrayant est celui du LancetGate. Après de longues recherches sur le site de l'Académie de médecine ou dans la presse des 70 dernières années, on ne trouve rien de consistant concernant la condamnation des dérives de l'industrie et du lobbying de Big Pharma ! Quelle sera donc la teneur de leur prochain communiqué ? Commenter les dernières déclarations du célèbre humoriste Jean-Marie Bigard ?

Rappelons pour l'anecdote que la sénatrice Marie-Thérèse Hermange, gravement mise en cause dans l'affaire du Mediator©, a récemment été nommée à l'Académie de médecine et qui plus est, au sein de son comité d'éthique. On peut ajouter que la fondation de l'Académie de médecine est en partie financée entre autres par Sanofi, L'Oréal... ! Pour résumer la situation, la solution ne pourra jamais venir de ceux qui ont créé le problème ou ont laissé faire. C'est aux citoyens de s'éveiller à cette réalité certes violente mais indispensable à connaître, car elle concerne leur propre santé et celle de leurs enfants.

Une institution importante de la santé publique va également mentir. Il est tout de même extraordinaire de voir que le HCSP ou Haut conseil de santé publique n'a pas retiré de son site Internet l'avis publié le 24 mai 2020, avis[82] interdisant l'utilisation de l'hydroxychloroquine (avec ou sans macrolide) dans le traitement du Covid-19 ! L'étude frauduleuse du Lancet a été retirée, la planète entière sait que c'est une fraude mais l'avis du HCSP reste publié, donc valide et toujours valable ! Rappelons également que le tweet[83] d'Olivier Véran qui était à l'origine de cette demande auprès du HCSP, n'a pas été retiré non plus ! Ceci démontre deux choses. Premièrement, l'exécutif gouverne par le mensonge et la fraude. Deuxièmement et c'est encore plus grave, tous les médecins et autres experts et spécialistes du HCSP n'ont plus aucune crédibilité et certainement pas le niveau scientifique requis et les qualités morales pour ce type de mission. Côté presse, le site de France inter n'a pas retiré non plus son article[84] mensonger qui s'appuie sur l'étude frauduleuse du Lancet intitulé *Hydroxychloroquine, chronologie d'un espoir déçu*. C'est pourtant un délit que de diffuser une fausse information qui a eu une répercussion importante dans le débat public et la santé des malades puisqu'ils ont été empêchés – et le sont toujours d'ailleurs - d'être soignés.

Nous pouvons également répertorier de nombreux mensonges de l'exécutif et des médias, à savoir le fait d'accuser un des plus grands chercheurs français, le plus médaillé, le plus cité au monde et qui tient le vaisseau amiral de la virologie en France, le Pr Didier Raoult pour ne pas le citer, de charlatanisme ! Alors qu'il était à deux ans de sa retraite, médaillé d'or de l'Inserm, découvreur des virus géants et d'innombrables bactéries, à la tête de l'IHU Méditerranée depuis sa construction, cet éminent chercheur à la réputation internationale est, du jour au lendemain, insulté et diffamé quasi quotidiennement dans les médias. Le premier inculte décérébré peut se permettre de l'insulter sans encourir le moindre reproche. Des médecins ridicules qui n'ont jamais rien publié et qui n'ont soigné absolument aucun malade

Covid-19 s'y mettaient à cœur joie, en particulier les membres de l'AP-HP. Cette guéguerre politicienne a fait énormément de mal au corps médical le discréditant pour des décennies entières. Des médecins qui n'ont pas le centième du CV du Pr Didier Raoult se sont mués sur les réseaux sociaux, en vulgaires trolls, n'hésitant pas à être grossiers et injurieux, dégradant ainsi leur fonction pourtant si noble et si respectée jadis.

Même les choses les plus simples et les plus évidentes ont été manipulées comme par exemple la date de vaccination d'Emmanuel Macron ! Alors qu'il avait déclaré avoir été vacciné le 31 mai 2021 sur son compte Twitter[85] à 19h33, les données de l'Assurance maladie indiquent quant à elles la date du 13 juillet - le lendemain de son fameux discours - d'autant que son pass sanitaire a fuité sur Internet. L'Élysée va prétexter une erreur de saisie des données alors qu'il a été vacciné le même jour que son épouse Brigitte qui, elle, n'a pas eu de problème de saisie de date. Macron n'est pas à son premier mensonge, le plus important concerne la vaccination obligatoire qui selon lui ne sera jamais mise en place en France dans un tweet du 27 décembre 2020 à 11h41 : « *Je l'ai dit, je le répète : le vaccin ne sera pas obligatoire. Ayons confiance en nos chercheurs et médecins. Nous sommes le pays des Lumières et de Pasteur, la raison et la science doivent nous guider.* » ! Vous connaissez la suite. Non seulement Macron est un menteur mais il pousse les autres à mentir. Prenons l'exemple du préfet de Guadeloupe et de la directrice de l'ARS locale qui se mettent en scène avant leur prestation télévisée. On entend clairement dans la vidéo de la conférence de presse le préfet qui demande à la directrice de prendre un ton « catastrophiste » !

Il n'y a pas que des mensonges dans le domaine du sanitaire mais également de nombreux mensonges concernant tout ce qui est économique étant donné les conséquences catastrophiques de la gestion de la crise. Les mensonges de Bruno Le Maire, ministre de l'économie, concernant l'impact du pass sanitaire sur l'économie française sont juste spectaculaires. On parle bien de Bruno Le Maire qui avait déclaré en 2017 : « *Emmanuel Macron, c'est l'homme sans projet parce que c'est l'homme sans conviction !* », la vidéo[86] de cette déclaration a été postée sur son compte Twitter, elle est toujours en ligne. Jamais l'adage enfantin *c'est celui qui dit qui l'est* n'a été aussi juste ! On sait maintenant pourquoi il a été choisi à son poste. Pour l'anecdote, une autre vidéo célèbre de Bruno Le Maire nous montre à quel point il est fort en mathématiques puisqu'il ne sait même pas combien de mètres carrés il y a dans un hectare. La vidéo[87] date de 2011 alors qu'il était ministre de l'agriculture, n'est-ce pas merveilleux !

Bruno Le Maire n'a cessé de répéter depuis la mise en place du pass sanitaire qu'il n'avait aucune répercussion sur l'économie[88]. Pourtant les articles de presse se multiplient et concernent absolument tout le monde. Michel Édouard Leclerc est passé chez Jean-Jacques Bourdin demandant la fin du pass sanitaire en rappelant que le chiffre d'affaires de certaines de ses grandes surfaces a chuté de plus de 25 %. Idem pour le patron du Medef qui a crié au massacre du business de ses adhérents. On apprend dans un article[89] de BFM daté du 27 septembre 2021 que la restauration a perdu les deux tiers de son chiffre d'affaires entre janvier et juillet de la même année. C'est tout simplement un désastre pour l'économie car les conséquences sont catastrophiques. Une baisse aussi importante du chiffre d'affaires a un impact direct sur le chômage. Cette même baisse aura une conséquence tout aussi directe sur les recettes de l'État et de la Sécurité sociale qui est en très lourd déficit depuis cette crise sanitaire. D'ailleurs, Thierry Breton, commissaire européen au marché intérieur, préconise la création d'un impôt européen pour rembourser la dette Covid-19 !

Parlons justement de Thierry Breton qui s'est illustré par un mensonge assez spectaculaire. Selon lui, le pass sanitaire est très bien accepté en Europe[90]. Il y a des manifestations partout (France, Allemagne, Grande-Bretagne), des blocages (des routes en Italie), des grèves générales voire des émeutes (en Grèce et aux Pays-Bas, prise d'assaut du parlement serbe après l'annonce d'un couvre-feu) et pourtant il ose affirmer, toute honte bue, le contraire. Nous sommes clairement dirigés par des sociopathes qui vivent dans un monde parallèle qui n'est pas le nôtre.

Face à ces mensonges grossiers vous avez également une autre technique de manipulation qui est l'omission. Nous pouvons citer à titre d'exemple l'omission du nombre de patients vaccinés admis en réanimation. Pourtant Olivier Véran a expliqué que ces informations et ces données épidémiologiques étaient inaccessibles pour le moment alors que le statut vaccinal du malade est connu dès son entrée à l'hôpital. Ensuite, ce sera le mensonge pur et simple affirmant dans un tweet[91] que 100 % des malades admis en réanimation ne sont pas vaccinés, c'était le 13 juillet 2021. La veille, le membre du conseil scientifique Yazdan Yazdanpanah, sur LCI[92], va pour sa part parler de deux tiers. On est passé donc de 66 % à 100 % en un clic de souris. Ces chiffres sont totalement différents dans notre pays qui estime que plus de la moitié des malades en réanimation sont doublement, voire triplement vaccinés. Comment est-il possible de mentir à ce point sans être interné d'urgence pour mise en danger de tout un peuple ! Rappelons qu'en Australie, quasiment la totalité des hospitalisés sont vaccinés.

Un autre mensonge par omission très utile pour le gouvernement consiste à cacher le nombre de suicides vu la lenteur avec laquelle est publié le rapport annuel. J'ai personnellement contacté la DREES pour demander où en était ce dernier 5e rapport annuel concernant la mortalité de 2020, il m'a été répondu qu'il sera publié en septembre 2022 ! Malheureusement, le 4e rapport[93] publié en juin 2020 ne traite pas de la crise sanitaire. Pourtant, il est urgent de savoir quelle a été la conséquence directe de la gestion de la crise sanitaire dans l'augmentation des suicides et des tentatives de suicide conduisant à des hospitalisations. C'est d'autant plus important et urgent que nous savons qu'il y a des explosions d'hospitalisations en psychiatrie chez les enfants (multiplication par 600 %) ainsi qu'une augmentation importante de consommation d'anxiolytiques et d'antidépresseurs ainsi que d'alcool et de drogues en tout genre.

Olivier Véran a également menti le 25 juillet 2021 lorsqu'il a déclaré à l'Assemblée nationale que le pass sanitaire ne saurait être prolongé[94] au-delà de la date du 15 novembre 2021, son collègue Gabriel Attal ayant affirmé l'inverse le 29 septembre 2021 en précisant que le passe sanitaire sera, selon lui, prolongé jusqu'à l'été 2022. On peut multiplier ces mensonges encore et encore...

Ce qui est assez drôle c'est de lire les articles des fact-checkers qui ont énormément de mal à mettre les mots justes sur les délits des politiciens et des doctateurs cathodiques n'utilisant jamais les mots adéquats comme mensonges, fake news ou tromperie mais plutôt des euphémismes comme « méprise », « erreur », « imprécision »... alors que lorsque nous publions une information véridique dûment vérifiée, ils nous traitent de dangereux complotistes, diffuseurs de fake news.

Prenons l'exemple de Florence Parly, la ministre actuelle des Armées ! Devant la commission d'enquête sénatoriale sur la gestion de l'épidémie, elle reconnaît avoir menti[95] en mars 2020 affirmant que les 18 militaires français en poste à la base aérienne de Creil revenus de mission en Chine début 2020 avaient été testés et contrôlés puis confinés selon les règles sanitaires. Elle dira face aux sénateurs : « *J'ai juré de dire toute la vérité et donc je me dois de vous dire que j'ai dit quelque chose d'inexact le 4 mars à France 2* », sauf que ce n'est pas inexact mais mensonger ! En réalité, ce n'était pas le cas et les militaires ont pu ensuite contaminer les locaux puisqu'un cluster sera découvert dans le département de l'Oise. Certains spécialistes parlent même du « patient zéro » qui serait entré via ce vol de militaires.

Le mensonge le plus important sera bien entendu celui de la mortalité. L'INSEE a publié un papier évaluant à 68.000 le nombre de personnes décédées du Covid-19 en 2020 ! Sauf qu'il y a un tout petit problème, un léger souci qui exige d'être résolu de toute urgence. Selon les chiffres officiels de l'INED[96] ou Institut national d'études démographiques, il y a 55.257 décès, toutes causes confondues, supplémentaires en 2020 par rapport à 2019. Comment est-il possible qu'il y ait 13.000 morts supplémentaires dues uniquement aux Covid-19 ? C'est impossible, c'est mathématiquement inconcevable. C'est la preuve du trucage des chiffres. Bien entendu, ils vont essayer tant bien que mal d'expliquer une telle différence sauf qu'elle est inexplicable si ce n'est par la manipulation des chiffres épidémiologiques. Il faut bien comprendre qu'il y a chaque année, à cause du vieillissement de la population et de l'accroissement de cette tranche d'âge, 4000 morts supplémentaires à soustraire du total ; ensuite, nous avons les autres causes n'ayant rien à voir avec le virus. En réalité, le chiffre réel de la mortalité est nettement inférieur à celui de la propagande officielle quotidienne.

Alors que l'on nous a présenté l'Italie comme un des très mauvais élèves au niveau de la mortalité Covid-19, il s'avère finalement que sur les 130.468 décès enregistrés par les statistiques gouvernementales au moment de la réalisation de ce rapport (5 oct. 2021), seulement 3783 seraient dus au virus lui-même. Les comorbidités étaient nombreuses et sérieuses : 65,8% d'hypertension artérielle, 23,5% de démence sénile, 29,3% de diabète, 24,8% de fibrillation auriculaire, 17,4 % avaient des poumons malades, 16,3 % avaient eu un cancer au cours des 5 dernières années, 15,7% d'insuffisance cardiaque… Sans oublier le point le plus important, c'est-à-dire la moyenne d'âge des décès que nous pouvons retrouver sur le site officiel de l'ISS (Institut supérieur de santé italien) sur les 130.468 victimes : 80 ans ! Sachant que l'espérance de vie en Italie est de 82 ans. Selon ce même rapport officiel : « *Au 5 octobre 2021, sur les 130 468 (1,2%) patients positifs pour le SRAS-CoV-2 de moins de 50 ans, 1601 sont décédés. En particulier, 399 d'entre eux avaient moins de 40 ans.* » ! Moins de 400 décès en dessous de 40 ans et pourtant le pays a été bloqué et la population de 60 millions d'habitants terrorisée depuis 20 mois ! Rappelons également qu'il a été interdit de soigner les malades, ce qui ne pouvait qu'aggraver la mortalité étant donné que l'utilisation d'un simple placebo aurait évité le décès de 30% des victimes.

Concernant l'efficacité de la vaccination en comparant la mortalité des non-vaccinés avec les personnes ayant eu un schéma vaccinal complet, les conclusions du rapport sont spectaculaires, nous vous invitons à les lire : « *Les résultats présentés ici indiquent clairement que les personnes décédées après la fin du cycle de vaccination ont un niveau de complexité clinique élevé, significativement plus élevé que les personnes qui n'ont pas pu bénéficier de l'effet du vaccin en raison d'une infection précoce ou parce qu'elles n'avaient même pas commencé un cycle de vaccination. Il est possible d'émettre l'hypothèse que les patients très âgés atteints de nombreuses maladies peuvent avoir une réponse immunitaire réduite et donc être sensibles à l'infection par le SARS-CoV-2 et à ses complications bien qu'ils aient été vaccinés.* »

Comment se fait-il que personne en France n'ait entendu parler de ce rapport explosif des autorités de santé italiennes ? Comment est-ce possible ? Nous passons assez clairement de la vie réelle à la vie virtuelle et c'est cette dernière qui s'impose à nous aujourd'hui à cause des médias complices de cette propagande folle. In fine, le Covid-19 a eu une mortalité moins importante que la grippe qui tue les plus jeunes. Ce n'est rien d'autre, en réalité, qu'un « effet moisson » connu des épidémiologistes depuis très longtemps et qui a pour résultat de raccourcir l'espérance de vie des personnes âgées fragiles, ce qu'on ne retrouve pas en Afrique du fait que l'Italie est un pays vieillissant.

Concernant le « gain de fonction », c'est une technique extrêmement dangereuse utilisée par des apprentis sorciers généticiens pour rendre beaucoup plus mortels et contagieux des virus qui sont déjà très inquiétants. Le responsable de la lutte contre le Covid-19 aux USA, Anthony Fauci, depuis le début de la crise malgré son âge avancé, a toujours nié que les États-Unis - la NIH, National Institutes of Health, au sein de laquelle il travaille puisqu'il dirige le NIAID - ait financé ce type de recherche en Chine. Sauf que nous avons aujourd'hui la preuve que c'est faux et qu'Anthony Fauci s'est rendu coupable d'un parjure devant le Sénat américain en affirmant l'inverse. Il a admis une aide minuscule de 600.000 $ au laboratoire de Wuhan excluant toute recherche sur le gain de fonction. A. Fauci a déclaré[97] le 11 mai 2021 à un sous-comité des crédits de la Chambre des représentants US : « *Cela n'a catégoriquement pas été fait* » ! Fauci n'a pas hésité à se moquer du sénateur Rand Paul à plusieurs reprises en lui affirmant que tout ceci était inexact et qu'il n'avait pas les compétences pour comprendre ce qu'est le gain de fonction.

Maintenant que le NIH a avoué avoir financé cette technique folle dans une lettre officielle adressée au Congrès américain - *cf.* annexe n°2 - il précise que l'ONG EcoHealth Alliance a financé des gains de fonctions à Wuhan afin de rendre des coronavirus de chauve-souris plus contagieux chez l'homme. Du coup, le Comité de surveillance de la Chambre des représentants dirigé par des républicains demande sa démission immédiate dans un tweet[98] officiel. Même le *Figaro* en France a dû publier un article[99] le 27 octobre 2021 dans lequel il enfonce Fauci et évente ses mensonges. L'article ajoute que le groupe de recherche international DRASTIC, totalement indépendant, ayant passé un temps très important en recherche sur cette crise sanitaire, a publié un document[100] très détaillé de 75 pages, datant du 24 mars 2018, relatif à une demande de subvention de 14.209.245 dollars par cette ONG dirigée par Peter Daszac, auprès du programme militaire Darpa afin de financer un *gain de fonction* viral.

Depuis le début de cette crise sanitaire ce sont toujours les mêmes personnes qui s'occupent de la gestion politique et administrative, des corrompus et des menteurs, des imposteurs professionnels comme vous pouvez le constater dans cette énième affaire scandaleuse. Ils n'hésitent pas à mentir et à manipuler tout le monde quitte à se parjurer devant les représentations nationales ; nous avons exactement les mêmes en France.

Un des derniers mensonges concernant cette crise sanitaire portera sur l'efficacité de la vaccination qui ne saurait être remise en cause sinon tout l'édifice s'écroulerait. Il fallait commencer bien entendu par gonfler les chiffres des hospitalisés non-vaccinés avec la publication d'un tweet sur le compte[101] du gouvernement : « *Aujourd'hui en France, 8 personnes sur 10 hospitalisées à cause de la Covid-19 ne sont pas vaccinées. On peut débattre de tout, sauf des chiffres.* » ! C'est uniquement vrai lorsque les chiffres sont véridiques, c'est pourtant ce que va contredire un article[102] récent du *Parisien*, datant du 29 octobre 2021. On apprend que les chiffres étaient mal collectés pour des raisons techniques bien entendu, jamais volontaires, et que le véritable taux des non-vaccinés est de 60 % et non pas de 80 %, ce qui nous rapproche du 50/50. C'est d'autant plus important que le système est en train de nous faire croire que ce sont les non-vaccinés qui doivent protéger les vaccinés alors que c'est le rôle du vaccin qui a coûté d'ailleurs très cher à la Sécurité sociale. Au même moment, de nombreuses études à travers le monde mettent en évidence la chute de l'efficacité vaccinale. Un récent article[103] du *Guardian* britannique intitulé, *Les vaccins ne réduisent pas le risque de transmettre le Covid-19 au sein du ménage*, démontre, selon une étude, qu'ils ne servent plus à grand-chose car même si le confinement était appliqué, la promiscuité du foyer ne va rien changer. Pourtant, au tout début de la propagande vaccinaliste, qui voulait vendre la technologie ARN messager comme extrêmement efficace, ils affirmaient l'inverse, les vaccins selon eux protégeaient parfaitement contre la transmission. Rappelons ici l'article[104] publié le 1er avril 2021 sur le site Fortune, intitulé, *C'est officiel : les personnes vaccinées ne transmettent pas le COVID-19*, un article de pure propagande, malgré les déclarations officielles de la directrice du CDC le 29 mars 2021, Rochelle Walensky, qui a affirmé que « *les personnes vaccinées n'étaient pas porteuses du virus* ».

2- Mort de l'état de droit

Covid-19 : la crise sanitaire a conduit à un affaiblissement de l'État de droit en France[105], selon la LDH titre *Sud-Ouest* le 19 janvier 2021. Du reste, la LDH n'est pas la seule à tenir de tels propos, puisque le dernier rapport[106] 2020 de *The Economist Intelligence Unit* classe la France dans le groupe des « démocraties défaillantes » et non plus celui des « démocraties à part entière » ! Pour établir ce classement, *The Economist* prend en compte 5 catégories de critères : le processus électoral, le pluralisme, les libertés civiques, le fonctionnement du gouvernement et la participation politique et la culture politique. Selon lui, la crise du Covid-19 et sa gestion lamentable par l'exécutif a fait rétrograder la France. Le Portugal a également perdu son statut de « démocratie à part entière » cette année au même titre que 13 autres pays de la région Europe de l'ouest. La France est classée 24e bien après l'Uruguay 15e, le Chili 17e ou le Costa Rica 18e !

Le nombre de ministres impliqués dans de sombres affaires, voire mis en examen, est effarant et augmente au fil des années. Il suffit de lire le livre *Le casier judiciaire de la république* de Bruno Faye et Laurent Ollivier (Ramsay, 2002) pour être édifié sur le nombre effrayant et impressionnant de condamnations judiciaires frappant des élus en fonction ! Beaucoup plus récents, les ouvrages de M. Philippe Pascot : *Délits d'élus : 400 politiques aux prises avec la justice* (Max Milo, 2014), *Pilleurs d'État* (Max Milo, 2015), *Du goudron et des plumes* (Max Milo, 2016)... nous apprennent que de nombreux ministres étaient déjà condamnés par la justice dans des affaires lamentables, comme ce fut le cas pour Claude Guéant, ex-ministre de l'intérieur de Nicolas Sarkozy. Même l'ex-patron des renseignements, Bernard Squarcini a été condamné par la justice. Sans oublier les récentes affaires Sarkozy qui lui ont valu une condamnation à de la prison ferme, même s'il a fait appel des décisions pour le moment (affaires des écoutes téléphoniques et Bygmalion).

Avant d'arriver au fond du sujet concernant la crise sanitaire et le mépris évident de l'État de droit que tout le monde a pu constater, il est utile de rappeler d'autres faits. Prenons l'exemple de l'utilisation totalement illégale de la nasse[107] pour contrôler les manifestations. Ayant vécu des dizaines de manifestations dans plusieurs villes de France, il m'a suffi d'aller une seule fois manifester à Paris avec les Gilets jaunes pour me rendre compte de la violence de cette technique. C'est ce qui m'est arrivé le samedi 11 septembre 2021, et j'ai donc pu constater en situation et en temps réel la stupidité de cette technique. Tout le long du cortège vous avez sur la gauche un gendarme mobile surarmé et suréquipé, pratiquement collé au premier manifestant, si bien qu'il est impossible de filmer la tête de la manifestation ou lire la banderole ! Le rythme de marche de la manifestation est également géré uniquement par les forces de l'ordre, ce sont elles qui décident quand marcher et à quelle vitesse ! On ressent clairement une oppression et une tension folles jamais vécues ailleurs. Pourtant, en juin dernier le Conseil d'État[108] avait enjoint à l'exécutif d'interdire cette technique qui n'a strictement rien à voir avec le maintien de l'ordre mais plutôt avec son contraire, la création de troubles à l'ordre public. Le Conseil d'État s'était prononcé suite à une QPC transmise par la Cour de cassation concernant une affaire lyonnaise datant de 2011. La plus haute jurdiction administrative avait motivé sa décision comme suit : « *Si cette technique peut s'avérer nécessaire dans certaines circonstances précises, elle est susceptible d'affecter significativement la liberté de manifester et de porter atteinte à la liberté d'aller et venir* ». Il avait même demandé le retrait de l'interdiction faite aux journalistes[109] d'être présents lors de la dispersion des manifestations ; décision complètement folle qui démontre à quel point le régime macroniste a totalement dérapé. Ceci n'empêche pas le préfet Didier Lallement de récidiver chaque samedi lors des manifestations contre le pass sanitaire et l'obligation vaccinale avec un mépris spectaculaire de l'état de droit. D'aucuns se demandent ensuite pourquoi la France a été rétrogradée à la 24e place du classement de *The Economist*.

L'utilisation des drones a également été censurée par le Conseil d'État[110] ce qui n'a pas empêché le préfet Didier Lallement de récidiver à maintes reprises ! En effet, en mai 2020, le Conseil d'État avait déjà interdit[111] l'utilisation des drones pour surveiller les manifestations, suite à une plainte de la Ligue des droits de l'homme et de la Quadrature du Net. Le préfet de Paris a piétiné cette décision en trouvant comme excuse le fait de flouter les images via une intelligence artificielle. La crise sanitaire a été un énième prétexte des forces de l'ordre pour piétiner la loi en voulant utiliser les drones afin de surveiller les Français lors des périodes de confinement[112]. Le 12 janvier 2021, ce sera au tour de la CNIL de sanctionner[113] le ministre de l'Intérieur pour son utilisation des drones chargés de surveiller le respect du confinement. L'avis[114] de la Cnil est sans appel : « *Or, à ce jour, aucun texte n'autorise le ministère de l'Intérieur à recourir à des drones équipés de caméras captant des images sur lesquelles les personnes sont identifiables. De même, alors qu'elle est obligatoire, aucune analyse d'impact n'a été communiquée à la CNIL concernant l'utilisation de ces drones. Le public n'était pas non plus informé de l'utilisation des drones comme il aurait dû l'être.* » Tout est dit en quelques phrases, l'utilisation des drones est totalement illégale et ne se base sur aucun texte de loi, ajoutant que le public n'a pas été averti. Les autorités ont voulu profiter de l'état initial de sidération pour imposer cette nouvelle forme de surveillance. On se souvient tous des drones à Nice qui diffusaient des messages audio poussant au respect des directives sanitaires (confinement, couvre-feu, port du masque...) ! À Montpellier, les drones servaient « *à faire des reconnaissances dans les quartiers sensibles à Montpellier où des délinquants ne respectent pas le confinement* ». À Paris les drones faisaient partie du « *dispositif complet de surveillance et de contrôle de l'espace public dans le cadre des mesures de confinement destinées à protéger la population de la transmission du coronavirus* »... Le ministre de l'Intérieur Gérald Darmanin a acheté plus de 500 drones pour environ 4 millions d'euros selon le *Canard enchaîné* du mercredi 27 janvier 2021 qui ont nécessité, pour pouvoir être utilisés, la formation de 571 fonctionnaires ! On pourrait se dire qu'avant les décisions du Conseil d'État et de la Cnil, le préfet de Paris était quelque peu dans le flou car l'utilisation des drones n'était pas clairement encadrée. On pourrait se le dire. Sauf que, encore une fois, le *Canard enchaîné* du 11 août 2021 nous apprend que la préfecture de police de Paris continue d'utiliser des drones en toute illégalité. Dans un article intitulé *Le préfet de Paris viole l'espace aérien*[115] signé Didier Hassoux, nous apprenons que le 29 juillet 2021 de nombreux vols de drones ont été autorisés par la préfecture au-dessus de l'île de la Cité, ce qui a conduit au crash de l'un d'eux, d'une hauteur de 125 m, pesant 0,9 kg, un véritable projectile qui aurait pu d'ailleurs faire de gros dégâts s'il était tombé sur le crâne d'un piéton ! Mais ce qui est très inquiétant dans cet article c'est d'apprendre les réticences des fonctionnaires à effectuer ces vols illégaux, sanctionnés par toutes les autorités administratives, maintenus par leur hiérarchie. Nous sommes clairement dirigés par des délinquants qui n'ont que faire de la loi ou de l'État de droit.

En réalité, il existe une ribambelle de lois qui empêchent l'utilisation de drones et elles ont toutes été piétinées par Gérald Darmanin. Faut-il rappeler le nombre de plaintes déposées contre lui par des femmes qui affirment avoir été abusées sexuellement contre quelque service rendu[116] ... Comment est-il possible de mettre à la tête du ministère de l'Intérieur - donc de la police - un homme qui trimbale derrière lui des casseroles aussi bruyantes ?

Venons-en maintenant à la gestion de la crise sanitaire et aux innombrables entorses à la loi. Emmanuel Macron lors de son premier discours, juste avant le premier confinement de deux mois, a immédiatement parlé de « *guerre* » en citant ce terme six fois ; il a fallu donc mettre en place un Conseil de défense sanitaire. Comment est-il possible de déclarer la guerre à un virus ? Ça nous rappelle d'ailleurs l'hystérie collective post 11 septembre 2001 où l'on pouvait entendre les dirigeants américains parler de « guerre contre le terrorisme » ! Il n'est pas possible de déclarer la guerre contre un concept, ça n'a pas de sens et c'est voué à l'échec. C'est exactement la même chose dans le cas présent, il n'est pas possible de déclarer la guerre à un virus, ça n'a intellectuellement absolument aucun sens. On apprend sur le site de l'Élysée[117] qu' « *Y siègent le Président de la République, le Premier ministre, le ministre de la Santé, le ministre de la Défense, le ministre de l'Intérieur, le ministre de l'Économie et celui du Travail, auxquels peuvent se joindre des acteurs des grandes institutions publiques du domaine de la santé.* » Que peut bien faire le ministre de la Défense ou celui de l'Intérieur dans la gestion sanitaire d'une épidémie ? Au même moment, il a été interdit aux médecins de ville, aux libéraux, de soigner leurs malades ! C'était le début de la folie et de l'hystérie collective engendrée par cette crise sanitaire qui est en réalité une véritable crise d'intelligence et d'humanisme.

Nous apprenons sur le site de l'Élysée que le Conseil de défense sanitaire va s'appuyer sur les travaux du Conseil scientifique (nous y reviendrons un peu plus loin dans le détail) dirigé par le ministère des Solidarités et de la Santé. Mais attention, ce n'est pas terminé, ce même Conseil de défense sanitaire recourra à l'expertise d'un second conseil, le Comité analyse recherche et expertise (CARE) ! Ça fait un peu doublon mais qu'importe, ça donne au moins l'impression de travailler dur.

La particularité du Conseil de défense - en somme, un avantage - est de travailler dans une opacité totale puisque tout ce qui est dit et écrit est couvert par le secret défense[118]. Les réunions se font dans un bunker à -70 m de profondeur, les smartphones sont interdits et les notes sont prises uniquement dans des carnets où chaque page rappelle le caractère secret de la réunion par un en-tête et un pied de page. La France a-t-elle été victime d'une attaque bioterroriste ? Non. La France a-t-elle été victime d'un virus ou d'une bactérie fabriqué dans les laboratoires de pays ennemis qui voudraient décimer sa population ? Non. Alors pourquoi ce cirque ? La seule fois où l'armée est intervenue dans cette crise sanitaire c'est pour construire un hôpital de campagne de 30 lits à Mulhouse, tout à fait ridicule si on devait le comparer à l'hôpital chinois de 1000 lits construit en 10 jours en février 2020. Avec des contrats de vente de vaccins tenus secrets, tout ceci sent très mauvais.

En réalité, l'État n'a pas du tout à s'ingérer dans une affaire sanitaire car il n'en a pas les capacités intellectuelles et encore moins les ressources humaines. L'État se doit uniquement de garantir la mise à disposition des moyens pour que le système de soins français soit efficace au maximum de ses capacités. Selon le Conseil de l'Ordre des médecins[119], il existe en France en 2020, 198.018 médecins généralistes en activité régulière, 14.598 en activité intermittente et 18.286 retraités ayant conservé une petite activité médicale. En somme, toute une armée de médecins qui connaissent leurs malades depuis des années, qui soignent les infections respiratoires aiguës depuis toujours et que l'État aurait dû laisser travailler en toute liberté selon les compétences et la conscience de chacun. En lieu et place, l'exécutif a préféré s'appuyer sur un hôpital public déjà extrêmement fragilisé par une multitude de réformes qui ont diminué ses moyens et grandement fragilisé ses effectifs. Le résultat d'un tel choix s'est très vite fait sentir et imposé à tous avec un taux de mortalité Covid-19 parmi les plus élevés au monde. Nous avions donc à disposition près de 232.000 médecins généralistes ayant coûté très cher au Trésor public par leur formation très longue et pointue, qui ont été marginalisés et mis sur le côté sans aucun motif valable. À la place, Emmanuel Macron a préféré avoir autour de la table le ministre de la Défense qui a dû être d'une grande utilité comme tout le monde peut l'imaginer ! Cette situation est d'autant plus inquiétante et grave que ce Conseil de défense officie déjà depuis plus de 18 mois et que le virus n'a pas pour projet de disparaître. Selon Laurent Nuñez, actuel Coordonnateur national du renseignement et de la lutte contre le terrorisme : « *En trois ans j'ai vu la montée en puissance du Conseil de défense, rapporte-t-il. Elle traduit opérationnellement la volonté du président de la République de piloter très directement tous les enjeux essentiels de la sécurité du pays. Et ça marche !* » C'est un aveu direct et assumé d'une gestion de la France en dehors du circuit démocratique classique. En ce qui concerne les trois derniers mots de sa déclaration, il ne nous semble pas que la gestion de la crise fonctionne si bien que ça et je ne suis pas le seul à le penser.

Le Conseil de défense travaille dans l'opacité la plus totale et a tendance à remplacer le Conseil des ministres hebdomadaire traditionnel. Il est d'autant plus apprécié par l'exécutif que ce dernier n'a aucun compte à rendre à quiconque : pas de vote de l'Assemblée, pas de Sénat non plus. Note humoristique, dans un article très détaillé du *Figaro*[120], on apprend que le choix du Conseil de défense a été également fait afin de se protéger contre les écoutes et l'espionnage ! Après les révélations de l'affaire Pegasus (on y reviendra plus loin), on comprend vite que tout ceci n'est que de la poudre de perlimpinpin. Il suffit de se rappeler l'affaire Benjamin Griveaux qui n'hésitait pas à envoyer des nudes à des inconnues, via son smartphone, pour comprendre qu'au niveau sécurité informatique, les membres de l'exécutif sont des clowns.

Venons-en maintenant au fameux Conseil scientifique présidé par Jean-François Delfraissy. Dans un souci de transparence, le site Internet du ministère des Solidarités de la Santé publie la page[121] des travaux du Conseil scientifique. Sauf qu'il y a un souci, un très gros souci. Me Clarisse Sand, avocate au barreau de Paris, explique dans une vidéo[122] lors d'une interview sur Sud radio comment le Conseil scientifique qui est en train de détruire l'économie française et la santé mentale des Français en toute illégalité puisqu'il ne respecte absolument aucune règle régissant son fonctionnement ! Les preuves abondent puisqu'aussi bien le ministre des Solidarités et de la Santé que la CADA ou Commission d'accès aux documents administratifs, ont tous deux confirmé que les rapports ainsi que les déclarations d'intérêts et documents concernant des expertises externes n'ont jamais été produits et n'existent tout simplement pas ! Ce qui est aussi extraordinaire, c'est le fait de constater que les médias mainstream officiels n'ont pas repris cette information pour la dénoncer, pourtant cela fait déjà des mois qu'elle circule partout sur le Net. Les vérifications des fact-checkeurs de *Libération*, *Le Monde*... tardent également à se manifester ! On imagine qu'on va attendre longtemps car le sujet est explosif, du fait que toutes les décisions prises par le gouvernement et prenant appui sur ce Conseil scientifique fantôme sont entachées de nullité ! Le Pr Christian Perronne a également confirmé que le mode de fonctionnement du Conseil scientifique était totalement illégal, sachant que c'est lui-même qui en a écrit la charte interne. Cette seule information devrait faire bondir tout citoyen digne de ce nom et le faire sortir dans la rue mais il faut croire que les citoyens français, surtout ceux de la classe moyenne, sont totalement hypnotisés, terrorisés par la situation. La France vit un coup d'État politique dirigé par un ex-bankster manipulé par des forces qui le dépassent largement. Bien entendu, les naïfs ont beau vous expliquer que c'est une situation d'urgence qui peut excuser ce genre d'entorse à la procédure ou au protocole, sauf que cet argument ne peut tenir lorsque l'on sait que la crise a commencé en 2019 et que ces décisions ont été prises en mars 2020 alors que nous sommes aujourd'hui en 2022. L'exécutif a eu tout le temps nécessaire pour régulariser sa situation, ce qu'il n'a pas fait en continuant de mentir et de manipuler les chiffres afin de terroriser toujours plus la population.

Deux recours ont été déposés au Conseil d'État par le cabinet Sand afin de démontrer l'illégalité et l'irrégularité des décisions du Conseil scientifique (CS) dirigé par le Pr Delfraissy ! Selon Me Clarisse Sand « *Il n'existe aucun document rendant compte des travaux du Comité scientifique Covid-19, c'est illégal !* ». Elle insiste sur la non proportionnalité des mesures prises depuis maintenant un an et demi sans jamais remettre en question les informations scientifiques initiales. Le Conseil d'État refuse de discuter toutes les décisions prises depuis mars 2020 alors que nous savons tous aujourd'hui que le masque pour les enfants est totalement inutile. Nous savons aujourd'hui que le port du masque en extérieur[123] est totalement stupide, relevant plus de la superstition que de la science ! Pourtant, tout débat est interdit au sein du Conseil d'État qui censure toute requête. Ceci démontre l'aspect sectaire du covidisme car nous sommes totalement sortis du cadre scientifique. Bien entendu, le seul objectif de cette attitude est la protection des décisions d'Emmanuel Macron. Pourtant, le Conseil d'État ne doit pas faire de politique mais s'évertuer à faire du droit, rien que du droit, toujours du droit. Il n'est pas nécessaire de faire 12 années d'études de médecine ou autant d'années de droit pour comprendre qu'il est totalement inutile et stupide de faire porter des masques chirurgicaux à des enfants, pour la simple et bonne raison qu'ils n'ont pas été conçus pour cet usage. D'autant que les enfants ne cessent de manipuler ces masques alors que c'est totalement interdit puisqu'il faut les jeter immédiatement après. Un masque chirurgical à trois plis est un équipement de protection individuelle ou EPI. Il doit se changer toutes les quatre heures, ne pas être mouillé ni même humidifié et surtout ne pas être touché de quelque manière que ce soit, même ganté. Il n'est pas fait non plus pour parler pendant des heures, il a été conçu pour des professionnels de santé dans des conditions d'utilisation précises. Il est toujours consternant de voir les gens sortir un masque en boule du fond de leur sac ou de leur poche pour l'ajuster sur le nez juste avant de rentrer à la Poste ou au tabac du coin ! Un sentiment de honte m'envahit à chaque fois que j'assiste à ce genre de comportement, en me demandant comment est-ce possible de sombrer à ce point dans la bêtise et la stupidité sans même s'en rendre compte. Voir le Conseil d'État valider ce cirque, voir la fine fleur du droit de la place de Paris se ridiculiser de la sorte est tout simplement effrayant, humiliant, dégradant et consternant. Pour en finir avec le sujet des masques et sachant que la matière première utilisée est à base d'hydrocarbures, je reproduis ici un tweet lu dernièrement sur le Net et se suffisant à lui-même : « *129 milliards de masques sont utilisés mensuellement dans le monde. Heureusement qu'ils ont banni les pailles en plastique* »[124] ! En supposant que le masque fonctionne, vous n'aurez peut-être pas le Covid-19 aujourd'hui mais le cancer de demain est garanti. Il s'agit quand même de l'équivalent de 4.680.000[125] tonnes déversées chaque année (le calcul est basé sur un poids moyen de 3 g par masque chirurgical, le poids est plus élevé pour les masques FFP2) ! C'est un véritable désastre écologique et sanitaire pour les 10 prochaines années qui verront une explosion du nombre de cancers. Une autre préoccupation majeure est à prendre au sérieux, celle de l'intoxication par les gels hydroalcooliques que d'aucuns utilisent quotidiennement à de très nombreuses reprises. Il a été démontré que les molécules chimiques contenues dans ces gels hydroalcooliques ont des conséquences fâcheuses sur la fertilité. De nombreux articles[126] avaient été publiés il y a quelques années dans la presse nationale pour alerter les consommateurs sur la présence de bisphénol A dans ces gels, un redoutable perturbateur endocrinien particulièrement dangereux. Il y a également des risques importants de fausses couches et de cancers. Là encore, étant donné la panique générale, nous pouvons observer de nombreux Français utiliser frénétiquement ces gels dans leur véhicule, dans les magasins... sur le long terme, les conséquences ne peuvent être que dramatiques. Préférez systématiquement le lavage des mains au savon lorsqu'un point d'eau est disponible.

Le 4 mai 2021 *Libération*[127] nous apprend que le Conseil scientifique est pour la mise en place d'un pass sanitaire « temporaire et exceptionnel ». Effectivement, un avis[128] comportant 10 pages et publié le 3 mai, nous informe de la mise en place du pass sanitaire pour les grands rassemblements de 1000 personnes. Vous remarquerez que ça commence toujours ainsi, c'est censé être temporaire et exceptionnel, spécifique à certaines activités puis ça s'élargit de plus en plus à tous les domaines de la vie publique et ça se rallonge dans le temps. C'est exactement le même principe utilisé pour les nouvelles taxes qui sont censées être temporaires et qui avec le temps augmentent significativement comme ce fut le cas pour la CSG-RDS... Bien entendu l'usage de ce pass sanitaire est indispensable selon le CS pour un « retour à la vie normale », toujours ce fameux chantage, sauf que la suite va nous démontrer qu'il n'y a rien de plus antiscientifique que ce pass sanitaire qui est d'une absurdité assez impressionnante. On y reviendra plus loin au chapitre sur la négation de la médecine.

Pour en finir avec le Conseil scientifique, on ne peut pas faire l'impasse sur une problématique importante, celle des « conflits d'intérêts ». Nous avons vu que Me Clarisse Sand avait mis le doigt sur ce problème en affirmant que les liens d'intérêt des membres n'étaient pas déclarés. De nombreux citoyens ont fait le travail et ont eu la bonne idée de mettre en ligne les liens d'intérêt les plus connus. Pour ce faire, il suffit d'aller sur le site transparence.gouv.fr pour trouver les liens d'intérêts déclarés, mais cela ne représente pas la totalité du travail effectué par les membres du CS avec l'industrie pharmaceutique.

La DPI, déclaration publique d'intérêts du Pr Yazdanpanah Yazdan réalisée le 26/07/2021 à 15:03 est assez éloquente. Nous apprenons qu'il travaille à l'Inserm, qu'il siège aussi bien à la DGS, au HCSP, au Conseil scientifique Covid-19 ainsi qu'au Care, à l'ANSM... Il a un pied dans quasiment toutes les institutions sanitaires françaises les plus importantes. Dans cette DPI de 17 pages nous pouvons rencontrer des dizaines de fois les mentions Pfizer, Abbvie, GSK, Janssen, J&J, MSD, VIIV... concernant des rémunérations des cinq dernières années ; les rémunérations oscillent entre 750 et 5500 €. Il s'agit d'activité de consultant et de conseil uniquement. Curieusement, à partir de la page huit, où il est question de communiquer sur sa participation à des essais cliniques avec les plus grosses entreprises mondiales de l'industrie pharmaceutique, à la rubrique « *montant perçu* », on trouve la très curieuse mention « *je ne sais pas* » ! Il ne sait pas combien il a perçu d'argent de Gilead pour l'étude "GS-US-292-0109", Étude de Phase IIIb du 11/03/2013 – 12/05/2017 ! Il ne sait pas non plus combien il a perçu d'argent de la part de ce même Gilead en tant qu'investigateur principal pour l'Étude "GS-US-366-1160", Phase IIIb du 24/07/2015 à aujourd'hui ; idem pour l'étude "GS-US-311-1089", PHASE III... Il a au total 10 essais cliniques avec Gilead pratiquement tous en cours. 5 autres essais avec MSD dont 3 en cours. 3 essais toujours en cours avec Janssen. 6 essais avec le géant GSK toujours en cours. À chaque fois, il est affiché à la ligne « rémunérations » la mention « *je ne sais pas* » ! En réalité l'astuce est connue des initiés puisqu'il est question du droit des affaires qui le protège. Reste à savoir comment Yazdanpanah Yazdan peut-il réaliser toutes ces études simultanément ! Comment est-ce possible physiquement ? Comment est-ce possible au niveau de la gestion de l'agenda et du temps ? Ce cumul de fonctions et d'activités est totalement impossible !

Le site du Sénat a publié le 9 avril 2020 une question écrite[129] (n°15139) de M. Olivier Paccaud destinée au Premier ministre concernant cette problématique cruciale des conflits d'intérêts. La réponse est un cas d'école de langue de bois et de manipulation que je vous laisse apprécier : « *Le comité de scientifiques, prévu par l'article 3131-19 du Code de la santé publique et constitué au titre de l'état d'urgence sanitaire déclaré pour faire face à l'épidémie de Covid-19, rend périodiquement des avis sur l'état de la situation épidémiologique en France, les connaissances scientifiques qui s'y rapportent et les mesures propres pour y répondre. Lors du confinement et les différentes phases du déconfinement, le Gouvernement a régulièrement saisi le comité de scientifiques pour mesurer l'impact sanitaire et épidémiologique des décisions à prendre. Le cadre déontologique dans lequel s'inscrit le comité de scientifiques est essentiel à son bon fonctionnement. Le comité s'est doté d'un règlement intérieur, qui aborde spécifiquement les questions de déontologie et de conflits d'intérêts et qui rappelle les principes de probité, de confidentialité, d'indépendance et d'impartialité. Ainsi, chaque membre du comité a déposé une déclaration d'intérêts consultable sur le site du ministère des solidarités et de la santé (dpi.sante.gouv.fr). Cette déclaration est établie sous la responsabilité du déclarant qui doit s'assurer qu'elle est sincère et exhaustive. Elle doit être complétée si la situation du déclarant venait à évoluer pendant les travaux du comité de scientifiques.* » Il faut comprendre que le système de la DPI a été mis en place, que tout est parfaitement géré, circulez il n'y a rien à voir. Le Premier ministre ne répond pas du tout la question, nous ne pouvons que conclure qu'il sait parfaitement ce qu'il fait. C'est d'autant plus grave qu'il fait semblant de croire qu'il n'y a jamais eu de scandale de corruption en France avant cette crise sanitaire. C'est comme si Pfizer n'avait jamais été condamné en justice pour avoir corrompu des hauts fonctionnaires et des membres de gouvernements étrangers pour faciliter leur business. Édouard Philippe fait comme s'il n'y avait jamais eu de scandale Mediator©/Servier en France !

Yazdanpanah Yazdan est l'un des membres les plus éminents du CS qui a été très vite médiatisé et présentés comme l'élite médicale qui allait sauver la France. D'ailleurs, comme par hasard, lors des essais cliniques de recherche de traitements contre le Covid-19, notamment le fameux Discovery, démarré le 22 mars 2020 sous la direction du consortium REACTing (créé en 2013 par Yves Lévy et Jean-François Delfraissy, dirigé aujourd'hui entre autres par Yazdanpanah et Costagliola), seront inclus comme médicaments le Remdesivir de Gilead, les Lopinavir et Ritonavir (Kaletra©) d'Abbvie ! L'essai va faire semblant de tester l'hydroxychloroquine mais pas du tout dans les mêmes conditions que celles de l'IHU de Marseille puisque la posologie sera différente et que l'azithromycine ne sera pas associée au traitement. Pour information, le Remdesivir sera commercialisé en France pour la modique somme de 2085[130] € le traitement de 6 flacons injectables. Quant au Kaletra©, le prix d'une boîte[131] de 120 comprimés de 200mg/50Mg est de 347€98 selon le Vidal ! Sans parler des anticorps monoclonaux qui coûtent encore plus cher et qui sont systématiquement favorisés. En face, concernant l'hydroxychloroquine, la boîte de Plaquénil© de Sanofi est à 4€12 ! Certains esprits malveillants et tordus ont même reproché au professeur Didier Raoult des liens d'intérêt avec Sanofi, en précisant qu'il aurait des liens directs avec ce géant français de la pharmacie. Sauf que ce grief n'a aucun sens car la molécule est tombée dans le domaine public et qu'il est possible de l'importer pour beaucoup moins cher et de toute façon, les marges de l'industriel sont minimes. Ces mêmes esprits malveillants n'ont pas fait le lien entre la DPI de Yazdanpanah et sa promotion du Remdesivir ou du Kaletra© ! On apprendra plus tard que l'inclusion de l'hydroxychloroquine se fera sous la pression médiatique, elle n'était pas prévue initialement.

Mais ce qui est encore plus choquant c'est de constater l'échec total de l'essai Discovery qui n'a pas pu aboutir car ils ont été incapables d'inclure les fameux 3200 personnes malgré une rémunération de 5000 €, c'est un échec cuisant[132]. Au même moment, l'IHU de Marseille a continué de travailler d'arrache-pied et de publier des dizaines d'études concernant le Covid-19, les mutations et bien entendu le traitement précoce.

Pourtant il est reconnu depuis des décennies maintenant par un grand nombre de médecins et de chercheurs que les conflits d'intérêts nuisent gravement à la santé. Prenons pour exemple le livre *Les conflits d'intérêts en médecine* de Mark A. Rodwin (Presses de l'EHESP, 2014). Il a été démontré aux États-Unis que les médecins qui reçoivent le plus de visiteurs médicaux étaient ceux qui prescrivaient le plus et dont les prescriptions étaient les plus longues et les plus coûteuses à la Sécurité sociale sans pour autant être plus efficaces. Il ne s'agit ici que de visiteurs médicaux qui offrent des stylos et des calculatrices décorées du logo de l'industriel. Qu'en est-il des médecins et des praticiens hospitaliers payés des fortunes par des entreprises qui pèsent des centaines de milliards de dollars de capitalisation boursière !

Le numéro de mars 2021, de la revue *Prescrire* publie à la page 233[133], le témoignage d'un interne qui critique la manière avec laquelle il a appris à prescrire des médicaments la première fois et comment il a été influencé par des habitudes qui n'ont rien de scientifique, surtout lorsque la prescription est elle-même déconseillée par la HAS du fait que le médicament ne présente aucun service médical rendu.

Faut-il rappeler que la revue *Prescrire* est la seule revue médicale française sans publicité et donc totalement indépendante de l'influence de l'industrie pharmaco-chimique ; il n'y en a pas d'autres en France.

La problématique des conflits d'intérêts à l'Assistance Publique des hôpitaux de Paris n'était pas du tout un secret avant la crise Covid-19. Prenons l'exemple de l'interview du Pr Didier Dreyfuss, Chef de la réanimation médico-chirurgicale de l'hôpital Louis Mourier et professeur d'éthique médicale à l'Université Paris-Diderot, par Thomas Sotto en 2016. Nous vous invitons d'ailleurs à lire absolument l'article[134] exhaustif d'un membre de l'association Formindep concernant les liens d'intérêt du Conseil scientifique.

Nous pouvons également rappeler à nos lecteurs l'affaire du Dr Robert Cohen qui a été sanctionné[135] par son Ordre pour ne pas avoir déclaré ses conflits d'intérêts avec l'industrie vaccinale. Le pédiatre Robert Cohen paradait sur le plateau de télévision faisant la promotion de l'élargissement de la vaccination sans pour autant déclarer ses conflits d'intérêts comme l'y oblige le Code de santé publique (nous y reviendrons plus tard dans le détail). Pourtant, le même Dr Robert Cohen, continue de parader sur les plateaux télé en bon morticole cathodique depuis les 18 mois de crise sanitaire. Le jugement de la Chambre disciplinaire de première instance[136] est limpide : « *les liens entretenus par tout leader d'opinion avec l'industrie pharmaceutique sont de nature à altérer son indépendance et à influer sur son jugement* ». C'était la première fois que les instances ordinales sanctionnaient un médecin pour ces faits précis.

Faut-il également rappeler les propos tenus par le Pr Jean-François Toussaint sur le plateau de Cnews[137] en août 2020 informant les auditeurs d'une situation assez cocasse puisqu'un membre du CS était passé sur Sud Radio expliquer que la prochaine vague allait terrasser la France alors qu'il était lui-même en vacances, sur son site de villégiature ! On peut effectivement douter du caractère d'urgence de l'annonce. Ceci nous rappelle un autre épisode de cette clownerie mondiale, celui de Neil Ferguson, le grand manitou des modélisations mathématiques les plus loufoques qui a imposé le confinement à la planète entière sans le respecter lui-même. Il avait fait d'ailleurs la une de tous les journaux britanniques puisqu'il rendait visite à sa maîtresse[138] alors que l'Angleterre était en plein confinement. Il a dû démissionner de sa fonction de conseiller du gouvernement. Mi-février 2021, d'aucuns s'étaient alertés et inquiétés de l'absence d'avis du Conseil scientifique pendant quatre[139] semaines, du 10 janvier au 12 février. Pourtant, la situation était tendue et tout le monde se posait des questions sur les nouveaux variants que la Doxa présentait comme beaucoup plus contagieux et mortels. Cela n'a pas empêché le CS de se reposer pendant quatre longues semaines.

La gestion de la mise en place du pass sanitaire par le Conseil d'État est également révélatrice du chaos actuel et du peu de respect fait à l'État de droit par l'exécutif. Comme indiqué plus haut, initialement, le pass sanitaire devait être temporaire et ne devait concerner que quelques événements qui concentraient beaucoup de personnes. Puis, petit à petit il s'est imposé un peu partout comme on pouvait s'y attendre, comme nous l'avions annoncé nous-même, avant sa mise en place, ce qui nous a coûté d'être traité de complotiste.

Le Conseil d'État français s'est rendu coupable d'une indignité historique dans son dernier avis[140] du 19 juillet 2021 concernant la mise en place du pass sanitaire. Déjà, il se contredit totalement avec le précédent avis du 6 juillet dernier en réponse à la plainte de la Quadrature du Net. Il avait affirmé à l'époque que « … *ce dispositif – papier ou numérique – n'est pas requis pour les activités du quotidien ou l'exercice de certaines libertés fondamentales (manifestation, réunion, exercice du culte)* » ! Le CE utilise donc l'argument inverse pour valider le pass sanitaire ! Sauf que dans ce dernier avis, il se ridiculise et prend les Français pour des imbéciles. Au point 13 du texte[141], on peut lire que le conseil d'État autorise le pass sanitaire dans un intérêt spécifique de limitation de la propagation de l'épidémie et non pas pour un objectif autre, notamment celui d'inciter les personnes à se faire vacciner, alors que tout le monde a compris qu'il s'agissait d'un odieux chantage ! Tout le monde, hormis le Conseil d'État !

Même les membres de l'exécutif l'affirment et l'assument totalement. Gérard Larcher, le patron du Sénat, le dit également en toute tranquillité à la télévision. La stratégie est simple, il s'agit de sanctionner les non-vaccinés et de les obliger à accepter les 2 doses, afin de retrouver une vie normale. Même les médias étrangers comme en Suisse, Grande-Bretagne… se sont offusqués de cette façon de faire.

La presse nationale le rapporte également en toute simplicité comme le fera *Le Figaro* du 21 septembre 2021 : « *Malgré les procès en non-respect de la vie privée nourris par les opposants au passe sanitaire, c'est Emmanuel Macron lui-même qui avait élargi son application aux lieux de culture et de restauration dans son allocution le 12 juillet. Et ce, pour accélérer de façon plus ou moins officielle la vaccination.* » Pourtant, ils savent parfaitement que c'est totalement illégal. Le ministre Jean-Baptiste Djebbari va le répéter sur de nombreux médias[142], l'objectif du pass sanitaire dans les transports est de pousser à la vaccination. Ils le feront tous, aussi bien le porte-parole du gouvernement Gabriel Attal qu'Olivier Véran...

Bien entendu, les férus de droit nous expliquent que le gouvernement n'est pas obligé de suivre les avis du Conseil d'État alors que la constitution l'oblige à lui soumettre tout projet de loi. Ce n'est pas plus glorieux car cela prouve la réalité de cette parodie de démocratie, ce qui est encore plus humiliant. En réalité les décisions sont prises au Conseil de défense le mercredi matin juste avant le Conseil des ministres et ce n'est certainement pas le Conseil d'État qui va y changer quoi que ce soit, ni le Conseil scientifique d'ailleurs.

Pour aggraver le ridicule de l'avis du 19 juillet, le Conseil d'État dans le point suivant, le 14, va s'appuyer sur les travaux du Conseil scientifique alors que tout le monde sait que ce dernier se réunit de manière totalement illégale depuis le début de l'épidémie et qu'il ne respecte pas sa propre charte ni même son règlement intérieur. Il va également s'appuyer sur les projections de l'Institut Pasteur de juillet à octobre 2021 qui prévoyaient jusqu'à 100.000 cas par jour dont 50.000 enfants ! En juillet, Jean-François Delfraissy paradait sur les médias expliquant qu'il y aurait 50.000 nouveaux cas par jour d'ici la mi-août. Quant à Guillaume Rozier, le fondateur du site CovidTracker, il parle de plus de 143.000[143] cas par jour. La réalité du terrain fut toute autre puisque les chiffres officiels[144] n'ont jamais dépassé les 30.000 cas quotidiens qui seront totalement décorrélés avec le nombre de décès. Il n'y a pas eu de reprise épidémique avec les rentrées scolaire et universitaire. Il n'y a pas eu non plus de cluster alors que de très nombreuses manifestations - des centaines-

ont été multipliées en France en pleine période estivale contre le pass sanitaire et l'obligation vaccinale. Pourtant, ce sont ces premiers chiffres totalement fantasques qui ont effrayé tout le monde et ont permis à l'exécutif de mettre en place des lois liberticides. Aussi bien le Conseil d'État que le Conseil constitutionnel se sont basés sur des données erronées et falsifiées pour prendre des décisions aux conséquences très lourdes sur la population et les libertés individuelles.

Nous allons revenir chronologiquement sur les faits et prouver comment le gouvernement ment effrontément et quotidiennement aux Français en faisant adopter des textes qui disent une chose pour pratiquer sur le terrain une politique sanitaire totalement contraire. Nous allons commencer par l'avis du Conseil scientifique qui a, début juillet, publié à la page 6, le texte suivant concernant la politique sanitaire : « *Elle peut être conduite, en partenariat avec les différents acteurs locaux et associatifs, et doit viser à expliquer sans juger ni imposer.* » Pourtant, la mise en place du pass sanitaire est une obligation déguisée au moyen d'un chantage immonde. Ensuite ce sera au tour du Conseil d'État de publier un avis le 19 juillet dernier dans lequel il affirmera dans le point 13 ce qui suit : « *Le Conseil d'État souligne ainsi que l'application du « passe sanitaire » à chacune des activités pour lesquelles il est envisagé de l'appliquer doit être justifiée par l'intérêt spécifique de la mesure pour limiter la propagation de l'épidémie, au vu des critères mentionnés précédemment et non par un objectif qui consisterait à inciter les personnes concernées à se faire vacciner.* » Pour finir, le Conseil constitutionnel va prendre une décision le 5 août 2021 affirmant que toutes les décisions prises par le gouvernement n'ont pas pour objectif d'imposer la vaccination : « *Ainsi, ces dispositions n'instaurent, en tout état de cause, ni obligation de soin ni obligation de vaccination.* »

Pourtant, absolument tout le monde sait que la mise en place de ce pass sanitaire correspond à un harcèlement quotidien des Français pour les obliger à se faire vacciner puisque certains n'auront plus le droit de travailler, n'auront donc plus de salaire et n'auront même pas droit aux indemnités chômage ! Sur tous les plateaux télé nous pouvons entendre distinctement les chroniqueurs expliquer que cette politique a été mise en place pour inciter les gens à se faire vacciner. Comment est-il possible de mépriser à ce point toutes les institutions de l'État et le peuple souverain ! Nous pouvons donc le confirmer : nous ne sommes plus dans un État de droit en France aujourd'hui.

L'instauration du pass sanitaire a d'ailleurs fracturé la société française comme tout le monde peut le constater au quotidien. Une tribune[145] de 120 élus de Haute-Savoie a d'ailleurs été publiée le 19 octobre 2021 sur le site du Figaro Vox demandant la fin du pass sanitaire, responsable, selon eux, d'« *implosion sociale et d'une fracture sans précédent de notre société* ». En Haute-Savoie, selon les derniers chiffres du gouvernement, 87% des personnes majeures ont reçu leurs 2 doses ; on a donc atteint de très loin l'immunité collective, du coup pourquoi continuer dans cette folie destructrice ?

À partir du 15 octobre 2021 les tests deviennent payants. Pourtant, dans son avis du 20 juillet 2021, le Conseil d'État indiquait clairement que ce non-remboursement devait entraîner « nécessairement » la révision du pass sanitaire. Dans son Avis publié le 19 juillet 2021 sur un projet de loi relatif à la gestion de la crise sanitaire[146], le Conseil d'État : « *Le Conseil d'État appelle l'attention du*

Gouvernement sur la circonstance que l'appréciation ainsi portée sur le caractère proportionné de l'atteinte aux libertés fondamentales résultant de l'application du dispositif devrait nécessairement être réévaluée, soit en cas d'amélioration des perspectives sanitaires concernant les hospitalisations et admissions en soins critiques, soit s'il était décidé de rendre payants les tests de dépistage ou encore de limiter leur durée de validité. » Bien entendu, le gouvernement va s'essuyer les pieds encore une fois sur cet avis qui, certes, ne l'oblige en rien. Pourtant c'est très simple, si la situation sanitaire le permet, il faut immédiatement mettre fin au pass sanitaire, selon le Conseil d'État, car il porte atteinte aux libertés fondamentales. Deuxièmement, si les tests devaient devenir payants, le pass sanitaire deviendrait véritablement une anomalie dans une société démocratique. La Défenseure des droits s'en est inquiétée dans un communiqué paru[147] le 20 octobre 2021. Mme Claire Hédon alerte sur « *la prorogation du régime de sortie de l'état d'urgence sanitaire jusqu'au 31 juillet 2022* [...] *sans qu'aucun nouveau vote du Parlement ne soit prévu* » ainsi que « *le risque que des mesures d'exception s'inscrivent dans la durée* ». Elle ajoute concernant le pass sanitaire et le déremboursement des tests : « *compte tenu de son impact sur l'exercice de droits et libertés, il semble que le déremboursement de certains de ces tests est susceptible de relever du niveau législatif et non d'un simple texte réglementaire* [...] *cette disposition, qui touchera en particulier les personnes les plus vulnérables, présente un risque discriminatoire* ». On imagine que les NoFakeMed et autres covidistes vont immédiatement la traiter de dangereuse complotiste irresponsable. On peut ajouter à cette déclaration, celle de Me Carbon de Sèze[148] faite sur le plateau de Cnews le 20 octobre 2021 ; selon lui, les critères juridiques du pass sanitaire ne sont plus remplis.

Plus anecdotique mais néanmoins grave, que dire des préfets interdisant les manifestations anti pass sanitaire pour des raisons totalement loufoques ! Plus grave, la population n'en tient pas compte et les manifestations se déroulent malgré tout, ce qui conduit à une dégradation supplémentaire de l'autorité de l'État et de l'État de droit. Mais le corps préfectoral n'en est pas à sa première bourde, car comment expliquer le fait d'avoir imposé le pass sanitaire dans des grandes surfaces alors que c'est totalement illégal et que le Conseil constitutionnel avait demandé de laisser les grandes surfaces ouvertes pour les produits de première nécessité. Cette faute a permis à de nombreux avocats de faire rouvrir ces grandes surfaces en introduisant avec succès des plaintes devant le tribunal administratif, comme ce fut le cas dans les Yvelines[149] par exemple.

Venons-en à présent à l'un des plus gros scandales de la gestion de cette crise sanitaire, il concerne le Conseil Constitutionnel et le cabinet de conseil américain McKinsey. L'État français a donc besoin d'un cabinet privé pour lui expliquer comment organiser une campagne de vaccination nationale alors qu'il possède des dizaines de milliers de fonctionnaires[150] de l'administration formés à cet effet. C'est complètement ahurissant ! Nous avons donc en France un cabinet de conseil privé américain, payé par le gouvernement 2 millions[151] d'euros par mois pour nous expliquer comment faire le travail que DHL fait très bien depuis des décennies et tout le monde trouve ça normal ! Faut-il rappeler que McKinsey n'a absolument aucune idée de la distribution des vaccins lors d'une pandémie puisque c'est une première pour ce cabinet ! Question expertise on a déjà vu plus compétent.

Sauf que c'est un peu plus compliqué qu'il n'y paraît et que ce cabinet McKinsey ne tombe pas du ciel. C'est ce même cabinet de conseil qui était derrière l'élection d'Emmanuel Macron en 2017. Un article intéressant de *La Dépêche*[152] livre quelques informations concernant McKinsey. On y apprend que les liens entre Emmanuel Macron et McKinsey remontent à 2007 alors qu'il appartenait à la commission Attali qui devait proposer à Nicolas Sarkozy des solutions pour faire redémarrer l'économie ; il était entré en contact à l'époque avec le PDG de McKinsey France, un certain Éric Labaye. Il y fera également la connaissance de Karim Tadjeddine, figure montante de McKinsey. Dès 2016, la candidature d'Emmanuel Macron va être conduite par une dizaine de salariés de McKinsey pour ensuite être annoncée officiellement le 16 novembre 2016. Une chose est certaine, il n'y a aucune trace de paiements de ces 10 salariés de la « Firme » dans le dossier de la Commission nationale des comptes de campagne et des financements politiques. Qui peut croire une seconde que ces vautours peuvent travailler gratuitement ? Dès la victoire acquise, ces membres de McKinsey vont très vite rejoindre des postes de pouvoir aussi bien au gouvernement que dans le nouveau parti LaRem. Pour le remercier, Éric Labaye sera nommé président de Polytechnique en août 2018. Y voir un renvoi d'ascenseur serait vraiment malhonnête. Le chemin peut être parcouru en sens inverse comme ce fut le cas de l'ancien patron des Jeunes avec Macron, un certain Martin Bohmert, qui a rejoint McKinsey en 2020. La situation est malsaine puisque McKinsey France possède son siège non pas à Paris mais dans le Delaware aux États-Unis, l'état de Joe Biden, considéré comme un paradis fiscal. En France, il s'agit de 470 salariés déclarés en 2019. La firme est une habituée du gouvernement - puisqu'elle avait déjà conseillé Nicolas Sarkozy – et des grandes entreprises du CAC 40. C'est bien McKinsey qui va écrire le programme présidentiel de Macron de 2017. C'est McKinsey qui va imposer le néologisme « *disruption* » ! Les MacronLeaks de l'époque avait souligné de très nombreux courriels qui démontraient justement la présence importante de McKinsey dans l'entourage de la campagne présidentielle d'Emmanuel Macron. Régulièrement, de hauts fonctionnaires de l'État sont débauchées par McKinsey avant de retourner conseiller des ministres et vice versa, comme ce fut le cas avec M. François-Daniel Migeon. En réalité, la France n'est rien d'autre, depuis l'accession d'Emmanuel Macron à la présidence, qu'une succursale de McKinsey.

Rentrons maintenant dans le vif du sujet. McKinsey est coresponsable du plus grand massacre de l'histoire de Big Pharma via la société Purdue Pharma impliquée dans la vente des opioïdes de synthèse (OxyContin©). Il s'agit tout de même de la mort de plus de 500.000 personnes en 20 ans ! Un véritable massacre, un génocide médicamenteux. McKinsey a été condamné[153] par la justice américaine à une amende record. Pourtant, aucun membre de cette entreprise ne se retrouvera en prison, il leur suffira de payer 573 millions de dollars et le tour est joué ! D'un autre côté, l'entreprise Pfizer qui fabrique le vaccin, elle aussi condamnée à une amende de 2,3 milliards de dollars, jouit curieusement en France de la confiance aveugle de tout le monde politico-médiatico-sanitaire !

Allons plus loin car l'histoire de McKinsey ne fait que commencer. Victor Fabius[154], directeur associé du cabinet McKinsey qui gère la vaccination et conseille Macron, est le fils de Laurent Fabius le « responsable mais pas coupable » des morts de l'affaire du sang contaminé (en mars 2005, sur les 1350 hémophiles infectés au total, 600 étaient décédés, 1000 en 2018). Il est également le frère de Thomas Fabius, poursuivi par la justice aussi bien française qu'américaine pour diverses escroqueries (faux, escroquerie et blanchiment présumés). Comment est-il possible de laisser le Conseil constitutionnel valider un projet de loi dicté par McKinsey lorsque l'on sait que le responsable France de la Firme est le fils du président du Conseil constitutionnel ! La France l'a fait sans ciller ni rougir de honte.

Lorsque l'on pose la question, la presse spécialisée parisienne a inventé un nouveau concept adapté à cette situation grotesque, celui de conflit d'intérêts par « interférence faible » ! On a donc un conflit d'intérêts mais ça va, ça passe, il n'est pas trop prononcé, Il est tout petit, insignifiant, à peine visible de près et encore, à l'aide d'une loupe. Pourtant, les enjeux de cette loi sont juste astronomiques, le moindre doute devrait inciter, voire obliger Laurent Fabius à se déporter s'il était honnête ! Mais, parole de vérificateur de la désinformation de *Libération*[155], ça va, ça passe. Bien entendu, ces journalistes véreux trouveront toujours des spécialistes encore plus véreux pour expliquer et faire accepter l'inexplicable et l'inacceptable !

Malgré tous ces scandales, toutes ces anomalies que tout le monde peut constater, le Conseil d'État vient de proposer[156] de limiter le champ de la responsabilité pénale des politiques en temps de crise, car il constate que durant la crise du Covid-19 « la crainte d'une mise en cause pénale semble avoir paralysé » de nombreux responsables publics et privés. En dehors du fait que c'est totalement faux, le risque pénal n'a pas paralysé qui que ce soit, les politiques ont continué à mentir, tromper, falsifier, manipuler de plus belle, proposer une telle mesure relève du pur sabotage, c'est la porte ouverte à tous les abus et au chaos.

Nous pouvons également proposer un autre exemple de piétinement de l'État de droit en France, vu la stratégie utilisée par Olivier Véran pour inciter les soignants à la vaccination. Alors qu'il savait que c'était parfaitement illégal, il a fait croire aux soignants que tous ceux qui étaient en arrêt maladie avant le 15 septembre ne percevraient plus de salaire. Il a reculé[157] sur les sanctions aux soignants non-vaccinés en arrêt-maladie par une circulaire diffusée par les ARS aux directeurs des établissements hospitaliers ! Ceci donne une idée précise de l'état d'esprit d'Olivier Véran concernant son respect des lois, c'est un comportement de mafieux.

Parlons maintenant des conflits d'intérêts des médecins médiatiques, des têtes de gondoles, ce que les Américains nomment les KOL ou *key opinion leaders*. Nous allons traiter ici de quelques cas, les plus illustres, ceux de Karine Lacombe et de Gilbert Deray. Il y en a une bonne trentaine que tout le monde peut reconnaître sur les plateaux télé puisqu'ils ont passé leur temps à blablater sur les ondes au lieu d'aller soigner les malades tout en affirmant que la situation était dramatique et que les morts se comptaient par milliers. Leur place aurait dû être donc au sein de leurs services à diriger leurs équipes et pourtant ils ne ratent pas une occasion de parader sur TF1, Cnews, BFM, LCI, France inter... J'ai même été surpris de voir à la télé certains morticoles plusieurs fois le même jour, tôt le matin et tard le soir (Bruno Mégarbane) ! Ce sont d'ailleurs ceux-là qui sont les plus fous, les plus restrictifs, ceux qui terrorisent le plus les gens, de véritables doctateurs. Il serait d'ailleurs intéressant de se poser la question de la présence ubiquitaire de certains médecins et jamais d'autres qui sont interdits de plateaux. Qui décide ?

Concernant Karine Lacombe, en dénigrant publiquement et sur les plateaux télé le Pr Raoult et le traitement qu'il conseille, Karine Lacombe fait indirectement la promotion du remdesivir. Or, les initiés savent que Karine Lacombe entretient des liens d'intérêts avec le géant américain Gilead, ce qui constitue un conflit d'intérêts manifeste et une violation de l'article L4113-13 de la loi relative au droit des malades et à la qualité du système de santé, qui dispose : « *Les membres des professions médicales qui ont des liens avec des entreprises et des établissements produisant ou exploitant des produits de santé ou avec des organismes de conseil intervenant sur ces produits sont tenus de faire connaître ces liens au public lorsqu'ils s'expriment sur lesdits produits lors d'une manifestation publique, d'un enseignement universitaire ou d'une action de formation continue ou d'éducation thérapeutique, dans la presse écrite ou audiovisuelle ou par toute publication écrite ou en ligne. Les conditions d'application du présent article sont fixées par décret en Conseil d'État. Les manquements aux règles mentionnées à l'alinéa ci-dessus sont punis de sanctions prononcées par l'ordre professionnel compétent.* ». En prenant publiquement la parole et en s'exprimant sur le sujet, Karine Lacombe n'a jamais fait état de ses liens d'intérêts, privant ainsi le public d'une information cruciale à même de lui permettre de se faire une idée sur la crédibilité des propos qu'elle a tenus. Ce faisant, elle piétine les dispositions de l'article L4113-13 ci-dessus. Tout le monde sait, les médecins eux-mêmes, les journalistes et les politiciens et tout le monde ferme les yeux. Elle s'est plantée sur le LancetGate, sur l'étude fantôme Discovery, sur son essai Coviplasm qui n'a jamais vu le jour non plus, elle avait même affirmé que le virus du SARS-CoV-2 n'avait pas muté. N'avait-elle pas affirmé à deux semaines d'intervalle que le port du masque était totalement inutile mais elle continue de parler toute honte bue. C'est d'ailleurs pour tous ces échecs qu'Emmanuel Macron va lui décerner la Légion d'honneur au début de l'année. Mieux encore, *Forbes* va la classer parmi les 40 femmes les plus inspirantes de 2020. La mécanique est lancée, il faut absolument réussir à faire d'un âne un cheval de course sauf que ça ne fonctionnera jamais.

Concernant Gilbert Deray c'est encore plus malsain, car ce chef de service en néphrologie n'a strictement rien à voir avec le Covid-19 ! Des internautes ont posté, notamment sur le réseau social Twitter, des informations concernant des conflits d'intérêts évidents entre Gilbert Deray et l'entreprise Gilead. Pourtant, il avait posté sur son compte Twitter le 26 juin 2020 à 19h02 un message dans lequel il niait tout conflit d'intérêt avec Gilead suite à un article publié par le site d'information France Soir. En réalité, après une petite recherche sur le site du tribunal de commerce, les internautes ont déniché les statuts de l'entreprise LVDG, installée dans le VIIIe arrondissement parisien depuis neuf ans avec un chiffre d'affaires de 366.900 € pour l'année 2018. La société LVDG a un statut d'entreprise par actions simplifiées avec un capital de 114.000 € divisés en 30 actions que chacun des trois associés se partage de manière équitable, 10 actions par personne. Il suffit ensuite de faire un tour sur le site transparence.sante.gouv.fr pour constater les très nombreux liens d'intérêts d'un des 3 associés de LVDG, le docteur en pharmacie Vincent Launay Vacher (exerçant également à la Pitié-Salpêtrière), avec Big Pharma : Pfizer, Roche, Merck, Bayer, Amgen, Sanofi… Rappelons également que sur cette même base de données nous retrouvons Gilbert Deray avec de très nombreux liens d'intérêts avec notamment Bayer mais aussi... Gilead ! Ensuite, on fait rapidement connaissance avec l'entreprise GPR, celle-ci met en ligne un site Internet censé donner des outils aux professionnels de santé pour une meilleure utilisation des médicaments (*sic*). En parcourant la page de présentation, on apprend que le site Internet GPR[158], dont le responsable éditorial est Gilbert Deray, est financé par différentes entreprises de Big Pharma dont... Gilead ! C'est donc le lobby du médicament qui finance un site pour expliquer aux médecins comment bien utiliser leurs propres médicaments ! Ceci n'est pas très sérieux et démontre le peu d'indépendance d'une telle entreprise, tant il nous paraît peu probable que Big Pharma puisse communiquer de manière négative sur ses propres produits qui lui rapportent 1300 milliards de dollars de chiffre d'affaires annuel !

Bien sûr, Gilbert Deray n'a jamais fait mention de ces liens et conflits d'intérêts lors de ses très nombreuses apparitions médiatiques pendant cette crise sanitaire comme l'y oblige l'article L4113-13 du Code de santé publique. Ceci bien entendu avec la complicité évidente d'une presse totalement corrompue et inféodée aux mêmes lobbys de Big Pharma.

Prenons l'exemple du Pr Odile Launey, médecin à l'hôpital Cochin à Paris, qui ne rate pas une occasion pour piétiner le Code de santé publique. Il suffit d'aller sur le site Edimark[159] pour trouver de nombreux liens d'intérêts déclarés notamment avec Pfizer, Janssen, GSK, MSD, Sanofi… ! Curieusement, nous ne trouvons aucun lien d'intérêt déclaré sur le site transparence.gouv.fr ! Bien entendu, le discours d'Odile Launey n'a rien de scientifique et relève de la propagande la plus grossière puisque selon elle il n'y a pas du tout d'effets secondaires graves liés à cette vaccination, malgré les centaines de morts relevées par la pharmacovigilance officielle et publiés sur le site de l'ANSM[160]. Donc, pour Odile Launey, 982 décès ne constituent rien de grave ni de préoccupant alors que les vaccins sont en circulation depuis à peine 6 mois et qu'ils sont en cours de phase 3 de l'essai ! C'est une première historique, du jamais vu dans l'histoire de la médecine.

On pourrait multiplier les exemples encore et encore mais à quoi bon, il est aisé de comprendre avec ces deux seuls cas que le système est complètement pourri de l'intérieur. Il se passe d'ailleurs exactement la même chose dans les pays voisins comme la Belgique ou la Suisse... avec les mêmes techniques de corruption par l'argent fleuve de Big Pharma.

Dernière folie en date, 15 Présidents de départements veulent arrêter de verser le RSA aux non-vaccinés qui ont refusé un travail le rendant obligatoire[161]. Ils ont écrit au Premier ministre Jean Castex pour officialiser leur demande ! Ceci est la démonstration que nous dérivons vers une société hygiéniste totalitaire de plus en plus violente malgré les ratés des 20 derniers mois, il faut toujours aggraver la situation avec des décisions aussi stupides que dangereuses car productrices de futurs troubles à l'ordre public.

Dernier piétinement en date de l'État de droit, le refus de l'État et de la Sécurité sociale d'appliquer une décision du Conseil d'État concernant les autotests. L'ordonnance du 29 octobre 2021 a débouté l'État, elle réintroduit donc les autotests pour l'obtention du pass sanitaire. Le site du Courrier des stratèges a écrit quelques articles[162] intéressants sur cet énième scandale qui devrait faire sortir plusieurs millions de Français dans les rues. Cette affaire est d'autant plus grave qu'il y a une volonté d'étrangler financièrement les Français qui ne veulent pas se faire vacciner car les autotests sont les moins chers du marché, comparés aux tests antigéniques et PCR, 4 à 8 fois plus chers. Plus d'une semaine après la décision, le site de la Sécurité sociale n'avait pas encore réintégré le bouton « autotest » qui existait déjà, la manœuvre aurait dû prendre à l'informaticien pas plus de 2 minutes.

Une audience au Conseil d'État regroupant plusieurs référés contestant le déremboursement des tests pour les non-vaccinés a été plaidée par Me Protat contre cette « amende déguisée ». Chose inouïe, le représentant du ministère a balancé un argument « *ne pas être vacciné, ça a un prix*[163] ». C'est un aveu direct et assumé de mise en place de ces amendes pour punir les non-vaccinés alors que c'est totalement illégal. Une preuve supplémentaire de la mort de l'État de droit en France.

3- Négation et mort de la médecine

Il est encore tôt pour en tirer des conclusions définitives mais une chose est certaine, cette crise sanitaire aura fait très mal au corps médical, je parle bien entendu de l'élite.

Le Conseil d'analyse économique a publié dans son rapport[164] numéro 66 d'octobre 2021 intitulé *Les Français au temps du Covid-19 : économie et société face au risque sanitaire* une étude qui démontre à quel point les scientifiques français ont perdu toute crédibilité pendant cette crise puisqu'il est question d'une chute de quasiment 20 points : « *Alors que le soutien était assez élevé dans tous les pays au cours des deux premières vagues (88 % en moyenne), il a diminué de manière significative pendant la période juillet-décembre spécifiquement (62 % en moyenne), en particulier dans les pays où la confiance envers les scientifiques a le plus décliné : c'est notamment le cas de l'Italie, du Brésil, des États-Unis, mais surtout de la France.* » (*cf.* annexe n°3)

Il faut dire qu'un grand nombre de professeurs et autres chefs de service ont brillé par leur incompétence, leurs contradictions et se sont plantés lamentablement à différentes reprises, avançant des chiffres et des modélisations mathématiques qui se sont avérées fausses à de nombreuses reprises et il faut bien avouer que ça se voit. On peut se tromper sauf que les morticoles cathodiques semblent dénués de toute humilité et ne s'excusent absolument jamais. Bien au contraire, ils repasseront 5 jours plus tard avec de nouvelles prédictions à la Madame Soleil, toutes aussi fausses que les précédentes avec la même arrogance.

Très vite, la situation a dégénéré. Certes, nous avons eu des preuves d'incompétence assez impressionnante avec une Karine Lacombe qui vient affirmer que le port du masque chirurgical en population générale est totalement inutile puis affirmer le contraire 15 jours plus tard sur les mêmes plateaux télé. Mais là où ça va se gâter, là où la machine va complètement déraper et s'emballer pour ne plus jamais s'arrêter c'est juste après la déclaration du Pr Didier Raoult concernant l'hydroxychloroquine et son efficacité comme traitement précoce. Immédiatement, cet éminent chercheur français, certainement le plus cité dans le monde, médaillé d'or à l'Inserm, découvreur de bactéries, les virus géants, à la tête du navire-amiral de la recherche médicale française depuis sa construction, l'IHU Méditerranée Marseille, a été transformé en charlatan, en clown incompétent qui ne sait pas compter jusqu'à 10 ! C'est assez impressionnant à observer, et c'est tout simplement inacceptable. Pourtant, sans doute moins à Marseille, des citoyens complètement incultes et ignorants de l'épidémiologie des maladies infectieuses commençaient à affirmer qu'il ne fallait surtout pas écouter ce fou de Marseille ! Personnellement, je veux bien, tout est possible, mais il va falloir m'expliquer comment est-ce possible que les autorités au sommet aient pu offrir la direction d'un projet qui a coûté plus de 250 millions d'euros nécessitant pour son fonctionnement 800 salariés, à un charlatan ? Ce n'est pas possible, quel que soit l'angle sous lequel on prend cette affaire, l'élite parisienne ne peut qu'avoir tort. Avec le temps, on apprend qu'il y a des guerres intestines au sein de l'hôpital public français et des institutions les plus importantes. On a cru comprendre qu'il y avait des différends entre M. Yves Lévy et le Pr Didier Raoult. Yves Lévy qui est tout de même l'époux au civil de l'ex-ministre de la santé Agnès Buzyn, accessoirement à la tête de l'Inserm[165] depuis 2014. Il lui a d'ailleurs retiré le label Inserm de l'IHU Méditerranée, avant de déclarer la guerre au Pr Didier Raoult. Faut-il rappeler que dès 2017, à la nomination d'Agnès Buzyn au poste de ministre de la santé, un problème de conflit d'intérêts s'est très vite présenté eu égard au poste de son mari à la tête de l'Inserm, sachant qu'elle en avait la cotutelle. D'ailleurs, à la fin mai de la même année, la ministre de la santé a été déchargée de l'Inserm afin d'éviter tout conflit d'intérêts. Il y a des couples puissants en France, des personnalités dont la carrière ne peut être troublée comme vous pouvez le constater. Malgré cette position très inconfortable, Yves Lévy a tout de même présenté sa candidature à sa propre succession pour un second mandat de quatre ans (2018-2022). Il va y renoncer et retirer sa candidature suite au tollé médiatique qui s'en est suivi. À la lecture de l'article du *Monde* du 9 juin 2018 intitulé *Inserm : la reconduction éventuelle d'Yves Lévy embarrasse*, on apprend que ce dernier était un dirigeant autoritaire et vindicatif qui pousse les gens qui le connaissent à témoigner sous anonymat. Du coup, on ne sait plus si l'article parle de la 'Ndrangheta ou juste des hauts responsables du système de santé parisien ! Mais comme le pire ne déçoit jamais, Yves Lévy sera nommé le 10 octobre 2018 conseiller d'État[166] en « service exceptionnel », alors qu'il n'a absolument aucune connaissance ou compétence en droit. C'est d'autant plus choquant et interpellant que nous découvrons aujourd'hui l'importance du Conseil d'État dans la gestion de cette crise sanitaire, alors que tout le monde a pu se rendre compte qu'il s'était transformé en chambre d'enregistrement de tout ce qui été décidé au Conseil de défense, sans jamais remettre en cause quoi que ce soit, malgré les contradictions et les absurdités, allant jusqu'à s'appuyer sur des données scientifiques erronées, voire falsifiées sans aucune honte ni crainte.

Immédiatement, les médias parisiens vont se montrer très agressifs envers l'équipe marseillaise qui a eu pour seul tort de vouloir soigner les malades contrairement aux directives de la Doxa qui laissait crever les gens chez eux avec du paracétamol. Le journal *Le Monde* du 26 mars 2020 va titrer : *Didier Raoult, le trublion du Covid-19 !* Tout est dans le terme trublion. Comble de la malhonnêteté, l'article lui reproche d'avoir divisé la communauté scientifique ! À quel moment l'annonce d'un possible remède à une maladie peut-il diviser la communauté scientifique ? Soit le remède est efficace, soit il ne l'est pas, fin du débat. Sauf que les médias vont alimenter l'hystérie puis, par la tactique de l'inversion accusatoire, charger la responsabilité du chaos sur le dos du Pr Didier Raoult. *L'Obs* va publier un article le 2 avril 2020 intitulé *La nébuleuse des « raoultiens »* ! Rien de mieux pour décrédibiliser quelqu'un. Au même moment, sur les plateaux télé c'est l'hallali général. Un chroniqueur va s'illustrer dans *sa* guerre contre le Pr Didier Raoult, Patrick Cohen sur France 5, dans l'émission *C à vous* sur le service public ! Alors qu'il recevait Arianne Chemin et Marie-France Etchégoin venues présenter leur dernier livre intitulé *Raoult, une folie française* paru en juin 2021, Patrick Cohen va expliquer le « phénomène Raoult » : « *le point de rencontre de la puissance des réseaux sociaux, d'une médiatisation débridée et d'un des pires accès de désinformation et d'offensive anti-science* ». Alors que ce clown ne sait même pas ce qu'est un virus et encore moins différencier ce dernier d'une bactérie, alors qu'il n'a aucune idée de ce qu'est une moyenne statistique, un chi-2 ou encore une régression linéaire, il ose accuser le Pr Raoult de faire de l'anti-science ! C'est tout de même extraordinaire. Pourtant, la même équipe de *C à vous* avait reçu en 2018 le Pr Didier Raoult venu présenter son dernier livre *La vérité sur les vaccins* dans l'émission[167] du 18 janvier de la même année. Patrick Cohen posait ses questions de manière respectueuse et écoutait gentiment les réponses. Mais l'émission du 2 mai 2016 est encore plus éloquente. Le Pr Didier Raoult était venu présenter son livre *Arrêtons d'avoir peur.* Patrick Cohen commencera son interview par ler mots suivant : « *Je rappelle que vous êtes un microbiologiste de renommée mondiale, vous faites autorité en matière de maladies infectieuses, vous avez découvert entre autres les premiers virus géants...* » ! Il a même clôturé son interview en décrivant l'ouvrage de « *stimulant et passionnant* ». Et puis, c'est le drame, à partir de mars 2020, Patrick Cohen a subitement décidé que le grand scientifique Didier Raoult n'était en réalité qu'un vulgaire charlatan.

Au même moment, on pourra constater l'apparition d'une ribambelle de petits médecins, qui n'ont pas 1/100e du CV et de l'expérience du Pr Didier Raoult, d'aucuns n'ont même pas soigné un seul malade Covid-19, qui vont le critiquer voire l'injurier sur les plateaux télé et radio, se rendant coupables d'un manque évident de confraternité et piétinant ainsi l'article[168] 56 du code de déontologie médicale. Curieusement, malgré de nombreux dérapages, le Conseil de l'Ordre des médecins ne sanctionnera personne, ce qui va aggraver la situation et encourager ces vauriens à récidiver. D'un autre côté, les mêmes autorités ordinales menacent de sanctionner les médecins qui vont vouloir traiter leurs patients avec l'hydroxychloroquine, l'azithromycine ou l'ivermectine. Pourtant, un simple rappel à l'ordre publié en une sur le site de l'Ordre aurait permis de calmer le jeu et aurait fait beaucoup de bien au corps médical. Au contraire, ce laisser-faire a permis à des médecins de se transformer en vulgaires trolls du Net avec une grossièreté extraordinaire et virulence forcenée. Nous pouvons citer Damien Barraud[169], Mathias Wargon[170], Jérôme Marty[171]... Nous pouvons d'ailleurs ajouter que cette petite équipe s'entraîde puisque Mathias Wargon a très vite pris la défense de Damien Barraud lorsque ce dernier a été censuré par Twitter à force d'insultes et de provocations. On ne pourra pas accuser Twitter d'être une plateforme conciliante avec les complotistes. Que penser du tweet du Dr Laurent Alexandre publié le 17 avril 2020 à 11h54, insultant son confrère et aîné le Pr Luc Montagnier - prix Nobel de médecine - le traitant de : « *...complètement gâteux et irresponsable. Il fait HONTE à la science française* » !

L'absence de réaction des autorités ordinales va pousser le Pr Didier Raoult à déposer plainte au pénal contre un confrère qui l'avait menacé de mort au lendemain de sa déclaration sur l'hydroxychloroquine. Cette affaire démontre avec éclat à quel point les professionnels de santé ont perdu toute crédibilité. Il n'était pas du tout question d'un étudiant en médecine, d'un interne qui avait trop bu le soir et qui avait dérapé sur Internet. Non, il s'agissait en réalité d'un chef de service d'un CHU de Nantes qui a appelé le Pr Didier Raoult sur son téléphone en le menaçant de mort s'il ne retirait pas ses déclarations ! Un véritable comportement de mafieux qui est à vrai dire assez choquant dans ce milieu professionnel ! Le Pr Raffi a reconnu les faits et a été condamné[172] à une amende de 300 €. Se rend-il au moins compte du mal extraordinaire qu'il a fait au corps médical ? Apparemment non. C'est très déstabilisant car le commun des mortels a en tête un schéma classique du professeur de médecine sage à la chevelure grisonnante, qui parle doucement, bienveillant et bien éduqué. Force est de constater que ce n'est pas le cas ici, c'est même tout à fait l'inverse et c'est ce qui est terrifiant.

Le premier reproche que l'on peut faire au corps médical et qui est une négation de la médecine est le fait d'avoir plongé dans le terrorisme sanitaire. Déjà, médiatiquement, jamais de toute l'histoire de l'humanité un sujet n'a été repris à ce point puisqu'il était question de Covid-19 24/7 sur toutes les chaînes télé, radio et journaux, sans oublier le web. Tout le monde croyait que la planète Terre allait s'alléger de 1 ou 2 milliards d'individus. Les médecins, du moins certains, n'ont pas su garder leur calme, ils n'ont été que des médiateurs du discours officiel de la Doxa. Si Sibeth N'diaye venait affirmer sur les plateaux télé que le masque chirurgical était inutile, Karine Lacombe lui emboîtait le pas et agissait pareillement. Si 15 jours plus tard cette même Sibeth affirmait l'inverse, les plateaux télé trouvaient assez rapidement un/une morticole pour le confirmer, Karine Lacombe la première. Ensuite vont s'enchaîner des incompétents notoires qui vont balancer des chiffres hasardeux, validant toutes les modélisations mathématiques les plus folles, poussant au confinement le plus strict... sans jamais se soucier des effets collatéraux de ces décisions. Comment la corporation médicale française a-t-elle pu accepter sans réagir d'être totalement exclue de la crise sanitaire, je parle bien entendu de la médecine libérale et des cliniques privées ! Les médecins de ville ont dû fermer pendant deux mois, les cliniques privées ont bien entendu cessé leur activité sans jamais soigner de malades Covid-19 ! Pourtant, Jérôme Salomon, à la tête de la Direction Générale de la Santé (DGS), nous expliquait quotidiennement qu'il n'y avait plus assez de lits de réanimation à l'hôpital public ! Les passages quotidiens de Jérôme Salomon égrenant les chiffres des nouveaux cas, de mortalité et d'occupation hospitalière est certainement la pire idée qui soit. Rappelez-vous au départ, on ne savait pas qui était atteint par le virus, les enfants pouvaient-il tomber malade, les 800.000 femmes enceintes étaient-elles en danger... La pression était à son maximum, l'effet nocebo aussi.

Après 12 années passées dans les établissements d'enseignement primaire puis secondaire, jusqu'au baccalauréat, suivies d'une bonne dizaine d'années de formation à la faculté, les centaines de milliers de médecins français dont les études ont coûté très cher à la communauté nationale ont été mis sur la touche. Pire encore, le

Conseil de l'Ordre des médecins n'a rien dit, l'Académie de médecine non plus. Que dire des syndicats des soignants qui ont brillé par leur silence. Ils ont tous accepté le fait accompli, à savoir, de dire aux malades de rester chez eux avec pour seul médicament permis, le paracétamol jusqu'à l'étouffement ; il leur était bien entendu possible d'appeler le SAMU. Alors que certains médecins soignaient la maladie avec l'hydroxychloroquine et l'azithromycine, d'autres n'hésitaient pas à prescrire des cures vitaminiques (C et D) et de zinc, la plupart des malades français étaient bloqués chez eux avec une boîte de paracétamol. D'ailleurs, il serait très utile d'avoir les remontées de pharmacovigilance de 2020 et 2021 concernant le paracétamol qui, rappelons-le, tue en moyenne 200 personnes chaque année en France. Avec la panique causée par ce nouveau virus, on imagine que beaucoup de malades ont abusé de cette molécule hépatotoxique. En réalité, c'est tout simplement un refus d'assistance à personne en danger, un refus de soins.

Tout médecin digne de ce nom sait qu'un corps humain exposé à une situation de stress importante et durable, se retrouve avec un système immunitaire affaibli, ce qui facilitera bien entendu l'agression de n'importe quel virus ou des bactéries. C'est pourtant ce que fera l'exécutif, il stressera encore et encore la population la plongeant dans une tyrannie sanitaire quotidienne d'une rare violence. Si le stress diminue l'efficacité du système immunitaire, d'un autre côté, tout le monde sait que le sport augmente son efficacité. Du coup, ça n'a pas raté, le gouvernement a interdit les salles de sport, il a même fermé les plages et interdit les balades et randonnées en montagne ! De toute façon, le confinement ayant été décrété pendant deux mois d'affilée, même la lumière du soleil productrice de vitamine D essentielle au système immunitaire, a été interdite aux Français ! On a même l'impression que le gouvernement fait systématiquement ce qu'il ne faut pas faire et qu'il va à l'encontre des recommandations médicales millénaires.

Qu'en est-il des millions d'hypocondriaques français terrorisés par la moindre pensée négative ? La France compte 8.5 millions[173] d'hypocondriaques plus ou moins graves. Je vous laisse imaginer l'état psychologique de ces malades face à leur écran télé ! Je n'ose même pas imaginer quel a été le nombre de suicides que l'on a d'ailleurs beaucoup de mal à obtenir aujourd'hui car les chiffres sont cachés par les autorités.

Tous les responsables politiques qui ont eu à gérer cette crise devraient être poursuivis en justice pour terrorisme. La stratégie est simple à comprendre : afin de pousser les gens à obéir docilement, il fallait les terroriser et leur faire croire qu'ils allaient tous mourir dans d'atroces souffrances. C'est d'ailleurs assumé puisque le 12 août dernier, Emmanuel Macron l'exprimera clairement lors d'une réunion par la phrase suivante qui a été reprise dans *Le Parisien* : « *Il faut qu'on dramatise un peu pour que tout le monde se vaccine*[174] » ! Un autre exemple de terrorisme sanitaire est la scène qui s'est déroulée en direct à la télévision devant tout le monde, en Guadeloupe. Tout le monde pouvait entendre le préfet de Guadeloupe demander à la directrice de l'ARS de prendre un ton « catastrophique[175] » ! Pourtant le taux d'incidence en Guadeloupe était largement inférieur à celui du Var, du coup pourquoi ce tintamarre ? En réalité, étant donné qu'ils ne disposent que de 12 lits de réanimation en Guadeloupe, ils veulent fermer l'île et détruire son économie au lieu d'ouvrir d'autres lits de réa, ce qui n'a pas été fait depuis les 18 mois de crise ! Ainsi, vous l'aurez compris, les ordres viennent d'en haut, du président de la république, les préfets obéissent, le petit doigt sur la couture du pantalon. Ils savent qu'il s'agit ici de délits dont le moins grave est celui de « diffusion de fausses nouvelles », en d'autres termes, de fake news. Mais pour ce faire, et afin d'être crédible, il faut manipuler les chiffres et les gonfler et du coup on tombe sous le coup de la loi puisqu'on se rend coupable ici de faux et usage de faux en écriture publique, un crime qui relève des assises. Il ne faut pas oublier que cette dramatisation qui a conduit au confinement de la Guadeloupe a créé des troubles à l'ordre public, ce qui aggrave la situation.

Venons-en maintenant au cœur du système de propagande et de mise en place de cette tyrannie sanitaire, la production des chiffres épidémiologiques. Nous allons démontrer maintenant qu'ils sont totalement falsifiés et que de toute façon les règles changent régulièrement. Prenons l'exemple de la mortalité. C'est cette dernière qui a conditionné les prises de décisions politiques lors de la première vague de mars-avril 2020. Petit à petit, étant donné que le nombre de morts a baissé drastiquement et c'est tant mieux, ce n'est plus le taux de mortalité qui intéressera le gouvernement mais les cas testés positifs. Sauf que ce chiffre n'a absolument aucun sens puisqu'il suffit de multiplier par 10 le nombre de personnes testées chaque jour pour voir le nombre de cas positifs également multiplié par 10, c'est mécanique. D'ailleurs, un nouveau concept est apparu lors de cette crise sanitaire, celui de cas positif malade mais asymptomatique ! Nous avons donc ici la démonstration de la supercherie ; pourtant, les définitions d'une personne malade et d'une personne indemne sont connues de tous. Prenons également l'exemple du taux d'incidence se rapportant aux infections respiratoires aiguës (IRA, utilisé en France depuis 40 ans par le réseau Sentinelles). Ce réseau Sentinelles est un réseau officiel relié à l'université Paris Sorbonne, l'Inserm, Santé publique France ainsi qu'au ministère des Solidarités et de la Santé. Avant 2020, le taux d'incidence qui servait de seuil au déclenchement du plan blanc de la grippe était situé entre 150 et 200 cas pour 100.000 habitants. Du jour au lendemain, ce seuil a été abaissé, s'agissant du SARS-CoV-2, à 50 pour une raison que tout le monde ignore : pourquoi pas 80 – 100 – 120 ! Mieux encore, la surveillance hebdomadaire du Covid-19 par le réseau Sentinelles donne un taux d'incidence systématiquement 10 à 20 fois inférieur à celui de Santé publique France (SPF) et pourtant ça ne choque personne là encore ! J'ai, pour ma part, écrit au réseau Sentinelles pour poser la question sans pour autant obtenir de réponse. Comment se fait-il que sur un relevé hebdomadaire officiel de 2021, en semaine[176] 39, le taux d'incidence soit de 4 pour 100.000 habitants alors qu'au même moment, SPF qui valide les chiffres du réseau Sentinelles, publie des chiffres totalement différents, surgonflés ? Le point épidémiologique[177] numéro 84 du 7 octobre 2021 relatif à la semaine 39 et publié sur le site de SPF annonçait un taux d'incidence de 48, 12 fois supérieur à celui du réseau Sentinelles ! (*cf.* annexe n°4) En fait, la différence entre les deux données est simple à expliquer : le réseau Sentinelles comptabilise uniquement les vrais malades symptomatiques et testés positifs, consultés dans les 700 cabinets de généralistes et de pédiatres de l'hexagone, tandis que SPF se base sur des tests qui ne veulent strictement rien dire puisque même les asymptomatiques y sont inclus. Si on considère le taux d'incidence du réseau Sentinelles ainsi que le *Re* ou taux de reproduction du virus donné par SPF qui est de 0,80 en semaine 40, on peut affirmer qu'il n'y a pas, en semaine 40, d'épidémie de Covid-19 en France. En effet, en dessous de 1, le *Re* indique qu'un malade Covid-19 n'est même pas capable de contaminer un autre malade, l'épidémie - s'il y en a eu une - est en train de s'éteindre. Du coup, pourquoi continuer à maintenir des restrictions sanitaires lourdes, destructrices de l'économie, avec la suspension de centaines de milliers de professionnels de santé, pour rien ? Tout ceci n'a absolument aucun sens d'un point de vue scientifique, c'est véritablement de l'anti-science. Alors que le pass sanitaire a été validé en France, à la condition qu'il soit levé dès que les conditions épidémiologiques le permettraient, les Français ont pu entendre Gabriel Attal affirmer[178] le 7 octobre 2021 qu'il sera maintenu quoi qu'il arrive jusqu'au 15 novembre (puis ce sera fin juillet 2022) ! C'est une énième démonstration que tout ceci n'a rien de sanitaire, l'exécutif poursuit un objectif totalement différent. Lequel ?

Vous voulez sans doute, à juste titre, une autre preuve de l'inutilité du pass sanitaire. Des parties de belote et de thé dansant en Loire-Atlantique[179] ont produit des clusters alors que tout le monde présentait un pass sanitaire, la plupart étant vaccinés ! Du coup, le génial directeur de l'ARS locale a expliqué qu'il fallait maintenant respecter les distanciations sociales, ce qui donnera une note plus gaie et plus charmante aux thés dansants !

Venons-en maintenant à la négation assez effrayante du système immunitaire constatée dès le début de cette crise. Le point le plus intéressant reste tout de même le fait de faire croire que l'immunité vaccinale est supérieure à l'immunité naturelle ! Depuis quand ? Comment est-ce possible ? C'est le miracle du Covid-19. Le système immunitaire est une autres des premières victimes du covidisme. Les professionnels de santé vont commencer à vacciner des patients qui ont eu le Covid-19 il y a à peine deux ou trois mois ! Pourtant, ces derniers possèdent toujours des anticorps ainsi qu'une mémoire cellulaire encore plus importante. Ensuite, comme par magie, les autorités de santé vont nous expliquer qu'en l'espace de six mois, il n'y avait plus d'immunité contre le Covid-19 ! Qui en a décidé ? Pourquoi six mois ? Sur quelles études randomisées en double aveugle un tel choix a-t-il été fondé ? Nul ne le saura. Curieusement, petit à petit, des études vont venir démontrer que l'immunité naturelle est beaucoup plus efficace que l'immunité vaccinale et qu'elle est beaucoup plus durable dans le temps sans rien changer aux décisions de l'exécutif ! Un article[180] du *Washington Post* publié le 15 septembre dernier le confirme : « *Plus de 15 études ont démontré le pouvoir de l'immunité acquise avec une infection naturelle du virus. Il y a deux semaines, une étude menée en Israël auprès de 700.000 personnes a révélé que ceux qui avaient déjà été infectés étaient 27 fois moins susceptibles de contracter une deuxième infection symptomatique que ceux qui avaient été vaccinés. Cela a confirmé une étude de la June Cleveland Clinic sur les travailleurs de la santé (qui sont souvent exposés au virus), dans laquelle aucun de ceux qui avaient déjà été testés positifs pour le coronavirus n'a été réinfecté. Les auteurs de l'étude ont conclu que « les personnes qui ont eu une infection par le SRAS-CoV-2 ne bénéficieront probablement pas de la vaccination contre le covid-19 ». Et en mai, une étude de l'Université de Washington a permis de constater que même une infection légère au covid entraînait une immunité de longue durée.* » ! Il aura donc fallu attendre 18 mois pour revenir à un concept connu de tous depuis toujours ! L'article poursuivra : « *L'hypothèse erronée selon laquelle l'immunité naturelle n'est pas fiable a entraîné la perte de milliers de vies américaines, des complications vaccinales évitables et a nui à la crédibilité des responsables de la santé publique.* » ! L'auteur de l'article, le Pr Marty Makary exerçant à la Johns Hopkins School of Medicine et à la Bloomberg School of Public Health ajoute qu'il est tout à fait normal et acceptable de se tromper au début mais que dès que les preuves s'accumulent et démontrent le contraire il faut rectifier le tir et corriger ses erreurs, ce qui n'a jamais été fait à ce jour. Comment est-ce possible de réduire le très complexe système immunitaire humain à la seule présence des anticorps ? C'est d'une arrogance et d'une incompétence inouïes. En outre, toute baisse du taux des anticorps – IgM et IgG - spécifiques au SARS-CoV-2 est considérée comme définitive et nécessitant un rappel vaccinal. Sauf que c'est le cas de toutes les maladies infectieuses. Le système immunitaire humain ne va pas s'amuser à maintenir l'élaboration des anticorps à un taux très élevé alors que la dernière rencontre avec l'antigène microbien date de plus de 2 ans voire 10 ans. Il en résulterait une quantité astronomique d'anticorps dirigés contre des milliers de virus et de bactéries qui transformeraient le sang en véritable goudron.

Il est particulièrement troublant d'entendre les morticoles venir enchaîner avec certitude autant de sottises scientifiques et médicales comme s'ils détenaient une vérité dont ils auraient l'exclusivité. Pourtant, tous ceux qui s'intéressent à la médecine savent à quel point ce n'est vraiment pas une science exacte mais une science humaine tributaire de nombreux aléas ; de plus, la science actuelle, la plus récente, est lacunaire. Saviez-vous par exemple que nous ne connaissons pas, à ce jour, la composition complète du lait maternel[181] qui est d'une complexité extraordinaire ! On a beaucoup parlé de paracétamol. Saviez-vous, chers lecteurs, que nous ignorons encore le mode de fonctionnement[182] de cette molécule antipyrétique et antalgique, en pariculier pour sa propriété antidouleur. Mieux encore, des chercheurs de la New York University School of Medicine ont publié une étude[183] dans laquelle ils affirment avoir découvert un nouvel organe qu'ils ont nommé « interstitium » ! On pourrait donner encore de nombreux exemples qui devraient pousser à plus d'humilité de la part de certains doctateurs.

Cette nouvelle vision du système immunitaire est d'autant plus inquiétante que nous avons déjà vécu des épisodes meurtriers liés à la commercialisation de vaccins. Le dernier en date, on en a déjà parlé, est le vaccin Dengvaxia du laboratoire Sanofi censé prévenir la dengue. L'affaire est pourtant largement médiatisée, sachant que le vaccin a été interdit aux Philippines après avoir tué une centaine d'enfants[184]. Ce laboratoire français, géant mondial (100 milliards d'euros de capitalisation boursière et plus de 100.000 employés), est accusé d'homicide involontaire. Les enfants ont été victimes d'un phénomène immunitaire connu, l'ADE ou *Antibody-dependent enhancement* ou aggravation dépendante des anticorps. Dans les faits, la personne vaccinée va réagir de manière importante lorsqu'elle va rencontrer pour la première fois le virus, bien plus violemment que si la personne n'avait pas été vaccinée.

De plus, comment peuvent-ils oser affirmer que l'immunité vaccinale est plus importante et plus efficace que l'immunité naturelle alors que le vaccin à ARNm ne cible que la protéine de surface Spyke du virus qui a déjà muté. Au même moment, l'immunité naturelle va identifier de très nombreuses parties du virus ce qui la rend beaucoup plus spécifique. Pire encore, il s'avère que la partie qui mute le plus souvent est la protéine Spike, ce qui rend le vaccin complètement obsolète au bout de quelques mois. Pourtant, cela n'empêchera pas les fous qui nous dirigent de proposer l'injection d'une troisième dose du même vaccin conçu et élaboré à partir de la souche primaire ! Autant vacciner contre la grippe de 2022 avec le vaccin des souches de 2019 ! Ils marchent sur la tête, c'est de la pure folie. Il est vrai qu'on ne change pas une équipe qui gagne, mais de là à reproduire à ce point les mêmes erreurs ne peut être dû au hasard ni même à de l'incompétence, mais plutôt à une opération de sabotage ; je ne trouve aucune autre explication satisfaisante.

Personnellement, ce qui me choque le plus dans cette crise sanitaire c'est l'incapacité des médecins à comprendre ce qu'il se passe. Quelle en est la raison ? Un véritable mystère. Nous avons pu constater que pour le corps médical français, le système immunitaire est une totale inconnue. N'importe qui peut dire n'importe quoi sur les plateaux télé et les médecins restent étrangement muets. Je ne parle pas ici, bien entendu, du médecin généraliste installé au fin fond de l'Oise ou de l'Ardèche, il est question du silence assourdissant de l'Ordre des médecins, de l'Académie de médecine ou des puissants syndicats. De surcroît, l'Assemblée nationale et le Sénat comptent en leur sein de nombreux médecins sans parler du ministre de la santé lui-même qui est le plus souvent médecin. En d'autres termes, il eût été logiquement difficile de piétiner leurs intérêts. Tous savent qu'on ne réalise jamais de vaccination de masse pendant une épidémie, c'est pourtant ce qu'ils ont fait et poussé à faire.

Qu'en est-il également du sacro-saint principe de précaution ? C'est un autre aspect important de cette crise sanitaire qui pose problème. C'est un principe légal intégré dans la législation française à la suite de très nombreux scandales meurtriers aussi bien dans l'agriculture avec le scandale de la vache folle, qu'en médecine humaine avec l'affaire du sang contaminé... Le principe de précaution a été défini et entériné au sommet de Rio en 1992 concernant les problématiques climatiques. Il est considéré comme une grande avancée dans la protection des populations. Curieusement, ce principe a été piétiné lors de cette crise sanitaire avec des contradictions lourdes. Nous allons prendre bien entendu l'exemple de la vaccination. Comme par hasard, la seule technologie à être autorisée en France sera la thérapie génique à ARNm, à l'exclusion de toute autre, ce qui en soi constitue un très gros problème scientifique et logique. Comment est-il possible d'autoriser une nouvelle technologie testée dans un délai très court de quelques mois ? Durant les essais cliniques de Pfizer, il n'a pas été inclus d'enfants de moins de 15 ans, ni des femme enceintes, ni de personnes âgées de plus de 75 ans. Pourtant, les personnes de 75 ans ont été les premières à se faire vacciner. Ensuite les femmes enceintes ont très vite été vaccinées ainsi que les mineurs de 12 à 18 ans. Faut-il rappeler aux soignants que la femme enceinte n'a droit quasiment à aucun médicament pendant sa grossesse, surtout au cours du premier trimestre. Alors qu'elle n'a même pas le droit à un Advil©, des milliers de médecins vont commencer à vacciner les femmes gravides. Curieusement, on entendra certains morticoles expliquer que des millions de femmes enceintes ont été vaccinées dans le monde et qu'il n'y a aucune remontée de pharmacovigilance inquiétante ! Même si c'était le cas, ce serait inacceptable, sachant que nul n'a le droit d'utiliser les femmes enceintes comme des cobayes de laboratoire ! Secundo, comment est-ce possible de prétendre avoir un recul suffisant, alors que la vaccination avait commencé à peine quelques mois auparavant ! Faut-il rappeler que les tests cliniques nécessitent entre 7 et 10 ans de recherche comme expliqué par le lobby des laboratoires français, le Leem[185]. Il convient de tester d'abord la fertilité, aussi bien celle de l'homme que de la femme. Ensuite il faudra patienter durant les neuf mois de grossesse sur des milliers de femmes afin de vérifier si tout s'est bien passé aussi bien dans l'organisme maternel que dans celui du fœtus. Il faudra enfin patienter quelques années afin de surveiller la croissance de l'enfant qui vient de naître et de guetter la survenue d'un quelconque effet indésirable. Rien de tout cela n'a été effectué avec les vaccins Covid-19 mais ça ne dérange pas grand monde. C'est totalement irresponsable et suicidaire. Pourtant, les femmes ont eu à connaître, il n'y a pas si longtemps, un très grave scandale sanitaire, celui de la Dépakine©. Cet antiépileptique de la firme française Sanofi a été prescrit en masse à des femmes enceintes et a causé de graves malformations. Selon une récente étude, « *le nombre total d'enfants exposés in utero en France à l'acide valproïque et atteints d'au moins une malformation congénitale majeure sur l'ensemble de la période depuis la commercialisation de l'acide valproïque (1967 à 2016), se situerait dans une fourchette entre 2150 et 4100* » ; sans oublier les nombreuses fausses couches ! Cet énième scandale sanitaire a conduit en 2020 la justice à poursuivre aussi bien Sanofi – pour « tromperie aggravée », « blessures involontaires » et « homicides involontaires » - ainsi que l'ANSM ! Décidément, nos médecins n'apprennet rien de l'histoire, même la plus récente et la plus dramatique.

Nous avons appris le 24 septembre 2021 qu'un consensus de 91 experts internationaux appelle les femmes enceintes à faire très attention à leur consommation de... paracétamol ! C'est tout de même extraordinaire de lire un tel papier alors que le monde occidental est en train de vacciner *larga manu* ces mêmes femmes enceintes avec une soupe douteuse d'ARN messager qui n'a même pas été testée sur elles lors des essais cliniques ! Vous pouvez d'ailleurs remarquer que le *Quotidien du médecin*, qui est à la source de cette publication[186], ne se pose même pas la question ! Il faut donc faire attention au paracétamol qui est consommé quasiment comme des cacahuètes en France, mais pas à la vaccination Covid-19. Logique, n'est-ce pas ?

Au même moment, l'hydroxychloroquine qui a été consommée pendant 7 décennies par des milliards de personnes dans le monde entier a été déclarée dangereuse et interdite d'utilisation dans le traitement précoce du Covid-19 ! La clique des morticoles anti Raoult qui estimait qu'il était inconcevable de le laisser faire au motif qu'il n'a pas réalisé d'étude clinique en bonne et due forme, à savoir randomisée, multicentrique et en double aveugle comme l'exige la médecine moderne, ont validé des vaccins avec des technologies nouvelles sur des personnes dont l'essai clinique initial n'avait pas inclus le profil ! C'est de la pure folie. Ne pas voir cette contradiction relève de la pathologie mentale. Alors qu'ils affirment aujourd'hui que les essais randomisés en double aveugle sont la seule et unique solution pour découvrir un traitement au Covid-19 en lançant l'essai fantôme Discovery, ces mêmes pseudo experts affirmaient l'inverse dans le Lancet[187] en 2015 et parmi eux Yazdan Yazdanpanah ! Il s'agissait à l'époque de l'urgence à trouver des traitements lors de l'épidémie d'Ebola. Comment rester crédible avec de telles contradictions ?

Les thuriféraires de l'ARN messager, développent l'argument qu'il s'agit d'une technologie qui a plusieurs décennies d'âge et que nous la maîtrisons avec assez de recul ; une assertion totalement fausse car l'ARN messager n'a jamais été utilisé pour fabriquer la protéine Spike en si grande quantité (on parle de 40 milliards de petits brins d'ARNm par injection) !

Comme pour aggraver son cas, Pfizer a décidé au bout d'une étude de cinq mois, de vacciner les enfants de 5 à 11 ! Comment est-ce possible ? Depuis quand l'industrie décide-t-elle de la politique de santé publique des nations ? Au même moment, pendant que Pfizer diffuse son communiqué dans le monde entier, tous les pays scandinaves[188] - Norvège, Suède, Finlande, Danemark et Islande - ont mis fin à la vaccination avec le Moderna. Certains pays pour les moins de 30 ans, d'autres pour les moins de 18 ans et enfin l'Islande pour toutes les tranches d'âge. Pendant ce temps, comme toujours, la France piétine le principe de précaution et continue de vacciner les plus jeunes avec ce vaccin.

Nous rencontrons avec cette crise une autre contradiction assez extraordinaire dans la gestion de l'État concernant sa responsabilité vis-à-vis des effets indésirables des vaccins. Comment expliquer que lors de la signature des contrats avec Big Pharma, l'État a déchargé de toute responsabilité aussi bien le cartel de la pharmaco-chimie que lui-même. La France n'est pas la seule puisque l'Italie aussi a signé les mêmes clauses. C'est d'ailleurs la première fois que cela se produit dans toute l'histoire de la médecine moderne. Si la vaccination anti Covid-19 était si géniale comme elle nous a été vendue dès le départ, il eût fallu tout assumer.

« *Comment l'État peut-il accuser d'irresponsabilité ceux qui refusent de se faire vacciner, alors que c'est ce même État qui, le premier, décline formellement toute responsabilité quant aux éventuelles conséquences graves du vaccin ?* » affirme Étienne Chouard dans un tweet[189] le 8 octobre dernier reprenant les déclarations du philosophe italien, le Pr Giorgio Agamben, dans son discours sur le passeport covid devant la commission des affaires constitutionnelles du Sénat le 7 octobre 2021. (*cf.* annexe n°5 pour lire le texte dans son intégralité). C'est une question d'une logique implacable, très simple et accessible à tous, mais que personne ne pose sur les plateaux télé.

De plus, sur les plateaux télé, les acteurs de cette crise ne cessent de nous répéter que l'État est là pour sauver l'humanité, pour protéger notre santé ; du coup, une question s'impose : pourquoi les gouvernements n'ont-ils pas imposé à l'industrie pharmaceutique de rendre publiques les brevets ? Si la seule solution est réellement de vacciner la planète entière[190], il est inconcevable d'imaginer pouvoir vacciner l'Afrique avec des vaccins à 20 € pièce, sachant qu'il en faut deux au minimum, puis les rappels trimestriels. C'est mathématiquement impossible et totalement stupide. Qui peut croire que le Nigéria avec sa très nombreuse population, l'Égypte, sans oublier le Bangladesh ou l'Indonésie, soient capables de faire face à une telle dépense pour vacciner leurs populations !

Un autre mystère concernera également le corps médical, à savoir le refus de soigner les malades et du coup de les faire bénéficier au moins de l'effet placebo qui a été nié par la médecine française officielle. Pourtant, c'est un principe de base connu de la médecine depuis des lustres. Il suffit de la présence du médecin avec sa blouse blanche, son stéthoscope et ses mots savants, rédigeant une ordonnance avec une écriture illisible prescrivant la molécule qui va permettre de guérir le patient.

Le fait d'autoriser l'utilisation de l'hydroxychloroquine et de l'azithromycine aurait permis, en faisant abstraction de leur efficacité réelle ou supposée, de soigner au moins 30 % des malades et donc de permettre de sauver 30 % des 121.000 décès en France ! Sans oublier les 30% de patients hospitalisés, ce qui aurait libéré des lits et permis de soigner les autres pathologies qui, du fait d'avoir été négligées, entraîneront prochainement une surmortalité qu'il va falloir assumer. Tout praticien exerçant dans le domaine de la santé ne peut ignorer l'importance de l'effet placebo dans le processus de guérison du patient.

Le corps médical ne peut ne pas déplorer la mort d'un grand principe du métier, celui du consentement éclairé. Au début de cette crise sanitaire tout le monde était en panique puisque c'était nouveau, on ne savait pas du tout à quoi s'en tenir. Mais, encore une fois, avec le temps qui passe, on se rend compte que cette maladie n'est pas si grave ; son taux de mortalité est faible comparé à d'autres épidémies et de surcroît, la moyenne d'âge des victimes se situe au-dessus de 80 ans, soit au-delà de l'espérance de vie moyenne des Français. À aucun moment, en France, le corps médical n'a pris en considération ces bonnes nouvelles, bien au contraire, les *keys opinion leaders* des plateaux télé ont continué à faire comme si on était toujours en mars 2020, comme si on était tous en danger de mort ! Du coup, c'est beaucoup plus facile de vendre le vaccin à venir. Sauf qu'il y a comme un hic. On ne peut pas, en effet, imposer à une population de se faire injecter un produit en phase expérimentale, quoi qu'en dise le mythomane Olivier Véran qui a eu le culot de donner de fausses assurances à la population en assénant des contre-vérités pour ne pas dire des mensonges, en affirmant, il faut le dire et le redire, que la phase 3 était acchevée depuis longtemps, avant d'être contredit par les facts checkers officiels. La loi oblige l'industrie et les professionnels de santé à obtenir le consentement éclairé de toute personne participant à cet essai clinique en phase 3. Non seulement cela n'a pas été le cas mais de surcroît, les participants à ces essais cliniques sauvages ont été terrorisés par une propagande historique. Ensuite, devant la stagnation de la vaccination, l'État a utilisé une technique mafieuse, celle du chantage : si vous voulez travailler, si vous voulez vivre une vie sociale normale, vous devez vous vacciner. Pour ce faire, il utilisera la stratégie du pass sanitaire qui n'a absolument rien de sanitaire. L'AP-HP avait publié fin décembre dernier une note à l'attention de son personnel soignant intitulée : *Consentement à la vaccination Covid 19. Rappel du droit applicable & recommandations*[191]. Dès le premier paragraphe on peut y lire ceci : « *Acte médical de prévention non urgent et qui n'a pas été envisagé par les pouvoirs publics comme obligatoire, la vaccination contre la Covid 19 nécessite donc de recueillir en amont le consentement de la personne.* » ! Ceci étant acté, qu'en est-il de la réalité des faits et du recours à ce consentement, comment l'obtenir ? Le document explique également : « *Le consentement libre et éclairé du patient suppose que lui soit donnée une information la plus large possible avant et après l'acte, notamment sur les choix thérapeutiques, les alternatives existantes, sur les risques liés à la vaccination et sur leurs suites connues, et ce d'autant que la vaccination contre la Covid 19 est inédite et non stabilisée au plan scientifique (analyses des effets, choix des vaccins notamment).* » ! Sur le terrain, c'est exactement à l'inverse que nous avons assisté. En effet, on apprend dans un article[192] d'Europe 1 que des infirmières en pleurs se font vacciner pour éviter les sanctions et le chômage : « *On se rend compte que les soignants qui viennent là sont les plus réticents. Il y a des infirmières qui sont en pleurs. Les hommes, c'est plutôt de la colère, généralement. Ils se sentent forcés, humiliés, comme des petits enfants qu'on doit tirer par la main et à qui on doit dire ce qu'il faut faire.* » ! Ceci, vous en conviendrez, n'a rien à voir avec la médecine, c'est indigne du corps médical qui a participé à cette félonie qui marquera l'histoire.

Pire, toujours pire, une fiche[193] distribuée dans le centre de vaccination de Quimper a créé une grosse polémique fin août dernier. Le seul tort de l'affiche était d'informer les personnes venues se faire vacciner des données connues à ce jour concernant le vaccin Pfizer : efficacité, effets secondaires, durée de l'immunité, protection... L'ARS locale a demandé le retrait de ce document et s'est déclarée « très étonnée » de sa présence dans le centre de vaccination ! Non seulement ils ne font pas ce qui doit être fait mais ils interdisent ce qui doit être fait ! L'article du *Télégramme* s'est même dégoté un chercheur en épidémiologie qui s'est étonné de trouver sur cette fiche l'information pourtant essentielle selon laquelles le vaccin Pfizer est toujours en phase 3 expérimentale ! Pour lui, cette information pourrait *décourager* (*sic*) les gens.

Allons encore plus loin dans le délire. Si l'état et les télétoubibs - de véritables petits doctateurs -, avaient réellement voulu sauver la vie des Français, il eût fallu qu'ils aillent plus loin, beaucoup plus loin dans cette hystérie et commencer par fermer immédiatement tous les McDonald's et autres restaurants de *junk food*, car non seulement ils sont la cause de plusieurs millions de morts chaque année, ils sont, aussi, responsables de la comorbidité la plus grave concernant le Covid-19, l'obésité. Cette dernière est la cause de l'hypertension artérielle et du diabète. Est-il utile de rappeler que les maladies cardio-vasculaires sont responsables de près de 30 % des décès en France, juste après les cancers. Cela représente 180.000 personnes sur les 600.000 décès que comptabilise la France chaque année ; bien plus que le Covid-19. Près d'un demi milliard de personnes vivent avec le diabète dans le monde, un peu moins de 2 millions décèdent[194] chaque année ! Là encore, c'est bien plus grave que le Covid-19, car si on comptabilise ne serait-ce que les décès de la dernière décennie, les chiffres donnent le tournis. Pourtant, aucune usine de Coca-Cola n'a été bombardée, aucun confinement n'a été imposé non plus, bien au contraire vous ne pouvez pas passer un quart d'heure à regarder la télé sans voir une publicité ventant ces boissons gazeuses mortelles. À suivre leur raisonnement, il faudrait obliger toutes les personnes amatrices de burgers à faire du sport, au risque de voir leur salaire suspendu ! C'est ainsi que fonctionne la logique covidiste. Qu'en est-il de l'alcool, cette boisson qui tue 40.000 Français chaque année[195] ; c'est la deuxième cause de mortalité évitable après le tabac. Pourtant, là encore, absolument rien n'est fait pour faire cesser cette hécatombe. Quant à la cigarette, c'est tout simplement un génocide planétaire avec 6 millions de morts chaque année et personne ne bouge bien au contraire, la publicité réalisée via le cinéma est phénoménale. Non seulement l'état n'interdit pas ces substances cancérigènes et mortelles mais il va les taxer de manière très importante, ce qui le rend complice de la mort des consommateurs ! 80 % du prix du paquet de cigarettes reviennent en effet à l'État sous forme de taxe indirecte ! L'État a touché en 2020 15,3 milliards d'euros de taxes sur le tabac[196]. Face à ces 15,3 milliards d'euros vous avez les

75.000 morts chaque année, il est question de 1 décès sur 8[197] ! Si vraiment les autorités voulaient le bien de la population, elles travailleraient d'arrache-pied sur ces fléaux sanitaires, ce qu'elles ne font pas. Inutile de parler ici de la famine qui n'est même pas une maladie et qui pourtant touche 25.000 personnes[198] chaque jour dans le monde alors que la planète Terre a de quoi nourrir 12 milliards d'individus depuis au moins 20 ans selon le rapporteur aux Nations unies Jean Ziegler. Bien au contraire, les puissances mondiales vont permettre aux financiers de spéculer sur les matières premières agricoles en créant ainsi des famines de par le monde. Jean Ziegler dénonçait ce massacre dans son livre *Destruction massive, géopolitique de la faim* paru en 2011 (éditions du Seuil, 352 pages). Il avait affirmé ceci dans une interview sur Bastamag[199] : « *Le rapport annuel de la FAO estime que l'agriculture mondiale pourrait aujourd'hui nourrir normalement 12 milliards d'humains, presque le double de l'humanité. Au seuil de ce nouveau millénaire, il n'y a plus aucune fatalité, aucun manque objectif. La planète croule sous la richesse. Un enfant qui meurt de faim est assassiné* ».

En multipliant par 365, on obtient le chiffre effrayant de 9.125.000 morts chaque année, ce qui nous donne le chiffre de 13.687.500 de décès depuis le début de la crise sanitaire sachant que les restrictions sanitaires comme le confinement créait plus de chômage et donc de misère ! En d'autres termes, les sociopathes qui font croire au monde qu'ils veulent nous sauver la vie permettent la mort de près de 10 millions de personnes chaque année - dont une majorité d'enfants - depuis des décennies et tout le monde trouve ça normal. Vous conviendrez que tout ceci n'est pas très sérieux et sacrément hypocrite.

Dès avril 2021, un centre régional de pharmacovigilance déclare[200] recevoir trop de remontée d'effets indésirables, notamment du vaccin AstraZeneca. Annie-Pierre Jonville-Baré, responsable du Centre Régional de Pharmacovigilance de Tours et présidente du réseau national des CRPV tiendra les propos suivants dans une interview sur France 3 régions : « *On communique beaucoup pour demander aux patients de ne pas tout déclarer et l'ARS fait la même chose au niveau des médecins, la volumétrie a baissé mais la situation reste tendue.* » Elle va donc demander aux vaccinés ainsi qu'aux professionnels de santé de ne plus remonter tous les effets indésirables, piétinant ainsi la réglementation. Le site de vérification d'information de *Libération* va publier un article[201] allant dans ce sens en s'appuyant sur l'expertise de l'ubiquitaire Dr Mathieu Molimard, chef du service de pharmacologie de Bordeaux (dont le CRPV traite les déclarations de l'Aquitaine et des départements d'outre-mer) qui affirmera le 26 avril 2021 : « *…ce dont on a besoin, c'est que l'on nous signale d'une part ce qui est nouveau et non décrit, et d'autre part ce qui est grave (autrement dit, ce qui a des conséquences en termes de prise en charge médicale, ou se conclut par un décès). Le reste ne sert pas à grand-chose…* » ! C'est très grave car il ignore en tant que responsable de pharmacovigilance les principes mêmes de cette discipline. Le Dr Amine Umlil, pharmacien et responsable de pharmacovigilance à Cholet va lui rappeler dans un article[202] publié le 1er mai 2021, que les « Bonnes pratiques de pharmacovigilance », prises par « Décision du 2 février 2018 » du Directeur général de l'Agence nationale de sécurité du médicament et intégrées au Code de la santé publique, consacrent cette obligation de déclaration immédiate de « tout » effet indésirable qu'il soit léger ou grave : « *Fait l'objet d'une déclaration immédiate tout effet indésirable suspecté d'être lié à* *l'utilisation d'un ou plusieurs médicaments qu'il soit grave ou non, listé ou non dans la notice patient, survenant dans des conditions d'utilisation conforme ou non conforme aux termes de l'autorisation ou de l'enregistrement du ou des médicaments...* ». Le Dr Umlil rappelle dans ses travaux qu'il n'y a pas que les effets indésirables à signaler mais également des erreurs médicamenteuses, des défauts de qualité du produit, une inefficacité constatée du médicament... La décision est pourtant récente puisqu'elle date de début 2018 et encore une fois, tout ceci s'est écroulé avec la crise Covid-19, comme tout le reste. On a l'impression qu'on leur demande leur avis alors qu'ils sont tous censés respecter la loi, les règles et les directives. Vous l'aurez compris, cette stratégie aura pour conséquence de faire baisser drastiquement les remontées de pharmacovigilance se rapportant à la vaccination.

Rien de tout cela n'est véritablement étonnant lorsqu'on est initié aux arcanes du fonctionnement de l'hôpital public, largement corrompu par l'industrie pharmaceutique. Si les autorités sanitaires et les gouvernements étaient vraiment inquiets pour la santé des citoyens, ils auraient réagi depuis très longtemps à propos de quatre problématiques majeures et mortelles du système de soins français : les effets indésirables des médicaments, le mésusage médicamenteux, les maladies nosocomiales et les actes iatrogènes des professionnels de santé.

Les maladies nosocomiales[203] : 5.000 morts par an = 25.000 en cinq ans. Sans oublier les estropiés… Les effets secondaires[204] des médicaments : 18.000 morts par an = 90.000 en cinq ans. Le mésusage médicamenteux[205] : 10.000 morts par an = 50.000 en cinq ans. Les erreurs médicales[206] : 43.000 morts par an = 215.000 en cinq ans. Avez-vous souvenir d'une quelconque campagne médiatique concernant ces causes de décès majeures ? Les erreurs médicales sont, selon certains, parmi les premières causes de décès dans les pays développés ! D'un autre côté, le sujet Covid-19 est répété inlassablement 7/24 depuis 22 mois avec un taux de mortalité très faible.

Soit un total de 380.000 morts en cinq ans, sachant que ces chiffres toujours sous-évalués à dessein, sont scandaleux et désastreux pour l'image de la profession. Résumons donc la situation. Nous avons d'un côté huit morts sur cinq années, attribuées au tétanos et de l'autre 380.000 morts durant la même période que nous pouvions éviter sans aucune difficulté, au moyen d'un traitement, sauf que cette tâche salvatrice fera baisser les profits de Big Pharma, tandis que contraindre toute la population à se faire vacciner ne peut qu'accroître les dividendes du lobby de la pharmaco-chimie ! En d'autres termes, les ministres de la Santé préfèrent donner de l'argent à Big Pharma qui va les placer dans des paradis fiscaux[207] afin de payer le moins possible d'impôts en France, plutôt que de salarier des infirmières en nombre suffisant pour garantir une meilleure hygiène dans les hôpitaux ainsi qu'un meilleur suivi et accompagnement des patients ! Le rapport de l'ONG Oxfam est clair : « *De nouvelles recherches d'Oxfam révèlent que quatre sociétés pharmaceutiques - Abbott, Johnson & Johnson, Merck & Co (MSD) et Pfizer - dissimulent de façon systématique leurs profits dans des paradis fiscaux à l'étranger. Elles priveraient les pays en développement de plus de 100 millions de dollars chaque année, une somme pourtant requise de toute urgence pour répondre aux besoins des citoyens de ces pays en matière de santé, tout en surfacturant allègrement leurs produits.* »

Il me paraît important d'attirer l'attention de nos lecteurs sur la vraie situation de l'enseignement médical, en France. Faut-il rappeler le niveau lamentable de l'université française dans les classements internationaux, pour ce qui est notamment du secteur médical ? Dans le dernier classement international de Shanghai[208] publié en 2021, l'université de la Sorbonne est classée 32e ! Le milieu médical français est régulièrement plongé dans des scandales glauques de viols[209] ou de magouilles comme ce fut le cas pour le scandale du charnier de Paris-Descartes impliquant le professeur Guy Vallancien. *L'Express*[210] a révélé l'existence d'un « charnier » entre les murs : des dépouilles entremêlées sur des chariots, des têtes moisies, des membres putréfiés et d'autres abîmés par des rongeurs. Ces descriptions ont mis fin à des années d'omerta dans le « temple de l'anatomie française », le plus important et le plus vétuste de France, et sont devenues le point de départ d'une enquête judiciaire pour « atteinte à l'intégrité d'un cadavre », toujours entre les mains des juges d'instruction parisiens.

L'état de l'enseignement médical est catastrophique en France ; les chercheurs les plus talentueux quittent le pays pour offrir leurs services aux USA, l'Allemagne... Il n'y a aucune revue médicale française qui soit classée dans le top 10 mondial des revues scientifiques ! D'ailleurs, l'enseignement universitaire n'est pas le seul à souffrir d'insuffisances et de carences, tout l'enseignement en France, dès le primaire, est déplorable. Selon une récente étude[211], la France est avant-dernière en mathématiques, de tous les pays de l'OCDE, dernière pour l'Europe. On comprend mieux pourquoi les modélisations mathématiques de l'institut Pasteur sont complètement loufoques. Sans oublier le résultat lamentable de la gestion de cette crise qui s'exprime par le taux de mortalité par million d'habitants et qui se situe parmi les plus élevés au monde. Il suffit largement à discréditer pour de très nombreuses années et à ternir l'image du corps médical français qui a fait 20 fois pire que certains pays africains dont les moyens sont pourtant 100 fois inférieurs !

Une autre folie a humilié le corps médical pendant cette crise sanitaire : la mise en place de l'obligation vaccinale : les contre-indications ont été dictées par le gouvernement ! Afin qu'il y ait très peu de personnes à ne pas se faire vacciner en toute légalité, le ministère de tutelle du corps soignant a décidé d'interdire aux médecins de contre-indiquer la vaccination anti Covid-19 ! Encore une fois, des médecins qui ont fait 10 années d'études universitaires et qui connaissent très bien leurs patients et leur dossier médical, sont empêchés de faire leur travail. Mieux, le Conseil de l'Ordre des médecins - encore moins l'Académie et les syndicats - n'a rien trouvé à redire concernant cette restriction qui piétine les droits de ses adhérents. À quoi bon faire toutes ces années d'études et cumuler un savoir et une expérience précieuse si les médecins n'ont plus le droit de rien faire si ce n'est d'appliquer les recommandations de la HAS comme si nous étions tous égaux et que nous avions tous le même organisme, les mêmes tares et la même pathologie ! C'est une négation pure et simple du concept de « variabilité biologique » essentiel à la compréhension du corps humain.

Après le consentement éclairé, après l'effet placebo, l'effet nocebo, le principe de précaution, le système immunitaire... voici venu un nouveau principe qui a encore une fois été maltraité, voire bafoué par le corps médical. Lorsque j'ai validé mon diplôme d'études approfondies à la faculté de médecine, je me souviens très bien des mots du Pr Olivier Dutour, qu'il ne cessait de répéter pendant les cours : il insistait précisément sur ce principe de variabilité biologique. En effet, nous ne sommes pas tous égaux physiquement, nous ne sommes pas tous égaux biologiquement, nous ne sommes pas tous égaux non plus mentalement. La taille de l'être humain est très variable, son poids également, sa croissance aussi... Il n'y a pas de règles en la matière, chez l'être humain : une grossesse ne dure pas 9 mois jour pour jour, l'apparition des canines ne se fait pas à 11 ans pile, elle se fera sur une plage temporelle beaucoup plus large. Certains vont vivre jusqu'à 100 ans en ne perdant aucune capacité intellectuelle alors que d'autres ne vont pas dépasser les 70 ans ! Bref, on peut citer des dizaines d'autres différences parfois dans la même fratrie. Pourtant, la médecine moderne de 2020 a décidé de nous mettre tous au même niveau. L'État a même interdit à des médecins de contre-indiquer la vaccination à des patients atteints de maladies auto-immunes, ce qui est pure folie. Avoir été malade contre-indique toute vaccination ultérieure pour la même maladie. Pourquoi donc, avec le Covid-19, les autorités sanitaires imposent-elles une vaccination même avec une dose ? Sur quelle étude scientifique randomisée et en double aveugle cette décision a-t-elle été prise ? Réponse : aucune. Que fera alors le corps médical ? Réponse : rien. D'un coup, comme par magie, Olivier Véran décidera qu'un délai de 7 jours seulement suffira pour être considéré comme totalement protégé en France et accéder au pass sanitaire alors que ce délai était jusque-là de 14 jours et qu'il le demeurera au niveau européen. Sur quelles bases scientifiques cette décision a-t-elle été prise ? Réponse : absolument aucune. Tout est standardisé, tout le monde est logé à la même enseigne alors que parmi les vaccinés, un très grand nombre d'entre eux, des millions, ont contracté le Covid-19 et sont donc immunisés. À moins de nier l'existence même du système immunitaire ! Mais alors, à quoi bon inoculer tout le monde puisque c'est ce même système immunitaire qui est censé défendre le vacciné ! L'État aurait dû d'ailleurs proposer aux gens de réaliser une sérologie des anticorps avant vaccination. Cela n'a pas été fait car ça aurait diminué drastiquement le nombre de vaccinés. Qui a décidé qu'au bout de 6 mois, le patient ayant été covid + ne possède plus aucune immunité ? Pourquoi cette période de 6 mois ? Sur quelle étude scientifique randomisée et en double aveugle est-elle basée ? Réponse : aucune. C'est du pur charlatanisme, et encore, les plus loufoques charlatans étaient certainement plus logiques que ceux qui nous dirigent aujourd'hui.

Il est essentiel d'aborder à présent la question de l'inutilité, voire de la dangerosité du confinement. Là encore, on ne savait pas à quoi s'attendre au début de la crise, on a tous accepté le confinement, la panique aidant, comme un mal nécessaire. Sauf que, depuis, on a tous pu constater qu'il ne servait strictement à rien pour la bonne raison qu'il était impossible de confiner absolument toute la population, sachant que des millions de salariés continuent à travailler notamment le personnel de soins, les forces de l'ordre, l'administration, le commerce de l'alimentation... Ensuite, jamais, dans toute l'histoire de l'humanité le confinement n'a été utilisé de la sorte. Très vite, le Pr Didier Raoult avait rappelé qu'il suffisait de confiner les malades et non pas toute la population ; c'est d'ailleurs d'une logique implacable. Mais l'hystérie collective pousse aujourd'hui les autorités à confiner des villes entières dès la détection d'un seul cas positif au lieu de procéder au confinement du seul individu atteint ! Cela relève de la maladie mentale et c'est pourtant ce qui s'est passé à Canberra[212] le

12 août dernier. C'est totalement irresponsable car les dommages collatéraux du confinement sont infiniment supérieurs au seul cas positif qui, de surcroît, pouvait être un faux positif ou totalement asymptomatique. En février dernier, toujours en Australie, la ville de Perth, 2 millions d'habitants, a été confinée[213] cinq jours pour un seul cas positif ! Afin de démontrer la dangerosité et l'inutilité du confinement, rien de tel que l'exemple de l'Australie qui sort d'ailleurs mi-octobre des confinements stricts de quatre mois. Mais avant de démontrer que le confinement ne sert à rien, il faut rappeler que ce pays de 25.670.000 habitants ne comptabilise à ce jour que 2367 décès (sur 2 ans), ce qui correspond à une mortalité de 92 décès par million d'habitants, parmi les plus basses au monde ! (*cf.* annexe n°6) Du coup, pourquoi cette panique générale, pourquoi cette hystérisation ? Depuis quatre mois, la ville de Sydney[214] a été victime d'un confinement strict d'une violence folle : « *Depuis juin, les magasins, écoles, commerces et entreprises étaient fermés pour les activités dites "non essentielles". Les déplacements étaient limités à cinq kilomètres du domicile et il n'était pas possible de rendre visite à des proches, de pratiquer une activité sportive ou d'assister à des funérailles.* » ! Comment est-ce possible ? Nous sommes pourtant 18 mois après la première vague et nous savons que ça ne sert à rien et il est inutile de faire 30 ans d'études en épidémiologie pour le comprendre. En effet, il suffit de voir la courbe des contaminations qui dépassaient les 2000 cas par jour en octobre 2021, des chiffres cinq à six fois supérieurs à ceux des précédentes vagues (août 2020 par exemple avec un pic qui ne dépassait pas 500 cas par jour). Donc, cette étude observationnelle nous apprend que plus on confine et plus il y a de cas positifs. Pourtant l'Australie qui possède un taux de couverture vaccinale de près de 70 % pour la première dose et 50 % pour les deux doses, devrait donc être dans une situation largement meilleure que lors des précédentes vagues ; ce n'est pourtant pas le cas. Faut-il en conclure que la vaccination ne sert à rien ? Une chose est certaine, cette vaccination de masse n'a pas empêché des restrictions très lourdes, parmi les plus dures au monde, qui auront des conséquences désastreuses sur la santé des Australiens ainsi que sur leur économie. Je n'ose imaginer quel est l'état d'esprit actuel des Australiens, quels sont les dégâts catastrophiques de ce confinement historique sur leur santé mentale ! On peut également citer ici le cas de Singapour qui, malgré une vaccination encore plus importante que l'Australie puisque le taux de 80 % a été atteint pour la deuxième dose, observe à la mi-octobre des records de contaminations dépassant les 3000 cas quotidiens (*cf.* annexe n°7), chiffre beaucoup plus important que ceux des précédentes vagues. D'ailleurs, le pays vient d'assouplir[215] toutes ces restrictions car, ses dirigeants étant beaucoup plus intelligents que ceux du gouvernement australien, ont compris qu'il fallait désormais vivre avec le Covid-19 et non pas courir derrière la chimère du zéro Covid. Faut-il rappeler que ce pays de 5.5 millions d'habitants comptabilise au total 838 décès depuis 2 ans.

Nous avons assisté à un très curieux revirement de plusieurs membres du Conseil scientifique français concernant les restrictions sanitaires comme le confinement ! Le texte ci-dessous est issu d'une lettre[216] publiée dans le Lancet le 18 février 2021 par plusieurs membres du Conseil scientifique français : Laetitia Atlani-Duault, Denis Malvy, Bruno Lina, Franck Chauvin ainsi que son président Jean-François Delfraissy ! C'est absolument incroyable de lire un tel papier. C'est d'autant plus troublant que cette correspondance, envoyée au Lancet, finit avec des menaces sur l'exécutif : « *Par conséquent, il est temps d'abandonner les approches fondées sur la peur, fondées sur un confinement généralisé apparemment aléatoire et comme principale réponse à la pandémie ; des approches qui attendent des citoyens qu'ils attendent patiemment jusqu'à ce que les unités de soins intensifs soient renforcées, que la vaccination complète soit réalisée et que l'immunité de groupe soit atteinte.* » ! Cet aveu d'échec du confinement n'a malheureusement produit aucun effet sur le discours officiel quotidien.

Je ne peux m'empêcher ici de rappeler au corps médical que les chiffres de la mortalité doivent être remis à zéro au 1er janvier de la nouvelle année, ce qui n'a pas été le cas avec le Covid-19 ; c'est la première fois dans l'histoire de l'épidémiologie et ça ne dérange pas grand monde ; c'est une technique très efficace pour doubler les chiffres et terroriser les plus fragiles.

J'en profite également pour rappeler qu'en Europe seuls les vaccins de nouvelle génération, à ARN messager, ont été autorisés ! Cette anomalie démontre, à elle seule, la supercherie de cette crise sanitaire. Pourquoi les autorités sanitaires n'ont-elles pas permis la commercialisation des vaccins à virus atténué ou inactivé ? La question est pertinente et exige une réponse.

Les effets indésirables

Qu'en est-il des effets indésirables de cette vaccination ? Au départ, on nous a vendu les vaccins comme une avancée technologique majeure avec une efficacité très élevée, frisant les 100 %. Concernant les effets indésirables, il n'y en avait quasiment pas et puis de toute façon la maladie était tellement grave et mortelle qu'il fallait absolument vacciner, coûte que coûte et quoi qu'il advienne. On se rend compte aujourd'hui que tout était mensonger, puisque la maladie est loin d'être aussi grave, ne touchant quasiment pas les moins de 40 ans, et que la vaccination cause des effets indésirables très graves ayant conduit à l'interdiction de nombreux vaccins dans de nombreux pays à travers le monde. Les derniers en date sont les pays scandinaves qui ont suspendu le vaccin Moderna[217] notamment à cause de nombreux cas d'inflammation cardiaque (myocardites et péricardites). Juste avant, l'AstraZeneca a été également suspendu en France après l'Irlande, les Pays-Bas, l'Espagne, l'Italie, la Bulgarie, des pays scandinaves et l'Allemagne ; il s'agissait de problématiques de thrombose chez les jeunes vaccinés. Après les quelques jours de suspension en France, la HAS décide de l'interdire[218] pour les moins de 55 ans. Pourquoi 55 ans ? Allez savoir ! Croyez-vous sincèrement qu'il y a une distinction à faire entre un patient de 54 ans et six mois et un autre de 55 ans et deux mois ? Tout ceci n'est pas très rigoureux. Dans tous les cas, les autorités vont confirmer la survenue d'accidents graves thrombo-emboliques ainsi que des hémorragies sévères. Ce qui nous avait été vendu précédemment comme sûr et très efficace commence aujourd'hui à apparaître comme risqué et ne semble pas tenir sa promesse. Comment expliquer que le Danemark décide à la mi-avril 2021 de renoncer définitivement au vaccin AstraZeneca[219] ? La médecine danoise et la biologie des patients danois sont-elles différentes de celles de nos compatriotes français ? Certainement pas, la posologie des médicaments est exactement la même en France et au Danemark. Les organismes et la pharmacocinétique des molécules pharmaceutiques sont exactement les mêmes en France qu'au Danemark. La demi-vie et le catabolisme rénal et hépatique des médicaments sont exactement les mêmes en France et au Danemark. Du coup, pourquoi une telle différence ? Ceci nous rappelle d'ailleurs l'interdiction du Mediator© dans différents pays européens frontaliers de la France, une dizaine d'années avant nous. Dès les premières victimes, ils ont fait le choix intelligent et prudent d'interdire la commercialisation de ce médicament tandis que la France a continué à le prescrire en causant des milliers de morts totalement évitables ; l'Espagne va l'interdire en 2003 et l'Italie en 2004, la France attendra 2010. En d'autres termes, un Mentonnais, travailleur français frontalier, sous traitement avec le Mediator© travaille quotidiennement en Italie où ce même médicament est interdit. D'ailleurs, faut-il rappeler que dans ce scandale sanitaire, Servier et l'ANSM ont certes été condamnés par la justice, mais il y a quand même des complices très nombreux qui sont passés entre les mailles du filet et qui sont les médecins prescripteurs.

Nous savons qu'il y a des milliers de morts causés par cette vaccination dans le monde entier. Nous avons l'exemple, fin septembre, à Gardanne d'une jeune fille de 17 ans décédée d'une embolie pulmonaire et d'un arrêt cardiaque quelques jours seulement après la vaccination ; personne n'en a parlé sur les plateaux télé. Une autre jeune femme, la trentaine, a dû être hospitalisée plusieurs semaines, entrée dans un état grave survenu après la vaccination. Elle s'est réveillée avec des maladies graves : l'épilepsie et le risque de thrombose. Elle sera donc traitée à vie avec deux médicaments alors qu'elle ne présentait aucune comorbidité et qu'elle vivait sobrement, ne fumant pas et ne buvant pas. Le vaccin vient de lui détruire sa vie. Les exemples sont très nombreux, il suffit de se promener quelque temps sur le Net pour constater le nombre ahurissant de jeune filles qui ont des troubles menstruels. Des femmes ménopausées constatent à nouveau la survenue de saignements. On note également une explosion du nombre de fausses couches non pas au premier trimestre mais aux deuxième et troisième trimestres, ce qui est habituellement beaucoup plus rare. Les paralysies de Bell se multiplient, les syndromes de Guillain-Barré, des maladies de la peau, zona, myocardite, péricardite, polyarthrite rhumatoïde...

Faut-il rappeler également que le vaccin Janssen a été retiré en catimini après un rapport[220] de l'ANSM sur son inefficacité et après le décès de plusieurs personnes pourtant vaccinées. Ce vaccin avait été autorisé par les autorités assez rapidement et voilà qu'on nous apprend qu'il ne sert à rien si ce n'est à comptabiliser des effets indésirables. La France en profitera d'ailleurs pour envoyer 500.000 doses de ce vaccin à la Tunisie[221]. De quoi passer - à faible coût - pour des philanthropes soucieux du sort de l'humanité.

Une réflexion fort intéressante du juriste et médecin, le Dr Amine Umlil, portera sur l'absurdité du passeport sanitaire, vu que le Covid-19 ne figure même pas dans la liste des maladies à déclaration obligatoire qui, elles, curieusement ne nécessitent aucun passeport sanitaire ! Ce n'est qu'une énième contradiction d'un exécutif incompétent. Selon l'article[222] publié sur le site du CTIAP : « *Ledit projet de « passeport sanitaire » ne concerne donc que cette Covid-19 ; et alors même qu'il n'a pas été jugé utile d'inscrire cette Covid-19 dans la liste des maladies dont le signalement et/ou la notification sont obligatoires selon l'article L.3113-1 du Code de la santé publique.* » Vous pouvez donc avoir la tuberculose, le sida et vous balader tranquillement partout en France, voyager dans des trains ou des avions bondés, travailler...

De toute façon, les provax vont également affirmer à qui veut les entendre que nous possédons un système de pharmacovigilance exemplaire et extrêmement efficace qui va faire remonter les effets indésirables et qui nous permettra de suivre de très près la campagne de vaccination. Ah bon ! Depuis quand ? Si c'était si efficace, comment expliquer que des milliers de patients soient décédés suite à la prise du Mediator© sans que cela ne remonte à l'ANSM ? Il est toujours préférable de juger les faits que les déclarations. Juste avant la crise Covid-19, tout praticien savait que le système français de pharmacovigilance était dépassé. D'aucuns parlaient même de 1% seulement des effets indésirables qui remontaient dans le réseau de surveillance. Cette critique existe depuis longtemps puisqu'un article[223] scientifique de 2006 relatant une étude sur 12 pays relève le très faible taux de déclarations d'effets indésirables. En 2019, la revue *Santé Publique* (Vol. 31, pages 561 à 566) a publié l'article[224] ayant pour titre *: Informativité des déclarations de pharmacovigilance en médecine générale en France.* On y apprend que les médecins généralistes ne font pas correctement leur travail : « ... *en 2014, les déclarations de pharmacovigilance effectuées par les MGs ne représentaient que 7 % des déclarations réalisées en France* ». De plus, les déclarations sont mal faites « *Seulement une déclaration sur six, effectuée en médecine générale, a un bon niveau d'informativité* ». La déclaration devant être très longue, si elle est incomplète et non détaillée, elle n'aura aucune utilité. C'est malheureusement ce qu'il se passe et c'est tout à fait compréhensible car on se demande bien pourquoi le médecin généraliste va perdre deux heures de son temps à renseigner sa fiche de façon exhaustive sur des effets indésirables, sans être payé en retour. C'est d'ailleurs ce que proposent de nombreux professionnels de santé soucieux de trouver une solution à cette grave problématique : ils ont demandé que ce soit l'industrie qui rémunère les médecins. Du coup, comment expliquer que ce système de pharmacovigilance totalement défaillant la veille au soir de la crise se transforme le lendemain en système de surveillance très efficace et pointu ! La loi est claire, il faut déclarer absolument tout, même les plus petits effets indésirables les plus insignifiants. D'autant que les praticiens estiment que les effets indésirables graves ont déjà été notifiés lors de l'essai clinique initial des vaccins. Plus inquiétant, le témoignage[225] explosif publié par le Dr Amine Umlil, d'un ex-membre du Comité scientifique permanent de pharmacovigilance de l'ANSM. Ce dernier explique que la charge de la preuve est inversée et que tout est fait pour exclure la responsabilité de la vaccination dans les décès. L'accumulation de ces mensonges a conduit ce membre à démissionner au mois de juin dernier de son poste à l'ANSM. La stratégie du « *on autorise d'abord les vaccins, on verra ensuite* » va avoir des conséquences dramatiques dans un futur proche.

Une autre anomalie grave a été signalée par un avocat, Me Jean-Charles Teissedre, du barreau de Montpellier qui, par courrier du 26 août 2021, a demandé à l'ANSM ce qu'il était advenu des dossiers de renouvellement des AMM conditionnelles des 4 vaccins anti Covid-19 autorisés en France ! En effet, la loi exige qu'à 6 mois avant la fin de l'année d'autorisation conditionnelle, les laboratoires doivent déposer auprès de l'autorité européenne du médicament, un dossier complet de demande de renouvellement d'AMM, ce dossier devant bien entendu contenir les retours de pharmacovigilance et toute l'expérience des six mois précédents. La réponse de l'ANSM, signée par sa directrice Mme Christelle Ratignier-Carbonneil fut extraordinaire puisqu'elle a tout simplement avoué dans un courrier envoyé le 7 septembre qu'elle n'en avait aucune idée ! (*cf.* annexe n°8) Pourtant, même si c'est l'Agence européenne des médicaments qui s'occupe des autorisations de mise sur le marché au niveau européen, les autorités françaises restent les seules responsables de cette commercialisation. Mais il y a pire, l'incompétence et la fourberie de l'ANSM va encore plus loin. Sachez, chers lecteurs, que cette réponse envoyée le 7 septembre 2021 à Me Teissedre n'a rien à voir avec celle qui a été envoyée à un médecin le lendemain 8 septembre, par la « Cellule Accueil des usagers » : « *Les demandes de renouvellement des AMM conditionnelles des vaccins anti-Covid ont bien été déposées par les laboratoires concernés dans les délais réglementaires soit 6 mois avant la fin de l'AMM conditionnelle. Ces renouvellements sont en cours d'évaluation par l'EMA*[226]. » ! Faut-il rappeler que l'ANSM a été condamnée dernièrement dans le cadre du scandale du Mediator© ! Il semble que cette condamnation judiciaire n'ait pas été d'une grande utilité et n'ait pas eu d'effet dissuasif.

Petite dernière concernant cette agence européenne. L'AEM ignore la nature des ingrédients des vaccins, selon la déclaration de la députée européenne Michèle Rivasi faite lors du Conseil Scientifique Indépendant n° 24 du 23 septembre 2021[227]. Mieux encore, la directrice générale actuelle de l'AEM, Emer Cooke, a travaillé à l'Association européenne des groupes pharmaceutiques à Bruxelles, le principal lobby de l'industrie pharmaceutique auprès de l'Union européenne ! Ils n'ont honte de rien. Mais ça ne date pas d'hier étant donné que le *Canard enchaîné* avait publié en 2009 un article[228] signé Brigitte Rossigneux intitulé *Le gendarme européen du médicament testé corrupto-positif !* Le *Canard enchaîné* s'était procuré un rapport explosif réalisé par l'agence elle-même en avril 2009 et que l'association indépendante Formindep avait mis deux ans à se procurer (nous vous invitons d'ailleurs à lire l'article publié par cette association concernant l'AEM, *L'EMA ou le Royaume des Bisounours*[229] dans lequel il est question de pantouflage ou du fameux jeu de chaises musicales, c'est-à-dire le passage de hauts fonctionnaires du privé aux instances sanitaires et vice versa). On apprend dans l'article du *Canard* que 53 % des 4654 experts que compte l'AEM n'ont pas déclaré leurs conflits d'intérêts. Pire encore, la désignation des experts pour contrôler un produit ne prend pas en compte le respect de cette déclaration. On se demande du coup à quoi peut-elle bien servir ! Sur 36 dossiers étudiés dans ce rapport, 26 n'étaient pas conformes. Prenons l'exemple d'un expert qui donne son avis sur trois produits d'une entreprise dans laquelle il travaillait il y a à peine deux ans. D'autres ont fait beaucoup mieux, ils étaient en mêmes temps experts et salariés d'un industriel ! Ça ne relève même plus du conflit d'intérêts, c'est purement et simplement un système mafieux. Un autre expert évaluait l'efficacité du produit d'une firme dont il possédait de nombreuses actions ! On imagine qu'il ne va pas se tirer une balle dans le pied en expliquant que le produit est inefficace, voire dangereux et à retirer immédiatement. Les auteurs du rapport affirment également qu'ils ont eu beaucoup de mal à obtenir les documents demandés, en d'autres termes, ils savent très bien qu'ils magouillent et cachent leurs méfaits.

Trois ans plus tard, la Cour des comptes européenne réalisera un audit[230] interne de l'AEM, il s'avérera catastrophique, rien n'a changé. Voyons ce que nous apprend ce rapport à la page 18, au sujet de différentes institutions européennes dont l'AEM (ou EMA en anglais) : « *À l'AESA, à l'ECHA20 et à l'EMA, les procédures de nomination et de désignation (des experts, des membres du conseil d'administration et de la chambre de recours) ne comprennent généralement pas de filtrage adéquat des candidats en fonction des situations de conflit d'intérêts.* » Il n'y a donc pas, selon ce rapport de la Cour des Comptes européenne, d'utilisation de déclarations de conflits d'intérêts dans le choix des experts. Il ajoutera à la même page : « *Dans la plupart des cas, les conflits d'intérêts ne sont donc décelés qu'après la nomination des candidats. En outre, les agences sélectionnées ne disposent d'aucun pouvoir pour remplacer des membres du conseil d'administration ou des experts dont les intérêts sont jugés incompatibles avec leur rôle au sein de l'Agence* » En d'autres termes, ils savent qu'il y a un conflit d'intérêts mais ne peuvent rien faire. N'est-ce pas merveilleux ! Le rapport donne un exemple précis : « *À l'EMA, un membre du comité scientifique a été nommé par la Commission avant que sa déclaration d'intérêts ait été évaluée par l'Agence. Alors que l'évaluation a permis de mettre au jour un conflit d'intérêts qui aurait dû empêcher la nomination de cette personne, l'EMA n'a pas pu la licencier.* » ! Mais il y a encore mieux puisque nous trouvons à la page 25 l'exemple édifiant d'un expert en conflit d'intérêts qui continue de travailler comme si de rien n'était : « *L'EMA a découvert qu'un membre de son comité scientifique se trouvait dans une situation de conflit d'intérêts en raison de ses intérêts privés. L'Agence a conclu que cet expert ne pouvait pas être membre de son comité scientifique. Pourtant, il a continué à participer aux réunions du comité scientifique, et la Commission européenne a renouvelé son mandat pour trois ans. La déclaration d'intérêts actualisée de cet expert ne mentionnait plus les intérêts relatifs à l'organisation concernée, ce qui était incohérent par rapport à l'évaluation précédente et au CV publié.* » Comme vous pouvez le constater, il aura suffi à l'expert d'effacer la mention de conflit d'intérêts sur son CV, ce qui constitue un faux, mais ça passe. On peut ajouter à cela : « *S'agissant de l'emploi exercé précédemment dans des entreprises pharmaceutiques, les restrictions imposées aux experts (par exemple, aux membres du comité scientifique) sont moins rigoureuses que celles qui s'appliquent aux agents dans les mêmes circonstances, alors que les experts jouent un rôle plus important dans les procédures scientifiques de l'Agence.* » La situation est véritablement catastrophique et tout est possible selon le rapport à sa page 28 : « *Les restrictions imposées aux experts lorsque leur organisation ou eux-mêmes reçoivent des fonds versés par l'industrie pharmaceutique sont insuffisantes. Par exemple, le bénéficiaire actuel d'un financement assuré par une entreprise pourrait jouer le rôle de (co)rapporteur responsable des médicaments de cette entreprise.* »

Mais ce n'est pas fini, ce n'est que le début ! Savez-vous qui finance l'AEM ? L'information est très facile à trouver, elle est dans le rapport[231] européen du 30 mars 2021, page 7 : « *Considérant que, selon l'état de ses recettes et de ses dépenses, le budget définitif de l'Agence européenne des médicaments (ci-après « l'Agence ») pour l'exercice 2019 était de 346.762.000 EUR, ce qui représente une hausse de 2,66 % par rapport à 2018 ; que l'Agence est financée par des redevances; qu'en 2019, 85,70 % des recettes de l'Agence provenaient de redevances payées par l'industrie pharmaceutique pour services rendus* ». Big Pharma ! Les financements publics ne représentent que 14,29 % du budget. On aimerait bien d'ailleurs savoir comment se fait-il qu'une agence puisse engloutir près de 350 millions d'euros chaque année !

Qui a dirigé ou dirige cette agence aujourd'hui ? Parlons pour commencer de l'Italien Guido Rasi, médecin de formation, qui a été nommé directeur de l'AEM en 2011, contraint par la justice européenne à démissionner[232] pour conflits d'intérêts non déclarés. Cela n'empêchera pas le Conseil d'administration de l'AEM de le renommer à sa tête de 2015 à 2020 ! L'actuelle directrice, depuis le 16 novembre 2020, Emer Cooke[233], a passé 7 ans au sein de l'EFPIA[234] (1992-1998), responsable des affaires scientifiques et réglementaires à la Fédération européenne des industries et associations pharmaceutiques, le principal lobby de l'industrie pharmaco-chimique en UE qui organise des rencontres au Parlement européen avec des représentants de Big Pharma : GSK, Roche, Novartis, Pfizer, Sanofi, Merck... C'est l'EFPIA qui avait négocié avec les états européens l'absence de poursuites en cas d'effets indésirables graves[235]. Ce sera donc au contribuable européen qu'il incombera de payer les pots cassés avec son propre argent, après avoir perdu sa santé des suites d'effets indésirables graves.

Le cas d'Emer Cooke est un exemple typique de *revolving doors*, de chaises musicales en bon français. C'est le principe qui consiste à faire passer des experts d'un poste exécutif dans l'industrie aux institutions de régulation et vice versa. Pourtant, il existe des dizaines de milliers d'experts et je pense qu'il est largement faisable et aisé de tomber sur quelques-uns qui ne dépendent pas de l'industrie. Mais la situation est beaucoup plus grave car si cela fonctionne de cette façon en Europe, c'est exactement la même chose aux USA, d'autant qu'ils sont la source de tout ce qui se fait en Europe puisque l'AEM va copier servilement tout ce que la FDA (Food and Drug Administration, l'autorité qui valide la commercialisation des médicaments, l'équivalent de l'ANSM en France), va publier. Il en est ainsi de l'exemple de M. Scott Gottlieb, commissaire auprès de la FDA de 2017 à avril 2019, nommé par Donald Trump. Deux mois plus tard, il sera membre du Conseil d'administration de Pfizer[236] ! Prenons maintenant l'exemple du médecin américain Stephen Michael Hahn, également commissaire auprès de la FDA de 2019 à 2021 et qui se retrouvera catapulté comme par magie en juin 2021 au poste de médecin-chef (médecine préventive et de sécurité sanitaire) de Flagship Pioneering, la société de capital-risque derrière Moderna[237] pesant plus de 90 milliards de dollars. Plus pernicieux, voire carrément diabolique, vous devez vous demander pourquoi toutes ces informations ne font pas la une de tous les médias ! C'est très simple à expliquer, il suffit de traiter le cas de James C. Smith, Jim Smith pour les intimes. Il était avant de rejoindre Pfizer, PDG et directeur de l'exploitation de la division professionnelle de Thomson Reuters[238] une des plus importantes et anciennes agences de presse au monde.

Le nec plus ultra sera tout de même l'embauche de Aamir Malik par Pfizer comme nous l'apprend l'article publié le 30 août 2021 par le site consulting.us : « *Le géant pharmaceutique Pfizer a embauché Aamir Malik, associé principal dans la pratique pharmaceutique et produits médicaux de McKinsey & Company, en tant que vice-président exécutif et directeur de l'innovation commerciale*[239]. » ! On imagine qu'il va tellement bien innover, qu'il va commercialiser un nouveau médicament génial qui va pulvériser le record des 70.000 morts annuelles causées par les opioïdes de synthèse que McKinsey a promus aux USA et pour lesquels elle a été condamnée à une lourde amende de près d'un demi-milliard de dollars ! On aimerait bien d'ailleurs savoir pourquoi il n'est pas en prison, lui qui travaille chez McKinsey depuis 1997 ! Il est du reste assez troublant de ne trouver dans l'article de consulting.us aucune mention du scandale Purdue Pharma/OxyContin ! C'est comme s'il n'avait jamais existé.

Nous pouvons également citer, pour appuyer notre démonstration, le témoignage du Dr Bernard Dalbergue[240], ex-salarié de l'industrie pharmaceutique, qui a dénoncé toutes ces dérives dans un livre, *Omerta dans les labos pharmaceutiques* (éd. Flammarion, 2014, 312 pages). Il rapporte dans son livre une discussion qu'il a eue avec le directeur des ventes de son laboratoire : « *Manipuler des médecins, il n'y a rien de plus simple. Ce sont des mômes et nous sommes des dealers de bonbons. Ils n'ont pas été formés à résister à la manipulation.* » ! Difficile de tenir des propos plus méprisants envers le corps médical. Concernant les conflits d'intérêts, il ajoutera : « *Depuis des mois, notre entreprise rémunère discrètement un expert public pour qu'il fasse le lobbying de notre nouveau remède. (...) Les montants accordés au super VRP sont exorbitants, mais le plus grave, c'est qu'il officie comme expert auprès de l'Agence du médicament.* » ! Donc il s'agit ici d'un *key opinion leader* grassement rémunéré par Big Pharma pour faire la propagande du nouveau médicament dans les médias et en même temps officier en tant qu'expert à l'ANSM pour l'autoriser et le faire rembourser !

Du coup, après la corruption de l'ANSM au niveau national et maintenant de l'AEM au niveau européen, comment pourrait-on croire les autorités en ce qui concerne les effets indésirables ? La déclaration d'effets indésirables graves aura pour conséquence immédiate le retrait du vaccin et la chute des actions boursières. À partir du moment où l'expert qui doit faire cette déclaration possède lui-même un gros stock de ces actions, comment pourrait-il faire correctement son travail !

Que penser de la déclaration d'Olivier Véran dans les colonnes du *Parisien* le 24 juillet 2021 : « *Si les effets secondaires n'apparaissent pas après 2 à 6 mois d'utilisation, il n'y a pratiquement aucun risque qu'ils surviennent plus tard. L'ARNm, c'est comme la bande de papier à trous qui permet à l'orgue de Barbarie de jouer de la musique. Cette partition, une fois qu'elle a été injectée et utilisée par votre organisme, s'autodétruit en quelques heures, maximum deux jours. L'ARNm ne peut pas rentrer dans le noyau de la cellule. C'est une citadelle imprenable. Et il n'y a aucun risque d'infertilité comme je peux l'entendre parfois.* » Il y a deux mensonges dans cette déclaration. Premièrement, le vaccin Pfizer n'a même pas attendu les six mois de surveillance des effets indésirables (2,5 mois seulement !). Deuxièmement, un nombre important d'effets indésirables apparaissent bien après ces six mois qui ne veulent d'ailleurs strictement rien dire d'un point de vue scientifique ; cette limite des six mois n'existe pas en médecine. Comment affirmer qu'il n'y a aucun risque sur la fertilité alors que les enfants de 12 ans qui se font vacciner aujourd'hui ne sont pas en âge de procréer comme le relevait fort justement, sur son site[241], le Dr Amine Umlil !

Afin de contrer cet argument de manque de temps, l'industrie va créer un nouveau concept, celui du *rolling review* qui consiste à remplacer la qualité par une quantité astronomique de données ! Nous sommes véritablement dans le règne de la quantité comme l'avait parfaitement décrit René Guénon dans son œuvre magistrale. Pour Big Pharma, on peut compenser le manque de temps en vaccinant 500.000 femmes ou plus pendant trois mois alors qu'il fallait en suivre quelques milliers pendant 10 ans !

Olivier Véran s'est rendu coupable de nombreux mensonges concernant la vaccination et son inefficacité et nous en avons les preuves. C'est un résident d'Ehpad dûment vacciné qui s'étonnait d'être toujours confiné et du coup a déposé une plainte auprès du Conseil d'État, ce qui a obligé Olivier Véran à défendre sa position en produisant des écritures le 28 mars 2021. Il explique le plus clairement du monde dans son mémoire en défense les faits suivants. Alors qu'il affirme à longueur de journées que sans vaccin point de salut, « tous vaccinés, tous protégés », il produira des propos beaucoup plus mesurés voire contradictoires. Il commencera ainsi concernant l'efficacité des vaccins : « *En premier lieu, comme on le sait, l'efficacité des vaccins n'est que partielle* [...] il *n'y avait donc pas de garantie d'immunité associée pour les personnes qui se le voyaient administré* ». Concernant les variants : « *En deuxième lieu, cette efficacité des vaccins est devenue particulièrement contingente du fait de l'apparition des nouveaux variants* », il admet donc qu'ils peuvent ruiner leur efficacité. Il ajoutera : « *En troisième lieu (...), les personnes vaccinées sont aussi celles qui sont les plus exposées aux formes graves et aux décès en cas d'inefficacité initiale du vaccin ou de réinfection post-vaccinale, du fait d'une immuno-sénéscence (...) ou de la virulence d'un variant* » ! Concernant la contagiosité des vaccinés, il est très clair : « *...même lorsqu'il a une efficacité sur les personnes concernées, en l'état des connaissances scientifiques, le vaccin ne les empêche pas de transmettre le virus aux tiers* ». Pour conclure, il ajoute : « *Il n'y a donc pas de justification à exempter les personnes vaccinées de l'application des restrictions de circulation actuelles destinées à les protéger comme à protéger leur proche ainsi que l'ensemble de la population.* » ! En d'autres termes, le résident de l'Ehpad, comme on peut l'imaginer, n'aura pas gain de cause, il s'est vacciné pour rien puisqu'il est toujours confiné et qu'on lui avait pourtant promis qu'après la vaccination, la vie redeviendrait comme avant.

De toute façon, de très nombreux effets secondaires sont décrits sur les sites officiels européens ou français et malgré tout, il n'y a absolument aucune remise en cause de la dangerosité de cette vaccination. Pour le seul site de l'ANSM, il est question de près de 1000 morts pour le vaccin Pfizer ! Pour Eudravigilance[242], le chiffre effrayant des 25.000 décès a été dépassé pour l'année 2021 (Pfizer comptabilise pour les 9 premiers jours de janvier 2022 4668 décès, 3392 pour Moderna !). Pourtant aucune décision n'est prise, car l'astuce est toute trouvée, il n'y a pas de lien de causalité entre la vaccination et le décès, même si la personne décédée est âgée de 30 ans, et que le décès survient le jour-même ou deux à trois jours après la vaccination, en l'absence de toute comorbidité ! C'est magique, c'est nouveau, ça vient de sortir. En d'autres termes, il sera impossible d'imputer les effets indésirables à la vaccination. Le Dr Amine Umlil a d'ailleurs pointé cette contradiction dans un article du CTIAP. Avant 2019, lorsqu'un effet indésirable grave survenait, la pharmacovigilance, prudente, affirmait qu'il n'y avait aucune raison d'exclure la responsabilité du médicament ou du vaccin. Aujourd'hui, la charge de la preuve est totalement inversée et la phrase utilisée régulièrement est la suivante : « *À ce jour, il n'y a aucune raison d'imputer l'effet indésirable au vaccin* ».

Pourtant les cas se multiplient à une vitesse effrayante et les décès sont nombreux. Prenons l'exemple de la petite Sofia Benharira de Gardane âgée de 17 ans, décédée d'une embolie pulmonaire foudroyante après sa vaccination. Un seul article de *Nice-Matin* nous parle d'un avocat qui s'occupe à lui tout seul de 20 dossiers de décès post-vaccinaux ! Il s'agit entre autres d'un Toulonnais de 54 ans qui a succombé à sa première injection Pfizer le 7 mai dernier, c'était un agent de service hospitalier sans aucune comorbidité connue. Ensuite d'un libraire de Grasse, âgé de 56 ans, sans aucun problème de santé non plus, il est décédé le 6 avril dernier à son domicile moins d'un mois après avoir reçu la première injection. La troisième victime est âgée de près de 70 ans, elle décédera le 19 avril trois semaines après avoir reçu son injection d'AstraZeneca[243] ! En Slovénie, le vaccin Janssen a été retiré[244] après le décès de Katja, une jeune fille de 20 ans. Au Maroc, un jeune témoigne[245] du décès de deux de ses oncles maternels et d'un oncle paternel après vaccination.

Mais il n'y a pas que les décès ; des maladies graves sont également causées par cette vaccination sauvage. Alors que son épouse est dans un état critique suite à la vaccination, M. Marc Doyer témoigne sur Cnews[246] le 15 octobre 2021 chez Pascal Praud et dit ceci : « *On ne peut plus se permettre de parler de hasard* » ! Effectivement, la maladie de sa femme suite à la deuxième vaccination - 15 jours après - touche une personne sur 1 million, ce qui est extrêmement rare. Comment est-il possible de nier le lien de causalité ? Qu'en est-il de l'explosion du nombre de fausses couches au deuxième ou troisième trimestre, un incident très rare chez la femme enceinte ! En somme, un véritable désastre sanitaire, un massacre. Comment ont-ils pu autoriser la vaccination des femmes enceintes alors qu'elles ont toujours été un sanctuaire pour les médecins ? Le Pr Alain Fisher, le monsieur vaccin du gouvernement, a fait des déclarations graves et a enregistré des vidéos[247] dans lesquelles il accusait tous ceux qui disaient l'inverse de diffuser de fausses informations, alors qu'il sait très bien que c'est lui le menteur puisque les femmes enceintes n'étaient pas du tout incluses dans l'essai clinique initial de Pfizer ou de Moderna. Il base son raisonnement sur les millions de femmes vaccinées alors qu'il sait parfaitement que les vaccins sont toujours en phase 3 expérimentale et qu'il faut des années de suivi pour savoir s'il y a des effets secondaires ou pas ! Étant donné que la vaccination a commencé à peine au mois de mai 2021 pour les jeunes adultes, peut-il nous expliquer à quel moment il a été possible de suivre des millions femmes enceintes pendant neuf mois de grossesse et ensuite plusieurs années de croissance pour les nouveau-nés ? C'est matériellement impossible, il ment en connaissance de cause.

Pour rassurer les femmes enceintes, Olivier Véran ira jusqu'à vacciner sa propre collègue Olivia Grégoire[248] devant les caméras le 27 juillet 2021 ! Des dizaines d'articles de presse totalement mensongers vont également aller dans ce sens. Olivier Véran toujours fidèle à son incompétence a même affirmé que la vaccination pouvait être réalisée au cours du premier trimestre le 20 juillet 2021 alors qu'à la prise des premiers rendez-vous dès le début de la campagne de vaccination, il n'était pas question justement du premier trimestre mais seulement des deuxièmes et troisièmes ! Principe universellement connu, le premier trimestre est celui de l'organogenèse, celui qui représente le plus grand danger pour l'embryon car à l'issue de ces 90 jours, il aura atteint un développement complet, ne faisant que croître par la suite. Tout le monde sait cela depuis toujours, autant les médecins que les dentistes et les pharmaciens. Comme par magie ou plutôt par sorcellerie, cette règle n'a plus cours aujourd'hui, depuis la crise sanitaire Covid-19 ! Vous pourrez retrouver sur le site du CRAT[249] ou Centre de Référence sur les Agents Tératogènes Hôpital Armand Trousseau (Paris), mis à jour le 15 septembre 2021 : « *Si possible, débuter de principe le protocole entre 10 et 20 semaines d'aménorrhée, c'est-à-dire après la fin de l'organogenèse et suffisamment tôt pour que la femme enceinte soit protégée au 3ème trimestre de la grossesse.* » ! Du coup comment expliquer que *Le Quotidien du Médecin*[250] foule au pied l'éthique médicale en encourageant la vaccination des femmes enceintes lorsqu'il publiera l'article intitulé *Faciliter la vaccination Covid pendant la grossesse* ! L'article affirme que : « *Les femmes enceintes sont plus à risque de Covid-19 sévère, et ce d'autant plus qu'elles présentent des facteurs de risque communs à ceux de la population générale. La vaccination devrait être fortement encouragée chez elles.* » Ok, d'accord, mais où sont les mortes ? Idem pour le Dr Joëlle Belaisch-Allart qui prend une énorme responsabilité en affirmant sur Franceinfo[251] : « *Il faut vacciner les femmes enceintes sans réticence* » !

D'un autre côté, le Dr Alain Bellaïche, gynécologue-obstétricien avec 30 ans d'expérience a posté différentes vidéos sur les réseaux sociaux et autres plateformes vidéos[252] afin d'expliquer à quel point la vaccination des femmes enceintes était une hérésie, une pure folie. Lors de son passage dans le documentaire *Primum non nocere*[253], il affirme même en avoir pleuré.

Concernant toujours les effets indésirables, nous allons parler maintenant du site VigiAccess[254], partenaire de l'OMS. Comme vous pourrez le constater sur cette base de données, sur l'unique ligne des troubles oculaires on trouve le chiffre effrayant de 84.082 cas à ce jour, 18 octobre 2021 dans le monde entier. À la 11e ligne de cette catégorie, il y a 2078 cas de cécité, de personnes rendues aveugles (*blindness*) dont 50% pour la seule Europe ! C'est juste spectaculaire, effrayant et incroyable ! Au prorata de la population française, on doit avoir au minimum 10 % de la moitié de ces cas, c'est-à-dire 100 personnes qui ont perdu la vue suite à la vaccination Covid-19 ; en réalité ce taux doit être plus important car la France est un des pays européens qui a le plus vacciné (Top 10).

Alors qu'il ne se passe rien en France, les effets indésirables sont indemnisés à Singapour[255] : « *Le gouvernement de Singapour a versé un total de 782.000 dollars singapouriens (environ 490.000 euros) à 144 personnes ayant souffert d'effets secondaires après avoir été vaccinées contre le coronavirus, a annoncé mardi le ministère de la Santé de la ville-État.* », idem pour la Thaïlande[256]. Comment se fait-il qu'on dénombre en Thaïlande 464 décès et handicapés graves alors qu'en France il ne se passe toujours rien ! Nous avons même la chance d'apprendre dans cet article que le prix d'une vie humaine en Thaïlande est de 10.300 € ! 3626 dossiers ont été acceptés au 20 octobre 2021. Que tirer de l'information livrée par cet article, à savoir que la population thaïlandaise est sensiblement égale à celle de la France, soit 69 millions d'habitants, alors que la Thaïlande a beaucoup moins vacciné que la France puisqu'ils sont à 52% de première dose et 36% de deuxième dose ? En d'autres termes, étant donné que la France a beaucoup plus vacciné, elle devrait logiquement avoir beaucoup plus d'effets indésirables. Sauf que le ministre de la santé Olivier Véran en a décidé autrement, car pour lui il ne se passe rien, il n'y a absolument aucun décès en France imputable à la vaccination, tout ceci n'est que complotisme et fake niouzes. Pour être plus précis, la Thaïlande avait commandé 1.000.000 de doses de Sinovac car elle voulait fabriquer elle-même le vaccin AstraZeneca grâce à l'entreprise Siam Bioscience qui appartient à 99.9 % au roi Rama X. Vu la débâcle et étant donné l'incapacité de l'entreprise à fournir des dizaines, voire des centaines de millions de doses à toute l'Asie comme convenu initialement, la Thaïlande a très vite commandé

20 millions de doses de Pfizer. Nous avons donc sensiblement les mêmes vaccins utilisés en Thaïlande et en France et on peut donc s'attendre aux mêmes types d'effets secondaires.

Pour répondre à l'affirmation d'Olivier Véran : « *On dispose depuis bientôt un an de vaccins sûrs et efficaces* », il suffit de reprendre quelques informations que tout le monde connaît. Primo, le vaccin AstraZeneca a été abandonné pour les moins de 55 ans à cause des risques de thromboses. Le vaccin Moderna a quant à lui été abandonné pour les doses de rappel à cause des risques de myocardites et de péricardites relevéee par la HAS. Enfin, le vaccin Janssen a été abandonné par la France car inefficace, toutes ces informations sont officielles. À part ça tout va bien !

Tout marche à l'envers dans ce pays depuis 22 mois avec la complicité du corps médical mais on n'est jamais à l'abri d'un miracle puisque les doctateurs en blouse blanche qui ont renoncé à la science depuis mars 2020 commencent à se poser des questions : demander une sérologie avant la 3e dose ! Ah ! Sauf que cette sérologie devrait être également demandée aux malades avant la 1ère dose, ce qui n'est pas le cas aujourd'hui en France. De plus, découvrir un faible taux d'anticorps ne veut absolument pas dire que vous n'êtes pas immunisés, car la mémorisation des antigènes se fait par l'immunité cellulaire qui, elle, n'est pas analysée, un récent article publié dans Cell[257] montre encore une fois que l'immunité cellulaire d'un Covid-19 naturel est largement supérieure à cette même immunité cellulaire d'origine vaccinale. Mais c'est un bon début, c'est mieux que rien, car au pays des ignares, une telle action relève du génie, c'est inespéré.

Un des effets indésirables qui revient le plus souvent sur les réseaux sociaux est celui de l'atteinte cardiaque du type myocardite ou péricardite. Comme chacun peut le constater sur le site de Google Trends, le nombre de recherches du mot « myocardite » a explosé depuis 6 mois par rapport à la période 2015-2021. Que ce soit en France ou dans le monde entier avec la traduction anglaise « *myocarditis* », les demandes ont atteint le maximum de 100 avec une augmentation de plus de 1000% ! Ceci n'est pas dû au hasard, il s'agit clairement d'un signe qui démontre l'explosion du nombre de cas dans le monde suite à la vaccination sauvage anti Covid-19. Ce terme médical technique ne peut pas être recherché en si grand nombre juste pour le plaisir de s'informer et confirmer cette explosion de cas, il suffit d'aller sur le site américain de recension des effets indésirables de toutes les vaccinations - VAERS[258] - pour trouver un graphique (*cf.* annexe n°9) qui ne peut être plus explicite. Alors que pour les années 2010 à 2020 il y a à peine un petit trait rouge de la taille d'un cheveu ne dépassant pas les 100 cas, 2021 atteint des sommets effrayants atteignant la barre des 12.000 ! Les responsables de ce désastre sont pour la grande majorité des cas Pfizer et Moderna.

Il y a également un nouveau concept, un véritable mystère scientifique, qui est apparu avec cette crise sanitaire. Le vaccin serait très efficace contre les formes graves de la maladie ! La phrase est répétée tel un mantra par les télétoubibs. D'ailleurs, petit conseil à nos lecteurs, dès qu'une phrase est répétée à l'identique par plusieurs personnes et au même moment, sachez que c'est un élément de langage qui a été dicté par une autorité supérieure. Mais revenons à ce concept de la vaccination qui serait efficace contre les formes graves. Cela n'a aucun sens, scientifiquement parlant, et cela ne veut absolument rien dire. Qui peut le plus, peut le moins. Si le système immunitaire reconnaît le virus, il lui sera beaucoup plus aisé de mettre fin à la multiplication virale dès le départ de l'infection. On ne voit pas comment et par quel mécanisme, le virus se multiplierait à l'infini causant de gros dégâts et comment le système immunitaire choisirait ce moment précis pour se manifester grâce à la vaccination ARNm qui deviendrait alors, comme par magie, efficace et utile ! C'est d'une absurdité scientifique phénoménale et le corps médical acquiesce sans ciller ! Mais plus rien ne nous étonne depuis le début de cette crise sanitaire, les raisonnements les plus absurdes les plus stupides ont été tenus sur les plateaux télé. Prenons l'exemple de cette phrase du professeur Bruno Mégarbane : « *Le variant Delta cherche les personnes non immunisées pour les infecter, et, à l'inverse, dès qu'il voit une personne qui a un système immunitaire qui le reconnaît, il dévie sa route* » ! C'est ce même Bruno Mégarbane, chef du service de réanimation à l'hôpital Lariboisière, avec sa tête de croquemitaine, qui a déclaré le vendredi 13 août 2021 sur *France Info*[259] qu'il redoutait une explosion des contaminations à la rentrée de septembre. Il s'est lamentablement planté comme de coutume. Ses propos sont effrayants : « *Malheureusement, on peut s'attendre à ce qu'avec la rentrée, avec le refroidissement de la température, avec le retour d'une vie sociale et économique beaucoup plus active en milieu intérieur, il puisse y avoir une remontée des contaminations et donc malheureusement, ces modèles peuvent être pris à défaut, c'est-à-dire que la réelle situation peut être encore plus grave* » ! Il faut par contre ajouter que cette interview s'est déroulée à 23 heures ! Comment est-il possible qu'un chef de service de réanimation puisse commencer une journée à 7 heures du matin dans son service et la finir à 23 heures sur un plateau télé alors que nous sommes censés être dans une phase épidémique extrêmement grave ! J'ai même constaté que certains morticoles cathodiques passaient plusieurs fois à la télé dans la même journée alors qu'ils sont censés être à leur poste de travail ! Ce sont d'ailleurs toujours les mêmes, une quinzaine de visages, les fameux KOL ou *key opinion leaders*, choisis soigneusement par la Doxa pour venir distiller leur terrorisme sanitaire quotidien. Une question importante s'impose : qu'en est-il de l'abandon de poste de travail étant donné que ce sont des fonctionnaires de l'hôpital public ?

Le passeport sanitaire ne sert strictement à rien et tout le monde le sait. C'est juste une manière de faire pression afin de pousser à plus de vaccination. C'est contre les lois, il piétine la déontologie médicale, c'est un pur mensonge, l'exemple type de la fake news gouvernementale. Même l'ex-directeur général au ministère de la Santé israélien, Yarem Lass, exprimait dans un récent tweet[260] du 14 octobre 2021 : « *Ce pass vert est un placebo conçu pour forcer à la vaccination et porte atteinte aux droits civils* ».

Nous avons également pu observer tout au long de cette crise sanitaire sur les plateaux télé des médecins se comporter de façon indigne en méprisant les patients qui refusaient la vaccination. Deux exemples me viennent alors à l'esprit, celui du Dr Jean-Paul Hamon qui voulait sortir la « boîte à claques » sur Cnews[261] le 4 juillet 2021 ; « *Incontestablement, il va falloir un petit peu cogner sur les irresponsables qui ne veulent pas se faire vacciner.* […] *je pense qu'il faut sortir la boîte à claques et avoir le courage de dire aux 47 millions d'électeurs : "Vaccinez-vous"* » ! C'est tout simplement un appel à la violence lancé par un morticole irresponsable sur un plateau télé ! Ensuite, dès que ce médecin recevra en retour la même violence sur les réseaux sociaux, il ira se victimiser sur les plateaux télé. Toute la clique des NoFakeMed est encore plus violente sur les réseaux sociaux et aurait dû faire l'objet de poursuites judiciaires et disciplinaires afin de mettre un terme à cette hystérie. Ce ne fut pas le cas, on a l'impression que les autorités préfèrent alimenter et laisser faire ces fractures sociales. Mais le cas le plus violent, le plus fou, sera la réaction du Pr Jouve qui traita les habitants des quartiers Nord de Marseille « *d'indigents* » ! Lors d'une conférence de presse de l'AP-HM du 23 août 2021, le Pr Jean-Luc Jouve va tenir les propos suivants concernant les vidéos du Pr Didier Raoult qu'il rend responsable du faible taux de vaccination de la population nordiste phocéenne : « *peut-être une responsabilité dans le fait que, dans les quartiers Nord, la couverture vaccinale est assez marginale, ce discours, lorsqu'il est porté de cette manière », il ajoute que le discours du Pr Raoult peut être en effet « mal interprété par les gens qui ont un accès plus difficile à l'information, soit souvent les gens indigents*[262]. » ! Pour ma part, je vois dans ce faible taux de vaccination une grande intelligence et une méfiance salvatrice que ne possède pas l'autre partie de la population marseillaise totalement engluée dans la propagande et la terreur. Aurait-il tenu les mêmes propos face à un architecte ou un avocat quinquagénaire richissime habitant le très chic quartier du Roucas Blanc venant de faire un AVC et refusant de cesser de fumer ? L'aurait-il traité d'indigent ? Après les menaces physiques, voici qu'un professeur du service public insulte des dizaines de milliers de personnes en les traitant d'indigents ! Selon le Larousse, ce terme est synonyme de malheureux, pauvre, déficient, faible. J'ai pourtant, dans mon entourage, un nombre très important de chefs d'entreprise, de professionnels de la santé, de gens qui ont fait des études et qui refusent la vaccination tout en habitant dans les quartiers Nord marseillais. Ce qui est troublant c'est le fait que personne n'ait déposé une plainte contre le Pr Jean-Luc Jouve malgré des insultes aussi humiliantes.

Si les propos tenus par le Pr Jean-Luc Jouve vous ont choqués, attendez de lire ceux tenus par Michel Cymès ! Des propos totalement indignes du médecin qu'il est censé être. Dans une vidéo[263] sur Yahoo!actualités postée le 13 octobre 2021, il affirme : « *Quand on prend ce genre de responsabilité, celle de ne pas se faire vacciner, il faut se regarder dans la glace le matin en se disant : « Oui, je peux tuer des gens dans la journée.* [...] *Je pense qu'il faudra un jour demander des comptes à ceux qui ont été médecins ou infirmières et qui ont refusé de se faire vacciner pour des raisons qui leur sont probablement personnelles. Je ne m'apitoie absolument pas sur le sort des infirmières ou des médecins qui ont fini par quitter ce métier parce qu'ils n'ont pas voulu se faire vacciner. C'est leur choix, c'est leur problème* » des propos qui vont rester gravés dans les annales de la déontologie médicale et de la confraternité. Comment est-il possible de dire de telles sottises sans rougir de honte ? Pourtant, il sait très bien que le système de soins français est très mal en point et qu'il manque beaucoup de praticiens, ce qui met en danger la santé des malades. Il sait également qu'il faut plus de 10 ans pour former un médecin à l'université et 10 années supplémentaires pour former un bon clinicien expérimenté ! Il sait aussi que tout ceci coûte énormément d'argent aux contribuables et pourtant, en bon doctateur cathodique, il balaie tout ça d'un revers de main ! Ces propos sont d'autant plus graves que les professionnels de santé ont été suspendus et qu'ils ne peuvent donc pas contaminer les malades ! Ce qu'il dit est donc totalement mensonger. Faut-il ajouter que pendant les 18 mois de crise sanitaire, j'ai travaillé quasiment tous les jours dans mon cabinet pendant les quatre vagues successives et il n'y a jamais eu de contamination ni de cluster alors que nous sommes le corps de métier le plus à risques. De surcroît, les gens vaccinés transmettent le virus autant que les non-vaccinés, ce qui rend caduc son propos et le transforme en fake news car c'est un pur mensonge. De plus, faire peur aux gens à ce point en leur expliquant qu'ils peuvent mourir à n'importe quel moment parce qu'ils ont croisé quelqu'un dans la rue est également indigne de la part d'un professionnel de santé et totalement irresponsable étant donné le stress totalement inutile qu'il va créer. Selon les dernières études[264] publiées le 24 août 2021 par les autorités américaines, l'efficacité des vaccins Pfizer et Moderna contre le Covid-19 a chuté de 91% à 66% à cause du Delta mais ça, Michel Cymès ne le sait pas. Mais là où les médecins Michel Cymès et Olivier Véran vont montrer à la face du monde à quel point ils sont mauvais et incompétents c'est lorsqu'ils ont avoué que 99 % des personnels étaient vaccinés sans dire qu'à ce taux, on est largement au-dessus du pourcentage nécessaire pour atteindre l'immunité collective. Ce serait largement suffisant pour mettre fin à la circulation du virus si le vaccin fonctionnait réellement. Et pourtant, non, ils veulent vacciner 100 % de la population, ce qui n'a strictement rien à voir avec la médecine, nous sommes face à des sociopathes qui ont un agenda qui n'a rien de sanitaire.

Il va se passer quelque chose d'horrible et de véritablement scandaleux dès le début de cette crise sanitaire, un drame qui restera dans les annales de la médecine et marquera au fer rouge le corps médical. Il s'agit, vous l'aurez deviné, de ce qui s'est passé dans les Ehpad et du fait d'avoir refusé de soigner des résidents. Même le passage dans l'au-delà leur a été facilité via l'injection de Rivotril®, un médicament palliatif habituellement interdit. Ce dernier a même été validé par décret par les autorités sanitaires[265]. Bien entendu, les médias vont immédiatement crier au scandale et à la fake news, qu'il ne s'agissait pas de légaliser l'euthanasie via cette injection mais bien au contraire, d'accompagner les malades pour une fin de vie plus digne, du moins c'est ce que va affirmer *Le Monde*[266] reprenant les propos d'Olivier Véran. Cette argumentation pouvait être crédible si on s'était occupé correctement de nos anciens dans les Ehpad, au quotidien, ce qui n'est pas le cas comme vous le savez déjà. Les propos de Véran ne peuvent pas convaincre le lecteur de l'ouvrage collectif *On tue les vieux* (éd. Fayard, 2006, 270 pages) dont j'ai déjà longuement parlé à de nombreuses reprises dans mes vidéos. Nous vous proposons ici quelques lignes de la quatrième de couverture qui vont vous donner une idée précise de son contenu : « *Placée dans le seul contexte économique, la vieillesse n'est plus envisagée qu'en termes de contraintes, de charges et d'inutilité. La grande défausse des États permet un véritable génocide gériatrique sans culpabilité, parce que lorsqu'on est vieux on doit mourir. Un génocide silencieux perpétré grâce aux incohérences et aux maltraitances qui font tous les ans plus de morts que la canicule. De la prise en charge défaillante des vieux aux urgences à l'hécatombe des mauvaises orientations, sans parler des euthanasies, « tellement courantes, dit un médecin, que pour s'en convaincre il suffit d'aller dans les hôpitaux* », tout contribue à accélérer leur fin. Ceux qui survivent à l'hôpital se retrouvent dans des maisons de retraite inadaptées à leur prise en charge. Abandonnés sans soins dans des établissements sous-dotés en personnels, les vieux dénutris, sous-médicalisés et surmédicamentés ne font pas long feu. Puis, le 18 novembre 2020, un numéro de *Pièces à conviction*[267] va revenir sur ce scandale six mois plus tard. Les témoignages sont glaçants, voici celui de Sandra Rotureau, cadre de santé : « *Quand on a reçu ces directives, ça nous a choqués, de se dire que là, on ne donnait aucune chance aux personnes âgées de s'en sortir. Quand une personne âgée n'est pas hospitalisée [par manque de lits] et qu'ensuite, ce qu'on lui propose, c'est une sédation dès l'instant qu'elle va présenter une détresse respiratoire... ma première réaction, ça a été : on nous demande de faire une euthanasie passive auprès de nos résidents.* » Une autre professionnelle de santé, médecin, va parler de « *sentiment d'horreur* » car on lui a interdit de soigner les malades de manière précoce, par contre on l'autorise à les aider à *partir*. Elle ajoutera : « *On a abrégé les souffrances des gens. Moi, j'appelle ça l'euthanasie, poursuit-elle, extrêmement choquée. Qu'on ait osé nous demander de piquer nos patients pour les faire partir plus vite, c'est insupportable.* » Comment se fait-il que les Décodeurs du *Monde* n'aient pas eu accès à ces témoignages avant de publier leur tissu de mensonges ! Faut-il rappeler que certains patients ont été piqués sans même en avertir les familles ! Ensuite, pour aggraver la situation et montrer à quel point nous sommes dirigés par des monstres, il a été interdit aux familles d'enterrer leurs morts sous prétexte de risques de contamination comme si le virus allait sortir d'une boîte fermée hermétiquement avec ses petits bras, sa corde et ses mousquetons ! Ils ne faut surtout pas sous-estimer la gravité de ces décisions, notamment celle d'interdire la visite des résidents des Ehpad par leurs familles. Des études scientifiques ont montré que pour la même pathologie, la même chirurgie, un patient recevant plus de visites cicatrisait et guérissait plus vite que son voisin de chambre solitaire. Nul besoin d'études pour arriver à une telle conclusion, l'amour de la famille et des amis, sans oublier la présence d'enfants et petits-enfants joyeux et créant de la gaîté, les bouquets de fleurs... ne peuvent que remonter le moral du malade, essentiel au bon fonctionnement de sa biologie cellulaire.

La fédération JALMALV dont le slogan est *Jusqu'à la mort accompagner la vie*, avait à sa disposition 2000 bénévoles qui réalisaient 60.000 visites aux malades et notamment ceux en fin de vie dans les hôpitaux, afin de leur tenir compagnie une demi-journée par semaine. À cause de la crise sanitaire et la mise en place du pass sanitaire, 40.000 visites n'ont pas pu être assurées l'année dernière. Certains tenaient la main de malades dans le coma, ce qui leur permettait de rester au contact d'une chaleur humaine. Après l'euthanasie des pensionnaires lors de la première vague, nos anciens sont abandonnés et livrés à eux-mêmes dans des mouroirs. Si on devait faire un constat de la société moderne occidentale, plus précisément française, on se rendrait compte que les personnes les plus fragiles, les enfants et les personnes âgées en fin de vie, sont maltraitées et abandonnées.

Concernant l'absurdité des mesures prises par le gouvernement, nous pouvons en citer quelques-unes qui vont clairement marquer l'histoire de la médecine et de la politique. Rappelons qu'il a été interdit à des patientes âgées atteintes de pathologies articulaires chroniques douloureuses et handicapantes d'aller prendre des bains d'eau de mer[268] seules !

Situation vécue personnellement chez IKEA et qui démontre à quel point les gens sont stupides. Le pass sanitaire n'était pas exigé pour le magasin, par contre il était obligatoire pour le petit restaurant ! Sauf que les clients qui étaient attablés devaient nécessairement enlever leurs masques pour pouvoir manger ! N'est-ce pas merveilleux ! Du pur génie à la française. Idem pour les grandes surfaces avec obligation de présenter le pass sanitaire. Il suffit de prendre un café à la machine ou une glace pour pouvoir se balader tranquillement sans masque pendant des heures. Saviez-vous que le port du masque n'est plus exigé à l'intérieur des Halles de Biarritz mais reste obligatoire sur le marché extérieur en plein air ! Encore un préfet génial.

C'est la même chose pour le fameux pont d'Avignon[269]. En effet, la municipalité exige le pass sanitaire depuis le 21 juillet 2021 pour les 300.000 touristes annuels de plus de 18 ans désirant le parcourir, alors que, si vous ne le saviez pas, c'est un pont en plein air ! Encore un maire génial.

Depuis le 15 septembre, les élèves de plus de 12 ans en cours périscolaire se doivent obligatoirement de présenter le pass, mais pas à la cantine ni durant les 8 heures de cours quotidiens ! Faut-il rappeler qu'ils sont très peu nombreux pour une leçon de piano ou de karaté alors qu'ils sont plusieurs centaines à s'agglutiner les uns à côté des autres à la cantine pendant plus d'une heure de repas ! Idem pour les bibliothèques ! Comment est-il possible d'imposer aux plus de 12 ans la vaccination ou un test négatif pour accéder à ce service public, alors que ces mêmes enfants peuvent aller à l'école sans pass sanitaire ? Quelle est la logique scientifique sur laquelle se base une telle décision ? Des personnels des bibliothèques ont d'ailleurs lancé un préavis de grève le 13 octobre 2021 afin de crier leur colère face à cette hérésie. Ils ont constaté que des jeunes lecteurs ne viennent plus, ce qui est véritablement dramatique[270].

Vous pouvez constater que lors de l'inauguration du festival de cinéma lyonnais, le festival Lumière d'octobre 2021, le port du masque chirurgical n'était pas du tout obligatoire ni les gestes barrières et encore moins les distanciations sociales[271] ! C'est pourtant un événement qui rassemble plus de 50 personnes, le port du masque y est logiquement obligatoire et pourtant ce ne fut pas le cas. Sur la scène, une cinquantaine d'artistes évoluent non masqués, collés les uns aux autres, mais ça va ; il faut croire qu'il n'y a pas de virus au festival Lumière. Par contre, vous remarquerez à l'extrême droite de l'image le cameraman qui, lui est masqué ! Macron fera exactement la même chose à Marseille lorsqu'il visitera la cité Bassens[272] le 1er septembre 2021 avec d'autres élus sans masque dans un local associatif exigu ! Pas de masques chirurgicaux, pas de distanciation sociale, absolument rien, quelques jours avant de suspendre des dizaines de milliers de professionnels de santé non-vaccinés ! Il va récidiver à Roland-Garros lors d'un match de boxe[273]. Ce comportement en totale contradiction avec le narratif officiel concernant l'extrême dangerosité de l'épidémie, sera reproduit aux États-Unis par exemple, avec Nancy Pelosi. Les Yankees sont encore plus grossiers. Vous les voyez déambuler dans les vidéos pendant des heures sans masque puis pour la photo officielle, tout le monde est masqué. Au mois de juin dernier, on a pu également remarquer que les chefs d'État lors de la réunion du G7 n'étaient pas masqués[274] et ne respectaient aucune distance de sécurité. Pourtant, Joe Biden est tout de même une personne à risque en raison de son âge (78 ans), sans oublier bien entendu la reine d'Angleterre[275] et ses 95 ans !

On a eu droit également à une sortie mythique du Pr Rémi Salomon, président de la commission médicale d'établissement de l'AP-HP, concernant nos grands-parents pour les fêtes de fin d'année : « *On coupe la bûche en deux, papy et mamie mangent dans la cuisine et nous dans la salle à manger*[276] » ! Cette phrase pourrait être le sujet de l'examen de philosophie au baccalauréat car elle nécessite beaucoup de travail et de réflexion. Premièrement, à partir de quel moment, dans nos vies terrestres, un professeur de médecine peut-il s'octroyer le droit de venir nous expliquer avec qui et comment devrions-nous organiser nos repas de famille ? Cette seule réflexion démontre à quel point nous avons sombré dans la folie. Deuxièmement, comme expliqué plus haut, ceci démontre à quel point les professionnels de santé méprisent le quatrième âge. À la rigueur, papy et mamie seraient dans le salon, honorés par leurs enfants et petits-enfants, ces derniers seraient dans la cuisine ! C'est clairement un lapsus qui donne une idée précise de l'état d'esprit du Pr Rémi Salomon concernant les personnes âgées. On comprend mieux maintenant le pourquoi du Rivotril®...

Nos anciens ne sont pas les seules victimes des morticoles cathodiques puisque les nourrissons sont eux-aussi la cible de leur folie. En effet, alors que les hôpitaux publics remarquent une augmentation des cas de bronchiolites, d'aucuns ont estimé intelligent et pertinent de conseiller aux parents d'éviter de faire des bisous à leurs bébés[277] : « *On sait que c'est difficile mais c'est une manière de les protéger en se maintenant un peu à distance* » expliquera sans être le moins du monde gêné, M. Patrick Méchain, directeur adjoint de l'hôpital de Valence ! Décidément ils n'ont plus aucune limite dans l'indignité. Étant donné que le virus responsable de la bronchiolite est le virus respiratoire syncytial (VRS) présent chez les adultes, causant le rhume, certains doctateurs ont trouvé logique de proférer une telle ânerie et les médias, encore plus stupides, ont estimé nécessaire de la reprendre et la diffuser au plus grand nombre. C'est une véritable hallucination. De tels propos sont d'autant plus stupides qu'ils ne correspondent à aucune réalité scientifique. Le virus n'est pas dans le bisou de maman mais il est partout. À partir du moment où le bébé dort dans la chambre de maman, à quelques centimètres d'elle, il partage le même volume d'air. Deuxièmement, materner l'enfant, le câliner et l'embrasser fait partie du remède, c'est essentiel pour la santé du nourrisson. Il faudrait par exemple pousser plus à l'allaitement étant donné que le lait de la mère va contenir les anticorps du VRS, mais de ça, il n'en sera jamais question. De plus, les autorités oublient de vous dire que les décès imputables à la bronchiolite sont rares. Il n'est donc question ici que de moyens hospitaliers suffisants pour faire face à cette épidémie, mais ce ne sera pas le cas, hélas étant donné la destruction de l'hôpital public par les différents gouvernements successifs depuis déjà plus de deux décennies. J'ai d'ailleurs fait une petite vidéo de moins de deux minutes pour demander au gouvernement de confiner immédiatement la France entière, de fermer les frontières et les écoles ainsi que les commerces non essentiels à cause de cette épidémie foudroyante de bronchiolites, car il n'est pas normal que ces mesures ne soient réservées qu'au SARS-CoV-2 ! Il est également urgent et vital de fermer le rayon chaussettes dans toutes les grandes surfaces, comme ce fut le cas lors du premier confinement.

Comment est-il possible d'expliquer scientifiquement l'inutilité du pass sanitaire pour le métro parisien ou le RER et son caractère obligatoire pour le TGV ! Ceux qui ont déjà emprunté ces moyens de transports parisiens comprennent à quel point tout ceci est complètement fou. Pourquoi imposer un pass pour les remontées mécaniques de ski en plein air mais pas pour le métro sous-terrain ? On peut ajouter à cela l'interdiction d'aller au restaurant sans pass sanitaire ; par contre, pour les cantines d'entreprise bondés ça va, le virus n'y circulerait pas ! Pourquoi peut-on aller acheter des livres dans des librairies sans pass sanitaire, alors qu'on ne peut pas aller en emprunter dans une bibliothèque sans ce même pass sanitaire ? Quelle est la logique tilisée à la prise de cette décision ?

Mais la contradiction la plus violente en Absurdie, pouvant même être considérée comme une insulte à la population, c'est le fait de ne pas avoir rendu obligatoire le pass sanitaire à l'Assemblée nationale ni au Sénat alors que ce sont deux lieux de brassages d'élus venant de toutes les villes de France.

Idem pour les plateaux télé dans lesquels vous pouvez observer une bonne dizaine de chroniqueurs agglutinés pendant deux heures sans masque et derrière un public... masqué ! Au début, plus personne ne s'en souvient, ils avaient osé mettre un ridicule plexiglas de 40 cm de large entre les chroniqueurs de certaines émissions télévisées ou radio ; comme s'il pouvait être d'une quelconque utilité. Depuis, le bout de plastique a disparu mais la bêtise des chroniqueurs est par contre toujours présente et pesante.

Qu'en est-il du masque pour les enfants et du masque en portage général par la population ! En réalité, il suffit de 30 secondes pour comprendre que ça ne sert strictement à rien. En effet, il faut le répéter, le masque est un outil de travail, c'est un EPI équipement de protection individuelle ; son mode d'emploi est très précis. En effet, le masque n'est pas fait pour être porté par une personne qui va parler pendant des heures, ce qui l'humidifiera et le rendra inutilisable au bout de quelques dizaines de minutes, il faudra donc le jeter (idem pour le sport, c'est totalement inconcevable de porter le masque en faisant du sport, voire dangereux du fait de la réduction de l'apport d'oxygène). Et puis, franchement, qui va disposer d'un budget suffisant pour changer son masque toutes les quatre heures, voire plus souvent ? Vous n'avez également pas le droit de toucher le masque avec les mains, d'autant que les médecins qui l'utilisent sont gantés. Au moindre contact avec les mains, le masque doit être jeté. Il suffit de voir comment les gens utilisent les masques au quotidien pour comprendre qu'il ne sert strictement à rien : les masques traînent dans la poche ou au fond du sac, ils sont portés autour du coude ou du poignet, il est accroché au rétroviseur de la voiture... c'est tout simplement lamentable. On ne va même pas parler du port du masque pour les enfants, ce qui est un non-sens scientifique et d'une absurdité totale. De surcroît, outre cette inutilité, nous avons les inconvénients du port du masque et ils sont nombreux. À l'école, c'est un désastre pédagogique. Il est impossible de réaliser un quelconque enseignement alors que le maître ou la maîtresse sont masqués. Nous n'allons même pas parler de l'effet anxiogène du port du masque pour les enfants. Il y a eu de très nombreux malaises, des migraines, des maladies de la peau (le masque étant constitué de matière plastique issue du pétrole)... c'est un fait. Sans parler de ces milliards de masques qui finiront dans la nature, dans la mer ou l'océan... et finiront en microparticules dévorées notamment par les poissons puis absorbées par l'être humain. Sachant que les masques sont fabriqués avec des matières dérivées du pétrole, vous vous doutez bien que tout ceci causera de très nombreux cancers dans un futur relativement proche. En d'autres termes, le gouvernement vous assure que vous n'allez pas mourir du Covid-19 en portant le masque, mais vous aurez de grandes chances de succomber au cancer, maladie beaucoup plus violente. Pour finir, si le port du masque en population générale était si efficace, pourquoi il n'a pas réussi à freiner les vagues successives ? C'est une observation simple que tout le monde peut faire et la réponse s'impose d'elle-même.

Une autre discordance revient très souvent dans les décisions du gouvernement et des autorités sanitaires démontre qu'ils mentent impunément et qu'ils en sont conscients. Systématiquement, dès que la FDA américaine prend une décision, il suffit d'attendre quelques jours pour que les autorités françaises et européennes suivent tels des petits canetons derrière leur maman ; c'est systématique. Par contre, si un pays doté d'un système de soins efficace, un pays européen par exemple avec une médecine avancée, moderne et performante, voire plus performante que la médecine française, décide de suspendre un vaccin pour des effets secondaires graves chez les jeunes, la France ne suivra jamais ! Comment expliquer une telle cacophonie ? Si tous les pays scandinaves (Norvège, Suède, Finlande, Danemark et Islande) sont d'accord pour suspendre la vaccination pour les moins de 30 ans, d'aucuns ont carrément suspendu la vaccination pour toute la population, ça ne pose aucune question au trio infernal Macron/Castex/Véran ! Le dernier exemple en date sera la fameuse demi-dose de rappel Moderna autorisée par la FDA qui, vous le verrez, sera autorisée en France alors qu'une telle mesure n'est fondée sur aucune donnée scientifique valable et qu'elle n'était pas du tout prévue dans l'essai clinique initial, ce qui la rend totalement caduque. Pourtant, Olivier Véran vient de confirmer devant la commission des lois de l'Assemblée nationale le 15 octobre dernier que cette demi-dose est en cours de validation. Il en a profité ce même jour pour mentir encore une fois à la population face à des députés totalement décérébrés incapables de réagir à de tels mensonges. En effet, le ministre des Solidarités et de la Santé a expliqué qu'il n'était pas intelligent de mettre fin au pass sanitaire car, prenant l'exemple de Singapour, il affirme qu'à chaque fois que ce pays a relâché ces mesures, l'épidémie a immédiatement flambé de nouveau : « *Singapour a chaque fois qu'ils relâchent les mesures ça flambe* » ! Il oublie juste de dire que ce pays de 6,2 millions d'habitants comptabilise à peine 116 décès à la mi-octobre 2021 ce qui correspond à 33 décès par million d'habitants, autant dire rien, si on devait comparer ce chiffre avec celui de la France et ses 1746 morts par million d'habitants... ! En d'autres termes, c'est 52 fois moins de décès que la France, comment est-il possible de faire croire qu'ils ont vécu un désastre sanitaire ! Olivier Véran n'a cessé de se contredire lors de cette mise en scène démocratique devant la Commission des lois, en affirmant d'un côté qu'il est essentiel de vacciner tout le monde pour mettre fin à l'épidémie, que 90 % des adultes ont été vaccinés en France ce qui est un résultat excellent et en même temps il affirme qu'il faut absolument maintenir le pass sanitaire et les restrictions jusqu'au 31 juillet 2022 , sinon on risque de tous mourir ! Comment une telle contradiction peut-elle passer aussi facilement sans allumer tous les voyants rouges du tableau de bord ? Si la vaccination fonctionne réellement, sachant que nous avons dépassé de très loin le taux nécessaire à une immunisation collective, pourquoi dès lors, maintient-on l'état d'urgence sanitaire, n'est-ce pas la preuve de l'inefficacité du pass sanitaire et de la vaccination !

Qu'en est-il d'ailleurs de cette immunité collective ? Comment la mesurer ? Nous allons faire un peu de science et nous appuyer sur la formule[278] que publie l'institut Pasteur *himsef*. Afin de connaître le pourcentage nécessaire à la protection de la population, la fameuse immunité collective, il faut appliquer l'équation suivante :

Immunité collective = 1 – 1/R0

Le R0 étant le taux de reproduction du virus, si R0 = 3, ça signifie qu'un malade peut contaminer 3 autres malades dont chacun pourra contaminer 3 autres et ainsi de suite. En d'autres termes, pour une maladie ultra contagieuse comme la rougeole, avec un R0 = 12, le pourcentage de la population qui doit être vaccinée approche les 92 %. Sauf que le R0 du SARS-CoV-2 est inférieur à 1 depuis plusieurs semaines et a atteint le chiffre maximum de 2 depuis le début de cette crise sanitaire. Du coup, le pourcentage de personnes à vacciner pour atteindre l'immunité collective est de 50 %. Ce dernier chiffre a été atteint depuis très longtemps en France et pourtant le délire continue, les restrictions sont encore nombreuses, 300.000 soignants ont été suspendus, les enfants sont toujours masqués à l'école... De nombreux autres chiffres sont manipulés depuis le début de cette crise sanitaire notamment le fameux taux d'incidence fixé à 50 par les autorités pour déclencher l'alarme et bien entendu la mise en place des restrictions. Qui a décidé de ce chiffre et sur quelles bases scientifiques ? Réponse : le gouvernement, en ne se basant sur absolument aucune étude scientifique. En réalité, ce chiffre était situé entre 100 et 200 concernant la grippe[279] qui a pratiquement le même R0 que le Covid-19 (Le R0 du SARS-CoV-2 = 1.6 au 27 déc. 2021 selon SPF). On observe donc ici deux manipulations. Premièrement le taux d'incidence va être abaissé afin de l'atteindre rapidement. Deuxièmement, ce même taux d'incidence sera gonflé par des tests très nombreux et foireux. Preuve en est, faut-il le répéter encore et encore, le taux d'incidence du réseau Sentinelles historique est très largement inférieur à celui de Santé publique France depuis le début de l'épidémie de Covid-19.

On a également pu observer à quel point la science a été piétinée, notamment par l'Académie de médecine. Cette dernière a décidé mi-avril 2021 de pondre un communiqué[280] expliquant que nous pouvions attendre 6 mois entre les deux injections afin d'accélérer la campagne de vaccination ! Comment est-il possible de sombrer aussi vite dans le charlatanisme ?

On peut aussi rappeler une autre bizarrerie scientifique de cette crise sanitaire, le fait de nier que l'ARNm puisse réintégrer l'ADN. Effectivement, toute personne saine d'esprit ne peut que se poser la question du devenir de l'ARNm dans son propre corps et sa possible intégration dans le génome nucléaire. Du coup, la Doxa n'a pas hésité une seconde à nier l'évidence, c'est à dire ce que la science sait depuis des décennies. Sur les plateaux télé, des dizaines de médecins incompétents sont venus affirmer l'impossibilité de l'intégration de l'ARN messager dans l'ADN. Un article[281] posté sur le site officiel de l'Inserm n'hésitera pas à mentir et diffuser des fake news concernant cette problématique : « *Adressée directement aux ribosomes, sans passer par le noyau des cellules, cette molécule ne peut en aucun cas interagir avec notre génome ni conduire à son altération : rien à voir avec une thérapie génique ou la création d'un OGM* ». On sait depuis 40 ans maintenant que l'ARNm cytoplasmique peut réintégrer le noyau en se transformant en ADN via la rétrotranscriptase[282] et l'intégrase[283] ! Oser dire l'inverse relève de la manipulation la plus grossière. La transcriptase inverse est au cœur de la nature infectieuse des rétrovirus responsables de nombreuses maladies chez l'homme dont le VIH par exemple. Tout le monde sait cette vérité en 2021 sauf l'Inserm ! (Lire également cet article sur la *Théorie fondamentale de la biologie moléculaire*[284]). Puis un beau jour de juin 2021, des scientifiques américains ont découvert la preuve que c'est tout à fait possible, sans même avoir recours à la transcriptase inverse ; c'est un véritable chamboulement paradigmatique médical. Une équipe de l'Université Thomas Jefferson de Philadelphie a réussi à démontrer dans un article publié dans *Science Advances*[285] qu'une simple enzyme – polymérase thêta - présente dans les cellules humaines, peut faire ce travail de transcription de l'ARNm dans l'ADN. En réalité nous ignorons beaucoup de choses à propos du corps humain, mais à entendre les morticoles cathodiques, la médecine n'est que certitudes et arrogance.

Qu'en est-il du slogan « Tous vaccinés = Tous protégés » que tous les automobilistes français ont pu lire et relire sur les autoroutes. On se demande d'ailleurs de quel droit des autoroutes peuvent diffuser un tel message de propagande comme si les médias n'étaient pas assez suffisants pour laver le cerveau des gens. C'est devenu un mantra, une formule magique répétée, alors qu'elle ne correspond à aucune réalité de terrain et que la science dément. C'est d'ailleurs sur ce mensonge que le sénateur et médecin généraliste écolo de Paris, Bernard Jomier, va s'appuyer en proposant une vaccination obligatoire à tous les Français, proposition heureusement rejetée[286] par le Sénat par 262 voix contre et 64 voix pour, le 13 octobre 2021. Pour déposer son projet de loi, Bernard Jomier va s'appuyer sur des modélisations mathématiques foireuses complètement loufoques, celles de l'institut Pasteur. Pourtant, tout le monde a pu constater qu'il n'y a pas eu 100.000 cas quotidiens à la rentrée scolaire ! Mais ce n'est pas grave, on continue de s'appuyer sur un mensonge - à l'instar de l'escroquerie du LancetGate pour interdire l'hydroxychloroquine - afin de faire voter une énième loi inique. Selon une récente étude[287] britannique préimprimée le 29 septembre 2021, l'effet protecteur des vaccins diminue après seulement 3 mois. C'est d'ailleurs la même chose aux États-Unis puisqu'on apprend via un communiqué[288] du département de la santé du Vermont que 76 % des décès du mois de septembre étaient entièrement vaccinés ! Seuls 8 sur 33 n'étaient pas vaccinés. Nous avons également les données de la plateforme américaine Humetrix[289], hébergeant une base de données d'analyse en temps réel par intelligence artificielle utilisée pour surveiller les résultats des soins de santé associés à 5,6 millions de bénéficiaires de Medicare âgés de plus de 65 ans. Le département américain de la défense (DoD) a financé une étude intitulée « Project Salus » : *Efficacité des vaccins à ARNm COVID-19 contre la variante Delta* chez 5,6 millions de bénéficiaires de Medicare de 65 ans et plus, présentée le 28 septembre 2021. Les résultats sont catégoriques et sans appel : il existe une baisse importante de l'efficacité de la vaccination avec un nombre plus élevé de doublement vaccinés hospitalisés depuis l'apparition du variant Delta. L'analyse de Humetrix[290] a été publiée sur le site sous forme de 17 diapositives qui ne sont bizarrement plus en ligne aujourd'hui. Sauf que ces dernières ont été sauvegardées et mises à disposition[291] du public. Ce travail va nous apprendre que « *dans cette population de 65 ans et plus, vaccinée à 80 %, on estime que 60 % des hospitalisations liées au Covid-19 se sont produites chez des personnes entièrement vaccinées au cours de la semaine se terminant le 7 août.* » Deux semaines plus tard la situation va s'aggraver « *Dans cette population de 65 ans et plus, vaccinée à 80 %, on estime que 71 % des cas de Covid-19 sont survenus chez des individus entièrement vaccinés.* » ! L'étude va nous apprendre également que les Amérindiens ont 50 % plus de chances de tomber malade que les autres. Ceci confirme bien entendu que cette épidémie est également la démonstration que les inégalités sociales jouent pour beaucoup ; ceci peut bien entendu être également lié à des variations ethniques. Enfin, cette étude revient sur l'importance de l'immunité naturelle dans la protection contre une future infection virale.

Malgré toutes ces preuves nombreuses, malgré toutes ces sources officielles, le docteur et sénateur Bernard Jomier veut vacciner tous les Français avec une soupe douteuse créée sur la base du variant initial ! De plus, ce médecin - qui n'en est plus un en réalité - nie purement et simplement l'existence du système immunitaire et nie son efficacité. Non, la vaccination n'est pas le seul moyen de sortir de cette crise, il existe des millions de Français qui ont été contaminés par le virus et qui sont immunisés durablement. Le site officiel de Santé publique France parle d'au moins 2 millions de personnes au 11 janvier 2022. Qu'en est-il également du soin, pourquoi personne ne cherche de remède médicamenteux alors que nous apprenons qu'une étude[292] datant de mars 2021 a démontré que l'aspirine réduirait de 44 % le risque d'être mis sous ventilation mécanique, 43 % de chances en moins d'être admis en soins intensifs ! L'équipe qui a produit cette étude, dirigée par la George Washington University School of Medicine, dans le district de Columbia, explique que ce traitement pourrait avoir des résultats spectaculaires sur la mortalité avec un prix modique et bien entendu quasiment aucun effet secondaire. Cette étude[293] publiée dans revue *Anesthesia & Analgesia* sur 412 patients n'est pas la seule puisqu'une autre[294] a testé l'aspirine sur 35.370 vétérans américains et parvient au même résultat, voire meilleur puisqu'il est question ici d'une réduction du taux de mortalité de plus de 50 %. Il s'agit donc, ici, si on prend en considération les chiffres officiels de Santé publique France, de sauver plus de 60.000 personnes ! Comment se fait-il que personne ne parle de l'aspirine dans les médias ! Je suis persuadé, que vous-même, chère lectrice, cher lecteur, qui êtes en train de parcourir ces lignes, vous n'en aviez même pas entendu parler, à cause d'une propagande abrutissante quotidienne d'une rare violence.

Étant donné que le pire ne déçoit jamais, Bernard Jomier a déclaré être très satisfait de la dernière étude de Pfizer concernant la vaccination des moins de 12 ans ! Comment est-il possible qu'un médecin en 2021 puisse croire aux études de l'industrie sans aucune capacité de critique ! Ignore-t-il que Pfizer a été condamné à de nombreuses reprises par la justice américaine pour de très graves dysfonctionnements ? Ignore-t-il que Pfizer a été condamné pour avoir corrompu des médecins et des hommes politiques ? Ignore-t-il que Pfizer finançait Jérôme Cahuzac, comme on a pu le découvrir au procès de ce dernier qui a été condamné par la justice ! Est-ce de la naïveté ou tout simplement une complicité active avec Big Pharma ? A-t-on le droit d'être naïf lorsqu'on est médecin ou que l'on a reçu une formation universitaire de plus de 10 années post baccalauréat ?

À côté de Bernard Jomier nous avons une autre lumière. Sur le site du Généraliste.fr[295] du 4 septembre 2020, le Dr Christèle Gras-Le Guen (cheffe du service de pédiatrie générale au CHU de Nantes et actuelle présidente de la Société française de pédiatrie) affirmait que « *Le Covid-19 n'est pas une maladie pédiatrique* » ! C'était à l'époque où on disait encore « *le Covid-19 ne concerne que très rarement l'enfant* ». Sur BFM[296], elle a affirmé le 2 juin 2021 que vacciner les adolescents « *n'est pas la priorité, la cible vaccinale numéro un, ça doit rester pour les adultes* ». Bizarrement, le 15 juin dernier sur BFM[297], cette même Christèle Gras-Le Guen[298] affirme l'inverse puisqu'elle pousse à la vaccination des adolescents de plus de 12 ans en utilisant un prétexte qui n'a strictement rien de scientifique et encore moins médical, puisqu'il s'agit pour elle d'un geste « altruiste » et « déculpabilisateur ». Jamais aucun médecin n'avait utilisé cet argument avant cette crise sanitaire. Ce très curieux revirement est d'autant plus grave que le CDC américain venait de faire des déclarations assez inquiétantes concernant un nombre plus important que prévu d'inflammations cardiaques chez les jeunes vaccinés ! Ainsi, selon elle, les enfants de 12 ans n'ont aucun risque de tomber gravement malade du covid ; par contre, une petite myocardite pourquoi pas ! Son autre argument est psychologique, car les vacciner c'est les « déculpabiliser » ! On devrait condamner lourdement des médecins qui enchaînent autant d'âneries à la minute en dehors de leur champ de compétence ! Selon le *Daily Mail*[299] britannique, la FDA va ajouter un avertissement aux vaccins Pfizer et Moderna suite aux déclarations du CDC qui affirme qu'il existe un « lien probable » entre les vaccins et une inflammation cardiaque rare chez les jeunes adultes ! Ce risque est beaucoup plus important chez les jeunes adultes et adolescents après la deuxième injection. On imagine que Christelle Gras-Le Guen n'a pas vu passer cette étude... ce qui ne l'a pas empêchée de dire des sottises et de mettre en danger la vie de nos enfants. Reste à savoir comment et pourquoi elle a changé radicalement d'avis en deux semaines seulement ; est-ce lié à ses innombrables conflits d'intérêts avec l'industrie comme vous pouvez le constater sur le site Transparence.gouv.fr[300] !

La proximité d'Emmanuel Macron avec Big Pharma est de notoriété publique. Elle a commencé bien sûr lorsqu'il était banquier d'affaires chez Rothschild puisqu'il avait déjà permis une transaction entre Pfizer et Nestlé. Mais juste après avoir quitté le gouvernement pour se lancer dans la compagnie présidentielle, il avait rencontré le plus gros lobby de Big Pharma à Chamonix le 1er octobre 2016 lors de la Convention CHAM. Cette convention annuelle est organisée par la SAS Convention on Health Analysis and Management appartenant au Pr Guy Vallancien dont on reparlera plus tard, car il sera choisi par la commission mise en place par Emmanuel Macron sur le « complotisme » et dirigée par Gérald Bronner. Il est possible de voir sur leur site la vidéo[301] de clôture dans laquelle apparaît Emmanuel Macron qui a face à lui le président Guy Vallancien mais également Olivier Véran... Il était question dans cette convention de parler de l'argent de la sécurité sociale consacré à la médecine et à la santé. Du coup, Emmanuel Macron en a profité pour expliquer à quel point le système de santé français était dans un état lamentable mais il a juste oublié d'expliquer qu'il faisait partie pendant quatre ans de l'exécutif et qu'il avait alors tout le loisir d'améliorer la situation ! Ce n'est même pas une question de culot, cela relève de la psychiatrie et de l'incompétence la plus crasse, je ne parle pas d'Emmanuel Macron mais de toute l'assistance, les 500 invités à cette convention[302]. Bien entendu, vous vous doutez bien qu'il n'est pas possible de mettre en place une telle organisation avec des invités aussi prestigieux et nombreux sans l'aide de l'industrie. *Les Échos*[303] vont publier le 9 juillet 2018 un article dans lequel on apprend que Macron a reçu en catimini à l'Élysée le Dolder Group[304], représentant les plus grosses boîtes mondiales de Big Pharma, qui fait pression pour simplifier la commercialisation des nouveaux médicaments. Tout ceci se fera bien entendu au détriment de la sécurité sociale d'autant qu'il n'y a pas eu de nouveautés à proprement parler depuis des décennies en médecine comme l'explique très bien le Pr Philippe Even dans ses livres. Le but de ce pressing est également de changer les règles concernant le service médical rendu (SMR) des médicaments qui est essentiel pour pouvoir décider du remboursement ou non par la Sécurité sociale. Bref, vu les précédents scandales meurtriers des deux dernières décennies, alléger le contrôle de cette mafia est tout simplement criminel.

Le 29 août 2018, *Libération* va publier l'article[305] : *Six victoires des intérêts économiques sous Macron*. Il sera question dans ce papier, au point n°3, encore une fois du très puissant groupe Dolder. Les quatre auteurs du papier affirment que : « *Le 9 juillet, le Président a reçu à l'Élysée les représentants du très discret Dolder Group, une structure terriblement opaque qui regroupe le gotha de la pharmacie mondiale venue à Paris pour un forum privé, dont les échanges restent secrets.* [...] *Au programme : les enjeux économiques liés aux médicaments de demain. Avec une demande récurrente des industriels : accélérer la mise sur le marché des nouvelles molécules.* ». On apprend dans la suite de l'article que le lobby de la pharmaco-chimie veut simplifier les commercialisations des nouveaux médicaments en raccourcissant les délais. C'est exactement ce que nous avons pu observer avec cette crise sanitaire du Covid-19 lors de la commercialisation des nouveaux vaccins malgré la nouveauté de la technologie et un manque flagrant de recul (mais également des pseudos traitements). Bien entendu, Emmanuel Macron a accepté de le faire d'autant que l'un de ses meilleurs amis et soutien lors de la présidentielle de 2017 n'est autre que Serge Weinberg, le patron de Sanofi. Nous pouvons voir dans une vidéo Emmanuel Macron le jour de son intronisation à l'Élysée, lors de la passation de pouvoir du 14 mai 2017, remercier Serge Weinberg en allant le chercher au troisième rang, fendant la foule[306] !

Bien entendu, la vente de ces nouveautés va coûter extrêmement cher aux citoyens français. Médecins du monde avait réalisé en 2016 une très belle campagne[307] nationale d'affichage 4x3 dans laquelle on pouvait lire les slogans suivants : « *Une leucémie c'est en moyenne 20.000% de marge brute* ». « *Bien placé, un cancer peut rapporter jusqu'à 120.000 euros* ». « *Le mélanome c'est quoi exactement ? C'est 4 milliards d'euros de chiffre d'affaires* ». Une tribune[308] avait d'ailleurs été publiée le 14 mars 2016 par 110 cancérologues français qui s'alertaient justement de l'explosion des tarifs de Big Pharma, avec des marges qui n'ont rien à voir avec l'investissement en recherche et développement. En réalité, à ce rythme, vu les 400.000 nouveaux cancers chaque année en France, il n'y aura même pas assez d'argent dans les caisses de la Sécurité sociale pour faire face à ce désastre. Le Pr Vernant parle d'ailleurs de « *profits indécents de l'industrie pharmaceutique* » ! Depuis que les fonds de pension ont commencé à acheter en grand nombre, des actions des entreprises pharmaceutiques, le seul objectif est aujourd'hui de faire du bénéfice.

Comme vous pouvez le constater nous ne sommes plus du tout dirigés par des gens raisonnables qui s'appuient sur la science et la médecine avant de prendre des décisions. Expliquer qu'il faut vacciner les enfants pour les déculpabiliser relève de la maladie mentale. En réalité il suffirait de cesser de les culpabiliser avec des discours irresponsables, c'est bien plus efficace que de les pousser à une vaccination risquée.

Les plus malins savent ce qui se cache derrière cette volonté de vacciner tout le monde à tour de bras. C'est vrai qu'il est très important de vacciner 100 % de la population pour qu'il soit quasiment impossible de vérifier si la vaccination fonctionne, étant donné qu'il n'y aura plus de groupe témoin.

Pour finir concernant la question sanitaire et la responsabilité du corps médical, il me semble évident que c'est ce dernier qui a perdu le plus de crédibilité lors de cette crise. Toutes les contradictions, les modélisations foireuses, les chicaneries, les insultes... ont fait beaucoup de mal à la médecine française. Ça nous pendait au nez car depuis longtemps le corps médical dérape. Il suffit de voir à quel point la chirurgie esthétique fait de mal aux femmes pour se rendre compte qu'il y a quelque chose qui cloche. Comment se fait-il que les autorités ordinales ne sévissent pas contre ces chirurgiens qui sont en train de défigurer les femmes en créant de nouveaux canons de ... laideur : des becs de canards, des peaux tirées tels des *bendirs*, des visages figés sans aucune expression... Pire encore, ce massacre est en train de toucher de plus en plus de jeunes femmes étant donné que des gamines de 20 ans commencent à retoucher leur corps pour ressembler aux lamentables exemples des influenceuses décérébrées des réseaux sociaux !

Il est intéressant aussi de rappeler le cas d'Axel Kahn qui s'est comporté d'une manière extraordinairement grave dans une gare de train parisienne alors qu'il revenait de Belgique sans pass sanitaire ! C'est le *Canard enchaîné* qui en a parlé dans un papier[309], ce qui a eu le don de l'irriter. Nous apprendrons dans cet article qu'il a été extrêmement arrogant et qu'il ne concevait pas que l'on puisse le contrôler lui, le géant, l'extraordinaire Axel Kahn ! Il passe sur les plateaux télé à longueur de journée pour augmenter les restrictions, mais il ne faut pas qu'elles s'appliquent à lui.

D'aucuns se demandent comment est-il possible que le monde devienne fou d'un seul coup, du jour au lendemain ! En réalité, il l'est depuis bien longtemps, le corps médical a été totalement corrompu par l'argent de Big Pharma. Les Américains parlent même de *junk science*, ou « science poubelle » lorsqu'il s'agit de décrire tous les articles scientifiques bidons publiés dans les revues les plus prestigieuses. Il est question ici des plus prestigieuses revues scientifiques médicales mondiales.

Le meilleur exemple possible qui démontre la folie criminelle de l'industrie pharmaco-chimique est celui de l'OxyContin© du laboratoire Purdue Pharma appartenant à la famille Sackler. Il s'agit de l'épidémie de décès dus aux opioïdes de synthèse qui causent à ce jour 130 décès quotidiens ; en 2017, les États-Unis ont comptabilisé 70.000 décès, un véritable génocide ! C'est comme si chaque année tous les habitants de la ville de Bourg-en-Bresse disparaissaient. Une mini-série de 8 épisodes, *Dopesick*, vient d'être diffusée aux USA, c'est certainement le film d'horreur et d'épouvante le plus violent que j'aie pu voir de toute ma vie et pourtant j'en ai vu. Pour arriver à ce résultat, il a fallu mettre en place toute une machinerie extrêmement complexe quasi démoniaque. Il serait plus intéressant que des anthropologues étudient cette affaire un jour afin de comprendre comment il est possible d'en arriver là sans pouvoir même réagir rapidement face au désastre. Ce poison a été commercialisé par Purdue Pharma au milieu des années 90, 1996 précisément, promu par une armée de 700 visiteurs médicaux répartis dans tous les états yankees. Très vite, au bout de 2 ou 3 ans, les prisons commencent à se remplir, la criminalité explose, les attaques de pharmacie, la prostitution, les abandons d'enfants... Cette explosion était d'ailleurs très spécifique aux zones géographiques ayant commencé à utiliser ce médicament antalgique très puissant, initialement réservé aux cancéreux en phase terminale. D'un coup, ce poison a commencé à être prescrit pour de simples douleurs dentaires, des entorses voire des migraines, ce qui est une hérésie complète ! Cette dérive folle n'a pu être possible qu'avec la complicité des médecins. Un médecin a même été arrêté par la police en train de vendre des comprimés à une gamine de 11 ans ! Un business parallèle a très vite été mis en place puisque un cachet de 80 mg était vendu à 80 $! Des médecins ont monté de fausses cliniques pour soigner des SDF mais ils récupéraient le traitement d'OxyContin© pour le revendre. Les visiteurs médicaux arrivaient systématiquement dans les cabinets avec des fleurs à offrir à la secrétaire et proposaient pour commencer un repas aux médecins puis bien entendu le fameux week-end pour un congrès scientifique dans un hôtel cinq étoiles. Mais le plus humiliant sera la mise en place d'un système de paiement du plein d'essence au profit des médecins afin de pouvoir leur parler le temps du remplissage ! Comment un médecin peut-il accepter une telle infamie ? Comment peut-il se vendre pour quelques dizaines de dollars alors qu'il gagne très bien sa vie ?

Afin de réaliser ce coup de force spectaculaire, Purdue Pharma va se baser sur différents mensonges. Premièrement, cette entreprise va affirmer qu'une étude publiée dans le célèbre NEJM par un certain Dr Jick Herschel a démontré que seul 1 % des patients sous opioïdes sont devenus addicts ! Cette étude va être reprise par des magazines nationaux comme le *Times* ainsi que toutes les universités de médecine américaines. Fait troublant, cette étude n'a jamais existé, c'était une simple lettre à l'éditeur au sujet d'une observation ; c'était un LancetGate avant l'heure. Le deuxième mensonge est le fait d'affirmer que la lutte contre la douleur est devenue une affaire nationale et un droit du patient. Des médecins véreux ont été stipendiés pour affirmer que la douleur était la 5e constante biologique (*sic*) après la température, le pouls, la tension artérielle et la respiration ; ce qui est, vous en conviendrez, d'une stupidité inouïe puisqu'à l'état normal, chez un individu sain, la douleur n'existe pas. Ensuite, l'OxyContin© sera présenté comme révolutionnaire car son action durerait 12 heures contrairement aux autres antalgiques, ce qui pourtant s'avérera totalement faux. Cet argument des 12 heures était censé constituer un énorme avantage, celui de prendre beaucoup moins de médicaments ; c'est bien entendu l'inverse qui sera constaté puisque très vite, les doses seront doublées, passant de 10 mg à 20 puis 40 puis 80 mg... !

Faut-il rappeler que l'OxyContin© est le cousin du MS Contin. Il a été commercialisé afin de ne pas perdre les droits de vente car le MS Contin allait tomber dans le domaine public et être concurrencé par les génériques. C'est la fameuse technique du *me-too drug*. Les laboratoires Servier s'en sont inspirés pour remplacer l'Isoméride© par le Mediator©. Ensuite ce sera une autre stratégie, utilisée très régulièrement par Big Pharma et dénoncée par le journaliste allemand Jörg Blech dans son livre, *Les inventeurs de maladies* (2005, Actes Sud). Après avoir laissé entendre que la douleur était devenue une priorité nationale des patients, les « inventeurs de maladies » ont créé le concept de « crise de douleur » (*Breakthrough pain*) ! Ainsi, ils ont pu élargir leur marché. Alors qu'il était initialement limité aux seuls cancéreux, il deviendra accessible à tout le monde. C'est ce qu'avait fait le frère de Raymond Sackler, Arthur, avec le Valium© qu'il avait réussi à faire prescrire pour un simple stress, ce qui fera exploser son utilisation par les étudiants, et du coup bondir également ses dividendes.

Cette affaire dramatique des opioïdes de synthèse est également un cas d'école du pantouflage. En effet, la personne capable de faire valider l'OxyContin© à la FDA sera embauchée par Purdue Pharma (Curtis Wright). Cette pratique est totalement légale aux États-Unis alors qu'elle défie l'entendement et présente une très grave menace pour la santé publique comme vous pouvez vous en rendre compte. Purdue Pharma va inonder le marché américain de publicité. Les médecins vont recevoir des brochures mensongères qui minimisent systématiquement les risques d'addiction. Tous les hôpitaux seront infiltrés par la propagande, notamment la fameuse échelle de la douleur que l'on retrouve partout.

Lorsque des remontées de terrain attesteront la survenue de graves problèmes d'addiction, l'entreprise trouvera toujours un dentiste véreux complètement stupide qui va venir affirmer sans rougir que l'addiction n'existe pas, allant jusqu'à créer un nouveau concept, celui de « pseudo-addiction » ! Selon lui, s'il y a addiction, c'est le problème du malade, c'est génétique. Il a d'ailleurs trouvé une excellente solution : augmenter les doses !

Donc, si on résume la situation en quelques mots, voici ce qui se passe avec l'OxyContin©. Premièrement, l'industriel va utiliser la technique du *me-too drug* pour pouvoir continuer à gagner de l'argent. Ensuite, il va créer de toutes pièces un besoin qui n'existe pas, allant jusqu'à soigner des migraines avec des morphiniques ! Puis, il va créer des nouveaux syndromes. Pour ce faire, il va corrompre un salarié de la FDA ainsi que de nombreux KOL ou *key opinion leaders*. Il va s'appuyer sur une étude qui n'existe pas et dont il va faire une promotion démesurée, voire forcenée, malgré le fait qu'elle annonce une contrevérité médicale basique, inacceptable. Le budget publicitaire aux États-Unis va passer de 187.500 $ en 1996 à 4 millions de dollars en 2001. Bien entendu, l'industriel va également infiltrer tout le système médical en allant de l'université à l'hôpital, sachant qu'il a financé la construction de nombreuses universités de médecine aux USA, ce qui, vous en conviendrez, lui facilite la tâche en « biberonnant » les futurs médecins dès le début de leur cursus. Mais là où ça devient démoniaque, là où ça devient réellement un système criminel mafieux, c'est lorsque l'on constate que toutes les associations et autres académies de la douleur aux USA sont également financées par Purdue Pharma : que ce soit l'American Pain

Foundation, la National Foundation of Treatment of Pain, l'American Chronic Pain Association, l'American Pain Society et même l'American Academy of Pain Medecine. Elles sont toutes financées en grande partie par l'industriel et produisent toutes une documentation qui sera utilisée pour faire la promotion de leur poison mortel. Il est vrai qu'un médecin de campagne un peu naïf ne peut que tomber dans le panneau d'une telle force de frappe avec toutes ces dénominations prestigieuses. Mais là où c'est véritablement satanique c'est lorsque l'on s'aperçoit que même les associations de malades, elles aussi financées par Purdue Pharm, font la promotion des opioïdes de synthèse ! Comme si les malades, en proie à des douleurs, avaient une quelconque possibilité de savoir ce qui est bon pour eux et ce qui ne l'est pas ! Au contraire, ils auraient plutôt besoin de médecins expérimentés dans la gestion de la douleur et la crise des opioïdes l'a clairement démontré.

Mais le plus choquant dans toute cette affaire, c'est de constater que l'actuelle patronne de la FDA, Janet Woodcock[310], qui était déjà là à l'époque du scandale de l'OxyContin© et donc responsable de ce génocide, est soutenue par Joe Biden !

Nous avons ici véritablement affaire à une organisation mafieuse, on est d'ailleurs en réalité face à une organisation beaucoup plus structurée et largement plus riche que n'importe quelle mafia. Comment expliquer que Purdue Pharma puisse menacer de procès les pharmacies ne voulant plus vendre leur poison ? C'est le comportement typique d'un mafieux. Lorsque les ventes vont commencer à chuter aux USA, l'industriel va commencer à vouloir s'exporter, notamment en Espagne, au Brésil... en organisant des conférences et des congrès. Ils n'ont aucune limite et ne craignent rien. Quand les enquêteurs US réussiront à accéder aux documents internes de l'entreprise, cette dernière enverra de nombreux camions avec des centaines de cartons afin de les noyer dans le travail.

Curieusement, seules 2300 plaintes ont été déposées contre Purdue Pharma alors que les décès se comptent par centaines de milliers ! Ils ont négocié 12 milliards d'amendes à payer pour mettre fin à toutes les poursuites judiciaires. Certains états estiment que c'est loin d'être suffisant d'autant qu'ils ont empoché plus de 35 milliards de dollars avec ce seul produit.

Le mantra que se répète Raymond Sackler tout le long de la série est : « *Guérir le monde de la douleur* » ; en réalité, il en a produit infiniment plus. Le plus choquant, le plus effrayant c'est qu'aucun des responsables de ce génocide n'est passé par la case prison malgré les nombreux crimes et les milliers de vies décimées ! Comment est-ce possible ? On comprend très vite que le système juridique américain a été conçu pour protéger les plus puissants, il suffit de payer une grosse amende pour éviter des poursuites pénales. Cette pratique encouragera les autres délinquants de Big Pharma à récidiver puisqu'ils ne risquent absolument rien.

Pour être complet, même si nous avons déjà parlé du cabinet McKinsey plus haut, il faut rappeler qu'il a été condamné à une très lourde amende de près de 500 millions de dollars pour avoir conseillé Purdue Pharma tout au long des années de massacres de masse ! Du coup, il était tout à fait logique de retrouver McKinsey à Paris en train de conseiller le gouvernement de Macron.

Mais, ce qui est stupéfiant dans cette affaire c'est le fait que la famille Sackler jouissait d'une image très positive et flatteuse outre-Atlantique, une image de philanthropes très généreux ayant offert des centaines de millions de dollars notamment dans le domaine de l'art. Ils incarnent le modèle parfait du rêve américain, de la famille juive réfugiée aux USA venant de Pologne et d'Ukraine et ayant parfaitement réussi en devenant milliardaire. Ils avaient même toute une aile qui portait leur nom au musée du Louvre à Paris et qui vient d'être débaptisée après une manifestation. Une autre porte leur nom au Metropolitan Museum of Art à New York. Arthur Sackler a même été surnommé le « Médicis moderne » par des experts dans le domaine de l'art. Mortimer a offert 9 millions de dollars au musée Guggenheim de New York entre 1995 et 2015. Comme vous pouvez le deviner, cette façon de faire a deux intérêts majeurs. Premièrement, ça permet à ces familles milliardaires de payer beaucoup moins d'impôts en défiscalisant tous ces dons. Mieux encore, ça leur permet de cultiver une image extrêmement positive qui rend inimaginable toute critique, surtout lorsque leur propre nom est affiché sur les frontons des universités américaines les plus prestigieuses comme Yale, Harvard, Colombia, Cornell ou la britannique Oxford ! Il existe même une faculté de médecine qui porte son nom, la Sackler Faculty of Medicine ou la Sackler School of Medicine[311] rattachée à l'État de New York, sans oublier The Sackler Institute of Graduate Biomedical Science à la New York University ou la The Sackler School of Graduate Biomedical Sciences à la Tufts University...

Reste à savoir comment près de 200.000 médecins généralistes américains n'ont rien pu faire et comment ils sont tombés dans le panneau de la propagande de Big Pharma et comment certains se sont transformés en vulgaires dealers de cachets d'OxyContin© ! Ce sont ces mêmes médecins généralistes qui, aujourd'hui, vaccinent contre le Covid-19 sans rien comprendre à la gravité de la situation, avec une docilité qui force le mépris.

La gestion lamentable et désastreuse de cette crise sanitaire par des élites totalement corrompues par l'industrie va avoir des conséquences majeures sur la santé des citoyens. Les confinements vont causer des « pertes de chance » qui vont conduire à des décès. La « perte de chance » est un concept médico-légal, il représente la situation malheureuse d'un patient qui aurait pu avoir la vie sauve ou ne pas perdre un membre par exemple s'il avait été pris en charge plus rapidement par le personnel soignant. Même l'Académie de médecine s'est émue de ce risque potentiel en publiant un communiqué[312] le 9 novembre 2020 intitulé *Communiqué de l'Académie nationale de médecine et de l'Académie nationale de chirurgie : Covid-19 et continuité des soins.* L'Académie affirme : « *Dans un contexte de forte tension hospitalière, certains patients sont décédés, faute d'une prise en charge en temps utile. Outre le report des examens de dépistage, de diagnostic et de suivi des maladies chroniques, la déprogrammation des interventions chirurgicales a entraîné une perte de chance pour de nombreux malades, notamment parmi ceux qui souffraient de cancer, ainsi que de fréquentes détresses psychologiques, laissant prévoir un impact sanitaire et économique considérable. Si les transplantations cardiaques et hépatiques ont pu être maintenues en raison du risque vital, l'interruption momentanée des transplantations rénales, par mesure de précaution, a fait perdre plus d'une centaine de greffons.* » ! La mise en place d'un plan blanc est désastreuse pour la santé des 67 millions de Français car il n'y a pas que le Covid-19 dans la vie. La situation est d'autant plus grave que lors du confinement, les cabinets de médecine générale étaient fermés ! Sans oublier l'explosion dramatique des détresses psychologiques ayant poussé à une augmentation[313] importante de consommation d'alcool et autres psychotropes ! 41 % des Français ont augmenté leur consommation d'anxiolytiques. Les hôpitaux psychiatriques étaient débordés, notamment par une épidémie de tentatives de suicide chez les enfants, un phénomène inédit. Et puis franchement, comment voulez-vous que des malades puissent honorer leurs rendez-vous alors qu'ils sont terrorisés quotidiennement par ce virus fourbe prêt à leur sauter à la gorge à n'importe quel moment ! Vous imaginez bien que tous les hypocondriaques vont rester confinés chez eux 10 ans et bien plus s'il le faut.

Si on ajoute à cela 1 million de pauvres supplémentaires venant de toutes les couches sociales (entrepreneurs, artisans, intérimaires, étudiants...), que tout le monde peut observer lors de la distribution de paniers de nourriture, on se rend alors compte que les dégâts collatéraux économiques du confinement sont dramatiques. Il est également de notoriété publique que la pauvreté engendre plus de maladies et que le chômage est une cause d'augmentation de la mortalité. La revue de l'Institut de recherches économiques et sociales (IRES) a publié en 2017 un article intitulé *Le chômage : un problème de santé publique majeur*[314] : « *L'ensemble de ces études indique clairement que les chômeurs ont un risque accru d'avoir des problèmes de santé par rapport aux non-chômeurs. Ainsi l'analyse combinée des études prospectives réalisées jusqu'en 2009 montre que le chômage est associé à une surmortalité toutes causes confondues de 60 % après ajustement sur l'âge et les autres facteurs confondants (Roelfs et al., 2011).* » ! Selon l'article du *Monde*[315] interviewant M. Florent Guéguen, directeur général de la Fédération des acteurs de la solidarité (FAS) : « *Ce chiffre d'un million supplémentaire de pauvres est malheureusement une estimation basse, compte tenu des 800.000 pertes d'emploi attendues fin 2020* ». La crise économique ne faisant que commencer, nous constatons déjà un très grand nombre de pénuries et la situation ne risque pas de s'arranger de si tôt. En conclusion, le nombre de vies arrachées par les dégâts collatéraux ne dépassent-il pas largement celui, tout à fait théorique, des vies sauvées par les différents confinements ?

L'hôpital public ayant été détruit, entre autres causes, par la fermeture ces deux dernières décennies, de dizaines de milliers de lits, la France est malheusement incapable de gérer une épidémie. C'est d'ailleurs tous les ans la même histoire dès l'arrivée de l'hiver, avec l'épidémie de grippe tous les 2-3 ans, celle de bronchiolite, sans oublier la canicule estivale... bien entendu, au lieu d'augmenter le nombre de lits et d'embaucher plus de personnels de soins, la Dress annonce dans un document publié récemment que le ministre de la santé a fermé 5700 lits en 2020 ! Ce n'est pas une blague, dans le dernier rapport de la Drees[316], Olivier Véran affirme qu'un grand nombre de chambres doubles ont été transformées en chambres simples pour éviter toute « contagion » ! Comprendre par là que la fermeture de 5700 lits a été dictée par le souci de l'interêt des malades ! En général, dans un service covid, tout le monde a la même maladie, du coup on imagine que Véran a voulu éviter qu'un malade Covid-19 contamine un autre malade Covid-19 avec le virus du Covid-19 ! Un génie. Rappelons que Véran avait promis que la France allait passer de 5000 à 12.000 lits de réanimation, mais il s'est une nouvelle fois rendu coupable d'un énième parjure, car c'est l'inverse qui s'est produit.

Une autre énigme me turlupine concernant Big Pharma et le niveau intellectuel du corps médical (médecins, sages-femmes, nurses, infirmières). J'en ai déjà parlé à de nombreuses reprises et réalisé des vidéos à son sujet, qu'en est-il du cas de la Biseptine© du laboratoire Roche ? C'est un cas typique de l'incompétence étourdissante du corps soignant preuves à l'appui. Cet antiseptique à base de chlorure de benzalkonium est prescrit par million de boîtes aux femmes enceintes, chaque année en France pour nettoyer le cordon ombilical des nouveau-nés. L'ordonnance type à la maternité comprend inévitablement ce flacon bleu et blanc, un des tops 10 des ventes[317] de Big Pharma en France. Pourtant, n'importe quel praticien de la maternité, n'importe quel médecin de formation peut retourner la notice collée au flacon et y lire le texte suivant : « *Faites attention avec Biseptine©. Mise en garde spéciale. Ne pas utiliser sur une grande surface, sous pansement occlusif, sur une peau profondément brûlée, une peau de prématuré ou de nourrisson, en raison des risques de passage dans la circulation générale* » (*cf.* annexe n°10) ! Justement, le nourrisson présente toutes les caractéristiques des contre-indications puisque sa peau est très perméable car très fine, que les mamans inquiètes vont avoir tendance à en mettre toujours plus pour ensuite recouvrir le tout de la couche du bébé, ce qui créera un pansement occlusif qui augmentera le passage dans le sang. Pour les garçons, le chlorure de benzalkonium n'est rien d'autre qu'un spermicide que les femmes utilisent en ovule pour leur contraception. Pourtant, tout est écrit et le laboratoire est protégé légalement. J'ai d'ailleurs appelé le fabricant et le responsable m'a confirmé au téléphone cette contre-indication. Curieusement, le site de Doctissimo[318] va déplacer la mise en garde du laboratoire en l'intégrant désormais à la rubrique « précautions d'emploi » en affirmant que « *En l'absence de données sur la résorption cutanée, le risque d'effets systémiques ne peut être exclu. Ils sont d'autant plus à redouter, que l'antiseptique est utilisé sur une grande surface, sous pansement occlusif, sur une peau lésée, notamment brûlée, une muqueuse, une peau de prématuré ou de nourrisson (en raison du rapport surface/poids et de l'effet d'occlusion des couches au niveau du siège).* » Le site Doctissmo permet donc plus ou moins l'utilisation de la Biseptine©. J'ai du coup acheté un flacon plus récent le 29 octobre 2021 afin de lire la notice car ces dernières sont souvent mises à jour pour y intégrer éventuellement des remontées de pharmacovigilance. Effectivement, j'y ai noté un petit changement, la mention « Faites attention avec Biseptine©. Mise en garde spéciale » n'y est plus et a été remplacée par « Avertissement et précautions » sauf que l'interdiction est toujours maintenue de « *Ne pas utiliser sur une grande surface, sous pansement occlusif, sous une peau profondément brûlée, une peau de prématuré ou de nourrisson, en raison du risque de passage dans la circulation générale* », rien n'a changé contrairement à ce qui est dit. Vous pourrez remarquer que la fiche produit[319], visible sur le site de l'ANSM confirme ce que j'affirme depuis le début.

De pire en pire, la vidéo que j'avais réalisée à ce sujet, ayant obtenu un certain succès sur les réseaux sociaux et partagée par d'autres sites, le *Moniteur des pharmacies* s'est cru obligé de publier un article[320] mensonger pour défendre la prescription pour les nourrissons. N'est-ce pas extraordinaire de faire passer une notice imprimée par le fabricant à des millions d'exemplaires, et lisible par tous, pour une… *rumeur* ! On nous fait dire ce que l'on n'a jamais dit ! Il n'a jamais été question d'accuser le produit d'avoir « brûlé » des nourrissons mais il est bien question ici de danger sur la fertilité. Il est tout de même inquiétant de constater que cette revue professionnelle animée et éditée par des pharmaciens ne soit pas capable de comprendre des expressions simples comme « *Ne pas utiliser sur...* » ! C'est d'autant plus étonnant que ce produit n'est pas du tout nécessaire ou indispensable à l'hygiène du cordon ombilical du nouveau-né puisque l'éosine ou la chlorhexidine peuvent être utilisées ou tout simplement le lavage à l'eau savonneuse. Certains praticiens parlent même de soins à sec[321], comme le conseille l'OMS, sauf que ça ne va pas dans les intérêts des dividendes des laboratoires, il faut systématiquement vendre des produits.

Si on veut aller plus loin, dans le détail, sur le site de la base de données publiques des médicaments du ministère de la santé, on peut trouver à la page consacrée à la Biseptine©[322] dans deux avis du 21 octobre 2015 que le SMR ou service médical rendu de ce produit est « faible » à « modéré » !

Pour finir, on peut citer une des dernières charlataneries télé concernant la vaccination, celle du Pr Bruno Mégarbane. En à peine 27 secondes, ce médecin de plateaux a balancé de nombreux mensonges, voire des hérésies scientifiques. Premièrement, lorsqu'il dit qu'il n'est pas recommandé de faire une sérologie avant la 3e dose, de qui parle-t-il exactement ? Quelle est l'autorité qui a émis cette recommandation ? Nous n'en saurons rien, car il faut croire ce mythomane sur parole. Faut-il rappeler que l'OMS recommande la 3e dose uniquement pour la population immunodéprimée. Bruno Mégarbane ment et il le sait. Deuxièmement, il affirme que certains patients ayant beaucoup d'anticorps ne seraient pas protégés contre le Covid-19 ! Il vient de détruire tout le concept de l'immunité sans même ciller, il vient de piétiner des centaines d'ouvrages médicaux appris par cœur pendant de longues années à la faculté ! Ensuite, il va expliquer que ceux qui n'ont pas assez d'anticorps peuvent être parfaitement protégés grâce à l'immunité cellulaire ! Il vient donc d'avouer que des malades du Covid-19 ont acquis une immunité efficace et durable mais qu'il faut néanmoins les vacciner car on ne peut pas le savoir, mais il le sait quand même ! De nombreuses études ont été publiées dans le monde - *Science*[323], *Nature*[324]... - qui ont démontré qu'à 12 mois, la grande majorité des convalescents Covid-19 avaient toujours des anticorps ainsi que des cellules mémoire lymphocytes T et B pour les défendre. On aimerait donc savoir pourquoi réaliser une 3e dose au bout de 6 mois ! Pourquoi pas 4 voire 3 mois ! Une dose trimestrielle, 4 par an, serait souhaitable, selon ces morticoles complètement fous. Une autre étude publiée dans le NEJM[325] a confirmé la présence d'anticorps chez les personnes vaccinées, sur une cohorte de 40.000 personnes, chez 91,3 d'entre eux ! Concernant les recommandations de la HAS, on peut trouver sur leur site[326] le texte suivant : « *Le 3 juin dernier, la HAS a ajouté une indication aux tests sérologiques de type TROD en contexte de dépistage pré-vaccinal. Elle recommande ainsi de les proposer lors du premier rendez-vous vaccinal aux personnes immunocompétentes (possédant la capacité à produire une réponse immunitaire normale), sans facteurs de risque de développer une forme grave de la maladie (jeunes adultes) et sans antécédent connu ou confirmé d'infection au SARS-CoV-2 afin de déterminer leur schéma vaccinal. Celui-ci est de deux doses pour les personnes qui n'ont jamais été infectées par le SARS-CoV-2 (sauf pour le vaccin Janssen qui ne nécessite qu'une dose quoi qu'il arrive) et d'une seule dose pour les personnes l'ayant déjà contracté. Dans cette indication, les tests sérologiques utilisés doivent détecter les IgG ou les Ig totales ; la positivité du test permet de décider d'un schéma à une seule dose, quelle que soit la date à laquelle s'est produite l'infection* ». En résumé, la présence importante d'anticorps peut indiquer l'utilisation d'un seul vaccin afin de compléter le schéma vaccinal. C'est l'inverse de ce qu'affirmait Bruno Mégarbane ! Menteur, incompétent ? Certainement les deux.

Tertio, le Pr Éric Chabrière a, dans un tweet, rappelé à Bruno Mégarbane que la réalisation d'une sérologie est indispensable dans le cadre de la vaccination contre l'hépatite B qui a été rendue obligatoire pour le personnel de santé. Effectivement, nous pouvons constater dans le Journal officiel du 13 août 2013[327], concernant l'article L3111-4 que : « *Le taux d'anticorps anti-HBs dans le sérum est supérieur ou égal à 10 UI/l : La personne est considérée comme définitivement protégée contre l'hépatite B. Il n'y a pas lieu de réaliser de dosage sérologique ultérieur ni d'injection vaccinale supplémentaire.* » Il est bien précisé que la personne est définitivement protégée contre l'hépatite B, nul besoin de réaliser d'autres rappels ou sérologies, car les rédacteurs de ce texte faisaient tout simplement confiance à leurs connaissances du système immunitaire. En d'autres termes, ce qui est pratiqué, connu depuis longtemps en médecine a été rayé de la carte depuis cette escroquerie covidiste ! Après avoir nié l'existence du système immunitaire et de sa capacité à reconnaître un antigène et à défendre l'organisme, il fallait absolument interdire aux praticiens de réaliser des sérologies qui confirmeraient son efficacité, ce qui aurait fait lourdement chuter la consommation de vaccins et du coup les dividendes de Pfizer.

L'Ordre des médecins

Nous en avons parlé tout au long des pages précédentes, un nombre incalculable de bourdes ont été commises par les autorités ordinales, et cela mérite un petit chapitre afin d'y revenir dans le détail. Qu'est-ce que l'Ordre des médecins ? Nous trouvons sur leur site[328] Internet la définition suivante, l'Ordre est un « *Organisme de droit privé chargé d'une mission de service public, l'Ordre défend l'indépendance et l'honneur de la profession médicale auprès de l'ensemble de la société française : usagers et citoyens, administrations et services de l'État, associations… Il assume un rôle moral, administratif, consultatif, juridictionnel et de conciliation. Il est le garant de la relation médecin-patient.* » ! Nous allons maintenant démontrer en quelques lignes à quel point la faillite de cette instance a été consommée et lamentable. D'un côté, ils n'ont pas assumé leurs responsabilités en refusant d'agir quand il le fallait et de l'autre, ils ont commis l'irréparable en agissant alors qu'ils ne devaient pas le faire. Rappelons que cette structure ordinale est privée, elle est composée uniquement de médecins et ne dépend d'aucune tutelle, quelle qu'elle soit, autorités politiques ou administratives.

L'Ordre a un pouvoir « réglementaire » puisqu'il va permettre l'inscription à son tableau de tous les médecins appelés à exercer en France et remplissant les conditions requises. Il va également s'assurer de la formation continue de ses adhérents. Bien entendu, l'Ordre se doit de défendre les intérêts de ses adhérents auprès des pouvoirs publics mais également ceux des patients en s'assurant de l'application du code de déontologie. Il dispose également d'un pouvoir « juridictionnel » puisqu'il va pouvoir régler des différends entre médecins ou entre un médecin et son patient. Il organise ainsi, dans un délai de 30 jours, une conciliation qui, si elle n'aboutit pas, le conduira à renvoyer l'affaire devant la Chambre disciplinaire de première instance. L'ordre joue un rôle important de « conseil des pouvoirs publics » lors de projets de rédaction de lois ou de décrets aussi bien au niveau national qu'européen.

L'Ordre a failli à plusieurs de ses missions. Au niveau déontologique, à aucun moment il n'a estimé nécessaire de faire appliquer la loi, notamment l'article L4113-13 du Code de santé publique alors que nous assistions quotidiennement à un festival de conflits d'intérêts sur toutes les chaînes télé et radio. Il a ainsi, sans restriction ni modération, laissé Big Pharma déverser sa propagande sur les antennes. Pourtant l'Ordre avait déjà condamné[329] en 2018 un médecin pédiatre, le Dr Robert Cohen, pour avoir omis de déclarer ses liens d'intérêts avec l'industrie, alors qu'il faisait la promotion de la vaccination. Ceci ne l'empêchera pas de récidiver avec la crise du Covid-19 puisqu'on va le voir à de très nombreuses reprises sur les plateaux télé sans jamais respecter l'article L4113-13. L'Ordre a été incapable de mettre fin aux chamailleries lamentables des plateaux télé qui ont grandement décrédibilisé le corps médical alors qu'il suffisait de convoquer deux ou trois morticoles cathodiques et les rappeler à l'ordre conformément à l'article 56 du code de déontologie. Pourtant la situation a largement dégénéré en menaces de mort (*cf.* affaire Raoult/Raffi). Dans le dernier livre du Pr Didier Raoult, *Au-delà de l'affaire de la chloroquine* (Michel, Lafon, 2021, 235 pages), nous apprenons qu'il a déposé différentes plaintes contre de nombreux confrères, ce qui aurait été facilement évité si l'Ordre des médecins avait joué son rôle d'arbitre en calmant le jeu immédiatement. Nous apprenons à la page 124 du livre que l'un des premiers à avoir dénoncé la dangerosité du Mediator© pour les cardiaques est le Dr Chiche, cardiologue et ami du Pr Raoult. Après avoir signalé les effets indésirables à l'ANSM, il a eu la malencontreuse surprise de recevoir un coup de fil menaçant d'un confrère cardiologue ! La situation est tellement catastrophique que le Pr Didier Raoult a déposé plainte contre un médecin du conseil de l'Ordre départemental qui avait échangé des SMS avec la SPILF, Société de pathologies infectieuses de langue française afin de lui nuire, ce qui est un comble et une faute procédurale ; une autre plainte a été déposée contre la SPILF.

L'Ordre ne va pas non plus défendre la corporation puisqu'il va laisser faire le gouvernement lorsqu'il interdira la prescription de médicaments pour soigner la maladie ! Pourtant, la liberté de prescription des médecins est sacrée et consacrée par les textes (article 8 du code de déontologie) ! L'Ordre va même harceler des médecins prescrivant l'HCC ou l'Ivermectine. Le pompon sera la plainte contre le Dr Gérard Maudrux[330], chirurgien urologue, pourtant à la retraite et qui, du coup, ne risque absolument rien ! Il avait déjà condamné le Pr Philippe Even, grand médecin qui a combattu Big Pharma et ses dérives.

L'Ordre des médecins, c'est bien cette corporation officielle qui a été condamnée par la justice pour avoir protégé pendant des décennies un violeur en série, le gynécologue André Hazout ! En effet, l'Ordre ne décidera finalement de le radier qu'après sa propre condamnation par la cour administrative d'Appel pour son absence de réaction et malgré les nombreuses plaintes adressées par les victimes depuis des décennies ! Par contre, dès qu'il est question des professeurs Even, Joyeux, Perronne ou Raoult... les décisions pleuvent et sont très sévères. L'Ordre va encore se murer dans le silence lorsque le ministre de la santé décidera à lui seul des contre-indications vaccinales ! En réalité, le médecin se transforme petit à petit en agent administratif, perdant toutes ses compétences et ses prérogatives. La liberté de prescription se base sur trois principes : respecter les données acquises de la science ; assurer la qualité, la sécurité et l'efficacité des soins et enfin évaluer correctement le rapport bénéfice/risque. Seul le médecin traitant, qui connaît parfaitement son patient, peut faire ce travail, certainement pas un décret pondu par un énarque parisien. De plus, la collectivité n'a pas financé 10 années d'études universitaires de centaines de milliers de médecins pour les transformer en petits soldats obéissants de l'administration parisienne, un Bac +2 devrait amplement suffire pour accomplir une tel travail !

Concernant l'HCC, si elle était si dangereuse pour une prescription de 200 mg, 3 fois par jour pendant 5 jours, il eût fallu arrêter immédiatement le traitement de dizaines de milliers de Français atteints de maladies chroniques comme la polyarthrite rhumatoïde chronique (200.000 malades selon le site Ameli), le lupus érythémateux disséminé (estimés à 17.000 en France), la fièvre Q, la maladie de Whipple... étant donné que la posologie est beaucoup plus importante au long terme puisqu'il est question de plusieurs années de traitement. Une récente étude publiée dans le Lancet le 2 novembre 2020 et ayant surveillé 900.000 personnes traitées à l'HCQ pendant plusieurs années pour une polyarthrite rhumatoïde n'a remarqué la survenue d'aucune atteinte cardiaque ! Il est d'ailleurs assez cocasse de constater aujourd'hui la survenue d'accidents cardiaques très nombreux et mortels dus à la vaccination sauvage, mais considérés comme tout à fait acceptables, alors que l'HCQ a été accusée de tuer les gens par torsades de pointes ou de les rendre aveugles. Faut-il rappeler que les autorités françaises ont interdit l'utilisation de l'HCQ sur la base de l'article frauduleux tout en donnant une ATU (autorisation temporaire d'utilisation) au dangereux Remdesivir aux effets indésirables notoires sur les reins (sans oublier l'inefficace et très coûteux Molnupiravir) !

Lorsque l'ordre des médecins se rend complice de l'interdiction de soigner les malades, il rentre dans l'histoire de la médecine par la petite porte. L'Ordre des médecins va définitivement perdre toute crédibilité lorsqu'il s'abstiendra de réagir à la suspension de milliers de praticiens à cause de l'obligation vaccinale. Non seulement il trahira sa fonction de protecteur de ses adhérents mais il trahira également sa fonction de protecteur des patients, car délester le système hospitalier et libéral français de dizaines de milliers de bras en pleine épidémie est juste suicidaire et aura des conséquences catastrophiques sur la santé des malades.

Une nuit sans transports d'urgence a été constatée le deuxième week-end d'octobre dans la ville de Bourges[331] car il n'y avait pas de médecins dans l'ambulance. N'importe quel malaise cardiaque dans la rue se serait terminé six pieds sous terre ! Trois élus dont le maire de la ville ont décidé de déposer plainte pour mise en danger de la vie d'autrui. En Ardèche, l'ARS locale a décidé de remplacer dans les Ehpad les soignants suspendus par des délinquants ayant écopé de TIG ou travaux d'intérêt général[332] ! C'est certainement la pire insulte faite à la population française pendant cette crise sanitaire par un directeur d'ARS qui touche plus de 15.000 € par mois (entre 16.700 et 17.500 euros bruts mensuels) ! Alors que l'on nous explique qu'il s'agit d'une maladie hyper compliquée et très contagieuse qui nécessite des compétences, les délinquants de la route ou les consommateurs de cannabis sans aucune expérience des protocoles d'hygiène et sans la moindre formation sur les personnes âgées dépendantes sont embauchés sans la moindre manifestation de honte. Quelle sera la prochaine étape du covidisme ? Remplacer les médecins réanimateurs par des TIG ?

Comme dans n'importe quel pays civilisé, eu égard au nombre incalculable de scandales sexuels gravissimes et au vu du nombre de viols commis (affaires Hazout, Le Scouarnec, Tordjman, Daraï...), l'ordre des médecins aurait dû être dissous depuis longtemps et remplacée par une instance administrative neutre. Même la Cour des Comptes s'est étonnée[333] de la gestion calamiteuse de ces affaires criminelles.

Au dernier procès de Raoult, dépaysé à Bordeaux, il a été accusé de « rassuriste », ce qu'il revendique haut et fort ! Il a fallu qu'il menace l'AP-HM d'acheter des OptiFlow sur Ali Baba car ils ne voulaient pas s'en procurer pour oxygéner les malades. La plainte initiale concernait les Prs Raoult, Brouqui et Parola, in fine seul le Pr Raoult sera renvoyé devant la CDPI. C'est la preuve que c'est une affaire politique, un règlement de compte. L'Interview vidéo[334] de son avocat M^e^ Di Vizio sur le site France Soir revient sur la plaidoirie dans le détail. Au même moment 5000 enfants français de moins de 12 ans ont été vaccinés en dehors de tout cadre légal, sans faire bouger le petit doigt au Conseil de l'Ordre ! Il faut savoir également que les représentants de l'Ordre n'étaient pas présents lors de l'audience du 5 novembre 2021 à Bordeaux selon M^e^ Di Vizio ! C'est un manque flagrant de confraternité et un mépris évident du code de déontologie.

De l'hydroxychloroquine

L'histoire de l'hydroxychloroquine (HCQ) - mais également de l'azithromycine que l'on a tendance à oublier - est prodigieuse du début à la fin. Curieusement, avant même la crise, elle avait été interdite de vente sans ordonnance, puis carrément interdite de prescription après la crise ! Cette molécule est devenue du jour au lendemain le médicament le plus dangereux de tout le Vidal ; ses effets secondaires sont devenus les plus redoutés de toute la médecine. Pourtant la molécule existe depuis sept décennies et la pharmacovigilance ne remonte que très peu de décès, infiniment moins que le paracétamol causant 200 morts chaque année en France au minimum et qui, malgré tout est en vente libre. C'est d'autant plus troublant qu'il existe une quantité astronomique de médicaments totalement inutiles et dangereux qui n'ont jamais été interdits, voire qui continuent à être remboursés par la Sécurité sociale. Mais il faut bien constater que l'HCQ a eu droit à un traitement de faveur de la part d'Agnès Buzin. Cette dernière fera des déclarations curieuses lors d'une commission d'enquête parlementaire sur sa gestion de la crise sanitaire.

Il est tout de même assez consternant d'entendre l'ex-ministre de la santé affirmer que les Français consomment trop de médicaments ; à la minute 3:02:00, on peut l'entendre dire qu'elle a validé l'interdiction de la vente libre de l'HCQ à cause de sa dangerosité, nécessitant donc désormais, une ordonnance. Du coup, on aimerait vraiment savoir quelles sont les remontées de pharmacovigilance ayant incité l'ANSM à faire cette demande ? De combien de morts s'agit-il ? De plus, étant donné que le paracétamol tue au moins 200 personnes chaque année en France en raison de sa toxicité hépatique, qu'en est-il de l'interdiction de sa vente libre ? (le paracétamol est depuis janvier 2020 vendu derrière le comptoir des pharmaciens mais toujours sans ordonnance). On aimerait aller plus loin et lui poser une question supplémentaire. La revue *Prescrire*[335] a publié une liste il n'y a pas si longtemps de 90 médicaments totalement inutiles et causant pourtant des effets indésirables, pourquoi ces médicaments sont-ils toujours en vente libre et remboursés par la Sécurité sociale pour la plupart ? Cette liste a été publiée en 2018 alors qu'Agnès Buzyn était en poste ! Les propos tenus par l'ex-ministre sont insultants, elle se moque clairement des Français et de leur représentation nationale. Vous pourrez également observer à quel point elle est gênée, elle ne trouve pas ses mots, elle sait qu'elle ment. Mais ça va, ça passe, elle sera même promue à l'OMS.

Ensuite nous avons pu remarquer une utilisation complètement à côté de la plaque de la posologie et du protocole tels que préconisés par l'IHU Marseille Méditerranée. Systématiquement le traitement sera mal administré vu que l'HCQ sera utlisée sur les cas graves et non plus en préventif dès le début de la symptomatologie. De plus, elle sera utilisée seule, sans azithromycine et avec des posologies 10 fois plus importantes et donc toxiques... Pourtant, le protocole est précis et très simple à suivre. Même l'Académie de médecine a été choquée par le choix d'Olivier Véran et de la HAS consistant à donner de l'HCQ dans la phase tardive et aiguë de la maladie. Un article du *Canard enchaîné*[336] rapporte l'interview du Pr Willy Rozenbaum, spécialiste du sida, qui a tout simplement déclaré que c'était « *la décision la plus bête du monde* », affirmant que ça ne servait strictement à rien et que c'était trop tard, ce qui, bien entendu, n'a pas empêché Olivier Véran de continuer sur cette voie tortueuse.

Ensuite, nous assisterons à une manœuvre d'intoxication menée par Véran qui va encore une fois mentir à l'Assemblée nationale, devant les députés, en affirmant qu'un décès a été déploré aux États-Unis, par empoisonnement à l'HCQ. Il va déclarer le 24 mars : « *Les cardiologues m'alertent également sur le fait que l'hydroxychloroquine peut entraîner des troubles cardiaques. Aux États-Unis, aujourd'hui, une personne qui en avait utilisé en automédication a été victime d'un arrêt cardiaque qui lui a été fatal. Encore une fois, oui à l'innovation, oui à la recherche effrénée, sans limites, et par tous les moyens possibles, de traitement et de vaccin mais dans le respect des données de la science et dans celui de la sécurité et de la santé des patients.* » ! En réalité il ne s'agissait pas du tout d'HCQ mais de phosphate de chloroquine qui est un produit conçu pour nettoyer les aquariums. Vous imaginez bien que le dosage n'est pas le même, c'est-à-dire 200 mg par comprimé ! En réalité la personne âgée décédée était en panique, elle avait tellement peur de mourir de la maladie qu'elle s'est jetée sur le phosphate de chloroquine. Le seul coupable dans cette affaire est bien la dramatisation et le terrorisme sanitaire médiatique quotidien dont se sont rendus coupables entre autres, Olivier Véran et son ministère. Il ne faut pas perdre de vue qu'il existe des dizaines de milliers de malades en France qui prennene l'HCQ depuis des années pour soigner les maladies chroniques. Entre le 01 janvier 2017 et le 31 décembre 2019, 3.987.854 boîtes de Plaquénil® ont été vendues en France (30 comprimés dosés à 200 mg par boîte). 312 cas d'effets indésirables ont été rapportés dont 2 décès[337] (un cas dans le cadre d'une intoxication médicamenteuse chez un patient prenant six psychotropes en plus de l'HCQ). Au même moment, il y a eu des centaines de décès dus au paracétamol. L'Australie, à elle seule, comptabilise 200 décès chaque année à cause du paracétamol alors qu'elle ne compte que 25 millions d'habitants (l'équivalent de 536 décès/an pour la France). Il faut savoir qu'il existe en France 200 spécialités pharmaceutiques contenant du paracétamol. Selon l'ANSM[338], cette molécule est la première cause de greffes hépatiques d'origine médicamenteuse. Nous avons donc, en plus des décès, des milliers de malades souffrant d'insuffisantce hépatique.

De plus, dans l'essai clinique Discovery, d'autres médicaments ont été utilisés comme le Kaletra®[339]. Il suffit de se rapporter au nombre effrayant d'effets indésirables causés par ce médicament pour se rendre compte que la diabolisation de l'HCQ est totalement voulue et qu'il serait souhaitable d'en découvrir la cause réelle car les conséquences sont criminelles.

Au départ, le traitement n'était pas diabolisé puisque L'AMUF ou Association des médecins urgentistes de France avait incité et encouragé[340] les médecins à proposer le protocole du Pr Didier Raoult : hydroxychloroquine et azithromycine. L'AMUF avait également demandé au gouvernement de mettre à disposition des médecins la quantité suffisante de tests afin de dépister tous les malades qui se présentent dans les hôpitaux, qu'ils soient publics ou privés. Le communiqué est signé par le Dr Patrick Pelloux, qui, depuis, a retourné sa veste.

Il est également curieux de constater que tout le Maghreb a utilisé, avec un certain succès d'ailleurs, la bithérapie de l'IHU Marseille Méditerranée sans jamais rencontrer de problème majeur en matière d'effets indésirables. Les trois pays du Nord - Algérie, Maroc et Tunisie - auront des taux de mortalité très intérieurs à ceux de la France, malgré les moyens hospitaliers infiniment plus réduits. Mais là encore, personne ne va en parler dans les médias parisiens, ils vont tous occulter cette réalité et faire mine de l'ignorer.

Ensuite ce sera l'escroquerie du LancetGate sur laquelle vont s'appuyer, nous l'avons déjà vu précédemment, toutes les autorités politiques et sanitaires, dans le but d'interdire l'HCQ. Il faut absolument revoir une courte vidéo[341] du Pr Philippe Juvin, chef du service des urgences à l'hôpital Georges Pompidou, qui expliquait sur l'antenne de Cnews que l'étude du Lancet concernant l'inefficacité de l'HCQ est de « *très bonne qualité* » malgré quelques biais, communs du reste à toutes les études, ajoutait-il ! En réalité, cette étude a été totalement inventée et les 96.000 dossiers patients dont il parle n'ont jamais existé ! Malgré une telle faute lourde, le Pr Philippe Juvin n'a pas estimé nécessaire de s'excuser et encore moins de disparaître des écrans télé pour toujours. Il est absolument terrifiant de constater que des professeurs d'université de ce niveau, sont incapables de détecter une fraude aussi grossière en se faisant arnaquer par de vulgaires escrocs de bas étage. Le Pr Juvin est tellement génial qu'il a décidé de se présenter à la primaire de la présidentielle de la droite. Ils feront semblant ensuite d'organiser des études cliniques comme l'étude Discovery qui n'aboutira jamais ou bien Recovery dont le journal *Le Monde* fera la promotion. Non seulement Bill Gates finance grassement le quotidien français depuis des années, mais il a également financé l'étude Recovery[342]. Un grand nombre de professionnels de santé ont très vite remarqué que le dosage d'HCQ utilisé dans cette étude est trop élevé, dépassant largement la dose toxique et nécessitant l'hospitalisation comme préconisé en France, selon son autorisation de mise sur le marché du 27 mai 2004 : > 25mg/kg = 1875 mg pour un homme moyen de 75 kg ! En d'autres termes, si la mortalité rencontrée dans cet essai est si élevée et n'a strictement rien à voir avec les autres mortalités dans le monde, c'est dû à deux causes : soit les données sont totalement inventées comme ce fut le cas pour l'article frauduleux du Lancet, soit la toxicité cardiaque est tout simplement due à cette dose extrêmement élevée d'HCQ ! Rappelons que la communauté scientifique stipendiée par Big Pharma avait accusé le professeur Didier Raoult d'empoisonner ses patients avec une dose de 600 mg d'HCQ par jour en trois prises de 200 mg ! Cet essai clinique Recovery a enfreint le protocole de l'IHU et a dépassé toutes les bornes, allant jusqu'à multiplier par 4 cette dose quotidienne – du moins le premier jour – et ces mêmes professionnels de santé trouvent cette attitude normale ! Ce surdosage à partir de 25mg/kg nécessite une hospitalisation immédiate en France selon l'AMM et pourtant, dans l'essai, les patients étaient suivis à domicile ! Ce qui est admis pour les uns est interdit pour les autres. Quant à l'absence de l'azithromycine, elle révèle encore une fois à quel point la mauvaise foi règne dans ces milieux scientifiques, car, rappelons-le, il s'agissait de vérifier si la bithérapie de l'IHU de Marseille était efficace, et cette dernière est composée d'HCQ et d'azithromycine ; c'est pourtant très facile à comprendre. D'autant qu'il est complètement stupide de faire croire que chaque molécule ingérée dans l'organisme possède sa propre pharmacodynamie en totale indépendance l'une de l'autre, oubliant l'effet cocktail pourtant bien documenté dans la littérature médicale ! Nous pouvons par exemple citer l'effet cocktail de la cigarette et de l'alcool sur les cancers, sachant que la cigarette multiplie par 3 la possibilité d'avoir un cancer et l'alcool par 4, alors la consommation simultanée de ces deux produits cancérigènes multiplie le risque d'avoir le cancer par 15, voire plus et non pas par 7 comme on pourrait être tenté de le croire !

Concernant l'Afrique, la mortalité y est très inférieure dans les pays qui ont utilisé l'HCQ sauf, comme par hasard, l'Afrique du Sud (1563 décès par million d'habitants au 29 octobre 2021 contre 115 pour le Sénégal, 140 pour l'Algérie...) qui a voulu singer l'Occident.

Les contradictions et les mensonges concernant l'HCQ nécessiteraient un ouvrage entier. Nous pouvons juste constater que les morticoles cathodiques passaient leur temps à affirmer que le traitement est inefficace alors que, contrairement aux membres de l'IHU, ils ont de très nombreux conflits d'intérêts avec l'industrie. On peut ajouter à cela une différence notable au niveau des CV des uns et des autres. À titre d'exemple, 9 membres de l'IHU sont classés mondialement parmi les meilleurs chercheurs tandis que la clique à Deray, Lacombe, Mégarbane... sont inconnus.

De l'ivermectine

Assez rapidement, un autre traitement, l'Ivermectine, va apparaître après l'hydroxychloroquine, un peu partout dans le monde. Dès le mois de novembre 2020, une importante base de données sera postée et mise à disposition sur Internet, répertoriant toutes les études cliniques réalisées autour de l'ivermectine : www.ivmmeta.com. À ce jour le site présente une méta-analyse de 65 études.

Un livre récent a été publié, entièrement consacré à l'ivermectine, dont l'auteur est l'excellent journaliste Jean-Loup Izambert que nous avons déjà interviewé à plusieurs reprises pour ses travaux ; le livre est intitulé *Le scandale Ivermectine* (IS Édition, oct. 2021, 170 pages). Le livre rappelle l'historique de cette molécule découverte il y a plus de 30 ans et qui est un antiparasitaire à large spectre. C'est une molécule inoffensive qui a été prescrite 4 milliards de fois dans le monde ces 40 dernières années. Elle est donc considérée comme inoffensive avec très peu d'effets secondaires graves. En réalité, les effets secondaires constatés sont dus à la destruction des parasites. C'est un médicament très important pour la santé humaine, classé comme essentiel par les autorités de santé. Cette molécule possède également des propriétés antivirales, antibactériennes et anti-inflammatoires. Elle a montré une certaine efficacité contre des virus à ARN messager comme le virus Zika, la grippe A, le chikungunya, la fièvre jaune, le VIH, l'encéphalite japonaise, la dengue... Elle a donc très vite été testé sur le SARS-CoV-2. Son mode d'action est quadruple. Il est anti-inflammatoire ce qui est très intéressant dans le cadre du Covid-19 étant donné la gravité de la tempête cytokinique. Deuxièmement, la molécule va empêcher le virus de communiquer avec le noyau cellulaire. Tertio, elle empêche l'entrée du virus dans la cellule en se liant à la spicule. Enfin, encore plus important, l'ivermectine va empêcher la multiplication de l'ARN viral. Ce médicament est efficace à toutes les phases de la maladie.

Vous allez pouvoir trouver à partir de la page 18 du livre de M. Jean-Loup Izambert l'interview d'une avocate indienne, Me Dipali Ojha, diplômée de l'Université de Mumbai, ayant travaillé dans de nombreux cabinets internationaux d'audit et membre de l'Association nationale du barreau indien. Elle a déposé plusieurs plaintes contre les dirigeants de l'OMS pour dissimulation de preuves scientifiques faisant obstacle aux soins des malades. D'autant que le traitement coûte en Inde à peine 0,45 € pour une tablette de 12 mg d'ivermectine. La Haute Cour de Justice de Bombay a autorisé le traitement par l'ivermectine dans un jugement prononcé le 13 mai 2021, toujours rien en France.

Il rapporte également l'expérience d'un autre avocat, le Montpelliérain Me Jean-Charles Teissedre, représentant les intérêts de 500 médecins réunis dans un syndicat ainsi que ceux de l'Association pour une médecine scientifique indépendante et bienveillante. Cet avocat enverra d'abord une lettre à l'ANSM afin de lui demander une recommandation temporaire d'utilisation ou RTU pour l'ivermectine. N'ayant obtenu aucune réponse, il enverra le 29 octobre 2020 au juge des référés du tribunal administratif de Paris un « référé mesure utiles ». L'audience se tiendra le 6 novembre 2020 dans laquelle on constatera l'absence du ministre de la Santé qui ne sera même pas représenté. Aucun mémoire en défense n'a été déposé par le Olivier Véran ; énième insulte au peuple français, il ne pouvait être plus méprisant. Bien entendu, la demande sera rejetée. Me Jean-Charles Teissedre saisira ensuite le Conseil d'État d'un référé liberté afin d'obliger l'ANSM à répondre. Cette fois-ci l'ANSM et le ministre de la Santé seront représentés. L'ANSM va s'engager à donner une réponse dans les meilleurs délais. Après une mise en demeure, la directrice générale rend sa décision dans un courrier de 9 pages adressé à Me Teissedre. La réponse est bien entendu négative. Ce qui sera interdit pour la très inoffensive et peu coûteuse ivermectine sera autorisé pour le dangereux et excessivement coûteux remdesivir ! Sans oublier bien entendu les vaccins pour lesquels nous n'avons aucun recul et qui seront au fur et à mesure interdits sur de larges parties de la population. L'auteur du livre rappelle également que depuis la création du conseil scientifique, son président Jean-François Delfraissy n'a jamais publié un seul avis ou note concernant l'ivermectine ! La commission européenne a même acheté pour 1 milliard d'euros de remdesivir alors qu'aucune étude n'avait prouvé son efficacité ; bien au contraire, sa toxicité était connue. Ce sera également la même chose pour le Molnupiravir de Merck à 600€ la gélule et à l'inefficacité reconnue maintenant, mais qui a été autorisé par les mêmes instances corrompues.

En réalité, l'Ivermectine est infiniment moins dangereuse que le paracétamol. À la page 77 de son livre, M. Izambert nous rappelle les chiffres de pharmacovigilance de l'ivermectine que l'on trouve dans Vigibase. Sur les 30 dernières années et dont 130 pays adhérents à l'OMS, il a été comptabilisé 16 décès et 4700 effets indésirables pour l'ivermectine contre 3695 décès et 161.147 effets indésirables pour le paracétamol. La première molécule a été interdite en France tandis que la seconde a été prescrite en abondance pendant la crise sanitaire. Pire encore, vous pourrez trouver dans cet ouvrage les résultats de nombreuses études sur des milliers de patients avec une réduction de 80 % de la mortalité voire 90 %. D'un côté, on nous explique que nous sommes en guerre, en situation d'extrême urgence qui nous oblige à utiliser une nouvelle technologie vaccinale extrêmement risquée et d'un autre côté, on refuse l'utilisation d'un médicament avec un profil de sécurité sûr et une efficacité démontrée ! Tout ceci n'est absolument pas logique ni raisonnable. De fait, la situation d'urgence a permis de délivrer des autorisations uniquement à des produits novateurs brevetables et extrêmement rentables pour Big Pharma.

L'exemple de l'ivermectine démontre également qu'il n'était pas question du tout d'un problème de personne dans l'affaire de l'HCQ du Pr Didier Raoult. L'explication est très simple, tout repositionnement de molécules non brevetables et peu coûteuses a été écarté par les autoritéssanitaires et politiques.

Nous vous invitons à regarder notre récente interview[343] de M. Jean-Loup Izambert concernant son dernier livre posée le 29 décembre 2021.

Si on devait résumer la situation en quelques mots afin de démontrer la réalité d'un complot autour de cette crise sanitaire, il suffira de citer quelques anomalies :

1- Interdiction ferme de l'utilisation de l'HCC et de l'azithromycine avec la production d'une étude frauduleuse unique dans l'histoire de l'humanité, au risque d'avoir à faire face aux poursuites d'autorités ordinales menaçantes.

2- Interdiction de l'utilisation des autres vaccins en dehors de ceux de l'ARN messager ! Un Algérien vacciné avec un produit chinois ou russe n'aura aucun droit en France alors que le Français vacciné avec Pfizer peut se rendre en Algérie ! Idem pour les Français vaccinés à l'étranger qui doivent se revacciner pour rentrer !

3- Interdiction de soigner les malades quel que soit le médicament, fait unique dans l'histoire humaine. Le seul effet placebo aurait pu sauver des dizaines de milliers de vies, ils ont préféré l'effet nocebo !

4- Refus d'obliger Big Pharma à offrir le brevet des vaccins pour sauver l'humanité puisqu'il était question d'une menace contre toute l'humanité avec des dizaines de millions de morts !

5- Addition des mortalités de 2020 et 2021 (puis 2022) afin de gonfler les chiffres et terroriser tout le monde, première historique !

6- L'épidémie est tellement sévère et si mortelle, que l'État s'est permis de congédier des dizaines de milliers de soignants ! Ensuite, il autorisera les soignants positifs au Covid-19 mais asymptomatiques à venir travailler !

7- Le refus d'interdire immédiatement la cigarette pour sauver la vie des 70.000 fumeurs qui décèdent chaque année ; ainsi que le refus de fermer immédiatement tous les McDo avec interdiction de la vente de Coca-Cola, tous deux responsables d'obésité qui est la première comorbidité de nature à aggraver le Covid-19 ! L'obésité avec toutes les maladies qui l'accompagnent comme l'hypertension artérielle, le diabète...

8- L'achat par l'Union européenne pour 1,035 milliard d'euros de Remdesivir le 8 octobre 2020, la veille de la publication du communiqué de l'OMS qui constate son inefficacité. Il est question de l'achat de 500.000 doses à près de 2000 € chacune ! Selon l'OMS : « *L'hypothèse que le remdesivir peut empêcher une fraction substantielle des décès est absolument exclue.* [...] *L'administration de remdesivir aux patients hospitalisés, quelle que soit la gravité de leurs symptômes, dans la mesure où rien ne prouve à ce jour que le remdesivir améliore pour ces patients les chances de survie et les autres résultats sanitaires* ». Une question[344] a même été posée au Parlement européen qui a décidé de ne pas renégocier le contrat avec Gilead qui s'est gavé d'argent public grâce à une fraude.

Pour saisir à quel point les autorités sanitaires et politiques mentent, il faut voir l'intervention[345] ahurissante au Sénat du Pr Bruno Lina ! Il avance l'excuse de « pénurie de traitement », ce qui n'a pas été accepté pour l'HCQ ! Ensuite ce sera le « signal d'efficacité » qui ne veut rien dire non plus, surtout sur un très petit échantillon ! Puis il reparle de l'essai fantôme Discovery en donnant une date de résultat qui est totalement bidon ! Puis, pour finir, il explique qu'il est le virologue de l'essai, mais n'a pas les donnée des patients ! Lunaire ! Du coup, on se demande à quoi il sert ! En réalité on apprend que le Remdesivir a été autorisé sans aucune donnée clinique sérieuse et robuste. Il est juste question de liens d'intérêts avec Gilead. L'autorisation temporaire d'utilisation délivrée par l'ANSM sera retirée le 23 octobre 2020. Mais on ne sait par quelle magie, le Veklury© (remdesivir) sera tout de même mis à disposition endes hôpitaux à partir du 24 octobre en vertu d'une autorisation ministérielle[346] ! Il faut bien bazarder toutes ces doses achetées à prix d'or même si les effets indésirables sont lourds et l'efficacité nulle.

9- Si l'immunité naturelle n'est pas efficace contre le SARS-CoV-2, pourquoi l'immunité vaccinale serait-elle meilleure ? Il faut dire que l'immunité naturelle a un inconvénient majeur, elle est gratuite.

10- Comment est-ce possible d'avoir interdit dès le départ de l'épidémie l'utilisation des anti-inflammatoires pour une maladie inflammatoire ! Nous apprenons aujourd'hui que la seule prise d'aspirine[347] à petites doses a une efficacité spectaculaire sur la baisse de mortalité, de l'ordre de 44 % minimum !

11- Constitutionnellement, on ne peut pas imposer le pass aux députés ni aux sénateurs, par contre, on peut empêcher un médecin, un dentiste, un infirmier... de soigner, en pleine épidémie mortelle, s'ils ne sont pas vaccinés !

12- Les médecins non-vaccinés et suspendus sont interdits de faire de la téléconsultation[348]. Les dentistes suspendus ne peuvent pas se faire remplacer, y compris par un confrère vacciné !

13 – « Le vaccin protège contre les formes graves » ! Comment est-il possible de dire une telle chose sans rougir de honte pour l'éternité ?

14- Cinq ans de prison et 75.000 € d'amende pour un faux pass sanitaire ! Pourquoi pas 25 ans et 5 millions d'euros d'amende ?

15 - Comment les autorités ont-elles pu laisser faire les travaux de gain de fonction des virus les plus pathogènes ?

16 - À ce jour, il n'y a toujours pas de remède, d'ailleurs nous n'avons même pas l'impression qu'ils en cherchent un, étant donné que personne n'en parle, tout a été misé sur la vaccination !

17- La seule bonne nouvelle dans toute cette mascarade est le fait de pouvoir raccourcir désormais le cursus universitaire médical puisqu'il n'existe plus qu'une seule maladie en France, le Covid-19, ça nous permettra de faire des économies.

18- Le Covid-19 est très dangereux et mortel, il faut confiner tout le monde et masquer les enfants dès cinq ans ; par contre on peut jouer à la coupe du monde de football au Qatar, *because the show must go* ! Et *the show* est plus important que la santé.

19- Le PDG de Pfizer affirme que son vaccin est toujours efficace contre le variant Delta mais recommande une 3e dose. Logique commerciale implacable.

20- L'AEM a approuvé[349] le rappel du vaccin Moderna – Spikevax© - pour les majeurs de plus de 18 ans ; une décision qui contredit la HAS[350] qui avait recommandé le 15 octobre 2021 de n'utiliser que le vaccin de Pfizer pour ces fameux rappels. Au même moment, plusieurs pays scandinaves ont interdit[351] ce vaccin aux moins de 18 ans (Danemark, Finlande et Norvège) et 30 ans (Suède) à cause d'effets indésirables graves apparus à la 2e dose ! L'Islande a quant à elle, dès début octobre, interdit[352] l'utilisation du vaccin Moderna pour toute sa population. Selon l'AEM « *La dose de rappel consiste en la moitié de la dose utilisée après les premières injections* » alors que l'essai initial non terminé ne parle a aucun moment de dose de rappel à une 1/2 dose ! Le stade du charlatanisme est clairement dépassé.

21- Le Conseil scientifique, pendant plusieurs mois, ne comptait pas de gérontologue alors même que les personnes âgées étaient les premières victimes de l'épidémie. Pire encore, il n'y avait pas de pneumologue ! L'équipe qui a dirigé le Conseil scientifique était celle du sida ! Logique.

22- Les vaccinés vont coûter plus d'un milliard d'euros en doses et plusieurs autres milliards en rémunérations et organisation tous les 4 mois, puisqu'il faudra vacciner 50 millions de Français à chaque fois sans oublier des milliards d'euros en tests remboursés. Les non-vaccinés vont coûter certainement beaucoup moins cher avec quelques dizaines de millions d'euros en hospitalisation. Question santé publique et gestion des deniers de l'état pour un pays qui a 2500 milliards d'euros de dettes, le choix est vite fait.

23- « Le meilleur moyen de soulager l'hôpital, c'est de ne pas tomber malade[353] », *dixit* Jean Castex, Premier ministre de la France, le 24 octobre 2020 à Marseille avec à ses côtés Olivier Véran. Certainement la phrase du siècle. Il ajoutera : « *Cette maladie frappe tout le monde* » ! Ce qui est totalement faux car les moins de 40 ans sans comorbidités ne sont pas touchés, ce qui représente une bonne moitié de la population totale.

24- En France vous n'avez pas le droit d'aller faire vos courses sans masque et sans pass sanitaire, les enfants sont masqués à l'école 8 heures par jour, des dizaines de milliers de professionnels de santé sont suspendus, une décision mettant en danger l'hôpital public, par contre vous pouvez faire un don du sang sans pass sanitaire ! C'est l'établissement français du sang qui a tweeté[354] le 23 juillet 2021 cette information à 14h34 : « *Le #PassSanitaire n'est pas nécessaire pour donner son sang. Nous accueillons tous les donneurs, vaccinés et non-vaccinés, sur l'ensemble des collectes dans le respect des gestes barrières, dont le port du masque qui reste obligatoire. Merci de votre mobilisation !* ». Il semble que le virus soit extrêmement contagieux et dangereux partout sauf dans leurs locaux.

25- La seule mise en place du secret-défense concernant toutes les réunions du Conseil de défense démontre la supercherie. Le récent livre de M. Pascal Jouary, *Le livre noir du secret-défense* (éd. Max Milo, 2021, 292 pages), critique[355] justement l'utilisation abusive du secret-défense qui va permettre à Macron de mettre sous scellé pendant 50 ans voire plus tous les documents concernant la gestion de la crise sanitaire.

26- Où sont passés les super congélateurs très coûteux qui devaient garantir la conservation des vaccins à ARN messager ? Fin 2020, il fallait absolument atteindre les -86 °C pour pouvoir recevoir des vaccins. Puis d'un coup, comme par magie, plus besoin de ces grosses machines super sophistiquées, il suffit d'un simple réfrigérateur chez le pharmacien ! Qui remboursera ces machines ?

27- Alors que le gouvernement nous empoisonne quotidiennement en ne faisant rien contre la pollution de l'air, en autorisant des pesticides cancérigènes (chlordécone, les néonicotinoïdes, glyphosate...), en autorisant les OGM, en réintroduisant les farines animales[356] malgré les risques de maladie de la vache folle, en autorisant des additifs alimentaires dangereux, en laissant Big Pharma multiplier les scandales sanitaires depuis des décennies sans sanction sérieuse, en éborgnant et en arrachant les mains des manifestants qui demandent à vivre dignement... Comment est-il possible aujourd'hui de croire qu'il vous veut du bien ?

28- Pourquoi la HAS et l'ANSM ne retirent pas du marché les près de 90 médicaments inutiles et dangereux pour la santé des Français comme l'affirme la revue médicale *Prescrire* depuis des années ?

29- Comment est-il possible de retirer le vaccin Janssen pour inefficacité mais de le réintégrer en tant que dose de rappel ?

30- Qui peut croire une seconde que consommer assis dans les bars et restaurants de France va freiner la circulation du virus ? Levez la main !

31- Si le vaccin protège réellement contre les formes graves et que plus de 90 % de la population française est vaccinée, pourquoi continuer à bloquer le pays ?

32- Pourquoi cette volonté de sauver coûte que coûte des nonagénaires aux nombreuses comorbidités et en même temps légiférer pour un remboursement par la Sécurité sociale du suicide assisté ?

4- Médias et propagande

Le covidisme est une véritable menace pour la santé mentale des Français. Le seul coupable de la mise en place de ce culte n'est rien d'autre que l'appareil médiatique ultra puissant. Alors que les cultes des trois religions célestes n'ont réussi à mettre en place qu'une seule messe hebdomadaire, le culte covidiste a quant à lui réussi à célébrer une messe quotidienne 24h/24 et 7J/7 depuis 2 ans. Le résultat a été assez spectaculaire puisque la peur s'est transmise à une vitesse fulgurante, ce qui leur a permis d'imposer tout et n'importe quoi, car la peur empêche l'être humain de penser et de raisonner. Nous sommes parfaitement dans le cadre de la citation d'Averroès, célèbre médecin et philosophe andalou, qui a déclaré il y a presque 1000 ans : « *L'ignorance mène à la peur, la peur mène à la haine et la haine conduit à la violence. Voilà l'équation.* ». L'ignorance est bien entendu normale puisque nous ne sommes pas censés être tous des médecins ou des virologues épidémiologistes. La peur, elle, est anormale, elle a été distillée par les médias qui ont la capacité d'accéder par effraction à tous les foyers via la télévision ou la radio, sans oublier la presse-papier qui en a fait des tonnes comme tout le monde a pu le constater. La peur a conduit à la haine, elle se constate dans les familles ou sur les réseaux sociaux. Comment est-il possible qu'une fille de 30 ans renie sa mère en la traitant de *complotiste* comme me l'a rapporté une très gentille dame, samedi 23 octobre à Aix-en-Provence lors de la manifestation contre la tyrannie sanitaire ! C'est effarant ! Couper les liens familiaux pour si peu relève de la psychiatrie. C'est d'autant plus grave que cette fille est un cadre diplômée ! Les familles ont totalement explosé dans ce pays ! En arriver à poster 2 seringues sur son profil Twitter pour bien montrer que la personne est vaccinée relève de la pathologie ! D'autant que tout le monde s'en fout et que ça relève du secret médical. Lors de cette même manifestation aixoise du 23 octobre 2021, les manifestants ont pu voir un homme sortir de son balcon du cinquième ou sixième étage en étant masqué alors qu'il était chez lui ! Régulièrement, on peut observer des conducteurs seuls dans leur véhicule et pourtant masqués !

Il y a d'ailleurs deux types de peur que l'on peut observer. La première est bien entendu la peur de la maladie et donc de la mort puisque le Covid-19 a été présenté comme la peste noire. Ensuite, vous avez la peur de l'amende, la peur du policier qui est tout à fait normale lorsque l'on ne gagne pas très bien sa vie et qu'une amende de 135 € est infligée, très lourde à assumer. Je me souviens parfaitement avoir acheté des fruits dans le XVIe arrondissement de Marseille ; alors que les deux vendeuses avaient le masque sous le nez, dès mon entrée dans le magasin, le masque se retrouve comme par magie remis en place. Du coup je leur demande si elles pensent vraiment qu'il est utile de porter le masque et combien allait durer cette mascarade ? Leur réponse était mécanique : « *C'est obligatoire, on n'a pas le choix* » ! Pire encore, au Crédit agricole, le gars de la sécurité me demande de mettre mon masque, du coup je lui demande s'il pense vraiment que c'est utile pour empêcher la diffusion du virus. J'imagine qu'il ne sait pas qu'à ce moment précis, en semaine 41, le taux d'incidence en France est de 200 cas pour 100.000 habitants. Pareillement, il me répond que oui, c'est utile. Je lui fais remarquer du coup que je vais sortir un masque complètement dégueulasse de mon sac et le mettre sous mon nez pour faire semblant de respecter la règle alors que le masque est un équipement médical de protection individuelle qui doit être utilisé sous des conditions strictes, que tout ceci n'a aucun sens, que c'est même ridicule et humiliant pour l'intelligence humaine. Ses certitudes se sont envolées, je le voyais dans ses yeux. Pour finir, cette peur qui engendre la haine finira obligatoirement en violence lorsque les gens comprendront que tout ceci n'est qu'une gigantesque mascarade mise en place par des élites psychopathes qui veulent contrôler le monde. Un twittos[357] a publié la phrase suivante le 17 novembre 2021 : « *Si on avait effrayé la population autant avec le tabac qu'avec le covid, plus personne ne fumerait !!!* » ! Tellement juste, ça aurait évité plusieurs centaines de milliers de morts ces 10 dernières années.

En réalité, ce qu'il va se passer est très simple à analyser. Les médias sont totalement infiltrés par les key opinion leaders de Big Pharma. Les journalistes sont incapables de lire et d'analyser une étude scientifique pour in incompétence comme l'a justement expliqué le chercheur Laurent Mucchielli dans un article publié sur le blog de Mediapart intitulé, *Les journalistes français ne savent ni lire ni interpréter les études médicales.* On peut donc constater que dès le départ, les dés sont pipés. Nous connaissons également les salaires mirobolants des chroniqueurs télé vedettes qui tournent autour des 20 et 30.000 € mensuels ; on les voit très mal venir perturber le narratif officiel de la Doxa.

De plus, tout le monde peut voir qu'un très grand nombre d'articles sur tous les sites d'information les plus connus en France ne sont rien d'autre que des copiés/collés des dépêches AFP. Souvent, les copiés/collés intègrent les fautes d'orthographe ou de typographie. Il n'y a plus aucun travail journalistique, plus de travail de recherche et d'expertise, nous sommes dans le pur psittacisme servile que Coluche[358] avait dénoncé en son temps sur un plateau télé en exhibant des journaux différents et qui pourtant contenaient exactement les mêmes articles. Il a présenté les journaux du *Figaro* et de *L'Aurore* - les deux appartenant à Robert Hersant - en insistant sur le fait que les deux étaient différents sauf en tournant les pages, c'est le même contenu que l'on pouvait lire.

J'ai d'ailleurs été fact-checké par AFP Factuel après la publication d'un article concernant les chiffres du réseau Sentinelles. Du coup j'ai décidé de fact-checker[359] les fact-checkeurs afin de démontrer à quel point ils manipulent l'information en inventant de nouveaux concepts. Leur article a poussé Facebook à censurer notre post traitant du rapport hebdomadaire n°5. Nous avons déjà réalisé au sujet de cet article une vidéo également censurée par YouTube dans laquelle on est revenu sur l'histoire de l'AFP, sa création, sa gestion et son financement par la Fondation Bill et Melinda Gates.

Faut bien comprendre que l'AFP travaille main dans la main avec le délinquant Facebook pour censurer tous propos contraires à la Doxa. Il est question véritablement de la mise en place d'un ministère de la Vérité qui détient le droit de diffuser l'information et de décider qui dit vrai et qui dit faux. Cette dérive est, à elle seule, effrayante quand on comprend exactement sa portée et son importance.

Systématiquement, le service AFP Factuel a toujours défendu les positions gouvernementales ainsi que les fadaises de Bill Gates sans aucun recul ni esprit critique ; pourtant l'histoire des deux dernières décennies nous a appris à nous méfier des mensonges de Big Pharma ou tout simplement des gouvernements : Tchernobyl , sang contaminé, fausse épidémie de grippe A H1N1 de 2009, armes de destruction massive en Irak, les couveuses koweïtiennes, les grottes de Tora Bora, les médicaments meurtriers Isoméride©, Mediator©, OxyContin©, Vioxx©, Dépakine©… Bref, la liste est longue mais elle n'a pas empêché le site d'information de récidiver dans sa propagande. La technique est toujours la même, quelle que soit l'information partagée, soit elle est « fausse », soit elle est « mal comprise » voire « partiellement vraie », ce qui est tout nouveau, ça vient de sortir. Cette fois-ci, AFP Factuel a affirmé que nos informations sont justes mais mal interprétées ! Du reste, ils sont les seuls à avoir le droit d'interpréter correctement les chiffres épidémiologiques depuis le début de cette crise sanitaire ! Du coup, ils ont tenté maladroitement de minimiser l'importance historique des rapports épidémiologiques hebdomadaires du réseau Sentinelles. Pourtant, c'est bien ce réseau, fort de près de 1430 médecins généralistes et pédiatres volontaires et bénévoles, qui étudient les différentes épidémies en France depuis près de 40 ans ! Il n'y avait absolument aucune autre source officielle d'information, disponible ailleurs, qui traite d'une dizaine de maladies[360] (grippe, bronchiolite, coqueluche, oreillons, varicelle, zona, … ainsi que les suicides et la canicule). Concernant la grippe, c'est bien le réseau Sentinelles qui alerte les autorités en cas de flambée épidémique, c'est lui qui a défini le seuil de taux d'incidence qui permet de lancer les plans blancs. Ainsi, ces médecins ont acquis une expérience éminemment précieuse, hélas totalement négligée par les autorités sanitaires et remplacée par Santé Publique France pour des raisons qui dépassent l'entendement. Faut-il rappeler que sur le document hebdomadaire diffusé par le réseau Sentinelles, trônent en tête de chaque page les logos officiels de l'Inserm, l'université Paris Sorbonne, Santé publique France ainsi que du ministère des Solidarités et de la Santé. Pour savoir ce qu'est exactement le réseau Sentinelles, il suffit de se référer à leur site officiel, ce qui a clairement été négligé par les journalistes d'AFP Faketuel, alors qu'il n'y a pas plus simple à faire.

Les objectifs de ce réseau sont très clairs : la constitution d'une très grande base de données à des fins de « veille sanitaire » et de développement d'outils de détection et de prévision épidémiologique. Ce réseau est également chapeauté par l'équipe « Surveillance et Modélisation des maladies transmissibles » de l'Institut Pierre Louis d'Épidémiologie et de Santé Publique ! Avec une moyenne de 22 consultations en moyenne par jour sur cinq jours, le réseau Sentinelles examine plus de 155.000 personnes chaque semaine. Éparpillés sur tout le territoire, le travail statistique de ce réseau ne peut être que conforme à la situation nationale réelle offrant des « données épidémiologiques en temps réel ».

En dénigrant leur travail, AFP Factuel cite le travail de SOS médecins alors que ce n'est pas du tout pertinent. Il m'a suffi de visiter leur site Internet pour constater que ce réseau de médecine d'urgence est composé de 1300 médecins réalisant 2.600.000 consultations par an à domicile et 1.100.000 par an dans leurs postes fixes. Ce qui correspond à 3.700.000 consultations par an, un nombre très loin de correspondre au total des consultations en médecine générale effectuées chaque année en France, qui avoisine les 190 millions[361] ! Du coup, on ne voit absolument pas pourquoi leurs chiffres seraient plus pertinents que ceux du réseau Sentinelles. D'autant que pour une symptomatologie grippale, les patients se dirigent dans la grande majorité des cas vers leur médecin traitant comme tout le monde peut le constater dans son entourage. Pire encore, les chiffres[362] de SOS médecins montrent qu'il ne se passe pas grand chose en Île-de-France depuis plusieurs mois si on compare la courbe des six derniers mois avec celle de mars-avril 2020 ! Pourtant, cette courbe n'empêche pas les médias et les politiques ainsi que les chiffres quotidiens publiés par Santé Publique France d'annoncer entre 25.000 et 30.000 nouveaux cas ! Des chiffres qui vont avoir pour seul effet de terroriser la population et les plus fragiles psychologiquement et encourager le gouvernement à mettre en place plus de restrictions destructrices.

Ensuite, l'article d'AFP Factuel s'embourbera dans un argumentaire sans queue ni tête, portant sur le suivi des affections respiratoires aiguës (IRA) ainsi que le taux d'incidence ! Ainsi, lorsque AFP Factuel affirme que « *Le suivi des IRA a été adopté pour élargir la surveillance des patients atteints par le Covid-19 à partir du 17 mars 2020 et ne cible donc pas la même population, est-il indiqué sur les bulletins hebdomadaires du réseau Sentinelles.* », il ment tout simplement ! La détection de cas Covid-19 est très simple puisqu'elle correspond à une symptomatologie spécifique confirmée par un test virologique. Point. L'affirmation « *ne cible donc pas la même population* » est absurde et n'a aucun sens. Dans son cabinet, le médecin généraliste ne s'arrêtera pas à la fièvre et aux signes respiratoires, il s'intéressera à toute la symptomatologie pathognomonique. De surcroît, l'article d'AFP Factuel explique qu'il est impossible de réaliser des taux d'incidence pour le Covid-19, du coup, on est en droit de se demander pourquoi l'analyse hebdomadaire du réseau Sentinelles le fait systématiquement ! Mieux encore, pourquoi le gouvernement décide de la couleur plus ou moins grave attribuée à une région selon justement ce taux d'incidence qui a d'ailleurs changé avec le temps !

C'est la même chose avec le seuil épidémique qui est pour la grippe évalué autour de 150 à 200 cas pour 100.000 habitants. Dans le cas où il est dépassé durant deux semaines consécutives, l'alerte est donnée aux hôpitaux afin de se préparer à attendre une grosse vague de malades. Bien sûr, dans le cas de cette maladie nouvelle il faut de nombreuses épidémies pour pouvoir estimer un seuil correct. Sauf qu'il n'est pas du tout ici question du seuil épidémique du Covid-19 même si on peut l'estimer étant donné que son R0 est assez proche de celui de la grippe et que les modes de transmission sont identiques puisqu'il s'agit d'une infection respiratoire. Non, ceci n'est pas du tout important, ce qui est grave dans cette affaire c'est le fait que le réseau Sentinelles annonce un taux d'incidence depuis 12 semaines entre 5 et 20 cas pour 100.000 habitants alors que le taux d'incidence de Santé Publique France est très régulièrement 10 à 20 fois supérieur ! Ce n'est pas une simple erreur de calcul ponctuelle mais bien un taux d'incidence consolidé sur trois mois.

La mauvaise foi atteindra son summum lorsque l'article fera dire au Pr Thomas Hanslik qui dirige actuellement le réseau Sentinelles que « *Le réseau Sentinelles n'a pas du tout pour vocation à fixer une seuil épidémique pour définir une épidémie de Covid* » ! C'est un pur mensonge puisque nous allons lui rappeler ici-même les objectifs principaux de ce réseau tels qu'ils sont définis et publiés sur son site officiel : « *Le développement d'outils de détection et de prévision épidémique*[363] ». Le Covid-19 rend fou !

Ensuite, la fin de l'article va concerner un autre post Facebook qui parle des tests PCR dont les résultats sont sujets à caution vu le nombre important de faux positifs. Il y a un très grand nombre de scientifiques, aujourd'hui, qui dénoncent l'imprécision des tests PCR au-delà de 30 cycles de réplication, sachant que beaucoup de laboratoires allaient jusqu'à 40 cycles et plus. On note actuellement plus de 60 % de faux positifs obtenus avec des tests antigéniques très nombreux et largement utilisés en France. Nous pouvons vous renvoyer à un article du *Canard enchaîné* pour plus de détails (*cf. Ces tests qui fabriquent de faux malades*[364]). Vont-ils également débunker le *Canard enchaîné* en le traitant de complotiste et diffuseur de fausses informations lui l'anti complotiste acharné ?

Cette question des tests trop sensibles ou carrément défectueux est essentielle à la compréhension de la problématique des faux chiffres épidémiologiques. Elle explique la très grande différence entre les chiffres du réseau Sentinelles et ceux de Santé Publique France. En effet, alors que le premier va comptabiliser uniquement les malades confirmés, le second va accumuler un nombre surgonflé de tests positifs qui ne correspondent à aucune réalité clinique. Tout le monde peut constater la chute spectaculaire du nombre de tests hebdomadaires depuis qu'ils sont devenus payants (-50 % dès la première semaine).

En dehors de toute polémique médicale et des chiffres épidémiologiques, la question capitale qui se pose aujourd'hui est celle de la censure Facebook réalisée par un organisme de presse. De quel droit AFP Factuel – qui a brillé par son incompétence et le nombre incalculable de mensonges diffusés lors de la fausse pandémie de grippe A H1N1 – peut-elle aujourd'hui imposer sa vérité qui ne peut être que mensonges et propagande, en se prévalant d'une crédibilité largement entamée ? Faut-il être fou ou totalement terrorisé pour croire cette agence de propagande qui expliquait en 2009 qu'il allait y avoir 90.000 morts aux USA à cause de la grippe A, alors qu'il n'y a pas eu 3500 décès au total ! Idem pour la France, terrorisée pour à peine 323 morts comme vous pourrez le constater sur la douzaine de dépêches AFP publiées dans cet article que vous pourrez retrouver sur notre site[365] !

Très tôt, l'AFP va défendre la thèse officielle en traitant de complotiste tout questionnement sur l'origine du virus. L'AFP va commencer sa diabolisation avec la dépêche du 15 mai 2020, titrant : *Coronavirus: les partis d'extrême droite en Europe dans la critique et le complot* ! Comprendre que toute personne qui se pose des questions est nécessairement dans la mouvance extrémiste d'extrême droite. En réalité, l'origine laborantine du virus n'est plus à discuter, reste à savoir si elle est accidentelle ou pas et si le virus est réellement un patchwork de plusieurs virus ou seulement un coronavirus de chauve-souris ! L'avenir proche nous confirmera que c'est clairement de l'ingénierie génétique virale plus connue sous le terme de « gain de fonction » utilisée depuis de nombreuses années dans différents labos dans le monde. Le rôle de l'AFP est de freiner la diffusion de la vérité en la discréditant un maximum afin de gagner du temps, sauf que la vérité finit toujours par sortir, c'est une règle infaillible cosmique.

Encore une fois, afin de démontrer à quel point l'AFP est une organisation de propagande qui devrait être jugée sévèrement pour avoir manipulé la population française depuis des décennies. Il suffit de rappeler le précédent de la grippe A H1N1 de 2009 ! Nous en avons déjà parlé, il existe des dizaines de dépêches AFP qui ont été publiées à l'époque pour confirmer le narratif officiel entretenu notamment par Roselyne Bachelot, à l'époque ministre de la Santé et qui expliquait à qui voulait l'entendre que nous allions tous mourir et qu'il fallait absolument se faire vacciner. Elle avait d'ailleurs commandé 95 millions de doses pour près de 2 milliards d'euros de dépenses totalement inutiles, sans parler des quelques centaines de millions d'euros pour le Tamiflu©, un antiviral totalement inutile aux effets secondaires majeurs rappelant d'ailleurs étrangement le cas du Remdesivir ! Voici quelques exemples de titres de dépêches AFP de 2009 : *Grippe H1N1 : enfants et jeunes adultes sont les plus vulnérables, selon de nouvelles études*, 13 octobre 2009. *Grippe H1N1 : premier décès en métropole d'un sujet ne présentant pas d'autres pathologies*, 14 septembre 2009. *A*

(H1N1) : risques de complications plus grands chez les femmes enceintes, 10 juillet 2009. *Mort mardi d'un homme de 70 ans porteur du virus H1N1 en Gironde*, 10 septembre 2009. *Grippe H1N1 : décès d'une fillette porteuse du virus à La Réunion*, 31 août 2009. *Grippe H1N1 : premier décès en Italie*, 4 septembre 2009. *H1N1 : déjà 10 millions d'Européens vaccinés, pas de réaction grave imprévue*, 3 décembre 2009. C'est la dépêche qui va nier l'existence d'effets indésirables et pourtant il y a eu des centaines de narcolepsies cataplexies[366] en Europe, ce qui est un effet indésirable très lourd. *Grippe : la circulation du H1N1 « s'intensifie nettement » en Île-de-France*, 21 octobre 2009, juste pour terroriser un peu plus les lecteurs. Il y en a beaucoup d'autres dont la reprise alourdirait le propos, mais nous allons quand même ajouter une dernière dépêche pour la fin, valant son pesant de cacahuètes : *La grippe A pourrait causer la mort de 90.000 Américains*, 25 août 2009. Bien entendu, toute la presse hexagonale était au garde à vous et confirmait systématiquement toutes les fadaises gouvernementales. Nous avons clairement vécu en 2009 une expérience mondiale, à ciel ouvert, de manipulation des masses et de terrorisme sanitaire qui n'avait pas fonctionné à l'époque. Pendant toute cette propagande nous avons réalisé dans toute la France et à raison de nombreuses conférences avec feu le Dr Marc Vercoutère et diffusé de nombreuses vidéos d'information et de contre-propagande.

Rappelons que l'AFP a aussitôt publié, sans la moindre vérification, l'étude foireuse de Surgisphere qui a très rapidement donné naissance au scandale du LancetGate. Pourtant la fraude était tellement grossière avec les soi-disant 96.000 observations médicales colligées en à peine 3 mois, que le moins doué des profanes pouvait sentir la manipulation ! Cette dérive bolchevique imposée par l'AFP, Facebook[367], YouTube n'a absolument aucune base légale, c'est de la pure censure. Elle empêche également tout débat surtout lorsque l'on sait que ceux qui nous gouvernent sont extrêmement médiocres, voire corrompus par l'argent de Big Pharma qui coule à flots. On peut rappeler, pour le plaisir, la dépêche AFP qui faisait la promotion du Remdesivir de Gilead !

L'AFP a osé publier un communiqué de la BCE mettant en garde contre la crise climatique qui pourrait nuire au PIB de la zone € ! M. Anice Lajnef a eu l'intelligence de poster sur son compte Twitter un article du *Monde* datant de mars 2019 dans lequel un institut allemand, l'institut Francfort, avait publié une étude expliquant que la BCE avait largement favorisé les entreprises consommant le plus d'énergie fossile, les entreprises les plus polluantes. Mais ça, l'AFP l'a vite oublié.

L'AFP a touché beaucoup d'argent[368] de la fondation Bill et Melinda Gates qui promeut la vaccination dans le monde ; ce n'est pas moi qui le dis, mais un article de Mediapart. C'est exactement la même chose avec l'entreprise Alphabet, propriété de Google et de YouTube, qui censurent tout ce qui n'est pas conforme au narratif officiel pro vaccination. On peut aller beaucoup plus loin en allant chercher qui sont les actionnaires principaux de toutes ces entreprises cotées en bourse, systématiquement ce sont toujours les mêmes : Vanguard group, BlackRock, State Street corp... on y reviendra plus tard car là est le fond de la question, le nœud gordien du problème. Dernière question : quand l'AFP a déclaré dans une dépêche publiée en février 2015 que Martin Bouygues était mort, était-ce une fake niouze ?

Lors de cette crise, la caste médiatique va complètement sortir de son rôle de médiateur de l'information. Le gouvernement va utiliser les médias pour faire peur aux gens, il va même l'avouer comme ce fut le cas en France et en Angleterre[369], et les journalistes vont jouer le jeu. *Le Parisien* du 12 août 2021 va publier l'article *Nouveau tour de vis sanitaire* dans lequel on apprend qu'un conseiller d'Emmanuel Macron affirme « *Il faut qu'on dramatise un peu pour que tout le monde se vaccine* » ! Nous somment donc face à des élites, pensant qu'elles peuvent manipuler les gens en les terrorisant pour leur propre bien ! L'exemple le plus typique, assez fou à vrai dire, est celui de M. Sebastian Dieguez[370], chercheur en neurosciences au laboratoire des sciences cognitives et neurologiques de l'université de Fribourg en Suisse. Le vilain méchant « complotiste » veut, selon lui, penser par lui-même, il va affirmer sur une chaîne suisse dans l'émission *Infrarouge* ceci : « *Ce que fait le complotiste c'est, il va faire des recherches par lui-même, il veut penser par lui-même, il veut voir par lui-même* », interrompu par une personne sur le plateau qui trouve ses propos très choquants, il lui répond : « *Mais vous ne pouvez pas penser par vous-mêmes, c'est une idée qui a été démolie au moins depuis Kant, ça n'a pas de sens, vous avez besoin... oui vous ne pouvez pas penser par vous-mêmes... vous pensez toujours avec d'autres éléments qui viennent de l'extérieur* » ! Nous avons donc clairement ici un discours assumé, il est question d'éduquer les populations qui sont incapables de penser par elles-mêmes, voire dangereuses pour elles-mêmes ; il ne s'en cache pas, il l'assume publiquement.

La place médiatique du Covid-19 n'a pas d'équivalent historique[371]. Lors de la 13e rencontre des assises du journalisme, tenue à Tours les 1er et 2 octobre 2020, la revue de l'Ina[372] va publier une étude concernant le nombre de sujets quotidiens dans les journaux télévisés à avoir traité du Covid-19 ! Il est question pour le premier trimestre de 8500 sujets, 50 par jour en moyenne ! C'est effectivement une couverture médiatique dépassant de loin ce qui a été fait précédemment ; pour la comparaison, la grippe A H1N1 de 2009 a eu droit à 1000 reportages seulement : « *Avec plus de la moitié des journaux télévisés consacrée au nouveau coronavirus, la crise sanitaire a bénéficié d'une couverture exceptionnelle. Ni les précédentes épidémies ni la santé en général ne sont d'ordinaire aussi médiatisées.* » Le sujet Covid-19 représentait 56 % de la durée totale moyenne des journaux télévisés ; pendant le confinement, le pourcentage montera à 80 % ! Ce n'est plus de l'information, c'est du lavage de cerveau pur et simple. Remarque intéressante, cette étude démontre aussi que le nombre de morts causées par une épidémie n'est pas proportionnel à sa médiatisation en prenant l'exemple du sida.

Parallèlement à cette hypermédiatisation, nous avons assisté à son pendant inverse, la mise en place d'une censure redoutable par omission. Clairement, c'est l'omission qui va avoir la plus grande efficacité dans cette campagne de propagande inouïe. Prenons l'exemple actuel de la ville italienne de Trieste qui vit un moment extrêmement important de manifestations et de mobilisation populaire de masse dont absolument personne ne parle dans les médias officiels ! Nous avons pu comptabiliser une timide dépêche AFP publiée le 18 octobre recopiée telle quelle par les sites Internet de *Sud-Ouest* et Euronews ainsi que le site suisse Matin.ch ! Pourtant les mobilisations sont quotidiennes, elles concernent quasiment tout le territoire italien et personne n'en parle. Nous pouvons remarquer à quel point les manifestations du samedi contre le pass sanitaire et l'obligation vaccinale ont été totalement dénaturées par les médias. Nous avons pu assister la aussi à un psittacisme assez fou du journaliste qui reprenait les chiffres du ministère de l'Intérieur sans aucune critique, ce qui est une nouveauté. Avant, il y avait le chiffre avancé par les syndicats et celui avancé par les forces de l'ordre ; aujourd'hui, il n'y a plus qu'un seul chiffre, celui de Gérarl Darmanin ! Les médias sont d'ailleurs passés à l'étape supérieure, ils évitent carrément de parler de ces manifestations ; en somme, elles n'existent plus puisqu'ils n'en parlent plus et pourtant les gens sont bien dans la rue tous les samedis.

Les médias se sont rendus complices d'un nombre incalculable de délits. Nous en avons déjà parlé dans les pages précédentes, ils n'ont jamais fait accepter l'article L4113-13 du code de santé publique qui oblige les médecins prenant la parole à citer avant tout propos tenu à l'antenne leur conflit d'intérêts avec l'industrie. De plus, ils ont permis de nombreux dérapages hallucinants de violence, qui ont engendré une ambiance extrêmement lourde et totalement irresponsable. Prenons quelques exemples : « *Que ceux qui ne veulent pas se faire vacciner, qu'ils aillent se faire foutre*[373] », *dixit* le pédocriminel Daniel Cohn-Bendit, copain d'Olivier Duhamel, autre puissant pédocriminel proche de Macron. « *Je pense qu'il faut sortir la boîte à claques et avoir le courage de dire aux Français "vaccinez-vous"* », *dixit* le Dr Jean-Paul Hamon dans *La Matinale WE* de Cnews le 4 juillet 2021. « *On est en guerre contre un virus. On a une arme, qui n'est pas l'arme absolue* [...], *et il y a une minorité de connards qui ne veulent pas se faire vacciner* ! » *dixit* Thierry Moreau chez *Estelle Midi* sur RMC le 26 août 2021. « *Les non-vaccinés, je ferai tout pour en faire des parias de la société. Moi, je les attends, on vous vaccinera de force. Moi, je vous ferai emmener par 2 policiers au centre de vaccination. Il faut aller les chercher avec les dents et les menottes* » *dixit* Emmanuel Lechypre sur RMC le 29 juin 2021. Ce n'est plus un journaliste mais un petit dictateur en roue libre. C'est d'autant malvenu de sa part, qu'il est clairement obèse et que s'il voulait jouer sur ce terrain, nous aussi on pourrait l'emmener dans une salle de sport, escorté de deux policiers, pour l'obliger à courir un peu ou faire du vélo ! Nous pouvons citer ici encore de nombreux exemples aussi absurdes les uns que les autres mais nous vous avons gardé le meilleur pour la fin, la prestation de Bernard Kouchner. Cet ex-médecin qui donnait des somnifères à ses enfants afin qu'il puisse s'en débarrasser plus vite, a expliqué dans un article[374] du *JDD* que : « *Refuser la vaccination, c'est une trahison* », rien que ça. Du coup j'ai juste voulu lui répondre sur les réseaux sociaux et lui rappeler qui il était vraiment, par cette simple phrase : « *Refuser de défendre son fils violé par Olivier Duhamel le pédocriminel, est une infamie sans nom.* » ! Nous ne pouvons pas omettre de citer cette merveilleuse phrase d'une journaliste abonnée au plateau télé depuis 20 ans maintenant : « *Non-vaccinés récalcitrants : notre patience a des limites*[375] » *dixit* la Fourest ! Selon cette hystérique : « *Si nous sommes frappés par une quatrième vague, ce ne sera ni la faute de la mère Nature, ni même, pour une fois, celle du gouvernement, mais la faute des non-vaccinés. À cause d'eux, nous risquons de perdre la course contre la montre : monter le niveau d'immunité collective avant que le virus n'ait trop muté.* », la chasse aux non-vaccinés est ouverte. Sait-elle au moins ce qu'est l'immunité collective et comment se calcule le pourcentage ? Pas certain. Une chose est certaine, ce genre de propos violents ne fait qu'attiser la haine dans la société, augmenter les fractures et participer à de futurs troubles à l'ordre public, c'est une évidence, elle en portera une part de responsabilité.

Beaucoup plus préoccupant, les plateaux télé vont laisser certains médecins déraper et piétiner l'article 56 du code de déontologie régissant les règles de confraternité. Nous avons pu effectivement observer de jeunes médecins ne dépassant pas la quarantaine, n'ayant pas le millième du CV ou de la carrière du Pr Didier Raoult, venir le traiter d'escroc ou de charlatan ! Ces noms d'oiseaux lancés pendant des mois sur les plateaux télé contre les médecins qui ne voulaient pas se soumettre à la Doxa ont participé au discrédit du corps médical. Avec cette façon de faire, les morticoles cathodiques se sont aliénés une bonne partie de la population et ont participé à la création de troubles publics puisque de très nombreuses insultes et menaces ont commencé à fuser sur les réseaux sociaux.

Ensuite, l'été 2021, ces mêmes morticoles cathodiques vont tenter de se victimiser sur les médias en organisant une conférence de presse au motif qu'ils estiment être menacés et harcelés. En réalité il n'ont fait que récolter ce qu'ils ont semé en méprisant toute parole contraire à la leur comme s'ils détenaient la vérité suprême. Pourtant, là encore c'est une nouveauté covidiste, un médecin n'est pas là pour obliger quiconque à quoi que ce soit. Lors d'une consultation, le praticien peut conseiller un malade d'arrêter de fumer au risque d'attraper le cancer des poumons mais à aucun moment il ne peut l'obliger à le faire ou le menacer de confinement ou de non-remboursement de ses soins ; idem pour l'obèse exposé aux maladies cardio-vasculaires, au diabète etc. Sauf que pour le Covid-19 de nouvelles règles ont été instaurées, des règles non écrites bien entendu puisque le code de santé publique n'a pas changé en 2020 ni en 2021, celui qui n'obéit pas aux ordres des morticoles doit être exécuté sur la place publique. Reste à savoir ce que diraient Molière, Daudet ou Jules Romains concernant ces médecins amoureux des plateaux télé et dont ils se moquaient ! Il est clair que Molière, auteur du *Malade imaginaire*, aurait été traité aujourd'hui d'antivax par les macronistes.

Il est aussi important de mettre le doigt sur un problème majeur, les médias n'apprennent absolument rien du passé, l'expérience a été assassinée par le virus. Pour illustrer ce propos, je vais prendre deux exemples récents assez spectaculaires. Premièrement, celui du Pr Gilbert Deray qui est passé sur France 5 dans l'émission du 27 octobre 2021 de *C à vous*[376] au cours de laquelle il a continué à mentir et à terroriser les populations. Il est bien entendu pour la vaccination des 5-11 ans alors que rien ne démontre la nécessité d'une telle folie. Pour ce faire, le croquemitaine Deray va citer le cas de l'Angleterre qui comptabiliserait, selon lui, 50.000 nouveaux cas par jour et 1000 décès ! Le chiffre des 1000 décès est effectivement effrayant sauf que la personne la plus incompétente dans le domaine de l'épidémiologie peut vérifier sur Google, en trois clics, que la moyenne des décès de cette dernière semaine en Grande-Bretagne est de 104 par jour (moyenne sur les 7 derniers jours du 19 au 25 octobre 2021 – *cf.* annexe n°11) ! Gilbert Deray a tout simplement multiplié le chiffre par 10 pour effrayer tout le monde. Il suffit de voir la courbe pour comprendre que ça n'a rien à voir avec le pic de la vague précédente du 10 janvier 2021. Sans oublier les nombreux mensonges de ce spécialiste de la propagande notamment en ce qui concerne la maladie de Kawasaki. Rappelons son tweet du 9 mai 2020 à 21h21 : « *Trois jeunes enfants décédés à New York d'un équivalent de syndrome de Kawasaki associé à Covid-19 et 73 hospitalisés pour cette même maladie. Nous devons rester très vigilants.* » ! Il ajoutera sur son compte Twitter le 12 mai 2020 à 12h16 : « *L'association maladie de Kawasaki avec Covid19 se confirme. Il faut rester très vigilant et signaler à son médecin les anomalies pouvant suggérer ce diagnostic* » ! Il faut dire que la presse va l'aider avec cet article de *L'Express* du 15 mai 2020 intitulé *Le lien entre la maladie de Kawasaki et le Covid-19 est "confirmé" selon un pédiatre*[377] et sous-titré : « *Le médecin Alexandre Belot a animé l'étude concernant les enfants touchés par ce syndrome, dans une interview au* Parisien *il déclare que ce lien ne fait plus de doute.* » ! Le futur nous a démontré que tout ceci n'était que fadaises et billevesées puisque nous n'avons plus jamais entendu parler de ce syndrome de Kawasaki en dehors de la première vague et pourtant les enfants ont très largement été contaminés par le virus. Mais comme notre Gilou national persévère, il ne va pas rater l'occasion de terroriser les parents avec le PIMS, le nouveau syndrome inflammatoire multiple qui toucherait les enfants ! Bouuuuh ! Tremblez ! Pour ce faire, il va signer une tribune sur le site du journal *Le Monde* le 5 octobre 2021 intitulée, *À l'école, abandonner le masque à ce jour est délétère pour la santé physique et mentale et l'assiduité scolaire.* On peut lire dans cette tribune les phrases suivantes : « *Nous demandons à l'État de prendre réellement en compte l'impact du Covid-19 sur les enfants, le risque de symptômes prolongés, de PIMS (« pediatric inflammatory multisystem syndrome », ou syndrome inflammatoire multi-systémique pédiatrique) et d'effets à long terme encore inconnus, et de tout mettre en œuvre pour protéger les enfants des risques évitables en rejetant fermement les suggestions d'immunisation par infection, immorales et résolument condamnées par l'OMS*[378]. » Toujours là pour terroriser les gens le Gilou, il ne rate pas une occasion et, ayant pour ainsi dire les clés des plateaux télé, on le voit plus souvent à l'écran que dans son service de néphrologie à la Pitié-Salpêtrière. Oui oui, il s'agit bien de néphrologie, rien à voir avec la pathologie qui nous intéresse.

Pourtant, toutes ces restrictions ainsi que le port du masque et la position du pass sanitaire ont des effets dévastateurs sur la santé des enfants, ce que Gilbert Deray semble ignorer 22 mois après le début de la crise sanitaire. Écoutons ce que nous apprend la psychologue Marie-Estelle Dupont dans une interview sur Sud radio : « *On a tous des listes d'attente pas possible ! La vague est terrible ! Comment voulez-vous que ça s'améliore avec un pass sanitaire qui désocialise les ados ? On est dans du totalitarisme : l'État viole l'autorité parentale*[379] ! ». Gilbert Deray veut donc protéger les enfants « *d'effets à long terme encore inconnus* » mais pas contre des effets à court terme parfaitement connus et répertoriés ! C'est la nouvelle médecine de 2021 basée naturellement sur les preuves et les essais cliniques randomisés, multicentriques, en double aveugle...

À l'opposé des bêtises de Gilbert Deray, Jean-Michel Claverie, virologue réputé, dit stop à la vaccination des enfants qu'il qualifie le 6 septembre 2021 sur Cnews, de « *massacre* » : « *On ne vaccine pas les gens pour une maladie qu'ils ne font pas*[380] [...] *c'est comme demander aux gens qui ne font pas de vélo de porter un casque* » ! Il va récidiver dans une tribune[381] publiée sur *Les Échos*, remettant en cause l'efficacité de la vaccination et critiquant la diabolisation de toute parole contraire à la Doxa : « *Les tableaux contrastés d'Israël et de l'Inde devraient nous amener à nous interroger sur la pertinence des campagnes de vaccination, écrit le virologue Jean-Michel Claverie. Oui, mais voilà : dans la confusion actuelle, ceux qui doutent sont vite assimilés à des complotistes ou des ignares...* ». Il est vrai que ce type de propos peuvent passer dans les médias officiels mais ils restent très rares et tout le monde peut constater l'écart de présence médiatique entre le Pr Jean-Michel

Claverie et l'incompétent et mythomane Gilbert Deray.

Le deuxième cas concerne la spécialiste santé de Cnews, le Dr Brigitte Milhau, qui va faire des déclarations complètement folles à l'antenne à propos des effets indésirables de la vaccination. Elle a affirmé[382] qu'une étude vient d'être publiée aux États-Unis, portant sur 52 millions d'adolescents et démontrant qu'il y a clairement un risque de myocardite et de péricardite mais que c'est un risque qui ne trouble pas la balance bénéfice/risque du vaccin versus Covid-19 ! Pourtant la balance/bénéfice risque est totalement inversée dans ce cas précis puisque les enfants ne risquent absolument rien avec la maladie. Depuis quand vaccine-t-on une personne pour une maladie qui ne représente aucun danger pour elle ? Nous ne sommes plus dans le *primum non nocere*, ce n'est même plus du charlatanisme, c'est pire. Concernant les résultats de l'étude, le Dr Brigitte Milhau affirme qu'il y a un risque sur 5000 de faire une myocardite pour les garçons et un risque sur 100.000 pour les filles. Il faudra certainement multiplier ces chiffres par 10 ou par 30 car on ne peut s'attendre qu'à une minimisation du risque qui permetta de continuer dans cette folie vaccinale. Mais, pourquoi pas ? Admettons et prenons en compte les chiffres de l'étude. Il y a environ 30 millions de garçons de moins de 18 ans aux États-Unis, il faudra tout simplement diviser ce chiffre par 5000 pour connaître le nombre exact de myocardites vaccinales : 6000 ! C'est juste un massacre, c'est inacceptable. On a beau mettre en face de ce chiffre le fumeux risque de PIMS ou de Covid-Long qui n'existe même pas, ça reste inacceptable ! En France le chiffre correspond à un peu plus de 1000 adolescents qui vont développer une myocardite ! Un tel risque n'aurait jamais été admis pour n'importe quel autre médicament ou vaccin avant cette crise sanitaire qui a tout chamboulé. On est tous d'accord, le principe de précaution a été assassiné. Du coup, le Dr Brigitte Milhau explique qu'il suffit de surveiller la symptomatologie des myocardites et péricardites en avertissant les parents et le personnel soignant pour que tout rentre dans l'ordre ! Elle donne l'impression de comparer cette pathologie sérieuse à une carie dentaire ! Je vous invite à vous renseigner concernant la symptomatologie d'une attaque cardiaque de ce type, c'est impressionnant, le malade a l'impression de mourir, il n'arrive même plus à manger ni à respirer sans s'essouffler ! Le malade ne peut plus pratiquer de sport pendant des mois et doit prendre des médicaments. Bien entendu, il va devoir être hospitalisé, voire admis dans un service de réanimation, pour les cas les plus graves, ce qui fera augmenter le taux d'occupation des lits hospitaliers.

Dans un document[383] officiel daté du 26 octobre 2021 et que vous pourrez retrouver sur le site de la FDA américaine, le laboratoire Pfizer avoue le plus simplement du monde à la page 11 qu'il lui sera nécessaire de réaliser 5 études dont une sur « 5 ans[384] » afin de mesurer les risques d'atteintes cardiaques de type myocardites et péricardites chez les enfants de 5 à 12 ans. Il avoue aussi que le nombre de participants au programme actuel est insuffisant.

Vos enfants sont en danger, ils participent à un essai clinique sauvage extrêmement dangereux étant donné le nombre important d'effets indésirables déjà répertoriés. C'est écrit noir sur blanc, le laboratoire lui-même ne sait pas ce qu'il fait et pourtant, des charlatans comme Catherine Hill ou Gilbert Deray s'expriment sur les plateaux télé et poussent de toutes leurs forces à la vaccination des 5-12 ans. Rappelons que ces mêmes morticoles cathodiques affirmaient que les effets indésirables de la vaccination n'apparaissent jamais au-dessus de 2 mois après l'injection, alors que Pfizer demande 5 ans d'études pour y voir plus clair ! Les parents qui laisseront faire, sont indignes, ils sont complètement inconscients, car ils ne pourront pas assumer les conséquences dramatiques de leur sottise. Ce risque concerne tous les mineurs en dessous de 18 ans mais également les adultes car un très grand nombre d'entre eux souffrent déjà de ces atteintes cardiaques post-vaccinales.

Bien entendu, même si ce document a été mis en ligne il y a plusieurs semaines, aucun média français n'en parle, c'est le blackout total, la censure intégrale. Il est inconcevable pour la Doxa de publier ou de diffuser un article qui aille à l'encontre de la prétendue sécurité garantie des vaccins et pourtant depuis le début de cette triste affaire, un grand nombre de vaccins ont été interdits à de larges franges de la population aussi bien en France qu'à l'étranger.

Un récent article[385] des *Échos* daté du 17 novembre 2021 rapporte que des milliers de demandes de dédommagement d'effets indésirables ont été déposées en Australie. Apparemment il n'est pas question ici de douleurs dans le bras ou de légère fièvre mais d'effets indésirables graves qui vont nécessiter des indemnisations importantes. Pourtant, à croire la propagande officielle, ces vaccins étaient sûrs, ils ont été vendus comme des petites merveilles de technologie qui ne faisaient courir aucun risque aux vaccinés ! Il suffit de patienter un petit peu et la vérité éclate toujours au grand jour, elle finit par s'imposer à tous.

Pour ceux qui ont suivi mon travail et lu attentivement les pages précédentes, une question se pose et s'impose. Nous sommes polis, on veut bien entendre ce que le Dr Brigitte Milhau a à dire, on veut bien jouer le jeu sauf, qu'il y a des limites à la bêtise. À l'instar du LancetGate et ses 96.000 dossiers fantômes, elle vient nous affirmer que les Américains ont publié une étude concernant 52 millions d'adolescents ! En dehors de la complète inutilité de réaliser un tel travail gigantesque puisqu'il suffit de surveiller quelques dizaines de milliers pour avoir une image précise de ce qui se passe dans le pays, faut-il rappeler à nos lecteurs quelques faits importants. Il existe environ 60 millions d'adolescents de moins de 15 ans aux États-Unis, ils ont été vaccinés il y a très peu de temps ; les 5-11 ans viennent à peine de commencer à recevoir le vaccin. Du coup, on aimerait bien comprendre comment autant de millions de dossiers ont pu être collectés et colligés en si peu de temps, comment ils ont été traités statistiquement et comment cette étude a pu être publiée après une lecture par les pairs... ! C'est matériellement impossible. C'est donc une fraude. Toute personne ayant réalisé une étude médicale avec des dizaines de milliers de mesures sait de quoi il s'agit et c'est mon cas lors de la présentation de mon DEA, diplôme d'études approfondies en anthropologie biologique à la faculté de médecine de Marseille. De surcroît, nous savons tous que le système de pharmacovigilance américain - en réalité c'est le cas partout dans le monde étant donné que les médecins ne sont pas rémunérés pour faire le travail des laboratoires - est complètement défaillant. Certaines études parlent d'un maximum de 1 à 10 % de retours de pharmacovigilance, c'est-à-dire que dans le meilleur des cas, il faut multiplier par 10 les chiffres. Il s'agit donc de plus de 50.000 garçons atteints d'effets indésirables cardiaques au bas mot. Il suffit de faire un tour sur le site officiel du

VAERS qui fait remonter tous les incidents vaccinaux aux États-Unis pour être effrayé par le nombre de décès et d'effets indésirables graves (*cf.* annexe n°12). Sauf que les sites de vérification d'information comme Reuters[386] vont immédiatement expliquer que tous ceux qui tirent des conclusions de ces chiffres officiels produisent des « analyses erronées » ! D'ailleurs l'article de Reuters se termine ainsi : « *Faux. Les vaccins COVID-19 sont sûrs et il n'y a aucune preuve suggérant qu'ils ont causé plus de 150 000 décès. L'affirmation est basée sur des données mal interprétées.* » ! Ce qui est à l'opposé de la vérité puisqu'ils n'ont aucune preuve que les effets indésirables ne sont pas directement liés à la vaccination, sauf qu'ils ont le droit de désinformer le public sans être censurés. Vous l'aurez compris, dès que Reuters voudra trouver un argument allant dans le sens de l'innocuité de la vaccination Covid-19, elle posera la question à un spécialiste de la FDA du genre de celui qui, la veille, avait affirmé que les opioïdes de synthèse n'étaient pas addictifs ! Bravo pour la crédibilité. Steve Kirsh[387], dirigeant d'entreprise et analyste US, a analysé les diverses données statistiques américaines. Il a également participé à une présentation de 8 heures à la FDA. Sa conclusion est effrayante ; selon lui, la mortalité a touché entre 150.000 et 200.000 vaccinés. Bref, vous avez dans cet exemple le rôle joué par un média télé et une agence de presse internationale pour continuer à mentir et manipuler les masses populaires, terrorisées par la propagande.

Vous pouvez d'ailleurs remarquer à quel point les autopsies et les instructions judiciaires sont extrêmement lentes alors qu'il est très simple de les effectuer et de constater une embolie pulmonaire ! Il faut dire qu'à la vitesse avec laquelle fonctionne la justice en France, les affaires liées aux accidents vaccinaux mortels ne seront pas réglées avant 2030 voire 2040 (les narcolepsies de la vaccination de 2009 n'ont pas encore été dédommagées pour les victimes) !

L'exemple télévisuel type de l'hystérie imposée par le système médiatique est l'émission *TPMP* de C8 animée par Cyril Hanouna. Il est vrai que c'est une des seules à avoir permis à des adversaires de la Doxa de venir s'exprimer dès le début de l'épidémie. Sauf qu'il était hors de question de remettre en cause le narratif officiel et l'utilité des restrictions quelles qu'elles soient. Si on invite un Dr Gérard Delépine, il aura en face de lui 10 hyènes hystériques. Ce plateau télé est également un parfait exemple de covidisme, illustré par le fait qu'en arrière-plan, les spectateurs sont masqués tandis qu'une dizaine de chroniqueurs sont non masqués autour du plateau pendant deux heures. Quelle est la logique sanitaire d'un tel comportement ? Au début, ils avaient installé des petits bouts de plexiglas entre chaque chroniqueur, ils ont très vite été retirés. Mais attention, ils ont du gel hydroalcoolique sur la table. Un nombre incalculable de mensonges peuvent être proférés sur le plateau sans jamais trouver de contradicteur. Une ex-top model décérébrée peut même se transformer en virologue spécialiste des coronavirus et des courbes épidémiologiques face à des médecins expérimentés ! La France a totalement vrillé, le monde marche sur la tête.

Analysons donc un programme télé comme *TPMP* et prenons l'exemple édifiant d'une émission diffusée début septembre et dont j'ai réalisé une vidéo[388] d'analyse et de débunkage des mensonges des morticoles présents dont le Dr Rafik Masmoudi. Il a affirmé sans rougir de honte que l'HCQ et l'ivermectine ne fonctionnent pas du tout en prenant l'exemple de l'Inde alors que le Pr Claverie disait exactement l'inverse dans sa tribune. Nous n'avons d'ailleurs pas besoin de son expertise puisqu'il suffit de voir le taux de mortalité de l'un et de l'autre pays par million d'habitants sachant que l'Inde a beaucoup utilisé et l'HCQ et l'ivermectine : 1761 décès par million d'habitants pour la France contre 343 pour l'Inde ; il est question d'un rapport de 5 alors que l'Inde a des moyens hospitaliers très largement inférieurs à ceux de la France. Bien sûr, sur les plateaux télé, on aime à dire qu'il y a eu quand même 450.000 morts en Inde depuis le début de la crise Covid-19 sans jamais rapporter le nombre de décès à la population générale, une manipulation grossière qui fonctionne malheureusement très bien à chaque fois. Nous pouvons également observer sur le plateau le ministre de la Vérité ultime, le grand prêtre du Temple du Covidisme, Éric Naulleau. Pour lui, le pass sanitaire égale vaccination, il n'a toujours rien compris. Bien sûr, il est parfaitement au diapason avec le gouvernement qui a mis en place le pass sanitaire pour pousser à la vaccination d'une manière indirecte. L'ex-top model Géraldine Maillet, devenue écrivaine (*sic*), expliquera que les antivax et les anti pass vont devoir se soumettre car ils représentent une minorité ! C'est assez cocasse car Cyril Hanouna, son patron, n'est toujours pas vacciné, ses enfants non plus, et ne veut pas se faire vacciner, comme il l'a déclaré dans les médias ! Il est certes minoritaire mais c'est lui qui fait le chèque de son salaire mensuel. D'ailleurs il est fort curieux de lire sur la console en dessous de l'écran pendant l'émission « *Faut-il exclure les anti pass des plateaux télé ?* » alors que le producteur animateur lui-même n'est pas vacciné ! Il faudra expliquer ce paradoxe au milieu du spectacle et de l'art car nous apprenons ce 26 octobre 2021 que 39 % des Français ne sont plus retournés dans une salle de cinéma depuis le mois de juillet et l'imposition du pass sanitaire[389] ! Une partie à cause de la peur de se faire contaminer alors que le virus ne circule même pas et une autre partie à cause du pass sanitaire. Bravo ! Je ne pense pas, pour ma part, que ce taux de 39 % représente une minorité en France !

Nous apprenons également aujourd'hui que 20 % des lits d'hôpitaux en France sont fermés par manque de personnels soignants. La France possède un peu moins de 400.000 lits d'hôpitaux, ce qui donne le chiffre de 80.000 lits fermés ! C'est un véritable désastre ; nous savons déjà que l'hôpital public fonctionne à flux tendu depuis deux décennies, il s'agit clairement ici de la mise en danger des citoyens qui cotisent pourtant plus de 200 milliards d'euros chaque année à la Sécurité sociale et quelques dizaines d'autres milliards d'euros via les mutuelles. Le ministre Olivier Véran avait annoncé au lendemain du 4 septembre et de l'imposition de l'obligation vaccinale pour les personnels soignants qu'il s'agissait seulement de 3000 professionnels suspendus, pour lui ces 3000 ne représentent pas du toute une menace pour le fonctionnement de l'hôpital public, il a du coup affirmé : « *très peu de blouses blanches* » et a ajouté « *La continuité des soins a été assurée*[390] » ! Ensuite le 13 octobre 2021 il va annoncer sur le plateau de France Info le chiffre[391] de 15.000 personnels soignants suspendus qu'il estime à moins de 0,6 % du total, des broutilles, selon lui. Puis, le 26 octobre il annoncera que deux tiers de ces personnels soignants ont été vaccinés depuis et que 10.000 ont donc régularisé leur situation : « *Les deux tiers des soignants suspendus sont revenus au travail une fois vaccinés* » ajoutant que le « *taux de suspension et de démission est extrêmement faible*[392] », 66 % de broutilles en moins ! Puis, comme un coup de massue, le chiffre de 20 % de lits hospitaliers fermés tombe et est diffusé sur les plateaux télé, entre autres sur BFM et France 24. Il manque clairement plusieurs dizaines de milliers de professionnels soignants à l'hôpital public contrairement aux mensonges d'Olivier Véran et personne ne fait rien, aucune plainte à l'horizon pour « mise en danger de la vie d'autrui », « pertes de chance » et « rupture dans la continuité de soins ». Les responsables et les chefs de service de l'hôpital public sont trop timides et timorés ! C'est incompréhensible.

Mais on ne peut être qu'abasourdi, voire consterné de constater qu'aucun journaliste ne pose la question de savoir pourquoi n'arrête-t-on pas ce massacre, étant donné que 99 % du personnel de soins est vacciné - selon les chiffres d'Olivier Véran lui-même, et que ce taux est très largement supérieur à celui de l'immunité collective nécessaire à l'extinction de n'importe quelle épidémie dont le R0 est de 18 (95% de la population) sachant pertinemment que le R0 du SARS-CoV-2 n'a jamais dépassé 2 ! Sauf que vous ne pouvez pas espérer qu'une question aussi simple sorte du cerveau de ces toutologues, experts en tout, compétents en rien, officiant en qualité de chroniqueurs sur les plateaux télé. Nous assistons très régulièrement à des échanges semblables aux vulgaires discussions de bistrot entre pochtrons lourdement avinés.

Ensuite, viendra le tour du témoignage de Moundir, un animateur télé hospitalisé à la suite d'un Covid-19 sévère. C'est le moment émotion de l'émission ; à partir du moment que c'est une victime de la maladie, il ne peut qu'avoir raison. L'inverse n'est pas permis. Si un malade, sauvé par l'HCQ, venait à témoigner au même moment au même endroit, tout le monde lui aurait répliqué, que ça ne veut rien dire et qu'en prenant des bonbons Haribo, il aurait obtenu le même effet..., une antienne régulièrement entendue depuis le début de cette crise. Sauf que le témoignage de Moundir conforte notre discours, étant donné qu'il a été abandonné par l'hôpital public qui lui a demandé de rester chez lui, de prendre du paracétamol et d'attendre la suffocation. Il n'y avait même pas d'ambulance pour le conduire à l'hôpital au moment où son état s'aggravera avec une désaturation grave en oxygène, son interlocuteur du SAMU lui enjoignant de se faire accompagner immédiatement aux urgences par son frère. Je ne suis pas certain que ce soit la faute de la maladie dans ce cas précis, vous en conviendrez. Éric Naulleau va même ajouter que Moundir a été malade, ce qui lui octroie une légitimité à parler ici de la crise sanitaire ! Ah bon ? Je ne crois pas, non. D'ailleurs une telle opinion ne fonctionne qu'avec le Covid-19, jamais avec une autre maladie. Son témoignage nous rappelle celui de la fille de l'ambassadeur du Koweït aux États-Unis lors de la première guerre du Golfe. Elle avait témoigné dans ce qui est resté dans les annales comme l'affaire des couveuses koweïtiennes. Tout était faux, mais la gamine, présentée devant l'Amérique entière, comme une pauvre malheureuse et non comme la fille de ambassadeur, ayant vécu un drame innommable, a réussi son coup puisque la première guerre du Golfe a commencé ainsi. Goebbels en aurait rêvé, même s'il a fait le même coup avec l'incendie du Reichstag faussement attribué aux communistes.

Ensuite, Son Éminence Éric Naulleau traitera les anti pass de capricieux, adoptant une position paternaliste insupportable et véritablement créatrice de troubles à l'ordre public, tant elle a pour effet pervers de véritablement agacer et exaspérer beaucoup de gens. Curieusement, sur ce plateau d'ultracrépidariens tout aussi ignorants les uns que les autres, à aucun moment ils ne parleront de la nécessité et de l'urgence de rouvrir les dizaines de milliers de lits fermés depuis une vingtaine d'années, afin de pouvoir faire face à cette épidémie, d'autant que nous sommes une population vieillissante. Non, à aucun moment. Ensuite, comble de l'abject, Mathieu Delormeau demandera que l'on fasse payer 55 euros les tests PCR des antivaccins ! Nous sommes ici face à une dérive extrêmement dangereuse, risquant de très mal finir. D'autant qu'énormément de gens travaillent et cotisent des sommes importantes à la Sécurité sociale. Pour les salariés ce sera une cotisation à la fois salariale et patronale, sans oublier, bien entendu, la mutuelle. Pour le patron il s'agit à chaque fois de sommes astronomiques, de très gros chèques remis aux URSSAF. On ne peut pas cotiser et ne pas se faire rembourser, ce n'est pas possible. C'est pourtant ce que va mettre en place le gouvernement dans une indifférence assez spectaculaire, à vrai dire.

Prenons une autre émission de *TPMP* (début juin 2021), celle qui aura pour invités le Dr Alexandra Henrion-Caude et le Dr Gérard Delépine que nous avons eu le plaisir d'interviewer dans nos émissions du *Libre Entretien*. Ça va commencer très fort – voir la vidéo que j'ai réalisée ici[393] - puisque Cyril Hanouna va présenter le Dr Alexandra Henrion-Caude comme la « prêtresse » et la « théoricienne » des anti vaccins ! C'est une double accusation extrêmement violente qui signifie en sous-texte : secte et complot dans l'ordre. Ensuite l'ex-top model Géraldine Maillet qui, au temps où le Dr Alexandra Henrion-Caude usait ses fonds de pantalons sur les bancs en bois des universités de médecine, elle, se trimbalait, les fesses à l'air, sur les podiums de haute couture de Milan, Paris ou Londres, va expliquer qu'elle n'est plus à l'Inserm, insinuant par là qu'elle a été virée. Sauf que c'est faux puisqu'elle est tout simplement à la retraite. Sa copine covidiote, Valérie Bénaïm va ajouter une énième diffamation en affirmant qu'elle a été désavouée par ses pairs ! Une accusation grave, totalement fallacieuse. Ensuite Éric Naulleau va lui dire qu'elle lui rappelle un souvenir très douloureux, car il l'avait invitée dans l'émission *Balance ton post* quelques semaines auparavant. Super fragile le Naulleau pourtant il travaille très régulièrement avec Éric Zemmour maintes fois condamné par la justice pour racisme et appels à la haine en raison de la religion, plus spécialement les musulmans. Sans oublier son copain Yann Moix et ses écrits antisémites extrêmement violents (*cf.* sa revue *Ushoaïa* ». On évitera de parler ici de son livre écrit avec le mythomane Alain Soral aux innombrables condamnations judiciaires. Nous allons ensuite écouter le témoignage du Dr François Fraisse qui va expliquer qu'il faut vacciner 80 à 90 % de la planète entière si on veut sortir de cette crise sanitaire. Il semble clairement qu'il ignore la formule de l'immunité collective (*cf.* page 113)mais on en a pris l'habitude. De plus, on peut observer que ce médecin est vraiment obèse et qu'on l'imagine terrorisé par le virus, sachant que le surpoids est la première comorbidité la plus dangereuse. Du coup, on aurait aimé que des personnes dirigées par la peur s'abstiennent de parler et surtout d'imposer aux gens des restrictions extrêmement dangereuses économiquement parlant ainsi qu'au plan sanitaire, au vu du désastre psychologique actuel, voire des atteintes psychiques. C'est d'autant plus le cas lorsqu'ils sont médecins et gagnent très bien leur vie, habitant de grands appartements ou même de grandes maisons avec jardin permettant de vivre le confinement de manière beaucoup plus sereine contrairement aux familles de 5 personnes bloquées dans des T2 parisiens ! De plus comment vacciner le monde entier avec des vaccins qui nécessitent trois shoots à 20 euros chacun au bout de 3-6 mois ! Peu de gens sur terre peuvent se permettre de gaspiller un tel budget dont ils ne disposent même pas d'ailleurs. De plus il n'y a quasiment pas de mortalité pour les moins de 40 ans en France, pourquoi les vacciner ? Il y a eu, selon le site des Décodeurs[394] du *Monde*, 191 décès de moins de 40 ans en 2020 pour une population de 67 millions d'habitants ! C'est bien entendu un drame pour les victimes et leurs familles mais on ne peut pas détruire une nation entière pour si peu, aucune politique de santé publique ne peut, en agissant ainsi, être crédible. Vu qu'il n'en rate pas une, Son Éminence Éric Naulleau va s'illustrer avec une série d'âneries assez spectaculaires. Il va affirmer que « Toutes les grandes maladies ont été éradiquées par des vaccins » ! Comment peut-on dire une chose pareille sans rougir de honte ? C'est quoi d'abord une grande maladie ? Ce terme n'existe pas en médecine. Il parle sans doute des grandes épidémies qui ont tué tant de gens il y a plusieurs siècles, oubliant de dire, qu'à l'époque il n'y avait pas d'antibiotiques et les règles d'hygiène étaient méconnues ! Une tuberculose qui tue plus d'un million de personnes chaque année dans le monde se soigne par l'antibiothérapie, idem pour la peste, la grippe espagnole et bien d'autres maladies. Un très grand nombre d'épidémies n'aurait jamais vu le jour si un minimum d'hygiène était appliqué et notamment le traitement des eaux usées, car ce sont des maladies du « péril fécal » : poliomyélite, choléra, diarrhées aiguës (shigella), nombreuses maladies parasitaires qui font des ravages chaque année dans le monde... Au lieu de mettre en place des réseaux d'eaux usées efficaces ainsi qu'une adduction permettant d'avoir l'eau courante à la maison, le gouvernement préfère vacciner, on se demande bien pourquoi. Ensuite, Éric Naulleau va ajouter que depuis la vaccination tous les voyants sont au vert ! Double mensonge que nous pouvons démontrer facilement. Premièrement, la mortalité en France en juin, juillet, août et septembre 2020 a été très basse et pourtant le vaccin n'existait pas encore ! Deuxièmement, nous pouvons aujourd'hui prendre des pays comme Singapour ou l'Angleterre, cette dernière, malgré un taux de vaccination très élevé, comptabilise en semaine 42 de 2021 près de 40.000 contaminations par jour et une moyenne de décès - sur les sept derniers jours - d'environ 100 ! Double fake news en une courte phrase, record battu. Ensuite cet être immonde va ajouter que les non-vaccinés devront vivre dans un apartheid ! Le Dr Gérard Delépine lui rappellera que nous n'avons pas fait tout ça pour combattre le sida qui est pourtant une maladie transmissible grave. Qu'en est-il de la tuberculose ? Ensuite, c'est la magie du direct, Nicolas Pernikoff va affirmer que le Dr Henrion-Caude affirme de « vrais mensonges », parce que bien entendu il y a les faux mensonges ; une merveille d'oxymoron ! Il est vrai que lorsque ça commence ainsi, on n'a pas envie d'entendre la suite et pourtant elle sera croustillante. Nicolas Pernikoff va affirmer que contrairement aux propos du Dr Henrion-Caude, le pass sanitaire n'a pas été levé en Israël. Pourtant, avec un simple clic on tombe sur un article du *Parisien* du 23 mai 2021 qui dit la même chose qu'elle : *Covid-19 Israël envisage de mettre fin aux restrictions sanitaires au 1er juin* ! Fake news de Pernikoff. Ensuite il va l'accuser, en récidive, d'avoir été virée de l'Inserm ce qui est faux puisqu'elle en est sortie en tant que retraitée ! Puis le Dr François Fraisse va rappeler le nombre de millions de morts du Covid-19 dans le monde pour terroriser toujours plus les spectateurs, alors que tout le monde sait aujourd'hui que les chiffres ont été gonflés à dessein et que la grande majorité des personnes décédées âgées de plus de 80 ans étaient mortes avec le Covid-19 et non pas du Covid-19 ! Le même Dr François Fraissinet va expliquer à Gilles Verdez concernant la vaccination des enfants que le risque encouru est mineur ! Sauf qu'un risque mineur devant un risque zéro est déjà de trop ! Ensuite il y aura un petit échange entre le grand prêtre du Temple de la Trouille, Son Altesse Sérénissime Éric Naulleau et le Dr Henrion-Caude. Cette dernière l'assurera qu'elle n'éprouve aucune animosité à son égard. Naulleau va en profiter, voulant faire de l'humour, pour lui demander si elle est vaccinée ; autrement ça ne pouvait pas aller plus loin entre eux ! Il ne se rend même pas compte qu'il vient d'assassiner en direct la vaccination. Car si lui-même est vacciné et si le vaccin fonctionne comme l'ont vendu les industriels avec des niveaux d'efficacité qui laissent rêveurs, pourquoi aurait-il peur d'une non-vaccinée ? Mais pour se rendre compte d'une telle contradiction, il faut avoir un cerveau. Nous allons assister ensuite à un moment d'une grande tristesse après le témoignage d'Isabelle Morini-Bosc qui dira en direct qu'elle s'est fait vacciner suite au harcèlement de son entourage. Pire, nous allons être témoins d'un moment d'une grande violence, d'un manque de respect spectaculaire de Bernard Montiel envers le Dr Gérard Delépine qui fera s'esclaffer tout le plateau ! Comment est-ce possible de tomber aussi bas ? Cette crise sanitaire aura dévoilé le vrai visage d'un grand nombre de nos contemporains : un ramassis d'incompétents, de lâches, de pleutres, d'envieux, petits dictateurs ratés, délateurs et surtout ignorants de toute l'histoire récente des scandales sanitaires.

Pendant de très longs mois, un autre doctateur a sévi sur le plateau de *TPMP*, le Dr Jimmy Mohamed. Il avait même affirmé qu'il était tout à fait possible de faire du sport en étant masqué ce qui est très dangereux pour la santé comme l'affirme l'OMS[395]. Nous n'avons d'ailleurs pas besoin de l'avis de cette dernière pour comprendre que le port d'un masque va diminuer drastiquement les capacités pulmonaires d'oxygénation et pourra avoir des conséquences dramatiques surtout en période estivale, notamment pour les enfants. Faut-il faire des études pour saisir une telle évidence ? C'est une simple question de bon sens inaccessible à ce télétoubib.

On remarque d'ailleurs que les médias diffusent souvent des informations contradictoires avec ce qui a été dit la veille ou l'avant-veille sans jamais se poser de question. La réalité des chiffres concernant la fermeture de 20% des lits d'hôpitaux publics ne les dérange pas plus que ça. Ils vont continuer à nous expliquer et à reprendre dans un psittacisme maladif le narratif officiel d'Olivier Véran et ses 0,6 % de personnels soignants suspendus ! Il y a pourtant une très grande différence entre 20 et 0,6% ! Un twittos[396] a posté le 28 octobre le message : « *Véran va faire une enquête sur Véran pour savoir pourquoi Véran a fermé des lits d'hôpitaux sur les ordres de Véran et ainsi déterminer les responsabilités de Véran. En matière de #Foutage2Gueule c'est du très très très haut niveau* » ! BFM ne se pose plus de questions, un perroquet ça ne pose pas de question, ça répète docilement.

Il faut dire que les gens des médias vivent sur une autre planète, surtout bien évidemment, les directions et les chroniqueurs payés des fortunes afin de savoir se taire sans même recevoir d'ordres. Ils sont payés entre 15.000 et 60.000 € par mois[397] ! Ce sont des sommes qui donnent le tournis d'autant qu'ils font des émissions qui durent au maximum 1h30 par jour. Au taux horaire, le salaire est au-delà de l'indécence.

Prenons aussi l'exemple de Marc-Olivier Fogiel et le scandale des restaurants clandestins qu'avait dénoncé le *Canard enchaîné*[398] – 14 avril 2021, page 4) qui l'avait épinglé dans un restaurant clandestin appartenant au propriétaire de la chaîne, Patrick Drahi, le fameux 3 Présidents. Cette information a été étouffée par les médias au contraire du battage médiatique autour du palais Vivienne. Il est effectivement assez cocasse et culotté que cette chaîne d'informations poubelle, experte en propagande et en terrorisme sanitaire, en fasse autant depuis quelques jours, faisant la chasse aux restaurants clandestins et traitant d'irresponsables les Français qui osent y aller. Rappelons que, selon l'article du *Canard enchaîné* du 10 mars dernier, de nombreux chroniqueurs déjeunaient et dînaient régulièrement dans ce restaurant clandestin de luxe, avec des pontes de l'AP-HP. Ceux-là même qui répètent quotidiennement qu'il faut tout confiner, qu'il faut fermer tous les commerces, les écoles, les universités…

Est-ce que le propriétaire de BFM a le choix ? Certainement pas puisque le groupe Altice appartenant à Patrick Drahi partage les mêmes investissements que les protagonistes de cette crise. Faut-il rappeler que le groupe Altice possède un nombre important de médias en France avec un effectif de 32.000 personnes en 2020. Il a une dette de près de 50 milliards d'euros en 2017 ainsi qu'un chiffre d'affaires pour la même année de 23,42 milliards. Il suffit de voir qui sont les actionnaires d'Altice pour comprendre qu'il partage les mêmes avec Gilead par exemple (The Vanguard Group et Capital Research & Management – annexe n°13) ! On pourrait multiplier les exemples sans grande difficulté avec d'autres entreprises qui ont participé à la mise en place de cette propagande mortifère comme : Alphabet/Google, Facebook, Pfizer... En réalité, il n'ont pas le choix économiquement, mais on y reviendra dans le détail dans le chapitre qui traitera de l'économie et de la finance mondiale.

Les médias officiels vont systématiquement jouer le jeu de la Doxa politique imposée d'en haut. Ils vont diaboliser l'HCQ mais en même temps ils feront la promotion de médicaments inutiles, voire beuacoup plus dangereux, comme le remdesivir de Gilead. Nous pouvons observer ces derniers jours une nouvelle promotion Molnupiravir©, le nouveau produit miracle de Big Pharma[399], MSD, anciennement Merck ! Olivier Véran vient d'en acheter 50.000 doses à 600 € la gélule, un juteux contrat de 30 millions d'euros alors que le produit n'a même pas reçu l'autorisation de la HAS. Nous sommes fin octobre au moment où j'écris ces quelques lignes et je souhaite dès à présent marquer l'histoire en affirmant que ce médicament ne sert à rien. Pourquoi une telle affirmation ? Très simple, je connais très bien l'histoire de Merck et ses nombreux scandales meurtriers. Ces gens sont des voyous, des criminels de masse qui n'ont aucune limite, à l'instar de Purdue Pharma et de ses propriétaires. Je n'ai pas oublié le scandale du Vioxx© qui, entre 2000 et 2004, a tué 40.000[400] personnes aux USA ! L'affaire a bien entendu été étouffée en France alors que 500.000 Français ont été traités avec ce poison présenté initialement comme un anti-inflammatoire censé soulager les douleurs arthrosiques sans causer de problèmes gastriques. Pas de problèmes gastriques, mais beaucoup d'arrêts cardiaques et d'AVC, le choix est vite fait. Je n'ai pas non plus oublié les nombreuses revues scientifiques fausses publiées[401] par le plus grand éditeur mondial Elsevier financé par Merck, notamment en Australie. En réalité il s'agissait de six[402] revues scientifiques totalement frauduleuses qui n'avaient pour seul objectif que d'assurer la promotion des médicaments poison de Merck tels que le Vioxx© et le Fosamax©, un biphosphonate utilisé contre l'ostéoporose avec des effets secondaires extrêmement graves (ostéonécrose des mâchoires). Une ancienne cadre de Merck, Brandy Vaughan, a témoigné dans une vidéo[403] en octobre 2017 contre les nombreuses infractions commises par l'entreprise lors de la commercialisation du Vioxx©. Depuis que cette lanceuse d'alerte dénonce le comportement criminel de son ex-employeur, elle a été victime de nombreux cambriolages, intimidations, menaces et même son compte bancaire a été piraté. Brandy Vaughan a été retrouvée morte chez elle dans le comté de Santa Barbara le 7 décembre 2020, une enquête est en cours. Nous pouvons, pour finir, ajouter le témoignage accablant du Dr Bernard Dalbergue qui a travaillé pendant plus de 20 ans pour l'industrie pharmaceutique et qui a publié il y a huit ans le livre *Confessions d'un médecin* dans lequel il accuse le laboratoire de : réaliser des essais cliniques biaisés, alors que les effets secondaires sont dissimulés par les experts corrompus... Le Dr Dalbergue rappelle dans son livre l'affaire du stylo injecteur de Merck qui sert à administrer un traitement contre l'hépatite C et qui a été commercialisé en 2002. Malgré des dysfonctionnements connus dès le départ, il n'a été retiré du marché que 10 ans plus tard ; un grand classique du secteur. Il ajoute que le laboratoire Merck a avoué devant des autorités sanitaires ne pas avoir déclaré 250 réclamations soulignant là encore la défaillance du système de pharmacovigilance. Il ajoute que les armées de visiteurs médicaux sont embrigadées dans un délire quasiment sectaire faisant fi de la morale et de l'éthique. En connaissant tous ces faits, comment faire confiance à ce laboratoire les yeux fermés ? Pourquoi aucun média ne parle de ces scandales et met en garde la population contre ces nombreuses dérives ?

Concernant la fausse science, les journaux qui n'existent pas, des études inventées, des conférences et autres congrès bidons... un article[404] canadien très intéressant a été publié le 20 septembre 2017. Étant donné que le système est basé sur le fameux Impact factor, c'est-à-dire l'aspect quantitatif, des scientifiques paient des plateformes Internet pour pouvoir publier leurs articles et gagner ainsi des points pour accéder à des postes universitaires. Nous sommes clairement ici dans le règne de la quantité dénoncé par René Guénon. On y apprend que les plus grands laboratoires sont très largement diffusés dans ces fausses revues : « *Fait troublant : Il suffit de consulter le site web d'OMICS pour constater que les travaux de sociétés pharmaceutiques - dont Pfizer, Merck et Novartis - ont également été diffusés plusieurs centaines de fois dans ses journaux, ses congrès ou ses symposiums.* » Nous ne pouvons qu'être étonnés par la bêtise de ces chercheurs qui insistent à être diffusés dans des journaux inconnus alors qu'il suffisait de proposer leurs articles au Lancet ou au NEJM, ils avaient toutes leurs chances d'être édités, vu le LancetGate. Là aussi, silence médiatique.

Pour démontrer à quel point les médias sont extrêmement dangereux dans la gestion de cette crise sanitaire, prenons l'exemple du *Dauphiné* qui a publié un article[405] le 23 juillet 2021, *Non, on ne manque pas "de recul" sur les vaccins à ARN messager*, dans lequel il affirme ceci : « *Produits par les Américains Pfizer et Moderna, les vaccins à ARN messager contre le Covid-19 semblent avoir été créés en quelques semaines et suscitent la méfiance. C'est à la fois un peu vrai... et faux. La rapidité de développement de ces vaccins est justement due à cette technologie, découverte par des Français dans les années... 1960 !* ». La question n'est pas de savoir si nous savons ce qu'est l'ARN messager, quel est son rôle dans la biologie cellulaire, comment le fabriquer... Il est question ici de l'utiliser dans un but précis, celui de faire fabriquer par l'organisme des petites spicules du SARS-CoV-2 que notre système immunitaire va pouvoir identifier afin d'attaquer rapidement le virus s'il se présentait dans un avenir proche ! Personne ne s'est interrogé sur le risque de maladies auto-immunes dans ce type de manipulations, étant donné que nous allons demander encore à l'organisme de la personne vaccinée de s'attaquer à une molécule qu'il a lui-même fabriquée via ses propres ribosomes ! C'est la définition même de la maladie auto-immune que personne ne sait soigner à ce jour, si ce n'est par l'administration à vie d'immunomodulateurs comme l'HCC par exemple ou d'autres anti-inflammatoires. C'est, me semble-t-il, une des raisons de la grande diversité des effets indésirables graves des vaccins à ARNm, sans oublier bien entendu la problématique des thromboses et des thrombopénies sévères qui vont agir sur absolument la totalité de l'organisme, hormis l'émail et l'os cortical très peu vascularisés.

Les nouveautés médicales vont se multiplier avec cette crise sanitaire et les médias vont se faire un plaisir de les diffuser sans aucun esprit critique. Prenons l'exemple de cet article récent de *Ouest-France* : *Des patients vaccinés en fin d'immunité gravement atteints à Faye-l'Abbesse*[406] ! Au lieu d'avouer que le vaccin n'est pas efficace, ils ont inventé ce concept de « fin d'immunité » au bout de seulement six mois, ce qui n'existe pas pour les vaccins déjà commercialisés. Certains nécessitent un rappel au bout de 5 ans voire 20 ans. Bien sûr, il est absolument hors de question de réaliser une sérologie afin de savoir si les anticorps du SARS-CoV-2 sont présents dans l'organisme du patient avant de le vacciner, pensez-vous ! Pourtant, c'est ce qui doit être fait systématiquement car nous ne sommes pas tous égaux face à la maladie et nous n'avons pas tous le même âge. Aucun chroniqueur, aucun expert toutologue ne posera jamais la question !

Une autre stratégie sera très constamment utilisée par les médias afin de faire croire que la population accepte, dans sa grande majorité, toutes les restrictions imposées par le gouvernement. C'est bien entendu la technique des instituts de sondage d'opinion en usage lors des diverses élections ! Nous savons tous à qui appartiennent les instituts de sondage, qui les finance et qui les dirige. C'est une fois encore le règne de la quantité et de statistiques qui vont faire croire que le résultat ne peut être que la vérité. Rolland Gori l'explique parfaitement dans ses travaux, en réalité ce n'est rien d'autre que de la manipulation et de l'imposture. Emmanuel Macron est devenu extrêmement addict au sondage car, selon un article de *Capital*[407] qui cite la députée Marie-Christine Dalloz « *dès ce mois d'octobre, le SIG avait déjà consommé 26,15 millions d'euros, soit 184% de la dotation initialement prévue pour 2020.* » ! À titre d'exemple, prenons le cas de l'institut Elabe qui va publier le 9 octobre 2020 un sondage affirmant que 76 % des Français sont prêts à accepter des restrictions pour lutter contre l'épidémie[408]. Malgré tous les mensonges du gouvernement, malgré tous les ratés, malgré les contradictions, rien ne change et la propagande continue. Le grand classique reste tout de même la cote de popularité de Macron qui reste maintenue à des hauteurs himalayennes alors que sur le terrain, aux dernières élections municipales et départementales, son parti a récolté des scores indigents[409]. Décidément absolument rien ne les arrêtera ; l'imposture est à son acmé. Première historique, *Ouest-France* a décidé d'arrêter de publier des sondages[410] pendant cette élection présidentielle car il estime qu'ils ne valent rien et qu'il ne servent qu'à manipuler la population. C'est une première en France, c'est une excellente nouvelle, pourvu que d'autres suivent.

Un récent sondage[411] publié fin octobre sur Cnews totalisait 106 % d'intentions de vote à la présidentielle : 23 % pour Macron, 17 % pour Zemmour, 16 % pour MLP, 14 % pour Bertrand, 10 % à égalité pour Pécresse et Mélenchon, 8 % à égalité pour Barnier et Jadot, soit un total de 106 % ! Le mensonge est devenu tellement énorme, la manipulation si grossière, qu'ils ne font même plus attention aux détails.

Même la très officielle Commission des sondages s'est offusquée de la publication de cette mascarade en diffusant un communiqué[412] de presse le 28 octobre 2021. Cette commission a pour objectif : « … *d'empêcher que la publication de sondages électoraux vienne influencer ou perturber la libre détermination du corps électoral.* ». Autant sur le fond que sur la forme, la commission condamne la publication de ce tableau de pourcentages par Cnews : « *Dans ces conditions, un tel tableau, qui ne correspond pas à un sondage réalisé conformément à la loi du 19 juillet 1977, ne peut donc pas être présenté comme extrait d'un sondage.* » ! Il s'agit bien d'une manipulation de l'opinion publique, une diffusion de fausses nouvelles. Mais ce qui est le plus impressionnant c'est de constater à quel point les sondages se sont trompés à chaque élection présidentielle les 2 dernières décennies et pourtant les médias et les chroniqueurs des chaînes info font semblant de croire que c'est toujours utile pour le débat démocratique. Il est vrai que dans une société progressiste et scientiste, une société dans laquelle règne la quantité, balancer des chiffres et des pourcentages réalisés par des formules mathématiques complexes ne peut donner comme résultat que la Vérité. Cette boulette n'a pas empêché Cnews de récidiver en publiant un autre sondage qui totalise 103 % le 31 octobre 2021, repris dans un tweet[413] par M. Philippe Pascot que nous avons invité à Marseille pour une conférence de présentation de ses livres dénonçant les dérives des élites politiques corrompues. On l'a également invité pour un *Libre Entretien*[414] en juillet 2020 pour traiter l'actualité politique et sanitaire.

La publication de faux sondages d'opinion est un grand classique en France. *Valeurs actuelles* et *L'Opinion* ont déjà été épinglés en 2015 pour avoir publié un sondage totalement faux le 4 septembre 2014 afin de pousser les électeurs à voter Nicolas Sarkozy en... 2017. Le site Acrimed a publié un article[415] intéressant concernant cette affaire déjà oubliée par tous. Le sondage n'a même pas été retiré, une courte mention imposée par la Commission des sondages a été publiée mais la fake niouze est restée affichée sur leurs sites respectifs. À quoi peut bien servir un sondage d'opinion 3 ans à l'avance ? C'est absurde et d'une grande stupidité et surtout qui finance ? Nous avons aujourd'hui en France des médias qui diffusent des sondages à la pelle 2 ans avant une élection présidentielle alors que tous les candidats ne sont même pas tous déclarés !

Michel Soudais a publié un article[416] sur le site de Politis le 6 novembre 2019 intitulé *L'opinion manipulée*, dans lequel il revenait sur l'absurdité de ces sondages en rappelant à quel point ils se sont plantés dans un passé récent : « *Rappelons donc, contre l'avis de la plupart des commentateurs patentés qui, à l'instar d'Arlette Chabot, nous assènaient que « c'est sûr, le match est installé* » entre les finalistes de 2017 comme était acquise à leurs yeux l'élection de Balladur en janvier 1995, que ces sondages bidons n'ont aucun caractère prédictif. Quand le directeur général adjoint de l'Ifop, Frédéric Dabi, affirme que son « *enquête sacre la nouvelle bipartition du champ politique* », soit il n'a aucune mémoire de ses études d'opinion, soit il prend les lecteurs pour des cons. En 2014, un sondage Ifop testant plusieurs hypothèses de candidatures à la même distance de l'élection, selon la même méthode et sur un échantillon identique, vantait (déjà) la « *poursuite de la dynamique* » de Marine Le Pen donnée « en tête des intentions de vote avec un score oscillant entre 27 % et 32 % » contre 28 % aujourd'hui ; Hollande était à 13-15 %, Aubry à 13-14 %, Valls à 15 %, Mélenchon à 9-10 %, Sarkozy à 26 %, Juppé à 28-32 %, Fillon 18 %... Manquait « que » Macron ! Et d'ajouter ensuite ce qui est le plus important dans ce flot sondomaniaque : « *L'intérêt de ces pseudo-enquêtes d'opinion, pour ceux qui les commandent, est essentiellement manipulatoire. En l'espèce, il s'agit d'imposer l'idée que nous n'aurons le choix qu'entre Macron et Le Pen.* [...] *Moralité : restez chez vous et laissez passer les réformes macroniennes, sinon il vous en cuira.* »

À qui appartiennent les principaux instituts de sondages qui nous inondent de leurs billevesées ! Le célèbre institut CSA est la propriété du milliardaire Bolloré. Le non moins célèbre BVA appartenait en 2017 à la banque Natixis avant de se retrouver en redressement judiciaire en 2020. C'est l'institut responsable de l'introduction du nudging en France. Quant à Kantar TNS, Sébastien Auzière, le fils de Brigitte Macron va devenir en janvier 2016 Senior Vice-Président de l'institut.

On ne compte plus le nombre de sondages totalement erronés lors des précédentes élections présidentielles en France. Tout le monde a sans doute oublié le fiasco de 2002 puisque les instituts de sondage avaient déclaré Chirac et Jospin finalistes mais c'était sans compter sur la présence de Jean-Marie Le Pen au second tour. Pire encore, l'élection de 1995 a échappé aux instituts de sondage puisque personne n'attendait Lionel Jospin devant chaque Chirac comme résultat du premier tour. La multiplication de ces entreprises qui ne fabriquent et ne produisent absolument rien, à l'instar de tout le secteur marketing, a participé à la « fabrication » d'une élite française composée de parasites sachant parfaitement qu'ils sont totalement inutiles à la société et qui pourtant la dirigent. Justement, les médias ont beaucoup parlé de commerces non essentiels pendant cette crise sanitaire, nul besoin d'argumenter longtemps en affirmant que tous ces métiers ne sont en réalité rien d'autre que du parasitisme social, ils sont totalement inutiles, on pourrait s'en passer sans difficultés, sans que personne ne s'en rende compte.

Un journaliste du *Monde*, M. Luc Bronner, grand reporter, vient de publier un article[417] dans lequel il affirme avoir publié plus de 200 sondages en 6 semaines sur les sites de tous les instituts les plus importants : « *Ces six dernières semaines, j'ai répondu à plus de 200 sondages. Enfin, soyons précis, ce sont mes avatars qui ont été sollicités et qui ont répondu aux enquêtes proposées par les plus prestigieux instituts opérant en France :*

Ipsos, IFOP, Kantar, BVA, OpinionWay, Harris Interactive, GfK… Pour l'un, je m'appelle Ludivine. Pour un autre, Karim, Louis ou Géraldine. Selon les cas, j'ai 19 ans, 26 ans, 47 ans, 73 ans. J'ai déclaré habiter aussi bien la banlieue parisienne que la Bretagne, la région Provence-Alpes-Côte d'Azur ou le Grand-Est. Je me suis présenté comme homme ou femme, employé, retraité, enseignant ou de profession libérale, artisan ou technicien. » ! En d'autres termes, le journaliste a pu répondre à des sondages d'opinion concernant les élections sans que personne ne vérifie son identité ; aucun contrôle ni régulations ne sont effectués. Pourtant, les instituts sont censés faire attention à ne pas prendre les panélistes interrogés dépendants. Bien au contraire, le journaliste affirme avoir pu réaliser 4 questionnaires en moins de 24 heures chez Ipsos sans aucun contrôle. Sur Harris-Toluna, il a carrément battu le record avec 11 sondages démarrés en une matinée, dont 3 validés la même adresse informatique IP. Les instituts de sondages n'ont pas le droit de rémunérer les personnes qui acceptent de répondre à leurs questions mais ils ont trouvé la parade en offrant des bons cadeaux. Le principe sera de faire gagner des points convertibles ensuite en bons d'achat sur des sites commerciaux classiques. Plus besoin d'embaucher des intérimaires qui vont passer des coups de fil à des personnes physiques réelles qui vont prendre le temps de répondre, voire se déplacer carrément chez les personnes comme ce fut le cas avant, ce qui représente une économie plus importante pour les instituts de sondages. On apprend dans cet article du *Monde* à quel point les instituts de sondages sont hypocrites comme Ipsos par exemple qui affirme que l'on ne peut pas réaliser plus de 2 sondages par mois tout en harcelant les inscrits avec plusieurs mails par jour et notifications via les applications Smartphones. En d'autres termes, vous avez un nombre très restreint d'instituts de sondages qui fabriquent l'opinion en France s'appuyant sur les mêmes sondés amateurs de bons d'achats ! Avec la méthode ancienne du téléphone, ou du face-à-face, il était facile de ne jamais tomber sur la même personne. Sauf que, l'objectif étant toujours de faire plus d'argent, le choix a vite été fait de mettre en place ces panels sur le Net sans aucun moyen de contrôle.

Les sondeurs ont également plusieurs points faibles importants en commun, à savoir l'absence de roupes entiers au sein de la population, notamment ceux des jeunes ou des classes populaires. Mais le biais le plus important restera celui de leur incapacité à prévoir l'abstention puisque ne répondent à leur questionnaire que ceux qui sont intéressés par les points cadeaux et qui ont des avis tranchés. Par définition, l'abstentionniste qui ne passera pas au bureau de vote ne perdra pas 3 secondes à répondre à un questionnaire sur le Net. Sans oublier l'absence de déclaration de candidature de tous les participants, ce qui rend la réponse à certains sondages plus de 6 mois avant la présidentielle totalement obsolète.

Selon le rapport 2017 de la Commission des sondages : « *Les élections présidentielles de 2002, 2007 et 2012 avaient donné lieu respectivement à 193, 293 et 409 sondages. En 2017, ces chiffres s'élèvent à 560 sondages ayant un lien avec l'élection présidentielle* ». On imagine que l'élection de 2022 doublera ce chiffre sans difficultés, car il va falloir doubler les efforts de propagande, de mensonge et de tromperie pour faire repasser la deuxième pilule Macron.

Il faut dire aussi que ces fameux sondages permettent de déblatérer pendant des heures sur les plateaux télé alors qu'il n'y a pratiquement rien à dire. C'est une façon d'occuper l'espace et le temps et d'habiller ses propos par des chiffres mathématiques qui vont leur donner un semblant de crédit, c'est du moins ce que croient les éditocrates des plateaux alors que jamais de toute l'histoire les médias n'ont eu si peu de crédit. Même le baromètre de confiance des médias est manipulé par ces mêmes médias, absolument tout est corrompu jusqu'à la moelle. Leur objectif cette année est de faire croire à la population que la menace Éric Zemmour est réelle et que tout le monde coure vite voter pour Emmanuel Macron afin de sauver la république ! Et ça peut marcher en raison de l'énorme taux d'abstentionnistes qui augmente après chaque élection.

Les médias se sont présentés lors de cette crise sanitaire comme les gardiens de la « Vérité ». Tous ont systématiquement mis en place une section de vérification d'information, le fameux fact-checking à l'anglo-saxonne. Sauf que cette vérification se fait dans l'autre sens et c'est ce qui a été réalisé par des internautes qui ont montré d'énormes conflits d'intérêts avec Big Pharma : quand le fact-checking est financé par l'industrie, il se discrédite à tout jamais ! Ce n'est même plus un conflit d'intérêts, ce n'est pas caché, c'est à la face du monde tellement ces gens méprisent les citoyens et se croient au-dessus des lois à cause de leurs fortunes. Un célèbre site de vérification d'information aux États-Unis, factcheck.org, qui travaille main dans la main avec Facebook pour censurer tous les posts critiques envers la Doxa, est tout simplement financé par Big Pharma ! En réalité c'est beaucoup plus grave que cela. Dans les faits, factcheck.org est financé par la fondation Robert Wood Johnson qui appartient au fondateur de l'entreprise Johnson & Johnson, le propriétaire du vaccin Janssen ! Mieux encore, cette fondation est dirigée par Richard Besser[418] qui est l'ancien directeur par intérim des Centers for Disease Control and Prevention (CDC), l'institution qui contrôle les médicaments et les vaccins aux USA ! La boucle est bouclée, nous avons ici la preuve des relations incestueuses entre la finance, l'industrie et les autorités de contrôle publiques. Comment pouvez-vous imaginer une seconde que ces sites de vérification puissent diffuser une information critique envers l'industriel Janssen ! Le site Internet factcheck.org publie lui-même son exercice fiscal 2021 dans lequel on peut lire que Facebook lui a versé la somme de 389.925 $ et la fondation Robert Wood Johnson la somme modique de 99.870 $. Quant à Google ce sera un tout petit chèque de 4404 $.

Faut-il rappeler que Johnson & Johnson a une capitalisation boursière de plus de 430 milliards de dollars[419], l'équivalent du budget annuel de la France ! Faut-il rappeler que les actionnaires de Facebook sont The Vanguard Group à 7,37 %, Capital Research & Management à 3,03 %, BlackRock Fund Advisors à 2,45 %, Capital Research & Management à 1,90 %... les mêmes fonds vautours qui se partagent les actions de tous les autres protagonistes de ce scandale planétaire. Quant à Johnson & Johnson, les actionnaires principaux sont The Vanguard Group à 8,45%, SSgA Funds Management à 5,76%, BlackRock Fund Advisors à 2,53%, Geode Capital Management à 1,41%, Capital Research & Management à 1,24%...

On peut également rappeler à quel point la publicité est complice dans l'épidémie d'obésité mondiale qui est une des premières causes de mortalité en tant que comorbidité du Covid-19. Il est cocasse de voir diffuser entre deux discours alarmistes des publicités pour McDonald's ou Coca-Cola ! La télévision est le plus grand ennemi des peuples. Elle s'est spécialisée dans la fausse information, la propagande et la publicité mensongère et cela fait des décennies que ça dure. Toujours à essayer de vendre un shampooing miraculeux dont le succès n'a rien à voir avec la chevelure parfaite du mannequin ! À les écouter, les dentistes devraient tous fermer au vu de l'excellente efficacité quasi miraculeuse des dentifrices. Sans oublier la fameuse lessive qui lave plus blanc que blanc ou la crème de beauté hydratante qui ne contient pas la moindre goutte d'eau dans sa formule ! Ce sont toutes des publicités mensongères punissables par la loi et qui sont pourtant diffusées quotidiennement des milliers de fois en toute impunité car il n'y a absolument plus aucune instance de régulation et de protection des consommateurs au sommet de l'État et au sein de l'administration.

Mais comme la crise est véritablement profonde et d'une gravité historique, nous avons assisté à l'entrée de l'endoctrinement et de la propagande au sein même de l'école avec la dictée de l'infirmière qui vaccine les enfants (*cf.* annexe n°14) : « *Complète la phrase avec quelques mots de la liste. Avec des gestes précis, l'infirmière sort la seringue de sa valise. Elle la prépare, puis elle commence à piquer la petite fille* » ! Il faut être sacrément dérangé, totalement désensibilisé et déshumanisé pour faire une chose pareille. N'importe qui aujourd'hui peut comprendre que les enfants ont été traumatisés par cette crise sanitaire et qu'ils sont toujours maltraités avec le port du masque et l'obligation de distanciation sociale alors que la planète entière sait qu'ils ne sont pas touchés par cette maladie et que la mortalité est quasiment égale à 0 pour la tranche d'âge des moins de 15 ans. Pourtant, nous observons dans cette dictée que les enseignants n'ont absolument aucune limite dans l'abject, une telle dictée ne peut relever que du sadisme ! Reste à savoir comment des parents d'élèves peuvent continuer à laisser faire une telle folie, à laisser maltraiter leur progéniture sans réagir.

Lorsque vous constatez que même le blog de Mediapart a censuré[420] un article de M. Laurent Mucchielli, vous comprenez que la situation est véritablement dramatique car ils se sont présentés depuis la création de ce média comme les défenseurs de la liberté d'expression, du métier de journaliste, de la diffusion d'informations utiles à la compréhension de ce qui se passe dans la société civile afin de mieux gérer la cité. Du coup on se dit que Mediapart aurait censuré le Dr Irène Frachon sans difficulté lors de sa dénonciation du Mediator© étant donné que la pharmacovigilance de l'époque n'avait rien détecté et que des milliers de médecins – voire bien plus – prescrivaient ce poison mortel depuis 25 ans. Des médecins responsables et tous diplômés, des chefs de services hospitaliers très médiatisés, qui n'ont rien vu venir malgré le précédent scandale de l'Isoméride©, le cousin du Mediator© ! En d'autres termes, Mediapart est en train de s'appuyer sur des structures corrompues et totalement inefficaces en négligeant l'expérience malheureuse du passé ! Mediapart/*Le Monde*, même combat, même censure, même agenda politique. Après cette censure, j'ai immédiatement mis fin à mon abonnement et pris la résolution de dénoncer ce comportement inqualifiable sur nos réseaux.

Le Journal du Dimanche va également censurer une tribune importante signée par les Prs Toussaint, Toubiana et 200 autres scientifiques, universitaires et professionnels ! C'est ce même *JDD* qui diffusera le 26 septembre 2020 un sondage[421] foireux affirmant que 72% de Français étaient pour un reconfinement de 15 jours. C'est ce même torchon qui va diffuser la tribune[422] des 7 médecins[423] - toujours les mêmes - qui veulent imposer des mesures plus « drastiques » dès ce même week-end ! Le journal censure une tribune de 200 scientifiques et accepte celle de 7 morticoles cathodiques minoritaires ! Tout pour terroriser leurs lecteurs, rien pour dire l'inverse ! Ceci est donc un choix éditorial concerté et totalement irresponsable qui aura des conséquences sanitaires et économiques graves.

Ce type de tribune critique envers la Doxa sera publié mais pas dans les médias officiels. Le site indépendant *QG* va poster un appel[424] de 400 personnes le 30 août 2021 intitulé, *A-t-on encore le droit d'exercer son esprit critique en France ?* : « *Aucun d'entre nous n'aurait cru possible ce que nous voyons se dérouler sous nos yeux depuis un an et demi. Non pas qu'une nouvelle épidémie vienne mettre à l'épreuve nos systèmes immunitaires individuels et nos structures collectives de santé. Cela, c'était prévisible. Mais que la gestion de cette épidémie vienne mettre en péril des valeurs démocratiques, des libertés et des droits humains acquis de haute lutte depuis la Révolution française, cela, c'était impensable. Et pourtant. Liberté d'aller et venir, liberté d'expression, liberté de commerce, liberté syndicale, droit au travail, égalité des droits de tous les citoyens, non-discrimination dans l'accès aux biens, lieux et services de la société (dont l'accès aux soins et l'accès à l'éducation), confidentialité des données de santé… la liste est longue, très longue.* » Il n'est pas question ici de chicaneries scientifiques autour de tel ou tel médicament ou vaccin, il est juste question de savoir s'il est possible encore en France de penser différemment que le narratif officiel détenteur à partir de cette crise sanitaire de la « Vérité suprême », penser différemment sans être traité de complotiste, de paranoïaque, d'antisémite...

Une autre stratégie a été utilisée par les doctateurs, celle de faire croire à leur auditoire que le camp adverse était extrêmement minoritaire. Sauf que ce n'est pas le cas, le camp adverse compte en son sein de très nombreux médecins et il suffit d'aller sur le site de la Déclaration de Great Barrington[425] pour s'en convaincre. En réalité, les médecins, fort nombreux, qui ne croyaient pas au narratif quotidien de la Doxa étaient interdits d'antenne ou passaient si peu. À l'inverse, les Pialoux, Lacombe, Deray, Mégarbane, Laurent, Marty, Juvin... passaient quotidiennement, certains trois fois par jour, en pleine crise épidémique, alors qu'ils auraient dû être au chevet de leurs patients qui arrivaient par flux interminable selon leur propagande. Un autre comportement très curieux de la part des doctateurs en blouse blanche, celui de passer leur temps sur les réseaux sociaux à tweeter comme le Dr Jérôme Marty par exemple (Mathias Wargon également). Personnellement, lorsque je travaille dans mon cabinet dentaire à Marseille, je suis totalement déconnecté du Net. Il est impossible et inconcevable de s'occuper d'une salle d'attente pleine et en même temps tweeter pour répondre à des polémiques stériles ! Il y a là encore quelque chose qui est véritablement troublant.

L'appel de Great Barrington comptabilise mondialement 913.718 signatures à la date du 11 janvier 2022 dont 46.080 soignants et 15.598 scientifiques dans le domaine médical. En Suisse, en janvier dernier, un collectif[426] de 700 médecins et professionnels de santé a demandé un moratoire concernant la vaccination anti Covid-19. Pour seule réponse, les autorités locales ont décidé de le poursuivre[427] car elles estiment qu'il a fauté déontologiquement ! Il faut dire que la Suisse est en phase terminale de covidisme, les autorités viennent d'offrir 50 Fr. à toute personne qui réussirait à persuader une autre de se faire vacciner !

Comme par hasard, jamais aucun média officiel n'a parlé de l'appel de Great Barrington ! Toujours la fameuse et très efficace censure par omission. Vous l'avez déjà constaté ci-dessus, nous avons parlé d'un nombre important de tribunes publiées par des médecins français qui se sont levés contre les choix des morticoles.

On peut également ajouter à cette liste l'excellent papier[428] du Pr Peter Gøtzsche publié très vite le 24 mars 2020 intitulé : *La panique générale autour du coronavirus n'est pas justifiée*. Le Pr Gøtzsche va commencer son texte ainsi : « *Dès le 8 mars, j'ai publié sur le site du BMJ « Covid-19. Sommes-nous victimes d'une panique générale ? ». J'écrivais que les taux de mortalité étaient éminemment incertains, que nombre d'affections bénignes passent inaperçues et que quand un sujet âgé avec une pathologie cardiaque grave en vient à décéder, bien malin qui peut incriminer le virus ou l'état cardiaque, exactement comme pour la grippe ou d'autres affections pulmonaires virales* ». À quelques jours seulement du début de la crise sanitaire il a déjà tout compris et tout expliqué dans ce papier. Il faut dire que c'est un médecin d'une grande intégrité et qui a parfaitement cerné les dérives de Big Pharma depuis des décennies maintenant, étant lui-même le créateur du réseau Cochrane ainsi que l'auteur de nombreux livres sur les dérives de la médecine moderne et de la science corrompue. Il va finir son papier avec un paragraphe concernant la censure : « *Quand un article honnête et informé sur un problème majeur de santé se trouve censuré au simple motif qu'il serait « contraire aux recommandations autorisées »*, *nous n'avons pas seulement contracté un virus chinois. Nous avons aussi attrapé une censure de style chinois. Est-ce ce que nous voulons ? »* ! Ce sont bien entendu les médias et les GAFAM qui s'occuperont de la mise en place de cette chape de plomb scellée contre toute information venant contredire la Doxa.

Sept mois plus tard, le *Daily Mail* va publier un papier[429] affirmant que le confinement tant redouté par le Pr Gøtzsche va créer plus de dégâts que la maladie elle-même en causant 75.000 morts dans les 5 années suivantes ! Le SAGE ou Scientific Advisory Group for Emergencies a publié un document de 188 pages présenté au Premier ministre britannique Boris Johnson dans lequel il affirmait que : « *...16 000 personnes sont mortes à la suite du chaos dans les hôpitaux et les maisons de soins en mars et avril seulement. Il estime que 26 000 autres perdront la vie d'ici un an si les gens continuent de rester à l'écart des services d'urgences et que les problèmes de protection sociale persistent.* ». Sans oublier la précarité créée par les confinements via la pauvreté et le chômage qui, nous le savons, augmente la morbidité et la mortalité chez les personnes touchées.

M. Jean-Loup Bonnamy, philosophe et auteur avec M. Renaud Girard du tract, *Quand la psychose fait dérailler le monde* (Gallimard, 15 octobre 2020, 48 pages), fait une excellente analyse que tout le monde devrait lire. Il affirme que le confinement est totalement inutile, c'est une stratégie archaïque aux conséquences désastreuses pour le pays. Le premier confinement a créé 1 million de nouveaux pauvres, 1 million de nouvelles personnes fragiles ! En réalité la question du confinement se règle facilement en deux arguments seulement : « *80 % des contaminations ont lieu dans le cercle familial et (…) la contamination en extérieur, à l'air libre, est presque impossible* » ! Le reste n'est que mensonge et manipulations.

Le livre *TV Lobotomie* de M. Michel Desmurget – docteur en neurosciences, après avoir fréquenté plusieurs grandes universités américaines (MIT, Emory, UCSF), il est aujourd'hui directeur de recherche à l'INSERM – est essentiel pour comprendre la dérive suicidaire de l'Humanité dans sa totalité. L'ouvrage s'est appuyé sur près de 1200 références scientifiques qui ne supportent pas la contradiction : la TV est un danger mortel. Nous avions d'ailleurs invité l'auteur à venir présenter son livre en organisant une conférence à Marseille le 21 janvier 2012. Un seul dessin d'enfants peut à lui seul vous expliquer la gravité de la situation mondiale puisqu'il est la preuve irréfutable que la télévision est néfaste aux enfants et à leur développement cérébral (*cf.* annexe n°15). Voici la 4e de couverture du livre pour mieux cerner le danger :

« - *Sophie, 2 ans, regarde la télé 1 heure par jour. Cela double ses chances de présenter des troubles attentionnels en grandissant.*

- Lubin, 3 ans, regarde la télé 2 heures par jour. Cela triple ses chances d'être en surpoids. Kevin, 4 ans, regarde des programmes jeunesse violents comme DragonBall Z. Cela quadruple ses chances de présenter des troubles du comportement quand il sera à l'école primaire.

- Silvia, 7 ans, regarde la télé 1 heure par jour. Cela augmente de plus d'un tiers ses chances de devenir une adulte sans diplôme.

- Lina, 15 ans, regarde des séries comme Desperate Housewives. Cela triple ses chances de connaître une grossesse précoce non désirée.

- Entre 40 et 60 ans, Yves a regardé la télé 1 heure par jour. Cela augmente d'un tiers ses chances de développer la maladie d'Alzheimer.

- Henri, 60 ans, regarde la télé 4 heures par jour. René, son jumeau, se contente de la moitié. Henri a 2 fois plus de chances de mourir d'un infarctus que René.

Chaque mois, les revues scientifiques internationales publient des dizaines de résultats de ce genre. Pour les spécialistes, dont fait partie l'auteur, il n'y a plus de doute : la télévision est un fléau. Elle exerce une influence profondément négative sur le développement intellectuel, les résultats scolaires, le langage, l'attention, l'imagination, la créativité, la violence, le sommeil, le tabagisme, l'alcoolisme, la sexualité, l'image du corps, le comportement alimentaire, l'obésité et l'espérance de vie. Ces faits sont niés avec un aplomb fascinant par l'industrie audiovisuelle et son armée d'experts complaisants. La stratégie n'est pas nouvelle : les cigarettiers l'avaient utilisée, en leur temps, pour contester le caractère cancérigène du tabac... »

C'est un fait établi par la science et des milliers d'études depuis plusieurs décennies, la télévision est un danger pour l'humanité aussi bien dans le fond que dans la forme. L'objet lui-même plonge le cerveau humain dans une quasi hypnose. La télévision est également la cause d'insomnie et de détérioration de la qualité du sommeil à l'instar de Smartphones. Nous pouvons ajouter à cela la dangerosité des écrans plats à LED avec l'émission de lumière bleue très mauvaise pour la rétine ; le télétravail va d'ailleurs augmenter le temps passé devant ces écrans. À côté de cela, vous avez les programmes télé envahissants avec toujours plus de consommation quotidienne qui est établie aujourd'hui à 3h58 par jour et par Français en 2020[430]. C'est véritablement dramatique car il y a tant de choses à faire beaucoup plus intéressantes et utiles pour tous, s'occuper de ses enfants ou tout simplement lire un livre ou faire du sport. Chez les enfants le constat est catastrophique : difficultés d'apprentissage, vocabulaire très pauvre, difficultés de concentration... Il est impossible d'apprendre quoi que ce soit à travers un écran télé car l'enfant sait parfaitement que c'est virtuel. Un charpentier ne pourra jamais apprendre son métier via un écran car il se doit de toucher la matière, la sentir, la manipuler avec ses mains, évaluer le poids des planches... C'est la même chose avec l'apprentissage des enfants qui se doit d'être manuel avec une feuille et un stylo ou une craie et une ardoise. Il n'y a pas de programmes télévisuels éducatifs, ça n'existe pas, c'est un non-sens. Il est infiniment préférable pour un enfant de jouer dehors dans le jardin ou dans la cour avec un ballon et des cailloux, son cerveau réalisera des millions d'opérations d'apprentissage contrairement à une situation de passivité face à un écran les yeux écarquillés, tel un zombi totalement hypnotisé. Avec une école de la république qui a failli à sa mission depuis des décennies en formant des bacheliers incapables d'écrire un courrier d'une page sans faire 10 fautes d'orthographe par ligne, on comprend mieux pourquoi les gens sont terrorisés et incapables de comprendre ce qui se passe actuellement.

Parlons d'hypnose, la société souffre d'une « formation de masse », selon Mathias Desmet[431], professeur de psychologie clinique à l'université de Gand (Belgique néerlandophone) et diplômé en statistiques. Il l'affirme dans une interview qui a été traduite en partie par un internaute et postée sur le blog de Mediapart[432] : « *Si vous avez ces 4 éléments, c'est-à-dire le manque de liens sociaux, le manque de sens dans la vie, une anxiété "free-floating" et un mécontentement psychologique "free-floating", alors la société est à haut risque en ce qui concerne la naissance d'un phénomène de masse [auquel il faut ajouter un média de diffusion de masse pour parvenir à ses fins]. Et ces 4 conditions étaient présentes peu avant la crise du corona. Il y avait comme une épidémie de burnouts. Il y avait entre 40% à 70% des gens qui considéraient leur travail comme n'ayant aucun sens comme cela est décrit dans le livre "Bullshit Jobs" de David Graeber. Et aussi lorsqu'on regarde la consommation des produits psychotropes. C'était énorme et cela montre à quel point le mécontentement était présent dans notre société. Par exemple en Belgique qui représente environ 11 millions de personnes, il est consommé jusqu'à 300 millions de doses d'anti-dépresseurs par année. C'est énorme.*

On voit que ces 4 conditions étaient réunies, le manque de sens, de liens sociaux, anxiété et mécontentement "librement suspendus dans l'air".

Vous devez savoir que l'anxiété "free-floating" est le phénomène psychologique le plus douloureux qu'une personne puisse expérimenter. Cela mène à des attaques de panique et à des expériences psychologiques de toutes sortes très douloureuses. Et donc, ce que les gens veulent dans ce cas-là, est de connecter cette anxiété à quelque chose. Ils cherchent une explication à leur anxiété. Si cette anxiété "free-floating" est hautement présente au sein de la population, et si les médias fournissent un narratif qui pointe vers un objet d'anxiété, et, en même temps, fournissent une stratégie qui permette de gérer cet objet d'anxiété, alors toute l'anxiété se connecte à cet objet et les gens acceptent de suivre la stratégie pour gérer cet objet peu importe le coût, les conséquences. C'est ce qui se produit au début d'une « formation de masse ». Ensuite, lors de la 2e étape, les gens démarrent une bataille collective et héroïque contre cet objet d'anxiété. De cette manière, un nouveau type de lien social et un nouveau sens de la vie émergent. Soudainement, la vie est dirigée vers cette bataille contre l'objet d'anxiété et, de ce fait, il y a établissement d'une nouvelle connexion avec d'autres gens. Et le switch soudain d'un état négatif, d'un manque radical de connexion sociale, vers l'opposé, vers une connexion sociale massive qui est expérimenté au sein d'une foule, ce switch soudain mène vers une sorte d'intoxication mentale et c'est ce qui fait que la formation de masse ou la formation de foule est l'exact équivalent de l'hypnose ["switch" qui fait oublier le manque de sens, l'anomie & l'angoisse, et qui donne en même temps une réponse concrète au mécontentement, est le caractère presque magique du switch].

Donc, toutes les personnes qui ont étudié ce phénomène de formation de masse, comme Gustave Lebon, McDougal, Canetti, ont remarqué que la formation de masse n'était pas similaire à l'hypnose mais était son exact équivalent. La formation de masse est un genre d'hypnose.

Donc, ce qu'il se passe à ce moment où les gens expérimentent cette intoxication mentale est le fait que le narratif soit incorrect, même de manière flagrante, n'a plus d'importance. Ce qui compte est qu'il mène vers cette intoxication mentale. Et c'est pourquoi ils continuent à suivre le narratif malgré le fait qu'ils pourraient se rendre compte de son absurdité en y réfléchissant brièvement. C'est le mécanisme central de la formation de masse et c'est ce qui le rend si difficile à contrer.

Parce que, pour les gens, ça n'a pas d'importance que le narratif soit erroné. Et ce que nous essayons de faire constamment est de montrer que le narratif est absurde mais, pour les gens, ce n'est pas ce qui compte. Ce qui compte est qu'ils ne veulent pas revenir à cet état précédent douloureux d'anxiété "free-floating" [...] Ils [les leaders] peuvent tricher, mentir, manipuler, et faire tout ce qu'ils veulent, ils seront toujours pardonnés par la foule, parce que la foule semble penser qu'ils le font pour leur bien. Cela fait également partie des mécanismes de la formation de masse[433]. »

L'analyse est très intéressante. Effectivement, les causes sont multiples et profondes mais cette hypnose de masse n'a pu être mise en place que grâce à la puissance de l'outil de propagande médiatique. Plus de 70 % de dépêches AFP depuis 20 mois sont consacrées au Covid-19 ! Ce n'est pas normal.

Nous avons même pu observer des articles élogieux concernant des camps de concentration pour covidés mis en place en Chine. *Le Figaro* du 23 octobre 2021 va publier un article[434] intitulé *La Chine ouvre un centre de quarantaine ultramoderne pour se prémunir du Covid-19.* Le correspondant en Asie du *Figaro* est émerveillé face à la technologie utilisée dans ce centre de quarantaine. Les voyageurs qui, rappelons-le, ne sont pas malades, sont surveillés 24 heures sur 24 par des appareils à distance qui prennent leur température... et envoient toutes les données à un serveur. À aucun moment il n'est question dans l'article du respect des données personnelles ! De plus, il est question d'une quarantaine qui va durer trois semaines ! Pourquoi on est passé de 10 jours en France à 21 jours en Chine ! C'est basé sur quel type de science ? Et puis, à quel moment un représentant commercial d'une entreprise occidentale va-t-il accepter de rester 21 jours avant la foire à laquelle il va assister ? C'est extrêmement pénalisant pour le commerce, c'est invivable. Les sociopathes du PCC vont aller plus loin avec leur stratégie stupide du « Zéro Covid » : 39 nouveaux cas de Covid détectés à Lanzhou[435], ville chinoise de 4 millions d'habitants et c'est le reconfinement pour tous ! La journaliste qui s'exprime dans la vidéo de France 24 va même parler de « flambée » épidémique ! Donc 39 nouveaux cas positifs c'est une *flambée* épidémique ! 200 cas Covid-19 ont été enregistrés dans toute la Chine depuis le 17 octobre 2021 selon elle ! Ce n'est plus une flambée, c'est un tsunami, ils vont définitivement tous mourir dans d'atroces souffrances.

Il y a d'autres paramètres qui ont, pour ma part, joué énormément sur l'état d'esprit des populations, la diffusion depuis maintenant deux décennies de séries télé et films qui ont pour sujet des virus mortels qui ont décimé la population mondiale en créant un chaos indescriptible. Souvent, ce sont des séries qui auront un très grand succès comme *The Walking Dead* et ses 11 saisons, 177 épisodes. En parallèle, vous avez également la diffusion de bandes dessinées (comics), ce qui ne fera qu'augmenter la diffusion, sans oublier les jeux vidéos. Le plus souvent il s'agit de la libération d'un virus issu d'un laboratoire mais quelquefois vous avez également des scénarios qui vont inclure un côté surnaturel. La série *TWD* va bénéficier d'une audience assez spectaculaire jusqu'à 15 millions de personnes pour un seul épisode, c'est un véritable phénomène. Nous avons comptabilisé plusieurs dizaines de séries de ce type très anxiogènes car non seulement il s'agit de mort due à un virus mais également des conséquences de l'effondrement de la société qui va créer encore plus de violence. Nous pouvons citer donc 8 séries : *Sweet tooth* (2021), *Anna* (2021) présentée ainsi « *Cette série décrit un monde frappé par une épidémie, fictionnelle, qui a tué tous les adultes. Dans ce présent post-apocalyptique, une jeune fille obstinée se lance à la recherche de son petit frère, victime d'un enlèvement. A travers les champs calcinés, les forêts ténébreuses, les ruines de centres commerciaux et les villes abandonnées, elle devra lutter jour après jour aux côtés d'une communauté de survivants dans une île désolée où la nature a repris ses droits.* ». *Stand* (2020). *L'autre côté* (2020) : « *Madrid, 2045: un virus mortel a privé tout l'occident de ressources naturelles. L'Espagne et les autres pays sont désormais sous le coup d'un régime dictatorial et la vie à la campagne est devenue impossible. En ville, un mur a été érigé pour séparer les puissants des autres habitants.* ». Même la France s'y met avec la série *Peur sur le lac* (2020, Annecy). *Épidémie* (2020, Montréal). *V-Wars* (2019), le combo virus/crise climatique, le nec plus ultra de la propagande actuelle : « *Le réchauffement climatique entraîne la fonte des glaces polaires et avec elle, la libération d'un virus millénaire.* ». *To the lake* (2019, Mosco). *See* (2019, 2 saisons). *The Rain* (2018, 3 saisons). *Alerte Contagion* (2016). *Fear The Walking Dead* (2015, 5 saisons). *Between* (2015, 2 saisons). *12 Monkeys* (2015, 4 saisons). *Z Nation* (2014, 5 saisons). *The Strain* (2014, 4 saisons). *The Last Ship* (2014, 5 saisons). *Cordon* (2014, Belgique, 2 saisons). *Helix* (2014, 2 saisons). *The Virus* (2013, Corée du Sud). *The End Of The World* (2013, Corée du Sud). *Utopia* (2013, Grande-Bretagne). *Survivors* (2008, 2 saisons). *Jeremiah* (2002, 2 saisons). Parallèlement, vous avez la production d'un nombre très important de films sur le même sujet : *World War Z*, *28 jours plus tard*, *Le fléau*, *Pandémie*, *Contagion*, *Alerte*, *Contamination*, *Infection*, *Songbird*, *Cabin Fever*, *En quarantaine*, *Je suis une légende*, *#Alive*, *Dernier train pour Busan* puis sa suite *Peninsula*, *Resident Evil*, des *James Bond*...

Curieusement, nous avons constaté pendant cette crise sanitaire des programmes qui vont prendre un grand pourcentage de temps d'antenne sur nos télévisions. D'un côté, vous avez la propagande covidiste qui n'a jamais cessé, de l'autre côté vous avez un nombre incalculable d'émissions de jeux, du plus grand Légo, de la plus longue chute de dominos, de cuisine et de danse comme si de rien n'était comme si tout allait parfaitement bien dans le meilleur des mondes alors que le pays est en train de couler. Le nombre d'émissions de concours de la meilleure pâtisserie ou de la plus jolie pizza, à moins que ce ne soit la plus jolie baguette de pain... se multiplient à la télévision. TF1 réalise des émissions les plus coûteuses de toute l'histoire de la télé, émissions de danses et de chants qui n'ont pour objectif que d'hypnotiser un peu plus longtemps les masses. Tout a été mis en place pour faire briller les mirettes de tout ce petit peuple servile avec le choix méthodique de jolies femmes très souvent dénudées, des paillettes, des strass, des projecteurs, des gros plans sur les parties les plus suggestives et le tour est joué. À défaut de pouvoir se nourrir correctement ou de payer sa mirobolante facture d'électricité ou d'essence, le sans-dents pourra au moins rêver un petit peu face à a boîte magique.

Il faut dire que la trahison des artistes et autres intellectuels cathodiques va beaucoup aider le système dans cette volonté de propagande et de tromperie généralisée. Nous savions déjà que les élites artistiques étaient totalement corrompues - qu'elles soient de droite ou de gauche - et qu'elles avaient largement soutenu Macron lors de l'élection de 2017, elles ne pouvaient donc que soutenir tout ce qui allait être fait quelles que soient les contradictions et les conséquences dramatiques sur la population. Nous avons vu des queues interminables de personnes affamées à la distribution de soupes populaires, personne n'a rien dit. Très peu se sont illustrés : Jean-Marie Bigard avant de disparaître définitivement, Francis Lalanne a été très actif et quelques rares autres. Ils étaient tous terrorisés de ne plus pouvoir travailler puisque les salles de théâtre et de cinéma étaient fermées, les tournages stoppés.

Le groupe qui s'est le mieux illustré contre la Doxa restera I am, le courage de se positionner à de nombreuses reprises sur les médias. Ils vont d'ailleurs être diabolisés avec une extrême violence lorsque le leader du groupe Akhenaton – 52 ans – va se retrouver hospitalisé quelques heures au CHU de la Timone. Les médias vont immédiatement titrer, BFM en tête, qu'il était en réanimation à cause du Covid-19 alors que ce ne fut jamais le cas[436]. L'information a été démentie à de nombreuses reprises par le chanteur, ce qui démontre encore une fois que ce sont les médias officiels qui sont les premiers diffuseurs d'intox. Le pire sera bien entendu le comportement des internautes sur les réseaux sociaux comme Twitter qui vont lui souhaiter de mourir car il a refusé de se faire vacciner. C'est à ce moment précis que l'on comprend que certains ont totalement perdu la raison à cause de cette hystérie générale imposée par le covidisme. Il faut bien comprendre que les médias sont terrorisés par les personnalités qui pourraient prendre la parole contre la Doxa. Le rapeur Mysa publiera fin septembre 2021 sur le Net sa dernière chanson *Dystopie-19*[437] qui confirme encore une fois qu'il a toujours été à la pointe de la lutte contre le chaos actuel. Par contre, on ne peut que remarquer l'absence des rappeurs si prompts à faire les marioles sur les plateaux télé, à organiser des combats de MMA dans des octogones, mais incapables de réagir face à cette escroquerie mondiale. Booba va prendre la parole en janvier 2022 contre cette folie, il se fera immédiatement censurer son compte Twitter !

Timidement, l'acteur et humoriste Pascal Légitimusa pris la parole et regretté de s'être fait vacciner affirmant qu'il ne se fera jamais injecter la 3e dose. L'actrice Véronique Geneste est très active sur Twitter contre la Doxa mais ne passe quasiment jamais sur les plateaux télé ! À partir du 1er avril la presse papier publie des articles concernant l'actrice Anne Duperey qui affirme ne pas vouloir se faire vacciner. Elle a ajouté au magazine *Femme Actuelle*[438] : « *Je pense qu'il est urgent d'attendre devant un produit complètement expérimental, qui n'a jamais été utilisé jusqu'à présent, qu'on appelle faussement un vaccin puisque ça fait plutôt partie d'une thérapie génique, dont on ne sait absolument pas les effets à long terme. Alors c'est pratique, on vaccine les plus vieux, comme ça s'il y a des effets, on ne saura pas, ils auront claqué avant !* ». Il est évident qu'après la très mauvaise expérience du Levothyrox© de Merck, Mme Anne Duperey est vaccinée contre la propagande de Big Pharma. Le chanteur Bernard Lavilliers a très timidement attaqué la gouvernance Macron sur le plateau de *C à vous* : « *Il m'agace. Il dit des énormes conneries mais apparemment ça ne dérange personne* », ce qui est très léger vu la crise démocratique actuelle.

À l'étranger, la star mondiale, le guitariste Eric Clapton va quant à lui s'ériger et se lever contre cette folie. Il fera de nombreuses déclarations malgré sa diabolisation par les médias. Il va même écrire une chanson - *This Has Gotta Stop* – en août 2021 et participer à une autre avec le guitariste Van Morrison le 4 décembre 2020 intitulée *Stand and deliver*. Les paroles sont très claires : « *Je savais que quelque chose ne tournait pas rond / Quand tu as commencé à faire la loi / Je ne peux pas bouger mes mains / Je suis en nage / J'ai envie de pleurer / Je n'en peux plus* » ! Eric Clapton a souffert de neuropathies périphériques causant des douleurs atroces lors de sa première et ensuite sa seconde dose d'AstraZeneca. Ce n'est donc pas du tout un anti vaccin mais un simple patient qui en a marre de ce terrorisme sanitaire et de la gestion lamentable de cette crise par Boris Johnson concernant l'Angleterre.

Non seulement le milieu artistique français a brillé par son absence et sa lâcheté mais d'aucuns n'ont pas hésité à insulter les personnes qui critiquaient la gestion de cette crise ou qui ne voulaient pas se faire injecter cette soupe hasardeuse d'ARN messager. Ce sera le cas de François Berléand qui va traiter les anti vaccins de « crétins ». Il sera rejoint par Richard Berry dans cet exercice de mépris et d'arrogance pourtant accusé par sa fille d'inceste[439], il devrait disparaître des radars pour 1000 ans. Pierre Perret en fera autant, même s'il a émis une petite critique contre le gouvernement. Didier Bourdon traitera les non-vaccinés de *connards* ! Rien d'étonnant lorsque l'on saura que son fils travaille chez... Pfizer !

Où sont passés les artistes engagés de gauche qui ont passé les dernières décennies à faire la morale aux Français sur les plateaux télé et radio ? Leur silence assourdissant malgré l'allongement des queues des soupes populaires restera gravé dans l'histoire. Ceci ne les empêchera pas de réaliser un film dès l'année prochaine afin d'essayer de gagner une palme d'or au prochain festival de Cannes. Sans oublier la belle bande d'hypocrites des Restos du cœur qui va encore nous soûler avec un énième concert pour que les Français donnent encore plus d'argent aux malheureux pendant que l'État dilapide les richesses du pays, tout en se faisant une pub gratuite. Un abonné Twitter a posté un message[440] qui résume parfaitement la désertion des artistes : « *J'ai hâte qu'il n'y ait plus de combat à mener pour que puissent enfin s'exprimer tous mes amis artistes engagés !* ». M. Thomas Séraphine (humoriste et comédien français. *Action directe*, Canal+) a lu un texte intéressant dénonçant ce silence lors de la manifestation de samedi 8 janvier 2022 contre le pass vaccinal ; la Doxa ne l'a pas raté parlant de dérapage... !

On remarquera que les restrictions sanitaires appliquées aux stars du showbiz ne sont pas les mêmes que celles appliquées au pauvre gueux pourtant seul à marcher dans sa forêt ; il suffit de les voir se pavaner sur les plateaux télé sans masque et sans distanciation. Pendant ce temps, des élus totalement fous veulent imposer la vaccination à tout le monde et l'exécutif veut continuer avec son pass insanitaire jusqu'au 31 juillet 2022 ! Pendant ce temps, les enfants sont toujours masqués et maltraités à l'école ! Pendant ce temps des dizaines de milliers de personnel soignant sont suspendus sans être rémunéré et 20 % des lits hospitaliers sont fermés mettant en danger les malades ! On nous explique que le virus n'a pas été vaincu et que ça peut reprendre du jour au lendemain avec une 5e vague encore plus mortelle étant donné le nouveaux variants bla bla...

Pendant cette crise, nous avons vu apparaître une petite secte assez risible de gens défenseurs de l'orthodoxie gouvernementale. De petits groupes se sont illustrés. Celui des médecins défenseurs de la *vraie* science, la seule et unique, tels des chevaliers blancs, ces « NoFakeMed » se sont réveillés en 2020 pour dénoncer la *junk science* avec plusieurs décennies de retard. De l'autre côté, vous avez une autre petite secte d'internautes qui a décidé, avec une arrogance assez spectaculaire, de confirmer systématiquement tout le narratif officiel en s'attaquant avec virulence aux anti Doxa, il s'agit de la secte des zététiciens.

Commençons par le petit groupe de médecins très actifs sur le Net et qui va s'illustrer par un nombre incalculable de bourdes se ridiculisant en soutenant la fausse étude du LancetGate... tout ceci sans jamais rougir de honte ni s'excuser. Leur seul objectif dans la vie est d'insulter et de s'attaquer au Pr Didier Raoult alors que d'aucuns n'étaient même pas thésés, donc diplômés ! Très vite, une ambiance malsaine s'était installée avec, on en a déjà parlé, des échanges d'insultes et de menaces dignes d'une cour d'école.

Les déclarations de ces médecins vont systématiquement aller dans le sens de la propagande de Big Pharma puisqu'ils vont louer l'efficacité de la vaccination et sa nécessité avant même la lecture des études des essais cliniques. Prenons l'exemple du Dr Laurent Alexandre qui avait annoncé le 21 janvier dernier sur son compte Twitter qu'il mangerait son chapeau australien en nylon si la situation épidémiologique israélienne ne s'améliorait pas significativement à partir du mois du février étant donné la vaccination de masse exemplaire au Pfizer (*Blietzkrieg*) ! Au vu de la situation dramatique actuelle, selon les déclarations du premier ministre N. Bennett, nous lui avons déjà conseillé[441] d'accompagner cette délicieuse collation d'une pincée de fleur de sel, du poivre et d'un filet d'huile d'olive, ça va faciliter le passage dans le gosier. Sans oublier bien entendu l'inénarrable Nathan Peiffer-Smadja qui avait affirmé dans un autre tweet publié le 15 juillet 2021 : « *Plus de 5 mois que j'ai reçu ma première dose de vaccin Covid-19. C'est une immense chance d'avoir pu y avoir accès et de bénéficier d'une protection extrêmement efficace contre tous les variants connus de SARS-CoV-2. Peu de gens dans le monde ont cette chance* ». Tellement efficace que Tel-Aviv parle déjà d'une 4e dose et que tout l'Occident est en train de vacciner la population avec une 3e dose de rappel en moins de 9 mois après le début de la vaccination, ce qui est une première dans toute l'histoire de la médecine. Faut-il rappeler la proximité importante entre Nathan Peiffer-Smadja et Yazdan Yazdanpanah !

Laurent Alexandre nous a bassinés pendant des mois avec ses études scientifiques en double aveugle, randomisées, multicentriques… selon les canons de l'EBM, il vient nous expliquer que tout va bien à la lecture d'un simple communiqué de presse du département communication du laboratoire Moderna ! Ce n'est même plus du charlatanisme, c'est bien pire, de la pure bêtise. Comment peut-on faire confiance et vacciner aveuglement des milliards de personnes à la lecture d'un simple communiqué de presse publié par un laboratoire qui n'a jamais fabriqué ni médicament et encore moins de vaccins avant cette crise ! Ce sera la même chose pour les shakers vaccinaux avec des doses de vaccins totalement différents les unes des autres comme va le démontrer Olivier Véran[442] qui aura pour première dose vaccinale l'AstraZeneca en février dernier, comme 2e dose le Moderna au mois de mai et enfin, en 3e dose du Pfizer en octobre. Ce qui ne l'empêchera d'attraper le Covid-19 mi janvier 2022 ! Ceci n'est pas de la science, ce n'est même pas du charlatanisme, c'est autre chose.

Concernant les zététiciens, prenons deux exemples dont celui de la Tronche en biais, un certain Thomas C. Durand, titulaire d'un doctorat en physiologie végétale en 2009 (*sic*). Un article[443] de *Marianne* publié le 14 mai 2021 a traité la question de l'origine du virus, animale ou laborantine, intitulé : *Rebondissement. Le Covid échappé d'un laboratoire: la théorie qui n'a plus rien de conspirationniste* ! L'article est écrit par M. Jean-Loup Adenor, il commence ainsi : « *Qualifiée de complotiste lorsqu'elle a émergé fin 2019, alors que le coronavirus se répandait comme une traînée de poudre, la théorie selon laquelle le virus aurait fuité d'un laboratoire chinois est aujourd'hui prise au sérieux par une partie de la communauté scientifique. Une leçon d'humilité pour les journalistes prompts à crier à la conspiration.* ». On assistera ensuite à une avalanche de fake niouzes des Laurent Alexandre, Olivier Schwartz ou Karine Lacombe se ridiculiser en affirmant l'inverse alors qu'ils n'avaient absolument aucune preuves pour étayer leur affirmation. On sait maintenant qu'ils n'en savaient absolument rien, il n'ont fait que mentir en toute connaissance de cause. C'est très grave car cela a des conséquences dramatiques sur les populations vu qu'ils empêchent les autorités de connaître l'origine de l'épidémie pour éviter de commettre les mêmes erreurs dans le futur. Laurent Alexandre va affirmer sur Cnews que c'est impossible étant donné que l'Académie des sciences et l'institut Pasteur a affirmé l'inverse dans un communiqué ; selon lui « *Il est certain que le virus était naturel, qu'il n'a pas été fait en laboratoire* ». Karine Lacombe va répéter exactement les mêmes sottises chez Jean-Jacques Bourdin sur RMC. Selon elle, on ne trouve pas de trace artificielle dans le génome du virus, c'est factuel, c'est indiscutable alors qu'elle n'en sait absolument rien. Un virologue, un certain Étienne Simon-Lorière, de l'institut Pasteur, va réaliser une vidéo sur France Info dans laquelle il va affirmer : « *Aujourd'hui il y a des centaines de laboratoires dans le monde, y compris l'institut Pasteur, qui séquencent le virus et donc on a une idée très très précise de ce qui compose le génome. Donc on est complètement confiant, ça ne ressemble pas à quelque chose d'artificiel* ». La seule chose certaine dans cette déclaration c'est qu'il n'en savait rien, reste à savoir maintenant pourquoi il ment et quel est son intérêt ! Sur France Culture, une autre lumière va venir nous balancer les mêmes fadaises : « *Le coronavirus n'a pas été créé en laboratoire, il y a eu des rumeurs effectivement comme à chaque nouvelle épidémie. Certaines personnes suspicieuses, carrément paranoïaques, imaginent la pire des théories conspirationnistes. Mais là on sait que ce n'est pas le cas.* » *dixit* le Pr Olivier Schwartz, directeur scientifique à l'institut Pasteur. Monsieur est très intelligent, il affirme qu'il est impossible de fabriquer un virus car il nous suffirait de remonter l'arbre phylogénétique pour démontrer la supercherie. Il est bien plus fort que les Américains et les Chinois, c'est d'ailleurs pour cela qu'il travaille à Paris[444].

Après avoir été effrayés par autant de sottises et de mensonges, on se dit que nous avons atteint le fond et qu'on ne peut pas tomber plus bas, c'est réconfortant. Grossière erreur. Il suffit de lire les déclarations de l'épidémiologiste Catherine Hill, habituée des plateaux télé, et très régulièrement invitée à s'exprimer pour une raison qui nous dépasse étant donné son âge avancé car elle devrait être largement à la retraite – 75 ans – en train de se reposer chez elle avec sa famille. Rappelons qu'elle n'est pas médecin, c'est une simple épidémiologiste statisticienne. Elle n'y connaît rien en virus, pourtant dès la 2e vague elle avait appelé à la mise en place des restrictions aussi lourdes que lors du premier confinement[445]. Le 21 septembre 2020 elle va passer sur le plateau de BFM TV invitée[446] par Bruce Toussaint avec un petit graphique terrifiant qui nous explique que même si des restrictions drastiques étaient mises en place immédiatement, nous allions avoir quand même une vague terrifiante et mortelle dans 4 semaines, scénario que la France n'a pas connu. Mme Soleil s'est trompée ! Elle prophétise une explosion exponentielle des réanimations en France. Bouuuuh ! Tremblez malheureux ! Cette épidémiologiste à la retraite qui doit très bien gagner sa vie n'a que faire des dommages collatéraux causés par les confinements sur l'économie et sur l'explosion de la pauvreté et de la misère en France ! Seule compte pour elle sa courbe logarithmique exponentielle !

Catherine Hill va pourtant réussir à faire mieux dans un article[447] des Décodeurs du *Monde* le 30 octobre 2021. Les propos tenus sont effarants de bêtise, voire extrêmement dangereux pour la santé des enfants. Étant donné que Pfizer vient d'obtenir une autorisation d'utilisation d'urgence de leur vaccin aux États-Unis sur les enfants de 5 à 11 ans, immédiatement la France se pose la même question avec le même éreintant psittacisme. La question est très délicate pour les lobbyistes vu que les enfants ne sont pas malades et ne meurent quasiment jamais de la maladie ; il est inconcevable en médecine de soigner quelqu'un pour une maladie qui ne le concerne pas, ça n'a aucun sens. Du coup il va falloir trouver un artifice notamment les vacciner pour diminuer la circulation du virus et donc protéger les plus âgés. Sauf que ces derniers sont vaccinés à des taux très élevés. Catherine Hill le sait et maintient son stupide choix : « *Si on vaccinait les 5,8 millions d'enfants de 5 à 11 ans, on éviterait très peu d'hospitalisations et encore moins de décès, et on causerait quelques myocardites ou péricardites. Mais on réduirait beaucoup la circulation du virus, à condition que la population comprenne l'enjeu et accepte cette vaccination.* » ! Il devient véritablement urgent et vital de mettre fin à l'action de ces fous. La société française doit se débarrasser le plus vite possible de ces parasites, les seuls véritables virus mortels qui menacent la population.

Mais le plus intéressant reste la secte des zététiciens qui, du haut de leurs BTS, ont osé traiter le Pr Luc Montagnier de charlot. La Tronche en biais a osé, sans rougir, écrire ceci : « *Nous assistons au spectacle navrant de personnages au parcours conséquent qui se permettent de prononcer publiquement des allégations pseudoscientifiques sur la santé ou sur des théories du complot ou divers sujets qui dépassent le cadre de leurs compétences académiques avec la même assurance que lorsqu'ils interviennent dans leur domaine d'expertise*[448]. » ! Il va récidiver sur son site : « *Luc Montagnier. Prix Nobel, certes, mais aussi affabulateur*[449] *dont j'ai déjà eu l'occasion de vous parler des théories farfelues dans une vidéo intitulée « Le virus, le Nobel & le complot – Tronche de Fake 5.3* ». »[450]

Mais au lieu de faire son mea culpa, la Tronche en biais continue de camper sur ses positions car il n'a que faire de la recherche scientifique, il est dans l'idéologie et la servitude. Il faut bien comprendre qu'il ne veut pas perdre sa chaîne YouTube. Rappelons que la Tronche en biais qui fait tout de travers, s'est déjà lamentablement planté sur le LancetGate, la plus importante fraude scientifique de toute l'histoire de la science, que nous nous réjouissons d'avoir débunkée en quelques heures seulement. Alors si ça peut lui faire plaisir, on ne lui fera pas subir une avalanche de « nous avions raison », non ! On va juste lui rappeler qu'il a eu très souvent tort, qu'il se ridiculise toujours plus et que le temps joue contre lui. C'est vrai que les choses se compliquent lorsque l'on a pour seule passion l'erreur. Collaborer avec une Doxa qui se trompe tout le temps n'aura pour résultats qu'erreurs, plantages, bévues, mensonges, bêtises…

Comme par hasard, les médias officiels vont s'arracher ces youtubeurs, ces influenceurs de la démocratisation scientifique. Dès qu'il s'agira de taper sur les anti pass sanitaire ou les anti vaccins, un zététicien sortira immédiatement du chapeau magique de la Doxa. C'est d'ailleurs cette petite secte qui diffusera le terme « antivax ».

Un livre intéressant a été publié il y a un an maintenant, *Les gardiens de la raison. Enquête sur la désinformation scientifique* (La découverte, sept. 2020, 368 pages). Les deux auteurs de l'ouvrage ont été invités dans l'émission de France Inter, *L'Instant M*, animée par Mme Sonia Devillers le 24 Septembre 2020. M. Stéphane Fourcart et Mme Stéphane Horel, dans la vidéo[451] intitulée, *Désinformation scientifique : quand la raison est instrumentalisée par des intérêts privés*, publiée le 24 septembre 2020, nous parlent des dérives de cette fausse éthique qui n'est rien d'autre que le bras armé de l'industrie qui va l'utiliser pour instiller le doute partout notamment quand il est question de produits toxiques ou dangereux pour la santé. Concernant la zététique, Mme Stéphane Horel n'hésite pas à utiliser le terme de « petite secte ». Oui car curieusement, les thuriféraires de l'industrie ne se posent jamais de questions concernant la corruption systémique lors de la mise en circulation des produits qui se sont avérés in fine dangereux. Leur seul objectif est de discréditer toute critique avec des arguments curieusement toujours les mêmes à la virgule près. Ce sont encore une fois les mêmes stratégies des boîtes de communication qui vont leur offrir des éléments de langage.

C'est la déferlante médiatique pro zétète en France mais on peut néanmoins trouver un article critique paru dans *Libération* du 30 août 2021 intitulé, *Zététique : esprit critique, es-tu là ?* écrit par Élisa Thévenet. Richard Monvoisin y sera interviewé en tant que didacticien des sciences en charge d'un cours de zététique à l'université de Grenoble depuis 15 ans, il qualifie cette mouvance de dérives : « *On n'a pas anticipé le virage de 2015. Alors que les chaînes YouTube commençaient à se multiplier, nous, les plus anciens, n'étions même pas sur Facebook. Du coup, tout un tas de gens se sont engouffrés dans la brèche, et, aujourd'hui, on ne fait plus le poids face à ces animaux médiatiques.* ». Il ajoutera que tout un business florissant s'est développé autour de ce phénomène : « … *en quelques années, un véritable business s'est structuré autour des contenus labellisés « esprit critique », au point de créer de nouvelles carrières. Aujourd'hui, les vidéos de la Tronche en biais rapportent 5.000 euros par mois à son cofondateur, Thomas C. Durand. Unique salarié de son association créée en 2016, il travaille aux côtés d'une vingtaine de bénévoles et finance ses tournages grâce au crowdfunding, aux publicités intégrées, à une poignée de formations et à une dotation du ministère de la Culture. En six ans, ses quelques 300 vidéos ont été visionnées plus de 23 millions de fois.* » ! Très intéressant puisque nous observons que ces néo-gardiens de la raison et de la vérité sont financés par l'État, le ministère de la culture en l'occurrence, dans le cas de Thomas C. Durand. Il n'y a absolument aucune indépendance éditoriale puisqu'il s'agit d'une armée appliquant de la propagande d'État. Leur comptes sont promus de manière continue par les platesformes type YouTube alors que nous sommes censurés puisque notre plateforme YouTube de 144.000 abonnés a été supprimée à cause de nos vidéos traitant de la crise sanitaire Covid-19. Thomas C. Durand n'est pas le seul à être financé par l'État puisque d'autres influenceurs ont été payés par le ministère de la santé afin de promouvoir la vaccination à l'école. Quant à Sylvain Laurens, maître de conférences à l'EHESS, il résume bien la situation en décrivant les tenants de ce mouvement : « *Les zététiciens, c'est le rationalisme sans la responsabilité du savant* ». C'est exactement ça puisqu'ils n'ont absolument aucune responsabilité à assumer en cas de dérive sachant qu'ils n'ont pas de hiérarchie ni de comptes à rendre. De plus, le positionnement de ces sectateurs concernant la science médicale est complètement stupide car elle n'est pas une science dure mais une science humaine. Mettre au-dessus de la pyramide de la preuve l'essai randomisé contrôlé n'a pas de sens car il ne peut pas être réalisé à chaque fois (*cf.* annexe n°16). De surcroît, de nombreuses études épistémologiques ont démontré qu'il y avait de très nombreux moyens de biaiser des études randomisées et contrôlées. Une étude[452] publiée dans le *New England Journal of Medicine* en 2014 et intitulée, *Résultats des soins de santé évalués avec des conceptions d'études d'observation par rapport à ceux évalués dans des essais randomisés*, a démontré qu'il n'y avait pas de différence significative entre les essais randomisés et les études observationnelles : « … *il existe peu de preuves de différences significatives dans l'estimation des effets entre les études observationnelles et les ECR, indépendamment de la conception spécifique de l'étude observationnelle, de l'hétérogénéité ou de l'inclusion d'études d'interventions pharmacologiques.* ». En réalité il y a de nombreux facteurs qui vont pouvoir modifier et affaiblir le protocole censé être robuste dont le plus important reste le conflit d'intérêt économique et bien entendu carriériste. De plus, un essai observationnel peut être extrêmement efficace et beaucoup plus rapide à mettre en place. Une question importante demeure, on aimerait bien savoir qui va financer des études coûteuses et longues sur des molécules non brevetables ? Nous sommes donc condamnés à attendre des nouvelles molécules magiques extrêmement coûteuses qui vont ruiner la Sécurité sociale et dont l'efficacité thérapeutique est plus que douteuse étant donné que depuis une vingtaine d'années, très peu de molécules révolutionnaires ont été produites.

Le second zétète dont il sera question ici est un certain Mr Sam, de nationalité belge (Samuel Buisseret). L'arrogance et la bêtise que vous pourrez découvrir dans les vidéos de ce vulgarisateur autoproclamé sont extrêmement rares, donc appréciables. Il donnait des leçons de « méthodologie infaillible et robuste » pour discerner le vrai du faux dans la science, ce qui lui aurait, selon lui, permis de distinguer la vérité et condamner les travaux du « charlatan » Didier Raoult ! Du coup il a pris comme plus haut sommet de preuve les méta-analyses statistiques comme l'étude frauduleuse du Lancet en réalisant une vidéo[453] mythique postée le 25 mai 2020 (retirée depuis en la postant, de manière non répertoriée sur YouTube) ! Ce monsieur n'a absolument aucune compétence scientifique, c'est de la pure folie à l'image de notre époque. Du coup, vu sa médiocrité spectaculaire, le journaliste William Audureau, appartenant au groupe des Décodeurs du journal *Le Monde* va publier un article[454] le 27 avril 2021 et en profiter pour interviewer Mr Sam. Qui se ressemble s'assemble. Mr Sam est présenté comme un ex-complotiste repenti, ce qui le rend très recherché par les médias officiels comme vous pouvez l'imaginer. L'existence même de cet énergumène démontre à quel point la société s'est effondrée sur elle-même, il n'y a plus aucun pilier, aucune hiérarchisation, l'ignorant a le même statut que le savant, le travailleur la même valeur que le fainéant...

On a eu également un sacré numéro en la personne d'Alexander Samuel. Celui qui se présente comme le chevalier blanc qui lutte contre la désinformation du charlatanisme médical s'est avéré être un véritable sataniste amateur de musique death metal avec des paroles d'une rare violence. Il a même osé traiter ses adversaires anti pass d'appartenir à des mouvements sectaires afin de les discréditer. Encore une fois, avec des compétences qui n'ont strictement rien à voir avec le domaine médical, il va être d'une rare véhémence sur les réseaux sociaux contre le Pr Didier Raoult. Concernant ca carrière artistique de musicien sataniste, prenons l'exemple de quelques-unes de ses paroles[455] de chansons qu'il écrit lui-même comme *Le Chairmonde* : « *Hey vermine, va donc manger tes pairs. Hey vermine, lèche leurs viscères. Nourris-toi d'entrailles pourries. Avale leur essence et péris* » ou bien *Le Royaume des Coprophages* avec les délicieuses paroles : « *Le royaume des coprophages. Se prétend peuplé de sages. Il parasite l'érudition. Et limite toute création.* » ! Si vous avez apprécié les précédentes paroles, vous allez certainement adorer celles-ci en latin tirées de *Per Antiquum Chaos Divina Animae Fides* : « *Sanguinis et mortis rituales. Odium et Iram solvent. Mysticum sacrificium homines. Nobis malum potestatem darent.* » qui veut dire en substance : « *Rituels de sang et de mort. Haine et rage. Le sacrifice mystique des hommes. Ils devraient nous donner un pouvoir maléfique* » ! Ce monsieur qui se présente comme un être rationnel qui défend contre vents et marées la médecine moderne contre le charlatanisme se vautre dans le folklore satanique le plus assumé les week-ends dans les bars musicaux de Nice. Il s'est même filmé lors de manifestations anti pass sanitaire en train d'arracher des pancartes des manifestants ce qui est clairement un acte de violence d'une rare stupidité qui aurait pu lui valoir des poursuites judiciaires. Il faut bien savoir une chose, tous les zététiciens et autres NoFakeMed sont incapables d'organiser la moindre manifestation pour soutenir leurs positions contrairement aux anti pass. Ils ont essayé maladroitement de réaliser une manifestation qui a fini avec 30 personnes, journalistes compris ! Une tentative lyonnaise fin août a fait pschiiit. Sur Paris, c'est le publiciste Franck Tapiro qui a organisé ça sur le parvis des droits de l'homme du Trocadéro le 19 septembre dernier. Malgré la présence de 3 DJ, une publicité folle avec une présence médiatique importante de l'organisateur, le flop était au rendez-vous. C'est très curieux, ils sont des dizaines de millions à s'être fait vacciner et sont incapables de réaliser une manifestation de quelques centaines de milliers de personnes une seule fois pour montrer à quel point ils ont raison et sont très nombreux.

Les attaques de la presse contre mon travail vont se multiplier ces dernières semaines avec une rare bêtise. J'ai été victime d'un article diffamatoire écrit en juin 2018 par un certain Aziz Zemouri du *Point.* J'ai d'ailleurs déposé plainte pour diffamation ; malheureusement ma première plainte n'a pas abouti car le magistrat n'a pas respecté le délai de prescription qui est de 3 mois ! Sans aucune excuse ni conséquence, ma plainte avec constitution de partie civile, a été rejetée parce qu'un magistrat incompétent a mal fait son travail. J'ai pu donc déposer une seconde plainte contre ce même article même si j'ai répondu longuement aux accusations sur notre site via un texte que vous pourrez retrouver dans les annexes de cet ouvrage (*cf.* annexe n°17). La technique utilisée est toujours la même, mentir, diffamer, accuser sans jamais amener de preuves. Alors que ce papier du *Point* est d'une grossièreté confondante étant donné que la magistrate de la Chambre disciplinaire de première instance a réussi à obtenir un droit de réponse - qui m'a été refusé - et qui démontre à quel point les propos de Zemouri sont mensongers, ceci n'empêchera pas mes adversaires de le diffuser systématiquement afin de me nuire. S'imaginant intouchable, Zemouri va récidiver dans le numéro du *Point* du jeudi 28 janvier 2021, page 14, avec des propos encore plus grotesques puisqu'il m'accuse d'être en France le représentant du mouvement américain QAnon, du coup je serais recherché depuis le mois d'août 2020 par la Chambre des représentants qui aurait exhorté le FBI et la CIA à « *repérer et dénoncer les soutiens étrangers au mouvement complotiste QAnon* » ! Pourtant, il existe des centaines de preuves concernant nos critiques de Donald Trump, voire le mouvement QAnon qui a souvent sombré dans l'absurde dans sa volonté de soutenir coûte que coûte malgré ses très nombreuses contradictions pourtant visibles. Comme de coutume, Zemouri ne pouvait pas s'empêcher d'ajouter les accusations de racisme et d'antisémitisme. Pour comprendre à quel point Aziz Zemouri est un escroc, il faut se rendre compte qu'il n'a jamais contacté les autorités locales marseillaises ni même ma personne pour vérifier ses informations ce qui est pourtant une obligation professionnelle et déontologique. Cette fake news d'outre Atlantique sans aucun fondement, puisque absolument aucune convocation ne m'a été adressée depuis, a été reprise par d'autres sites comme *Sputnik* ou *Valeurs Actuelles*. Les premiers vont prendre en considération notre droit de réponse tandis que les seconds refuseront[456] à ce jour, belle image du métier de journalisme et du respect de la charte de Munich.

Puis ce sera autour du site d'extrême droite *Causeur*, animée par Élisabeth Lévy, qui va publier un article encore une fois mensonger et d'une grande stupidité à l'instar des précédents. Une réponse[457] a été publiée sur notre site point par point, répondant à toutes les diffamations. Nous n'allons pas revenir ici sur l'argumentaire, l'article est également disponible en annexe n°18. C'est encore une fois la démonstration de la qualité médiocre du milieu journalistique français qui n'est même pas capable de produire un article à charge sans commettre un nombre incalculable d'erreurs. À vrai dire, se faire traiter d'extrémiste par un site d'extrême droite est un plaisir qu'il faut savoir apprécier.

Enfin, récemment, l'émission du service public *Complément d'enquête* a réalisé un numéro totalement à charge et mensonger m'accusant bien entendu d'antisémitisme. Le reportage titré *Fake news, la machine à fric*, présenté par Tristan Waleckx, a été diffusé jeudi 2 septembre à 22h55 sur France2 ainsi que sur franceinfo et son application mobile. Les propos tenus sont graves : « *Dernier exemple : Salim Laïbi alias « Le Libre Penseur » Salim Laïbi qui a un projet … Un dentiste marseillais qui incite sa communauté à se rebeller contre « une élite criminelle », et dénonce régulièrement ce qu'il appelle « la mafia juive »* ». L'objectif de ce reportage sera de faire fermer notre compte sur la plateforme Tipeee[458], un site de financement participatif. Ils sont allés rencontrer les deux patrons de la boîte, ces derniers ont réagi de manière professionnelle et légaliste en demandant des preuves précises, voire des condamnations judiciaires. Malheureusement, à partir de la mi-novembre 2021, un message est affiché sur notre page Tipeee : « *Nous avons reçu un grand nombre de messages nous signalant que des informations présentes dans les contenus hébergés sur cette page étaient sujettes à débat. Nous vous invitons donc à la prudence lorsque vous consultez ces contenus.* » ! Si c'est sujet à débat alors débattons. Il semble que la censure se rapproche...

Nous avons envoyé un droit de réponse[459] à France Télévisions qui a bien entendu été rejeté comme à l'accoutumée. Autre point intéressant, ce reportage de *Complément d'enquête* a été réalisé par une journaliste, Aude Favre plus connue sur YouTube sous le pseudonyme Aude WTF (What the fake). Elle s'était illustrée il y a quelques années par la diffamation d'un internaute, en réalisant une vidéo assez longue mais totalement bidonnée, présentée comme une enquête journalistique sérieuse. Elle s'était attaquée au compte YouTube du Lama fâché, dont l'identité est inconnue, totalisant plus de 5 millions d'abonnés et réalisant des vidéos qu'elle qualifiait de complotistes et qu'il fallait donc abattre. C'est tout de même une boulette qui a été vue des centaines de milliers de fois sur Internet, ce qui n'a pas empêché France Télévisions de l'embaucher et de diffuser son travail. Rien de plus logique ! Mais comme rien n'est dû au hasard dans ce monde de propagande et de manipulation, il suffit de voir la dernière vidéo sur la chaîne YouTube d'Aude WTF intitulée *5 ACTIONS ARCHI CONCRÈTES POUR LUTTER CONTRE L'INTOX (AVEC LE SOURIRE)!*, publiée le 23 mars 2021, pour mieux comprendre qui parle et d'où elle parle. On peut lire dans la description le texte suivant : « *Vidéo réalisée avec le soutien de l'Institute for Strategic Dialogue, un laboratoire d'idées indépendant qui lutte contre l'extrémisme en ligne https://www.isdglobal.org/* ». Cet institut qu'elle présente comme « indépendant » est en réalité financé par toute une ribambelle de mondialistes et de délinquants comme Bill Gates, par exemple ! On peut également voir après avoir cliqué sur l'onglet « Partenariats et bailleurs de fonds » une longue liste de grands bienfaiteurs de l'humanité comme Google, Microsoft, Facebook mais surtout le département d'État américain responsable de la déstabilisation de la planète entière dans des guerres interminables qui attisent justement le terrorisme et l'intégrisme. Reste à savoir si Madame Aude Favre croit sincèrement à ce qu'elle dit. Pense-t-elle vraiment que Bill Gates est un grand philanthrope humaniste, que George Soros est un ange... ?

Complotisme

Il est intéressant de dire quelques mots sur l'accusation de *complotisme* utilisée en France comme une condamnation à mort par les thuriféraires de la Doxa. Avant toute chose, il faut bien comprendre que ce concept est purement occidental, il n'existe pas ailleurs dans le monde, en Afrique par exemple. Les initiés savent que cette accusation a été créé par la CIA au début des années 60, après l'assassinat de

JFK afin de discréditer tout questionnement légitime sur sa mort. Il est intéressant que le lecteur sache que cette accusation de *complotisme* n'existe pas au Maghreb ! Au contraire, ce sont les gouvernants corrompus qui accusent la main de l'étranger à chaque fois que la population dénonce leurs magouilles. Le peuple pense ce qu'il veut, un peu comme ce qu'il se passait en France il y a une quinzaine d'années. Il pouvait se tromper, il pouvait même divaguer, mais il n'aurait jamais été traité de *complotiste*. Bien au contraire, c'est la population qui a été victime de complots d'État nombreux ayant ruiné le Trésor public. Lors de nombreux assassinats politiques perpétrés en Algérie et attribués par la Doxa au terrorisme islamiste, la population sortait dans la rue, de manière quasi systématique, en scandant le slogan très connu de « *Pouvoir assassin* ». Pour plus de détails, se rapporter à mon livre *Algérie, de la théorie à la pratique du complot* (éd. Fiat Lux, 2020, 254 pages). Complot ou pas, les Algériens ne veulent pas se faire vacciner. Le ministre de la santé algérien a annoncé mi-novembre 2021 que l'Algérie possédait 13 millions de doses de vaccins qui allaient se périmer et que le peuple n'en voulait pas. Il faut dire que l'utilisation de cellules issues de fœtus avortés représente pour l'Algérien une abomination, ou plus exactement une double abomination, d'abord par le fait de l'avortement lui-même et bien sûr de l'utilisation de ces cellules introduites dans l'organisme.

Il est important de signaler que de nombreuses informations fausses, anciennes, non vérifiées... circulent sur les réseaux sociaux de manière assez spectaculaire ; nous avons toujours combattu cette dérive. On peut citer à titre d'exemple, l'une des plus récentes, affirmant qu'Albert Bourla, le patron de Pfizer, avait été arrêté aux USA, alors que c'est tout bonnement inconcevable. C'est la raison pour laquelle il faut absolument vérifier toutes les informations en circulation avant de les partager, au risque de participer à la diffusion d'une information fausse. Aussi, il ne faut pas hésiter à corriger ses propres erreurs commises de bonne foi, en publiant un erratum. Nous avons d'ailleurs édité l'ouvrage de M. Paul-Éric Blanrue, *Le livre noir des manipulations historiques* (éd. Fiat Lux, 2017, 432 pages), historien de formation, un des membres fondateurs historiques du mouvement zététicien français avant que cette mouvance ne parte à la dérive avec les charlots du Net. Dans tout un chapitre, assez long, il offrait au lecteur la méthodologie permettant justement de ne pas tomber dans le piège du « tout complot » et de la fausse information.

Les complots existent, ils sont nombreux, des milliers de livres sont vendus en France dans les librairies pour en parler. Sauf que l'on n'a pas le droit d'en parler lorsqu'ils sont commis, on ne peut les dénoncer que 30 ans plus tard lorsque les archives sont mises à disposition du public et qu'il n'y a plus d'enjeu pour les comploteurs. N'importe quel coup d'État dans le monde n'est rien d'autre qu'un complot et ils sont nombreux. L'assassinat de Mohamed V fomenté par les services de renseignements français avec l'aide d'un chirurgien helvète et mis en place par son fils Hassan II, est un complot. Le vol de la technologie de la bombe atomique par Tel Aviv sous le nez et la barbe du général De Gaulle est un complot raconté par feu Pierre Péan[460] dans son livre *Les Deux bombes* (éd. Fayard, 1991, 200 pages). Pierre Péan raconte que Shimon Peres a été à la tête de ce complot et qu'il était si puissant à l'époque en France qu'il avait son propre bureau à l'intérieur du ministère de la Défense français ! On pourrait poursuivre ainsi pendant des semaines et citer des centaines de complots en commençant par celui d'Osiris fomenté par son frère Seth, puis de César assassiné par Brutus... et ainsi de suite jusqu'au complot de Purdue Pharma/FDA qui a conduit à l'abattoir des centaines de milliers d'Américains.

Il est drôle de constater à quel point les médias et les politiciens dénoncent la dérive *complotiste* mais dès qu'ils se font attraper, la main dans le pot de confiture de la corruption, de la malversation, du conflit d'intérêts, des emplois fictifs... ils crient immédiatement au complot avec la complicité des journalistes. C'est tellement flagrant et ridicule que nous avons ouvert un cercle privé, le *Conspiracy club*, pour les accueillir. Il est complet depuis un moment, tant les membres sont nombreux à se présenter au portillon : Bernard Tapie, Nicolas Sarkozy, François Fillon, Alexandre Djouhri, Bernard Squarcini, Dominique de Villepin, Emmanuel Macron, Georges Tron, Dominique Strauss-Kahn, Laurence Parisot, Michèle Alliot-Marie, Bernard Henri Lévy, Éric Woerth... ils ont tous crié au complot lorsqu'ils se sont retrouvés face à la justice. Même François Stifani, le Grand Maître de la Grande Loge Nationale de France a crié au complot, c'est dire qu'ils n'ont aucune limite et n'ont honte de rien. Le dernier exemple en date est Claude Guéant qui dénonce un « complot politico-judiciairo-médiatique » et met en cause l'ex-premier ministre Manuel Valls dans une interview[461] diffusée sur LCP face à un journaliste du *Figaro* Yves Thréard ! Une enquête[462] de police a montré qu'en 10 ans, Claude Guéant a retiré de son compte bancaire à peine 800 € en espèces, ce qui ne pouvait qu'attirer l'œil et la curiosité des enquêteurs sur son goût immodéré des espèces mais non, pour lui c'est un complot, un bon complot, pas les mauvais complots qui sont interdits de citer.

Défaillance de l'école

La propagande médiatique quelle qu'elle soit ne peut pas réussir sans avoir préparé terrain. Certes, la télévision est extrêmement puissante, elle réussit à voler aux gens ce qu'ils ont de plus précieux sur terre, leur temps, mais ce n'est pas suffisant. C'est l'école de la république qui va s'occuper du reste, c'est-à-dire rendre défaillant, lent, confus... le cerveau des 800.000 petits Français qui rentrent chaque année à l'école. C'est extrêmement choquant de constater que l'école publique qui consomme chaque année 50 milliards d'euros, mobilise 1,2 million de salariés pour un résultat aussi médiocre. Il suffit de voir les classements internationaux pour comprendre à quel point l'école républicaine a failli. Le célèbre classement Pisa réalisé tous les 3 ans et évaluant les compétences de 600.000 élèves de 15 ans dans les 3 domaines fondamentaux de la compréhension de l'écrit, des mathématiques et de la culture scientifique positionne la France en 2019 23ᵉ sur 79 pays. En 2000 la France était 15ᵉ en lecture sur 41 nations et 11ᵉ en mathématiques. En 2003 la France était 17ᵉ en lecture sur 40 pays et 16ᵉ en mathématiques. En 2012 la France était 21ᵉ en lecture sur 65 pays et 25ᵉ en mathématiques... et la chute continue. Chaque année, des professeurs postent sur les réseaux sociaux des copies du baccalauréat indignes et humiliantes. Comment est-il possible au terme de 12 années passées près de 8 heures par jour à l'école et au lycée pour un coût de 600 milliards d'euros concernant un peu moins de 600.000 bacheliers, d'écrire correctement une page de texte sans commettre 50 fautes d'orthographe ?

René Chiche, professeur de philosophie, vice-président d'Action et Démocratie/CFE-CGC, membre du Conseil supérieur de l'éducation et auteur de *La désinstruction nationale* (éd. Ovadia, nov. 2019, 252 pages), parle très bien de la destruction de l'école publique sur Twitter, il a posté le 31 octobre 2021 à 18h01 le texte suivant : « *Parlons des choses sérieuses. Je viens de lire une trentaine de copies : pas une n'est écrite en français. Pas une ! En classe de terminale ! Et cela n'a rien à voir avec l'immigration. La désinstruction est le vrai sujet, je persiste. Et il n'intéresse personne*[463]. » ! Comment garantir la mission de l'école publique alors qu'elle n'apprend plus rien ! Comment est-il possible d'apprendre à écrire aux enfants avec des concepts comme l'autodictée !

C'est la plus grave épidémie qui menace la santé des Français, celle de l'abrutissement programmé par l'omniprésence des écrans ainsi qu'une école publique inefficiente ! On veut vous sauver la vie par un confinement qui détruit l'économie et l'enseignement tout en laissant le système vous abrutir toujours plus avec la télé poubelle et la promotion de la médiocrité la plus crasse – Kardashian, Nabilla… – ainsi qu'une hyper sexualisation toujours plus caricaturale et pornographique ! Le chercheur Michel Desmurget, auteur de *TV Lobotomie*, affirme que la génération actuelle est la première qui aura un coefficient intellectuel inférieur à la précédente[464] ! Pourtant, c'est exactement ce que va faire l'éducation nationale en introduisant toujours plus d'écrans et de tablettes dans les salles de classe dès le plus jeune âge, ce n'est rien d'autre que de la maltraitance comme le rappelle M. Desmurget. Le constat réalisé par ce dernier est partagé par d'autres professionnels de l'enseignement comme Mme Virginie Subias Konofal[465] auteure du livre *Histoire incorrecte de l'école. De l'ancien régime à aujourd'hui* (éd. du Rocher, 2017, 168 pages). C'est un livre essentiel afin de saisir la dérive du système de l'instruction publique qui s'est transformé au fil des décennies en éducation nationale totalitaire digne des pires cauchemars de Big Brother. Elle pose la question de la chute du niveau général, elle déconstruit également les mensonges de la propagande qui font accroire que rien n'existait avant Jules Ferry ! Elle cite aussi le livre de M. Michel Desmurget qui explique de manière scientifique et méthodique la dangerosité extraordinaire de la télévision sur les cerveaux de nos contemporains et de ses effets malheureusement irréversibles… On peut également citer le travail de M. Jean-Paul Brighelli, auteur de *La fabrique du crétin : La mort programmée de l'école* (éd. Gawsewitch, 2005) qui alerte depuis près de deux décennies contre la faillite du système éducatif français. Il faut dire qu'il est plus facile de manipuler un « crétin » qu'un être intelligent, doué de raison, de curiosité, capable de se concentrer plus de 15 minutes d'affilée ! C'est le choix qui a été fait par nos élites, on comprend mieux pourquoi à présent.

J'ai souvent pris pour exemple, afin d'expliquer comment l'école de la république était devenue défaillante et quasi sinistrée, la lettre écrite par mon père à son propre père lorsqu'il avait à peine 10 ans. Un français académique, quasiment aucune faute d'orthographe, avec une écriture cursive embellie par des pleins et des déliés tracés avec une plume Sergent-Major ; une œuvre d'art, c'est tout simplement beau. Les enfants d'aujourd'hui ne sont pas à 5% de leurs capacités réelles. Une internaute sur Twitter a posté le cahier[466] d'un élève de 13 ans datant de 1941 qui démontre à quel point l'école de l'époque était exceptionnelle. Tout a été fait de manière méthodique, avec une persévérance qui force l'admiration, pour détruire tout ce qui a été acquis pendant des siècles. Il n'y a plus aucun respect du professeur, le tutoiement est de rigueur, il n'y a plus de tenue d'écolier, considérée comme une violence faite aux élèves alors qu'elle est toujours de rigueur en Angleterre ou au Japon par exemple. Faut-il rappeler que les universités anglaises trustent le Top 10 du classement de Shanghai[467], ce qui n'est pas le cas des universités françaises puisque Paris-Saclay est 13e, Sorbonne Université 35e, l'université de Paris 73e pendant que Cambridge est 3e et Oxford 7e au classement 2021. Ce qui d'ailleurs devrait remplir d'humilité et de modestie les professeurs et chefs de service des plateaux télé qui se sont longuement exprimés lors de cette crise sanitaire.

L'école publique ne fait plus son travail, les élèves n'apprennent plus rien, il a bien fallu remplir leur temps de présence par autre chose. Ça va être notamment l'éducation sexuelle avec l'introduction des théories dangereuses du « genre » au sein même de l'école, malgré de très nombreux scandales de pédocriminalité. À quel moment de l'histoire il a été convenu que l'école s'occupe de l'éducation sexuelle des enfants, dès la maternelle ? Actuellement, en France, des associations LGBT sillonnent les écoles primaires pour expliquer aux enfants ce dont leurs propres parents ne leur ont jamais parlé. Il existe également un autre problème grave au sein même de l'école, celui de l'introduction de la pornographie via les smartphones. Le Pr Israël Nisand avait déjà lancé l'alerte quant à l'hyper sexualisation des collégiens et avait fait un nombre incalculable de plateaux télé, mais apparemment sans aucun résultat sur le terrain, puisqu'aucun politicien n'a estimé nécessaire de réagir avec fermeté. Ce professeur de médecine avait pourtant alerté quant à la présence dans les toilettes des collèges, de gamines faisant des fellations à leurs copains de classes ! Comment est-il possible de constater à ce point une démission complète des enseignants et des surveillants, sans que personne ne réagisse !

In fine, il est tout à fait naturel de constater le comportement indigne du corps enseignant lors de la mise en place des restrictions dans les écoles, suite à la crise sanitaire Covid-19. En dehors de quelques rares cas, la grande majorité des enseignants a suivi, tels des petits soldats, les directives gouvernementales, malgré la maltraitance évidente des enfants et la mise en danger de leur mission pédagogique, car on ne voit pas comment il est possible d'enseigner quoi que ce soit avec un enseignant et un élève masqués ! C'est inconcevable, impossible car il faut avoir accès au visage, au mouvement des lèvres et aux mimiques, sans parler bien entendu de l'audition qui est amoindrie par le port du masque. Pourtant, après quelques mois, des études scientifiques ont démontré que les enfants ne tombaient pas malades et ne participaient pas à la diffusion du virus, ce qui pour autant n'a pas fait changer d'un iota le comportement du corps enseignant. Avec la vaccination, certains directeurs se sont transformés en petits capos de la Doxa, n'hésitant pas à harceler les parents envoyant des liens vidéos par courriel afin d'inciter à la vaccination (*sic*) ! Le moindre petit écart concernant le port du masque est sanctionné sévèrement, hors de question de le porter sous le nez. Pourtant, ce même masque est manipulé des dizaines de fois et porté plusieurs jours d'affilée, il ne représente donc plus une barrière contre le virus, bien au contraire, il s'est transformé en ramassis de tout ce qui traîne depuis des jours dans l'environnement de l'enfant.

Si on ajoute à cela l'alcoolisation des masses et la très grande consommation de cannabis, parmi les plus élevées d'Europe, on comprend mieux pourquoi il n'y a pas toute la population qui manifeste les samedis pour mettre fin à cette gigantesque mascarade, car les Français sont tous anesthésiés par leurs consommations quotidiennes. Vous saupoudrez le tout avec un peu de Française des jeux (FDJ), autre moyen d'anesthésier les masses en leur faisant miroiter des gains mirobolants et le tour est joué, vous pouvez tenir la population encore un certain temps, tant que le frigo n'est pas totalement vide. 25 millions de Français jouent régulièrement, 600.000 sont malades et présentent une pathologie addictive. 3 millions jouent régulièrement sur Internet aux jeux de hasard. La FDJ, avec ses deux activités de grattage et de paris sportifs, a engrangé un chiffre d'affaires de 2 milliards d'euros en 2020 qu'elle va voler dans les poches des Français[468]. Il est extrêmement choquant de voir l'État organiser ce pillage en faisant croire aux joueurs qu'ils peuvent gagner alors qu'il a été démontré à de nombreuses reprises que même les jeux de grattage sont trafiqués[469] comme on pouvait s'y attendre.

Revenons aux effets indésirables de cette gigantesque campagne de vaccination. Un témoignage effroyable a été posté par une ex-star de télé réalité australienne, Monique Morley (29 ans, Sidney) qui a vu sa vie s'effondrer 15 minutes après la première vaccination au Pfizer. Elle a ensuite posté un témoignage complet de son expérience malheureuse sur sa page Instagram que nous reproduisons ici après traduction :

« *Je voulais attendre pour poster ça, parce que honnêtement, c'est un peu trop. Mais je sens que maintenant, je peux. La photo de droite est la mienne une semaine avant de recevoir mon premier vaccin Pfizer et la photo de gauche peu de temps après l'avoir reçu. Vaincue. Effrayée et seule. Je partage mon histoire dans l'espoir d'aider d'autres personnes à ne pas se sentir aussi seules, pour faire prendre conscience que cela existe vraiment. Cela arrive. Ce n'est plus rare. Je partage cette histoire pour que vous y réfléchissiez à deux fois avant de vous disputer avec un ami ou un être cher au sujet de ses choix, et que vous choisissiez d'être gentil au lieu de penser que vous savez mieux que lui. Voici mon histoire : J'étais toujours en train d'avoir une légère contraction lorsqu'on m'a aidée à sortir de la voiture - je n'ai jamais eu d'antécédents de ce genre. Le lendemain, j'étais dans mon salon lorsque j'ai commencé à avoir la mâchoire bloquée, les mains moites et des palpitations cardiaques - la vision trouble. Peu après, j'ai eu une autre crise incontrôlable, mais celle-ci a duré une heure et demie et a également affecté mon élocution. Tom a dû assister à la scène, impuissant. C'était si humiliant et si douloureux. Je ne peux même pas l'expliquer, c'était absolument traumatisant. J'avais tellement peur que j'ai appelé une ambulance. Eux aussi ont dit qu'ils ne pouvaient pas l'expliquer. J'ai donc ignoré ce qui s'est passé parce qu'on m'a dit que ce n'était pas lié et que j'étais anxieuse, même si je savais que ce n'était pas le cas et que j'ai essayé de le leur dire. Personne ne voulait m'écouter - je savais que ce n'était pas de l'anxiété - il y avait quelque chose qui n'allait pas, mais on m'a simplement rejetée. Et c'était la partie la plus difficile. Un jour a passé, plus de douleurs à la poitrine, je ne pouvais pas respirer correctement ou marcher très loin, j'étais si fatiguée. Quelque chose n'allait pas du tout. J'ai donc appelé des médecins qui m'ont dit d'aller directement à l'hôpital. C'est ce que j'ai fait & après environ 12 heures, on m'a renvoyée chez moi car eux aussi n'étaient pas sûrs. Je me suis donc endormie cette nuit-là et je me suis malheureusement réveillée à 4h30 du matin, victime d'une crise cardiaque. Seule - Encore un appel au 000, et retour direct à l'hôpital. ECG anormal, dommages à mon cœur et aussi inflammation de mon cœur/ sac et liquide entre les deux, ce qui a été diagnostiqué comme une péricardite d'après l'écho. On m'a dit que je ne pouvais rien faire d'autre que me reposer et prendre du Panadol.* [paracétamol] »

Il faut savoir qu'en dessous de l'image de ce post Instagram (appartenant à Facebook), le réseau social a immédiatement posté le message suivant : « *Les vaccins contre le Covid-19 font l'objet de nombreux tests afin de vérifier leur innocuité et leur efficacité. Ils sont ensuite étroitement surveillés. Source : OMS* ». C'est d'une violence folle ! Circulez il n'y a rien à voir. C'est le début de la négation de la souffrance de la victime qui va continuer ainsi dès son premier contact avec le personnel soignant. Vous remarquerez à la lecture de ce récit, la violence avec laquelle le personnel de soins va la traiter avec toujours la même technique, la négation de la souffrance en lui faisant croire que tout ce qu'elle vit n'a rien à voir avec le vaccin, que tout est dans sa tête, qu'il fallait rentrer à la maison, se reposer. Ceci a conduit à un retard de diagnostic puisque il s'agissait in fine d'une péricardite qui a causé un arrêt cardiaque à 4h30 du matin ! Comme seul remède, devinez ce qui lui a été prescrit ? Du Panadol© qui n'est rien d'autre que du paracétamol. C'est le témoignage type qui va se reproduire à l'infini dans les mois qui suiveront et c'est parfaitement logique car ce sont les professionnels de santé qui ont vacciné qui vont devoir avouer que leur vaccin est potentiellement mortel, ce qui est impossible, d'un point de vue intellectuel, du fait de l'entrée en jeu d'un mécanisme de protection qui est la « dissonance cognitive » sans oublier des revenus très importants (23.000[470] euros pour un médecin vaccinateur qui travaillera 5 jours par semaine).

On peut aussi évoquer rapidement le témoignage de l'apnéiste Florian Dagoury, lui aussi victime d'un effet secondaire grave survenu à la suite de la 2e dose du vaccin Pfizer puisque les médecins lui ont diagnostiqué une myocardite avec une fuite mitrale. Il a également posté un témoignage sur son compte Instagram[471] : « *Je veux juste partager mon expérience ennuyeuse après la vaccination et peut-être avoir quelques témoignages d'histoires similaires d'apnéistes. Est-ce que tu vas mieux ? Après ma 2e dose, j'ai remarqué que ma fréquence cardiaque était bien plus élevée que la normale et que mes capacités de retenue de la respiration avaient considérablement diminué. Pendant le sommeil, je suis à 65-70 bpm au lieu de 37-45 bpm. Pendant la journée, je dépasse maintenant toujours 100 bpm au lieu de 65 bpm, même lorsque je m'assois et me détends. Une fois j'ai même atteint 177 bpm en dînant avec des amis !!!! 10 jours après ma 2e dose, je suis allé voir un cardiologue et il m'a dit que c'est un effet secondaire commun du vaccin Pfizer, rien d'inquiétant, juste du repos ça va passer. 40 jours après la 2e dose, je n'avais aucun progrès alors je suis allé voir un autre cardiologue et j'ai reçu un diagnostic de myocardite et de régurgitation mitrale triviale ! Ce qui est essentiellement une inflammation du muscle cardiaque causée par le système immunitaire et quelques minuscules fuites de sang des valves qui ne se ferment plus correctement. J'ai maintenant du mal à atteindre 8 minutes d'apnée, 150m dyn et j'ai même une forte envie de respirer en plongeant à 40m. Baisse de 30% sur mes performances de plongée à peu près. Ma première pensée et recommandation aux apnéistes du monde entier est de choisir un vaccin qui se fait à l'ancienne comme Spoutnik, Sinovac, Sinopharm etc… au lieu de ces nouveaux vaccins à ARNm.* » ! De la même manière, les médecins ont nié la gravité de la situation, ce qui aurait pu conduire à une issue fatale. La réaction actuellement la plus répandue chez les soignants est de conseiller aux malades de rentrer chez eux et de se reposer alors qu'ils risquent un arrêt cardiaque ! C'est exactement la même réaction qu'a eue le corps médical avec les malades atteints de

Covid-19, il leur a été recommandé de rester chez eux et de prendre du paracétamol. On ne change pas une stratégie qui gagne.

Plus le temps passe et plus les scandales s'accumulent et le château de cartes risque de s'écrouler. Début novembre 2021, celui qui était considéré comme un vaccin sûr et très efficace a été interdit par la HAS pour les moins de 30 ans, il s'agit du Moderna[472]. Alors que les pays scandinaves et la HAS interdisent la 3e dose de Moderna à cause d'effets indésirables graves chez les jeunes - myocardites et péricardites entre autres - l'Agence européenne des médicaments vient d'autoriser la 3e dose pour les plus de 18 ans en rappel ! Ceci démontre que nous sommes dirigés par des charlatans et pour le moins, des escrocs totalement incompétents et malheureusement très dangereux pour la santé des plus jeunes. Comme si les agences des médicaments des pays scandinaves – Finlande , Suède, Norvège, Danemark, Islande – étaient toutes incompétentes et stupides d'interdire ce vaccin chez les moins de 30 ans ! Afin de démontrer l'amateurisme des médias et leur complicité avec Big Pharma, il suffit de rappeler l'article des *Échos* du 26 mai 2021 affirmant que le vaccin Moderna était efficace à 100 % chez les adolescents en se contentant simplement de reprendre le communiqué de presse de l'industriel, sans aucune réflexion ni critique d'aucune sorte ! On est passé en 6 mois de 100 % d'efficacité à l'interdiction du vaccin chez les jeunes ! Qu'en sera-t-il dans 6 autres mois ? Quel autre vaccin sera retiré alors qu'il est massivement utilisé aujourd'hui ? Le futur nous le dira.

Mieux encore, on peut voir dans une vidéo[473] le Pr Alain Fischer, le monsieur vaccin du gouvernement, affirmer sur la chaîne LCI – au mois d'avril 2021 – devant Élisabeth Martichoux que toute critique du vaccin Moderna n'est rien d'autre qu'une fake niouze. Il va jusqu'à ajouter qu'il est aussi excellent que le vaccin Pfizer qui est son « frère jumeau ». Du coup, étant donné que le Moderna est responsable de péricardites et de myocardites chez les jeunes, comment est-il possible que son frère jumeau le Pfizer-Comirnaty ne provoque pas les mêmes effets indésirables graves ? Par quelle magie est-ce possible ? Nous sommes véritablement dirigés par des charlatans, des menteurs, des imposteurs et des manipulateurs sans foi ni loi.

PfizerGate

C'est un scandale extrêmement grave qui n'étonne pas les initiés, les connaisseurs des arcanes de Big Pharma, au fait des très nombreuses condamnations judiciaires de Pfizer. C'est la panique générale dans les rédactions depuis le 2 novembre et la publication sur le site du BMJ, une des plus célèbres revues médicales au monde, d'un papier qui démontre qu'un sous-traitant de Pfizer, a, preuve à l'appui, très mal géré une partie de l'essai thérapeutique qui a conduit à la commercialisation de leur vaccin favori.

Les médias ont été un petit peu sonnés au départ et ont mis quelques jours à réagir, car les tendances Twitter avaient mis en première position le #Pfizergate plusieurs jours d'affilée. Du coup, ils ont été obligés d'en parler mais en minimisant bien entendu la gravité du scandale comme vous pouvez le constater sur le site de la *Dépêche*. Selon ce dernier : « *Le témoignage de l'ancienne directrice du site, Brook Jackson ne remet pas en cause l'efficacité et les résultats du vaccin mais le sérieux de Ventavia.* » !

Certainement, le journaleux de la *Dépêche* ne sait pas que Pfizer a déjà été condamné à de très nombreuses reprises par la justice. Il ne le sait pas ou ne veut pas le savoir, dans les deux cas c'est un délinquant qui diffuse de fausses informations, incomplètes et dirigées.

On remarque également le silence assourdissant du ministre de la santé Olivier Véran qui avait pourtant démarré au quart de tour lors de la publication de l'étude frauduleuse du Lancet visant à interdire l'utilisation de l'hydroxychloroquine ; cette fois-ci, il ne semble pas pressé de réagir contre ce scandale sanitaire grave. On peut donc en France faire cesser l'utilisation d'un médicament efficace et inoffensif en s'appuyant sur une étude frauduleuse, et fermer les yeux quand un témoignage vient alerter contre les dérives et autres anomalies d'un essai clinique ayant conduit à la commercialisation d'un vaccin et à sa large utilisation sur quasiment la population entière !

Les médias continuent de terroriser la population en lui faisant croire, sottises de l'OMS à l'appui, que 500.000 Européens vont mourir prochainement et du coup, il faut absolument qu'ils acceptent la 3e dose, cette énième dose dont les 2 premières n'ont pas fonctionné et ont démontré leur inefficacité. Ils sont tous montés dans un train de mensonges à très grande vitesse que plus personne ne peut arrêter si ce n'est le crash final. C'est assez comique de lire l'argumentation des médias concernant cette 5e vague si mortelle. Selon eux, l'épidémie redémarre pour deux raisons. Soit la population n'est pas assez vaccinée et du coup c'est la faute aux anti vaccins. Soit la population est vaccinée à 85 %, c'est la faute au non port du masque et au non-respect des gestes barrières. Il va de soi que ce ne sera jamais attribué à l'inefficacité du vaccin, c'est pourtant vers cette direction que tout esprit sain devrait se diriger.

Les dérives sont effectivement nombreuses et assez ahurissantes étant donné les 15 ans d'expérience de Ventavia :

- Les participants ont été placés dans un couloir après l'injection et non surveillés par le personnel clinique,
- Manque de suivi en temps opportun des patients ayant subi des événements indésirables,
- Les écarts de protocole ne sont pas signalés,
- Les vaccins ne sont pas conservés à des températures appropriées,
- Échantillons de laboratoire mal étiquetés...

La situation était catastrophique, la directrice régionale de Ventavia, Brook Jackson, a adressé une plainte par courriel à la FED qui n'a donné aucune suite, aucun contrôle n'a été effectué sur le site. On apprend aussi que la FDA ne réalise que très rarement des contrôles, elle n'en a pas les moyens, elle n'inspecte que 1% des sites d'essais cliniques, ils peuvent tous frauder et dormir tranquilles ! On apprend également que l'anonymisation n'a pas été respectée et du coup le « double aveugle » non plus. L'entreprise ne collectait pas correctement les données non plus ! Le 25 septembre 2020 la lanceuse d'alerte Brook Jackson va appeler la FDA pour signaler ces anomalies, l'après-midi même, elle sera licenciée par Ventavia.

D'autres employés de l'entreprise vont confirmer les propos de Brook Jackson, les anomalies vont continuer après son départ comme si de rien n'était. Ce qui démontre que l'entreprise n'a absolument pas peur d'un contrôle de la FDA. L'entreprise est responsable de 4 sites de Pfizer comptabilisant 1 millier de patients.

On imagine que les autres sous-traitants fonctionnent de la même manière car si Pfizer le désirait, le sérieux des essais cliniques serait d'une grande qualité. On imagine, lorsque l'on connaît le pedigree criminel de Pfizer et des autres fabricants, que d'autres témoignages vont arriver, dénonçant l'escroquerie vaccinale.

Le traitement médiatique de ce scandale sera minimal. On assistera à un moment assez lunaire sur Cnews dans une émission[474] dirigée par un présentateur qui parlait de la possible radiation du Pr Didier Raoult par l'Ordre des médecins. Un avocat sur le plateau a tenté justement d'introduire le sujet du PfizerGate sans succès car le présentateur lui a carrément avoué qu'il ne le connaissait pas, ce qui ne l'a pas empêché immédiatement après de faire la promotion de la nouvelle pilule miracle de Pfizer contre le Covid-19 ! Véritablement lunaire.

Rapport de l'ATIH

L'ATIH (Agence de l'information sur l'hospitalisation) a publié en octobre 2021 un rapport[475] concernant l'activité hospitalière de l'année 2020 au sujet des malades atteints de Covid-19. Très peu de médias en ont parlé, seul Martin Blachier a repris quelques chiffres sans entrer dans le détail du rapport que j'ai lu en intégralité afin de réaliser ce petit résumé fort instructif.

Ce rapport nous apprend que le pourcentage d'hospitalisations Covid-19 comparé au total annuel est de… 2,3% seulement ! 272.000 patients sur 11,6 millions de malades pris en charge ! N'importe quel Français auquel vous poserez la question vous dira qu'il s'agit de 30 à 50 % des hospitalisations en raison de la panique générale et de l'hyper médiatisation autour de cette crise sanitaire. Non, c'est juste 2,3 % du total des hospitalisations ! Il ne faut surtout pas oublier que le plan blanc a été enclenché en 2020, ce qui a dû diminuer grandement le nombre total des hospitalisations (12.9 millions[476] en 2019, 12.8 millions en 2018, 12.7 millions en 2017), ce qui rendrait le pourcentage des hospitalisations Covid-19 encore plus faible en réalité.

Nous apprenons également que la durée moyenne d'hospitalisation en unités de soins critiques est de 2 semaines par patient et non de plusieurs mois comme l'ont déclaré de nombreux morticoles cathodiques. Pire encore, seulement 5 % de l'ensemble des patients pris en charge en soins critiques étaient des covidés (page 3) ! La moyenne du séjour en soins critiques est de 15,7 jours pour le Covid-19 ; pour comparaison, il était de 11 jours pour la grippe en 2019 ; la différence n'est pas phénoménale.

Cette étude de l'ATIH classe les établissements de santé en 4 catégories. Premièrement, la prise en charge dite MCO pour médecine, chirurgie, obstétrique et odontologie. Deuxièmement, les soins de suite et de réadaptation (SSR, 1800 établissements pour 100.000 lits disponibles en France). Troisièmement, les hospitalisations à domicile ou HAD dans lesquelles les EHPAD sont inclus. Enfin, quatrièmement, les soins de psychiatrie.

Mais ce qui est le plus troublant dans ce rapport, c'est de constater le nombre de décès hospitaliers survenus en 2020 qui est très largement inférieur à ce qui avait été annoncé par Santé Publique France dans son Point épidémiologique hebdomadaire du 31 décembre 2020[477], publiant un chiffre de 64.078 décès ! Avec ses 44.091 décès enregistrés en milieu hospitalier, le rapport de l'ATIH présente une différence de près de 20.000 décès ! Des broutilles ! Comment est-ce possible ? On peut également remarquer une très grosse différence concernant le nombre de patients hospitalisés comptabilisés à hauteur de 217.974 malades dans le rapport ATIH contre 261.123 pour SPF ! Une différence non négligeable de 43.149 hospitalisations !

On apprend à la page 5 du rapport qu'au plus fort de la crise de mars 2021, les établissements SSR comptabilisaient 8000 patients Covid-19. Au cours de la seconde vague, le nombre maximum de patients hospitalisés en HAD atteint un maximum de 2500 le 20 novembre 2020. Ces chiffres ne nous paraissent pas extraordinairement élevés, insurmontables pour un système de soins français qui dépense chaque année, rappelons-le, 210 milliards d'euros de cotisations à la seule Sécurité sociale et une trentaine de milliards d'euros pour les mutuelles santé !

Nous apprenons également que l'âge des patients hospitalisés est très avancé. Il est inférieur à 100 patients sur 100.000 habitants chez les moins de 35 ans tandis qu'il est de 4241 patients pour 100.000 habitants concernant les plus de 95 ans ! Il est de 2645/100.000 habitants chez les 85 à 94 ans. Ce taux d'hospitalisation est largement supérieur chez les hommes que chez les femmes, que ce soit au niveau de l'hospitalisation ou du soin critique. Le taux des décès hospitaliers est d'ailleurs 1,5 fois plus élevé chez les hommes que chez les femmes.

Qu'en est-il des comorbidités. Là encore, les chiffres sont très clairs. 72 % des patients hospitalisés présentaient une ou plusieurs comorbidités dont la plus importante (50 % des cas), est le risque cardio-vasculaire (HTA et diabète). Mais le chiffre le plus effrayant et le plus troublant reste celui des carences, c'est-à-dire une dénutrition, carence en vitamine D que nous savons essentielle pour cette maladie ! Il s'agit selon le rapport de 25 % des cas ! Il est clairement question ici de personnes qui sont maltraitées et totalement abandonnées par leur entourage. Il faut dire que lorsque l'on est informé de la nature et de la qualité des repas lamentables servis aux résidents dans les EHPAD, on comprend mieux l'origine de ces carences ! Les patients admis en soins critiques ont, pour les 2/3, des risques cardio-vasculaires, la moitié a un risque d'hypertension artérielle et, pour 1/3, du diabète. Sans oublier bien entendu l'obésité qui est un risque majeur de la maladie.

Enfin, un point important est relevé en bas de la page 15 de ce rapport où l'on apprend que la proportion de patients âgés décédés est beaucoup plus importante chez les HAD/EHPAD, elle est de 31 % ! Ce pourcentage chute à 20 % pour les patients hospitalisés en MCO. D'ailleurs, le décès des patients en HAD survient en moyenne à 7,5 jours d'hospitalisation contre 14 jours en MCO (page 16). Ces deux chiffres démontrent clairement que plus et mieux on s'occupe des patients, plus ils ont de chances de survivre à la maladie. On imagine que l'utilisation du Rivotril© y est pour beaucoup. C'est également le résultat du triage des malades qui est observé ici ; en effet, la moyenne d'âge des patients est de 69 ans dans le parcours MCO tandis qu'il est de 85 ans dans le parcours HAD/EHPAD.

Comble du ridicule, une journaliste (*sic*) d'AFP Factuel, Claire Line Nass, a publié un article[478] pour dénoncer la mauvaise utilisation des chiffres du rapport de l'ATIH titré, *Attention aux interprétations trompeuses des chiffres de ce rapport de l'ATIH* ! Ben oui, c'est la technique utilisée depuis le début par la Doxa ; tenant compte des chiffres qui vont contre leur narratif, ils affirment qu'il s'agit d'une *mauvaise interprétation*, car eux seuls savent *interpréter*. En d'autres termes, si le thermomètre affiche 39°c, il ne faut prendre aucune décision hâtive, il faut appeler immédiatement AFP Factuel pour recevoir la bonne interprétation. L'article est illustré par une grossière image assez effrayante de 4 personnes sur leurs lits de réanimation, prise le 5 novembre 2021 au CHU de Montpellier, alors qu'à cette époque il n'y avait absolument aucune crise sanitaire majeure ou encombrement des hôpitaux, mais ceci n'est qu'un détail. L'article n'est qu'un torchon de sottises qui répond clairement à la volonté de tromper le lecteur. La journaliste va commencer par une introduction très longue, dénonçant toutes les personnes ayant mal interprété le rapport de l'ATIH, dont des médecins et des avocats qui, selon elle, sont donc tous stupides et incapables de lire correctement un document de 20 pages accessible à tous ; elle serait donc la seule à pouvoir interpréter correctement ce document. Ensuite, elle va essayer de publier un maximum de graphiques, de captures écrans afin de faire croire qu'elle possède la vérité, elle qui a beaucoup travaillé. En réalité, il suffit de rester concentré sur le sujet des 2,2 % de lits d'hospitalisations Covid-19 tout au long de l'année 2020. Elle n'a même pas parlé du plus d'un million de lits en moins causés par l'utilisation du plan blanc et de l'annulation de centaines de milliers de chirurgies, ce qui fait diminuer encore plus le taux de 2,2 %. Selon Claire Line Nass, il ne s'agit pas du tout de 2,2%, c'est un mensonge honteux diffusé par d'affreux complotistes irresponsables. On va reprendre ici même sa correction : « *Ainsi, en prenant en compte le temps passé à l'hôpital, les admissions pour Covid représentent 4% des journées d'hospitalisations totales, tous services confondus.* » ! Il ne s'agit donc pas de 2 mais de 4 % de lits d'hospitalisations, la belle affaire. Elle a osé ! C'est ce qui caractérise les covidistes, il osent, ils n'ont pas de limites. Toute la propagande gouvernementale et médiatique s'écroule avec un tel chiffre et on se demande du coup le pourquoi de la construction du ridicule hôpital de campagne militaire ou le transfert hyper médiatisé de malades par TGV, cirque qui continue à ce jour !

Un grand nombre de chiffres ont été bidonnés par le gouvernement avant ceux de Santé Publique France. Malheureusement pour eux, il y a tellement d'organismes qui publient des rapports chaque année qu'il est impossible de tout falsifier et de tout manipuler. La vérité finira toujours par sortir à un moment ou un autre.

Malgré tous ces scandales, le système continue de terroriser les populations afin de les pousser à se faire vacciner toujours plus. Le dernier chiffre en date, déclaré par l'OMS, est celui de 500.000 morts les 3 prochaines mois en Europe. Quelle est la réalité qui se cache derrière ce chiffre totalement absurde et inventé de toutes pièces par les morticoles de l'OMS[479], chiffre qui a été repris en chœur par les médias officiels ? Le *JDD*[480] a immédiatement fait sa une avec ce chiffre effrayant de 500.000 décès. Tremblez citoyens, vous allez devoir obéir, sinon vous allez tous mourir. L'objectif du recours à la peur n'est même pas caché dans l'article du *JDD*, c'est écrit noir sur blanc : « *Les responsables sanitaires et politiques, eux, savent que manier la peur peut permettre d'attirer l'attention des citoyens épuisés. En convoquant ces 500.000 fantômes, l'OMS renvoie les exécutifs européens à leurs responsabilités, et nous aux nôtres.* »

En réalité la zone géographique concernée par ces 500.000 décès est extrêmement large et concerne 53 pays dont le Kirghizistan, le Turkménistan, l'Israël, l'Ouzbékistan, la Turquie… Le Kazakhstan est tout de même frontalier avec la Chine, on se demande ce qu'il vient faire dans la zone Europe ! Du coup, les chiffres ne correspondent absolument à rien.

Même les journalistes de l'émission *Quotidien* ont dû revenir sur ce chiffre absurde et mensonger dans leur émission[481] du 8 novembre 2021. Les chiffres de la mortalité sont extrêmement contrastés dans cette énième modélisation foireuse puisqu'il est annoncé 137.000 décès en Russie, 54.000 pour l'Ukraine et seulement 4300 pour la France ! Rappelons que 4300 décès pour une saison hivernale d'infections respiratoires est un chiffre extrêmement bas, il rendrait heureux un grand nombre de professionnels de santé. Faut-il rappeler que la grippe saisonnière de 2015 (ou de 2017) avait emporté plus de 18.000 âmes !

Début novembre 2021, en quelques jours seulement, de nombreuses informations ont été publiées à travers le monde démontrant que tout ce qu'on avait affirmé depuis des mois était juste. C'est une cascade de mauvaises nouvelles pour la Doxa, leur château de cartes s'écroule comme vous allez pouvoir le constater dans les lignes qui vont suivre.

Nous apprenons[482] le 12 novembre 2021 que les Pays-Bas sont en train d'expérimenter une vague épidémique encore plus importante que toutes les autres avec un record de plus de 16.000 nouveaux cas par jour alors que 72 % de la population est doublement vaccinée ! N'est-ce pas un cinglant revers, une preuve que la vaccination ne sert à rien, si ce n'est à créer des effets secondaires graves sur des catégories de la population qui ne risquent rien avec la maladie. C'est d'autant plus grave que le gouvernement a décidé de remettre en place des restrictions avec ce confinement partiel qui va détruire encore plus l'économie et la santé mentale des gens avec très peu d'efficacité comme tout le monde a pu le constater, car si le confinement était utile, il n'y aurait plus d'épidémie, idem pour les masques, la distanciation sociale, les vaccins...

Dans un document[483] officiel de l'État belge publié par la Commission de la santé et de l'égalité des chances le 28 octobre 2021, qui présente une retranscription des débats de la Chambre des représentants, nous apprenons que 54.4 % des patients hospitalisés lors de la semaine du 16 au 22 octobre 2021, étaient vaccinés ! Le taux le plus impressionnant se situe en Flandre avec 70.9 % de patients vaccinés doublement ! Concernant les soins intensifs, la Flandre représente 60% de patients entièrement vaccinés et pourtant gravement malades, en réanimation[484] ! Ces chiffres démontrent que la vaccination ne sert à rien et qu'elle peut même aggraver la situation des malades, il suffit d'ouvrir les yeux et de savoir lire. Pourquoi personne ne parle de ces chiffres dans les médias hexagonaux ? Pourquoi le gouvernement ne publie-t-il pas ces chiffres concernant les malades français et les taux des vaccinés parmi les hospitalisés et ceux admis en soins intensifs ? On peut remarquer également dans les chiffres présentés dans le document officiel de la Chambre des représentants que les taux de vaccinés hospitalisés ou admis en réanimation sont significativement supérieurs en Flandre par rapport au reste de la Belgique. Le 11 juillet dernier le site de la RTBF[485] annonce que la Flandre est première dans toute l'Europe à avoir vacciné 87 % de sa population de plus de 18 ans ! Ce même site Internet nous informe le 13 novembre 2021 que cette province est la plus vaccinée de Belgique : elle vient pourtant de connaître un pic d'admissions inédit en 2021 et un record absolu de cas[486] ! La Flandre a quasiment atteint un taux de 90 % de vaccination tandis que la Belgique stagne à 75 %. Nous avons donc ici un début de réponse quant à la différence de malades doublement vaccinés beaucoup plus élevés en Flandre que dans le reste de la Belgique, sans oublier les nouveaux cas qui battent des records historiques. Bien entendu, les covidistes vont continuer à nier l'évidence en expliquant que c'est justement une raison pour imposer une 3e dose au lieu d'avouer une bonne fois pour toutes que la vaccination est un échec.

Une étude[487] française publiée dans le JAMA le 8 novembre 2021 et réalisée sur une cohorte importante de l'ordre de 30.000 patients, va bousculer les certitudes de beaucoup d'entre les morticoles cathodiques du type Gilbert Deray et les humilier, eux qui font la promotion médiatique du « Covid long ». Selon cet incompétent, il en existerait : « *15 millions aux États-Unis, 4 à 5 millions en Grande-Bretagne* » ! Pour lui « *le Covid long est une épidémie* » ! Il ira encore plus loin en terrorisant les parents : « *En Grande-Bretagne, on a construit des cliniques Covid long, dont certaines réservées aux enfants. C'est vous dire l'ampleur du problème* ». Il n'est pas le seul à participer à cette propagande, Karine Lacombe en a également fait des tonnes sur les médias[488] ne ratant jamais une occasion de se tromper.

Après avoir répondu à un questionnaire, un grand nombre de personnes se plaignant de « Covid long » n'ont en réalité jamais été atteintes par la maladie, au vu de leur sérologie négative. D'autant que la symptomatologie dont les malades se plaignent est extrêmement vague (18 symptômes au total), elle ne veut pas dire grand-chose. Par contre, lorsque la sérologie est positive et que la maladie est confirmée cliniquement, le seul et unique symptôme persistant est l'anosmie, ce qui démontre un lien plus fort entre le symptôme et la maladie réelle. Ces signes doivent durer plus de 2 mois pour être considérés comme « Covid long ».

Nous l'affirmons depuis le début de cette crise, le « Covid long » est une invention de l'industrie qui a l'habitude depuis des décennies de créer de nouvelles maladies – lire *Les inventeurs de maladies* de Jörg Blech (éd. Actes Sud, 2005, 281 pages) – afin de vendre de nouveaux remèdes innovants et brevetables qui vont leur rapporter des fortunes. Cette étude a confirmé l'aspect psychosocial de ce « Covid long », il a été en réalité créé par l'hyper médiatisation et la mise en place de ce terrorisme sanitaire qui a suscité une panique inégalée dans l'histoire humaine.

Il n'est pas question, selon les chercheurs, de nier la symptomatologie dont se plaignent certains malades. Ce serait plutôt des maladies qui étaient en sommeil ou qui se sont déclarées au cours des 20 derniers mois mais qui n'ont rien à voir avec le Covid-19 comme les maladies neuromusculaires type fibromyalgie, des maladies psychiatriques nombreuses… En réalité, selon les auteurs de l'étude, il serait plus question d'un phénomène psychosocial causé par une gestion catastrophique de cette crise sanitaire avec son hyper médiatisation et l'omniprésence de morticoles dangereux. On ne peut pas publier en une du *JDD* un chiffre effrayant de 500.000 morts sans conséquences psychologiques lourdes sur les populations les plus fragiles. Ce n'est rien d'autre que l'effet nocebo, l'inverse de l'effet placebo, qui peut induire des effets désastreux sur la santé des gens, notamment les hypocondriaques. Non seulement le corps médical et les autorités de santé n'ont pas utilisé l'effet placebo en autorisant les médecins de ville à soigner leurs malades et leur proposer des traitements quels qu'ils soient – Hydroxychloroquine, Ivermectine, Azithromycine, Aspirine ou autres… – bien au contraire, ils ont été abandonnés à eux-mêmes et terrorisés par une propagande historique et des chiffres effrayants de mortalité, des modélisations mathématiques folles, alors que nous savons aujourd'hui que tout était fallacieux et qu'à peine 2,2 % des lits des hôpitaux étaient occupés par des covidés, selon le dernier rapport de l'ATIH cité plus haut.

Autre scandale sanitaire, le Bamlanivimab commandé par Olivier Véran et présenté lors d'une conférence de presse[489] tenue le 25 février 2021 comme une innovation importante de Big Pharma contre le Covid19 : « *Ce sont des espoirs nouveaux* (...) *qui renforcent notre arsenal anti-Covid* », il était tout content et fier d'annoncer que « *La France est le premier pays européen à avoir commandé des dizaines de milliers de doses d'anticorps monoclonaux qui arriveront mi-mars* […] *83 centres hospitaliers [avaient] déjà reçu des milliers de [doses de] ce traitement.* » ! Il s'avère aujourd'hui que ce poison du laboratoire Eli Lilly est totalement inutile et qu'il a été retiré par le laboratoire lui-même[490] début novembre 2021 puisqu'il a renoncé à sa demande d'autorisation auprès des autorités de santé ! L'ANSM avait accordé comme par magie une ATU pour le Bamlanivimab, par contre pour l'hydroxychloroquine c'est un poison mortel, l'ivermectine une pure hérésie ! Le directeur de la DGS, Jérôme Salomon, a envoyé le 15 mars 2021 un courrier[491] DGS-Urgent (N°2021_30) aux professionnels de santé concernant les modalités d'utilisation du Bamlanivimab du laboratoire Lilly ainsi qu'un autre, le Casirivimab du laboratoire Roche. Une dose unique coûte entre 1000 et 2000 € ! L'État a donc dépensé des millions d'euros pour un produit totalement inconnu, dont il ne savait rien et en prenant le risque de nuire aux patients !

D'aucuns, les plus atteints par la pathologie covidiste, vont nous expliquer qu'il s'agit d'une utilisation *compassionnelle* car nous sommes dans une situation d'urgence, une situation inédite grave... vous connaissez la chanson. D'un autre côté, nous avons entendu Emmanuel Macron affirmer lors de son dernier discours du 9 novembre 2021 qu'il prenait des décisions en s'appuyant sur la science ; nous allons vous démontrer l'inverse en reprenant quelques passages du communiqué[492] de presse de la Société française de pharmacologie et de thérapeutique (SFPT) concernant justement le Bamlanivimab. Nous apprenons dans ce papier de 4 pages que l'étude publiée dans le JAMA qui a poussé à l'indication de ce traitement à anticorps monoclonaux était une étude en phase 2 ! En d'autres termes, aucune preuve n'a été donnée concernant l'efficacité de ce traitement sur des vrais malades. La conclusion du papier est sans appel : « *Au total, compte-tenu de la méthodologique employée qui est adaptée à l'objectif de phase 2 de l'étude mais pas à un objectif de démonstration du bénéfice, cette étude expose à un risque non contrôlé de recommander à tort un traitement. Les résultats actuellement et publiquement disponibles pour une analyse dans le cadre d'une société savante regroupant des pharmacologues académiques et institutionnels ne permettent en rien de recommander l'intégration du bamlanivimab 700 mg en monothérapie dans la stratégie thérapeutique précoce des formes symptomatiques légères à modérées de COVID-19.* » Ils ajoutent que « *La gravité de la situation ne justifie pas l'abandon de la recherche de preuves* ».

Une autre information catastrophique pour le narratif officiel nous viendra de Taïwan, pays de 20 millions d'habitants, très avancé technologiquement et dans le domaine médical, les autorités sanitaires ont décidé de stopper le vaccin Pfizer pour la classe d'âge des 12-17 ans à cause des risques importants d'inflammation cardiaque. L'information a été publiée dans le Taiwan News[493] le 10 novembre 2021, mais absolument personne n'en parle dans les médias parisiens, ils font comme si cela n'existait pas. Pourtant, étant donné que le vaccin Moderna a été interdit aux moins de 30 ans en France par la HAS, étant donné que ce vaccin Moderna est identique, c'est le même frère jumeau du vaccin Pfizer selon le Alain Fisher, on ne voit pas comment il ne serait pas responsable des mêmes effets indésirables, c'est impossible, ça n'a aucun sens scientifique. Voici encore une fois la preuve que les médias français cachent la vérité au sujet de la dangerosité de la vaccination anti Covid-19. Cette information est d'autant plus catastrophique que tous les autres vaccins présentent de gros problèmes étant donné que l'AstraZeneca est réservé uniquement aux plus de 55 ans, le Janssen a été retiré en catimini, le Moderna est désormais interdit au moins 30 ans. En d'autres termes, d'ici quelques semaines il n'y aura plus aucun vaccin commercialisé pour cette tranche d'âge.

Une autre omerta médiatique concerne tout ce qui se passe en Afrique, plus précisément au Maghreb. Prenons l'exemple de l'Algérie et des déclarations du ministre de la santé et de la population, Abdel Rahman Benbouzid, le 12 novembre 2021. Cette déclaration démontre que la population algérienne refuse la vaccination malgré un système hospitalier catastrophique et un manque de moyens évident. Il existe, selon le ministre un stock de 13 millions de doses de vaccin arrivant bientôt à péremption, car la population n'en veut pas. Dans un article[494] de *Jeune Afrique* du 13 mai 2021, ce même ministre de la santé algérien a accusé Pfizer de vouloir imposer un contrat inacceptable qu'il s'est refusé de signer étant donné que Pfizer ne voulait prendre aucune responsabilité sur les effets indésirables ! Réaction de bon sens, d'autant que Pfizer demandait le paiement avant la livraison ce qui est une nouveauté, en termes de pratique commerciale. Faut-il rappeler aux lecteurs qu'aucun politicien à l'Élysée ou à Matignon n'a été capable d'une telle réflexion, ils ont tous signé les contrats secrets qu'ils ont cachés au public. Au Maroc la situation est encore plus grave puisque la population manifeste massivement contre le passeport vaccinal. Elle est d'autant plus déterminée qu'un grand nombre d'effets secondaires graves se multiplient dans le royaume chérifien, des victimes et familles des victimes n'hésitant pas à réaliser des vidéos virales[495] sur les réseaux sociaux. Là encore, et c'est la preuve du complot médiatique, aucune chaîne de télévision, radio ou journal ne parle de ce qui se passe au Maroc ou en Algérie. Ils font croire aux Français que tout se passe pour le mieux, qu'il n'y a pas d'autres alternatives, que tous les pays du monde pratiquent les mêmes politiques sanitaires et que les peuples sont aussi dociles qu'eux et très satisfaits des mesures prises.

Nous allons apprendre dans un article[496] de LCI du 12 novembre 2021 qu'un nouvel effet indésirable a été recensé par les autorités de santé sur la notice du vaccin Janssen, il s'agit de la myélite transverse, une maladie grave. Ce qu'il y a d'extraordinaire dans cet article c'est que les autorités déclarent cette maladie grave comme effet indésirable de la vaccination tout en continuant à vacciner, rien ne change. Ceci démontre également que la précipitation dans la fabrication et la commercialisation des vaccins a été une erreur lourde. Bien entendu, cela suggère également des études frauduleuses et falsifiées car les effets indésirables auraient dû apparaître dès le départ de l'essai clinique. C'est exactement le même cas concernant les myocardites et les péricardites qui n'auraient jamais pu échapper à la vigilance lors de l'essai clinique d'autant qu'il s'agissait d'une cohorte de 44.000 personnes vaccinées pour Pfizer, du moins selon eux. Il y a obligatoirement eu fraude qui a consisté à camoufler les effets indésirables, à les occulter carrément afin d'accélérer la commercialisation. Quant aux charlatans des plateaux télé et autres influenceurs des réseaux sociaux, ces inconscients affirmaient il y a à peine 3 mois qu'il n'existait pas d'effet indésirable post-vaccinal qui puisse apparaître 2 mois après l'injection. En réalité, il suffit de quelques secondes de recherche sur le site web de la Société de pneumologie de langue française[497]pour découvrir que des cas de narcolepsie cataplexie se sont manifestés après la vaccination contre la grippe A H1N1 de 2009 ; on peut y lire ce qui suit : « *Une méta-analyse en cours de publication montre que le risque relatif d'être narcoleptique dans l'année suivant la vaccination par Pandemrix© est de 14,32* » ! D'ailleurs l'Agence du médicament (ANSM) affirme que les premiers symptômes de la maladie apparaissent « *en moyenne moins de cinq mois après la vaccination. Toutefois, des délais pouvant aller jusqu'à deux ans ont été observés parmi les cas rapportés.* » ! Concernant le vaccin de Sanofi contre la dengue, dont les dégâts catastrophiques sont connus aux Philippines, l'effet indésirable apparaît lorsque l'enfant rencontre le virus ; ceci peut prendre un certain temps comme vous pouvez le deviner.

Lorsque le Pr Mathieu Molimard affirme partout qu' « *Il n'y a aucun exemple de vaccin qui a induit des effets indésirables à long terme qui ne s'étaient pas manifestés dans les 2 mois après la vaccination* », il ment et il le sait. Idem pour Nathan Peiffer-Smadja[498] qui reprend bêtement les mensonges du précédent sans aucune vérification. Il est inquiétant de constater que des professeurs de médecine ainsi que des médecins puissent se tromper autant sur absolument tout ce qui concerne le Covid-19, récidiver encore et encore sans jamais s'excuser. C'est spectaculaire de rater systématiquement et à ce point toutes les cibles, sans éprouver la moindre frustration ! Ces gens font un mal fou au corps médical, ils le discréditent comme personne ne pourrait le faire.

Concernant les dentistes, je me suis inscrit à un groupe privé sur Facebook de 25.000 dentistes dans lequel j'ai publié une longue lettre (*cf.* annexe n°19) afin de partager avec eux mes réflexions sur la gestion de la crise. J'ai constaté sur cette page la présence de quelques énergumènes hyperactifs et très virulents, des covidistes assumés, mais une très grande majorité silencieuse. Je vous invite à lire le texte de ce poste disponible en annexe. Les réponses de certains ont été très violentes, stupides et d'une arrogance folle. La grande majorité a peur de parler craignant de perdre la possibilité de travailler en raison des menaces que peuvent représenter les autorités ordinales. Les plus jeunes d'entre eux sont accablés de dettes, les plus anciens, proches de la retraite, n'ont pas envie de se compliquer la vie et au pire se faire délivrer par un ami médecin un faux certificat de vaccination. En réalité, il faut le dire, la grande majorité de nos semblables est appâtée par le gain, ils sont comme des poissons dans l'eau dans ce monde matérialiste qu'ils adorent par dessus tout, seul le chiffre d'affaires compte. Depuis une vingtaine d'années, la formation des plus jeunes est de plus en plus mauvaise, voire lamentable, très peu de pratique clinique et beaucoup de bourrage de crâne. Ensuite, ce sera la vie professionnelle avec le rituel boulot-dodo puis vacances hivernales au ski et estivales sur une île, sous les cocotiers. Le monde peut s'écrouler, rien ne pourra changer leur petite vie.

Cerise sur le gâteau, le porte-parole du gouvernement, Gabriel Attal, avec son physique de gamin prépubère qui n'a pas achevé sa croissance, vient d'annoncer que le gouvernement n'excluait pas un énième confinement pour faire face à la 5e vague (alors qu'il n'y a même pas eu de 4e vague en France). Pourtant, une très grande majorité de la population est doublement vaccinée et le ministre de la santé Olivier Véran a affirmé au mois de juillet dernier que le vaccin est 100 % efficace contre le confinement[499] ! Comment font-ils pour continuer de faire de telles déclarations avec cet air sérieux et sans rougir de honte ? Après avoir dépensé des dizaines de milliards d'euros en vaccinations et tué des centaines de personnes sans oublier les malades graves (myocardites, péricardites, maladie de Charcot, syndrome de Guillain-Barré, paralysie de Bell…), les membres de ce gouvernement de vauriens viennent expliquer aujourd'hui que le confinement est toujours possible ! Depuis le mois de novembre 2021, c'est la surenchère concernant une hypothétique 5e vague alors que certains pays n'ont même connu de 3e vague. Il s'agit aujourd'hui de vouloir confiner seulement les non-vaccinés comme cela se fait en Autriche depuis le 15 novembre 2021 ; immédiatement d'autres pays européens vont lui emboîter le pas. L'Autriche a, depuis, décidé de confiner tout le monde[500] et pas seulement les non-vaccinés. Plusieurs candidats à la présidentielle de la primaire UMP, comme Valérie Pécresse ou Xavier Bertrand, ont affirmé vouloir confiner les seuls non-vaccinés. C'est pourtant profondément stupide étant donné qu'ils n'ont déjà pas accès à de très nombreux lieux sauf avec un test négatif, preuve qu'ils ne sont pas malades et donc non contagieux ; pendant ce temps les triples vaccinés super contaminateurs peuvent aller où bon leur semble... !

Actuellement de nombreux pays reconfinent, imposent le port du masque partout, le maintien des gestes barrières, voire l'annulation pure et simple des fêtes de Noël, malgré un taux de vaccination très important. Prenons l'exemple de Gibraltar qui a un taux de vaccination de plus de 100 % et qui comptabilise aujourd'hui plus de cas, 400 fois plus, que tout le long des 21 derniers mois de crise sanitaire. Ils sont presque 50 % a avoir reçu leur 3e dose de vaccin. C'est exactement la même chose à Singapour, en Irlande... En France, dans le Finistère qui comptabilise le plus grand nombre de vaccinés - près de 98% des plus de 75 ans selon le site CovidTracker -, on observe une explosion de nouveaux cas ; du coup, l'ARS impose le port du masque en extérieur jusqu'au 3 janvier 2022. Alors que le département était présenté comme le premier de la classe, Cnews avait même annoncé le 20 octobre 2021 *Le département du Finistère a officiellement atteint l'immunité collective*[501], l'ARS a réimposé le port du masque en extérieur ainsi que le repect des mesures barrières. Ce n'est ni un échec, ni un flop, on est face à un monumental désastre politico-sanitaire. Au même moment, Castex et Darmanin batifolent sans masque et sans distanciation sociale dans les locaux du ministère de l'Intérieur, accueillant des élus des Hauts-de-France à l'occasion du congrès des maires et de l'élection de leur président. Il faut absolument voir les extraits des vidéos qui circulent sur les réseaux sociaux pour se rendre compte de la différence spectaculaire entre les conseils de Macron lors de son discours du 9 novembre dernier et leur mise en pratique par les membres de son gouvernement ! La réponse[502] des services de Matignon était pire que le comportement de leur patron : « *Les poignées de main, on essaye le plus possible de les éviter, ont répondu les services du Premier Ministre à La Voix du Nord. On fait attention, mais à certains moments, c'est évidemment compliqué si on ne veut pas se couper du monde, si le Premier ministre veut être au contact des Français et des élus. Le Premier ministre est toujours accompagné de son aide de camp sur le terrain, après les poignées de main, il lui donne toujours du gel hydroalcoolique* ». Qu'en est-il du virus qui a déjà atteint son nasopharynx, sachant qu'il ne porte pas de masque ? Va-t-il sniffer son gel hydroalcoolique pour le désinfecter ? Qu'en est-il du virus qui se trimballe de main en main parmi les élus, vont-ils tous se désinfectr les mains grâce au gel hydroalcoolique de son aide de camp ? Le jeudi 15 octobre, Emmanuel Macron avait fêté à l'Élysée la victoire de son équipe de foot, aucune des dizaines de personnes invitées n'était masquée et n'avait respecté les règles de distanciation physique comme l'ont démontré de nombreuses photos et vidéos qui ont circulé sur les réseaux sociaux ; on peut le voir[503] entouré d'Arsène Wenger de Marcel Desailly en train de danser sur la chanson d'*I will survive* sans se soucier le moins du monde de la présence du virus. Cela ne l'empêchera pas 3 semaines plus tard de faire un discours catastrophiste pour tourmenter la population et pousser les plus de 65 ans à faire leur 3e dose. On ne peut pas mépriser plus que ça le peuple français, c'est impossible. Tout le monde remarquera également le silence des télétoubibs, si prompts habituellement à condamner systématiquement le soi-disant relâchement des Français. Mediapart[504] a également publié un article le 16 novembre 2021 intitulé *En Nouvelle-Calédonie, le ministre des Outre-mer participe à un « apéro » clandestin en plein confinement* ! On y apprend que le ministre des Outre-mer Sébastien Lecornu a tout simplement trinqué le 16 octobre 2021 avec les élus locaux, pourtant extrêmement sévères envers la population, avec des restrictions très sévères. On imagine qu'ils respectaient scrupuleusement les 1m50 de distance.

La petite musique qui revient très régulièrement ces dernières semaines sur les médias depuis mi-novembre 2021 c'est le fait de vouloir faire confiner les non-vaccinés, de nombreux titres de la presse papier ont été publiés et d'interminables émissions diffusées sur les chaînes d'information continue. *L'Allemagne subit « une pandémie des non-vaccinés »* selon *L'Obs* du 3 novembre 2021. *L'Allemagne plonge dans la « pandémie des non-vaccinés »* selon *Libération* du 8 novembre 2021. *Covid : les hôpitaux se préparent à faire face à une « épidémie de non-vaccinés »* titre *Les Échos* du 8 novembre 2021. *Covid-19 : l'Allemagne impose des restrictions aux non-vaccinés face au rebond de l'épidémie*, selon *Le Monde* du 18 novembre 2021... et ainsi de suite.

Un papier[505] du *Parisien* du 18 novembre 2021 a osé à peine avouer du bout des lèvres qu'il y avait plus de vaccinés aujourd'hui dans les hôpitaux que de non-vaccinés, mais que tout ceci était parfaitement normal puisqu'il y a plus de vaccinés aujourd'hui que de non-vaccinés. Sauf que ce raisonnement est totalement erroné pour deux raisons. Premièrement, la primovaccination stagne depuis des mois en France, ils ne réalisent quasiment que des 3e doses actuellement. Secundo, même si c'était le cas, même s'il y a effectivement plus de vaccinés que de non-vaccinés, les premiers devraient être protégés de la maladie. De plus, cet argument tombe à l'eau dès que l'on se réfère à l'exemple de Gibraltar, sachant qu'absolument toute la population est vaccinée et connaît un rebond épidémique 4 fois plus important que tout ce qu'ils ont connu depuis le mois de mars 2020 (idem pour l'Australie, la Corée-du-Sud...).

Le journal suisse gratuit *Libres*, la voix de la nation a publié un article[506] le 2 novembre 2021 concernant cette fumeuse pandémie de non-vaccinés : « *Un manque d'efficacité qui se confirme désormais dans le monde réel : les chiffres d'un hôpital de Jérusalem ont montré que 95 % des patients gravement malades du Covid-19 étaient entièrement vaccinés au début du mois d'août. Les données officielles de l'Écosse montrent que 87 % des personnes décédées du Covid-19 au cours de la « 3e vague » qui a commencé début juillet étaient vaccinées. De même, une enquête du CDC américain dans le comté de Barnstable, aux États-Unis, a montré que 80 % des patients hospitalisés en raison du Covid-19 étaient entièrement vaccinés.*

Des données récentes des autorités sanitaires anglaises montrent que, du mois d'août au mois de septembre, 55 % des cas de Covid sont dus à des personnes vaccinées. Sur les 8 160 personnes hospitalisées après un test PCR positif, 4 557 étaient entièrement vaccinées, 383 avaient été vaccinées une fois et 3 220 n'étaient pas vaccinées. Au cours de la même période, 2 284 personnes entièrement vaccinées, 111 vaccinées une fois et 740 personnes non-vaccinées sont décédées 28 jours après un test RT-PCR positif.

Une analyse publiée récemment, qui porte sur les données de 68 pays et 2947 comtés américains, conclut que la « vaccination » devrait être reconsidérée en tant que mesure primaire pour atténuer la situation actuelle, car les nombres élevés de cas de covid-19 semblent être en corrélation avec des taux élevés de couverture vaccinale » !

En Guadeloupe, le témoignage de Me Bessis Ellen sur le site du *Courrier des stratèges*[507] nous informe que le CHU local cache le statut vaccinal des hospitalisés. Il est plus précisément demandé à l'hôpital, selon ce témoignage, de déclarer les vaccinés comme étant non-vaccinés afin de ne pas aggraver la situation de défiance envers la vaccination. Ces accusations graves sont confirmées, selon elle, par des soignants et des pompiers.

C'est la même technique que va utiliser la presse dès qu'il y a un décès suite à un Covid-19. C'est le cas de Mme Julie Le Gaillard décédée suite au Covid-19 selon les médiamensonges caractéristiques de l'escroquerie covidiste. Comme vous pouvez le remarquer, dans l'article[508] de *La nouvelle république*, il n'y a aucune mention du fait qu'elle soit vaccinée ou pas. Deuxièmement, l'article parle de sa passion de la boxe et de son métier d'éducatrice de la protection judiciaire à Avignon, mais ne parle pas de sa maladie assez sérieuse puisqu'il s'agit d'une déficience immunitaire. C'est un article clairement sentimentaliste qui s'épanche sur son humanisme et sa personnalité attachante alors qu'il manque un nombre important d'informations intéressantes. Il faut tout de même réaliser que c'est une jeune femme sportive de 30 ans, ce qui voudrait dire que le Covid-19 tue les jeunes en bonne santé ! Mais, vu le buzz sur les réseaux sociaux, des proches de Mme Julie Le Gaillard se sont exprimés sur le fait qu'elle était justement vaccinée depuis longtemps et qu'elle était atteinte de déficit immunitaire commun variable, une maladie assez grave qui touche 1/25000 Français. Du coup, ça n'a plus rien à voir avec le récit initial des médias qui s'avère être à l'opposé de ce qu'il s'est réellement passé. Premièrement, la vaccination ne l'a pas empêchée d'avoir une forme grave de la maladie, détail important d'autant que les immunodéprimés sont à leur 4e dose. Deuxièmement, ce n'est pas le Covid-19 qui a été responsable de son décès mais bien son incapacité physiologique à se défendre à cause de sa maladie. Troisièmement, on apprend dans un article qu'il y a eu aussi des actes iatrogènes notamment une atteinte de sa trachée lors de l'intubation, ce qui a nécessité une opération chirurgicale. Quelle a été le rôle de cette chirurgie dans son décès étant donné sa maladie ? Bref, tout a été camouflé par les médias car ce cas est caractéristique de l'échec général du système de santé.

Les responsables politiques, les journalistes et les morticoles ont véritablement perdu la raison. Exemple récent de folie covidiste, un débat le 16 novembre 2021 sur Cnews[509] entre le sénateur LREM des Yvelines, Martin Lévrier et Me Pierre Gentillet. Le sénateur affirme que : « *Les non-vaccinés font courir un risque aux vaccinés.* », ce à quoi Me Gentillet va lui répondre : « *Quel risque vous cause un non-vacciné (s'il vous contamine) dans la mesure où vous êtes vacciné et donc protégé contre les formes graves ?* » ! On peut être stupide, sot, niais, insensé, mais comment a-t-il fait pour se faire élire sénateur ? Aujourd'hui les gens ont perdu toute capacité de réflexion et d'analyse, ils sont capables de se satisfaire du décès d'un covidé vacciné car sans ses 3 doses, la situation aurait été pire...

Après la restauration récente du masque à l'école, la Défenseure des droits, Mme Claire Hédon, a alerté l'opinion publique sur le danger que représentait cette folie sur la santé mentale des enfants ainsi que sur leur instruction. Dans son rapport[510] de 2021 sur *La santé mentale des enfants : le droit et le bien-être*, elle affirme à la page 38 concernant le confinement et le port du masque à l'école : « *Les troubles anxieux ont augmenté, en particulier les phobies sociales de toutes sortes (« syndrome de la cabane ») ; les phobies scolaires, du fait de l'alternance de séquences confinement/déconfinement, ont pu être soulagées provisoirement puis aggravées. Pour tous les enfants et encore plus pour les adolescents, les temps de confinement ont aggravé les risques d'addictions, du fait d'une consommation accrue d'écrans, de substances psychoactives ou au contraire d'un sevrage forcé faute de substances disponibles. La diffusion des « apéros zoom » chez les jeunes illustre aussi l'apparition de nouvelles conduites addictives. Enfin, le port du masque, qui dissimule la bouche des adultes aux enfants, est considéré de façon quasi-unanime comme source de troubles du développement. Si ce constat concerne tous les enfants en crèche et en maternelle, dont les capacités d'apprentissage ont été affectées, il est d'une gravité sans commune mesure pour les enfants placés ou hébergés en établissement, continuellement entourés de professionnels masqués* » ! Emmanuel Macron et Jean Castex ont-ils eu accès à ce rapport et l'ont-ils lu avant de prendre les mêmes décisions, destructrices de la jeunesse ? Sans parler bien entendu de l'explosion des inégalités sociales qui va écraser encore plus les plus faibles, les plus fragiles. Mais attention, c'est pour leur bien, c'est pour leur sauver la vie, c'est pour cette raison qu'ils sont en train de la détruire !

Quelle sera la prochaine étape ? La mise en place de camps de concentration afin de stériliser *manu militari* les personnes non-vaccinées ? lorsqu'il y a quelques mois, les manifestants arboraient des étoiles jaunes pour faire le lien avec le nazisme, les covidistes s'étaient empressés de les traiter de paranoïaques au discours excessif et ridicule ; sauf que plus le temps passe et plus ces mêmes covidistes prennent confiance et poussent le bouchon toujours plus loin avec assurance ; nous ne sommes plus très loin des appels à la violence. L'idée de laisser mourir un non-vacciné en le refusant en réanimation est en train de s'imposer tranquilement.

On pourrait résumer la vulgarité et la grossièreté de cette crise sanitaire par des vidéos assez spectaculaires. L'une sera réalisée par l'ex-maire de New York dans une conférence diffusée en direct le 13 mai 2021 sur CBSN, le démocrate Bill de Blasio[511], qui poussait les New-Yorkais à la vaccination en leur offrant un burger et des frites grasses qu'il était en train de manger... en parlant ! Apparemment il n'a jamais entendu sa mère lui dire « *On ne parle pas la bouche pleine* » ! Deuxièmement, offrir de la *junk food* pour pousser à la vaccination alors que l'obésité est une des pires comorbidités du Covid-19, relève de la démence. C'est ce même maire de New York qui avait offert[512] 100 $ aux personnes hésitantes pour les inciter à se faire vacciner ! Du jamais vu dans l'histoire de la médecine ; que dire de la déontologie médicale qui est ici piétinée à longueur de journée. La deuxième vidéo est encore plus vulgaire, il s'agit d'une publicité[513] du gouvernement américain qui pousse à la vaccination et dans laquelle on peut voir une grand-mère se maquiller pour aller danser le « twerk » en boîte de nuit avec le slogan affiché à l'écran, « *Grandmas's ready for summer* » ! Sans oublier les pères Noël vaccinateurs pour tromper les enfants !

Conclusion

Nous avons atteint un degré de folie d'une rare intensité, nous l'avons démontré dans les pages précédentes. Le dernier discours de novembre du président de la république renforce cette conviction et le démontre encore plus. Nous avons donc un gouvernement, avec à sa tête Emmanuel Macron qui vient expliquer à la France entière ce qui suit. S'adressant aux 50 millions de doublement vaccinés, il les informe que le vaccin ne marche pas très bien et qu'il va falloir une 3e dose au risque de perdre les avantages du pass sanitaire. S'adressant aux 6 millions de non-vaccinés, il va les inviter à se faire vacciner avec ce même vaccin qui ne fonctionne pas sur les premiers. Que dire de plus, si ce n'est que nous avons ici la preuve qu'un grand nombre de nos semblables a profondément sombré dans la folie.

Nous le savons depuis longtemps, il ne s'agit pas du tout de pandémie mais de *syndémie* comme l'a très bien expliqué le Dr Richard Horton ; le rédacteur en chef du Lancet le confirme dans un éditorial publié le 26 septembre 2021 : « *Deux catégories de maladies interagissent au sein de populations spécifiques : l'infection par le coronavirus du syndrome respiratoire aigu sévère (SRAS-CoV-2) et un éventail de maladies non transmissibles (MNT). Ces conditions se regroupent au sein des groupes sociaux selon des modèles d'inégalité profondément ancrés dans nos sociétés. L'agrégation de ces maladies sur fond de disparités sociales et économiques exacerbe les effets néfastes de chaque maladie distincte. Le COVID-19 n'est pas une pandémie. C'est une syndémie. La nature syndémique de la menace à laquelle nous sommes confrontés signifie qu'une approche plus nuancée est nécessaire si nous voulons protéger la santé de nos communautés*[514]. ». Cette nouvelle maladie ne représente pas du tout une menace pour la population entière, ce qui rend le confinement totalement absurde et parfaitement inutile. Nous savons aujourd'hui que les principales victimes sont les personnes très âgées vu que la moyenne d'âge des décès est de 83 ans en France et dans de nombreux pays européens. Nous savons également que ces mêmes victimes du Covid-19 présentent de multiples comorbidités comme démontré par le rapport de l'ATIH en France ou le rapport de l'Institut Supérieur de Santé italien dont nous avons parlé plus haut. Le Covid-19 a tué, selon eux, moins de personnes que la grippe saisonnière classique qui, elle, peut tuer toutes les tranches d'âge. Il a été également démontré que les personnes les plus précaires, ce qui est une donnée médicale connue depuis très longtemps, sont également les plus touchées par la maladie à cause d'une mauvaise alimentation, d'un suivi médiocre et d'un accès moindre aux soins de santé de qualité, ce qui confirme le propos tenu par le Dr Richard Horton, le rédacteur en chef du Lancet.

Nous assistons aujourd'hui à une véritable défaite de la médecine et du système de soins en Occident. Le Pr Raoult explique parfaitement dans son dernier livre, à la page 150, en faisant une remarque intéressante : « *Les nouveaux médicaments du XXIe siècle n'augmentent pas l'espérance de vie pratique. Et c'est pourquoi celle-ci n'augmente plus avec le produit intérieur brut, ni avec le niveau des dépenses de santé. Ce phénomène a été parfaitement décrit dans l'ouvrage Health at a Glance*[515] *de l'OCDF, paru en 2019.* ». C'est exactement à l'inverse qu'on assiste à cause des dérives de Big Pharma, notamment avec le scandale de l'OxyContin© qui a réussi à faire baisser l'espérance de vie aux USA à cause du nombre effrayant d'overdoses par centaines de milliers chez les jeunes Américains. Sans oublier les 40.000 décès en à peine 3 ans à cause du Vioxx©... Avec les nouvelles techniques de biologie moléculaire notamment de gain de fonction, la médecine devient clairement une menace pour la santé publique.

Afin que la folie covidiste puisse se répandre au sein de la population et perdurer, il a fallu trouver des médecins corrompus et incompétents, amoureux des plateaux télé et qui ont soif de reconnaissance, ayant beaucoup de temps libre malgré une crise épidémique extrêmement grave selon le narratif officiel, puis les faire passer très régulièrement et de manière continue sur les plateaux télé. C'est donc une complémentarité complice d'une caste médicale corrompue avec le pouvoir médiatique qui est la cause de cette hystérie générale. Si on observe bien, ce sont toujours les mêmes qui passent sur les plateaux télé ou qui sont interviewés dans la presse-papier. Il est impressionnant de voir le nombre de fois où le Pr Mathieu Molimard va apparaître dans les dépêches AFP ou les articles des quotidiens et autres magazines parisiens. Idem pour les têtes de gondoles, Karine Lacombe, Gilbert Deray, Bruno Mégarbane, Laurent Alexandre, Djilali Annane... et quelques autres. Mais lorsque l'on cherche un petit peu, on se rend compte qu'il y a beaucoup plus de médecins et d'intellectuels de haut niveau qui sont contre la gestion politique de la crise Covid-19 ainsi que les décisions des autorités de surveillance sanitaire. Tandis que les morticoles télévisuels squattent les plateaux télé, des milliers de médecins s'organisent en associations pour défendre la médecine et l'intérêt des patients. Bien entendu, la majorité est silencieuse, effrayée par les menaces des instances ordinales ; pire encore, la simple accusation de « complotisme » les terrorise.

Concernant les intellectuels, ils sont nombreux à avoir fait des déclarations fortes mais ils ne sont malheureusement pas repris par toute la presse comme le sont les morticoles omiprésents et ubiquitaires ; ils ne seront bien entendu pas invités aussi souvent que les autres.

Prenons le texte[516] de l'agrégé de philosophie, le Strasbourgeois Reza Moghaddassi, enseignant la philosophie au gymnase Jean-Sturm : « *À tous les gens raisonnables et très intelligents qui s'indignent devant ceux qui ne veulent pas se faire vacciner. Pardonnez-moi d'avoir des doutes sur la sûreté de ce que vous appelez en chœur des « vaccins ». Je devrais en effet faire aveuglément confiance à la télé et aux autorités. Je devrais faire confiance aux études fournies par les laboratoires pharmaceutiques même s'ils ont été condamnés ces dernières années à des milliards de dollars d'amendes notamment pour fraude scientifique. Pardonnez-moi mon égarement et mon effort pour comprendre la justification scientifique des mesures qui sont prises. Pardonnez-moi de chercher à évaluer la proportionnalité des mesures prises par rapport aux risques encourus. Pardonnez-moi de confronter le discours des scientifiques lourds de liens et de conflits d'intérêts avec ceux qui n'en ont pas. Pardonnez-moi de chercher à comprendre la nature des controverses scientifiques plutôt que de me ranger dans la dictature d'une pensée autorisée arrogante et partiale. Pardonnez-moi de ne pas vouloir être le cobaye d'injections expérimentales en cours d'essais cliniques. Pardonnez-moi d'oser regarder les chiffres officiels (pourtant largement sous-évalués) des morts et des effets indésirables graves liés aux différents vaccins en cours au lieu de laisser cela aux « experts » ou bien de reconnaître simplement que tous ces événements ne sont que des coïncidences sans lien de causalité établie. Pardonnez-moi de ne pas vouloir faire prendre le risque d'effets secondaires graves à mes enfants alors qu'ils n'ont quasiment aucune chance de faire une forme grave du covid et que personne n'est capable honnêtement et scientifiquement de reconnaître un rapport bénéfice risque favorable pour eux d'une telle vaccination. Pardonnez-moi d'exister...* » ! Le texte est puissant et il revient sur l'impossibilité aujourd'hui de penser par soi-même sans être taxé de « complotiste », voire pire.

On peut également citer le célèbre philosophe André Comte-Sponville qui a été lui aussi, très critique envers la stratégie du terrorisme sanitaire utilisée par le gouvernement et les médias : « *Évitons que la peur de la mort l'emporte sur l'amour de la vie* ». Il s'est attaqué également au concept gouvernemental qui consistait à faire croire qu'il fallait absolument sauver les personnes âgées quel que soit le prix à payer, quitte à sacrifier les plus jeunes, des générations entières : « *Je me fais beaucoup plus de souci pour le gamin de 20 ans qui rate ses études que pour son grand-père de mon âge ou de 80 ans. Ceux qui croient que le distanciel remplace le présentiel, ce que mon ami Denis Moreau, prof à Nantes, appelle "la présence réelle", n'ont rien compris à ce qu'est l'enseignement*[517] » ! C'est d'autant plus juste que le 4e âge a toujours été méprisé en France, il suffit de voir comment ils sont traités dans les EHPAD, dans les hôpitaux ou tout simplement voir leur misérable retraite.

Nous pouvons également citer M. Mehdi Belhaj Kacem, philosophe et romancier auteur d'une trentaine d'ouvrages, un des philosophes les plus doués de sa génération et connu bien au-delà de nos frontières. Il a eu des propos très critiques envers la politique du gouvernement. Pour lui : « *Nous vivons la première guerre civile mondiale, un génocide non conventionnel* ». Dans une lettre destinée au maire de sa commune de Turenne, ce dernier ayant eu la très mauvaise idée d'écrire un courrier à ses administrés reprenant mot pour mot tout le narratif de la Doxa, il écrit : « *C'est l'explication la plus plausible : cela fait plus d'un an et demi que la majorité de nos concitoyens sont coupés de toutes leurs capacités cognitives par la propagande incessante dont les inondent les médias de masse, subventionnés par l'État et détenus par les huit familles les plus riches de France. Ces médias, et depuis longtemps, n'ont plus pour fonction d'informer les gens, mais simplement de se faire les porte-voix du gouvernement. Toutes les considérations dont vous gratifiez votre public reposent donc sur le crédit que vous accordez à ce que raconte celui-ci. Vous supposez, en somme, qu'il dit, depuis un an et demi, la vérité. Or, c'est le contraire. Ce gouvernement a menti sur absolument tout. Ce gouvernement n'est plus qu'à son tour qu'un outil au service d'institutions supranationales comme l'OMS, ou de multinationales, comme Pfizer. Saviez-vous que notre président de la République avait négocié, du temps où il travaillait pour la banque Rothschild, un contrat à hauteur de 10.000.000.000 de dollars entre Nestlé et… Pfizer (vous avez dit « compte offshore » ?) ? Saviez-vous que son épouse détenait quantité d'actions dans la même entreprise? Saviez-vous que c'était Pfizer qui alimentait le compte Suisse de Cahuzac, et probablement de nombre de membres du Parti Socialiste, celui qui veut nous pousser à la vaccination obligatoire ? Saviez- vous que Pfizer est l'entreprise pharmaceutique la plus corrompue et la plus condamnée en justice de tous les temps (plus de quarante verdicts négatifs, plus de 5.000.000.000 de dollars de dommages et intérêts versés en tout) ?*[518] ». Le reste de la lettre est du même acabit, incendiaire et basée sur les faits.

Nous avons également M. Mathieu Slama, consultant et analyste politique. Il a collaboré à plusieurs médias (*Figaro*, Huff Post, *Marianne*…). Selon lui : « *Nous sommes en train de vivre une transformation radicale de notre conception de la liberté. Hier inaliénable et imprescriptible, elle est aujourd'hui « accordée » par le pouvoir en fonction de notre comportement. C'est contre cela qu'il faut lutter, sans compromis possible*[519]. » Il avait déjà publié une tribune[520] sur le *Figaro* le 21 octobre 2021 dans laquelle il revenait sur la gestion autoritaire et antidémocratique de la crise sanitaire par le gouvernement français : « *Dans la crise sans fin qui nous accable depuis un an et demi, il y a un repère intangible, presque réconfortant : la constance avec laquelle le gouvernement n'a de cesse de se dédire et d'hystériser les débats. Nous sommes désormais habitués aux promesses non tenues, aux mesures prises sans réel fondement, aux petites phrases provocatrices, aux revirements permanents. La séquence actuelle, où se discute une énième prolongation de l'état d'urgence sanitaire, n'est donc une surprise pour personne. Dès le début de la pandémie, un choix politique très net a été fait : la lutte contre le virus ne se fera pas de manière démocratique. C'est ce présupposé, sans doute inspiré en partie par les pays qui avaient mis en place les premières mesures de confinement comme la Chine puis l'Italie, qui a dominé l'intégralité de la réponse politique à la crise sanitaire. D'où la mise en place de l'état d'urgence sanitaire, qui donnait la possibilité au gouvernement de décider de mesures gravement attentatoires à l'État de droit comme le confinement ou encore le couvre-feu. L'état d'urgence sanitaire est un état d'exception, c'est-à-dire qu'il déroge aux règles de l'État de droit au motif des circonstances exceptionnelles. »* Il ajoutera concernant le pass sanitaire : *« Le passe sanitaire, que le philosophe italien Giorgio Agamben a qualifié, lors d'une audition récente devant le Sénat italien, de « monstruosité juridique », est en effet une mesure discriminatoire sans précédent dans notre tradition démocratique, qui consiste à punir de mort sociale tout citoyen n'adoptant pas le comportement qu'on attend de lui (en l'occurrence : se faire vacciner). Cette logique disciplinaire n'est pas totalement nouvelle (les taxes comportementales, par exemple, relèvent d'un principe similaire), mais jamais elle ne s'était exprimée d'une manière aussi brutale. »*.

Mme Barbara Stiegler, philosophe française, professeure à l'université Bordeaux-Montaigne, auteure d'une dizaine d'ouvrages dont 4 collectifs. Elle vient de publier dans la collection Tracts chez Gallimard *De la démocratie en pandémie.* Dès la première page, on trouve le terme de « syndémie » promu par le rédacteur en chef du Lancet, Richard Horton. Elle critique à la page 5 la façon avec laquelle l'État a immédiatement traité d'opposante et de populiste toute personne se posant des questions, elle note également le rôle trouble qu'ont joué certains experts complices. Elle revient également sur le président de la ligue contre le cancer, feu Axel Kahn qui avait affirmé sur une radio publique que : « *en contexte de pandémie, la démocratie est un inconvénient* » ! Elle pose une question pertinente tout en bas de la page 12 :

« *Comment, au "pays des Lumières", un tel obscurantisme a-t-il pu prendre le pouvoir sur des esprits pourtant éduqués ?* ». Comment est-il possible qu'en France en 2020 une tribune de médecins demande aux Français de ne surtout pas se poser de questions et d'ajouter de la confusion à la situation : « *Dans cette période difficile, nous n'avons pas besoin de polémiques sur les mesures gouvernementales* » ont-ils osé publier ! Pourtant c'est exactement l'inverse qui est attendu d'un intellectuel, d'un spécialiste, d'un expert : être utile en temps de crise. Barbara Stiegler termine son texte par les propos suivants : « *Nous pouvons certes continuer à nous confiner dans la tiédeur de nos bureaux et à participer activement, avec nos écrans, à la mise en place des réformes qui détruisent les institutions qui, jusque-là, avait porté ces métiers. Mais nous pouvons aussi tenter de nous unir, avec quelques autres, pour constituer des réseaux de résistance capables de réinventer la mobilisation, la grève et le sabotage, en même temps que le forum, l'amphithéâtre et l'agora. En s'y mettant à plusieurs, ici et maintenant, en ouvrant en grand nos institutions à tous les citoyens qui, comme nous, sont convaincus que le savoir ne se capitalise pas, mais qu'il s'élabore ensemble et dans la confrontation conflictuelle des points de vue, nous pourrions peut-être contribuer à faire de cette « pandémie », mais aussi de la santé et de l'avenir de la vie, non pas ce qui suspend, mais ce qui appelle la démocratie.* »

Cet extrait de *2084* (Humnensciences, 2021, 132 pages), de Pierre Menton, chercheur à l'Inserm est intéressant : « *L'État fait montre d'un activisme forcené dans la lutte contre l'épidémie de Covid, le terrorisme, les accidents de la route et la consommation de drogues parce que cela lui offre l'opportunité de contrôler les individus. Dans le même temps, il fait preuve de passivité, voire de compromission, dans la lutte contre les principales causes de mortalité et de morbidité car cela nécessiterait de porter atteinte à des intérêts économiques. Ce constat n'est pas surprenant mais il présente un intérêt certain pour ouvrir les yeux sur la nature de l'État. Loin d'assurer un quelconque bien-être de la population, il s'agit plutôt d'une organisation totalitaire imposée par la gestion des relations conflictuelles entre des individus entretenant des rapports d'appropriation privée. Une organisation hors de contrôle, parce que personne n'en est réellement responsable, qui forme des individus incultes, hyperspécialisés, mystifiés, dociles, soumis, incapables d'avoir une compréhension globale du monde dans lequel ils vivent, dépossédés de toute liberté de décider de leur sort.* » ! C'est une belle et juste description des élites qui nous dirigent.

Mme Ariane Bilheran, comme présentée sur son site[521] web, est normalienne (Ulm), psychologue clinicienne, docteur en psychopathologie, chargée de cours à l'Université, auteure, conférencière et consultante. Selon elle « *La crise sanitaire est un prétexte pour exercer une domination sur l'humanité.* », Il s'agit de la mise en place d'un véritable « totalitarisme rampant ».

Dans une récente interview elle revient sur son analyse de la situation actuelle concernant la gestion politique de la crise sanitaire. Elle affirme qu'il est question de la mise en place d'une dictature et explique dans le détail ses mécanismes d'action : « *Hannah Arendt définit précisément l'essence politique du totalitarisme. Il y a un fonctionnement propre, une structure commune, une architecture, un fonctionnement endémique et biologique identique. Je veux dire par là que la volonté de structurer le corps social et le corps politique, de façon à ce que les individus deviennent de simples cellules, au sens propre, du corps social – pas même des instruments, mais bien des cellules sur lesquelles le pouvoir qui est exercé – est totale. En France, nous observons qu'il n'y a pas nécessairement le besoin d'une personne incarnée pour confisquer les pouvoirs. Le pouvoir totalitaire aura pour ambition la domination totale, en brisant les rapports de classe, les liens sociaux et familiaux, les amitiés, etc. Il s'agit du célèbre « diviser pour régner ». La domination totale confisque les libertés individuelles, domine les corps, en prend littéralement possession ; elle domine l'intimité, les émotions et le mental des personnes*[522]. » Elle met effectivement le doigt sur quelque chose d'effrayant dont s'est rendu coupable le gouvernement : la volonté de diviser pour mieux régner en s'infiltrant dans les familles, les couples, les groupes d'amis. Malheureusement, la stratégie a fonctionné puisque l'on peut constater un nombre important d'enfants qui ne parlent plus à leurs parents qu'ils considèrent comme des « complotistes » ! Le gouvernement a fini de détruire ce qui était déjà assez fragile, ce qui restait de la cellule familiale.

Mme Ariane Bilheran va également détailler le mode de fabrication du mensonge covidiste qui n'est non seulement pas basé sur la vérité, comme on pouvait l'imaginer, mais, première historique, il n'est même pas basé sur le réel. En d'autres termes, le gouvernement ne prend même plus la peine de camoufler ses mensonges, c'est une première : « *À partir d'avril 2020, j'ai écrit un article intitulé* Le Totalitarisme sanitaire*, car j'ai rapidement perçu la formation de ce fantasme de corps social amalgamé de cellules que je viens d'évoquer. J'ai d'abord été prise par la narration de départ. J'ai ensuite constaté la présence d'une idéologie, c'est-à-dire la construction d'une pseudo-vérité sous la forme d'une croyance qui prétend se substituer au réel. On construira une narration délirante, qui aura la prétention d'être la vérité, mais qui n'aura plus de rapport, ni avec la vérité, ni avec sa recherche, ni avec le réel de l'expérience. C'est une construction fondée sur le mensonge. C'est à partir de ces mensonges que se forme une sorte de monstre mouvant qui absorbe les cellules du corps social compris comme un corps au sens littéral. Une analogie adéquate pour se figurer ce monstre est celle du Golem, une création désincarnée qui finit par nous dépasser et nous dévorer.* »

Mme Ariane Bilheran arrive à la même conclusion que nous avons réalisée concernant le covidisme qu'elle considère comme étant une pathologie mentale : « *Mon apport depuis longtemps est de considérer que cette structure politique totalitaire correspond à une pathologie mentale, une folie qui, dans la psychiatrie traditionnelle, a la caractéristique d'être contagieuse. J'évoque la psychose paranoïaque, dans laquelle le réel est dénié, ce déni étant accompagné par un délire.* » *! C'est non seulement une maladie mentale, elle est également essence sectaire et pire encore, elle est contagieuse donc extrêmement dangereuse. Elle ajoute : « Cette logique est en effet effroyable. Elle ira jusqu'à son terme, car une paranoïa ne s'arrête pas en chemin. Pour vivre, il lui faut la participation de la société civile. La promesse du totalitarisme, c'est le bannissement, l'ostracisme, c'est la mort, si l'on ne participe pas à la marche. La confrontation est donc très difficile. Les masses doivent être maintenues dans la croyance. À partir du moment où elles cessent de croire, le délire s'effondre. ».*

Selon elle, le seul moyen de sortir de cette folie, de cette hystérie collective, c'est d'informer la population afin qu'elle cesse de croire aux mensonges de la Doxa. C'est pourquoi, depuis le début, nous ne cessons d'informer nos lecteurs, nous ne cessons de tracter et d'afficher ou de manifester afin que l'information circule, afin de contrer la propagande mensongère médiatique.

Un seul homme religieux d'envergure a eu le courage de s'opposer à la mise en place de cette dictature sanitaire, il s'agit de l'archevêque Carlo Maria Viganò, nonce apostolique pour le Saint-Siège, ex Chef du personnel au Vatican et fut de 2009 à

2016 Secrétaire général du gouvernorat de la Cité du Vatican. Dans une vidéo[523] de 10 minutes publiée le 18 novembre 2021, il appelle à une réunion mondiale les hommes de bonne volonté contre l'instauration de cette tyrannie qui a pour début l'utilisation de la crise sanitaire ensuite viendra la crise climatique... La vidéo a été traduite par nos soins et vous pourrez lire l'intégralité de son propos en annexe n°20. Pour le moment aucun responsable musulman important n'a pris position, bien au contraire, les imams corrompus poussent à la vaccination et les autorités musulmanes françaises ont même eu le culot de demander aux musulmans non-vaccinés d'éviter[524] de prier à la mosquée malgré le caractère obligatoire de la prière du vendredi !

NOTES

1. https://www.youtube.com/watch?v=bBT1Sgm8O-o
2. https://www.fondation-arc.org/le-cancer-en-chiffres
3. https://www.francetvinfo.fr/sante/cancer/penurie-de-medicaments-la-ligue-contre-le-cancer-demande-des-punitions-financieres-contre-les-laboratoires-phamarceutiques_4777507.html
4. https://www.letelegramme.fr/coronavirus/origine-de-la-covid-19-et-si-le-pangolin-n-y-etait-pour-rien-14-05-2021-12750029.php
5. https://factuel.afp.com/http%253A%252F%252Fdoc.afp com%252F9AX2MW-1
6. https://www.mediapart.fr/journal/culture-idees/200320/frederic-keck-les-chauves-souris-et-les-pangolins-se-revoltent
7. https://presse.inserm.fr/maladie-de-kawasaki-un-lien-avec-la-covid-19-vraiment/39334/
8. https://www.ladepeche.fr/2020/09/23/sibeth-ndiaye-avoue-avoir-menti-pour-proteger-emmanuel-macron-9091522.php
9. https://www.capital.fr/economie-politique/reconversion-de-sibeth-ndiaye-chez-adecco-le-oui-mais-du-gendarme-de-la-transparence-1391793
10. https://www.latribune.fr/technos-medias/comment-le-gouvernement-manipule-les-chiffres-de-tous-anti-covid-863808.html
11. https://www.capital.fr/economie-politique/stopcovid-lapplication-du-gouvernement-visee-par-une-enquete-du-pnf-1404044
12. https://www.theguardian.com/world/2020/nov/15/chumocracy-covid-revealed-shape-tory-establishment
13. https://twitter.com/afpfr/status/1438231143736770561
14. https://www.francebleu.fr/infos/societe/piratages-de-donnees-de-sante-les-victimes-vont-etre-prevenues-comment-agir-1614891759
15. https://www.france24.com/fr/france/20210901-covid-19-une-faille-informatique-rend-accessibles-les-donn%C3%A9es-personnelles-de-milliers-de-personnes-test%C3%A9es
16. https://www.nouvelobs.com/coronavirus-de-wuhan/20210921.OBS48897/le-qr-code-du-pass-sanitaire-d-emmanuel-macron-diffuse-sur-internet.html
17. https://www.zeit.de/politik/ausland/2020-11/corona-regeln-frankreich-lockdown-polizei-quarantaene-attest-joggen-sport
18. https://www.capital.fr/entreprises-marches/un-sauna-libertin-felicite-par-la-police-pour-son-respect-du-protocole-sanitaire-1383609
19. https://www.francebleu.fr/infos/societe/coronavirus-comment-les-sciences-comportementales-aident-les-politiques-a-gerer-la-crise-sanitaire-1585316002
20. https://www.francetvinfo.fr/politique/le-nudge-arme-anti-covid-de-la-macronie_4660085.html
21. https://www.gouvernement.fr/sites/default/files/document/document/2020/11/mission_controle_qualite_de_la_gestion_de_crise_sanitaire_-_v14.pdf
22. « *La France est un pays extrêmement fertile : on y plante des fonctionnaires et il y* pousse des impôts. » G. Clémenceau.
23. https://www.lequotidiendumedecin.fr/actus-medicales/sante-publique/has-ministere-cnom-ce-que-gagnent-les-dirigeants-des-autorites-de-sante
24. https://www.vosgesmatin.fr/politique/2020/06/11/un-directeur-mieux-paye-qu-un-ministre

25. https://www.ladepeche.fr/2021/04/15/des-medecins-payes-jusqua-750-euros-de-lheure-pour-vacciner-lassurance-maladie-met-fin-a-la-facturation-a-lacte-9490097.php
26. http://www.senat.fr/rap/r09-685-1/r09-685-111.html
27. https://www.sentiweb.fr/france/fr/?page=presentation
28. « #Vaccination|Aujourd'hui, en France, 8 personnes sur 10 hospitalisées à cause de la #COVID19 ne sont pas vaccinées. On peut débattre de tout, sauf des chiffres. » https://twitter.com/gouvernementfr/status/1428392830813233161
29. https://www.ccomptes.fr/sites/default/files/2021-09/20210922-132-3-1-rapport-soins-critiques.pdf
30. https://www.lefigaro.fr/actualite-france/un-pharmacien-lyonnais-condamne-pour-vente-illegale-de-masques-20210119
31. https://www.lefigaro.fr/flash-actu/pres-de-45-000-verbalisations-pour-non-respect-port-du-masque-depuis-mai-20200918
32. https://www.rtl.fr/actu/politique/municipales-a-paris-quand-buzyn-assurait-que-son-planning-etait-trop-charge-pour-etre-candidate-7800105950
33. https://www.lemonde.fr/politique/article/2020/03/17/entre-campagne-municipale-et-crise-du-coronavirus-le-chemin-de-croix-d-agnes-buzyn_6033395_823448.html
34. https://www.20minutes.fr/sante/2741147-20200316-coronavirus-agnes-buzyn-affirme-risque-propagation-tres-faible-france
35. https://www.ledauphine.com/sante/2021/09/10/que-reproche-t-on-a-agnes-buzyn-convoquee-vendredi-devant-la-cour-de-justice-de-la-republique
36. https://www.dailymotion.com/video/x7rsc0y
37. https://www.youtube.com/watch?v=BasekbE8Gl0
38. https://www.capital.fr/votre-carriere/vaccin-obligatoire-premiere-etape-pour-les-professionnels-de-sante-le-15-septembre-tout-ce-quil-faut-savoir-1414283
39. https://www.france24.com/fr/france/20210916-covid-19-olivier-v%C3%A9ran-annonce-3-000-suspensions-de-personnels-de-sant%C3%A9-non-vaccin%C3%A9s
40. https://france3-regions.francetvinfo.fr/bourgogne-franche-comte/obligation-vaccinale-des-soignants-au-15-septembre-pressions-suspensions-remplacements-la-difficile-equation-a-resoudre-des-hopitaux-de-franche-comte-2248591.html
41. https://www.europe1.fr/sante/une-situation-de-crise-faute-de-soignants-lhopital-de-mulhouse-enclenche-le-plan-blanc-4067873
42. https://www.francebleu.fr/infos/sante-sciences/les-urgences-de-la-clinique-du-diaconat-fonderie-de-mulhouse-vont-rouvrir-ce-mardi-1632751423
43. https://twitter.com/LCP/status/1440334798120128513
44. https://www.lelibrepenseur.org/la-photo-dun-repas-servi-dans-un-ehpad-scandalise-les-internautes/
45. https://www.ladepeche.fr/2020/09/22/ehpad-le-scandale-de-la-maltraitance-9087397.php
46. https://www.lci.fr/amp/sante/video-covid-19-pandemie-epidemie-nous-sommes-sur-la-corde-raide-les-agences-d-interim-debordees-pour-remplacer-les-soignants-non-vaccines-2196980.html
47. https://www.lelibrepenseur.org/revue-de-presse-2000-2019-etat-catastrophique-de-lhopital-public-par-salim-laibi/
48. https://www.leparisien.fr/archives/samedi-noir-a-l-hopital-09-10-2010-1102010.php
49. https://www.senat.fr/rap/l01-060-1/l01-060-11.html
50. https://www.leparisien.fr/societe/sante/greve-des-urgences-on-a-ferme-100-000-lits-en-20-ans-24-04-2019-8059401.php
51. https://www.insee.fr/fr/statistiques/4277615?sommaire=4318291
52. https://www.radioclassique.fr/magazine/articles/covid-19-ou-sont-les-12-000-lits-

de-reanimation-promis-par-letat/
53. https://www.lemonde.fr/les-decodeurs/article/2021/07/08/covid-19-les-essais-de-phase-3-des-vaccins-sont-ils-termines-depuis-des-mois-comme-l-affirme-olivier-veran_6087580_4355770.html
54. https://twitter.com/decodeurs/status/1413137319540912128
55. https://splf.fr/narcolepsie-postvaccinale-de-type-1/
56. https://www.nouvelobs.com/monde/20181127.OBS6092/dengue-sanofi-au-c-ur-d-une-affaire-de-vaccin-mortel-aux-philippines.html
57. https://www.lesechos.fr/industrie-services/pharmacie-sante/mediator-les-laboratoires-serviers-condamnes-a-27-millions-deuros-damende-1302335
58. « Plein soutien aux équipes de @HopPitieSalpe qui ont fait face à une bande de manifestants/casseurs dans une tentative d'intrusion violente dans le service de réanimation chirurgicale! Et qui ont empêché la mise en danger de patients. Merci à la police. Plainte @APHP sera déposée. »
https://twitter.com/MartinHirsch/status/1123625089088532481
59. https://www.lelibrepenseur.org/giletsjaunes-si-vic-lap-hp-fiche-les-blesses-buzyn-et-hisrsch-mentent/
60. https://www.acrimed.org/France-Inter-l-impossible-mea-culpa-sur-la-Pitie
61. https://www.huffingtonpost.fr/sabrina-ali-benali/ma-reponse-a-patrick-cohen-et-martin-hirsch-qui-remettent-en-qu_a_21660598/
62. https://www.lequotidiendumedecin.fr/actus-medicales/recherche-science/apres-un-vif-desaccord-sur-lannonce-des-resultats-du-tocilizumab-le-comite-de-surveillance-des
63. Traitements du Covid-19 : le tocilizumab plus dangereux qu'efficace ?
https://www.legeneraliste.fr/actu-medicale/recherche-publications/traitements-du-covid-19-le-tocilizumab-plus-dangereux-quefficace
64. https://fb.watch/8iXtC9K-3U/
65. https://www.facebook.com/aphmcom/photos
/a.467633013291447/2771966706191388/
66. https://www.facebook.com/ARSPaca/posts/3160093167357176
67. https://www.cnews.fr/france/2020-04-17/le-coronavirus-est-un-virus-sorti-dun-laboratoire-chinois-avec-de-ladn-de-vih?amp&__twitter_impression=true
68. https://sante.lefigaro.fr/article/ces-cinq-fausses-infos-qui-circulent-sur-le-coronavirus/
69. https://www.rtl.fr/actu/debats-societe/coronavirus-non-le-virus-n-a-pas-ete-fabrique-dans-un-laboratoire-chinois-7800398535
70. https://factuel.afp.com/http%253A%252F%252Fdoc.afp.com%252F9AX2MW-1
71. https://www.thelancet.com/journals/lancet/article/PIIS0140-6736(20)30418-9/fulltext#
72. https://www.francesoir.fr/societe-sante/la-chute-du-dr-peter-daszak-evince-de-lenquete-sur-la-pandemie-diligentee-par-lonu
73. https://www.thelancet.com/pdfs/journals/lancet/PIIS0140-6736(21)01377-5.pdf
74. https://twitter.com/JulienPain/status/1324393603561590788
75. https://www.courrierinternational.com/article/pandemie-comment-la-chine-entrave-la-mission-de-loms-sur-lorigine-du-virus
76. https://www.newsweek.com/exclusive-how-amateur-sleuths-broke-wuhan-lab-story-embarrassed-media-1596958
77. https://www.dailymail.co.uk/news/article-9629563/Chinese-scientists-created-COVID-19-lab-tried-cover-tracks-new-study-claims.html
78. https://www.ledauphine.com/sante/2021/08/13/origine-du-virus-et-patient-zero-pourquoi-l-hypothese-d-une-fuite-d-un-laboratoire-de-wuhan-revient-sur-la-table

79. https://lejournal.cnrs.fr/articles/la-question-de-lorigine-du-sars-cov-2-se-pose-serieusement
80. https://www.youtube.com/watch?v=1wul4z8pmzU
81. https://odysee.com/@LeLibrePenseur.org:2/covid-19-actu-23-mai-20-propagande:b
82. https://www.hcsp.fr/Explore.cgi/avisrapportsdomaine?clefr=837
83. « *Suite à la publication dans @TheLancet d'une étude alertant sur l'inefficacité et les risques de certains traitements du #COVID19 dont l'hydroxychloroquine, j'ai saisi le @HCSP_fr pour qu'il l'analyse et me propose sous 48h une révision des règles dérogatoires de prescription.* »
https://twitter.com/olivierveran/status/1264145851955458048
84. https://www.franceinter.fr/societe/hydroxychloroquine-chronologie-d-un-espoir-decu
85. https://twitter.com/EmmanuelMacron/status/1399418893060423683
86. https://twitter.com/BrunoLeMaire/status/833300528339746816
87. https://www.sudouest.fr/2011/02/23/bruno-le-maire-ce-ministre-de-l-agriculture-qui-ne-connait-pas-la-signification-d-un-hectare-325259-4720.php?nic
88. https://www.lelibrepenseur.org/pass-sanitaire-bruno-le-maire-nie-son-effet-devastateur/
89. https://www.bfmtv.com/amp/economie/la-restauration-a-table-a-perdu-les-deux-tiers-de-son-chiffre-d-affaires-depuis-le-debut-de-l-annee_AD-202109270025.html
90. https://www.lci.fr/politique/le-pass-sanitaire-est-tres-bien-accepte-en-europe-selon-le-commissaire-thierry-breton-2197293.html
91. https://twitter.com/olivierveran/status/1415031278366298116
92. https://www.lci.fr/sante/covid-19-a-l-hopital-bichat-plus-des-deux-tiers-des-gens-qui-rentrent-en-reanimation-ne-sont-pas-vaccines-2191241.html
93. https://drees-site-v2.cegedim.cloud/sites/default/files/2021-01/ons_2020.pdf
94. https://www.capital.fr/economie-politique/le-pass-sanitaire-pourrait-rester-en-vigueur-au-dela-du-15-novembre-annonce-olivier-veran-1412787
95. https://www.ladepeche.fr/2020/09/23/coronavirus-florence-parly-admet-que-les-militaires-de-retour-de-wuhan-en-janvier-navaient-pas-ete-testes-9091395.php
96. https://www.ined.fr/fr/publications/editions/population-et-societes/france-2020-68000-deces-supplementaires-imputables-epidemie-covid-19/
97. https://www.youtube.com/watch?v=j7aALxH3MFk
98. https://twitter.com/GOPoversight/status/1450934193177903105
99. https://www.lefigaro.fr/international/covid-19-les-laboratoires-de-wuhan-auraient-bien-manipule-des-coronavirus-20211027
100. https://drasticresearch.files.wordpress.com/2021/09/main-document-preempt-volume-1-no-ess-hr00118s0017-ecohealth-alliance.pdf
101. https://twitter.com/gouvernementFR/status/1429145022427893760
102. https://www.leparisien.fr/societe/sante/six-patients-covid-hospitalises-sur-dix-ne-sont-pas-vaccines-pourquoi-ces-donnees-ont-ete-corrigees-29-10-2021-M5BZMI5UFZCITN45SIDMTUJBYE.php
103. https://www.theguardian.com/world/2021/oct/28/covid-vaccinated-likely-unjabbed-infect-cohabiters-study-suggests
104. https://fortune.com/2021/04/01/its-official-vaccinated-people-dont-transmit-covid-19/
105. https://www.sudouest.fr/politique/covid-19-la-crise-sanitaire-a-conduit-a-un-affaiblissement-de-l-etat-de-droit-en-france-selon-la-ldh-1576370.php
106. https://www.eiu.com/n/campaigns/democracy-index-2020/
107. https://www.lemonde.fr/police-justice/article/2021/06/10/le-conseil-d-etat-juge-

illegal-le-recours-a-la-technique-des-nasses-par-les-forces-de-l-ordre-lors-des-manifestations_6083619_1653578.html

108. https://www.leparisien.fr/faits-divers/le-conseil-detat-juge-illegale-la-technique-des-nasses-lors-des-manifestations-10-06-2021-FJMTUWTA3NC6BJXDW3XFFM44FA.php

109. *« Les journalistes doivent pouvoir continuer d'exercer librement leur mission d'information, même lors de la dispersion d'un attroupement. Ils ne peuvent donc être tenus de quitter les lieux, dès lors qu'ils se placent de telle sorte qu'ils ne puissent être confondus avec les manifestants ou faire obstacle à l'action des forces de l'ordre. Il en va de même pour les observateurs indépendants ».*

110. https://www.usine-digitale.fr/article/le-conseil-d-etat-rappelle-a-la-police-de-paris-l-interdiction-d-utiliser-des-drones-pour-surveiller-les-manifestations.N1043224

111. https://www.conseil-etat.fr/ressources/decisions-contentieuses/dernieres-decisions-importantes/conseil-d-etat-18-mai-2020-surveillance-par-drones

112. https://www.laquadrature.net/2020/04/01/covid-19-lattaque-des-drones/

113. https://www.cnil.fr/fr/drones-la-cnil-sanctionne-le-ministere-de-linterieur

114. Délibération SAN-2021-003 du 12 janvier 2021.

115. https://www.lelibrepenseur.org/wp-content/uploads/2021/10/canard-enchaine-crash-drone-paris-01.jpg

116. https://www.mediapart.fr/journal/france/090221/affaire-darmanin-les-faits-resumes-en-video

117. https://www.elysee.fr/la-presidence/le-conseil-de-defense-sanitaire

118. https://www.lefigaro.fr/politique/terrorisme-covid-plongee-dans-le-secret-du-conseil-de-defense-20200519

119. https://www.conseil-national.medecin.fr/sites/default/files/external-package/analyse_etude/1grhel2/cnom_atlas_demographie_medicale_2020_tome1.pdf

120. https://www.lefigaro.fr/politique/terrorisme-covid-plongee-dans-le-secret-du-conseil-de-defense-20200519

121. https://solidarites-sante.gouv.fr/actualites/presse/dossiers-de-presse/article/conseil-scientifique-covid-19

122. https://www.dailymotion.com/video/x7zry0q

123. https://www.rtl.fr/actu/bien-etre/port-du-masque-en-exterieur-un-epidemiologiste-salue-la-levee-d-une-mesure-inutile-7900046216

124. https://www.ledevoir.com/societe/639480/environnement-les-masques-jetables-peuvent-liberer-des-millions-de-microplastiques

125. https://www.nationalgeographic.fr/environnement/le-nombre-de-masques-jetables-dans-les-oceans-se-multiplient

126. https://www.sudouest.fr/2015/07/23/les-gels-antibacteriens-dangereux-pour-la-sante-2077020-4696.php?nic

127. https://www.liberation.fr/societe/sante/covid-19-suivez-les-dernieres-informations-sur-lepidemie-en-france-et-dans-le-monde-20210504_E5O5V5PHIJB4JMNKOOSNRVDLS4/

128. https://solidarites sante.gouv.fr/IMG/pdf/avis_conseil_scientifique_3_mai_2021.pdf

129. http://www.senat.fr/questions/base/2020/qSEQ200415139.html

130. https://www.industriepharma.fr/covid-19-gilead-fixe-le-prix-du-remdesivir,111716

131. https://www.vidal.fr/medicaments/gammes/kaletra-18372.html

132. https://www.lavoixdunord.fr/750392/article/2020-05-08/coronavirus-l-essai-discovery-est-un-fiasco-europeen-ces-resultats-sont

133. https://formindep.fr/apprendre-a-prescrire-sous-influence/

134. https://www.francesoir.fr/opinions-tribunes/chronique-covid-ndeg24-les-conflits-dinterets-pendant-la-crise-covid-ils-nont-pas

135. https://www.bastamag.net/Pour-la-premiere-fois-un-medecin-qui-n-a-pas-declare-ses-liens-d-interets-est

136. https://www.bastamag.net/IMG/pdf/20181129_de_cision_chambre_disciplinaire_0.pdf

137. https://www.lelibrepenseur.org/coronavirus-le-pr-toussaint-ridiculise-le-conseil-scientifique/

138. https://www.midilibre.fr/2020/05/06/le-m-confinement-du-royaume-uni-demissionne-apres-avoir-fait-venir-sa-maitresse-chez-lui,8876454.php

139. https://www.francetvinfo.fr/sante/maladie/coronavirus/covid-19-ou-sont-passes-les-avis-du-conseil-scientifique_4299073.amp

140. https://www.conseil-etat.fr/ressources/avis-aux-pouvoirs-publics/derniers-avis-publies/avis-sur-un-projet-de-loi-relatif-a-la-gestion-de-la-crise-sanitaire

141. « 13. Le Conseil d'État souligne ainsi que l'application du « passe sanitaire » à chacune des activités pour lesquelles il est envisagé de l'appliquer doit être justifiée par l'intérêt spécifique de la mesure pour limiter la propagation de l'épidémie, au vu des critères mentionnés précédemment et non par un objectif qui consisterait à inciter les personnes concernées à se faire vacciner. »

142. https://www.20minutes.fr/politique/3099775-20210809-coronavirus-pass-sanitaire-concu-inciter-vaccination-rappelle-djebbari

143. https://twitter.com/GuillaumeRozier/status/1418487857493254150

144. On reviendra plus loin sur la réalité de ces chiffres épidémiologiques totalement sur-gonflés et en contradiction avec les chiffres du réseau historique Sentilles.

145. https://www.lefigaro.fr/vox/societe/nous-elus-locaux-demandons-l-abandon-du-passe-sanitaire-20211019

146. https://www.conseil-etat.fr/ressources/avis-aux-pouvoirs-publics/derniers-avis-publies/avis-sur-un-projet-de-loi-relatif-a-la-gestion-de-la-crise-sanitaire

147. https://www.defenseurdesdroits.fr/fr/communique-de-presse/2021/10/la-defenseure-des-droits-preoccupee-par-limpact-sur-les-droits-du

148. https://twitter.com/CNEWS/status/1450774885006028804

149. https://www.lsa-conso.fr/la-fin-du-passe-sanitaire-dans-les-centres-commerciaux-des-yvelines,388963

150. Mission de McKinsey selon le gouvernement : « La définition du cadrage logistique, du benchmarking [la comparaison avec l'étranger] et de la coordination opérationnelle ».

151. https://www.lelibrepenseur.org/mckinsey-france-touche-2-millions-de-dargent-public-par-mois-pour-rien/

152. https://www.ladepeche.fr/2021/02/05/qui-est-le-cabinet-mckinsey-qui-accompagne-emmanuel-macron-de-la-creation-den-marche-a-la-vaccination-contre-le-covid-19-9355298.php

153. https://www.lefigaro.fr/societes/crise-des-opiaces-mckinsey-paie-573-millions-de-dollars-pour-solder-des-poursuites-20210204

154. https://www.mckinsey.com/our-people/victor-fabius/fr-FR#

155. https://www.liberation.fr/checknews/conseil-constitutionnel-et-pass-sanitaire-laurent-fabius-est-il-en-situation-de-conflit-dinterets-a-cause-de-son-fils-chez-mckinsey-20210808_ORZB5IZ3CNBNVPICGOXSHDIA4A/

156. https://www.lemonde.fr/societe/article/2021/09/29/le-conseil-d-etat-propose-de-limiter-le-champ-de-la-responsabilite-penale-des-politiques-en-temps-de-crise_6096419_3224.html

157. https://lecourrierdesstrateges.fr/2021/09/24/urgent-veran-retropedale-sur-les-sanctions-aux-soignants-non-vaccines-en-arret-maladie/

158. http://sitegpr.com/fr/qui-sommes-nous/

159. https://www.edimark.fr/odile-launay

160. Suivre ce lien pour voir les seuls cas du vaccin Pfizer : « Rapport n°18 : période du 2 juillet 2021 au 26 août 2021 ». (*cf.* **Annexe** x).
https://ansm.sante.fr/uploads/2021/09/24/20210923-rapport-18-comirnaty-vfa.pdf

161. https://www.rtl.fr/actu/debats-societe/coronavirus-15-departements-veulent-arreter-de-verser-le-rsa-aux-non-vaccines-7900091936

162. https://lecourrierdesstrateges.fr/2021/11/02/payant-comment-le-conseil-detat-vient-de-miner-le-monopole-de-lassurance-maladie/

163. https://www.francesoir.fr/videos-les-debriefings/ne-pas-etre-vaccine-a-un-prix-conseil-detat

164. https://www.cae-eco.fr/staticfiles/pdf/cae-note066.pdf

165. L'Inserm c'est 14 000 chercheurs dans près de 300 laboratoires avec un budget de 908 millions d'euros en 2018.

166. https://www.legeneraliste.fr/actu-pro/politique-de-sante/la-nomination-au-conseil-detat-du-pr-yves-levy-epoux-dagnes-buzyn-fait-polemique

167. https://www.youtube.com/watch?v=EbOzhsFBGBw

168. « Les médecins doivent entretenir entre eux des rapports de bonne confraternité. Un médecin qui a un différend avec un confrère doit rechercher une conciliation, au besoin par l'intermédiaire du conseil départemental de l'ordre. Les médecins se doivent assistance dans l'adversité. »

169. https://www.whatsupdoc-lemag.fr/article/le-reanimateur-damien-barraud-alias-fluidloading-vire-de-twitter

170. https://www.ozap.com/actu/-il-fait-de-la-merde-l-urgentiste-mathias-wargon-se-paye-le-patron-de-france-soir-sur-bfmtv/608103

171. https://www.egora.fr/actus-pro/societe/67501-vous-etes-des-pourritures-la-rage-du-dr-marty-face-aux-organisateurs-des

172. https://france3-regions.francetvinfo.fr/pays-de-la-loire/loire-atlantique/nantes/covid-19-pr-raoult-contre-pr-raffi-330-euros-amende-medecin-du-chu-nantes-1917152.html

173. https://www.leparisien.fr/societe/8-5-millions-d-hypocondriaques-23-02-2014-3617389.php

174. https://www.valeursactuelles.com/politique/il-faut-quon-dramatise-un-peu-pour-que-tout-le-monde-se-vaccine-selon-un-proche-du-president-macron/

175. https://www.lelibrepenseur.org/terrorisme-sanitaire-quand-le-prefet-de-guadeloupe-et-la-directrice-de-lars-mettent-en-scene-leur-prestation-televisee/

176. https://www.sentiweb.fr/document/5425

177. https://www.santepubliquefrance.fr/content/download/380577/3182945

178. https://www.europe1.fr/politique/pas-dallegement-du-pass-sanitaire-avant-le-15-novembre-affirme-gabriel-attal-4070360

179. https://www.lci.fr/societe/coronavirus-covid-19-epidemie-contaminations-quand-thes-dansants-et-parties-de-belote-virent-aux-clusters-en-loire-atlantique-2199056.html

180. https://www.washingtonpost.com/outlook/2021/09/15/natural-immunity-vaccine-mandate/

181. https://www.techno-science.net/glossaire-definition/Lait-maternel.html

182. https://www.sciencesetavenir.fr/sante/le-mecanisme-du-paracetamol-mieux-compris_19093

183. https://www.eurekalert.org/news-releases/735505

184. https://www.nouvelobs.com/monde/20181127.OBS6092/dengue-sanofi-au-c-ur-d-

une-affaire-de-vaccin-mortel-aux-philippines.html
185. https://www.leem.org/recherche-et-developpement
186. https://www.lequotidiendumedecin.fr/actus-medicales/medicament/paracetamol-et-grossesse-des-experts-internationaux-rappellent-la-prudence
187. https://www.thelancet.com/journals/laninf/article/PIIS1473-3099(15)00344-8/fulltext
188. https://www.lemonde.fr/planete/article/2021/10/07/covid-19-les-pays-scandinaves-suspendent-l-utilisation-du-vaccin-de-moderna-pour-les-plus-jeunes_6097527_3244.html
189. https://twitter.com/Etienne_Chouard/status/1446460465593389056
190. Comme répété par Olivier Véran le 15 octobre 2021 à la Commission des lois de l'Assemblée nationale. Pour lui, l'objectif est de vacciner la population mondiale à cause des variants, ce qui est impossible à réaliser et il le sait.
191. http://aphp.aphp.fr/wp-content/blogs.dir/268/files/2021/01/Consentement-et-vaccination-311220.pdf
192. https://www.europe1.fr/sante/des-infirmieres-en-pleurs-ces-soignants-qui-se-font-vacciner-avant-detre-sanctionnes-4066429
193. https://www.letelegramme.fr/finistere/quimper/la-fiche-d-information-distribuee-au-centre-de-vaccination-de-quimper-au-coeur-d-une-polemique-25-08-2021-12812574.php
194. https://santediabete.org/le-diabete/
195. https://www.leparisien.fr/societe/l-alcool-fait-plus-de-40-000-morts-par-an-en-france-18-02-2019-8015079.php
196. https://www.ledauphine.com/economie/2021/04/06/l-etat-a-touche-15-3-milliards-d-euros-grace-aux-taxes-liees-au-tabac
197. https://www.leparisien.fr/societe/le-tabac-responsable-d-une-mort-sur-huit-en-france-28-05-2019-8081283.php
198. https://www.un.org/fr/chronicle/article/chaque-jour-25-000-personnes-meurent-de-faim
199. https://www.bastamag.net/Jean-Ziegler-Les-speculateurs
200. https://france3-regions.francetvinfo.fr/centre-val-de-loire/indre-loire/tours/centre-regional-de-pharmacovigilance-de-tours-afflux-de-signalements-sur-les-effets-secondaires-des-vaccins-anti-covid-2034931.html
201. https://www.liberation.fr/checknews/est-il-vrai-que-des-centres-de-pharmacovigilance-ont-appele-a-limiter-les-signalements-deffets-secondaires-des-vaccins-20210428_MHS67XSBMRFJ7D4SLKBHYXIUDU/
202. https://ctiapchcholet.blogspot.com/2021/05/vaccins-contre-la-covid-19-declaration.html
203. http://www.infonosocomiale.fr/stats.php
204. https://www.lci.fr/sante/scandale-des-effets-secondaires-15000-deces-par-an-lies-aux-medicaments-1505710.html
205. https://www.ouest-france.fr/sante/medicaments/medicaments-plus-de-10-000-morts-par-cause-d-un-mauvais-usage-5637782
206. http://www.2012un-nouveau-paradigme.com/2018/02/les-erreurs-medicales-troisieme-cause-de-deces-dans-les-pays-developpes.html
207. Lire l'étude de l'ONG Oxfam : https://www.oxfam.org/en/research/prescription-poverty
208. https://www.capital.fr/economie-politique/une-universite-francaise-dans-le-top-20-du-classement-mondial-de-shanghai-1412010
209. Les Drs Joël Le Scouarnec, M. Fréhat, A. Hazout, Émile Daraï et trois autres

confrères de l'hôpital Tenon, Jean-Paul Guittet, Bernard Henric... Quasi systématiquement, nous apprendrons que des plaignantes ont alerté il y a 10 ou 20 ans le Conseil de l'Ordre qui a laissé faire !

210. https://www.lexpress.fr/actualite/sciences/charnier-au-sein-du-centre-du-don-des-corps-l-enquete-de-l-express-recompensee_2146422.html

211. https://www.marianne.net/agora/les-mediologues/tout-le-systeme-de-lecole-primaire-a-luniversite-regresse-depuis-trop-longtemps

212. https://www.20minutes.fr/sante/3101591-20210812-coronavirus-australie-capitale-canberra-confinee-apres-decouverte-cas-positif

213. https://www.francetvinfo.fr/sante/maladie/coronavirus/australie-la-ville-de-perth-confinee-pour-un-seul-cas-de-covid-19_4280723.html

214. https://www.francetvinfo.fr/sante/maladie/coronavirus/covid-19-sydney-sort-de-presque-quatre-mois-de-confinement_4803095.html

215. https://www.challenges.fr/monde/coronavirus-singapour-assouplit-ses-regles-a-l-egard-des-voyageurs_784136

216. https://www.thelancet.com/journals/lanpub/article/PIIS2468-2667(21)00036-0/fulltext

217. https://www.rtl.fr/actu/international/islande-le-vaccin-moderna-suspendu-jusqu-a-nouvel-ordre-7900083371

218. https://www.has-sante.fr/jcms/p_3244305/fr/covid-19-la-has-recommande-d-utiliser-le-vaccin-d-astrazeneca-chez-les-55-ans-et-plus

219. https://www.france24.com/fr/europe/20210414-covid-19-le-danemark-renonce-au-vaccin-d-astrazeneca-une-premi%C3%A8re-en-europe

220. https://www.linternaute.com/actualite/guide-vie-quotidienne/2534948-vaccin-janssen-4-deces-recenses-malgre-la-vaccination/

221. https://www.20minutes.fr/monde/3083411-20210713-coronavirus-france-envoie-plus-million-doses-vaccin-tunisie

222. https://ctiapchcholet.blogspot.com/2021/05/la-covid-19-un-projet-de-passeport.html

223. https://pubmed.ncbi.nlm.nih.gov/16689555/

224. https://www.cairn.info/revue-sante-publique-2019-4-page-561.htm?contenu=article

225. https://ctiapchcholet.blogspot.com/2021/09/temoignage-inedit-gestion-des.html

226. http://ctiapchcholet.blogspot.com/2021/09/sur-la-validite-des-amm-des-vaccins.html

227. Vidéo : https://crowdbunker.com/v/T4CtJiNn

228. https://www.lelibrepenseur.org/wp-content/uploads/2021/10/AEM-testé-corrupto-positif-Canard-enchaîné.jpg

229. https://formindep.fr/lema-ou-le-royaume-des-bisounours/

230. https://op.europa.eu/en/publication-detail/-/publication/46bbd7a6-8b99-437a-af57-02968ebd8d14

231. https://www.europarl.europa.eu/doceo/document/A-9-2021-0073_FR.pdf

232. https://www.politico.eu/article/head-of-european-medicine-agency-suspended/

233. https://basta.media/Lobbying-comment-l-industrie-pharmaceutique-prend-d-assaut-les-institutions

234. En 2018, l'EFPIA c'est 33 associations nationales et de 40 entreprises pharmaceutiques.
https://www.ema.europa.eu/en/about-us/who-we-are/executive-director

235. https://www.mediapart.fr/journal/france/170920/vaccin-contre-le-covid-19-le-lobby-pharmaceutique-se-dedouane-par-avance

236. https://www.businessinsider.fr/us/scott-gottlieb-goes-from-fda-commissioner-to-pfizer-board-member-2019-6
237. https://www.drugdiscoverytrends.com/former-fda-commissioner-hahn-to-join-vc-behind-moderna/
238. https://www.worldpharmatoday.com/news/james-c-smith-elected-to-pfizers-board-of-directors/
239. https://www.consulting.us/news/6493/pfizer-hires-mckinseys-aamir-malik-as-deal-making-chief
240. https://www.lequotidiendumedecin.fr/archives/un-medecin-ex-cadre-de-lindustrie-pharmaceutique-denonce-les-pratiques-de-ses-employeurs
241. http://ctiapchcholet.blogspot.com/2021/07/effets-indesirables-des-vaccins-contre.html
242. https://dap.ema.europa.eu/analytics/saw.dll?PortalPages
243. https://france3-regions.francetvinfo.fr/provence-alpes-cote-d-azur/var/toulon/toulon-deces-d-un-varois-vaccine-au-pfizer-la-famille-porte-plainte-2167600.html
244. https://www.sudouest.fr/sante/coronavirus/vaccin/covid-19-la-slovenie-suspend-la-vaccination-avec-le-janssen-apres-un-deces-6267073.php
245. https://www.lelibrepenseur.org/temoignage-dun-marocain-qui-parle-du-deces-de-deux-de-ses-oncles-maternels-et-un-oncle-paternel-tous-vaccines/
246. https://twitter.com/CNEWS/status/1448919755226816512
247. https://www.dailymotion.com/video/x83nwtg
248. https://twitter.com/oliviagregoire/status/1420043094335033351
249. https://www.lecrat.fr/spip.php?page=article&id_article=1123
250. https://www.lequotidiendumedecin.fr/specialites/gynecologie-obstetrique/faciliter-la-vaccination-covid-pendant-la-grossesse
251. https://www.francetvinfo.fr/sante/maladie/coronavirus/vaccin/covid-19-il-faut-vacciner-les-femmes-enceintes-sans-reticence-assure-la-gynecologue-joelle-belaisch-allart_4718041.html
252. https://crowdbunker.com/v/xTnVWobtcn
253. Minute 5:29 : https://crowdbunker.com/v/WmsHeXf3eU
254. http://www.vigiaccess.org/
255. https://www.rtbf.be/info/monde/detail_coronavirus-singapour-verse-une-compensation-a-des-victimes-d-effets-secondaires-du-vaccin
256. https://www.bangkokpost.com/thailand/general/2188543/b230m-paid-out-in-jab-compensation
257. https://www.cell.com/cell-reports/fulltext/S2211-1247(21)01287-0
« Les MBC primaires induites par une infection ont une meilleure capacité de liaison à l'antigène et génèrent plus de plasmablastes et de MBC secondaires des sous-ensembles classiques et atypiques que les MBC primaires induits par le vaccin. » 21 sept. 2021.
258. https://openvaers.com/covid-data/myo-pericarditis
259. https://www.francetvinfo.fr/sante/maladie/coronavirus/covid-19-le-pr-bruno-megarbane-redoute-une-remontee-des-contaminations-a-la-rentree_4737463.html
260. https://twitter.com/LassYoram/status/1448633217125343235
261. https://twitter.com/CNEWS/status/1411576873080049669
262. https://www.20minutes.fr/sante/3107675-20210823-marseille-derniere-video-didier-raoult-vaccination-inacceptable-selon-ap-hm
263. https://twitter.com/YahooActuFR/status/1447967973617111040
264. https://www.lesechos.fr/industrie-services/pharmacie-sante/variant-delta-lefficacite-des-vaccins-pfizer-et-moderna-tombe-a-66-1340794
265. Décret n°2020-293 paru le 23 mars 2020. Il stipule que la *« spécialité pharmaceutique Rivotril® sous forme injectable peut faire l'objet d'une dispensation, jusqu'au*

15 avril 2020, par les pharmacies d'officine en vue de la prise en charge des patients atteints ou susceptibles d'être atteints par le virus SARS-CoV-2 dont l'état clinique le justifie
266. https://www.lemonde.fr/les-decodeurs/article/2020/11/16/l-intox-du-rivotril-et-de-l-euthanasie-des-personnes-agees_6059944_4355770.html
267. https://www.francetvinfo.fr/sante/maladie/coronavirus/video-covid-19-on-a-abrege-les-souffrances-des-gens-j-appelle-ca-l-euthanasie-s-indigne-une-medecin-d-ehpad-public_4183593.html
268. https://france3-regions.francetvinfo.fr/nouvelle-aquitaine/pyrenees-atlantiques/biarritz/confinement-betty-91-ans-interdite-baignade-biarritz-malgre-avis-medical-1892366.html
269. http://www.avignon-pont.com/fr/content/visit
270. https://www.ouest-france.fr/sante/virus/coronavirus/pass-sanitaire/passe-sanitaire-pourquoi-la-colere-gronde-dans-les-bibliotheques-31b281ae-2a6f-11ec-83e5-819706a5e014
271. https://www.lelibrepenseur.org/covidisme-le-masque-est-obligatoire-pour-les-gueux-mais-pas-pour-lelite/
272. https://twitter.com/LLP_Le_Vrai/status/1433176532688715778
273. https://www.lelibrepenseur.org/covidisme-n-pelosi-avec-ou-sans-masque-selon-la-presence-de-la-tele-ou-pas/
274. https://www.huffingtonpost.fr/entry/g7-pourquoi-les-chefs-detats-ne-portent-pas-de-masques_fr_60c47e2de4b0402a2c0258b6
275. https://www.lelibrepenseur.org/covidiots-au-g7-les-masques-et-gestes-barrieres-disparaissent-https-www-lelibrepenseur-org-covidiots-au-g7-les-masques-et-gestes-barrieres-disparaissent/
276. https://www.lci.fr/sante/papy-et-mamie-dans-la-cuisine-a-noel-torrent-d-indignation-apres-le-conseil-du-pr-salomon-2171046.html
277. https://www.francebleu.fr/infos/sante-sciences/epidemie-de-bronchiolite-les-services-pediatriques-de-valence-deconseillent-les-bisous-aux-bebes-1634140441
278. https://www.pasteur.fr/fr/espace-presse/documents-presse/qu-est-ce-que-immunite-collective
279. https://websenti.u707.jussieu.fr/sentiweb/3067.pdf
280. https://amp.lefigaro.fr/flash-actu/vaccins-pfizer-et-moderna-l-academie-de-medecine-propose-d-attendre-6-mois-entre-les-doses-20210415
281. https://www.inserm.fr/c-est-quoi/secret-fabrication-c-est-quoi-arn-messager
282. https://fr.wikipedia.org/wiki/Transcriptase_inverse
283. https://www.britannica.com/science/reverse-transcriptase
284. https://fr.wikipedia.org/wiki/Théorie_fondamentale_de_la_biologie_moléculaire-https://fr.wikipedia.org/wiki/Théorie_fondamentale_de_la_biologie_moléculaire
285. https://www.science.org/doi/10.1126/sciadv.abf1771
286. http://www.senat.fr/scrutin-public/2021/scr2021-8.html
287. https://www.medrxiv.org/content/10.1101/2021.09.28.21264260v1
288. https://vermontdailychronicle.com/2021/09/30/76-of-september-covid-19-deaths-are-vaxxed-breakthroughs/
289. https://trialsitenews.com/project-salus-study-5-6m-vaccinated-medicare-beneficiaries-waning-mrna-vaccine-effectiveness-raises-questions/
290. https://www.humetrix.com/powerpoint-vaccine.html
291. https://www.naturalnews.com/files/Salus_Humetrix_VE_study_2021_09_28.pdf
292. https://www.dailymail.co.uk/health/article-9378195/Low-dose-aspirin-cuts-COVID-19-patients-risk-admitted-ICU-dying-nearly-HALF.html

293. https://urlz.fr/gCvV
294. https://journals.plos.org/plosone/article?id=10.1371/journal.pone.0246825
295. https://www.legeneraliste.fr/actu-medicale/sante-publique/pr-christele-gras-le-guen-sfp-le-covid-19-nest-pas-une-maladie-pediatrique
296. https://www.bfmtv.com/sante/pr-christele-gras-le-guen-vacciner-les-adolescents-n-est-pas-la-priorite-la-cible-vaccinale-numero-un-ca-doit-rester-les-adultes_VN-202106020334.html
297. https://twitter.com/BFMTV/status/1404830679540670465
298. https://www.lelibrepenseur.org/le-dr-christelle-gras-le-guen-ou-le-charlatanisme-vaccinal-en-action/
299. https://www.dailymail.co.uk/news/article-9720151/FDA-add-warning-Pfizer-Moderna-vaccines.html
300. https://www.lelibrepenseur.org/le-dr-christelle-gras-le-guen-ou-le-charlatanisme-vaccinal-en-action/
301. https://www.youtube.com/watch?app=desktop&v=wG3hg8PaSQ8
302. https://www.leparisien.fr/economie/emmanuel-macron-balance-sur-notre-systeme-de-sante-defaillant-01-10-2016-6167413.php
303. https://www.lesechos.fr/2018/07/medicaments-lexecutif-veut-renforcer-lattractivite-de-la-france-975326
304. C'est un secret très puissant qui fonctionne comme le Bilderberg. Il a été créé dans les années 70 et il porte le nom du premier hôtel zurichois dans lequel ils se sont réunis. Chaque année, les 30 membres les plus puissants de l'industrie mondiale se réunissent une à deux fois par an dans le secret le plus total grâce à la complicité des médias. Ce groupe pèse plus de 1000 milliards de dollars de chiffre d'affaires au niveau mondial. https://lesjours.fr/obsessions/big-pharma/ep1-mediator-industrie/
305. https://www.liberation.fr/france/2018/08/29/six-victoires-des-interets-economiques-sous-macron_1675372/
306. https://www.fakirpresse.info/macron-porte-parole-des-sanofi
307. https://leprixdelavie.medecinsdumonde.org/fr-FR/une-leucemie-c-est-en-moyenne-20000-pourcent-de-marge-brute
308. https://sante.lefigaro.fr/actualite/2016/03/14/24737-lappel-110-cancerologues-contre-cout-traitements
309. https://www.lelibrepenseur.org/axel-kahn-derape-a-un-controle-de-police-a-la-gare-du-nord/
310. https://www.theguardian.com/us-news/2021/jan/28/fda-janet-woodcock-opioids-biden
311. https://www.sacklerschool.org/
312. http://www.academie-medecine.fr/communique-de-lacademie-nationale-de-medecine-et-de-lacademie-nationale-de-chirurgie-covid-19-et-continuite-des-soins/
313. https://www.liberation.fr/france/2020/06/03/le-confinement-a-pousse-les-francais-a-consommer-plus-d-alcool-et-de-psychotropes_1790097/
314. https://www.cairn.info/revue-de-l-ires-2017-1-page-141.htm
315. https://www.lemonde.fr/societe/article/2020/10/06/un-million-de-nouveaux-pauvres-fin-2020-en-raison-de-la-crise-due-au-covid-19_6054872_3224.html
316. https://drees.solidarites-sante.gouv.fr/sites/default/files/2021-09/ER1208.pdf
317. https://www.topito.com/top-medicaments-plus-vendus-france
318. https://www.doctissimo.fr/medicament-BISEPTINE.htm
319. http://agence-prd.ansm.sante.fr/php/ecodex/frames.php?specid=61837560&typedoc=N&ref=N0177503.htm

320. https://www.lelibrepenseur.org/le-moniteur-des-pharmacies-a-la-rescousse-de-la-biseptine-de-bayer/
321. https://www.pediatre-online.fr/nouveau-ne/soins-cordon-chez-bebe-liquide-antiseptique-a-sec/
322. https://base-donnees-publique.medicaments.gouv.fr/extrait.php?specid=61837560
323. https://science.sciencemag.org/content/371/6529/eabf4063
324. https://www.nature.com/articles/d41586-021-01557-z
325. https://www.nejm.org/doi/10.1056/NEJMoa2110345
326. https://www.has-sante.fr/jcms/p_3290677/fr/covid-19-la-has-elargit-le-perimetre-de-la-dose-de-rappel
327. https://www.mesvaccins.net/textes/2013_hepatite_B_joe_20130813_0005.pdf
328. https://www.conseil-national.medecin.fr/lordre-medecins/linstitution-ordinale/missions#sommaire-id-1
329. https://www.la-croix.com/Sciences-et-ethique/Sante/LOrdre-sanctionne-medecin-navait-pas-declare-liens-dinteret-medias-2018-12-10-1200988735
330. https://www.youtube.com/watch?v=zHkYpA776CI
331. https://www.lci.fr/amp/societe/video-une-nuit-sans-transport-d-urgence-que-s-est-il-passe-a-l-hopital-de-bourges-ce-week-end-2198638.html
332. https://www.francebleu.fr/infos/sante-sciences/penurie-de-personnel-dans-les-ehpad-des-condamnes-a-des-tig-en-renfort-en-ardeche-1633547478
333. https://www.francetvinfo.fr/sante/politique-de-sante/l-ordre-des-medecins-etrille-par-la-cour-des-comptes_3737353.html
334. https://www.francesoir.fr/videos-les-debriefings/me-di-vizio-audience-raoult
335. https://www.prescrire.org/fr/3/31/53765/0/NewsDetails.aspx
336. https://www.lelibrepenseur.org/chloroquine-lacademie-de-medecine-ne-comprend-pas-la-decision-absurde-de-veran/
337. https://stopcovid19.today/2020/04/10/toxicite-de-lhydroxychloroquine-enfin-les-donnees-de-lansm/
338. https://ansm.sante.fr/actualites/paracetamol-et-risque-pour-le-foie-un-message-dalerte-ajoute-sur-les-boites-de-medicament-communique
339. https://www.lelibrepenseur.org/covid-19-quels-sont-les-effets-secondaires-du-kaletra/
340. https://www.caducee.net/actualite-medicale/14813/covid19-l-amuf-encourage-les-medecins-a-proposer-le-traitement-a-base-de-chloroquine-du-pr-raoult.html#
341. https://twitter.com/CNEWS/status/1264960387172249600
342. https://www.lelibrepenseur.org/recoverygate-nouvelle-fake-niouze-diffusee-par-le-monde/
343. https://odysee.com/@LeLibrePenseur.org:2/LLE-18-Izambert-Ivermectine:7
344. https://www.europarl.europa.eu/doceo/document/E-9-2020-006511_FR.html
345. https://twitter.com/medicalfollower/status/1304094578866298883
346. https://twitter.com/raoult_didier/status/1319587195473321984
347. https://www.jpost.com/health-and-wellness/aspirin-lowers-risk-of-covid-new-findings-support-preliminary-israeli-trial-681127
348. https://www.20minutes.fr/societe/3132067-20210927-coronavirus-medecins-non-vaccines-droit-poursuivre-teleconsultations
349. https://www.lemonde.fr/planete/article/2021/10/25/l-agence-europeenne-des-medicaments-approuve-le-rappel-du-vaccin-de-moderna-pour-les-plus-de-18-ans_6099858_3244.html
L'article du *Monde* n'est rien d'autre qu'un copié/collé de l'AFP, les deux étant

sponsorisés grassement par Bill Gates.
350. https://www.has-sante.fr/jcms/p_3292786/fr/covid-19-utiliser-le-vaccin-de-pfizer-pour-le-rappel-de-vaccination
351. https://www.lemonde.fr/planete/article/2021/10/07/covid-19-les-pays-scandinaves-suspendent-l-utilisation-du-vaccin-de-moderna-pour-les-plus-jeunes_6097527_3244.html
Cet article contredit le précédent mais les journalistes du *Monde* ne l'ont pas remarqué !
352. https://www.ouest-france.fr/sante/vaccin/covid-19-l-islande-suspend-l-usage-du-vaccin-moderna-a-cause-d-un-risque-d-inflammation-cardiaque-2a580240-2861-11ec-991c-dac596d5a249
353. https://www.lefigaro.fr/politique/covid-19-le-meilleur-moyen-de-soulager-l-hopital-c-est-de-ne-pas-tomber-malade-l-appel-de-jean-castex-depuis-marseille-20201024
354. https://twitter.com/EFS_dondesang/status/1418550157734449162
355. https://www.youtube.com/watch?v=FhUmXLrvfos
356. https://www.quechoisir.org/actualite-farines-animales-un-retour-discret-et-encadre-n91706/
357. https://twitter.com/linval59/status/1461013922715160586
358. https://www.youtube.com/watch?v=9hcEQ9GD6io
359. https://www.lelibrepenseur.org/debunkage-methodique-de-larticle-mensonger-dafp-factuel/
360. https://www.sentiweb.fr/france/fr/?page=maladies
361. https://www.legeneraliste.fr/archives/les-generalistes-realisent-en-moyenne-22-consultations-par-jour
362. urlr.me/9ktYy
363. https://www.sentiweb.fr/?page=presentation
364. https://www.lelibrepenseur.org/covidiots-les-tests-antigeniques-fabriquent-63-de-faux-positifs/
365. https://www.lelibrepenseur.org/debunkage-methodique-de-larticle-mensonger-dafp-factuel/
366. https://www.liberation.fr/france/2020/11/24/effets-secondaires-du-vaccin-h1n1-les-indemnisations-trainent_1806453/
367. « Programme avec Facebook :
Facebook a signé un contrat rémunéré avec l'AFP pour utiliser ses vérifications dans son fil d'actualités. Fin 2019, le contrat est en vigueur pour l'AFP dans une trentaine de bureaux dans le monde, couvrant plus de 70 pays.
Dans ces pays, Facebook met à disposition de l'AFP une base de données d'articles, de photos et de vidéos mise à jour en permanence. Celle-ci est constituée de contenus jugés douteux par les internautes (via un signalement à Facebook ou un commentaire sous une publication).
L'AFP décide ensuite librement de vérifier ou non tel ou tel contenu. Si l'AFP (ou un autre des médias ayant contracté avec Facebook) signale à Facebook qu'un contenu est faux, Facebook réalise plusieurs actions :
1 - il en diminue la circulation sur son fil d'actualités et dans son champ de recherches.
2 - il notifie les utilisateurs ayant partagé ou souhaitant partager le contenu que celui-ci fait l'objet d'informations supplémentaires de la part de l'AFP.
3 - si une page publie de manière répétée des contenus considérés comme faux, la page peut être pénalisée et voir sa visibilité diminuée.
En aucun cas ces contenus ne sont supprimés de Facebook. »

Source : https://factuel.afp.com/fact-checking-comment-nous-travaillons
368. https://www.mediapart.fr/journal/economie/130218/les-milliardaires-de-la-presse-gaves-d-aides-publiques-et-privees
369. C'est dans le *Telegraph* britannique, c'est officiel et c'est dénoncé par des scientifiques qui conseillent le gouvernement anglais de BoJo. Les modélisations étaient fausses, le nombre de morts et de malades aussi, tout a été falsifié et multiplié par 50 pour terroriser tout le monde et ça a marché sauf que ça dure depuis trop longtemps et ça commence à s'effriter…
Source : https://archive.md/fdNyd#selection-1939.53-2045.28
370. https://twitter.com/rifain_nouvelle/status/1380631904840523782
371. https://www.20min.ch/fr/story/les-medias-en-ont-ils-trop-fait-sur-le-coronavirus-683818147409
372. https://larevuedesmedias.ina.fr/pandemie-covid-19-coronavirus-journal-televise
373. En direct à la télévision sur LCI dans l'émission En toute franchise sur LCI (3 janvier 2021 à 19h08).
374. https://www.lejdd.fr/Societe/Sante/bernard-kouchner-ancien-ministre-de-la-sante-refuser-la-vaccination-cest-une-trahison-4057256
375. https://www.marianne.net/agora/les-signatures-de-marianne/non-vaccines-recalcitrants-notre-patience-a-des-limites
376. https://www.youtube.com/watch?v=lDtFpZu-7As
377. https://www.lexpress.fr/actualite/societe/sante/le-lien-entre-la-maladie-de-kawasaki-et-le-covid-19-est-confirme-selon-un-pediatre_2126157.html
378. https://www.lemonde.fr/idees/article/2021/10/05/a-l-ecole-abandonner-le-masque-a-ce-jour-est-deletere-pour-la-sante-physique-et-mentale-et-l-assiduite-scolaire_6097155_3232.html
379. https://twitter.com/SudRadio/status/1452593411693940742
380. https://twitter.com/CNEWS/status/1434789165313445888
381. https://www.lesechos.fr/idees-debats/sciences-prospective/vaccins-le-doute-est-il-encore-permis-1343177
382. https://twitter.com/linval59/status/1415727119947153411
383. https://www.fda.gov/media/153409/download
384. « *Le nombre de participants au programme de développement clinique actuel est trop petit pour détecter tout risque potentiel de myocardite associé à la vaccination. L'innocuité à long terme du vaccin COVID-19 chez les participants âgés de 5 à 12 ans sera étudiée dans 5 études d'innocuité post-autorisation, y compris une étude de suivi de 5 ans pour évaluer les séquelles à long terme de la myocardite/péricardite post-vaccination* » (page 11).
385. https://www.lesechos.fr/idees-debats/editos-analyses/covid-les-effets-secondaires-du-vaccin-vont-couter-cher-a-laustralie-1364543
386. https://www.reuters.com/article/factcheck-coronavirus-usa-idUSL1N2R00KP
387. https://www.francesoir.fr/videos-les-debriefings/steve-kirsch-sous-declaration-vaers
388. https://www.swissmedic.ch/swissmedic/fr/home/news/coronavirus-covid-19/covid-19-vaccines-safety-update-7.html
389. https://www.lemonde.fr/culture/article/2021/10/26/le-difficile-retour-a-une-vie-culturelle-normale_6099970_3246.html
390. https://www.liberation.fr/societe/sante/obligation-vaccinale-3000-soignants-ont-ete-suspendus-selon-olivier-veran-20210916_BFOFWKQMLFEEZCDFRI2YHY442Q/
391. https://www.cnews.fr/france/2021-10-13/obligation-vaccinale-15000-soignants-suspendus-selon-olivier-veran-1137445

392. https://www.msn.com/fr-fr/actualite/france/deux-tiers-des-soignants-suspendus-sont-maintenant-vaccin%C3%A9s-selon-le-gouvernement/ar-AAPYkDD
393. https://odysee.com/@LeLibrePenseur.org:2/direct-6-juin-2021-analyse-TPMP:2
394. https://www.lemonde.fr/les-decodeurs/article/2021/01/22/non-on-ne-peut-pas-affirmer-que-le-covid-a-cause-zero-mort-de-moins-de-44-ans_6067266_4355770.html
395. https://www.lelibrepenseur.org/jimmy-mohamed-multiplie-mensonges-et-approximation-concernant-le-masquage-des-enfants/
396. https://twitter.com/patrick_edery/status/1453831169854803974
397. https://www.acrimed.org/Que-gagnent-les-journalistes-Entre-precarisation
398. https://www.lelibrepenseur.org/fogiel-bfm-ne-veut-pas-assumer-frequenter-un-restau-clandestin/
399. https://www.francetvinfo.fr/sante/maladie/coronavirus/traitement-contre-le-covid-19-la-france-a-commande-50-000-doses-du-molnupiravir-elabore-par-merck_4822259.html
400. https://www.leparisien.fr/societe/sante/vioxx-le-reveil-d-un-scandale-01-04-2016-5677117.php
401. https://pharmacritique.com/2009/05/10/merck-et-elsevier-ont-edite-une-fausse-revue-medicale-outil-marketing-pour-fosamax-et-vioxx-ghost-management-revele-lors-du-proces-vioxx/
402. *Australasian Journal of General Practice, Australasian Journal of Neurology, Australasian Journal of Cardiology, Australasian Journal of Clinical Pharmacy, Australasian Journal of Cardiovascular Medicine, Australasian Journal of Bone & Joint Medicine*.
403. https://www.youtube.com/watch?v=vAwJrQIDTgQ
404. https://www.lapresse.ca/actualites/enquetes/201709/20/01-5134920-fraudes-fausses-revues-scientifiques-faux-congres.php
405. https://www.ledauphine.com/sante/2021/07/23/non-on-ne-manque-pas-de-recul-sur-les-vaccins-a-arn-messager
406. https://www.ouest-france.fr/nouvelle-aquitaine/bressuire-79300/deux-sevres-covid-des-patients-vaccines-en-fin-d-immunite-gravement-atteints-soignes-a-bressuire-ad0a5a1e-3278-11ec-bcc4-8c8c72734bad
407. https://www.capital.fr/economie-politique/lappetit-de-sondages-du-gouvernement-epingle-par-une-deputee-1384655
408. https://www.ouest-france.fr/sante/virus/coronavirus/confinement/covid-19-76-des-francais-prets-a-reduire-leurs-libertes-pour-lutter-contre-la-crise-sanitaire-7007645
409. https://www.lelibrepenseur.org/propagande-faux-sondages-a-la-rescousse-du-couple-macron-castex/
410. https://www.francetvinfo.fr/elections/sondages/presidentielle-2022-ouest-france-ne-publiera-plus-de-sondages_4820995.html
411. https://twitter.com/R_DeCastelnau/status/1453651261736243202
412. https://www.commission-des-sondages.fr/hist/communiques/communique-sondages-elections-presidentielles-28-octobre-2021.htm
413. https://twitter.com/philipepascot/status/1454704628830978054
414. https://odysee.com/@LeLibrePenseur.org:2/le-libre-entretien-6-avec-m-philippe:9
415. https://www.acrimed.org/Quand-Valeurs-actuelles-et-L-Opinion-publient-sciemment-un-faux-sondage
416. https://www.politis.fr/articles/2019/11/lopinion-manipulee-41009/
417. https://www.lemonde.fr/politique/article/2021/11/04/dans-la-fabrique-opaque-des-sondages_6100879_823448.html
418. https://www.rwjf.org/en/about-rwjf/leadership-staff/B/richard-e-besser.html

419. https://fr.wikipedia.org/wiki/Johnson_%26_Johnson
420. https://www.lelibrepenseur.org/laurent-mucchielli-censure-par-mediapart-appel-au-boycott/
421. https://www.lejdd.fr/Politique/sondage-72-des-francais-se-disent-prets-a-respecter-un-reconfinement-dau-moins-15-jours-3994495
422. https://www.lejdd.fr/Societe/Sante/un-collectif-de-medecins-des-mesures-radicales-des-ce-week-end-pour-des-vacances-de-la-toussaint-sereines-3994490
423. Qui sont : Philippe Amouyel, Luc Dauchet, Gilbert Deray, Karine Lacombe, Bruno Megarbane, Jimmy Mohamed et Christine Rouzioux.
424. https://qg.media/2021/08/30/tribune-a-t-on-encore-le-droit-dexercer-son-esprit-critique-en-france/
425. https://gbdeclaration.org/la-declaration-de-great-barrington/
426. https://solidarites-sante.gouv.fr/actualites/presse/dossiers-de-presse/article/conseil-scientifique-covid-19
427. https://www.24heures.ch/le-docteur-philippe-saegesser-risque-des-sanctions-de-ses-confreres-858231714856
428. https://www.rolandsimion.org/gotzsche-panique-coronavirus-pas-justifiee-traduction/#Document_joint
429. https://www.dailymail.co.uk/news/article-8774141/amp/Coronavirus-UK-Lockdown-kill-75-000-thats-OFFICIAL-projection.html
430. https://www.ledauphine.com/magazine-lifestyle/2021/01/28/3h58-de-television-par-jour-en-2020-qui-sont-ces-francais-et-qu-ont-ils-regarde
431. https://blogs.mediapart.fr/valoloz/blog/090821/masse-und-macht-renommees-la-formation-de-masse-par-mattias-desmet
432. https://blogs.mediapart.fr/valoloz/blog/090821/masse-und-macht-renommees-la-formation-de-masse-par-mattias-desmet
433. https://crowdbunker.com/v/aIJpNp94uV
434. https://www.lefigaro.fr/international/la-chine-ouvre-un-centre-de-quarantaine-ultramoderne-pour-se-premunir-du-covid-19-20211022
435. https://www.youtube.com/watch?v=xXv8zT37y2Q
436. https://www.marianne.net/societe/sante/le-rappeur-akhenaton-hospitalise-a-cause-du-covid-la-recup-sans-gene
437. https://www.youtube.com/watch?v=rts5na5mrco
438. https://www.femmeactuelle.fr/actu/news-actu/covid-19-pourquoi-anny-duperey-ne-veut-pas-etre-vaccinee-2110961
439. https://www.midilibre.fr/2021/10/29/richard-berry-accuse-dinceste-ses-sms-a-sa-fille-reveles-dans-lesquels-il-accable-jeane-manson-9897628.php
440. https://twitter.com/Antoine_Gavory/status/1457122566129192961?t=UrjaM6eA-CcQiNUK3B3IXw
441. https://www.lelibrepenseur.org/le-taliban-vaccinolatre-laurent-alexandre-va-manger-son-chapeau/
442. https://www.lelibrepenseur.org/covidisme-et-charlatanerie-le-shaker-vaccinal-inoui-de-veran/
443. https://www.marianne.net/societe/sante/le-covid-echappe-dun-laboratoire-la-theorie-qui-na-plus-rien-de-conspirationniste
444. https://twitter.com/xkobe24x1/status/1393988714544701441
445. https://news.upday.com/fr/covid-19-on-court-a-la-catastrophe-alerte-lepidemiologiste-catherine-hill/
446. https://twitter.com/BFMTV/status/1307943019174334464

447. https://www.lemonde.fr/les-decodeurs/article/2021/10/30/covid-19-faut-il-vacciner-les-moins-de-12-ans-le-point-sur-ce-que-l-on-sait-des-benefices-et-des-risques_6100405_4355770.html
448. https://menace-theoriste.fr/le-virus-le-nobel-et-le-complot/
449. https://www.psiram.com/fr/index.php/Luc_Montagnier
450. https://menace-theoriste.fr/hold-up-le-film-la-verite-cest-important/
451. https://www.youtube.com/watch?v=-ATSegQp0Gg
452. https://pubmed.ncbi.nlm.nih.gov/24782322/
453. https://www.youtube.com/watch?v=4bVQwJdwG5o
454. https://www.lemonde.fr/les-decodeurs/article/2021/04/25/on-avait-raison-chez-les-complotistes-l-art-du-triomphalisme-selectif_6077975_4355770.html
455. https://www.lelibrepenseur.org/appreciez-les-paroles-de-notre-guerre-la-chanson-dalexander-samuel-la-coqueluche-de-karine-lacombe/
456. https://www.valeursactuelles.com/monde/quand-la-france-enquete-sur-qanon-a-la-demande-de-la-cia-et-du-fbi/
457. https://www.lelibrepenseur.org/cause-toujours-la-sottise-dun-certain-journalisme-francais-etonnera-encore-longtemps/
458. https://fr.tipeee.com/salim-laibi-le-libre-penseur
459. https://www.lelibrepenseur.org/droit-de-reponse-a-france-television-suite-au-reportage-diffamatoire-de-complement-denquete/
460. https://www.youtube.com/watch?v=1wqpOh-IDrI
461. https://twitter.com/LCP/status/1328099205995520002
462. https://www.lexpress.fr/actualite/societe/justice/en-10-ans-claude-gueant-n-a-retire-que-800-euros-de-son-compte_1954290.html
463. https://twitter.com/rene_chiche/status/1454856121789960193
464. https://www.lelibrepenseur.org/michel-desmurget-cest-la-premiere-generation-dont-le-qi-sera-inferieur-a-la-precedente/
465. https://www.youtube.com/watch?v=RTwbRiEsZR8
466. https://www.lelibrepenseur.org/preuve-de-la-faillite-de-lecole-moderne-regardez-ce-cahier-dun-eleve-de-13-ans-en-1941/
467. https://www.linternaute.com/actualite/guide-vie-quotidienne/2505201-classement-des-universites-2021-le-palmares-mis-a-jour/
468. https://www.planetoscope.com/Etonnant/655-.html
469. https://www.7sur7.be/monde/voila-la-preuve-que-les-jeux-de-grattage-sont-truques~a737af79/
470. https://www.lelibrepenseur.org/covidime-23-000e-par-mois-pour-un-medecin-vaccinateur/
471. https://www.instagram.com/p/CUrJkJ-FuFd/
472. https://www.leparisien.fr/societe/covid-19-le-vaccin-moderna desormais-deconseille-pour-les-moins-de-30-ans-08-11-2021-MKPGVAV2HVCLXMY6BXCFJIRYOU.php
473. https://twitter.com/LCI/status/1380236189429592064
474. https://www.lelibrepenseur.org/moment-lunaire-sur-cnews-le-journaliste-affiche-une-ignorance-extravagante/
475. https://www.atih.sante.fr/sites/default/files/public/content/4144/aah_2020_analyse_covid.pdf
476. https://www.atih.sante.fr/sites/default/files/public/content/2554/atih_chiffres_cles_hospitalisation_2019.pdf
477. https://www.santepubliquefrance.fr/content/download/307833/2872320
478. https://factuel.afp.com/http%253A%252F%252Fdoc.afp.com%252F9RR7HP-1

479. https://unric.org/fr/covid-19-resurgence-dans-la-region-europe-a-nouveau-epicentre-de-la-pandemie-oms/
480. https://www.lejdd.fr/Societe/Sante/500000-deces-potentiels-du-covid-19-cet-hiver-enquete-sur-ce-chiffre-qui-fait-peur-4075651
481. https://www.tf1.fr/tmc/quotidien-avec-yann-barthes/videos/quotidien-premiere-partie-du-8-novembre-2021-49726754.html
482. https://www.reuters.com/world/europe/netherlands-impose-partial-lockdown-halt-covid-19-surge-media-2021-11-12/
483. https://www.dekamer.be/doc/CCRI/pdf/55/ic617.pdf
484. "En semaine du samedi 16 octobre au vendredi 22 octobre, 54,4 % de la patients hospitalisés étaient entièrement vaccinés, donc 385 sur 708 ont été complètement vaccinés. Les chiffres demandés par région : 39,2 % des les patients bruxellois ont été complètement vaccinés, étant 47 sur 120 ; 70,9 % des patients en Flandre, 236 sur 333, et 40 % de la patients en Wallonie, 102 sur 255. Nous pouvons avec les données demandées aujourd'hui ne pas faire de distinction entre les patients qui à cause d'une infection à covid ou à cause d'une autre pathologie mais avec une infection covid sur ont été admis aux soins intensifs. Pendant la semaine du samedi 16 octobre au vendredi 22 octobre, 46,7% des patients étaient sous soins intensifs entièrement vaccinés, étant 70 sur 150. Répartis par région, ceux pourcentages 22,2% à Bruxelles, 6 sur 27 ; 60% en Flandre, 39 sur 65, et 43,1% en Wallonie, 25 à 58.", page 10.
485. https://www.rtbf.be/info/belgique/detail_pari-tenu-la-flandre-au-sommet-de-l-europe-avec-87-des-18-ans-et-plus-ayant-recu-au-moins-une-dose-de-vaccin?id=10802272
486. https://www.rtbf.be/info/societe/detail_cette-province-est-la-plus-vaccinee-de-belgique-elle-vient-pourtant-de-connaitre-un-pic-d-admissions-inedit-en-2021-et-un-record-absolu-de-cas?id=10878058
487. https://jamanetwork.com/journals/jamainternalmedicine/fullarticle/2785832
488. https://www.marieclaire.fr/covid-long,1373453.asp
489. https://www.francetvinfo.fr/sante/maladie/coronavirus/anticorps-monoclonaux-et-interferon-ce-que-l-on-sait-des-traitements-innovants-contre-le-covid-19-evoques-par-olivier-veran_4311899.html
490. https://www.industriepharma.fr/covid-19-lilly-stoppe-la-demande-d-approbation-de-ses-anticorps-en-europe,121912
491. https://solidarites-sante.gouv.fr/IMG/pdf/dgs_urgent_2021-30_bitherapie_anticorps_monoclonaux.pdf
492. https://sfpt-fr.org/images/documents/communiques/bamlanivimab_communique%CC%81_de_presse_SFPT.pdf
493. https://www.taiwannews.com.tw/en/news/4340862
494. https://www.jeuneafrique.com/1171814/politique/coronavirus-lalgerie-accuse-pfizer-de-chantage/
495. https://t.me/Salim_Laibi_LLP/4807
496. https://www.lci.fr/sante/vaccination-janssen-myelite-transverse-pourquoi-decouvre-t-on-de-nouveaux-effets-secondaires-sur-le-vaccin-johnson-johnson-2201708.html
497. https://splf.fr/narcolepsie-postvaccinale-de-type-1/#:~:text=Une%20méta%2Danalyse%20en%20cours,46)%20chez%20l'adulte
498. https://www.lelibrepenseur.org/vaccin-covid-19-on-decouvre-des-nouveaux-effets-indesirables-graves-un-an-apres-les-injections/
499. https://twitter.com/olivierveran/status/1413083960658255881
500. https://www.bfmtv.com/sante/covid-19-l-autriche-annonce-un-confinement-de-

toute-sa-population-et-rend-la-vaccination-obligatoire_AD-202111190153.html
501. https://www.cnews.fr/france/2021-10-20/covid-19-le-departement-du-finistere-officiellement-atteint-limmunite-collective
502. https://www.lest-eclair.fr/id314151/article/2021-11-18/jean-castex-sans-masque-ni-gestes-barrieres-la-video-qui-fait-polemique
503. https://www.melty.fr/emmanuel-macron-et-ses-invites-sans-masque-lors-d-un-repas-a-l-elysee-les-images-font-polemique-video-a775446.html
504. https://www.mediapart.fr/journal/france/161121/en-nouvelle-caledonie-le-ministre-des-outre-mer-participe-un-apero-clandestin-en-plein-confinement
505. https://www.leparisien.fr/societe/covid-19-pourquoi-y-a-t-il-desormais-plus-de-vaccines-que-de-non-vaccines-a-lhopital-18-11-2021-4OUPPBEWANBRXMC6EIZWS725CU.php
506. https://www.moment-online.ch/fr/accueil
507. https://lecourrierdesstrateges.fr/2021/11/19/selon-les-pompiers-le-chu-de-guadeloupe-a-ordre-de-cacher-les-vaccines-hospitalises/
508. https://www.lelibrepenseur.org/julie-le-gaillard-ex-championne-de-france-de-boxe-meurt-des-suites-du-covid-a-31-ans-malgre-la-vaccination/
509. https://twitter.com/Pierre_GTIL/status/1460668666303893528
510. https://www.defenseurdesdroits.fr/sites/default/files/atoms/files/rae21-num-28.10.21_01access.pdf
511. https://www.huffingtonpost.fr/entry/un-vaccin-contre-le-covid-19-recu-un-burger-et-des-frites-offerts-a-new-york_fr_609e5780e4b014bd0caacdeb
512. https://www.cnews.fr/monde/2021-07-29/la-ville-de-new-york-offre-100-dollars-aux-personnes-qui-se-font-vacciner-1110633
513. https://www.youtube.com/watch?v=RMbD4lnNhlw
514. https://www.thelancet.com/journals/lancet/article/PIIS0140-6736(20)32000-6/fulltext
515. https://www.oecd.org/health/health-systems/health-at-a-glance-19991312.htm
516. https://gloria.tv/post/36G16xgScDXY1MynczXWbQZPT
517. https://www.francetvinfo.fr/sante/maladie/coronavirus/covid-19-nous-sommes-en-train-de-sacrifier-deux-generations-estime-le-philosophe-andre-comte-sponville_4357457.html
518. https://www.apar.tv/societe/mehdi-belhaj-kacem-signe-la-lettre-ouverte-politique-la-plus-violente-du-21eme-siecle/
519. https://twitter.com/MathieuSlama/status/1453656008400703491
520. https://www.lefigaro.fr/vox/politique/mathieu-slama-pourquoi-il-fallait-s-attendre-a-ce-que-le-passe-sanitaire-soit-proroge-20211021https://www.lefigaro.fr/vox/politique/mathieu-slama-pourquoi-il-fallait-s-attendre-a-ce-que-le-passe-sanitaire-soit-proroge-20211021
521. https://www.arianebilheran.com/
522. https://www.arianebilheran.com/post/nous-nous-faisons-cambrioler-notre-capacite-a-reflechir
523. https://crowdbunker.com/v/iegtgwZhO2
524. https://www.20minutes.fr/societe/3211207-20220105-coronavirus-cfcm-incite-fideles-avoir-schema-vaccinal-complet-possible

Covidisme : n. masculin
Maladie psychiatrique apparue en l'an 2020 ayant contaminé toute la surface du globe se caractérisant par une perte totale de logique, de bon sens, d'esprit critique, de libre arbitre et de courage ainsi que d'une croyance absolue, naïve et quasi religieuse infondée et totalement irrationnelle dans le discours politico-médiatique et la propagande pharmaceutique.
Dictionnaire année 2145

Chapitre II

EFFONDREMENT DES ÉLITES POLITIQUES

« [Banquier d'affaires] *c'est une excellente préparation à la politique, qui est aussi un métier de pute* »
Alain Minc concernant Macron

Tout ce qui précède n'a pas pu advenir par hasard, tout ceci est dû clairement à une dépravation et un effondrement total des élites politiques françaises. Nous savons déjà depuis des décennies, que de très nombreux scandales politiques se sont multipliés en France si bien que tout le monde peut observer la chute de ses propres yeux. Dans les années 70, nous pouvons citer le scandale des diamants de Bokassa impliquant Valéry Giscard d'Estaing. Avant la campagne présidentielle de 1981 contre François Mitterrand, le scandale explose suite à la publication d'un article du *Canard enchaîné*. Au début des années 70, alors qu'il était ministre de l'économie de Pompidou, il avait reçu 4 dons de diamants du dictateur centrafricain pour lui-même et pour des membres de sa famille. Il s'était rendu à de nombreuses reprises dans ce pays pour des parties de chasse. Dans un premier temps, il niera la réalité de ces dons de diamants, puis comme toujours en pareils cas, il minimisera le prix des pierres pour enfin affirmer les avoirs vendus au profit de quelques œuvres caritatives. On ne sait pas ce qui est le plus grave dans cette histoire, est-ce le fait d'accepter des diamants d'un dictateur africain qui pille son pays et torture ses opposants ou le fait de le fréquenter ! Ensuite, François Mitterrand dont on dénombre une quantité assez impressionnante de scandales, lui succédera. D'abord l'affaire du Rainbow-Warrior qui est tout de même une attaque sous faux drapeau des services de renseignements français, sans oublier l'affaire de l'attentat de l'observatoire qui est également une false flag. Puis éclatera l'affaire des écoutes téléphoniques du Tout-Paris qui visaient à empêcher la sortie dans la presse de l'information sur l'existence de sa fille naturelle, Mazarine. D'aucuns pensent que le décès de Jean-Edern Hallier est lié directement à cette affaire. François Mitterrand a financé sur le dos du contribuable français sa double vie de polygame. Faut-il ajouter à cela la proximité de François Mitterrand avec le pédocriminel Gabriel Matzneff (*cf.* chapitre VI) ! L'affaire des Irlandais de Vincennes viendra à son tour obscurcir ce tableau déjà ténébreux auquel s'ajouteront les morts plus que suspectes de Pierre Bérégovoy et de François de Grossouvre. Sur le plan des malversations, inutile de parler ici des magouilles concernant le financement du Parti socialiste ou de l'affaire dite Carrefour du développement. Pour finir, François Mitterrand a très mal terminé son mandat en cachant à toute la France, pendant des années, qu'il était gravement malade, atteint d'un cancer, alors que la loi l'obligeait à publier le compte-rendu de son état de santé. Au contraire, nombreux furent les certificats médicaux falsifiés par des médecins véreux, apparement très facile à trouver, on le sait maintenant.

Ensuite ce sera le tour de Jacques Chirac, un phénomène dans son genre. Déjà, pour commencer, nous disposons aujourd'hui du témoignage de M. Gérard Fauré qui l'a accusé dans son livre et dans de nombreuses interviews, d'être un grand consommateur de cocaïne. M. Gérard Fauré était un dealer qui a purgé une peine de plus de 18 ans de prison pour avoir fait commerce de cette poudre blanche ; il a raconté dans le détail comment l'intelligentsia parisienne était une grande consommatrice de son produit d'origine sud-américaine. Jacques Chirac cumule quasiment les mêmes scandales que François Mitterrand. Il était connu pour être un grand coureur de jupons. Il a utilisé les mêmes techniques de financement illégal de parti politique avec le scandale de la cassette de Jean-Claude Méry, à l'époque du RPR, où le financement du parti se faisait avec des rétrocommissions des entreprises du BTP. Sans oublier bien sûr le scandale des emplois fictifs de la mairie de Paris qu'il avait dirigée pendant de nombreuses années. C'est ce scandale qui a fait condamner Alain Juppé à une peine de prison avec sursis. Le 15 décembre 2011, le tribunal correctionnel de Paris condamnera Jacques Chirac à deux ans de prison avec sursis pour « prise illégale d'intérêts », « détournement de fonds publics », « abus de confiance », et « délit d'ingérence ». Le tribunal a estimé qu'il était « *l'initiateur et l'auteur principal des délits* » et qu'il « *a manqué à l'obligation de probité qui pèse sur les responsables publics, au mépris de l'intérêt public des Parisiens* ». C'est la première fois qu'un président de la république française est condamné par la justice ; il n'interjettera pas appel de la décision.

C'est la première fois certes, mais ce ne sera pas la dernière, étant donné le désastre du quinquennat de Nicolas Sarkozy qui va lui succéder. Là par contre, il explose tous les records à telle enseigne qu'on a du mal à suivre, puisqu'il est question de 12 affaires judiciaires. Il avait déjà été condamné en mars 2021 à une peine de prison avec sursis en première instance dans l'affaire Azibert-Bismuth[1]. L'affaire du financement illégal de l'UMP, dite Bygmalion[2], lui vaudra une deuxième condamnation à de la prison ferme en octobre 2021. Puis viendra sa mise en examen dans une affaire de soupçons de financement libyen de la présidentielle de 2007. Son statut de témoin assisté dans l'affaire Karachi qui est un scandale gravissime de corruption via des rétrocommissions de contrats d'armement ainsi que d'une attaque sous faux drapeau, initialement attribuée à tort à Al Qaïda. Une enquête préliminaire est en cours d'instruction concernant l'affaire Reso-Garantia, une entreprise d'assurance russe qui a effectué un virement de 500.000 € sur le compte de Nicolas Sarkozy. La justice veut savoir si c'est bien une rémunération pour conseil ou pour du lobbying dans l'intérêt des oligarques russes. Vous remarquerez également que tous ces présidents qui réalisent des conférences grassement rémunérées dans le monde entier ou donnent des conseils, tout aussi bien rémunérés, n'ont pas su eux-mêmes diriger correctement la France et l'ont ruinée, mais n'hésitent pas à donner leur avis sur plein de sujets qu'ils ne comprennent même pas ! Nous avons également une curieuse affaire de billets de 500 € qu'il utilise régulièrement, voire un peu trop. Nous pouvons ajouter l'affaire des 45 hélicoptères français vendus au Kazakhstan pour 2 milliards d'euros et dont la justice soupçonne le versement de rétrocommissions. Dans d'autres affaires, il a bénéficié de son immunité présidentielle comme dans l'arbitrage privé concernant l'affaire opposant Bernard Tapie au Crédit Lyonnais qui a délesté le Trésor public de près d'un demi milliard d'euros, ainsi que l'affaire des milliers de sondages de l'Élysée, commandés à ses conseillers Patrick Buisson et Pierre Giacometti en dehors de tout cadre légal, cette affaire étant actuellement en cours d'être jugée[3] à Paris ; la décision est attendue le 21 janvier 2022.

Nicolas Sarkozy est entièrement responsable du désastre de la guerre en Libye qui a fait exécuter Kadhafi en créant le chaos sur place et en permettant à toutes les vagues migratoires africaines de se multiplier sur les côtes européennes. Nicolas Sarkozy a toujours été pour l'interventionnisme atlantiste créateur de zones de guerres et de déstabilisation un peu partout dans le monde, car il a toujours été fasciné par les USA. Concernant la gestion de la France, il a participé à la destruction de l'hôpital public et a été l'un des premiers à vouloir tenter de terroriser la population lors de l'épidémie de grippe A H1N1 de 2009. C'était à l'époque Roselyne Bachelot, aidée de Jean Castex, qui avait mis en place la tarification à l'acte (T2A) qui achèvera l'hôpital ; sans oublier les fermetures de lits par dizaines de milliers. Juste avant, quelque mois avant le début de la crise des *subprimes*, Nicolas Sarkozy revenant d'un voyage aux USA, avait réalisé un meeting parisien le 14 septembre 2006 au cours duquel il vantait[4] justement le système des *subprimes* ! Il affirmera sous les applaudissements de la salle à la « Convention pour la France d'après » : « *Je propose de changer les règles prudentielles imposées aux banques, de simplifier le recours à l'hypothèque et donc réduire le coût. L'hypothèque doit être encouragée dans notre pays* ». Il avait reçu lors de son voyage des ordres des banksters yankees, du coup il est venu les répéter en France tel un perroquet sauf qu'il est question ici d'une bombe à retardement qui aurait pu détruire beaucoup plus l'économie française et la vie de centaines de milliers de propriétaires ayant eu recours à un crédit. Quelques mois plus tard seulement, l'économie américaine commence à trembler puis le monde s'effondre.

Malgré toutes ces casseroles et cette incompétence crasse, le nombre de décorations obtenues par Nicolas Sarkozy donne le tournis. Il est Chevalier de l'ordre national de la Légion d'honneur le 31 décembre 2004, puis grand-croix de droit en 2007. Grand-croix de l'ordre national du Mérite en 2007. Commandeur de l'ordre de Léopold (Belgique) en 2004. Chevalier grand-croix de l'ordre du Bain (Royaume-Uni) le 26 mars 2008. Grand-croix de l'ordre de Saint-Charles (Monaco), 25 avril 2008. Ordre de la Victoire de Saint-Georges (Géorgie). Cordon de l'ordre de Stara Planina (Bulgarie). Grand-collier de l'ordre national de la Croix du Sud (Brésil) le 5 septembre 2009. Ordre de l'Aigle d'Or (Kazakhstan) le 6 octobre 2009. Collier de l'ordre de Charles III (Espagne) en 2009. 1re classe de l'ordre du Prince Iaroslav le Sage (Ukraine)le 6 octobre 2010. Chevalier de l'ordre de la Gloire (Arménie), en octobre 2011. Chevalier de l'ordre de la Toison d'or (Espagne) en novembre 2011 et enfin Grand-croix de l'ordre national (Côte d'Ivoire) en janvier 2012 ! Ce n'est pas une blague, la Appeal of Conscience Foundation va lui décerner en 2008 le prix de l'« homme d'État de l'année » qui « *honore les dirigeants qui soutiennent la paix et la liberté, par la promotion de la tolérance, la dignité humaine et les droits de l'homme* » ! Ils n'ont décidément aucun frein ni retenue.

Puis vint le mandat du 24e président français, François Hollande. Certes, il a été Premier secrétaire du Parti socialiste de 1997 à 2008, Il était donc au courant de toutes les magouilles du parti concernant son financement mais il n'est impliqué dans aucun autre scandale judiciaire. Flanby a réalisé un quinquennat tout en transparence. Il a trahi toutes ses promesses de lutte contre la menace de la finance, son *ennemie*, en mettant en place à l'Élysée puis au Ministère de l'économie un ex-bankster de chez Rothschild, Emmanuel Macron, pour ne pas le citer. En réalité François Hollande ne pouvait que gagner cette élection face à Sarkozy qui avait atteint un degré de détestation assez spectaculaire. D'autre part, il faudra bien un jour se poser la question de savoir comment un peuple a pu voter pour un énergumène comme Nicolas Sarkozy ! Et pourtant, on peut se rendre compte à des kilomètres à la ronde que c'est un escroc, un menteur et un manipulateur qui aurait parfaitement réussi en tant que camelot à vendre des gadgets chinois au marché de la porte de Clignancourt. Idem pour Emmanuel Macron, comment est-il possible après le scandale de la crise des *subprimes* qui a ruiné le monde et détruit tant de vies, de faire élire un bankster de chez Rothschild à la présidence de la république française ? C'est symboliquement inacceptable et pourtant le système a réussi, via une propagande extrêmement efficace et très lourde, à l'imposer.

La présidence Macron va commencer très vite avec un nombre incalculable de scandales et une violence rare, encore pire que son prédécesseur. Avant tout, son histoire personnelle est malsaine puisqu'il s'agit d'un détournement de mineurs dont s'est rendue coupable Brigitte Macron ! C'est extrêmement choquant mais ça passe comme une lettre à la poste dans le milieu décadent parisien. Ce n'est pas Olivier Duhamel qui sera choqué d'un tel passif. Pire encore, Emmanuel Macron n'a pas d'enfants, il a fait le choix de ne pas en avoir. Comment est-il possible qu'un président dont la mission est d'organiser la vie sociale et de mettre en place des politiques sur 30 ans n'ait pas de successeurs ! Il n'y a que ceux qui sont parents qui peuvent comprendre les mots qui précèdent.

Lors de l'inauguration de la station F le 2 juillet 2017, qui est un campus de start-up, il va affirmer qu'« *une gare, c'est un lieu où on croise des gens qui réussissent et des gens qui ne sont rien* » ! La deuxième partie de cette phrase est extrêmement choquante, elle expliquera la violence subie par les Gilets jaunes à partir de fin 2018. C'est une première en France, les forces de l'ordre se déchaînent, on ne compte plus les personnes éborgnées par les flashballs, les mains et les pieds arrachés par des grenades de désencerclement, ainsi que quelques décès ! Sans oublier l'utilisation totalement illégale par les forces de l'ordre de la technique de la « nasse » qui a été condamnée par le Conseil d'État et qui est toujours en usage en France. J'ai personnellement assisté à une manifestation de Gilets jaunes à Paris le 11 septembre 2021, la totalité de la manifestation était nassée, il y avait presque autant de membres des forces de l'ordre que de manifestants ! Un nombre incalculable de citoyens français qui ont décidé de manifester dans la rue pour demander que leur situation sociale s'améliore se sont retrouvés en prison dans les procédures de comparution immédiate, condamnées par des organisations internationales. Me Antoine Moizan qui a défendu de nombreux Gilets jaunes au tribunal judiciaire de Paris affirme dans un article[5] que « *c'est en comparution immédiate qu'on est le plus mal jugé* » ! Il affirme que non seulement les prévenus sont jugés au bout de 48 heures de garde à vue mais qu'ils ne le lui laissent même pas à lui, l'avocat, assez de temps pour étudier correctement les détails du dossier afin d'assurer une défense correcte de son client. Bref, c'est une justice expéditive, c'est de l'abattage, tout est fait pour multiplier les condamnations et terroriser les manifestants. Très vite, en quelques mois 2000 personnes ont été condamnées dont 1000 à de la prison ferme[6]. Le concept de comparution immédiate est une hérésie judiciaire car il est impossible[7] de se défendre correctement en si peu de temps, surtout avec une police capable de falsifier les preuves. Il est assez clair qu'il s'agit ici d'une instrumentalisation de la justice car au même moment, pour des faits infiniment plus graves, Alexandre Benalla a mis 3 ans pour être jugé en première instance ! Bref, c'est la plus grave répression policière en France depuis 1968.

On se souvient tous des propos extrêmement choquants du préfet Didier Lallement qui expliquait à une manifestante qu'il ne se considérait pas dans le même « camp[8] » qu'elle ! Par cette phrase, il s'est mué en vulgaire mercenaire, un milicien à la solde d'une junte illégitime. Il faut bien comprendre que l'exécutif était terrorisé par les Gilets jaunes, il craignait véritablement qu'ils pussent rentrer à l'Élysée ou à Matignon et faire tomber le gouvernement. Pendant de très nombreux mois, jusqu'à ce jour, il est interdit de porter un gilet jaune sur la voie publique ; ce n'est pas écrit dans les textes de lois mais les policiers reçoivent l'ordre de les faire retirer immédiatement. Vous avez dit démocratie ?

Une autre affaire concerne la déclaration de patrimoine d'Emmanuel Macron, nous constatons que la justice traîne puisque les premières alertes ont été lancées en 2017. En effet, alors qu'Emmanuel Macron avait déclaré avoir gagné en tant qu'associé gérant chez Rothschild 2,8 millions d'euros entre 2009 et 2012, ces déclarations selon certains ne correspondent pas à ses revenus. En février 2017, Jean-Philippe Allenbach, président du Mouvement Franche-Comté ainsi que le candidat des Maires en colère Paul Mumbach et Serge Grass, le président de l'Union civique des contribuables citoyens, vont demander à la HATVP - Haute Autorité pour la transparence de la vie publique - de fouiller de plus près ses déclarations qui semblent selon eux imprécises. Selon ce trio, « *Il paraît surprenant que M. Macron ayant perçu plus de 3.000.000 € de revenus entre 2010 et 2013 sa fortune nette déclarée le 24 octobre 2014, lors de son arrivée au gouvernement, n'ait été que de 156.000 €, pour ensuite n'être plus que de 63.048 € quand il en est parti (cf. sa déclaration du 28 oct. 2016)* ». Jean Philippe Allenbach ajoutera : « *Comment a-t-il pu déclarer si peu en 2014 après avoir gagné 3 millions ? Pour moi, il y a eu fausse déclaration et c'est un délit pénal.* ». Ne recevant aucune réponse de la HATVP, ils saisiront le Parquet national financier[9] le 4 mars 2017. Ce dernier répondra au journalistes d'Atlantico : « *Nous sommes confrontés à une impossibilité d'agir, car le fait d'omettre ou de diminuer les sommes dans sa déclaration auprès de la HATVP est une infraction pénale pour laquelle nous ne sommes pas compétents, quel que soit le caractère sérieux ou non des faits dénoncés* ».

Tout aussi atlantiste que Nicolas Sarkozy, Emmanuel Macron est membre de la promotion 2012 des « Young Leaders » de la French-American Foundation[10] comme bon nombre de membres de l'élite politique. Il est également administrateur du think tank *En temps réel*, grâce auquel, selon Mediapart, il « *a noué de solides amitiés et recruté de puissants soutiens, comme le financier Stéphane Boujnah, le responsable de son programme Jean Pisani-Ferry, son conseiller en politique étrangère François Heisbourg, le patron de la BPI Nicolas Dufourcq, l'assureur et chef de file des Gracques Bernard Spitz, le patron de McKinsey France Karim Tadjeddine ou l'ancienne syndicaliste CFDT Nicole Notat* [11] ». C'est à se demander ce que vient faire dans cette affaire l'ex-patronne de la CFDT, Nicole Notat ! Quant aux patrons des criminels de McKinsey, tout le monde sait que c'est cette firme qui l'a aidé à atteindre le poste de président de la France après la fuite des mails des « MacronLeaks[12] » en 2017 par WikiLeaks.

Le courageux journaliste d'investigation Jean-Baptiste Rivoire, ex-grand reporter à l'agence CAPA, ex-Rédacteur en chef adjoint de l'émission *Spécial investigation* sur Canal + (2009-2016) et auteur aux éditions La Découverte et Les Liens qui libèrent[13], vient de se lancer dans un nouveau projet indépendant, *Off Investigation*[14]. Il a décidé de réaliser une série de reportages concernant Emmanuel Macron et intitulée, *Emmanuel, un homme d'affaires à l'Élysée*. Le premier numéro de cette série concerne Alexis Kohler et il faut dire qu'il est explosif. Il l'est tellement que personne n'a osé l'accompagner dans la diffusion de ce reportage. Jean-Baptiste Rivoire a publié sur sa page Facebook la réponse des différentes chaînes : « *Nous ne pourrons pas t'accompagner sur ce projet* » *dixit* Canal+ ; « *Nous avons déjà un projet en cours, certes un peu différent* » *dixit* TF1 ; « *Nous n'irons pas sur la politique, sauf avec Karine Le Marchand* » *dixit* M6 ; « *On ne traite pas de personnalités politiques en exercice* » *dixit* Netflixet ; enfin « *Notre public outre-Rhin ne s'intéresse malheureusement pas beaucoup à la politique française* » *dixit* Arte. La censure est totale, hermétique.

Le premier numéro de cette série, *L'affaire K*, a, selon l'auteur, été visualisé 600.000 fois en seulement 3 jours ; il sera diffusé sur le site[15] de Blast avec une introduction de Denis Robert (la vidéo dépasse aujourd'hui les 1.400.000 vues). Le synopsis est le suivant : « *Conflit d'intérêts, pantouflage et optimisation fiscale. Comment Alexis Kohler, actuel secrétaire général de l'Élysée, a-t-il pu favoriser pendant des années les intérêts de MSC, une compagnie maritime Italo-Suisse contrôlée par un proche, dont plusieurs cargos ont été découverts avec d'importantes quantités de cocaïne ?* ». Un premier article[16] de Mediapart, *Alexis Kohler, un mensonge d'Etat à l'Elysée*, a été publié au mois de mai 2018 pour dénoncer ce mélange des genres et cet évident conflit d'intérêts du secrétaire général de l'Élysée. L'affaire est folle et démontre qu'il n'y a plus d'État en France ; il a été piraté. Selon Mediapart, les accusations sont précises, Alexis Kohler est intervenu entre 2010 et 2012 sur des contrats entre une filiale de MSC et le port du Havre, alors qu'il était sous-directeur de l'Agence des participations de l'État à partir de septembre 2010 tout en siégeant au conseil de surveillance du port du Havre et des chantiers navals de l'Atlantique à Saint-Nazaire ! Comment expliquer qu'il soit possible de cumuler autant de fonctions aussi chronophages ! Selon Laurent Mauduit, MSC est le principal exploitant du port du Havre, il est également l'unique client des chantiers navals de l'Atlantique pendant une période. En 2014, Alexis Kohler va demander à l'administration s'il peut aller travailler chez MSC, ce qui lui sera refusé pour conflits d'intérêts, du coup il va préférer rester comme directeur de cabinet du ministre de l'économie d'Emmanuel Macron à Bercy. Rebelote en 2016 et même demande, à la différence que cette fois-ci, la Commission de déontologie va l'autoriser à travailler pour MSC d'autant qu'Emmanuel Macron en tant que ministre va lui produire une attestation qui va faciliter l'octroi de cette autorisation. Sauf que, détail important, lors de ses deux demandes de 2014 et 2016 à la Commission de déontologie, il ne fera jamais mention de sa proximité familiale avec les Aponte, ce qui démontre sa totale mauvaise foi. Bien au contraire, selon Laurent Mauduit, il affirmera qu'il n'a aucun lien avec MSC, ce qui est un mensonge, voire un parjure ! Il osera ajouter qu'il n'a jamais été impliqué durant l'exercice de ses fonctions avec une quelconque décision autour de MSC, sauf qu'il en existe au moins 5 qui démontrent le contraire, notamment pour une décision qui a été condamnée par la Cour des Comptes, tant elle était manifestement favorable à l'entreprise. Martine Orange, journaliste à Mediapart, rappelle qu'il s'agit de décisions qui portent à chaque fois sur des centaines de millions d'euros, voire des milliards d'euros. On apprend également que MSC construisait des bateaux de croisière avec l'argent du contribuable français à des taux d'intérêt défiant toute concurrencent, étant donné que l'État lui garantissait ses prêts bancaires ! Il faut dire qu'avec de telles conditions, n'importe qui pouvait devenir milliardaire. Au même moment, la junte macronienne continuait d'éborgner les Gilets jaunes et pendant qu'elle établissait des chèques de plusieurs milliards d'euros au milliardaire Aponte, Macron décida, pour compenser l'explosion du coût de l'énergie, d'offrir un chèque unique de 100 € qui sera annulé[17] par le Sénat, l'indemnité inflation a été infine approuvée lors d'un dernier vote par le Parlement. Pendant que les Aponte cumulent les milliards d'argent public, les Français ont droit à quelques misérables miettes.

Alexis Kohler va ensuite rejoindre en Suisse ce géant du transport maritime en tant que directeur financier et simultanément comme directeur de la campagne présidentielle de Macron ! Qui peut croire que c'est chose possible ? Ses cousins sont généreux, son salaire chez MSC sera de 28.000 € par mois. Pour être précis, la mère d'Alexis Kohler, Sola Hakim née en 1932 à Haïfa dans une famille juive de Palestine, est la cousine germaine de l'épouse du patron de MSC, Rafaela Diamant. Elle va créer MSC, dans les années 60, avec son époux rencontré à Naples, Gianluigi Aponte. L'entreprise est familiale, les postes-clés sont détenus par les membres les plus proches. Diego s'occupe des porte-conteneurs et des terminaux portuaires selon le reportage de M. Jean-Baptiste Rivoire ; leur fille Alexa gère les finances quant à Esther Diamant, elle gérait MSC Israël. Il faut bien comprendre que nous parlons ici du numéro 2 mondial du transport maritime de marchandises avec ses 500 porte-conteneurs, ses 20 paquebots de croisière ainsi que ses 75.000 salariés dans le monde pour un chiffre d'affaires annuel de 25 milliards d'euros.

Le premier déplacement de terrain de Macron président se fera aux chantiers navals de Saint-Nazaire. Le 31 mai 2017, il tiendra un discours sur place dans lequel il va remettre en cause le contrat en cours avec l'armateur italien Fincantieri, suite à la faillite du Coréen STX, au profit bien entendu de... MSC.

La gestion familiale de l'entreprise reste très opaque d'autant qu'ils ne sont pas obligés de publier leur bilan comptable dans les pays où ils exercent ; l'entreprise pratique l'optimisation fiscale puisqu'elle est basée en Suisse et possède une trentaine de filiales dans les paradis fiscaux, ce qui ne semble pas déranger outre mesure ni Alexis Kohler ni même Emmanuel Macron qui multiplie les largesses et les cadeaux fiscaux à ces richissimes milliardaires.

L'affaire K va traiter pendant quelques minutes des nombreuses saisies de cocaïne opérées sur les bateaux de MSC à travers le monde. Le 7 juin 2012, 300 kg de cocaïne ont été découverts dans le navire MSC Poh Lin au port italien de Gioia Tauro en Calabre. Le 20 août 2015, il s'agira de 300 kg de cocaïnne trouvés sur le MSC Krystal dans le port de Santos au Brésil. En mars 2016, dans le même port calabrais de Gioia Tauro, une cache de 500 kg a été saisie. Tout le monde aura compris que c'est la 'Ndrangheta qui est derrière ce trafic. Le 14 juin 2017, dans le détroit des Dardanelles, les autorités turques vont saisir 212 kg de cocaïne dans le MSC Donata. Le 28 mai 2018, c'est au tour de l'Algérie de saisir 700 kg de cocaïne pure dans un navire affrété par MSC, le Vega Mercury. Le 17 juin 2019, les autorités américaines vont saisir une quantité record historique, 16 tonnes de cocaïne sur un navire de la JP Morgan affrétée par MSC.

Bien sûr, on ne peut pas accuser le grand patron d'être au courant du moindre chargement de conteneur, par contre il se doit de mettre en place tous les systèmes de contrôle nécessaires à la lutte contre le transport de cocaïne qui se réalise sur ses porte-conteneurs ; ce qui n'a pas été fait selon les autorités judiciaires.

Une enquête de police, menée pendant toute une année, a produit en juin 2019, un document accablant contre Alexis Kohler étant donné ses liens familiaux directs avec les propriétaires du croisiériste italo-suisse MSC. La situation s'aggravait du coup en 2019, Emmanuel Macron, piétinant la séparation des pouvoirs, va envoyer un courrier (*cf.* annexe n°21) au PNF ou parquet national financier, expliquant qu'il était au courant depuis le début de ses liens familiaux avec MSC. À partir de ce courrier, le rapport de police a été intégralement modifié et la plainte carrément classée sans suite. Il faut bien saisir que l'enquête de police n'a trouvé aucun document officiel qui contiendrait l'information de la proximité familiale entre Alexis Kohler et les Aponte ; en d'autres termes, le courrier d'Emmanuel Macron est vital pour lui. Tout être doué de raison comprendra que ce courrier présidentiel ne pouvait être qu'un faux car dans son courrier adressé à Alexis Kohler, Macron ment lorsqu'il affirme : « *Vous m'aviez d'ailleurs formellement remis, au moment de votre entrée aux fonctions de directeur de mon cabinet, un courrier demandant à ne jamais avoir à traiter des dossiers et questions concernant cette société* ». Si c'était réellement le cas, les services n'avaient qu'à produire ce document aux enquêteurs, ce qui n'a pas été fait à ce jour. La France est devenue une république bananière.

Le ridicule de la situation va s'aggraver lorsque Jean Castex refusera de renouveler l'agrément de l'association Anticor qui a décidé de déposer plainte avec constitution de partie civile afin d'obliger le procureur à désigner un juge d'instruction dans cette affaire. Il faut dire que cette association est dans le collimateur du gouvernement puisqu'elle avait déjà déposé plainte contre le président de l'Assemblée, Richard Ferrand et contre le Garde des Sceaux, Éric Dupont-Moretti pour « prise illégale d'intérêts ». Jean Castex avait demandé à la Commission des affaires criminelles et des grâces du Ministère de la justice de demander les noms des donateurs (*sic*) de l'association ce qui est totalement scandaleux et relève clairement du comportement des dictatures avec ce sentiment d'impunité qui les caractérise. Jean Castex tient sur ses positions et affirme qu'il est en droit de demander ces informations sauf que la CNIL va affirmer l'inverse et donner raison à la présidente de l'association, Alice Van Beneden. Castex ment encore une fois et il le sait. Ce cirque va durer plusieurs mois et va contribuer à abîmer davantage l'État et son autorité. Puis, un autre article[18] de Mediapart va nous informer de la suspension de remboursement pendant un an des crédits de MSC à cause de la crise du Covid-19, une ardoise de 2,6 milliards d'euros ! Comique, Alexis Kohler le complotiste accusera[19] l'opposition d'avoir instrumentalisé l'association Anticor pour lui nuire ; un grand classique de la politique française et à ce titre, il a toute sa place dans le *Conspiracy Club*. Toutes les promesses du Nouveau Monde en rupture avec les pratiques douteuses de l'Ancien Monde émises par Macron lors de la campagne présidentielle de 2017 s'effondrent. MSC, selon le reportage, a profité de près de 2 milliards d'euros d'argent public pour construire ses bateaux, alors qu'elle ne paie que très peu d'impôts en France ! Ceci n'est rien d'autre qu'un pillage du Trésor public organisé par une mafia puissante, une bande organisée qui sait très bien ce qu'elle fait.

Nul besoin de se tenir au courant de toutes ces magouilles et autres scandales, il suffisait d'écouter Emmanuel Macron crier tel un fou échappé d'un asile, les mots « *Parce que c'est notre projet* », lors d'un meeting[20] à la présidentielle de 2017 pour comprendre qu'il y avait vraiment quelque chose de pathologique chez le personnage. Un psychiatre italien, le professeur Adriano Segatori, a analysé sa personnalité la qualifiant de « *psychopathe qui travaille uniquement pour lui-même*[21]. » !

Le pire est à venir, Emmanuel Macron tiendra des propos extrêmement inquiétants laissant penser qu'il appartient à une secte millénariste : « *Je crois que notre génération doit savoir que la Bête de l'évènement est là, elle arrive, qu'il s'agisse du terrorisme, de cette grande pandémie ou d'autres chocs. Il faut la combattre quand elle arrive avec ce qu'elle a de profondément inattendu, implacable.* » ! Ces propos seront tenus à l'Élysée face à deux journalistes du *Financial Times*, Victor Mallet et Roula Khalaf, les correspondants à Paris ; l'article[22] sera publié sur le site du journal le 14 avril 2020. La réponse de Macron concernera une question sur sa gestion de la crise sanitaire du Covid-19. Il ajoutera dans cette interview qu'il faut être « *disponible pour le destin* » ! Bien entendu, les clowns des *Décodeurs* du *Monde* vont tenter maladroitement d'expliquer dans un article[23] que tout ceci n'a rien à voir avec le texte apocalyptique biblique. On peut éventuellement adhérer, pour les besoins du raisonnement, à la thèse des journaleux du *Monde*, qui plaident pour une utilisation métaphorique de l'expression la « *Bête de l'événement* », sauf que l'utilisation du terme destin fait effondrer cette possibilité, car selon sa définition, le destin est une « *Puissance extérieure à la volonté humaine, qui, selon certaines croyances, régirait l'univers, en fixant de façon irrévocable le cours des événements.* » ! De plus, il y a tout de même des limites à l'utilisation des métaphores. L'expression la « *Bête de l'événement* » renvoie à l'Antéchrist et à la fin des temps, son utilisation est d'autant plus suspecte et maladroite que nous vivons une époque extrêmement tendue et stressante. Le choix de la pyramide du Louvre pour fêter sa victoire de

2017 est également révélateur du projet d'Emmanuel Macron et de son état d'esprit, tant la symbolique maçonnique est extrêmement forte. Encore une fois, depuis la révolution, il est quasiment impossible d'atteindre les postes de ministres stratégiques, régaliens, sans être initié à la franc-maçonnerie.

En octobre 2021, l'ouvrage de Gérard Davet et Fabrice Lhomme, *Le traître et le néant*, est publié chez Fayard. C'est un livre dense de 620 pages, rapportant une enquête minutieuse sur la personnalité d'Emmanuel Macron, son entourage et ses amitiés. Les auteurs ont pu interviewer absolument tout le monde, à commencer par François Hollande et de nombreux membres du gouvernement ainsi que des membres de LaRem.

Ça commence fort avec le témoignage de M. Gaspard Gantzer, un ex-camarade de l'ENA qu'il a très bien connu puisqu'il était conseiller de François Hollande pendant son quinquennat : « *Je ne crois pas qu'il soit sincère, tout est construit* ». Il rapporte à la page 33 cette propension de Macron à mentir notamment sur le fait qu'il joue au foot ou qu'il pratique le marathon, des faits totalement inventés ; en d'autres termes, pour séduire un journaliste, il n'hésite pas à mentir afin de le manipuler. Il a selon certains témoignages un talent de séduction infini sur les personnalités de pouvoir beaucoup plus âgées que lui, comme Alain Minc, Jacques Attali, l'ex-patron d'Axa, Jean-Pierre Jouyet... il réussira à avoir comme pygmalions aussi bien Alain Minc que Jacques Attali qui, pourtant, se détestent cordialement sur la place de Paris. Nous pouvons lire à la page 45 le témoignage de l'ex-ministre des finances Michel Sapin : « *Il y a quand même quelqu'un qui a créé Macron ! De toute façon, Attali, quel que soit l'événement mondial, c'est lui...* », déclaration un tantinet complotiste mais ça passe si c'est des journalistes du *Monde* qui l'écrive. Pour résumer la situation, Jacques Attali va le présenter à François Hollande pour sa carrière politique et Alain Minc le fera rentrer à la banque Rothschild pour sa carrière professionnelle. Le premier poste d'Emmanuel Macron auprès de François Hollande sera celui de secrétaire général adjoint de l'Élysée. Pour le nouveau président de la république, il n'était pas question de lui donner un poste de ministre car pour lui, Macron est un technocrate qui n'a aucune expérience du terrain politique nécessaire à la fonction ministérielle. Nous apprendrons à la page 54 que c'est bien Manuel Valls qui obtiendra la nomination d'Emmanuel Macron au poste de ministre de l'Économie ! François Hollande n'en voulait pas initialement.

Ensuite, alors que Jacques Attali n'a été élu par personne et qu'il conseille les présidents et les ministres depuis 50 ans, conduisant la France à la ruine, ce dernier va commencer une campagne de promotion d'une candidature à la présidentielle de Macron auprès de tout son réseau. Pourtant, c'est ce même Jacques Attali qui déclarera le 13 mai 2016 : « *Macron n'incarne que le vide* » ! Il faisait donc la promotion du vide auprès des élites parisiennes afin de lui faire obtenir le poste le plus important, celui de président de tous les Français ! C'est encore ce même Jacques Attali qui va lui suggérer comme Premier ministre Édouard Philippe, le maire du Havre, lui proposant de rejoindre LaRem alors qu'il était en train de s'occuper de la campagne présidentielle de François Fillon et de son parti politique ! Sa réponse est folle : « *Moi, je ne peux pas en ce moment, je serais prêt à le voir après le premier tour.* » (page 57) ! En d'autres termes, il a changé de crémerie pendant la partie, ce qui démontre que ces hommes politiques n'ont aucune conviction, ce sont des mercenaires qui travaillent pour leurs propres intérêts et ceux des gens qui les dirigent. Le livre parle également de la mission que Rothschild donnera à Macron lors du rachat de la division nutrition infantile de l'Américain Pfizer par Nestlé qui va même lui proposer un poste de directeur financier. On apprend d'ailleurs que le PDG de Nestlé, Peter Brabeck-Letmathe était membre de la Commission Attali mise en place par Nicolas Sarkozy pour relancer la croissance.

Les auteurs nous informent qu'Emmanuel Macron cache bien son jeu ; alors qu'il affiche une image de gendre idéal, parfaitement apprêté avant chaque passage télé, dans les faits, *l'énarque manie un langage de charretier, jure, tient des propos qui lui vaudraient quelques soucis avec les ligues de vertu d'aujourd'hui.*

Macron est très proche de l'avocat Darrois dont l'épouse, Bettina Rheims, appartient à la famille Rothschild ; il se rend, régulièrement invité dans son appartement parisien du XVe arrondissement en compagnie de Frédéric Mion, le directeur de Sciences Po ; on comprend mieux dès lors pourquoi ce dernier a été protégé lors du scandale Olivier Duhamel, après la victoire à la présidentielle. Il sera invité à l'Élysée avec Serge Weinberg de Sanofi et les Rothschild. À ce moment précis, Darrois présentera Macron à son grand ami Laurent Fabius, le Président du Conseil constitutionnel !

Ensuite, pour comprendre l'état d'esprit malsain et tortueux d'Emmanuel Macron, les journalistes vont revenir sur le rachat en septembre 2010 du journal *Le Monde* en faillite. Macron se présentera et proposera ses services *gratuitement* ! Une telle offre ne pouvait que susciter de la méfiance car la gratuité chez un bankster relève de l'impossibilité métaphysique. En réalité, au lieu de travailler dans le seul intérêt de la Société des rédacteurs du *Monde*, Emmanuel Macron jouera double jeu en étant l'homme d'Alain Minc qui conseillait dans cette affaire le duo Perdriel-Prisa contre le trio Niel-Berger-Pigasse ; c'était véritablement leur cheval de Troie.

On apprend également que Macron fonctionne à sens unique, il ne renvoie jamais l'ascenseur (page 76), ceci se confirmera ensuite tout au long des 620 pages du livre ; après moi le déluge.

Alain Minc affirme dans ce livre qu'il l'a poussé à abandonner 2017 pour revenir plus fort en 2022. Minc parle d'une proposition de Bernard Tapie qui aurait voulu le placer à la tête de la mairie de la cité phocéenne. Concernant sa trahison envers François Hollande, Emmanuel Macron estime qu'il n'a rien fait de tel puisque François Hollande était déjà mort. Minc fera une déclaration assez violente et insultante envers Macron à la page 84 : « *Il n'ose pas, il est très faible dans la gestion des hommes. Il est entouré que de zombies !* », c'est tellement juste lorsque l'on voit l'équipe de Macron (Castaner, Schiappa, Ndiaye, Griveaux, Benalla, Mimi Marchand, R. Ferrand...) sans oublier une liste interminable de députés incompétents qui ne savent même pas s'exprimer correctement lors d'interviews télévisées.

On apprend aussi que Macron est quelqu'un de très tactile, il fait croire à la personne avec laquelle il parle que c'est la personne la plus importante au monde à ce moment précis. Il utilise souvent la phrase « *Comment tu sens les choses ?* » pour donner de l'importance à son interlocuteur. Technique de manipulation certes grossière mais qui fonctionne parfaitement sur les zombies en mal de reconnaissance, les incompétents qui savent qu'ils ne valent pas grand chose. Boris Vallaud, nommé également secrétaire général adjoint à l'Élysée fin 2014, témoigne du comportement malsain de Macron : il tape la bise au Président, le tutoie et lui tapote même sur le ventre !

Double face, Macron venait voir Alain Minc tôt le matin, à 7h30 avant de rejoindre son poste à l'Élysée ! Lorsque François Hollande lui fait remarquer qu'il n'a rien à faire chez celui qui est considéré comme un ennemi passant son temps à critiquer l'action du gouvernement, Macron répondra : « *Justement, c'est pour empêcher qu'il en dise trop* » ! No limits.

Le lundi 14 mai 2012, Macron envoie un courriel à ses collègues de la banque d'affaires Rothschild : « *Chers tous, je vais quitter ce soir la banque, après près de 4 années passées à vos côtés. J'ai beaucoup appris ... J'espère que les prochaines années vous apporteront le succès mérité. Je ne serai pas loin. Amicalement. Emmanuel* ». *Je ne serai pas loin* disait-il, justement au printemps 2013 il essaiera de saboter un projet de loi de François Hollande qui voulait réguler l'activité des banques. Selon les auteurs, la rapporteure du texte, la députée Karine Berger, sera harcelée par Emmanuel Macron pour renoncer à certains amendements qui vont contre les intérêts de ses patrons banksters.

Nous apprenons dans le livre qu'il est pour le gaz de schiste, qu'il est pro patrons et multinationales de l'énergie, valide des permis miniers, donne l'ordre de signer des permis d'hydrocarbures en Île-de-France, du moins c'est ce qu'affirme Delphine Batho à la page 98. Aujourd'hui, comme par magie, Emmanuel Macron est pour le climat, la Cop26, la décarbonation, les ODD... Delphine Batho a tellement été harcelée qu'elle a fini par retirer de son bureau la machine à signer, car on aurait signé à sa place ! Ceci est encore la preuve que la France a sombré dans le chaos et qu'il n'y a plus d'État de droit, ni de pilote dans l'avion élyséen.

Plusieurs témoins ayant côtoyé Macron confirment sa stratégie assez grossière de copinage comme le fera Mathias Fekl à la page 100 du livre. Il n'hésitera pas à se moquer de son président François Hollande en le traitant de *mou*, *nul*... face à un Mathias Fekl ahuri et choqué, même s'il n'est qu'un simple parlementaire socialiste. Là où les choses se corsent et deviennent extrêmement graves, c'est lorsque Emmanuel Macron assistera le jeudi 29 mai 2014 à Copenhague à la réunion annuelle de la conférence complotiste des Bilderberg au Danemark. C'est Fleur Pellerin, secrétaire d'État chargée du commerce extérieur, présente, qui témoignera d'une charge extrêmement violente de Macron contre François Hollande alors qu'il était son propre conseiller élyséen ! C'est d'une folle gravté car il s'agit de propos tenus devant des forces étrangères qui ne veulent pas forcément le bien de la France, de la haute trahison. Ceci démontre encore une fois la désintégration de l'État.

Concernant l'entourage de Macron, Stanislas Guerini est un cas typique du vide des élites et de leur mondialisme assumé. Avant toute chose, il faut bien comprendre que le premier cercle de Macron appartient à d'ex-proches de Dominique Strauss-Kahn (Cédric O...), c'est la chute de DSK au Sofitel de New York qui va rabattre la bande sur Macron. C'est assez contradictoire de voir ces nouvelles têtes jeunes autour de Macron qui sont en réalité des vestiges du passé politique le plus décadent et nauséabond de France. Un des grands conseillers occultes de Macron sera Julien Dray, 66 ans, grand magouilleur politique devant l'éternel, sans oublier bien entendu Daniel Cohn-Bendit qui ne nous rajeunit pas.

La mère de Stanislas Guerini est ingénieure chez Google ! Ces gens n'ont absolument aucune allégeance à l'État français, ils sont plutôt du genre *corporate* ! C'est justement l'affaire Alstom qui va nous dévoiler le réel état d'esprit de ses élites totalement décadentes et corrompues. Le député républicain Olivier Marleix qui va être à l'origine d'un grand travail de dénonciation de ce contrat de vente historique ; il s'agit pour lui de « prise illégale d'intérêts » et « corruption » dans son courrier au procureur de Paris. L'association Anticor, la bête noire du régime macronien, va également saisir la justice pour les mêmes faits.

Les coauteurs rappellent que pendant le très court passage d'Emmanuel Macron à Bercy, plus précisément du mois d'août 2014 au mois d'août 2016, il se réalisera un nombre très important de fusions-acquisitions avec la vente de 4 entreprises multinationales du CAC 40, 10 % du total ; c'est du jamais vu. Ce type de vente se fait tous les 5 ou 7 ans sur la place de Paris ! L'histoire de la perte d'Alstom et de sa vente à General Electric commence par un coup de pressions du département de la justice américaine accusant Alstom d'avoir payé des pots-de-vin à des intermédiaires dans différents pays comme Taiwan, l'Arabie Saoudite, l'Indonésie ou l'Égypte. Les USA ont emprisonné un haut cadre de l'entreprise, M. Frédéric Pierucci, afin de faire pression sur son président Patrick Kron. Selon le député Olivier Marleix, de nombreux intermédiaires se sont grassement rémunérés via la vente d'Alstom à General Electric ! Le même député parle d'une autre affaire impliquant le géant mondial du ciment Lafarge qui avait un actionnaire de référence dont l'héritier est un des organisateurs des dîners de levées de fonds de Macron !

Les nombreux conflits d'intérêts sont légion dans ces affaires, prenons le cas de Julien Denormandie, proche dès la première heure d'Emmanuel Macron, puisqu'il fut le président de l'association de financements de sa campagne présidentielle, il est également son collaborateur à Bercy dans tous les dispositifs de contrôle des investissements à l'étranger ! Mais le conflit d'intérêts le plus insultant reste celui de M. Hugh Bailey qui était conseiller aux affaires industrielles et au financement des exportations auprès d'Emmanuel Macron lorsqu'il était à Bercy jusqu'en septembre 2016. C'est lui qui validera une aide de 70,3 millions d'euros accordée à General Electric Energy Product pour l'achat que de 4 turbo alternateurs destinés à une centrale irakienne. Hugh Bailey sera nommé plus tard directeur des affaires institutionnelles de General Electric France puis carrément directeur général de General Electric France à partir d'avril 2019. Delphine Batho va signaler ces anomalies ahurissantes à la justice au titre de l'article 40 du code de procédure pénale, en vain ; elle ne s'explique pas l'inertie du PNF dans l'affaire Alstom.

Gérard Davet et Fabrice Lhomme vont ensuite traiter du cas du banquier Matthieu Pigasse, ennemi juré de Macron. Les passages sont croustillants car ce bankster tient purement et simplement des propos complotistes d'une rare bêtise ; pour lui, c'est le système qui a mis en place Macron ! À la page 146, Matthieu Pigasse se pose une question existentielle : « *Pourquoi Hollande choisit-il quelqu'un qui a été rapporteur de la commission Sarkozy ? Comment quelqu'un de gauche, qui explique que son adversaire, c'est la finance, choisit-il quelqu'un qui a travaillé avec la droite et qui est banquier ?* » ! Première nouvelle ! Selon Matthieu Pigasse, il y aurait donc des banksters de gauche et des banksters de droite ! Bien entendu, dans son esprit, le bankster de gauche serait un humaniste et celui de droite un super vilain !

Tous les coups sont permis dans ce monde de rapaces. Nous apprenons à la page 147 que l'idée d'En Marche a été volée par Macron à Pigasse avec pour complices Stéphane Boujenah, président d'Euronext, Gilles Finchelstein, directeur général de la fondation Jean Jaurès ainsi qu'un certain Ismaël Emelien qui va lui servir de taupe. Mais le pillage intellectuel va beaucoup plus loin étant donné que le livre publié par Macron dès son départ du gouvernement et intitulé *Révolution,* au singulier, n'est rien d'autre que le titre d'un livre écrit 4 ans plus tôt par Mathieu Pigasse et intitulé *Révolutions*, au pluriel !

Nous apprenons également sur de longs passages du livre que Bercy a servi à Emmanuel Macron à organiser des centaines de soirées pour lancer sa carrière politique ! Tout le monde est au courant, le Tout-Paris était invité à festoyer avec l'argent du contribuable pendant que l'économie française et son industrie s'effondraient. Cela démontre également qu'il suffit d'inviter quelqu'un à un bon repas, tout en flattant son ego, pour se le mettre dans la poche ! La dignité des hommes et des femmes de notre époque ne vaut pas grand-chose malheureusement.

L'arrivée, au pouvoir en France, du « néant » Macron n'a été possible que parce que tout un terreau de vacuité et d'insignifiance a été mis en place. Prenons l'exemple de Manuel Valls. Cet être vil va s'illustrer en peu de temps par une série d'abjections politiques assez spectaculaires. Déjà, il va se faire humilier par Macron tout autant que par François Hollande son patron quand il était à la tête du Premier ministère. Ensuite, dès les élections législatives de juin 2017, il se fera humilier par les macronistes, il sera d'ailleurs obligé de tricher comme le constatera le Conseil constitutionnel, sauf que pour ce dernier, la triche n'était pas suffisante pour faire basculer l'élection ! En d'autres termes, on a le droit de tricher en France lors des élections tant que la triche est minime[24] : « ... *ces suffrages irréguliers restant en nombre inférieur à l'écart de voix entre les deux candidats du second tour, cette irrégularité ne saurait conduire à l'annulation des opérations électorales* » ! Malgré cette triche, il abandonnera son poste pour aller se présenter à l'élection municipale de Barcelone qu'il va perdre comme tout le reste. Alors qu'il était payé grassement par le contribuable français pour garantir sa mission de député, Manuel Valls passait son temps à Barcelone !

Valls votera Macron et siègera au niveau du groupe LaRem à l'Assemblée nationale. Il s'était pourtant engagé à voter pour le vainqueur de la primaire de gauche, ça ne l'a pas empêché de se parjurer une énième fois. On parle souvent de la trahison de Hollande par Macron mais pas assez de celle de Valls. Faut-il rappeler que Manuel Valls et le socialiste Jean-Paul Huchon avaient soutenu lors des élections régionales de 2021 Valérie Pécresse contre l'alliance de gauche menée par l'écologiste Julien Bayou[25] !

Son aventure espagnole sera également désastreuse, la rupture sera consommée avec le parti Ciudadanos, il quittera le poste de conseiller municipal[26] de Barcelone ce mois d'août 2021 ! Il pourra ainsi étrenner sa rentrée en tant que chroniqueur sur RMC et BFM ! Valls, l'histoire d'une déchéance ou comment passer de Premier ministre de la France à chroniqueur télé... Dans n'importe quel pays qui se respecte il devrait être interdit d'humilier à ce point la fonction de Premier ministre en devenant un vulgaire chroniqueur télé ou radio ! On peut également se poser des questions sur la puissance des médias qui peuvent se permettre d'embaucher d'ex-chefs du gouvernement ! En réalité, il est facile d'observer et de comprendre que le Graal aujourd'hui est de travailler et passer à la télévision. On a même pu observer des dentistes troquer leur noble carrière pour celle de chroniqueurs télé comme ce fut le cas pour une ex-Miss France !

Le lecteur ne sera pas étonné d'apprendre que Manuel Valls est un franc-maçon haut gradé du GODF, initié[27] à la loge *Ni maîtres ni dieux,* véritable école du crime.

Le mouvement LaRem a été clairement construit sur le modèle sectaire. Basé sur rien, aucune doctrine, à l'instar des nombreuses sectes qui font florès actuellement dans le monde. Le premier cercle de Macron a été surnommé la bande de la Planche (Ismaël Emelien, Stanislas Guerini, Sibeth Ndiaye, Benjamin Griveaux, Cédric O, Adrien Taquet, Emmanuel Miquel, Stéphane Séjourné, Jean-Marie Girier, Julien Denormandie et Sylvain Fort) ! D'aucuns surnommeront ces zélotes de la première heure les *mormons* ! leur modèle politique est celui de la start-up à l'américaine avec des anglicismes et des néologismes d'une rare bêtise : *disruption*, *marketter*... tout le vocabulaire du consulting managérial avec pour astuce centrale le fameux « et en même temps » qui démontre qu'il n'y a pas de stratégie globale mais juste une volonté de tout rafler. Comme tout bon gourou qui se respecte, Macron se fait appeler le « chef » par la bande de la Planche. Comme dans toute bonne secte qui se respecte, Macron use et abuse de la technique du « cloisonnement » afin de la protéger au maximum. Ce mode de fonctionnement va lui permettre de s'entourer de vauriens et d'incompétents notoires comme Christophe Castaner qui est loin d'être le seul. On va apprendre dans le chapitre consacré à l'ex-ministre de l'Intérieur que sa collègue des Verts Barbara Pompili lui avait fait la morale concernant sa proximité avec Macron dès l'automne 2016, ce qui n'a pas empêché cette dernière d'appartenir comme ministre au gouvernement Castex en remplacement d'Élisabeth Borne ! On a l'impression qu'Emmanuel Macron est un gigantesque aimant à homoncules, il attire tous les corps sans âme ni colonne vertébrale. Au chapitre 8, page 239, les auteurs vont reprendre les propos de DSK concernant l'entourage de Macron : « *Sais-tu pourquoi Gérard Collomb n'a jamais été ministre d'un gouvernement socialiste ? Pourquoi Richard Ferrand, député 20 ans, n'a jamais été ministre ? Pourquoi Christophe Castaner, député 20 ans, n'a jamais été ministre ? Parce que ce sont des burnes ! Macron s'est entouré de burnes !* », on reconnaît là le langage grossier de DSK qui est assez exceptionnel d'autant que Macron a récupéré justement l'ancienne équipe des jeunes strauss-kahniens. Alain Minc ajoutera : « *Macron ne sait pas s'entourer. Il n'y a pas plus anti-manager que Macron, il ne sait pas manager* », pour un président de mouvement politique ainsi qu'un président de la république, vous en conviendrez, ça reste tout de même un défaut majeur.

Macron est un pur produit marketing, issu du monde de la publicité. Nous apprenons à la page 224 que Sylvain Fort, ex-communicant de Nicolas Sarkozy en 2012, a été convoqué par le puissant patron publiciste Maurice Lévy - membre du forum de Davos et du complotiste club Le Siècle -, en juin 2016, lui affirmant que le candidat à la présidentielle est bien Macron et qu'il fallait lui trouver un communicant sur la place de Paris ! Ils imposent qui ils veulent.

Si on établit la liste des scandales ayant émaillé la gouvernance de Macron ces 5 dernières années, on est impressionnés par le nombre de personnes impliquées :

F. Bayrou et M. de Sarnez qui vont très vite quitter leurs postes à cause du scandale des rémunérations des assistants parlementaires européens ; ils seront mis en examen en décembre 2019 pour « complicité de détournement de fonds publics ». Nous avons également le scandale Alexandre Benalla impliquant Alexis Kohler et Patrick Strzoda ainsi qu'Ismaël Emelien qui quittera le navire. Rappelons également l'affaire graveleuse de Benjamin Griveaux sans oublier les nombreux scandales de plaintes à caractère sexuel contre l'échangiste Gérald Darmanin. Citons également les déclarations scandaleuses d'Agnès Buzyn concernant la crise sanitaire suite à son échec municipal parisien. On peut aussi évoquer le départ catastrophique et inexpliqué de Gérard Collomb ! Les scandales des mutuelles de Bretagne impliquent Richard Ferrand qui s'en sortira judiciairement sur la forme, pour prescription[28] mais certainement pas sur le fond ! Les conflits d'intérêts innombrables de Dupont-Moretti ! Le comportement lamentable de Castaner en boîte de nuit sans oublier ses mensonges concernant la fausse attaque du service de réanimation de l'hôpital la Pitié-Salpêtrière par des Gilets jaunes « assoiffés de sang » ! Les nombreuses gaffes de Nathalie Loiseau vont rester également dans la mémoire collective. Le secrétaire d'État aux PME, M. Alain Griset vient d'être condamné[29] à 6 mois de prison avec sursis pour des fausses déclarations de patrimoine. On a encore mieux, le cas du député Larem de Paris qui a fait la une des journaux suite au scandale de Panama papers. Selon *Le Monde*, il est lié à une société offshore installée aux Seychelles, société qui a été condamnée en 2014 pour contrefaçon[30] de jouets. Le départ inattendu de Brune Poirson a également choqué plus d'un ! On peut ajouter le départ de Michel Delpech, le préfet de police de Paris, qui a refusé de massacrer des Gilets jaunes, il a très vite été remplacé par Didier Lallement dont on connaît la gestion catastrophique de la crise sociale avec un nombre très important de violences policières, d'utilisation illégale de la nasse... Si on ajoute à cela les nombreux mensonges d'Olivier Véran et du transparent Jean Castex, la liste s'allonge encore plus.

Avec toutes ces bourdes lamentables, on peut ajouter des déclarations humiliantes d'une rare violence de ministres de Macron, prononcées contre lui, avant qu'ils ne rejoignent son gouvernement. L'exemple le plus flagrant est celui de Bruno Le Maire qui a déclaré sur l'antenne d'Europe 1 le 19 février 2017 dans l'émission le *Grand rendez-vous* : « *Emmanuel Macron, c'est l'homme sans projet parce que c'est l'homme sans conviction !* » ! Pire encore, le tweet[31] existe toujours sur le compte de Bruno Le Maire, tout le monde peut le vérifier. Darmanin fera la même chose tweettant[32] le 26 août 2014 : « *Comment les députés PS peuvent voter la confiance à ce gouvernement avec Macron ministre de l'Economie sans se renier ?* » ajoutant[33] : « *"Mon ennemi c'est la finance" dit Hollande en campagne. Macron, banquier chez Rothschild, nommé par Hollande Président...* » ! Message carrément complotiste, voire antisémite !

On peut rappeler que sur les 314 députés du mouvement En Marche qui ont gagné un siège à l'Assemblée en juin 2017, le groupe LREM en compte 268 en mai 2021, il a perdu la majorité le 19 mai 2020 après la constitution de deux nouveaux groupes parlementaires. Ils ont perdu au total 46 députés, c'est du jamais vu dans la Ve République. Le témoignage de Pierre Person, celui qui a créé la liste des députés avec un tableur Excel, est consternant. Le raisonnement utilisé pour choisir les représentants du peuple est issu d'une mécanique de management qui n'a strictement rien à voir avec l'humain ni la politique : « *On est absolument arrogants, on considérait que l'Assemblée était une chambre d'enregistrement.* » ! Pierre Person va démissionner et mettre fin à cette aventure qu'il considère comme une « *théorisation du vide politique* » qui ne l'a que trop usé. Il pose d'ailleurs une question intéressante concernant l'arrogance des macronistes alors qu'ils n'ont été élus que par 25 % des suffrages avec un taux d'abstention assez important, ce qui ne confère absolument pas de légitimité démocratique, s'aliénant 75 % de la population. On le constatera très vite, les déplacements présidentiels vont se faire avec un nombre extraordinairement élevé de CRS ; sans la force publique, Macron aurait été viré de l'Élysée depuis longtemps. On apprend aussi qu'à Matignon, Édouard Philippe méprise ouvertement le mouvement des Gilets jaunes et donne comme consigne à ses ministres de ne jamais leur parler selon Marlène Schiappa (p. 465) ! Jamais de toute l'histoire des nations un mouvement populaire aussi important et massif, durable dans le temps, n'a été aussi méprisé par les gouvernants ! Le résultat va se payer très vite au niveau local lors des élections avec 2,22 % des suffrages aux municipales puis à peine 7 % aux régionales ! On s'approche effectivement de plus en plus du néant électoral.

La médiocrité entoure et cajole Macron et son équipe de bout en bout. Prenons l'exemple de Stéphane Bern qui va faire une déclaration catastrophique le 5 septembre 2017 à l'occasion des Journées du Patrimoine, affirmant que c'est François Ier qui a fait de la langue française la langue officielle de tout le pays, alors qu'à l'époque il ne s'agissait que d'imposer la langue pour les actes légaux et notariés uniquement.

Dans cette longue liste de médiocres, en réalité très mauvais, on peut ajouter la présence de François Bayrou. Celui qui se vante à longueur d'antenne de sa proximité avec Macron a en réalité été méprisé, car aucun de ses conseils n'a été entendu ni pris en compte. Il est vrai que c'est le ralliement de Bayrou à Macron qui donnera un coup de boost majeur à la campagne, passant de 17 à 24 % dans les sondages. En contre partie, Bayrou va négocier dans les coulisses avec Gérard Collomb 144 sièges de députés, il n'en n'aura que 16 ! L'équipe de Macron va sous-entendre qu'elle va lui faire compenser le manque de sièges par un paiement compensatoire (l'équivalent de 4 millions d'euros pour une centaine de députés selon Bayrou) (page 508), ceci bien entendu afin de l'empêcher de peser trop lourd à l'Assemblée et de garder ainsi la majorité absolue pour voter les lois à venir ! Première grande trahison qui n'empêchera pas l'indigne François Bayrou de continuer de fricoter avec Macron !

Ce sont les énarques qui détiennent le pouvoir en France alors qu'ils ne sont en théorie que des outils, des administratifs au service du politique qui, lui, est élu par le peuple (page 516). Avec l'accession de Macron au pouvoir, c'est leur heure de gloire, à commencer par Macron lui-même qui est à la tête de l'état, suivi d'Édouard Philippe son Premier ministre, du directeur de cabinet de ce dernier, Benoît Ribadeau-Dumas. Ajoutons à ce trio Alexis Kohler, secrétaire général de l'Élysée et bras droit de Macron, sans oublier Marc Guillaume, le secrétaire général du gouvernement. Cinq énarques qui font la pluie et le beau temps en France dont certains sont beaucoup plus puissants que des ministres d'État, ce qui est une anomalie de gouvernance. Marc Guillaume était impliqué directement dans la démission de Jean-Paul Delevoye du gouvernement, l'ancien haut-commissaire aux retraites, qui a oublié de déclarer tous ses mandats et conflits d'intérêts ; il vient d'être condamné[34] par la justice à 4 mois de prison avec sursis et 15.000 € d'amende dans une comparution sur reconnaissance préalable de culpabilité. Ce même Marc Guillaume a été accusé par de nombreuses salariées de l'Élysée de comportement misogyne et sexiste, un article[35] a été publié dans le quotidien *Le Monde* dans lequel on trouve quelques-unes de ses saillies : « *Vous, vous allez faire carrière grâce à votre décolleté !* » ou bien « *C'est rare une femme qui pense… et c'est beau aussi, surtout quand ça porte une jupe* » ! Mais il y a bien plus grave, sa grande proximité avec le pédocriminel Olivier Duhamel, sachant qu'il était lui-même vice-président du club secret Le Siècle ainsi que membre[36] du conseil d'administration de la fondation qui gère Sciences Po Paris et codirecteur de la revue *Pouvoirs*, fondée par... Olivier Duhamel ! Ce n'est plus un ami mais un frère jumeau. Bien entendu, il va nier être au courant de toutes ces rumeurs concernant les accusations d'inceste que toute la place de Paris connaissait ! Depuis, vu son remarquable comportement et son grand sens moral, il a été nommé le 17 août 2020 Préfet de la région Ile-de-France.

On remarque également dans ce livre à quel point le niveau de la politique s'effondre en France, notamment avec l'utilisation intempestif du SMS. Les nouvelles élites politiques ayant des corps et des mentalités fragiles qui ne peuvent assumer le conflit physique vont se défausser systématiquement sur les SMS. Gaspard Gantzer témoigne d'une rencontre de Macron avec Hollande le lundi 29 août 2016 au soir, au cours de laquelle le futur candidat à la présidentielle a été incapable d'assumer son départ du gouvernement, la discussion finissant par « *Eh bien, réfléchis, voilà, et on se reparle...* ». Le lendemain Macron va lui envoyer le SMS suivant : « *Écoute, je pars* ». Selon ce même Gaspard Gantzer, Macron aurait, en quittant son poste, promis à Hollande de le soutenir à la présidentielle.

Le chapitre concernant Philippe de Villiers montre très clairement la duplicité d'Emmanuel Macron. Pour on ne sait quelle raison, ce dernier s'est entiché de Philippe de Villiers multipliant les rencontres et les SMS. Il va l'utiliser afin d'accélérer son départ de Bercy après avoir prononcé la fameuse phrase « *L'honnêteté m'oblige à vous dire que je ne suis pas socialiste* ». on apprend par exemple à la page 261 que lors d'un dîner à l'Élysée avec Brigitte en mars 2019, Philippe de Villiers offrira à Macron un exemplaire dédicacé de son livre *J'ai tiré sur le fil du mensonge et tout est venu*, un violent pamphlet antieuropéen. Philippe de Villiers affirme que Macron a trouvé son livre *convaincant* et qu'il est d'accord sur le fait de l'impossibilité de créer une Europe sans les nations ! Macron lui fera également l'apologie de Victor Orban qu'il trouve très intelligent, ce qui ne l'empêchera pas pourtant de le dénoncer à Bruxelles en tant que populiste ! Il est tout de même assez consternant de voir un homme politique comme Philippe de Villiers, un vieux de la vieille, tomber dans un piège aussi grossier que celui de Macron. Le cirque ne durera pas longtemps puisque le patron du parc d'attraction, le plus célèbre au monde, va comprendre que Macron ne pourra jamais être un bon président, lui qui n'a pas d'enfant et qui ne se projette pas dans le futur, n'étant rien d'autre qu'un produit de l'establishment financier.

L'anecdote de la paire de lunettes appartenant à Brigitte Macron et cassée par le chien de François Hollande donne une idée précise de l'état d'esprit du futur couple présidentiel puisque ce dernier n'a pas hésité à envoyer la facture à l'Élysée pour se la faire rembourser alors que Macron était ministre de l'Économie. Macron c'est le néant mais c'est aussi l'absence totale d'élégance, un vulgaire bankster.

Un autre personnage politique important témoignera dans ce livre de la duplicité et des mensonges de Macron, il s'agit de Jean-Louis Borloo. L'écrivain Alexandre Jardin, excessivement enthousiaste lors de l'arrivée de Macron dans le champ politique, est également un grand déçu du néant jupitérien. François Baroin va également témoigner de son expérience avec Macron en produisant quelques phrases intéressantes traitant Macron de *populiste mondain*. Il s'est très vite posé la question de l'absence de famille : « *C'est curieux, quand même, un homme qui n'a pas d'amis, qui n'a pas de famille, et qui n'a pas d'enfants* » ! On peut d'ailleurs constater qu'un grand nombre de dirigeants européens n'ont pas d'enfants[37] : Merkel, Juncker, Theresa May n'ont pas d'enfant. Il en est de même de l'ex-Premier ministre italien et Commissaire européen à l'économie Paolo Gentiloni, le Premier ministre néerlandais Mark Rutte, toujours célibataire à 54 ans et sans enfants, le Premier ministre suédois Stefan Löfven, le Premier ministre luxembourgeois Xavier Bettel, ouvertement gay et marié, la Première ministre écossaise Nicola Sturgeon... En Afrique on peut citer également l'ex-président algérien Abdelaziz Bouteflika. On pourrait sans difficultés rallonger cette liste en cherchant un peu plus. Baroin poursuit, concernant Macron : « *C'est un être attaché par rien, à rien ni personne, un être lesté par aucune contrainte* » (p. 351). Mais ce qui reste tout de même assez curieux et déroutant c'est le fait de voir des hommes politiques se poser des questions sur son positionnement politique comme le fera Olivier Faure, l'actuel patron du Parti socialiste moribond. À la page 358 il affirme avoir posé la question en 2016 à Macron : « *Je veux savoir où tu vas, et, en gros, est-ce que tu es un libéral libertaire ?* ». Pourtant, il savait pertinemment que c'était un ex-associé-gérant chez Rothschild ! Que veut-il de plus comme indice ? Pourquoi pas demander au patron du Medef s'il est communiste ! Le député LR du Lot Aurélien Pradié est bien plus intelligent que le patron du PS puisqu'il va assez vite comprendre à qui il a affaire : « *Je trouve qu'il a une poignée de main qui vous emporte, son regard n'est pas un regard qui vous regarde, sa gestuelle est insincère au possible. Oui, il transpire l'insincérité et l'emprise* » ; il ajoutte : « *Cet homme est fake* ».

La question de son homosexualité supposée sera traitée au chapitre 10, *La rumeur*. Selon les auteurs, c'est un certain Philippe Villin, lui-même homosexuel assumé et riche propriétaire de 5 hôtels, qui s'est occupé de répandre cette information dans le Tout-Paris ; pour lui, Macron n'est rien d'autre qu'un gigantesque mensonge, une « hallucination collective ». C'est d'ailleurs l'histoire de cette rumeur sur sa sexualité qui a rendu Macron totalement paranoïaque avec les journalistes. Il est vrai qu'avec son passif sexuel déjà très lourd avec Brigitte, le public français aurait du mal à accepter un énième écart du couple présidentiel. Du coup, ils vont tout faire pour désamorcer cette bombe, en engageant une personnalité encore plus explosive, Michèle « Mimi » Marchand ! Tout un programme !

C'est le milliardaire de la téléphonie Xavier Niel, copropriétaire du journal *Le Monde*, qui a présenté Mimi à Macron et Brigitte, leur première rencontre se fera dans son jardin parisien ! Là encore, l'existence de cette relation sulfureuse est la démonstration qu'il n'y a plus d'État en France et plus de services de renseignements ! Niel et Mimi se connaissent bien, ils ont tous deux connu la prison et ont bénéficié des services de la même avocate, Me Caroline Toby. Côté vie privée, Mimi a été en couple avec un gangster, puis un braqueur rencontré à la prison de Fleury-Mérogis et enfin, depuis 2015 avec un ex-commandant de police ! Mimi est à la tête d'une des plus grosses boîtes de paparazzi de la place de Paris, Bestimage ; c'est sa boîte qui fournit la presse people de caniveau. Mimi réussira à avoir l'exclusivité des photographies du couple présidentiel, ce qui lui permettra d'augmenter substantiellement ses bénéfices.

Mimi a très tôt fait de la prison, au début des années 80, pour avoir établi des chèques sans provision. Elle fera également de la détention provisoire pour des chèques volés et du faux en écriture. Sans oublier une condamnation à de la prison avec sursis pour avoir transporté une demi-tonne de cannabis avec son ex-conjoint. Elle a également tenu de nombreuses boîtes de nuit. Plus récemment, le 5 juin 2021, Mimi a été placée en garde à vue pour « subornation de témoin » et « association de malfaiteurs » dans l'affaire des soupçons de financement de la campagne présidentielle de Sarkozy par Kadhafi (2007) ! 13 jours plus tard, elle est placée en détention provisoire pour non-respect de son contrôle judiciaire[38]. Selon Mediapart, depuis le mois d'août 2021, Mimi Marchand est impliquée dans une grave affaire de « recel de violation du secret professionnel » et « extorsion[39] » dans le cadre de l'affaire Pavlenski-Griveaux ! Un récent article[40] de *20min* nous rappelle son rôle trouble joué dans l'affaire Gérald Marie, ançien patron de l'agence de mannequins Elite, accusé d'avoir créé un réseau de proxénétisme. Toutes les techniques ont été utilisées par Mimi pour le blanchir, dont la production d'un faux rapport d'Interpol !

En sortant de prison, tout le monde a pu la voir organiser les funérailles de Bernard Tapie, elle qui était en charge du carré VIP[41] à la messe d'enterrement à l'église Saint-Germain qui a comptabilisé comme invités le couple Macron ainsi que Nicolas Sarkozy et toute la jet-set parisienne venue rendre hommage à un escroc qui a trafiqué des matchs de foot, fait de la prison, et tenté de voler près d'un demi milliard d'euros au Trésor public dans l'affaire Adidas...

Très vite, un scandale va éclater, celui de la photo[42] de Mimi faisant le signe de la victoire derrière le bureau présidentiel ! La photographie fera le tour des médias et des réseaux sociaux, elle est une insulte à l'État.

Comment est-ce possible que le couple présidentiel puisse fréquenter une dame affichant un CV aussi indigne ? Comment est-ce possible que les services de renseignements français puissent permettre un tel écart de conduite aussi préjudiciable à la sécurité du couple présidentiel ? Afin de démontrer la vulgarité engendrée par de telles fréquentations, Gérard Davet et Fabrice Lhomme vont produire un échange de SMS entre Mimi et Macron :

Macron : Tu es au courant des photos ?

Mimi : Le lundi, j'ai été au courant que, comme d'habitude, vous vous êtes pinés, et, bien entendu, toujours par la même agence. Vous ne faites jamais attention, donc... ça sortira vendredi.

Macron : Non, il faut faire bloquer la série.

Mimi : Je ne suis pas Bill Clinton !

Macron : Qu'ils ne la passent pas, je vais leur donner une série.

Mimi : Écoute, je crois que je ne peux pas, ça me paraît mission impossible.

Macron : C'est pour ça que je te le demande.

Macron voulait empêcher la publication d'images le montrant en train de s'amuser au fort de Brégançon à l'été 2020 sur un scooter des mers, alors que le Liban a été victime d'une explosion assez spectaculaire de nitrate d'ammonium sur le port de Beyrouth qui a causé plus de 200 morts. Voir s'abaisser le président de la république française dans une discussion aussi grossière avec une ex taularde est juste lamentable et insultant.

Question vulgarité, on sera tous servis par la personnalité de Marlène Schiappa, éditrice à ses heures perdues - sous pseudonyme - de livres érotiques ! Sa description de Macron à la page 531 fait froid dans le dos : « *Il est magnétique. Il a quelque chose de... je vais dire une phrase que je vais regretter, il a un truc un peu Madonna, un peu Lady Di, vous voyez ? On peut dire Jésus, on peut dire une star !* ». Est-il utile d'ajouter quoi que ce soit d'autre ?

La fin du livre de Gérard Davet et Fabrice Lhomme concernera la crise sanitaire ainsi que le cas du Garde des Sceaux Dupont-Moretti. au sujet de la crise sanitaire, on remarque un couple de journalistes extrêmement incompétents dans ce domaine et d'une grande stupidité. Ils vont, à la page 549, traiter le Pr Didier Raoult de *fantasque*, de *professeur Nimbus dont les très contestés travaux ont fait hurler la communauté scientifique* ! Pour argumenter leurs choix, ils vont interviewer Karine Lacombe ! Les concernant, le gouvernement a mal jugé la gravité de la crise, il a tardé à confiner, ce qui a eu pour cause 1332 décès par million d'habitants en France pour une moyenne européenne de 1092 décès. Sauf que tout ceci n'a strictement rien à voir avec ce qu'ils affirment, pour la bonne et simple raison qu'il a été interdit aux médecins de soigner les malades. Ont-ils lu l'article[43] du Brownstone Institute fondé, entre autres, par Jay Bhattacharya, professeur de médecine à l'université de Stanford, et Martin Kulldorff, professeur de médecine à l'université de Harvard ? Les Prs Bhattacharya et Kulldorff sont également deux membres fondateurs de l'appel de Great Barrington dont on a déjà parlé au premier chapitre. Certainement pas, pourtant ils auraient pu apprendre dans cet article que 400 études dans le monde démontrent que le confinement ne sert strictement à rien : « *Presque tous les gouvernements ont tenté des mesures obligatoires pour contrôler le virus, mais aucun gouvernement ne peut prétendre avoir réussi. La recherche indique que les mandats de masque, les fermetures et les fermetures d'écoles n'ont eu aucun impact perceptible sur les trajectoires des virus.* [...] *Six mois après le début de la pandémie de Covid-19, les États-Unis ont maintenant mené deux expériences à grande échelle en santé publique. D'abord, en mars et avril, le verrouillage de l'économie pour arrêter la propagation du virus, et deuxièmement, depuis la mi-avril, la réouverture de l'économie. Les résultats sont là. Aussi contre-intuitif que cela puisse être, l'analyse statistique montre que le verrouillage de l'économie n'a pas contenu la propagation de la maladie et que sa réouverture n'a pas déclenché une deuxième vague d'infections.* [...] *Ce qui suit est la totalité actuelle de l'ensemble des preuves (études comparatives disponibles et preuves de haut niveau, rapports et discussions) sur les fermetures, les masques, les fermetures d'écoles et les obligations du port de masques liés au COVID-19. Il n'y a aucune preuve concluante à l'appui des affirmations selon lesquelles l'une de ces mesures restrictives a fonctionné pour réduire la transmission virale ou les décès. Les fermetures étaient inefficaces, les fermetures d'écoles étaient inefficaces, les mandats relatifs aux masques étaient inefficaces et les masques eux-mêmes étaient et sont inefficaces et nocifs.* » ! Si Gérard Davet et Fabrice Lhomme ont été si prompts à traiter le Pr Didier Raoult de charlatan vont-ils faire de même de ces deux éminents professeurs des deux plus grandes universités de médecine au monde ? Iront-ils jusqu'à affirmer que Karine Lacombe est beaucoup plus compétente que le couple Bhattacharya/Kulldorff ?

Enfin, concernant le Garde des Sceaux Dupond-Moretti, le chapitre 20 est véritablement explosif. Avant de rentrer dans le vif du sujet, faut-il rappeler qu'il avait affirmé[44] avec une certaine arrogance sur LCI en 2018 qu'il n'accepterait jamais un poste de ministre : « *Non. D'abord, personne ne me le proposera. Ce sera un bordel, mais alors...! Personne n'aurait jamais l'idée sotte, totalement saugrenue, incongrue, invraisemblable de me proposer cela. Et moi franchement je n'accepterai jamais un truc pareil, non.* [...] *Parce que ce n'est pas mon métier. Faut en avaler des couleuvres, pour faire de la politique. D'abord, il faut être d'accord avec tous les copains du gouvernement auquel on appartient soi-même. Faut manger son chapeau de temps en temps... Non, c'est une discipline, c'est un exercice, je n'en ai pas les compétences. Non non, pas du tout, je n'aimerais pas faire ça.* » ! Roselyne Bachelot avait fait exactement le même type de déclaration à partir de 2012 en affirmant avoir pris une « *décision irrévocable* », celle de ne plus jamais refaire de politique. Elle a répété cinquante[45] fois, qu'après 30 ans de vie politique, elle allait privilégier désormais son bonheur à tout le reste. Étant donné sa profonde stupidité, elle a voulu faire du zèle car lorsque le présentateur Serge Moati lui dira qu'elle aurait dû être ministre de la culture, elle répondra qu'un ami lui aurait dit : « *Tu aimes trop la culture pour en être la ministre* » ! Dès que Macron lui a proposé le poste de ministre de la culture, elle a du coup immédiatement accepté. Ce qui démontre, une millième fois, que ces gens n'ont absolument aucune conviction ni aucune colonne vertébrale, seul l'intérêt immédiat compte, l'amour des honneurs et des salons feutrés.

De nombreux scandales sont traînés par Dupond-Moretti, avocat des assises aux honoraires extrêmement confortables. Son ministère a été perquisitionné par trois juges le 1er juillet 2021 pour prise illégale d'intérêts. On apprend dans ce chapitre qu'il est un ami intime et compagnon de poker de Me Hervé Temime et qu'il est aussi l'ami de Me Thierry Herzog, l'avocat de Nicolas Sarkozy. Ces informations sont importantes car selon de nombreux magistrats Éric Dupond-Moretti va prendre des décisions graves qu'il n'aurait pas le droit de prendre à cause de conflits d'intérêts majeurs le liant à Nicolas Sarkozy. Il va mener une campagne médiatique très violente contre le PNF afin de le discréditer face à l'opinion publique. Jean Castex va également se mêler de cette curieuse affaire en multipliant les bourdes. En réalité, à la lecture de ces pages, on comprend vite que la France est mise en danger non par la république des juges mais bien par la république des grands cabinets d'avocats parisiens. Des cabinets d'avocats aux honoraires exorbitants - 30.000 € une affaire aux assises - totalement déconnectés du code de déontologie de leur corps de métier, qui ont accès aux dossiers les plus sensibles impliquant des présidents, des chefs de gouvernement, des ministres, des patrons des services de renseignements... et qui sont donc extrêmement puissants car trop informés. On le voit régulièrement passer à la télé pour défendre les escroqueries des gouvernements en essayant systématiquement de jouer sur la complexité des procédures afin de gagner un temps précieux ou carrément d'annuler l'accusation.

Pour finir, nous avons certainement le pire Premier ministre de l'histoire. Castex serre les mains sans masque à des dizaines de personnes ; par contre, il se positionne à 5 m d'un écran pour une téléconférence ! Il affirme des vérités scientifiques totalement mensongères que lui-même démontera quelques mois plus tard et malgré tout, il continue comme si de rien n'était. Castex c'est le politicien qui demande à tout le monde de porter le masque même à la maison et garder les distances mais qui fait exactement l'inverse en enlevant le masque dans les lieux clos réunissant énormément de personnes et n'oubliant jamais de le remettre lorsqu'il est dehors ! Logique ! Cette personne a vraiment un problème psychiatrique à moins que ce soit du mépris. Vous vous rendez compte, si Castex venait à mourir du Covid-19 c'est sa gamine de 11 ans qui en porterait la responsabilité puisqu'il a osé communiquer que c'est elle qui l'a contaminé ! Comment a-t-il pu oser balancer cette information dans les médias alors qu'elle relève du secret médical et de l'intimité familiale ! Ces gens sont indignes, ils ont quitté l'Humanité depuis longtemps...

C'est ce même Castex qui a affirmé le 21 juillet 2021 sur TF1[46] : « *La vaccination, ça marche. On a constaté que les personnes qui ont deux doses, jusqu'alors, lorsqu'elles croisaient une personne qui était contaminée, devaient être cas contact et donc s'isoler. Les analyses faites sur ces personnes montrent qu'elles n'ont plus de chances d'attraper la maladie* ».

Macron n'a aucune conviction, il peut affirmer une chose et son contraire sans rougir ni même ciller. Prenons l'exemple de l'accueil des réfugiés syriens par l'Allemagne de Merkel qu'il va considérer en 2017, dans une tribune[47] publiée dans *Le Monde*, comme ayant sauvé l'honneur de l'Europe : « *La chancelière Merkel et la société allemande dans son ensemble ont été à la hauteur de nos valeurs communes* [...] *en accueillant des réfugiés en détresse, en les logeant, en les formant* » ! Quelques mois seulement plus tard, il osera affirmer l'inverse : « *Il faut se garder des faux bons sentiments* » après la dénonciation par le prix Nobel français de Littérature, Jean-Marie Gustave Le Clézio dans *L'Obs* de l'abandon des migrants à leur sort par Macron !

Macron peut faire le dur avec les Français, utiliser la violence policière contre les Gilets jaunes sauf qu'à l'international il est complètement méprisé. Preuve en est la perte du « contrat du siècle » de 56 milliards d'euros pour la vente de 12 sous-marins à l'Australie qui a préféré changer[48] de fournisseur en s'approchant de la Grande-Bretagne et des USA. Jamais aucun président français n'avait été éconduit et humilié de la sorte d'autant qu'il n'y a eu aucune conséquence à cette trahison. Quelques jours seulement après ce coup de couteau dans le dos, Macron rencontrera Joe Biden avec le sourire aux lèvres. Le 29 octobre 2021 ils vont se voir à Rome en marge du G20. Pour Biden, il s'agit d'une *maladresse*[49] ! Clairement la maladresse la plus chère de l'histoire de la France, voire de l'humanité.

Pour se refaire, le très humaniste et moralisateur Emmanuel Macron va renouer[50] des liens diplomatiques avec le boucher de Riyad, MBS, l'homme qui a découpé à la scie le journaliste Jamal Khashoggi dans l'enceinte même du consulat saoudien d'Istanbul le 2 octobre 2018, pestiféré depuis. Afin de se réhabiliter, MBS va utiliser les Émirats Arabes Unis leur demandant d'acheter à la France pour 17 milliards d'euros d'armement[51] : 80 Rafales et 12 hélicoptères Caracal. Ceci n'empêchera pas Emmanuel Macron de continuer à faire la morale et de parler de droits de l'homme à longueur de journée dès qu'il sera en visite dans un pays africain ou en conflit avec Vladimir Poutine. N'importe quel politicien sait aujourd'hui que les EAU et l'Arabie Saoudite sont des sources de déstabilisation de la région avec la guerre du Yémen par exemple. Leur vendre des armes est totalement irresponsable et ne pourra que participer à cette déstabilisation qui amènera encore plus de vagues de migrants sur les côtes européennes. Nous invitons instamment nos lecteurs à voir le film *The Dissident* qui revient sur l'assassinat d'une extraordinaire barbarie de ce journaliste saoudien avec tous les détails de l'enquête de police, communiqués au monde entier par les autorités turques. À ce jour, aucune sanction n'a été imposée à l'Arabie Saoudite ni à MBS.

Après avoir réalisé ce constat du grand néant macronien créé de toutes pièces par le pouvoir médiatique surpuissant, venons-en maintenant à la seconde création monstrueuse de ce même pouvoir, Éric Zemmour. Tous ceux qui croyaient n'avoir jamais vu autant de propagande pour nous vendre le produit Macron en 2016 auraient dû attendre 2021 avant de parler car la surexposition médiatique de Zemmour n'a pas son pareil dans l'histoire de la politique française ; c'est du Macron mais en pire et dans tous les domaines. On aura droit à du Zemmour *ad nauseam*, matin, milieu de matinée, midi, début d'après-midi, milieu d'après-midi, début de soirée, soirée, milieu de la nuit... et ainsi de suite pendant des mois[52] ! Ses livres sont en tête de gondole dans tous les supermarchés de France et de Navarre ! Ceci ne l'empêchera pas de pleurnicher et de se plaindre de censure avec une chutzpah assez consternante. C'est à se demander s'il y a d'autres candidats à la présidentielle de 2022 dans ce pays qui, eux, sont clairement censurés !

La stratégie est d'une grossièreté confondante. Afin de faire élire Macron en 2017, il suffisait de lui mettre en face au second tour Marine Le Pen ! Sauf qu'aujourd'hui, cette dernière est totalement dédiabolisée, on ne peut même plus affirmer qu'elle appartient à un parti d'extrême droite vus les choix sociétaux du Rassemblement national. On ne peut même plus affirmer que ce soit un parti de droite car soutenir le Mariage pour tous et laisser passer la loi fait de Marine Le Pen une politicienne progressiste de gauche. Du coup, pour faire passer Macron cette fois-ci, il va falloir trouver un croquemitaine encore plus terrifiant qu'elle, infiniment plus, qui la ferait passer pour une bisounours, c'est là qu'Éric Zemmour entre dans le jeu.

C'est ainsi que vont se multiplier les dérapages et les idées les plus stupides comme interdire les prénoms arabes ! Autant Macron est un adepte du néant, autant Zemmour n'a d'autres sujets en tête que celui de l'islam et des musulmans. Quid du pouvoir d'achat, de la crise sanitaire et de la disparition des libertés individuelles, de la désindustrialisation de la France, des centaines de milliards d'euros qui disparaissent chaque année dans les paradis fiscaux, pas un traitre mot sur les Panama Papers, Zemmour refuse même de parler de l'Europe car selon lui « *Le problème européen ne figurera pas au cœur de mon projet* »... !

Nous apprenons dans une enquête[53] de la cellule investigation de Radio France, qui est derrière le financement de la candidature à la présidentielle d'Éric Zemmour. Il s'agit d'un certain Julien Madar et d'un Jonathan Nadler, les deux ont travaillé pour Rothschild ! Jonathan Nadler, diplômé de Sciences Po en 2015 s'occupe des fusions-acquisitions chez JP Morgan ! Ça ne vous rappelle rien ? Alors qu'il venait de la gauche socialiste française, Macron n'est rien d'autre qu'une poupée de la finance. Aujourd'hui, cette même finance magouille en coulisses pour miser sur Éric Zemmour et son discours extrémiste ! En réalité ils sont depuis toujours derrière tous les candidats à la présidentielle de l'échiquier politique français car ils sont adeptes du proverbe *pile je gagne, face tu perds* !

Un livre intéressant a été publié aux éditions du seuil en octobre 2021 titré *Le radicalisé. Enquête sur Éric Zemmour* et écrit par M. Étienne Girard. À la lecture de cet ouvrage, on apprend beaucoup sur la véritable personnalité de ce faux laïc, véritable adepte de la *takia*, on y reviendra plus loin. Mais la plus belle arnaque d'Éric Zemmour est le fait de se faire passer pour un représentant du peuple alors qu'il a été adoubé par les mêmes patrons du CAC 40 que Macron. On y lit par exemple qu'il a dîné au mois de juin dernier dans un appartement de l'Ouest parisien avec Henri de Castries, ex-PDG de l'assureur AXA, membre du club Bilderberg. Il y avait également parmi les invités la 341e fortune de France ainsi que Julien Madar de chez Rothschild, l'énarque Bernard Delpit, le numéro 3 de l'entreprise Safran, constructeur aéronautique coté au CAC 40... ! Julien Madar, proche de Sarah Knafo, se vante dans tout Paris d'avoir financé et participé à la campagne de Macron en 2017 ! Cette contradiction ne dérange personne apparemment. Éric Zemmour sera un premier temps soutenu par un certain Charles Gave, un millionnaire qui a fait fortune dans la finance. Ce dernier retirera plus tard son soutien ainsi que son chèque de 300.000 €. On apprendra également qu'Éric Zemmour a rencontré l'ex-PDG de Veolia et d'EDF Henri Proglio sans oublier son amitié avec Loïc le Floch-Prigent ce grand patron français qui a dû passer par la case prison à de nombreuses reprises dans le cadre des affaires Dumas, ELF... !

En réalité, tout au long de l'ouvrage nous allons vite comprendre que le seul objectif de Zemmour, sa seule ambition, sa marotte est d'appartenir à ce gotha parisien. Il adore fréquenter les brasseries les plus chères comme le Lutétia dans le VIe arrondissement de Paris où la bouteille d'Évian est à 11 €, selon l'auteur.

La vie d'Éric Zemmour est réglée comme une horloge. Il est né à Montreuil le 31 août 1958, issu d'une famille juive venant d'Algérie. Il s'est marié à une magistrate, Mylène Chichportich, qui a abandonné sa carrière de juge pour élever ses 3 enfants Hugo, Thibault et Clarisse nés respectivement en 1997, 1998 et 2004. Depuis de nombreuses années, il passe les étés dans le Var et les vacances d'hiver au Club Med de la République Dominicaine. Avec de très confortables revenus étant donné ses nombreuses chroniques aussi bien à la télé qu'à à la radio et ses succès de librairie, Zemmour est millionnaire en euros. Il est tellement novice en politique, le chevalier blanc que la France attend depuis si longtemps qu'il a pour amie intime Isabelle Balkany, délinquante politique qui représente tout ce qui est détestable en France depuis une bonne quarantaine d'années ! Ils déjeunent ensemble au Fouquet's tous les deux mois depuis des années.

Éric Zemmour a essuyé un double échec qui le hantera tous les jours, celui de son admission à l'ENA ; ce qui démontre encore une fois sa volonté farouche d'appartenir aux élites qui ont détruit la France et qu'il fait semblant de combattre aujourd'hui.

Nous apprenons à la page 21 du livre de M. Girard que c'est Paul-Marie Coûteaux, autre énarque, journaliste au *Figaro*, homosexuel, que l'auteur présente curieusement comme un souverainiste catholique, qui va insister pour que Zemmour se présente à la présidentielle au grand dam de son épouse. Il sera rejoint début 2021 par une trentaine de personnalités issues des réseaux de Philippe de Villiers et de Christine Boutin qui vont lui proposer de se mettre à son service. Les réunions se feront au domicile de Sarah Knafo, sa conseillère et compagne actuelle que les médias affirment être enceinte de lui depuis peu. Cette proximité malsaine avec Sarah Knafo, énarque elle-même, va faire dire à Philippe de Villiers que cette histoire *finira mal.*. Une réunion se tiendra le 2 juillet 2021 dans un restaurant libanais du XVe arrondissement parisien avec, présents autour de la table, Christine Boutin et Jean-Frédéric Poisson qui aménera avec lui Paul-Marie Coûteaux. Le but de cette rencontre sera de sceller une alliance entre Zemmour et le nouveau parti chrétien-démocrate, Via. Concernant sa proximité avec Marion Maréchal-Le Pen, nous apprendrons à la page 33 qu'elle ne souhaite pas s'engager publiquement avec lui à cause de sa tante Marine mais promet à de nombreuses personnes de son entourage d'intégrer son équipe ! Philippe Milliau, le patron de TV Libertés, ancien du bloc identitaire, est également de la partie. Nous apprenons également que Patrick Stefanini, l'actuel directeur de campagne de Valérie Pécresse, a failli rejoindre Éric Zemmour qu'il trouve très talentueux !

Venons-en maintenant à l'éducation et à la formation scolaire d'Éric Zemmour. Ses parents étant juifs pratiquants, ils vont l'inscrire à l'école primaire d'obédience traditionaliste Lucien-de-Hirsch avenue Secrétan à Paris qui accueille près de 500 élèves. La directrice de l'école, Mme Marianne Picard porte la perruque. Le port de la kippa est obligatoire en classe ainsi que la prière juive avant le début de chaque cours ; bien entendu, les classes ne sont pas mixtes, chaque jour 2 heures sont consacrées à l'étude des textes sacrés. pendant la guerre des Six Jours, en 1967, un élève passera ses récréations à réciter des psaumes selon l'auteur ! Après ces quelques années d'école primaire, Éric Zemmour va intégrer le collège-lycée Yabné, rue Claude-Bernard dans le Ve arrondissement parisien ; l'établissement privé suit les préceptes du judaïsme traditionnel. Éric Zemmour porte l'étoile de David autour du cou et va à la synagogue chaque semaine. Ce collège a hissé le drapeau israélien pendant la guerre de Kippour en 1973 !

Dans un article[54] du *Point* du 2 octobre 2014 écrit par Anna Cabana, *Éric Zemmour : les Rolling Stones, Dieu et moi*, nous apprendrons qu'Éric Zemmour possède deux éviers et vaisselles afin de ne pas mélanger les produits laitiers et carnés, la famille lit un passage de la Torah avant chaque repas. Zemmour ne répond d'ailleurs pas aux SMS le soir de shabbat. Il ne rate jamais l'office à la synagogue et porte un second prénom, Moshé, un parfait exemple de *takia*. Ses garçons ont tous deux étés baptisés à la synagogue. Depuis quelques années, il porte un *Sefer Torah* autour du cou offert par sa femme (rouleaux de textes sacrés hébraïques). Au même moment, Éric Zemmour ose affirmer à son intervieweuse Anna Cabana - depuis compagne du ministe de l'Éducation nationale J.-M. Blanquer - qu'il est juif mais qu'il ne croit pas en Dieu, ce qui ne l'empêche pas de ne pas manger de porc (*sic*). Porter autant de contradictions dans un corps aussi petit relève de l'exploit, à moins qu'il ne s'agisse tout simplement de dissonance cognitive ou de *takia*. Alors qu'il demande aux musulmans d'abandonner leur religion, Éric Zemmour pratique une religion juive stricte se mariant exclusivement avec des coreligionnaires ! Il va se marier à la synagogue des Tournelles avec Mylène Chichportich le 13 juin 1990 et aucun de ses collègues de travail n'y sera invité ! Ceci fera dire à son premier patron de presse Philippe Tesson : « *Ce garçon déteste travailler en équipe, il ne provoque pas l'affectivité, c'est un immense solitaire. Il a une indifférence totale aux autres, non pas dans les formes, mais dans le fond des choses* » ; le profil parfait pour un président de la république. Mylène Chichportich sera présente à son premier meeting de Villepinte du 5 décembre 2021 aux côtés de Sarah Knafo, issue d'une famille juive originaire d'Algérie, ce qui fait de lui clairement un polygame assumé. Tout ceci devient véritablement comique lorsque l'on se rappelle les propos très violents d'Éric Zemmour envers les musulmans.

Après avoir raté l'ENA, Éric Zemmour tentera une carrière de pubard avant de rejoindre le monde du journalisme au *Quotidien de Paris* en 1985 dans la rubrique spectacles sous le pseudonyme Étienne Zanni.

Au chapitre 9 du livre de M. Étienne Girard, il sera question des rapports malsains d'Éric Zemmour avec la gent féminine. Mediapart avait publié une longue enquête[55] intitulée *Violences sexuelles : plusieurs femmes accusent Éric Zemmour*, concernant les témoignages de nombreuses femmes se plaignant d'avoir été agressées sexuellement par Éric Zemmour. Nous avons tout simplement l'impression qu'il s'agit d'un clone de DSK, qu'il suffit d'attendre encore un peu pour qu'un gigantesque scandale lui explose à la figure. Je sais depuis longtemps qu'Éric Zemmour était un adepte des boîtes échangistes parisiennes et que c'était un secret de polichinelle sur la place de Paris. Ceci bien entendu en totale contradiction avec le modèle qu'il va essayer de vendre à son public français, notamment le public catholique traditionaliste qui le soutient depuis le début. Voler des baisers, parler mal, caresser l'entrejambe de la journaliste et autrice belge Aurore Van Opstal qu'il connaît depuis 3 minutes, sans son autorisation et devant son père, agresser sexuellement une maquilleuse en loge et embrasser de force une jeune journaliste en 2005… ça en fait des dérapages pour une seule personne. Malgré toutes ces accusations, le très catholique Vincent Bolloré va décider de le garder à l'antenne. Pourtant, d'autres témoignages vont venir s'ajouter aux premiers, notamment celui d'une attachée de presse à laquelle il va envoyer le SMS suivant, qui sera constaté par huissier : « *Alors j'attendrai que vous m'invitiez chez vous pour vous violer !* ». Il y a également le témoignage de l'élue aixoise, Mme Gaëlle Lenfant, qui a rencontré Zemmour lors de l'Université d'été du Parti socialiste de 2005. Elle affirme qu'il l'a attrapée par le cou en lui faisant un compliment sur sa robe puis l'embrassa de force ! Zemmour n'est rien d'autre qu'une bombe à retardement et vouloir l'installer à l'Élysée relève d'une opération suicide.

Nous allons apprendre dans ce livre l'existence d'une humiliation encore plus sévère que celle de son double échec à l'ENA, celui du refus du Cercle de l'Union Interalliée de le compter parmi ses membres. Ce club très sélect, certainement le plus huppé de la place de Paris, fondé par le Maréchal Foch en 1917, est dirigé par Denis de Kergorlay. Il est situé à deux pas de l'Élysée et compte parmi ses membres les personnalités les plus importantes et les plus riches de France. On commence vraiment à comprendre qu'Éric Zemmour veut jouer dans une cour qui n'est pas la sienne. Le club va le mettre à l'épreuve pendant quelques mois avant de valider définitivement son inscription sauf que son comportement insupportable va l'en exclure. Arrogant, Zemmour en slip dans les vestiaires faisait du prosélytisme politique, ce qui est totalement proscrit dans le club étant un lieu de sport et de repos, c'est écrit noir sur blanc dans le règlement intérieur. Zemmour qui va très mal prendre cet échec enverra une lettre cinglante à Denis de Kergorlay, finissant par la phrase « v*ous avez mon mépris* » ! Il est tout de même très curieux et totalement contradictoire de voir à quel point Éric Zemmour a voulu appartenir à cette caste parisienne à laquelle il reproche pourtant d'avoir trahi la patrie !

Venons-en maintenant au soutien catholique traditionaliste apporté à Éric Zemmour et qui a fait le succès de ce début de campagne à la présidentielle de 2022. Prenons l'exemple de Guillaume de Thieulloy, docteur en Sciences politiques, assistant parlementaire de Jean-Claude Gaudin, ex-maire de Marseille et qui possède sur Internet toute une série de sites de réinformation comme le célèbre *Salon beige*. C'est lui qui va organiser les manifestations de soutien à Eric Zemmour lorsque Étienne Mougeotte voudra le licencier suite à ses propos dans *Salut les Terriens !* de Thierry Ardisson. Geoffroy Lejeune, actuel directeur de la rédaction de *Valeurs actuelles* est un fan absolu de Zemmour. Pierre-Yves Rougeyron va également s'occuper en tant que président de l'association *Les amis d'Éric Zemmour* de le soutenir pendant les 3 jours d'audience au tribunal. Le responsable actuel de la sécurité d'Éric Zemmour n'est autre que l'organisateur en 2012 de La manif pour tous[56]. Nous avons déjà parlé plus haut de la présence immédiate dans l'entourage d'Éric Zemmour de Christine Boutin, Philippe de Villiers et Jean-Frédéric Poisson sans oublier le patron de radio Courtoisie. Côté édition, François-Xavier d'Hautefeuille, le patron des éditions Chiré, est considéré comme le plus grand diffuseur par correspondance de l'extrême droite. Son attaché de presse Isabelle Muller dispose également d'un large réseau chez les cathos tradis. Isabelle Muller a été vice présidente de l'Association pour la promotion de la famille créée par deux responsables de l'Opus Dei. C'est Philippe de Villiers qui va la présenter à Zemmour. Nous apprenons à la page 167 qu'à la sortie de *Destin français* en 2018 il se fera inviter par le diocèse d'Aire et Dax à faire une conférence ! Il va essayer de se vendre à son électorat catholique : « *Je ne crois pas en la résurrection du Christ ni dans le dogme de l'Immaculée Conception, mais je suis convaincu qu'on ne peut pas être français sans être profondément imprégné du catholicisme, son culte des images, de la pompe, l'ordre instauré par l'église, ce mélange subtil de Morale juive, de Raison grecque, et de Loi romaine, mais aussi de l'humilité de ses serviteurs.* » ! On remarque encore une fois dans cette phrase un nombre incalculable de sottises. Qu'on le veuille ou non, il existe en France un certain nombre de protestants depuis des siècles, ils ne sont pas pour autant moins Français que les autres. Ensuite, il va essayer de faire introduire sa propre religion dans le catholicisme alors qu'il sait très bien qu'il est considéré comme le peuple déicide, celui qui a tué le Christ !

Le soutien catholique le plus important et le plus puissant sera celui de Vincent Bolloré qui va lui offrir un très bon salaire et une visibilité quasi quotidienne. Zemmour et Bolloré échangent presque quotidiennement et se voient physiquement une fois par mois. Malgré les nombreux scandales, le directeur de la rédaction de Cnews, Serge

Nedjar, dira à ses salariés : « *Vous pouvez faire six mois de grève, Zemmour viendra* » ! Il est intéressant d'ajouter que Vincent Bolloré qui veut se faire passer pour un vrai catholique n'hésite pas à faire passer depuis qu'il est patron de Canal+ le traditionnel film pornographique du premier samedi du mois. Tout ceci est parfaitement logique.

Il est extrêmement curieux de constater à quel point un certain nombre de catholiques traditionalistes respectent un Éric Zemmour dont les textes sacrés méprisent Jésus-Christ alors que les musulmans, factuellement, dans leurs textes sacrés (le saint Coran), vénèrent littéralement Jésus-Christ ainsi que sa mère, Sainte Marie ! Il n'y a pas de famille nombreuse musulmane qui n'ait pas donné comme prénom à ses enfants Maryam (Marie) et Issa (Jésus) ! La simple prononciation de son prénom oblige toute assemblée profane ou religieuse à dire en chœur « *Que la paix soit sur lui* » ! C'est également un personnage important de l'eschatologie islamique. Malheureusement, les Français ayant été abrutis longuement par une télévision lobotomisante et une école de la république abrutissante, ils ne savent rien de tout cela, ils ne connaissent d'ailleurs même pas leur propre histoire. N'importe quel agent subversif peut venir les manipuler, il lui suffira de les caresser dans le sens du poil. C'est d'autant plus facile aujourd'hui qu'il n'y a plus d'État en France, il n'y a plus de services de renseignements pour défendre les intérêts nationaux. Prenons un exemple simple, celui de Daniel Cohn-Bendit en 1968 qui était venu d'Allemagne troubler la paix civile en France. Le gouvernement de Pompidou va le déclarer indésirable et donnera l'ordre à toutes les gendarmeries frontalières de l'intercepter en cas de retour ! Ce qu'il tentera mais il sera reconduit en moins de 90 minutes malgré un déguisement pour passer inaperçu ! Cette interdiction de territoire durera 10 ans. Pourtant Daniel Cohn-Bendit était infiniment moins dangereux qu'Éric Zemmour qui appelle à la guerre civile depuis des années.

On ne peut pas faire l'économie de parler d'un certain nombre d'homosexuels impliqués dans la montée d'Éric Zemmour en France. Ceci est d'ailleurs très intéressant puisque nous avons d'un côté un lobby catholique traditionaliste et de l'autre une quantité intéressante et importante d'hommes politiques et d'intellectuels gays assumés, ce qui est en soi une anomalie. C'est ce qui me fait dire d'ailleurs que tout ceci ne durera pas longtemps car cette alliance est contre nature et totalement hypocrite. L'inventeur du concept de « Grand remplacement » n'est autre que Renaud Camus qui fut un grand amateur de fist-fucking et de backrooms dans sa jeunesse. Il ne s'agit pas ici d'un homosexuel classique qui vit sa vie privée et ne demande rien à personne, pas du tout, dans les années 70 Renaud Camus était un militant de la cause homosexuelle, mais pas seulement puisqu'il était également un défenseur de la cause des pédocriminels[57] : « *Je crois bien qu'il n'est pas trop rare qu'un garçon de treize ou quatorze ans revienne volontiers près du gros vieux monsieur qui l'a branlé avec art. De tels épisodes seraient traumatisants. Quelle foutaise !* ». N'est-ce pas merveilleuement catholique ! Il ajoutera : « *J'espère que, bientôt, de jeter en prison pendant des années qui n'est coupable que d'avoir partagé du plaisir avec des enfants paraîtra aussi stupide et abusif que les interventions policières pour empêcher les copulations d'arrière-salles, aussi monstrueux que la castration médiévale des sodomites.* ». Renaud Camus était également amoureux de Jacques de Bascher, le compagnon de Karl Lagerfeld et amant d'Yves Saint-Laurent, un véritable détraqué sexuel scatophile qui est mort du sida dès le début de l'épidémie.

Nous avons également parlé de la proximité importante et de l'amitié entre Éric Zemmour et Paul-Marie Coûteaux. Ce dernier a été accusé[58] par un jeune homme de 22 ans de lui avoir administré à son insu de la drogue (MDMA, produit psychoactif et hallucinogène) lors d'un dîner parisien. Il a été mis en examen par la justice en octobre 2019. Le livre de Marie-Pierre Bourgeois, *Rose Marine. Enquête sur le FN et l'homosexualité* (éditions du Moment, 2016), parle justement de l'existence d'un lobby homosexuel au sein du Rassemblement national avec la présence par exemple de Florian Philippot ou de Sébastien Chenu. C'est justement ce lobby qui a permis le passsage en force de la loi sur le Mariage pour tous puisque le Front National à l'époque avait déserté les manifestations. Cette réalité est également européenne si on prend l'exemple de Geert Wilders...

Comment est-il possible d'oser parler de « Grand remplacement » lorsque soi-même on ne veut pas faire d'enfants et assumer une descendance essentielle au renouvellement générationnel ? Comment est-ce pensable ! En réalité ces gens sont mus par une haine viscérale et pathologique du musulman et tout ce qu'il peut représenter aujourd'hui en France et dans le monde.

Oui, il y a de sérieux problèmes avec une partie des Français issus de l'immigration. Oui, il y a une grande majorité de détenus d'origine maghrébine dans les prisons françaises des grandes villes, c'est une réalité et un véritable problème. Mais il faut également rappeler que les citoyens français ne font pas face à la même justice et à la même sévérité. Prenons l'exemple de Patrick Balkany condamné à de la prison mais qui n'a quasiment pas effectué sa peine pour des raisons de santé ! On peut ajouter à son cas celui de l'ex-ministre socialiste Jérôme Cahuzac, la députée marseillaise Sylvie Andrieux... En d'autres termes, la comparution immédiate est réservée à une certaine partie de la population qui n'a d'ailleurs pas les moyens de prendre un bon avocat pour s'occuper de sa défense. Sans oublier l'impunité totale dans laquelle baigne une très grande partie de l'intelligentsia parisienne étant donné que Frédéric Mitterrand, Gabriel Matzneff, Pierre Bergé, Olivier Duhamel, Christian Giudicelli... auraient dû être tous emprisonnés depuis longtemps.

De surcroît, il suffit de prendre très tôt le matin le bus desservant des quartiers populaires pour constater au niveau des arrêts le nombre très important de travailleurs d'origine immigrée se dirigeant vers les centres-villes des grandes agglomérations. Prenez un RER parisien à 5 heures du matin pour comprendre qui fait fonctionner économiquement la capitale. Si vous êtes du type flemmard, nous vous invitons à effectuer une expérience encore plus simple, arrêtez-vous systématiquement devant n'importe quel chantier sur la voie publique et constatez par vous-même qui creuse ? Dans 80 % des cas ce sont des Noirs ou des Arabes. Nous allons prendre un autre exemple encore plus intéressant, celui de la sécurité. C'est encore plus simple à constater, 95 % des agents de sécurité que vous rencontrerez avant d'entrer dans n'importe quel établissement privé ou public en France sont d'origine africaine. Le pass sanitaire n'aurait jamais pu être imposé en France sans ces dizaines de milliers de salariés qui ont vendu leur âme au diable. Inutile de parler des dizaines de milliers de médecins d'origine étrangère payés au lance-pierre à l'hôpital public français au prétexte qu'ils n'ont pas le bon diplôme mais disposent tout de même des compétences requises pour travailler. Selon les chiffres officiels, il est question au minimum de 15.000 médecins algériens qui travaillent à l'Assistance Publique française. Ils sont des milliers de professionnels de soins à travailler en France dans des structures libérales et qui participent chaque jour au PIB national. Il est question ici de millions d'individus qui se lèvent tous les jours pour aller travailler et j'en connais personnellement puisque cela fait plus de 15 ans que je travaille dans les quartiers Nord de Marseille et que je me fais payer par leurs mutuelles professionnelles.

Concernant l'insécurité et le comportement inacceptable d'une certaine jeunesse d'origine africaine elle s'explique aisément et elle peut être gérée de manière efficace. Mais avant de parler des solutions, il serait honnête d'expliquer pourquoi une partie de cette jeunesse a complètement dérapé ! Quel est le modèle de vie qui lui a été proposé par la société ? Déjà, vouloir les parquer tous au même endroit à 15 km du centre-ville ne pouvait qu'aboutir à ce résultat. Les politiques français ont voulu les exclure des grandes villes en les concentrant dans des grandes barres d'immeubles et en prenant soin de ne jamais mettre à leur disposition des transports publics efficaces. La ghettoïsation a été bel et bien pensée et voulue. Ensuite, la faillite de l'école de la république finira le travail. En réalité, tous les habitants de ces quartiers n'ont qu'un seul rêve, les quitter. La télévision se chargera d'imposer un modèle sociétal totalement décadent, matérialiste et consumériste qui consiste à acheter des objets pour exister et compenser l'échec social. Ce modèle sera importé des États-Unis via le rap, la basket Nike, le sac LV... Comme tout le monde peut le constater, toutes ces décisions ont été prises par des Français de souche, tous les documents signés par les patronymes qui n'ont rien de maghrébins. C'est bien Pierre Bellanger, délinquant sexuel et patron de Skyrock, issu d'une famille parisienne importante proche du général De Gaulle, qui a importé cette musique décadente américaine sur le territoire français. Bruit amélodieux souvent assourdissant glorifiant dans ses clips la chosification du corps de la femme, l'alcoolisation de la jeunesse et l'utilisation de la drogue ! C'est de pire en pire, aujourd'hui des gamines de 8 ans twerkent et tout le monde trouve ça normal dans un pays où justement il y a un très grave problème de pédocriminalité ! En réalité, quand Éric Zemmour se plaint du grand remplacement il n'est pas question du tout d'un modèle islamique mais bien d'un modèle purement américain, un modèle 100 % occidental. Certes il y a des voiles et des barbes ici et là mais ils sont très largement minoritaires. Il suffit de constater qu'il n'y a même pas de mosquée digne de ce nom à Marseille qui comptabilise au moins 400.000 musulmans pour se rendre compte à quel point ils sont faibles et insignifiants ; voici un fait vérifiable par tous dans la vie réelle qui contredit tous les délires fantasmatiques d'Éric Zemmour et ses alliés de circonstance.

Concernant l'insécurité, en réalité elle est généralisée et concerne absolument toutes les catégories de la société. Si le cannabis est l'apanage des quartiers populaires, d'autres types de criminalité vont concerner les quartiers les plus chics des grandes villes françaises comme les viols ou la pédocriminalité. Nul besoin de citer un nombre incalculable d'agressions sexuelles et de viols dans les structures les plus insoupçonnables : le milieu de la musique classique au Conservatoire national supérieur de Paris[59], l'académie des prix Nobel[60], le milieu du cinéma avec le scandale H. Weinstein, le milieu scientifique[61] est également touché, le milieu des médias et de la télé avec les affaires PPDA et Nicolas Hulot... Une enquête de l'Institut national d'étude démographique a montré qu'une femme sur 7, près de 15 %, a été agressée sexuellement dans sa vie (viol, tentative de viol ou agression sexuelle), sur 67 millions de Français, le chiffre est effrayant. La grande majorité de ces crimes sont commis dans le cadre familial, on connaît donc l'origine ethnique du violeur. Sans oublier les 20 % d'enfants agressés sexuellement en France selon Karl Zéro.

L'être humain se retrouve aujourd'hui dans une impasse car il a fait des choix qui vont contre sa propre nature. À partir du moment où il a décidé de se jeter dans les bras du matérialisme, il doit en payer les conséquences.

Concernant l'insécurité reprochée aux Français d'origine maghrébine, qu'en est-il exactement ? C'est très simple, il s'agit de trafic de cannabis qui a été au fil des années retiré des mains de la mafia traditionnelle. Si les autorités françaises voulaient mettre fin à ce trafic de drogue, la solution est très simple. Il suffit de demander au roi du Maroc de mettre fin à la production de tout ce cannabis qui se retrouve sur le territoire européen et qui est produit dans la zone nord du pays, le Kétama qui représente quasiment 100 % de la production consommée en France. S'il ne veut pas le faire, il suffira de lui imposer des sanctions, de geler tous ses comptes bancaires, de l'empêcher de voyager et d'aller s'amuser dans les boîtes de nuit européennes qui constituent une de ses principales distractions. La France est capable d'envoyer 5000 soldats au Mali pour une menace terroriste totalement fantasmée, mais elle est incapable de gérer un très grave problème de santé publique et de sécurité nationale ! Ce n'est pas un objectif que l'État veut atteindre étant donné que ce dernier a fait le choix de laisser la jeunesse dans cette situation catastrophique d'addiction aux drogues afin qu'elle ne se réveille pas et ne se révolte pas. L'État français gère sa population comme l'ont fait les colons envers les Indiens d'Amérique en échangeant des peaux contre du whisky afin de les alcooliser au maximum. Les plus jeunes sont totalement drogués au protoxyde d'azote et au cannabis sans oublier l'alcool. Les plus âgés sont alcoolisés au pastis dans les bars innombrables. Ajoutons à cela une pincée de ludopathie avec la promotion effrénée quotidienne du jeu de hasard, du poker et du pari en ligne afin de faire croire aux populations appauvries et désespérées qu'elles peuvent sortir de leur condition et devenir millionnaires du jour au lendemain. Ceci bien entendu sous perfusion télévisuelle d'à peu près 4 heures par jour. Comment voulez-vous mettre fin au trafic de cannabis lorsque le grand patron de la lutte contre cette drogue est lui-même impliqué dans le trafic, François Thierry pour ne pas le citer, commissaire divisionnaire et chef de l'Office central pour la Répression du Trafic illicite des Stupéfiants (OCRTIS) ? Il a été mis en examen en 2017 pour « faux et complicité de faux en écriture publique par dépositaire de l'autorité publique », « complicité de trafic de stupéfiants » et « participation à une association de malfaiteurs » ! Avec la complicité du trafiquant Sofiane Hambli, pendant des années, la police française, donc l'État[62], a fait rentrer plus de 20 tonnes par mois de cannabis sur le territoire ! À votre avis, qui de Sofiane Hambli ou de François Thierry était responsable de ce trafic de drogue ? Le premier était en prison condamnée à 18 ans, c'est François Thierry qui va l'en sortir avec une réduction de peine à 5 ans.

J'avais écrit une lettre ouverte à Éric Zemmour dans mon premier livre *La faillite du monde moderne* (2012). Je lui avais fait une très longue liste de truands d'origine juive responsables d'un nombre incalculable de crimes, vols, braquages, viols... L'Israël étant devenu la base arrière de toute une mafia qui multipliait les arnaques en France comme celles des faux panneaux publicitaires[63], des faux patrons[64], de la taxe carbone[65] qui a soustrait plusieurs milliards d'euros de TVA au Trésor public français... Pourtant, personne n'irait accuser l'intégralité de la population juive de France d'être composée de délinquants en leur demandant de renoncer à leur religion ou à leurs prénoms !

Une des phrases fétiches d'Éric Zemmour est *à Rome fais comme les Romains* en référence au voyage de Saint-Augustin dans la capitale italienne ! Faut-il rappeler à cet ignorant que Saint-Augustin est un Berbère d'Afrique du Nord. Faut-il ajouter que cette comparaison n'a absolument aucun sens aujourd'hui car à l'époque les mœurs et les coutumes étaient quasi semblables un peu partout dans le monde contrairement à aujourd'hui où on constate des sociétés qui ont totalement abandonné leurs traditions. On ne peut pas demander à une personne qui a gardé ses traditions et coutumes et qui a décidé de porter des habits conformes à une certaine pudeur de se dénuder pour plaire aux autres ! Ceci n'a absolument aucun sens, c'est contraire à toute logique.

D'ailleurs, cette pathologie mentale induite par le laïcisme athégriste d'une certaine élite parisienne n'existe qu'en France. Dans des pays beaucoup plus puissants, beaucoup plus riches comme l'Angleterre ou les États-Unis, cette problématique n'existe pas ; il ne viendrait à l'idée de personne de faire enlever le voile à une femme ou le turban sikh. Pour eux, seule la valeur humaine compte, les compétences et les qualifications. C'est pour cette raison que leurs universités sont classées dans le Top 10 mondial, contrairement aux universités françaises.

Nous pouvons faire remarquer également que la menace la plus importante ciblant la culture française réside dans l'envahissement par la culture américaine et certainement pas musulmane. Le français moyen s'habille aujourd'hui avec un jean et des baskets, un sweat et une casquette. Il écoute du rap ou du RnB et s'abreuve de cinéma hollywoodien. Quand il a faim, il va manger un hamburger chez McDo ou King Burger. Lorsqu'il voudra donner des prénoms à ses enfants, il va oublier ses ancêtres - trop ringard à son nouveau goût - et va les choisir dans les séries américaines (Dylan, Britney, Ethan, Brandon, Cindy, Logan...) ! Toute l'économie française s'est américanisée pour le meilleur et pour le pire : Amazon, Airbnb, Uber, start-ups... Sans parler du suivisme dans le domaine géopolitique ou économique (vente d'Alstom...).

Concernant le reste de l'échiquier politique français, c'est un désastre. Le plus gros parti historique actuel, les Républicains, patauge dans un nombre incalculable de scandales avec deux condamnations à la prison pour son ex-patron Nicolas Sarkozy. Sans oublier bien sûr le scandale de François Fillon et son épouse Penelope qui a donné une idée assez lamentable de l'état d'esprit d'un candidat à la présidentielle comme François Fillon qui se fait « acheter » avec de vulgaires costumes de marque, sans parler de l'emploi fictif de sa femme. Cinq ans d'emprisonnement dont un ferme et 375.000 euros d'amende ont été requis en appel contre lui. En d'autres termes, l'ex-président de la république et son Premier ministre sont des voyous. Le résultat de la primaire était attendu car Valérie Pécresse est la parfaite représentante du mondialisme. Elle avait soutenu François Fillon et avait dénoncé, en bonne complotiste, une cabale dirigée contre lui. Valérie Pécresse intègre la promotion 2002 des Young Leaders de la French-American Foundation ce qui en dit long sur sa formation idéologique atlantiste. C'est une énarque, donc une bombe à retardement car tout ce qui est fait par un énarque ne peut conduire qu'à la ruine du pays. Ses liens avec la firme criminelle américaine McKinsey sont encore plus inquiétants. Effectivement, Alexandra Dublanche, consultante pour McKinsey[66] de 2006 à 2008, intégrera son cabinet dès son retour des États-Unis, après avoir soutenu Barack Obama dans sa campagne présidentielle. Alexandra Dublanche a été aussi porte-parole de François Fillon pour les primaires 2017. La même année, elle est élue vice-présidente du Conseil régional d'Île-de-France en charge du développement économique et de l'attractivité, de l'agriculture et de la ruralité. Nous avons déjà traité du cas de McKinsey au premier chapitre mais il est toujours utile de rappeler son implication dans l'assassinat de plusieurs centaines de milliers d'Américains par Purdue Pharma dans le scandale des opioïdes de synthèse.

Concernant la crise sanitaire, Valérie Pécresse aura une attitude encore plus folle qu'Emmanuel Macron puisqu'elle n'hésitera pas à confiner uniquement les non-vaccinés[67]. Tout ce qui se fera aux USA par A. Fauci sera appliqué avec zèle en France sans aucune réflexion ni mesure. Quant à son mari, Jérôme Xavier Pécresse, fils de banquier et banquier, il a commencé sa carrière au Crédit Suisse First Boston. En 2011, il sera nommé vice-président exécutif d'Alstom dont tout le monde connaît le scandale du rachat par General Electric.

Valérie Pécresse s'est dernièrement illustrée lors de son discours de présentation dans son QG de campagne par un mensonge assez risible. Elle a affirmé que son équipe était totalement paritaire[68] alors qu'il y avait clairement deux fois plus d'hommes que de femmes ! Ce sera ensuite au député de son parti Julien Aubert d'affirmer sur son compte Twitter[69] avoir voté contre le pass vaccinal alors que le site de l'Assemblée nationale nous montre qu'il s'est en réalité abstenu de voter. Les voir mentir à ce point et si mal est vraiment inquiétant.

Concernant le Parti socialiste, il a été totalement atomisé par le passage de Macron ; on peut dire aujourd'hui qu'il n'existe plus. Les candidats de gauche sont très nombreux et sont incapables de s'organiser pour proposer un projet collectif. Entre les écologistes empêtrés dans des scandales sexuels, les socialistes qui ne représentent plus personne et les communistes qui se ridiculisent chaque année avec moins de 1 % des suffrages, le spectacle est pathétique. Non seulement la gauche est divisée, mais l'extrême-gauche l'est encore plus (Nathalie Arthaud de Lutte ouvrière, François Roussel du Parti communiste français, et Philippe Poutou du NPA). Il faut ajouter à ce trio Jean-Luc Mélenchon de La France insoumise sans oublier l'arrivée récente de C. Taubira !

Concernant Marine Le Pen et le Rassemblement national, sans être au pouvoir le parti cumule déjà de nombreux scandales et mises en examen judiciaires : affaire[70] des emplois fictifs des parlementaires européens, parmi les personnalités du RN mises en examen par la justice pour détournement de fonds publics ou complicité, on trouve Marine Le Pen, Jean-Marie Le Pen, Wallerand de Saint-Just, Nicolas Bay et Louis Aliot. L'affaire du micro-parti Jeanne et de l'agence de communication Riwal ; le parti sera mis en examen en octobre 2016 pour « complicité d'escroquerie au préjudice de l'État lors des élections législatives de 2012 et recel d'abus de bien sociaux » ! Le parti sera condamné[71] ainsi que plusieurs de ses membres, en première instance, pour « recel d'abus de biens sociaux » ! Ils n'ont pas pris encore le pouvoir qu'ils traînent les mêmes casseroles que LR et le PS !

Nous l'avons déjà dit, le RN est totalement infiltré par le lobby homosexuel voire la franc-maçonnerie (Me Gilbert Collard). Le parti qui était considéré d'extrême droite et donc se devait de défendre une vision traditionnelle de la société a complètement viré de bord. C'est une petite boutique familiale tenue de père en fille, n'ayant rien à envier aux autres partis politiques alors qu'il se présente comme une alternative morale. En réalité, depuis une bonne décennie, Marine Le Pen a joué le jeu de la dédiabolisation et de la normalisation médiatique, il apparaît aujourd'hui clair que nous ne pouvons plus classer ce parti à l'extrême droite de l'échiquier politique français, surtout maintenant, avec l'arrivée du discours extrêmement violent d'Éric Zemmour.

L'existence même des partis politiques est une anomalie, un cancer qui détruit la société. Il suffit de lire la *Note sur la suppression générale des partis politiques*[72] de Simone Weil pour comprendre à quel point le parti politique est une hérésie intellectuelle. Premièrement, ils servent à diviser la société et à la fracturer alors qu'ils sont censés tous œuvrer pour le bien du pays. Dans les faits, les partis politiques sont des cancers dont le seul objectif est de croître à l'infini en augmentant le nombre d'adhérents, ce qui leur permet de recevoir de l'argent public. Sans oublier un nombre incalculable de magouilles et d'escroqueries qui ont été utilisées par ces partis politiques pour se financer tout au long des 50 dernières années ; le gaspillage d'argent public dans le cadre des partis politiques et des syndicats est juste effarant. Selon la philosophe Simone Weil, le parti politique : « *C'est d'une part l'héritage de la Terreur, d'autre part l'influence de l'exemple anglais, qui installa les partis dans la vie publique européenne. Le fait qu'ils existent n'est nullement un motif de les conserver. Seul le bien est un motif légitime de conservation. Le mal des partis politiques saute aux yeux. Le problème à examiner, c'est s'il y a en eux un bien qui l'emporte sur le mal et rende ainsi leur existence désirable.* ». Elle ajoute que les partis politiques sont dangereux car ils fabriquent de la passion collective :

– *Un parti politique est une machine à fabriquer de la passion collective.*

– *Un parti politique est une organisation construite de manière à exercer une pression collective sur la pensée de chacun des êtres humains qui en sont membres.*

– *La première fin, et, en dernière analyse, l'unique fin de tout parti politique est sa propre croissance, et cela sans aucune limite.*

Il n'y a rien de plus dangereux que la passion collective qui efface les individualités et permet les crimes les plus abjects. D'aucuns vont nous expliquer qu'il n'est plus possible aujourd'hui de s'extraire de ce paradigme démocratique et de l'existence des partis politiques. En réalité, l'être humain décide de ce qu'il veut, il est en capacité de changer le système s'il comprend et considère qu'il amène beaucoup plus de mal que de bien à la communauté. L'existence des partis politiques est très récente dans l'histoire humaine et des civilisations millénaires ont existé bien avant eux.

Un grand nombre de Français croient qu'ils vivent en démocratie et qu'ils ont le choix régulier en donnant leur avis via les urnes. Ces mêmes personnes pensent que ce modèle est infiniment supérieur à tous les autres modèles à travers le reste du monde et qu'il doit être imposé quand bien même par la force militaire. Sauf que rien de tout cela n'est vrai car comme tout le monde peut le constater, seuls les partis politiques et les hommes politiques qui passent dans les médias, et qui ont des moyens importants pour leurs campagnes électorales, peuvent gagner les élections. En réalité, c'est un simple tour de passe-passe qui fait croire aux citoyens qu'ils ont le choix sauf que ce choix est contrôlé de bout en bout. Mettre Marine Le Pen face à Macron est une garantie de victoire de ce dernier ; c'est exactement la même stratégie qui est utilisée aujourd'hui avec la présence du grossier Éric Zemmour qui a accepté de jouer le rôle de lièvre sachant pertinemment qu'il va perdre.

Il n'y a absolument rien à attendre de cette élite politique française qui n'a besoin de l'aide de personne pour détruire son propre pays. Prenez l'exemple du wokisme qu'elle s'empresse d'importer des USA à l'instar de toutes les hérésies et sottises que nous leur devons (gender, culture décadente...). Le délire de l'intersectionnalité (*sic*) sous prétexte d'humanisme et de justice ne peut provenir que d'un cerveau malade et suicidaire. C'est également une stratégie de division et d'affaiblissement de la population alors que des projets tyranniques beaucoup plus dangereux sont actuellement en train d'être mis en place.

Pour résumer la situation, il serait plus facile de donner un exemple pour se faire comprendre. En général, la majorité des gens est normale, veut le bien et évite les problèmes. Cette majorité est incapable de comprendre et d'accepter l'idée que les dirigeants sont des criminels et des hommes sans foi ni loi. Une série américaine très intéressante nous donne une idée précise du niveau moral et humain des élites dirigeantes, *Succession*, en trois saisons. Ces politiciens ne sont plus humains depuis longtemps. S'ils ne sont pas eux-mêmes pédocriminels, ça ne les dérange pas du tout d'en fréquenter. Ils ont une très haute idée d'eux mêmes, se croient invincibles et intouchables ; pourtant, ils voient bien qu'ils sont en train de détruire la planète et par ce fait prouvent qu'ils sont d'une extrême incompétence et d'une bêtise rare. Ces gens sont très souvent détraqués sexuellement et de grands consommateurs de drogues. Psychologiquement, ce sont des pervers narcissiques dépourvus d'affect, ne ressentant absolument rien, ce sont des anomalies, des pathologies. Tant que ces gens toxiques resteront au pouvoir, nous sommes tous en danger.

Notes

1. https://www.bfmtv.com/police-justice/affaire-paul-bismuth-nicolas-sarkozy-declare-coupable-de-corruption-et-de-trafic-d-influence_AN-202103010228.html
2. https://www.franceculture.fr/emissions/la-question-du-jour/comment-expliquer-la-condamnation-de-nicolas-sarkozy-dans-l-affaire-bygmalion
3. https://www.ouest-france.fr/societe/justice/fin-du-proces-des-sondages-de-l-elysee-la-decision-sera-rendue-le-21-janvier-1a35780c-4242-11ec-bf34-dccbc8c1efb2
4. https://www.youtube.com/watch?v=w_49uwytqL0
5. https://www.dalloz-actualite.fr/interview/gilets-jaunes-c-est-en-comparution-immediate-qu-est-plus-mal-juge#.YZuS6NDMIuU
6. https://www.liberation.fr/checknews/2019/11/08/un-millier-de-gilets-jaunes-condamnes-a-de-la-prison-ferme-depuis-le-debut-du-mouvement_1762173/
7. https://basta.media/Le-traitement-des-gilets-jaunes-par-la-justice-renforce-l-idee-qu-il-y-a-les
8. https://www.bfmtv.com/societe/manifestations/pas-dans-le-meme-camp-l-echange-entre-le-prefet-de-police-de-paris-didier-lallement-et-une-gilet-jaune_VN-201911180207.html
9. https://www.atlantico.fr/article/decryptage/emmanuel-macron-sa-declaration-de-patrimoine-et-le-parquet-national-financier
10. https://french-american.org/programmes/young-leaders/
11. https://www.mediapart.fr/journal/france/270617/l-assemblee-le-pouvoir-installe-ses-tetes
12. https://www.lemonde.fr/pixels/article/2017/07/31/wikileaks-publie-l-integralite-des-macronleaks_5167002_4408996.html
13. https://www.kisskissbankbank.com/fr/projects/off-investigation-emmanuel-un-homme-d-affaires-a-l-elysee/
14. https://www.facebook.com/plugins/post.php?href=https%3A%2F%2Fwww.facebook.com%2Fjean.b.rivoire%2Fposts%2F10215989228203682
15. https://www.youtube.com/watch?v=jf6UBcPKlMM
16. https://www.mediapart.fr/journal/france/040518/alexis-kohler-un-mensonge-d-etat-lelysee
17. https://www.monpetitforfait.com/energie/actualites/fournisseurs/31028-senat-cheque-carburant-decision-definitive
18. https://www.mediapart.fr/journal/france/260620/affaire-kohler-l-ardoise-de-msc-s-eleve-26-milliards-d-euros-pour-l-etat
19. https://www.lelibrepenseur.org/alexis-kohler-nouveau-membre-du-conspiracy-club/
20. https://www.youtube.com/watch?v=udBPW2rMQnc
21. https://www.youtube.com/watch?v=ZoRcNlr4eHY
22. https://www.ft.com/content/9667bd73-a809-497e-a3ca-8781c0549901
23. https://www.lemonde.fr/les-decodeurs/article/2020/05/22/macron-et-l-arrivee-de-la-bete-de-l-apocalypse-comment-remonter-le-fil-de-cette-petite-phrase_6040469_4355770.html
24. https://www.lesechos.fr/2017/12/legislatives-lelection-de-valls-validee-189317
25. https://www.lefigaro.fr/elections/regionales/regionales-en-ile-de-france-manuel-valls-et-jean-paul-huchon-appellent-a-voter-valerie-pecresse-20210624
26. https://www.lemonde.fr/politique/article/2021/08/31/ma-

nuel-valls-quitte-le-conseil-municipal-de-barcelone-pour-devenir-chroniqueur_6092922_823448.html
27. https://www.lexpress.fr/actualite/politique/un-franc-macon-nomme-valls_1681324.htmlla vie, lui c'est 2021 dans va se de 60
28. https://www.lejdd.fr/Politique/affaire-des-mutuelles-de-bretagne-les-poursuites-contre-richard-ferrand-pourraient-prendre-fin-4035561
29. https://www.lemonde.fr/societe/article/2021/12/08/les-raisons-de-la-condamnation-d-alain-griset-a-six-mois-de-prison-avec-sursis_6105218_3224.html
30. https://www.lemonde.fr/les-decodeurs/article/2021/10/05/pandora-papers-le-depute-sylvain-maillard-l-archipel-et-les-toupies_6097216_4355770.html
31. https://twitter.com/BrunoLeMaire/status/833300528339746816
32. https://twitter.com/GDarmanin/status/504325179187945473
33. https://twitter.com/GDarmanin/status/504323840168976384
34. https://www.francetvinfo.fr/politique/gouvernement-d-edouard-philippe/demission-de-jean-paul-delevoye/declaration-d-interets-l-ancien-haut-commissaire-aux-retraites-jean-paul-delevoye-condamne-a-4-mois-de-prison-avec-sursis_4867031.html
35. https://www.lemonde.fr/politique/article/2020/08/06/en-2018-les-conseilleres-de-l-elysee-denoncaient-des-comportements-misogynes-au-plus-haut-sommet-de-l-etat_6048277_823448.html
36. https://www.francetvinfo.fr/societe/harcelement-sexuel/affaire-olivier-duhamel/affaire-olivier-duhamel-le-prefet-marc-guillaume-demissionne-de-plusieurs-institutions-qui-etaient-presidees-par-le-politiste_4255937.html
37. https://blogs.mediapart.fr/bernard-gensane/blog/010918/l-europe-aux-mains-de-gens-qui-n-ont-pas-d-enfant
38. https://www.mediapart.fr/journal/france/050621/retractation-de-takieddine-mimi-marchand-mise-en-examen
39. https://www.mediapart.fr/journal/france/170821/benjamin-griveaux-mimi-marchand-karine-le-marchand-l-affaire-qui-compromet-police-et-presse-people
40. https://www.20minutes.fr/societe/3146971-20211014-affaire-gerald-marie-role-trouble-mimi-marchand-defendre-agence-mannequins-elite-vingt-ans
41. https://twitter.com/paullarrouturou/status/1445671304749740036
42. https://www.lepoint.fr/people/mimi-marchand-la-reine-des-paparazzis-au-coeur-du-pouvoir-07-05-2018-2216560_2116.php
43. https://brownstone.org/articles/more-than-400-studies-on-the-failure-of-compulsory-covid-interventions/
44. https://www.franceinter.fr/politique/quand-dupond-moretti-jurait-qu-il-ne-serait-jamais-ministre-de-la-justice-faute-de-competences
45. https://www.youtube.com/watch?v=_pQRLugKo0E
46. https://www.lelibrepenseur.org/les-personnes-qui-ont-2-doses-nont-plus-de-chances-dattraper-la-maladie-dixit-le-mythomane-jean-castex/
47. https://www.lemonde.fr/idees/article/2017/01/02/nous-sommes-tous-berlinois-nous-sommes-tous-europeens_5056268_3232.html
48. https://www.franceinter.fr/politique/crise-des-sous-marins-la-fuite-d-un-sms-d-emmanuel-macron-dans-la-presse-australienne-ravive-les-tensions
49. https://www.lesechos.fr/monde/enjeux-internationaux/sous-marins-australiens-joe-biden-reconnait-une-maladresse-face-a-emmanuel-macron-1359798
50. https://www.lexpress.fr/actualite/monde/proche-moyen-orient/arabie-saoudite-macron-chez-mbs-une-compromission-morale-necessaire_2163657.html
51. https://information.tv5monde.com/info/macron-dans-le-golfe-commande-record-

de-rafale-et-rendez-vous-sensible-avec-le-saoudien-mbs

52. https://www.lelibrepenseur.org/zemmour-ad-nauseam/

53. https://www.franceculture.fr/politique/derriere-eric-zemmour-un-banquier-et-un-patron-de-start

54. https://www.lepoint.fr/societe/eric-zemmour-les-rolling-stones-dieu-et-moi-02-10-2014-1868702_23.php

55. https://www.mediapart.fr/journal/france/290421/violences-sexuelles-plusieurs-femmes-accusent-eric-zemmour

56. https://www.la-croix.com/France/Eric-Zemmour-rallie-partie-Manif-tous-2021-12-05-1201188628

57. https://www.lechasseurabstrait.com/revue/spip.php?article4511#_ftnref25

58. https://medias-catholique.info/paul-marie-couteaux-accuse-davoir-drogue-un-jeune-homme-pour-obtenir-ses-faveurs-sexuelles/31595

59. https://www.francemusique.fr/emissions/au-fil-de-l-actu/violences-sexuelles-la-musique-classique-n-est-pas-epargnee-95742

60. https://information.tv5monde.com/terriennes/scandale-sexuel-l-academie-des-nobel-jean-claude-arnault-condamne-pour-deux-viols-en

61. https://www.nationalgeographic.fr/sciences/metoo-les-scandales-sexuels-toujours-passes-sous-silence-dans-le-domaine-scientifique

62. https://www.franceinter.fr/emissions/affaires-sensibles/affaires-sensibles-du-mercredi-03-novembre-2021

63. https://www.franceculture.fr/droit-justice/les-escrocs-franco-israeliens-dans-le-collimateur-des-autorites

64. https://www.lefigaro.fr/entrepreneur/2014/02/16/09007-20140216ARTFIG00058-qu-est-ce-qui-se-cache-derriere-l-arnaque-au-faux-patron.php

65. https://www.mediapart.fr/journal/international/dossier/la-mafia-du-co2-notre-dossier

66. https://www.consultor.fr/articles/de-la-strat-d-entreprise-a-la-strat-politique-la-vp-du-conseil-regional-d-idf-a-fait-le-grand-ecart#!

67. https://www.bfmtv.com/politique/elections/presidentielle/valerie-pecresse-s-il-y-a-une-recrudescence-de-la-pandemie-j-envisagerais-uniquement-le-reconfinement-des-non-vaccines_VN-202111140291.html

68. https://www.lelibrepenseur.org/parite-valerie-pecresse-ne-sait-pas-compter-jusqua-50-mais-veut-diriger-la-france/

69. https://www.lelibrepenseur.org/lhypocrisie-de-julien-aubert-depute-lr-na-pas-de-limite/

70. https://www.lemonde.fr/politique/article/2017/12/12/assistants-parlementaires-le-front-national-mis-en-examen_5228371_823448.html

71. https://www.lemonde.fr/societe/article/2020/06/17/le-fn-et-plusieurs-de-ses-cadres-condamnes-a-une-amende-pour-recel-d-abus-de-biens-sociaux_6043131_3224.html

72. https://kerloar.com/doc/simone-weil-1940-note-sur-la-suppression-generale-des-partis-politiques.pdf

« *Une chose n'est pas juste parce qu'elle est loi* […]
mais elle doit être loi parce qu'elle est juste. »
Montesquieu (1689-1755),
Cahiers (posthume)

« *La vérité est si obscurcie en ces temps et le mensonge si établi, qu'à moins d'aimer la vérité, on ne saurait la reconnaître.* »
Blaise Pascal, *Pensées.*

Chapitre III

EFFONDREMENT ÉCONOMIQUE IMMINENT

Too big to fail, too big to jail.

J'avais déjà longuement abordé tout ce qui a trait à l'argent et à la crise économique que nous vivons actuellement dans mon précédent ouvrage *La faillite du monde moderne* (fin 2012, éd. Fiat Lux). J'avais posé, au chapitre 3, la question, qu'est-ce que l'argent et quelle est son importance dans les rapports sociaux, puis au chapitre 4 intitulé *État de la finance mondiale,* j'avais développé la question de la crise économique que nous vivions à l'époque et qui se poursuit de plus belle, de manière beaucoup plus grave. J'avais dénoncé dès 2007 la crise des *suprimes* avant même que les médias français ne commencent à en parler ; le terme avait été utilisé la première fois par Frédéric Taddéi dans *Ce soir ou jamais* sur France 3. J'avais découvert à l'époque un livre publié en 2006 en France, *L'empire des dettes* (éd. Belles lettres, 400 pages) de William Bonner et Addison Wiggin. Tout y était expliqué deux ans à l'avance, tout le système bancaire américain a été détaillé, tous savaient que les crédits hypothécaires n'avaient plus aucun sens et que ça allait finir par s'écrouler. À partir du moment où un cueilleur de fraises mexicain arrivé aux États-Unis depuis peu de temps se retrouvait avec 3 villas à crédit, ça ne pouvait que très mal finir. La suite est connue de tous, les faillites en cascades se sont multipliées, Lehman Brothers a disparu et les conséquences sur l'économie mondiale ont été désastreuses avec une explosion de la pauvreté. Des millions d'Américains ont perdu leurs biens immobiliers et se sont retrouvés à la rue, devenus des SDF. Les banques étaient obligées de détruire les maisons afin de faire baisser le prix de l'immobilier qui s'effondrait. Les banksters préféraient jeter à la rue des êtres humains, des familles entières, payer très cher des engins de chantier pour terrasser les décombres puis continuer de plus belle dans leurs spéculations. Puis, on a très vite compris que ces banques gigantesques ne pouvaient pas tomber, étant donné le principe économique imposé par elles-mêmes, le fameux *too big to fail* ! Après avoir ruiné la planète et détruit son économie, il était temps maintenant de faire du chantage au peuple en expliquant que si on devait mettre en faillite toutes ces banques criminelles qui ont largement exagéré, très mal géré leurs affaires, le monde allait s'écrouler et la situation serait plus grave. Du coup, la Fed, la banque centrale américaine, a préféré injecter des milliers de milliards de dollars dans le système afin qu'il ne s'écroule pas. Une mécanique de planches à billets assez folle a été enclenchée, les fameux QE ou *quantitative easing*, sans limites, créant de l'argent *ex nihilo*, ce qui aura une conséquence dramatique sur l'inflation, atteignant toujours les plus pauvres déjà fragilisés par la première partie de la crise. Bien entendu, très peu de dirigeants de banques finiront leur vie en prison, voire aucun, conformément au deuxième principe de la finance mondialisée, *too big to jail.* On peut retrouver ce travers chez Big Pharma sachant que malgré de très gros scandales meurtriers comme celui de Purdue Pharma ou du Vioxx, les industriels paient des amendes records mais aucun des dirigeants responsables de ces milliers de morts ne passe une seule nuit en prison, les exemples sont très nombreux. Ils n'ont donc absolument aucune crainte des conséquences de leurs excès et de leur folie meurtrière.

Nous n'allons pas revenir, dans ce chapitre, sur les détails déjà expliqués dans *La faillite du monde moderne*, nous allons nous concentrer sur l'actualité de la finance contemporaine qui est beaucoup plus intéressante. Il va de soi que rien n'a changé, absolument rien depuis 2008, bien au contraire, les dérives sont plus inquiétantes, beaucoup plus graves, les sommes mises en jeu sont infiniment plus importantes qu'à l'époque.

Avant d'entrer dans le vif du sujet il me semble important d'évoquer un moment[1] de télévision extraordinaire d'un membre du Parlement canadien de Carleton, M. Pierre Poilievre, qui a demandé au gouvernement d'où venaient les 7 milliards d'aides du covid-19 qu'il voulait dépenser ! On le voit patienter pendant plusieurs minutes et personne ne réussit à lui répondre. C'est une question légitime d'autant qu'il s'agit d'une très grosse somme d'argent. Vient-elle des caisses de la Sécu, du Trésor public, d'un prêt bancaire, de la fameuse planche à billets… ? On a l'impression d'être dans une classe de cancres, le professeur pose une question simple et personne ne connaît la réponse ! Sauf qu'il s'agit, ici, des dirigeants gouvernementaux qui sont tous surdiplômés et censés être compétents, très beaux dans leurs costumes magnifiques, rasés de près, mais totalement ignares ! La question est légitime car cet argent qui tombe du ciel ne fera qu'exploser l'inflation et rendre encore plus difficile la vie des pauvres gens qui ont déjà du mal à joindre les deux bouts. Il y aura inmanquablement des conséquences à ces injections d'argent magique qui profitera bien sûr aux entreprises privées, à Big Pharma, aux fabricants de tests, aux laboratoires d'analyses, aux médecins corrompus qui vaccinent à tout-va… mais certainement pas au peuple. En réalité, les banksters, au fil du temps, ont fait en sorte de sélectionner les politiciens parmi les plus stupides, les plus incompétents et les plus corrompus, drogués si possible et addicts à la cocaïne, consommateurs de prostituées... afin de pouvoir les manipuler et les contrôler comme bon leur semble. Le dernier scandale[2] de la Première ministre finlandaise qui est allée s'amuser en boîte de nuit le 4 décembre 2021 jusqu'à 4 heures du matin, sans masque de surcroît, alors que le taux d'incidence étant de 300 pour 100.000 habitants, elle était censée être confinée, du fait de son statut « cas contact » au Covid-19, nous donne une idée de l'état d'esprit des dirigeants occidentaux. En d'autres termes, c'est elle qui va imposer des restrictions à toute la population finlandaise, tout en ne les appliquant pas elle-même. Nous avons eu exactement le même scandale en Grande-Bretagne avec des fêtes clandestines organisées au 10 Downing Street par l'équipe de Boris Johnson pendant la période de Noël 2020, alors que tout le pays était confiné ! Faites ce que je dis mais certainement pas ce que je fais, ce qui contribue à décrédibiliser totalement la parole publique et à démontrer que cette crise sanitaire est fictive. Nous apprendrons plus tard que de nombreuses traces de cocaïne[3] ont été retrouvées dans les toilettes du palais de Westminster dans lequel travaillent les députés britanniques.

J'avais également démontré dans mon premier livre à quel point les professionnels du secteur bancaire ne comprenaient pas ce qu'ils faisaient ni ce qu'ils vendaient. Que des ministres et des conseillers ne comprennent rien aux mécanismes complexes de la finance moderne, à la rigueur pourquoi pas, mais que les traders qui les manipulent quotidiennement ne les comprennent pas, c'est une tout autre affaire et ça commence à devenir véritablement inquiétant. Il est également évident que tous ces salariés de la finance sont très spécialisés dans leur domaine mais n'ont absolument aucune vision globale de la situation, ni conscience des effets de leurs actes sur le monde réel.

En septembre 2021, la secrétaire au Trésor américain, Janet Yellen, a mis en garde contre le risque de « crise financière historique[4] » et de « shutdown » ou défaut de paiement ! Dans un courrier envoyé au *Wall Street Journal*, elle a demandé au Congrès américain de relever le plafond de la dette au risque de se retrouver face à un défaut de paiement aux conséquences dramatiques : « *Le défaut pourrait déclencher une flambée des taux d'intérêt, une chute brutale des cours des actions et d'autres troubles financiers* [...] *En quelques jours, des millions d'Américains seraient à court de cash* [...]. *Près de 50 millions de personnes âgées ne recevraient plus leur chèque de retraite et les soldats ne seraient plus payés* ». Ce n'est rien d'autre que du chantage mafieux. Le plafond actuel de la dette est de 28.400 milliards de dollars, il lui est interdit d'en émettre plus avant de l'élever de quelques milliers de milliards ; depuis le début des années 60, ce plafond de la dette a été manipulé près de 80 fois. À la mi-octobre, le Congrès démocrate votera un rehaussement temporaire[5] du plafond de la dette de près de 500 milliards de dollars. Selon une étude (baromètre ING), 40% des investisseurs particuliers craignent[6] une crise financière dans les 12 prochains mois, ce qui est très mauvais pour la confiance et le business ; c'est même ainsi que débute la panique à la moindre secousse. C'est la première fois depuis longtemps que les pessimistes sont plus nombreux que les optimistes en raison de la crise sanitaire qui a profondément déstabilisé l'économie mondiale et qui continue de le faire via une gestion politique désastreuse.

Tout le monde se souvient de la phrase de Macron prononcée en avril 2018 face à des personnels soignants du CHU de Rouen : « *Il n'y a pas d'argent magique*[7]. ». C'était une phrase logique, pleine de bon sens et c'est exactement ce que pensent tous les travailleurs qui se lèvent quotidiennement en semaine pour aller gagner leur pitance. Sauf que la crise des *subprimes* de 2008 nous avait démontré l'inverse et la crise du Covid-19 a confirmé ce mensonge et cette contradiction de Macron.

L'argent, depuis la fin de la convertibilité du dollar et de l'or décidée par Nixon le 15 août 1971, n'est plus que du papier. C'est le plus grand casse de toute l'histoire de l'humanité, puisque les États-Unis, détenteurs de cette monnaie mondiale essentielle aux échanges et à la cotation boursière de pratiquement l'ensemble des ressources, sont devenus les maîtres du monde. Il suffit maintenant de disposer d'une planche à billets pour imprimer et tirer les milliards souhaités. Aujourd'hui c'est encore plus simple, nul besoin d'imprimer, il suffit d'écrire une ligne de crédit sur un ordinateur. Ce qui est frappant, c'est de constater que la monnaie américaine - ou européenne - ne fluctue, ni ne baisse jamais malgré l'utilisation intensive de la planche à billets, alors que dans n'importe quel autre pays du monde comme l'Algérie, par exemple, dès que la planche à billets est mise en oeuvre, le dinar perd énormément de sa valeur. C'est totalement injuste et ceci n'est rendu possible que par la puissance militaire américaine et sa supériorité culturelle qui imposent son paradigme.

Bien sûr, totalement virtuel, l'argent créé *ex nihilo* par les banques, est payé mensuellement en pièces sonnantes et trébuchantes par le salarié qui doit rembourser sa dette dans le monde réel avec un taux d'intérêt substantiel. C'est un système de vases communicants qui finit, en bout de chemin, par déplacer la richesse des poches des travailleurs dans le coffre-fort gigantesque des banksters.

Depuis la crise sanitaire, la situation économique mondiale n'a absolument aucun sens. L'impossibilité d'injecter de l'argent magique qui était la règle, s'est totalement inversée ; un nouveau principe sorti de nulle part a été imposé aux Français, le fameux « quoi qu'il en coûte » ! À partir de mars 2020, l'État français nous a expliqué que l'on pouvait dépenser 50 milliards en tests, masques, remèdes douteux et vaccins inefficaces sans aucune difficulté ni remords ! Le rapport[8] de la Commission des comptes de la Sécurité sociale parle d'un déficit d'un peu moins de 40 milliards d'euros pour 2020 ce qui est véritablement dramatique car il va bien falloir le payer un jour, c'est certain !

On peut désormais maintenir chez eux des centaines de milliers de chefs d'entreprise et leur donner 10.000 € mensuellement en guise de cadeau durant des mois entiers ! Ceci a permis de corrompre facilement un grand nombre de Français qui a accepté ce marché de dupes en validant toutes les décisions gouvernementales, même les plus absurdes. Il est vrai qu'il est beaucoup plus aisé et simple de rester à la maison et d'empocher 10.000 € que d'aller gérer un restaurant avec une équipe de 10-15 personnes, en travaillant 15 heures par jour, 6 jours par semaine.

La crise sanitaire n'aura pas les mêmes conséquences sur tout le monde. Alors qu'un million de Français ont plongé dans la pauvreté et la précarité depuis mars 2020, les milliardaires n'ont cessé de cumuler encore plus de richesse. C'est tellement flagrant que l'industrie des yachts[9] a enregistré une explosion des ventes, plus exactement des superyachts de plus de 24 m de long, estimée à plus de 25% : « *Même si vingt-sept superyachts de plus de 100 mètres sont en cours de construction, ce sont les bateaux de plus petite taille qui jouent un rôle déterminant dans l'augmentation du nombre de mises en chantier* ». Un rapport de l'École d'économie de Paris nous informe que le patrimoine des milliardaires a explosé puisqu'ils enregistrent plus de 3600 milliards de dollars de plus grâce à la pandémie[10] alors qu'au même moment, 100 millions de personnes ont plongé dans l'extrême pauvreté, beaucoup plus dans la pauvreté. C'est un comportement de charognard qui se nourrit sur la bête. On peut également jeter un œil sur la cotation boursière de LVMH, c'est-à-dire l'industrie du luxe. Depuis le début de la crise sanitaire, l'action a plus que doublé et se maintient très haut, juste en-dessous de 750 €. Ceci est d'autant plus grave que ces milliardaires ne paient que très peu d'impôts et de taxes car toute leur richesse est soigneusement cachée dans les paradis fiscaux comme l'a révélé le dernier scandale des Pandora papers ; on y reviendra. Alors que le monde s'écroule, l'Observatoire des multinationales nous informe que les 40 voleurs du CAC ont versé plus de dividendes en 2021 (51 milliards d'euros) qu'en 2020 (37 milliards d'euros) ! Il y a véritablement quelque chose qui cloche dans le système auquel il va falloir mettre fin. Depuis que le « diabolique » virus circule, une divergence intéressante a été détectée sur le marché capital de la confiance. Les gros investisseurs sont au plus haut, tandis que la confiance des consommateurs est au plus bas à cause de l'inflation. (*cf.* annexe n° 22). Il faut également savoir qu'aux USA, 25% des logements du marché sont achetés par de gros investisseurs grâce à l'argent gratuit qui coule à flots pour les fonds d'investissement[11] : « *...ils en profitent pour acheter des logements et profiter de loyers payés par une nouvelle génération de serfs !* » (*cf.* annexe n°23). Là encore, c'est une preuve d'un transfert de richesse unique dans l'histoire humaine, c'est une anomalie qui aura des conséquences désastreuses.

J'ai réalisé dans le cadre de notre travail d'information, une série d'interviews intitulée *Le Libre Entretien,* et c'est ainsi que nous avons eu l'honneur et le plaisir de partager 1h30 particulièrement instructive[12] avec M. Anice Lajnef, ex-trader de dérivés sur actions et indices à Londres, qui a travaillé dans la finance pendant plus de 18 ans - dont 15 ans à la Société Générale - mais également à la banque Nemura, la Barclays... avant de cesser son activité et de se retirer après avoir compris à quel point son travail quotidien, fort rémunérateur certes, était immoral et destructeur. M. Anice Lajnef a un compte[13] Twitter avec plus de 72.000 followers que nous vous invitons tous à suivre régulièrement pour vous tenir au courant de la situation financière mondiale. Nous vous encourageons également à suivre son blog[14] Mediapart riche en enseignements.

Le principal problème, selon lui, aujourd'hui est celui de la création de la monnaie *ex nihilo* mais pas seulement ; il dénonce les dérives de cet argent facile créé par les banques centrales : « *Jadis, en temps de crise, les sociétés devaient se recapitaliser en levant de l'argent lors d'augmentations de capital (elles émettent de nouvelles actions pour cela). Mais grâce à la monnaie infinie de la banque centrale, en pleine « crise covid », les entreprises font l'inverse !* » Cette technique du rachat de ses propres actions est de plus en plus utilisée[15] par les sociétés françaises cotées en bourse et atteignant des records. La BNP[16] a aussi racheté ses propres actions et ainsi réduira, selon lui, le nombre des actionnaires qui profiteront de ses bénéfices : « *C'est tout le contraire de l'esprit originel de l'investissement actionnarial qui consiste à investir dans une entreprise pour partager les risques et les bénéfices.* ». Ce refus de prendre des risques par les banksters est d'autant plus choquant que ces derniers ont exigé que l'État garantisse les prêts d'entreprise pendant la crise sanitaire et que la BCE mette à leur disposition des prêts à taux négatifs ! En d'autres termes, ils refusent de prendre le moindre risque, ils sont les maîtres à bord car il n'y a plus d'État. Anice Lajnef ajoutera[17] le 10 décembre dernier : « *La crise covid a pour conséquence directe l'enrichissement de l'industrie pharmaceutique et de leurs actionnaires. Elle est aussi un alibi pour la création de monnaie infinie par les banques centrales, au profit des États, des banques, des multinationales, et des ultra-riches.* », poursuivant : « *Mais tout cela est presque secondaire. La crise « sanitaire » en plus de nous appauvrir et d'enrichir les ultra-riches, permet surtout de nous faire peur et de nous infantiliser, pour avoir un contrôle total sur les richesses, la production, les médias, les dirigeants politiques !* ». Les banksters se savent protégés par le *too big to fail*, il ne reste plus qu'à brandir la menace du chaos en cas de faillite systémique.

La crise sanitaire de mars 2020 a été la planche de salut du système financier mondial qui allait s'effondrer à cause de la crise du « marché des *repos*[18] », énième scandale financier qui a déstabilisé le système mondial. À la mi-septembre 2019, les taux de prêts interbancaires à très court terme ont bondi de 2 à 10 % en moins d'une semaine. Du coup, afin d'éviter la panique générale, la Fed injectera 53 milliards de dollars de liquidités le 17 septembre 2019, puis ce sera 75 milliards chaque jour[19] ! Depuis la crise de 2008, l'injection de milliers de milliards de dollars et d'euros dans le système financier a alimenté la bête spéculative et certainement pas l'économie productive. Même le FMI avait reconnu à l'époque que l'économie mondiale fin 2019 était très fragile et risquait de s'effondrer à cause notamment de l'explosion du taux des *repos*.

Dès lors, les gouvernants vont tout mettre sur le dos du virus. Si l'économie va mal, c'est à cause du maudit virus. Si la finance va mal, encore ce maudit SARS-CoV-2 ! Si le chômage explose, c'est encore la faute de ce satané virus, idem pour l'inflation et ainsi de suite... Les dirigeants ne s'en cachent même plus, ils profitent allègrement du nouveau variant Omicron pour se déresponsabiliser. Les dernières déclarations du patron de la Fed[20] devant la Commission bancaire du Sénat sont claires : « *La récente augmentation des cas de Covid-19 et l'émergence du variant Omicron posent des risques à la baisse pour l'emploi et l'activité économique et accroissent l'incertitude quant à l'inflation, de plus grandes inquiétudes concernant le virus pourraient réduire la volonté des gens de travailler en personne, ce qui pourrait ralentir les progrès sur le marché du travail et intensifier les perturbations de la chaîne d'approvisionnement* ». Premièrement, c'est le terrorisme sanitaire qui déstabilise l'économie et c'est d'autant plus absurde que nous savons aujourd'hui que le variant Omicron est peut-être plus contagieux que le précédent variant mais très peu dangereux avec une mortalité quasi nulle. Deuxièmement, il est totalement absurde d'imposer des restrictions à la moindre vague épidémique, alors que rien de tel n'avait été fait auparavant pour la grippe ou pour n'importe quelle autre épidémie comme le sida par exemple. Ce sont donc clairement des décisions politiques et certainement pas médicales avec un objectif sanitaire. Les dirigeants savent parfaitement ce qu'il font notamment ceux des banques centrales comme vient de le démontrer Isabel Schnabel, membre du bureau exécutif de la banque centrale européenne dans un article du *Financial Times*[21]. Selon elle : « *Les effets secondaires négatifs de l'achat d'obligations par la Banque centrale européenne augmentent tandis que ses avantages s'estompent* » et peut entraîner une « *prise de risque excessive* », ce qui va déstabiliser le système. Elle avoue donc que ce qu'elle fait quotidiennement est dangereux ; elle en est parfaitement consciente.

La situation économique mondiale est dramatique, il suffit juste de suivre la cotation des métaux sur le marché pour s'en rendre compte et je ne parle pas des métaux précieux mais des métaux industriels les plus basiques et essentiels à l'économie quotidienne. La cotation du cuivre qui était stable autour des 6300 $

la tonne les 5 dernières années, atteint actuellement 10.000 $! Idem pour le nickel qui tournait autour des 15.000 $ la tonne ces 5 dernières années et qui dépasse aujourd'hui les 21.000 $ la tonne. Quant à l'aluminium qui était à 1200 $ la tonne en mars 2020 a dépassé aujourd'hui les 2700 $. Les prix se maintiennent élevés malgré les deux années de crise sanitaire et ceci va avoir une conséquence très importante sur le commerce, notamment celui du bâtiment qui utilise beaucoup de cuivre et d'aluminium ; sans oublier le secteur alimentaire car les fabricants de conserves[22] ont enregistré une explosion du prix de l'acier, du fer blanc et de l'aluminium. Si on ajoute à cela l'explosion des prix des matières premières agricoles, le consommateur va subir une hausse certaine des tarifs d'ici peu. Cette flambée des cours des métaux est d'autant plus grave qu'elle n'a rien à voir avec une explosion de la demande, ce n'est rien d'autre que de la spéculation[23].

De plus, à cause des taux réels négatifs, il faut absolument que ceux qui épargnent en liquide sachent qu'ils sont en train de perdre leur bas de laine ! Les taux réels des banques centrales (taux moins l'inflation)[24] dans le monde entier sont dans le négatif : Argentine : -14.1%, USA : -6.7%, Turquie : -6.3%, Zone Euro : -5.4%, Pologne : -5.1%, Norvège : -4.9%, Canada : -4.5%, Nouvelle Zélande : -4.2%, Grande-Bretagne : -4.1%, Danemark : -4.0%, Chili : -4.0%, République Tchèque : -3.3%, Pérou : -3.2%, Australie : -2.9%, Suède : -2.8%, Corée du Sud : -2.7%..., le problème est donc global et systémique.

Depuis la crise de 2008, la cotation du métal or, valeur refuge par excellence depuis des millénaires, n'a cessé d'augmenter et de se stabiliser autour de 50.000 euros le kilo depuis maintenant plusieurs années. Nous invitons donc tous nos lecteurs à investir et protéger leurs économies en papier par l'achat de quelques pièces d'or ou de lingotins, à moins d'investir dans le foncier qui est également un bon choix ; garder de grandes quantités d'espèces aujourd'hui sous son oreiller, ou dans son compte bancaire, relève du suicide.

Il va de soi que le gouvernement va utiliser toutes les entourloupes statistiques, toutes les techniques des écritures comptables afin de tromper la population comme le fait remarquer M. Anice Lajnef concernant le taux de croissance annoncé en fanfare par le gouvernement ou plus exactement le compte[25] Twitter d'En Marche! : « *Comment osent-ils se vanter d'une croissance de 6.7% après une baisse de 8% ? Un peu de maths : 92% x 1.067 = 98,16% ! On n'a même pas rattrapé le niveau de 2019, malgré 675 mrds d'euros créés par la BCE pour racheter de la dette publique et privée*[26] ». Non seulement la croissance reste négative, mais de surcroît, elle a été gonflée de manière artificielle par des injections d'argent magique qui n'existe pas et qui auront des conséquences lourdes sur l'inflation.

Un autre ennemi des peuples, qu'il va falloir le plus vite possible éliminer de l'économie, est l'usure, ou le crédit à intérêt. Ce taux d'intérêt est créateur d'une très grande inflation puisque chaque prêt bancaire de 300.000 € sur 25 ans, avec un TEG de 1,5%, va créer *ex nihilo* 75.000 € de plus qui ne correspondent absolument à rien, aucune richesse réelle créée puisque cette somme s'additionne à la valeur du foncier. En d'autres termes, l'acheteur va payer son bien 375.000 € brut sur 25 ans avec un très faible taux d'intérêt. Bien sûr, si on applique les taux d'intérêt des années 2000, qui étaient le double de ceux d'aujourd'hui, voire le triple, il va falloir doubler ou tripler le coût final de l'opération. Il s'agit, comme vous pouvez vous en rendre compte, de sommes d'argent très importantes qui ne correspondent à rien et qui vont créer de l'inflation avec le temps. Anice Lajnef explique bien la dangerosité de l'usure avec un exemple très parlant dans *Le Libre Entretien* n°14 que nous avons réalisé. Si une personne emprunte un centime au premier jour de l'ère chrétienne il y a exactement 2021 ans à un taux de 5 % qui n'est vraiment pas considéré comme étant un taux usuraire abusif, il devra rembourser aujourd'hui l'équivalent de 410 milliards de fois le poids de la terre en or ! C'est à peine imaginable avec un cerveau d'être humain, d'autant que la quantité totale d'or sur terre ne dépasse pas un cube de 20 mètres de côté. En d'autres termes, celui qui a le droit de faire des prêts usuraires ne peut que devenir le maître du monde, ce n'est qu'une question de temps.

Nous sommes dans une situation dramatique avec des banksters voraces qui multiplient les bulles financières et menacent l'humanité entière du fait de l'absence d'hommes d'État dignes de ce nom pour défendre les intérêts des populations et enfin de la complicité des médias qui sont eux-mêmes financés par les banques. Le 11 avril 2021, le journal *Le Monde* avait réalisé une vidéo[27] assez déconcertante intitulée *Covid-19 : pourquoi la dette publique n'est pas un problème (pour l'instant*, alors que tout le monde sait que la dette publique française est impossible à rembourser et qu'elle nous met du coup sous la botte des usuriers pour l'éternité. M. Anice Lajnef a publié un fil[28] Twitter le 18 avril 2021 fort intéressant critiquant le contenu de ce montage de 11 minutes : « *Une vidéo du @lemondefr qui explique les mécanismes de la dette publique. Les inégalités de richesse ne sont pas mentionnées : la politique monétaire de la BCE favorise la socialisation de la dette, enrichit les milliardaires, appauvrit les travailleurs. Au-delà des chiffres et des mécanismes purement financiers, cette vidéo n'évoque pas le pouvoir des marchés qui leur permet d'exercer sur les États endettés une pression pour orienter leur politique sociale et économique (réforme des retraites, CICE, réforme du chômage...). Cette vidéo n'évoque pas non plus les conséquences de la politique monétaire de la BCE qui enrichit surtout quelques milliardaires qui finissent par posséder les médias et à influencer les décisions politiques. La BCE défend son action en prétendant aider les États endettés. Cette vidéo n'évoque pas non plus les grands perdants de ce système qui socialise les dettes, mais qui permet l'enrichissement de quelques milliardaires et possédants. Dans un monde où la croissance est faible, la richesse des « gagnants » se construit sur le dos des travailleurs ! Enfin, cette vidéo ne donne pas de solutions pour sortir du diktat des traités européens qui obligent les États à passer par les marchés financiers pour s'endetter. Avec un financement par le Trésor à taux nul, la dette publique n'existerait quasiment pas. Un dernier point : comprenons qu'une dette n'est jamais sans conséquences. Elle implique des sacrifices, et lorsque la dette est sociale, les sacrifices sont souvent répartis sur la classe sociale la plus silencieuse et docile, celle des travailleurs. Question : peut-on en vouloir à des journalistes d'omettre de mentionner que les milliardaires sont les grands gagnants du « système dette », sachant qu'ils sont payés par des milliardaires, et qu'ils ont un crédit à payer à la fin du mois ?* ». Pour M. Anice Lajnef, les données communiquées dans cette vidéo sont justes, les chiffres sont corrects, sauf que le schéma global est ignoré, il y a mensonge par omission. Le travail de M. Anice Lajnef a un double intérêt. Premièrement, en suivant ses publications et ses nombreuses vidéos, vous allez comprendre comment fonctionne le monde de la finance, quelles sont ses failles, quand et comment va-t-il s'écrouler. Deuxièmement, encore plus important, il déconstruit tout le paradigme financier moderne afin de donner des solutions de sortie de crise en mettant en place un système solide qui ne se base plus sur l'intérêt ni sur la spéculation. C'est lui qui a fait remarquer de manière pertinente que lorsque l'INSEE mesure le taux d'inflation annuelle, elle ne met pas dans le panier de calcul le loyer alors que nous savons tous que c'est la dépense la plus importante d'une famille ou d'une mère célibataire. Ainsi, ils peuvent avancer chaque année des taux d'inflation qui dépassent rarement les 1 % ; pourtant, le prix du foncier a explosé[29], notamment à Paris où il est passé de 2500 € le m² à plus de 10.000 € en moins de 15 ans ! Il est impossible économiquement et mathématiquement de ne pas tenir compte d'une telle explosion des prix qui va automatiquement faire exploser la taxe foncière ainsi que la taxe d'habitation.

Aujourd'hui, le système bancaire occidental est tenu à bout de bras depuis des années par l'opération du Saint Esprit. La Bundesbank allemande est au bord de la faillite, elle cumule plus de 1000 milliards d'euros de créances qui la mettent véritablement en danger. Cette même Bundesbank, la plus puissante d'Europe, vient de tirer la sonnette d'alarme quant à la possible remontée des taux d'intérêt à cause d'une inflation à 6 % qui mettrait en danger[30], selon elle, les banques allemandes. La banque italienne multicentenaire Monte Paschi (depuis 1472) aurait dû faire faillite depuis longtemps, elle a déjà été nationalisée par l'État italien et devait être vendue à UniCredit[31] afin de respecter les lois européennes.

De l'autre côté du monde, en Chine, le géant de l'immobilier Evergrande – près de 150 milliards de dollars d'actifs – est en défaut de paiement, il va faire faillite[32]. Alors que ce colosse aux pieds d'argile, deuxième promoteur immobilier chinois créé en 1996, devait s'acquitter d'une facture de 73,1 million d'euros le mois dernier, il ne l'a pas fait et n'a même pas communiqué sur un éventuel paiement futur ! la chute de ce mastodonte est dramatique puisqu'il va mettre en difficulté 200.000 salariés ainsi que 3,8 millions d'autres salariés indirects. La dette d'Evergrande est vertigineuse, elle avoisine les 260 milliards d'euros, 25 % du parc immobilier de l'empire du milieu ; il y a donc une possibilité de contagion dans le secteur ainsi qu'un effet de panique systémique quoi qu'en disent les spécialistes « compétents » qui n'ont pas vu venir la chute d'Enron en 2001, ni même la crise des *subprimes* en 2008.

Depuis plusieurs décennies, de nombreux scandales financiers se sont enchaînés, portant à chaque fois sur des sommes plus vertigineuses que les précédentes, sans aucune conséquence sur le mode de fonctionnement de la finance internationale. Les banques spéculatives n'ont toujours pas été séparées des banques de détail. Le secret bancaire est toujours de mise et les paradis fiscaux surpuissants. Qui ne se souvient pas des déclarations présomptueuses de Nicolas Sarkozy en 2009, pendant la crise des *subprimes*, qui avait osé affirmer péremptoirement qu'il avait mis fin à l'existence des paradis fiscaux[33] : « *Les paradis fiscaux, c'est terminé* » !

Rappelons rapidement l'affaire Clearstream, cette impressionnante chambre de compensation qui joue avec des milliers de milliards de dollars en réalisant des transactions ultrarapides dans le monde entier, via des sociétés-écrans, afin de dissimuler et de noyer la provenance de l'argent comme l'a dénoncé le journaliste Denis Robert dans plusieurs de ses ouvrages (*Révélation$* (2001), *Les Dissimulateurs* (2001), *La Boîte noire* (2002), *Clearstream, l'enquête* (2006)... Il a gagné la totalité de ses procès.

Le scandale LuxLeaks, révélé en novembre 2014 par des lanceurs d'alerte qui seront harcelés par la justice luxembourgeoise, nous a démontré que les paradis fiscaux n'étaient pas obligatoirement à des milliers de kilomètres des capitales européennes, cachés sur des îles paradisiaques, mais carrément sur le territoire européen. On apprend que les plus grandes entreprises mondiales avec des capitalisations de milliers de milliards de dollars - Ikea, Amazon, McDonald's, GDF-Suez, Apple... - sont domiciliées au Luxembourg afin de payer le moins possible de taxes. Ces révélations n'ont d'ailleurs absolument rien changé puisqu'un article[34] du *Guardian* britannique de janvier 2017 va accuser Jean-Claude Juncker, qui a été Premier ministre du Luxembourg pendant près de 2 décennies (1995-2013) puis Président de la Commission européenne (2014-2019), de bloquer toute avancée concernant la levée du secret bancaire et fiscal (rescrits fiscaux). En d'autres termes, ce délinquant a organisé cette optimisation fiscale pendant ses 18 années à la tête du Luxembourg puis, alors qu'il est président de la Commission européenne, il va continuer à faire du lobbying qui va permettre à ces multinationales de payer le moins d'impôt possible sur le sol français tout en profitant de l'argent des citoyens qui achètent leurs produits.

Qu'en est-il des Panama Papers et de la fuite de 11,5 millions de documents confidentiels (1970-2015) du cabinet d'avocats panaméen Mossack Fonseca, documents concernant 214.000 sociétés offshore ! Comme toujours, parmi les personnalités impliquées, on découvre non seulement de nombreuses célébrités qui veulent échapper à la fiscalité de leur propre pays, mais aussi les chefs d'État de sept pays comme l'Arabie saoudite, l'Argentine, les Émirats Arabes Unis, l'Islande, le Pakistan, le Royaume-Uni et l'Ukraine. En France, seront cités l'ancien ministre délégué au Budget Jérôme Cahuzac, Patrick Balkany, Me Arnaud Claude, l'associé de Nicolas Sarkozy[35] dans le cabinet Claude & Sarkozy qui affirmait en 2009 avoir mis fin aux paradis fiscaux, Cécilia Attias, ex-épouse de ce dernier, Ziad Takieddine, DSK, Patrick Drahi, mais également un « patriote nationaliste » comme Jean Marie Le Pen et plusieurs proches de Marine Le Pen, Jean-Noël Guérini... Deux banques françaises ont été épinglées, la Société Générale (un millier de sociétés créées) et la banque Edmond de Rothschild avec plus de 200 structures offshores, seraient restées encore actives en 2016. Deux ou trois perquisitions seront réalisées ici et là notamment dans le siège de la Société Générale, très peu de condamnations prononcées par les tribunaux français, et puis, faute de médiatisation, tout le monde a oublié ce scandale.

Ensuite, en 2018 vient la nouvelle affaire du « CumEx Files[36] ». Énième affaire d'évasion fiscale impliquant les pays européens et dont le préjudice est estimé à 55 milliards d'euros, autre somme astronomique. Alors que tous ces scandales se multiplient, les politiciens et les médias continuent d'accuser le peuple de France de multiples escroqueries, alors que des centaines de milliards d'euros sont volés chaque année, de différentes manières, au Trésor public. Dans ce nouveau scandale en bande organisée, une faille du système a été utilisée par des traders, avocats véreux et banquiers voyous, pour le remboursement de taxes sur le versement des dividendes ; sauf que ces dividendes n'ont jamais été payés et parfois remboursés 10 fois ! Ce scandale rappelle celui de la fraude de type carrousel, cette fameuse fraude à la TVA sur les quotas de carbone qui a également délesté la fiscalité européenne de plusieurs milliards d'euros.

Le dernier scandale en date est celui des Pandora papers impliquant une ribambelle de dirigeants politiques et de magnats des médias – 300 responsables publics, 35 chefs d'État et 130 milliardaires – qui répètent à longueur de temps que les coupables sont les salariés qui fraudent l'assurance chômage ou les familles pauvres qui ont perçu de la CAF 100 € de plus par mois ! Pire encore, alors que nous apprenons que 13.000 milliards d'euros se baladent dans les paradis fiscaux pour échapper à l'imposition, l'Union européenne vient de retirer de sa liste noire trois de ces paradis fiscaux coupables d'évasion fiscale. Non seulement rien n'est entrepris pour mettre fin à cette gabegie mais c'est bien l'inverse qui est constaté dans le monde réel. *Cash investigation* a récemment réalisé un documentaire concernant encore une fois Dominique Strauss-Kahn. Et dire qu'il a presque été élu président de la France alors qu'il ne veut même pas y payer ses impôts ! Pourtant, tout ce qu'il est, il le doit à la France, mais que voulez-vous faire, c'est ainsi que fonctionne le monde d'aujourd'hui. Il utilise les paradis fiscaux marocains ou émiratis pour échapper à l'impôt, puis il vient en France nous faire la morale et nous expliquer comment gérer nos affaires.

Les multinationales sont devenues tellement puissantes, elles manipulent tellement d'argent, qu'elles sont devenues incontrôlables, y compris par les États. Prenons l'exemple de la société Pfizer, ses 180 milliards de $ de capitalisation boursière et ses 82.000 salariés, elle est quasiment intouchable, au moindre scandale elle paie une amende de 2,3 milliards de dollars et c'est reparti pour un prochain scandale ! *Too big to fail.* Idem pour Johnson & Johnson (430 milliards de $ de capitalisations en 2021), Merck (226 milliards de $ début 2020), GSK (90 milliards de livres sterling fin 2019)... mais il y a bien plus puissant que ces sociétés qui ont fait main basse sur la médecine moderne. Prenons l'exemple de Blackrock et Vanguard dont on a déjà parlé au premier chapitre. Blackrock est une multinationale américaine spécialisée dans la gestion d'actifs, elle gère aujourd'hui plus de 9000 milliards de dollars ! C'est une somme astronomique quand on sait que le PIB de toute l'Union Européenne a été de 14.000[37] milliards d'euros en 2019, c'est-à-dire toute la richesse produite par près de 450 millions d'habitants appartenant à 27 pays (statistiques au 1er janvier 2020). Faut-il rappeler que cette entreprise ultra puissante a été perquisitionnée[38] en novembre 2018 par la police allemande dans le cadre du scandale du CumEx. Blackrock va également entreprendre un travail d'influence notamment en ce qui concerne la réforme des retraites en France, ce qui avait scandalisé certains dont le député LR, M. Olivier Marleix qui n'a pas hésité à intervenir à l'Assemblée nationale le 11 décembre 2019 pour dénoncer ce très malsain lobbying : « *Depuis un mois, votre gouvernement a autorisé le géant des fonds de pension américain à collecter directement la retraite privée des Français. Si la réforme va à son terme, les affaires de BlackRock prendront donc un formidable essor en France.* »

Laisser des entreprises ultra capitalistes voraces, adeptes des fonds de pension à l'américaine, responsables de la faillite d'un grand nombre de banques qui ont précipité dans la pauvreté des millions de retraités américains relève du pur sabotage ; c'est tout simplement criminel. Cela n'a pas empêché Emmanuel Macron, sur proposition du Premier ministre de l'époque Édouard Philippe, de décerner la Légion d'honneur au président de BlackRock France, M. Jean-François Cirelli[39] (encore un énarque qui a dirigé GDF pui GDF SUEZ, Engie...). Entre BlackRock et McKinsey, on peut affirmer sans aucun risque de se tromper que la France est en train d'être dévorée par des prédateurs voraces affamés qui ne vont absolument rien laisser, pas même un bout d'os de phalange à ronger.

BlackRock gère l'argent d'un très grand nombre d'entreprises dont les industriels de la guerre et de l'armement[40], le plus important au monde, et bien sûr les énergies fossiles. Ceci, bien entendu, ne les empêchera pas de se présenter comme des investisseurs responsables aussi bien pour la paix dans le monde que pour sauver le climat. Une importante campagne[41] a été lancée en septembre 2018 contre BlackRock, intitulée #blackrocksbigproblem ; selon ses promoteurs, l'entreprise est le « *plus grand des moteurs de la destruction du climat sur la planète* » ! C'est certainement pour cette raison précisément que la France a décidé de remercier son représentant local, Jean-François Cirelli, et de l'élever au rang d'officier de la Légion d'honneur...

Face à BlackRock, il y a un autre géant, *The Vanguard Group*, qui pesait au 31 janvier 2021, 7200 milliards de dollars (les deux multinationales sont, bien entendu, américaines, un détail qui a son importance). C'est exactement la même activité de gestion des entreprises les plus polluantes et les plus criminelles de la planète avec une puissance de frappe assez spectaculaire, étant donné l'ampleur des sommes dont on parle. State Street est la 3e du Top 3 mondial qui gère près de 4000 milliards de dollars et qui offre également un service bancaire (on peut ajouter le fonds Fidelity).

Tout le monde se rend compte de la dangerosité d'une telle puissance, d'autant que nous avons encore en mémoire l'expérience des précédentes crises économiques dont ils étaient responsables. Pourtant, personne ne fait rien et certainement pas les responsables politiques surtout lorsque l'on sait qu'Emmanuel Macron est un ex-banquier, associé gérant chez Rothschild. La presse en a régulièrement parlé dans cet article[42] de *Marianne* publié le 16 novembre 2020, *BlackRock, Vanguard, State Street : ces nouveaux maîtres du monde qui ne nous veulent pas que du bien.* Il faut bien comprendre que les patrons de ces trois géants de la finance peuvent faire la pluie et le beau temps dans un pays, car une simple phrase peut écarter ou amener de très nombreux investisseurs. Un autre travail d'investigation[43] été réalisé par le site *Arrêt sur image* en décembre 2019 qui dénonce également la surpuissance de ces entreprises, notamment BlackRock.

De nombreux économistes ont dénoncé un fait plus grave encore, la disparition de toute possibilité de concurrence puisque toutes ces entreprises possèdent des actions dans les mêmes entreprises, comme expliqué dans cet article[44] du journal suisse *Le Temps* : « *Les investisseurs institutionnels détiennent 80% du capital des 500 plus grands groupes américains membres de l'indice S&P 500. BlackRock, Vanguard, Fidelity et State Street ne sont pas seulement les quatre premiers actionnaires d'Apple avec 18% au total mais ils appartiennent aux six principaux actionnaires de son concurrent, Microsoft (17%). Ces quatre géants de la finance détiennent, à travers leurs fonds de placements, l'essentiel des grands groupes bancaires américains avec 19% du capital de la première banque américaine, JP Morgan Chase, 17% de Bank of America et 22% de Citigroup. On parle d'actionnariat horizontal lorsque plusieurs investisseurs détiennent de fortes participations dans des entreprises de la même branche. Ce phénomène pourrait réduire la concurrence dans les branches à fort degré de concentration et pénaliser le consommateur, avance Einer Helhauge, professeur à Harvard, dans une étude (Horizontal Shareholding).* » ! Effectivement, ils ont tous intérêt à ce que l'entreprise fasse toujours plus de bénéfices, sans prendre trop de risques, puisqu'ils ont tous placé leurs œufs dans le même panier ; c'est du communisme inversé. Aucun ne s'avisera à baisser les prix pour concurrencer une autre entreprise qui lui appartient aussi ; il va de soi que tout ceci se fera au détriment du consommateur. C'est ce que le monde de la finance appelle « l'actionnariat horizontal » qui a fait augmenter jusqu'à 5 % le prix des billets d'avion par exemple. Cette anomalie est également responsable d'une baisse de croissance et de production, car en réalité, ils vont tous commencer à prendre le moins de risque possible en se reposant sur leurs lauriers. C'est tout simplement l'opposé d'un système capitaliste tel qu'il a été défini ces deux derniers siècles en Occident.

Logiquement, dans n'importe quel État de droit, les autorités auraient légiféré pour protéger non seulement l'intérêt du consommateur mais également celui du marché, ce qui n'a jamais été fait, malgré un article[45] du site *The Street* qui annonçait en 2016 que BlackRock serait la prochaine cible d'une nouvelle réglementation, ce qui n'a pas été le cas à ce jour comme tout le monde peut le constater.

Concernant cette crise sanitaire, BlackRock et Vanguard sont les premiers actionnaires des plus grandes entreprises de Big Pharma comme Pfizer[46], Gilead[47], Janssen... ainsi que des plus grosses entreprises médiatiques, sans oublier Microsoft dont on a déjà parlé et qui appartient au vaccinaliste Bill Gates. Aucun d'eux n'a intérêt à ce que l'autre coule et soit entraîné dans un scandale sanitaire ou financier. Ils se tiennent tous par la barbichette, ils détiennent le pouvoir et personne ne veut le perdre. Pendant ce temps le peuple trinque...

Qu'en est-il des monnaies virtuelles ? Depuis la création du bitcoin et son succès spectaculaire, tout le monde veut en acheter, voire créer de nouvelles monnaies digitales afin de faire fortune aussi vite. Ce qui est d'ailleurs présenté comme une alternative au système n'est rien d'autre qu'une copie de ce même système criminel, en pire. Plus personne ne veut travailler, tout le monde veut acheter une crypto monnaie à 0,10 € l'unité pour la revendre dans quelques années à 1000 ou 5000 € pièce. Les banksters eux-mêmes n'étant déjà pas régulés, les monnaies virtuelles le sont encore moins. 8% de la totalité des bitcoins appartiennent à quelqu'un dont personne ne connaît l'identité, ce qui est anormal, car il s'agit de plusieurs dizaines de milliards de dollars ! De plus, il n'y a rien de plus volatil que le bitcoin. Chaque tweet d'Elon Musk fait bouger le bitcoin dans tous les sens, il décrédibilise totalement l'idée d'une monnaie décentralisée et non régulée. Le bitcoin fonctionne car il est le premier dans le circuit et les gens ont foi en cette monnaie. Par contre à côté, il existe nombre d'escroqueries comme le OneCoin[48] et ses 3.5 milliards d'euros volatilisés. Le scandale du Thodex[49] en est un autre assez important puisqu'un mandat d'arrêt international a été lancé le 23 avril 2021 contre Faruk Fatih Ozer, le fondateur de la plateforme, accusé d'avoir pris la fuite avec deux milliards de dollars d'actifs. En réalité, ces systèmes de monnaies virtuelles sont devenus des pyramides de Ponzi. Chaque nouvel investisseur doit amener avec lui d'autres investisseurs qui seront bien sûr des personnes proches, des personnes de son entourage, la famille et les amis. Ainsi, en cas de problème, d'escroquerie ou de scandale, il y aura impossibilité de déposer plainte contre le frangin ou le cousin. J'ai dénoncé, dans mon travail d'information, une escroquerie mise en place par un certain Karim Benabdelkader au Maroc appelé le ZyneCoin. À l'époque, j'avais déconseillé à quelques amis d'investir le moindre euro dans cette affaire douteuse et il faut dire que ceux qui ont suivi ce conseil auront été bien inspirés. En effet, en un an seulement, le ZyneCoin[50] a perdu près de 90 % de sa valeur. Depuis le début de l'aventure, alors qu'il était à 0,80 €, il est aujourd'hui à 0,18 €. *In fine*, cet intérêt soudain de la jeunesse pour les cryptomonnaies est à l'image de l'époque décadente que nous vivons, il n'est rien d'autre que la recherche du gain facile, important et immédiat, totalement dérégulé et incontrôlable qui ne pouvait que mal finir.

Si on ajoute à cela l'ubérisation de l'économie française qui est une paupérisation des salariés, avec des conditions de travail lamentables (d'aucuns sont obligés de faire pipi dans des bouteilles en plastique pour pouvoir réaliser les 150-200 livraisons quotidiennes), il serait urgent de commencer à s'inquiéter sérieusement de l'avenir de la France.

Le système économique et financier mondial étant en train de s'écrouler, il s'est rabattu sur la crise sanitaire du Covid-19 pour faire croire qu'il n'en est pas responsable et que c'est bien le satané virus qui est à l'origine de la destruction de l'économie. Ce cirque ne pourra pas durer mille ans, il va falloir qu'un autre prétexte soit mis en avant, ce sera la prochaine étape, la crise climatique. Toute l'économie future sera fondée sur cette énième escroquerie qui fera l'objet du prochain chapitre. La Nouvelle-Zélande a commencé par imposer dans Auckland, une nouvelle taxe[51] climatique ! C'est toujours le même problème, au lieu de mettre fin à la pollution, on va la taxer. En d'autres termes, vous pouvez continuer à polluer mais il faut compenser avec une taxe en achetant un droit à... polluer. C'est complètement stupide, inefficace mais c'est ainsi que ça fonctionnera les deux prochaines décennies.

Passons maintenant au prochain chapitre consacré à ce qui sera certainement la plus grosse escroquerie de toute l'histoire de l'humanité, la crise climatique.

Notes

1. https://www.lelibrepenseur.org/un-membre-du-parlement-canadien-demande-au-gouvernement-dou-viennent-les-7-milliards-daides/
2. https://www.20minutes.fr/monde/3194279-20211210-coronavirus-finlande-cas-contact-premiere-ministre-finlandaise-surprise-boite-nuit
3. https://www.midilibre.fr/2021/12/07/traces-de-cocaine-dans-les-toilettes-de-westminster-le-scandale-qui-fait-trembler-le-parlement-britannique-9976927.php
4. https://www.lemonde.fr/international/article/2021/09/20/la-secretaire-americaine-au-tresor-met-en-garde-contre-le-risque-de-crise-financiere-historique_6095274_3210.html
5. https://www.france24.com/fr/am%C3%A9riques/20211013-le-congr%C3%A8s-am%C3%A9ricain-approuve-le-rel%C3%A8vement-temporaire-du-plafond-de-la-dette
6. https://www.lecho.be/economie-politique/belgique/economie/40-des-investisseurs-craignent-une-crise-financiere-dans-les-prochains-mois/10346573.html
7. https://www.francesoir.fr/politique-france/macron-pas-dargent-magique-pour-les-hopitaux-video
8. https://www.lefigaro.fr/conjoncture/le-deficit-de-la-secu-toujours-plombe-par-le-covid-revu-en-hausse-a-38-4-milliards-d-euros-en-2021-20210623
9. https://www.courrierinternational.com/article/luxe-record-de-commandes-de-yachts-quimporte-la-pandemie-les-plus-riches-se-font-plaisir
10. https://www.letemps.ch/economie/ultrariches-toujours-plus-riches-symboles-dune-inegalite-croissante
11. https://twitter.com/menlobear/status/1449498535557099527
12. https://fb.watch/9RCg6HGoyT/
13. https://twitter.com/AniceLajnef
14. https://blogs.mediapart.fr/anice-lajnef/blog
15. https://www.lesechos.fr/finance-marches/marches-financiers/les-rachats-dactions-depassent-leur-niveau-davant-crise-en-france-1371485
16. https://group.bnpparibas/communique-de-presse/bnp-paribas-lance-un-programme-de-rachat-dactions-dun-montant-de-900-millions-deuros
17. https://twitter.com/AniceLajnef/status/1469211837652770818
18. https://www.lesechos.fr/finance-marches/marches-financiers/crise-du-repo-la-bri-pointe-la-responsabilite-des-banques-et-des-hedge-funds-1155001
19. https://blogs.mediapart.fr/jean-marc-b/blog/111019/crise-du-repo-aux-etats-unis-la-fed-intervient-pour-eviter-la-catastrophe
20. https://www.challenges.fr/economie/le-variant-omicron-pourrait-peser-sur-l-economie-et-l-inflation-americaines-avertit-le-patron-de-la-fed_791170
21. https://www.ft.com/content/6dd8e765-76e8-44c3-b6a6-d7cc114f3a67
22. https://www.lsa-conso.fr/les-conserveurs-inquiets-de-l-explosion-des-couts-de-metaux,393086
23. https://www.lesechos.fr/finance-marches/marches-financiers/le-supercycle-des-metaux-fait-monter-les-prix-avant-meme-de-commencer-1349548
24. https://twitter.com/charliebilello/status/1469310532683730949
25. https://twitter.com/enmarchefr/status/1468666815417139202

26. https://twitter.com/AniceLajnef/status/1468673884715200513
27. https://www.youtube.com/watch?v=SZxeTIzQwQ4
28. https://twitter.com/AniceLajnef/status/1383733747418157058
29. https://www.leparisien.fr/immobilier/10-000-euros-le-m2-a-paris-l-evolution-du-prix-de-l-immobilier-dans-la-capitale-5-graphiques-05-09-2019-8145984.php
30. https://www.capital.fr/entreprises-marches/les-banques-dallemagne-sont-menacees-par-la-remontee-des-taux-dinteret-la-bundesbank-tire-la-sonnette-dalarme-1421103
31. https://www.lesechos.fr/finance-marches/banque-assurances/monte-dei-paschi-le-caillou-dans-la-chaussure-de-mario-draghi-1360601
32. https://www.ledauphine.com/economie/2021/12/10/tout-comprendre-a-la-chute-d-evergrande-geant-de-l-immobilier-chinois-en-defaut-de-paiement
33. https://www.lopinion.fr/politique/quand-nicolas-sarkozy-se-felicitait-en-2009-de-la-fin-des-paradis-fiscaux
34. https://www.theguardian.com/business/2017/jan/01/jean-claude-juncker-blocked-eu-curbs-on-tax-avoidance-cables-show
35. https://www.telerama.fr/medias/panama-papers-cash-investigation-1-platini-0,140503.php
36. https://www.lemonde.fr/cumex-files/article/2018/10/18/cumex-files-une-enquete-allemande-un-scandale-europeen_5371019_5369767.html
37. https://www.touteleurope.eu/economie-et-social/le-pib-des-pays-de-l-ue/
38. https://www.latribune.fr/entreprises-finance/banques-finance/scandale-cumex-deux-ex-banquiers-juges-pour-l-enorme-fraude-fiscale-au-dividende-827087.html
39. https://www.nouvelobs.com/politique/20200101.OBS22957/le-president-de-blackrock-france-promu-officier-de-la-legion-d-honneur.html
40. https://www.blackrock.com/us/individual/products/239502/ishares-us-aerospace-defense-etf
41. https://blackrocksbigproblem.com/
42. https://www.marianne.net/economie/finance/blackrock-vanguard-state-street-ces-nouveaux-maitres-du-monde-qui-ne-nous-veulent-pas-que-du-bien
43. https://www.arretsurimages.net/emissions/arret-sur-images/blackrock-on-peut-quasiment-dire-quils-sont-les-maitres-du-monde
44. https://www.letemps.ch/economie/linquietant-pouvoir-quatre-plus-grands-gerants-fonds
45. https://www.thestreet.com/investing/funds/mutual-funds/why-larry-fink-may-be-the-trustbusters-next-target-13773419
46. https://www.zonebourse.com/cours/action/PFIZER-INC-23365019/societe/
47. https://www.zonebourse.com/cours/action/GILEAD-SCIENCES-INC-4876/societe/
48. https://www.capital.fr/entreprises-marches/onecoin-larnaque-aux-cryptomonnaies-a-3-5-milliards-deuros-1330962
49. https://www.rtl.fr/actu/economie-consommation/cryptomonnaies-le-fondateur-de-thodex-soupconne-d-une-escroquerie-a-2-milliards-de-dollars-7900023585
50. https://www.coingecko.com/fr/pi%C3%A8ces/zynecoin?__cf_chl_jschl_tk__=is-3Su4mzpZ_9Xi7iQC8Qx5wEmCTgr.jU299FXMqUg1c-1639340150-0-gaNy-cGzNCZE
51. https://www.independent.co.uk/climate-change/news/new-zealand-auckland-climate-tax-b1967640.html

« *Si le climat était une banque, on l'aurait déjà sauvé* »
Hugo Chavez. Cop15, 2009.

« *Le doute est le commencement de la sagesse* »
Aristote, complotiste grec.

« *Avant le covid, je n'étais pas antivax. Maintenant, après toutes les infos parcourues, non seulement je suis antivax, anti médecine toxique et anti hôpitaux.* »
Eva, Twitter, 16 déc. 2021.

Chapitre IV

ODD ET ESCROQUERIE CLIMATIQUE

« *Le doute est un état mental désagréable,*
mais la certitude est ridicule. »
Voltaire

Il importe, avant même d'aborder cette question, de rappeler avec insistance que ceux qui nous proposent aujourd'hui des modèles de sortie de crise, des stratégies de dépollution et de préservation de la nature sont ceux-là mêmes qui l'ont détruite pendant des décennies. On ne peut pas croire un discours de Klaus Schwab, le patron du Forum économique mondial (FEM), c'est impossible. On a démontré précédemment qu'Emmanuel Macron était très lié aux entreprises les plus polluantes et avait essayé de les aider lorsqu'il était au gouvernement. C'est bien le World Economic forum qui a imposé le système capitaliste actuel, l'obsolescence programmée qui a jeté dans la nature des milliards d'appareils électroniques ou plastiques qui sont en train de se décomposer petit à petit dans la nature pour se retrouver dans les organismes des êtres vivants et causer des dégâts irrémédiables en augmentant les cancers. Ce sont les entreprises du FEM qui ont commercialisé les 4x4 et autres SUV pour une utilisation citadine ! Ce sont encore elles qui ont industrialisé l'agriculture et l'élevage intensif en injectant dans les processus des centaines de produits chimiques extrêmement dangereux pour la santé des populations : les engrais, les pesticides cancérigènes, les hormones de croissance, les antibiotiques, la vaccination... ; on se retrouve aujourd'hui avec des aliments n'ayant absolument aucun intérêt nutritionnel et qui contiennent, par contre, des dizaines de produits chimiques et autres perturbateurs endocriniens, très nocifs pour la santé des consommateurs. Un article[1] du *Nouvel Obs* avait justement parlé de la perte en vitamines des fruits d'aujourd'hui. Une pomme de 2020 a 100 fois moins de vitamine C qu'une pomme de 1950. Une orange d'aujourd'hui a 21 fois moins de vitamines qu'une une orange d'il y a sept décennies ! En d'autres termes, nous mangeons du plastique qui n'a aucun intérêt nutritionnel et l'on comprend pourquoi tant de gens sont en carences vitaminiques, ces dernières pouvant être mortelles chez les personnes âgées et les plus fragiles d'entre nous en cas de maladie comme la grippe par exemple. J'ai déjà longuement parlé et à de nombreuses reprises des travaux de l'Autrichien Günter Schwabe, l'auteur de *Danse avec le Diable*, ouvrage écrit en 1958 et qui dénonçait déjà les dangers de la destruction de la nature par l'industrialisation et la modernité.

Il est important de mettre les points sur les I au sujet de la crise écologique. En effet, nul ne peut nier sa réalité, c'est une véritable crise extrêmement sérieuse et grave, mettant en danger la vie des Terriens. Il ne s'agit pas d'une crise climatique à proprement parler, incriminant le seul CO^2, mais d'une crise écologique plus vaste, due à une pollution folle de toute la planète touchant aussi bien l'air que la terre, les mers et les océans. D'ailleurs, le carbone n'a jamais été un poison pour l'être humain, puisqu'il est, avec l'azote l'oxygène et l'hydrogène, une composante essentielle de toute matière organique. Le carbone est essentiel à la vie, il l'est d'autant qu'il représente le composé le plus important des plantes et de l'espèce animale. Tenter de faire croire que le carbone est l'ennemi public n°1 n'a aucun sens, d'un point de vue scientifique. Par contre, des milliers de produits chimiques extrêmement dangereux et toxiques circulent librement sur la surface du globe et ne sont toujours pas interdits. Il suffit de rappeler à quel point l'interdiction du glyphosate est compliquée à mettre en place à cause du lobbying intensif de Monsanto/Bayer. L'exemple des néonicotinoïdes[2], toujours utilisés, alors qu'ils sont extrêmement nocifs aux abeilles essentielles à la reproduction des plantes et vitales pour la faune et l'humanité, est édifiant. L'utilisation stupide de milliards de masques en plastique qui se retrouveront jetés un peu partout dans l'environnement aura des conséquences dramatiques sur la santé humaine et animale, car ces dérivés du pétrole se retrouveront à terme dans votre sang ou celui du poisson, de la poule ou de l'agneau que vous consommerez.

Ceux qui nous proposent de sortir de la crise en se faisant passer aujourd'hui pour des écologistes chevronnés sont les mêmes qui ont autorisé l'utilisation des hormones de croissance dans les élevages de poules, afin de les faire gonfler le plus vite possible et augmenter ainsi leurs bénéfices, sauf que la croissance est tellement chaotique que leurs pattes se fracturent sous le poids démesuré des poules trop grosses, du fait de la croissance osseuse incomplète. Ces mêmes sociopathes ont également autorisé l'utilisation d'hormones de croissance afin de faire passer la production quotidienne des vaches laitières de 30 litres à 150 litres, tout en causant à force de traites intensives, des inflammations purulentes des mamelles[3] qui seront traitées avec des quantités importantes d'antibiotiques. Tous ces produits chimiques (hormone, antibiotiques) ainsi que le liquide purulent gorgé de bactéries, bien entendu, se retrouveront dans le lait que le consommateur ingérera. Miam miam... Il est possible de citer encore des dizaines de ce type de scandales sanitaires mais à quoi bon, une demi-douzaine devrait suffire pour convaincre n'importe quel être humains doué d'intelligence.

Devinez qui va conseiller l'UE dans les affaires d'environnement ! Le fonds d'investissement BlackRock[4], pardi ! Est-ce une blague ? Est-ce une insulte ? Est-ce justement de la profonde bêtise ? On ne saurait répondre avec certitude à ces trois questions ; par contre, on peut affirmer qu'il est question de fin de civilisation, car c'est le règne de l'argent-roi, du mammonisme triomphant.

Nous savons que les eaux de la planète entière sont polluées par le mercure qui est un élément chimique très toxique pour l'organisme humain, même à très faible concentration et pourtant, rien n'est fait pour y remédier et de toute manière c'est déjà trop tard, car on ne voit pas comment l'homme pourrait-il s'y prendre pour filtrer toutes ces quantités d'eau pour s'en débarrasser. On pourrait déjà commencer par ne plus l'utiliser de manière irresponsable, mais ce n'est même pas le cas.

L'augmentation de la température de 2°c n'a jamais tué personne, d'autant qu'elle augmente de 30° pendant plusieurs mois lors de la saison estivale. En ce qui concerne la montée des eaux et la disparition de certaines métropoles situées au niveau de la mer, elles ont des années devant elles pour y remédier. Par contre, la multiplication de produits chimiques mortels dans notre environnement immédiat avec un contact quotidien, a des conséquences catastrophiques directe sur la santé des populations.

De plus, les dirigeants nous donnent l'impression de vouloir sauver des vies, tandis qu'ils laissent 25.000 personnes mourir tous les jours de famine - dont 10.000 enfants[5] - alors qu'il y a largement assez de nourriture dans le monde pour nourrir 12 milliards d'êtres humains selon Jean Ziegler, rapporteur spécial auprès de l'ONU sur la question du droit à l'alimentation dans le monde. Selon l'ONU : « *Chaque jour, 25.000 personnes, dont plus de 10.000 enfants, meurent de la faim et des causes associées.* » ! Qui sont les responsables de ce massacre ? Est-ce la crise climatique, le manque d'eau... ? En réalité, le travail de Jean Ziegler démontre qu'il y a assez de nourriture pour 2 fois plus d'êtres humains et que les responsables des famines sont les multinationales qui n'hésitent pas à détruire des récoltes afin de maintenir des prix de vente élevés. Faut-il rappeler que si les maladies les plus mortelles tuent beaucoup, c'est parce qu'elles frappent des organismes fragilisés par la famine et les nombreuses carences induites.

Son rapport de 2008 est encore plus violent et démontre l'absurdité du système : « *On estime qu'il faut environ 200 kg de maïs pour remplir le réservoir d'une voiture de biocarburant (une cinquantaine de litres), ce qui est suffisant pour nourrir une personne pendant un an. Le risque est donc grand d'entraîner une concurrence entre aliments et carburants qui laissera les pauvres et les victimes de la faim des pays en développement à la merci de prix des aliments, de la terre et de l'eau qui augmentent rapidement.* » ! Les grands industriels et les multinationales occidentales préfèrent nourrir des SUV et des 4x4 que les centaines de millions d'êtres humains qui crèvent de faim tous les jours dans le monde en attendant patiemment leur mort (la malnutrition chronique touche deux milliards de personnes dans le monde) ! Cette solution d'utilisation des biocarburants pour agir contre le changement climatique est une stupidité sans nom, d'autant qu'il est question de millions d'hectares utilisés pour la production de biocarburants, des terres arables qui ne seront pas utilisées pour la production de nourriture ! Pendant ce temps, selon le gouvernement[6] : « *En France, les pertes et gaspillages alimentaires représentent 10 millions de tonnes de produits par an, soit une valeur commerciale estimée à 16 milliards d'euros* [...] *Pour la phase de consommation, cela représente 30 kg par personne et par an de pertes et gaspillages au foyer (dont 7 kg de déchets alimentaires non consommés encore emballés), auxquels s'ajoutent les pertes et gaspillages générés en restauration collective ou commerciale.* » !

Pour aller plus loin dans cette folie, Jean Ziegler rappelle que grâce aux subventions agricoles de l'Union européenne, les Africains se retrouvent sur les étals de leurs marchés avec des fruits et légumes européens moins chers que ceux des productions locales ! Donc, pour que survive l'agriculteur européen, il faut tuer l'agriculteur africain. Mieux encore, lorsque l'agriculure européenne ne pourra plus fournir des peuples africains en nourriture pour une raison quelconque (crise économique, pandémie...), ils ne pourront que mourir de faim, sachant que leurs agriculteurs auront disparu depuis longtemps du fait de la concurrence déloyale.

Chaque nouvelle crise économique, chaque explosion de bulle financière, chaque confinement... va faire basculer des centaines de millions d'êtres humains dans l'extrême pauvreté et la famine. La gestion politique catastrophique de la crise sanitaire, en multipliant les confinements, a détruit une partie de l'économie et plongé des centaines de millions de personnes dans le gouffre de la misère. Si les dirigeants du monde voulaient faire tant de bien à l'humanité, ils pourraient le faire sans aucune difficulté car la planète est assez riche, largement assez, pour éradiquer toute la misère. Ils s'abstiennent de le faire, car ils ont des raisons de faire ces choix ; du coup, il faut être complètement stupide ou avoir perdu totalement la raison pour laisser faire ceux qui, hier, ont détruit la planète, et qui prétendent la sauver aujourd'hui.

Toute cette propagande climatique a commencé en juin 1992 lors de la Conférence des Nations unies sur l'environnement et le développement rassemblant 189 pays avec la présence de 120 chefs d'État ; ce qui a donné naissance à la déclaration de Rio et ses 27 principes[7]. Ces derniers ne sont rien d'autre que des vœux pieux, des grands principes théoriques qui n'ont jamais été mis en application ; bien au contraire, depuis 1992 la situation environnementale est bien pire. Cette réunion a également mis en place ce qui a été appelé l'Agenda 21, un programme d'action pour le XXIe siècle à mettre en œuvre dans de nombreux domaines comme la santé, le logement, l'eau et l'assainissement, la pollution de l'air, des mers et de la terre, l'agriculture, la gestion des déchets... Huit ans plus tard, l'ONU voudra organiser une conférence encore plus élargie, avec cette fois-ci 193 états membres. Il s'agit des « Objectifs du millénaire pour le développement » dont la réunion s'est tenue à New York en septembre 2000. Huit grands principes seront affirmés :

- Réduire l'extrême pauvreté et la faim,
- Assurer l'éducation primaire pour tous,
- Promouvoir l'égalité et l'autonomisation des femmes,
- Réduire la mortalité infantile,
- Améliorer la santé maternelle,
- Combattre les maladies,
- Assurer un environnement humain durable,
- Mettre en place un partenariat mondial pour le développement.

Selon le site[8] de l'ONU : « *Dans la Déclaration du Millénaire pour le développement des Nations Unies, signée en septembre 2000, les dirigeants mondiaux s'engagent à combattre la pauvreté, la faim, la maladie, l'illettrisme, la dégradation de l'environnement et les discriminations à l'égard des femmes.* ». Encore de jolies phrases, de très jolis principes, sauf que nous sommes en 2021 et rien n'a changé, d'autant qu'ils s'étaient donné à l'époque comme horizon l'année 2015. On peut tous affirmer aujourd'hui que toutes ces réunions n'étaient rien d'autre que des occasions pour aller, aux frais de la princesse, passer quelques jours dans de jolis hôtels étoilés en galante compagnie.

Après les flops retentissants de 1992 et 2000, les mêmes clowns qui ont échoué hier nous proposent aujourd'hui le grand projet humaniste des Objectifs de développement durable (ODD) à mettre en place entre 2021 et 2030. Ils sont composés de 17 points : éradication de la pauvreté ; lutte contre la faim ; accès à la santé ; accès à une éducation de qualité ; égalité entre les sexes ; accès à l'eau salubre et à l'assainissement ; recours aux énergies renouvelables ; accès à des emplois décents ; bâtir une infrastructure résiliente, promouvoir une industrialisation durable qui profite à tous et encourager l'innovation ; réduction des inégalités ; villes et communautés durables ; consommation et production responsables ; lutte contre le changement climatique ; vie aquatique ; vie terrestre ; justice et paix ; partenariats pour la réalisation des objectifs. On retrouve les mêmes grands principes que tout ce qui a été déjà décidé, sauf encore une fois, que tout ceci n'est que théorique.

Il est intéressant à présent de reprendre point par point chacun de ces principes pour les analyser de plus près et démontrer combien il est simple de mettre fin à ces injustices et déséquilibres, sauf qu'il faut, pour ce faire, cesser de mentir, voler, piller, corrompre, tuer... ce que les dirigeants du monde ne sont pas près de faire puisqu'il faut bien promouvoir et mettre en place des dirigeants corrompus à la tête de nombreuses nations africaines, en maintenant dans une très grande instabilité des régions entières, afin de pouvoir leur vendre de l'armement et piller leurs richesses essentielles à l'économie mondiale.

Prenons l'exemple de la pauvreté. Pour y mettre fin, il suffit de cesser de soutenir les dictateurs africains mis en place par l'Occident, dont l'argent pillé par dizaines de milliards de dollars est caché dans les banques européennes des paradis fiscaux. Il faut cesser de manipuler l'Afrique en échafaudant régulièrement des coups d'état pour déstabiliser la région et ainsi, pouvoir se créer des opportunités de marchés pour l'industrie de l'armement. Sans oublier, bien entendu, de préciser que la majorité des tyrans africains, appartiennent quasi systématiquement à des loges maçonniques occidentales (faut-il rappeler que l'actuel ministre des affaires étrangères, depuis dix ans au gouvernement, Jean-Yves Le Drian est franc-maçon[9] du GODF), et qu'ils sont là pour permettre le pillage des richesses du sol et du sous-sol : cacao, caoutchouc, or, uranium, pétrole... Un article de *Jeune Afrique* publié le 4 juillet 2021, *Famille, chefs d'État, francs-maçons… Le réseau très VIP de Le Drian, de Paris à Abidjan*, dénonce la proximité de Jean-Yves Le Drian avec des présidents africains appartenant à son obédience : « *Ali Bongo Ondimba, Denis Sassou Nguesso (DSN) – lequel a initié Idriss Déby Itno et François Bozizé –, Faustin Archange-Touadéra, Faure Essozimna Gnassingbé ou encore Alpha Condé* » ! L'article va encore plus loin et accuse Le Drian de vouloir faire des affaires avec le continent africain en y mêlant son fils Thomas : « *Le ministre de la Défense puis des Affaires étrangères s'est constitué un carnet d'adresses d'exception sur le continent. De la biométrie à l'armement, de Lorient à Bamako, le Breton s'est mis au service d'un business où se mêlent les intérêts nationaux, régionaux et, parfois, familiaux.* » ! Tout est public aujourd'hui, il suffit de vouloir savoir et comprendre.

Qui peut croire que l'opération Barkhane, lancée en août 2014, puisse servir à défendre, contre le terrorisme islamique, la frontière sud de la France, alors qu'entre le Mali et Marseille, il y a à traverser les 2000 km de l'Algérie et la largeur de la Méditerranée ? Ceci n'est vraiment pas sérieux et c'est pourtant ce qui est répété inlassablement par le gouvernement et les médias, pour justifier l'envoi de 5100 soldats français sur un territoire désertique hostile, aussi vaste que l'Europe, coûtant aux contribuables français une véritable fortune. En effet, la surface totale de la bande sahélo-saharienne[10] (Mauritanie, Mali, Burkina Faso, Niger et Tchad, sans oublier quelques centaines de milliers de kilomètres carrés des pays avoisinants, étant donné la porosité des frontières) est de 5.097.338 km² alors que la totalité des 27 pays de l'Union européenne ne dépasse pas les 4.200.000 km². Croire que 5100 soldats parisiens, lyonnais ou marseillais, quels que soient leur entraînement et leur supériorité technique, puissent venir à bout de Touaregs, sur une surface aussi gigantesque, relève de l'aliénation mentale.

Bien sûr, tout le monde a pu le constater, les attentats du Bataclan, du Stade de France ou de *Charlie hebdo* ont été perpétrés par des terroristes maliens. Pire encore, le héros de l'attentat de l'Hyper kasher, Lassana Bathily, est né en 1990 dans un village de la région de Kayes au... Mali ! Quant à Amedy Coulibaly, il n'est pas Malien, mais bien Français, né en 1982 à Juvisy-sur-Orge ; les autres étant des Français de souche convertis ou des Français et Belges d'origine maghrébine.

Le gouvernement français a d'ailleurs fini par se résoudre à mettre fin à cette mascarade, après avoir perdu inutilement 47 soldats ainsi qu'un argent fou, puisque l'opération a coûté pas moins de 880 millions d'euros[11] en 2020, un argent dont a cruellement besoin la France pour construire des CHU et ouvrir quelques dizaines de milliers de lits d'hospitalisation afin de sauver la vie des Français qui tombent malades (avec le budget d'une année de Barkhane, on peut construire 4 IHU). Évidemment, les autochtones considéraient la présence de soldats étrangers sur leur sol comme une agression militaire, ce qui augmentait leur adhésion aux thèses djihadistes, ne faisant qu'aggraver la situation et déstabiliser encore plus la région. De nombreuses manifestations ont été organisées au Mali pour demander à tous les soldats de quitter leur sol, plusieurs manifestants arboraient des pancartes « France Dégage[12] » ! Le résultat diplomatique de l'opération Barkhane est désastreux. La décision prise par la France d'envoyer autant de soldats dans un pays souverain ne pouvait que choquer. Imaginez l'inverse, que le Mali ou l'Algérie envoient 5000 soldats lourdement armés pour sécuriser l'Hexagone ! Les propos des manifestants maliens sont clairs : « *Que la France puisse retirer son armée de nos terres. C'est pourquoi le peuple malien est là, c'est pourquoi « l'amazone » que je suis est là.* ». Quant à la sécurité du Mali, ils affirment qu'ils peuvent s'en occuper eux-mêmes : « *Aux complexés qui pensent qu'après la France, c'est le déluge, alors qu'ils rejoignent la France.* ».

D'aucuns ont accusé la France d'envoyer ses soldats afin de protéger ses intérêts africains, notamment ses mines et les gisements d'uranium[13]. Il faudrait être vraiment machiavélique et totalement inhumain pour faire une telle chose, alors que nous savons tous l'attachement viscéral de François Hollande, d'Emmanuel Macron et de leurs prédécesseurs aux valeurs humaines et à la morale.

On peut rappeler à nos lecteurs l'ouvrage de M. John Perkins, *Les confessions d'un assassin financier*[14] (éd. Alterre, 2016, 428 pages) dans lequel il explique avec force détails, lui qui fut un agent de la CIA, comment cette dernière a assassiné de nombreux chefs d'État qui ne voulaient pas se soumettre à leur hégémonie.

En réalité, non seulement la situation ne s'est pas améliorée dans les pays pauvres, mais ce sont les pays riches qui s'appauvrissent. Nous avons aujourd'hui, suite aux restrictions de la crise sanitaire, plus d'un million[15] de nouveaux pauvres en France. La situation des étudiants français est extrêmement grave et préoccupante, il suffit de voir la longueur des files d'attente devant les associations de distribution de colis alimentaires, des centaines de mètres d'étudiants qui ne mangent pas à leur faim en France en 2021. Le site[16] Public Sénat a publié un article en avril 2021 affirmant qu'un étudiant sur deux ne mange pas à sa faim ! Alors que le gouvernement a trouvé le moyen de payer 20 € l'injection de « vaccin » sans même négocier de prix de gros avec Big Pharma, 2000 € le traitement de l'inutile Remdesivir, 600 € celui de l'autre médicament inutile, Molnupiravir... il laisse par contre crever de faim les générations montantes d'étudiants, le futur de la France est sacrifié. Curieusement, ces mêmes étudiants pleins de vie et d'énergie sont silencieux et dociles comme jamais ce ne fut le cas dans l'histoire !

Concernant la santé et le bien-être, autres objectifs des ODD, comment croire, là encore, les dirigeants alors que tous savent que tant que Big Pharma dirigera en coulisses les programmes de prévention et de soins, il y aura plus de morts que de guéris ! Ceux qui se sont intéressés à la question du paludisme savent que les entreprises pharmaceutiques ont pesé de tout leur poids pour faire interdire l'utilisation de l'artemisia, qui est pourtant très efficace contre la maladie, afin d'imposer une vaccination rentière. France 24 a publié un documentaire[17], *Malaria business : les laboratoires contre la médecine naturelle ?*, qui démontre l'existence d'un complot contre cette plante. Le paludisme (ou malaria) tue chaque année entre 500.000 et 700.000 personnes dont une grande majorité d'enfants ; on devrait donc mettre tous les moyens pour les sauver. Comment expliquer son interdiction en France et en Belgique alors qu'elle n'est ni toxique ni addictive ? Ça n'a vraiment aucun sens. Le lecteur se doit de comprendre l'absurdité de la décision prise par la France d'interdire la vente d'une plante qui ne représente aucun danger pour le consommateur, autant interdire la vente de la menthe ! Pourtant, cette plante est autorisée au Luxembourg voisin ! Comment expliquer cette contradiction si ce n'est par le lobbying de Big Pharma. La corrompue et criminelle OMS va également émettre un avis contre l'artemisia dans le traitement du paludisme. Cela n'a pas empêché les Africains de travailler sur cette plante et de la produire en quantité pour soigner leurs malades.

Bien sûr, les thuriféraires de Big Pharma vont nous expliquer qu'il s'agit de respecter le principe de précaution, sauf que cet argument ne tient pas la route, sachant que cette plante est répertoriée dans la pharmacopée chinoise depuis des millénaires. De plus, si c'était vraiment le cas, pourquoi les autorités n'ont toujours pas retiré le Lariam© (Méfloquine) aux effets indésirables psychiatriques[18] graves qui ont failli pousser au suicide le chanteur belge Stromae en 2015. De nombreuses associations militent depuis des années, pour l'interdiction et le retrait de ce médicament, en vain. Mais ce qui est encore plus fou c'est le fait que les armées occidentales donnent ce médicament à leurs soldats surarmés, alors qu'il induit des poussées suicidaires[19] ! Avec un tel comportement criminel aussi absurde, il ne faut surtout pas parler de principe de précaution concernant l'artemisia. Il n'y a que l'argent sale de la corruption pour tordre, à ce point, la vérité.

On retrouve dans ce reportage, comme par hasard, Bill Gates qui nous explique qu'il faut absolument des médicaments et des vaccins pour lutter contre cette maladie ! Il n'a qu'un seul paradigme, vendre, vendre et toujours vendre du médicament ou du vaccin ; sauf qu'il est très complexe de fabriquer un vaccin, sachant que le parasite responsable du paludisme évolue de manière complexe, sous plusieurs formes. On peut bien sûr lutter contre l'anophèle femelle, le moustique responsable de la diffusion du parasite, c'est encore une fois une question de moyens, mais également de localisation géographique car certains pays ne pourront pas éliminer toutes leurs étendues d'eau stagnante, ça n'a aucun sens. Nous apprenons également dans ce reportage que la médecine chinoise traite le paludisme depuis des millénaires avec l'*artemisia annua*, ce n'est donc pas une découverte. C'est cette plante qui contribuera à la victoire des communistes vietnamiens contre les Américains, après l'envoi de plusieurs tonnes par la Chine pour soigner leurs soldats malades. Il est vrai que la quinine (chloroquine) fonctionne également très bien contre la maladie, sauf que son utilisation massive a entraîné des résistances dans le monde entier à partir des années 80. Le traitement par l'artemisia est spectaculaire d'efficacité ; un Français témoigne dans le reportage, expliquant qu'au bout de 48 heures il n'avait plus rien ! Il avait pris au Kenya le traitement chinois à base d'artemisia, mais ne contenant qu'un seul principe actif de la plante. Lorsqu'il fera une récidive en Éthiopie lors de son voyage à pied à travers l'Afrique, il sera traité avec des tisanes de la plante. À partir de ce moment-là, il sera guéri définitivement et ne fera plus de rechute.

Il faut bien se rendre à l'évidence qu'aucun laboratoire pharmaceutique ne financera d'étude clinique randomisée pour démontrer l'efficacité de cette plante pour la simple et bonne raison que, ne pouvant être brevetée, elle ne pourra produire des dizaines de milliards de dollars de bénéfices comme c'est le cas aujourd'hui avec la vaccination Covid-19. Du coup, des chercheurs africains, comme le jeune Congolais Dr Jérôme Munyangi, ont tenté de le faire à leurs risques et périls. Celui-ci échappera à une tentative d'empoisonnement puis fera l'objet d'une arrestation totalement arbitraire en mars 2019 par les autorités congolaises, ce qui l'a poussé à quitter[20] le pays pour le Canada. Le Dr Jérôme Munyangi relève, à son tour, la contradiction de l'autorisation du Lariam® et l'interdiction d'une plante inoffensive : « *Le Lariam®, dont les effets secondaires dévastateurs sont incomparables avec la plante est un exemple emblématique. Si on compare le risque-bénéfice du Lariam® avec la tisane d'artemisia, je suis certain qu'une majorité de personnes opteraient pour la tisane parce qu'il y a beaucoup de risques à prendre le Lariam®. Il est inimaginable qu'on préconise le Lariam® et qu'on interdise l'artemisia.* ». Les travaux du Dr Munyangi vont tout simplement faire chuter de manière spectaculaire la vente des médicaments de Big Pharma (qui concerne également l'industrie chinoise et indienne, pas seulement occidentale) et c'est alors que débuteront ses ennuis. Il faut dire que la plante pousse un peu partout - *Artemisia afra* - et qu'il suffit d'en récupérer quelques plants et les repiquer dans son propre jardin pour être débarrassé de la maladie, sans dépenser le moindre sou.

Que savons-nous aujourd'hui ? Nous savons de manière certaine que c'est Big Pharma qui fait la loi sur le terrain et qui a corrompu toutes les autorités sanitaires. Nous savons également que de nombreuses entreprises de Big Pharma ont été condamnées judiciairement à de très fortes amendes pour corruption, fraude, falsification ou tout simplement commercialisation de médicaments qui ont conduit à la mort de centaines de milliers de personnes dans le monde : Pfizer, Merck, Servier, Purdue Pharma... ; du coup, comment est-il possible que la situation s'arrange ?

Concernant l'éducation, pilier central de toute société, puisqu'elle est censée être la garante de l'avenir des nouvelles générations, c'est le même enchaînement de vœux pieux théoriques. En réalité, on comprend bien entre les lignes qu'il s'agit d'imposer un même programme à toute la population mondiale, en y introduisant bien entendu, des idées malsaines, comme par exemple, la théorie du genre ou l'enseignement de la sexualité à des élèves du primaire. Nous avons également pu constater qu'ils veulent imposer une éducation préscolaire - à partir de 3 ans - comme c'est le cas en France depuis l'arrivée d'Emmanuel Macron, afin de mieux lobotomiser les petits. Mais pour être plus concret, reprenons le point 4.6. de ces ODD : « *D'ici à 2030, faire en sorte que tous les jeunes et une proportion considérable d'adultes, hommes et femmes, sachent lire, écrire et compter* » ! Il est très curieux de lire ces mots qui sont, tout le monde l'aura compris, censés concerner les pays les plus pauvres, sauf que, nous en avons déjà parlé ici, le niveau d'enseignement s'est écroulé en France d'une manière spectaculaire et assez effrayante à vrai dire. Malgré des moyens très importants, 50 milliards d'euros chaque année, le budget le plus important de l'État, 1.200.000 salariés, l'école de la république française fabrique des centaines de milliers d'illettrés chaque année. C'est un constat simple à faire, vérifiable par tous : très peu de jeunes aiment lire ; quant à l'écriture, ce sont des dizaines de fautes d'orthographe qui sont relevées et il n'est pas question ici de leur demander d'écrire correctement le mot schizophrène ou même chrysanthème, mais de savoir tout simplement écrire et conjuguer le verbe être au futur, ce que toute personne est censée faire très régulièrement lorsqu'elle communique avec son entourage. Pire encore, on a pu constater, ces dernières années, que des médecins Bac +10 avaient des difficultés à écrire correctement en français et qu'ils ne s'expriment pas correctement à l'oral ! Comment est-il possible de passer 12 années de sa vie à l'école jusqu'au baccalauréat puis 10 années à l'université et ne pas savoir rédiger correctement un courrier sans faire 10 fautes d'orthographe ?

Faut-il rappeler que c'est bien l'ingérence corruptrice des multinationales et des gouvernements occidentaux qui font appauvrir les pays africains et donc réduire les moyens alloués à l'enseignement. De la même façon, comment demander à un enfant, tenaillé par la faim tous les jours de l'année, de prêter attention et de se concentrer sur ce qui est écrit au tableau par son enseignant ? Encore une fois, avec le soutien politique et militaire apporté par les gouvernements occidentaux aux dictateurs locaux qui pillent les richesses des pays, tout ceci ne risque pas de changer de si tôt, d'autant que les multinationales détruisent leur agriculture.

Ensuite, il s'agit d'imposer l'égalité des sexes dans le monde entier. Bien sûr, il ne s'agit pas ici d'égalité réelle mais théorique. Il s'agit d'imposer le modèle occidental moderne à la planète entière alors que tout le monde peut constater que l'homme et la femme sont différents ne serait-ce que physiquement ; autrement, il y aurait des compétitions sportives mixtes ! La condition féminine a fait en sorte que la société lui a octroyé des droits concernant notamment la grossesse : avec les congés maternité, la retraite également avec des droits acquis à la naissance de chaque enfant... si on prend un couple qui commence une carrière au même moment dans une entreprise, celle-ci sera obligatoirement différente à partir du moment où la femme décidera d'avoir des enfants, étant absente pendant une longue période tandis que l'homme continuera de travailler et de gagner en expérience. Ce n'est pas une honte et certainement pas un handicap, bien au contraire, puisque les deux sont essentiels à la vie de la société. De plus, on aimerait bien comprendre comment les ODD vont imposer leurs vues à des sociétés radicalement différentes du modèle occidental, comme par exemple la société indienne qui fonctionne encore aujourd'hui avec le modèle des castes ; ces dernières imposent *de facto* des inégalités sociales, géographiques, professionnelles... Certaines lois ont été votées par le gouvernement indien afin de favoriser la mobilité entre les castes, sauf que dans la vie réelle, dans la société elle-même, le système perdure. Que faudra-t-il faire ? Les bombarder à coups de B52 comme ça a été fait en Irak afin de leur imposer un système qui ne leur parle pas !

De surcroît, franchement, l'Occident est-il réellement crédible dans sa manière de vouloir imposer une égalité entre les sexes, en faisant accroire qu'il est à la tête de la lutte pour améliorer la condition de la femme, alors qu'il a été certainement son pire ennemi ; il suffit de voir à quel point le corps de la femme est chosifié depuis des décennies dans l'imaginaire collectif occidental. Il suffit de voir comment la femme est utilisée dans la publicité, quasi systématiquement dénudée, pour vendre un yaourt, un parfum, une voiture, de l'ameublement... pour comprendre à quel point elle est dénigrée ! Si on veut aller plus loin, on plonge alors dans le glauque et le monstrueux ; il suffit de voir comment les USA ont créé toute une industrie de la pornographie dont la violence dépasse l'entendement. Pour se rendre compte de la gravité de la situation, il vous faudra voir le documentaire[21] *Hot girls wanted* (2015). L'industrialisation exige un apport très régulier de chair fraîche, se comptant en dizaines de milliers de jeunes filles qui pensent réussir et percer par le moyen de la facilité. Les promesses semblent belles et mirifiques, mais la réalité du milieu est triste et cruelle, d'une rare sauvagerie. Le reportage est filmé de manière intimiste, sans tomber toutefois dans le vulgaire, dévoilant le visage de ces jeunes filles belles comme des anges, sortant du cocon familial avec leur appareil dentaire en bouche et dont les vies seront brisées et totalement détruites après leur passage dans l'enfer de la pornographie. Elles sont choyées au tout début, bien payées puis au bout de 3 mois (en moyenne), la concurrence étant féroce, de nouvelles venues font vite oublier les précédentes qui plongent du coup dans la pornographie hardcore du type zoophilie, avec des scènes de sexe violent, dont la simulation de viols... Comme tout le monde peut le deviner, tout ceci se termine souvent dans les addictions et la prostitution. Toutes ces millions de vidéos de pornographie professionnelle ou amateur vont être vues par des générations d'adolescents, dont le rapport avec le partenaire sexuel va être complètement corrompu et radicalement perverti ; les conséquences seront dramatiques sur leurs vies intimes. Le professeur canadien Alain Rioux, Ph. D., spécialiste en psychologie, avait communiqué en 2006 au sujet de la pornographie sur Internet. Le Top 10 des requêtes pour adultes via les moteurs de recherche Internet sont : sex, adult dating, adult DVD, porn, sex toys, teen sex, free sex, adult sex, group sex, free porn ! Selon lui : « *Douze pour cent de tous les sites web sont des sites pornographiques. Il y a 4,2 millions de sites Web pornographiques… 420 millions de pages web pornographiques et 68 millions de requêtes quotidiennes pour des sites pornographiques via les outils de recherche internet. C'est-à-dire 25% de toutes les requêtes de recherche Internet. L'industrie de la pornographie sur le Web a rapporté 97 milliards en 2006. Les chiffres se répartissent ainsi pour les 4 pays ayant dépensé le plus : 27 milliards en Chine ; 25 milliards en Corée du sud, 20 milliards au Japon, 13 milliards au États-Unis*[22]. » ! On a beau chercher sur les sites des ODD, on ne trouve rien concernant la lutte contre la pornographie et pour faire cesser ce massacre.

En résumé, avant de vouloir mettre en place des ODD et les imposer à la totalité de la planète, il serait urgent que nos sociétés occidentales moralisatrices s'occupent correctement de leurs propres enfants qui comptabilisent, chose curieuse et contradictoire, parmi les taux de suicide les plus élevés au monde.

Il va falloir parler également des rapports de Coca-Cola avec les ressources mondiales en eau ! Selon le site PositivR : « *Pour fabriquer un litre de Coca-Cola, il faut six litres d'eau. Résultat, la firme extrait, par exemple, 750.000 litres d'eau par jour au Mexique ou 1,5 million de litres d'eau en Inde. Au total, Coca-Cola puiserait 300 milliards de litres d'eau par an sur l'ensemble des continents*[23]. »

Quant au site[24] de Planetoscope, il propose un compteur en temps réel de la consommation d'eau de Coca-Cola : « *Coca-Cola consomme 10 000 litres d'eau par seconde. Sur les 290 milliards de litres, seuls 114 milliards sont utilisés pour la production des boissons, soit un peu moins de 40% des quantités absorbées. Les 176 milliards de litres restants servent lors du processus de fabrication pour le rinçage, le chauffage ou la climatisation. Autrement dit, pour fabriquer un litre de boisson, l'entreprise utilise en moyenne 2,5 litres d'eau.* ». Nous avons avec cette entreprise un autre problème, en vérité un double problème, celui des bouteilles d'eau en plastique dont Coca-Cola fabrique plus de 100 milliards chaque année. Premièrement, la fabrication de ses bouteilles nécessite pour chacune d'entre elles l'utilisation et la consommation[25] de 6,76 litres d'eau. De plus, cette bouteille finira dans la nature ou dans les océans, se dégradant au fil des années en différentes molécules chimiques issues du pétrole qui finiront dans le sang des consommateurs. La fabrication d'un demi-litre de Coca-Cola nécessite 35,6 litres d'eau entre la production de la betterave qui est la source du sucre, la fabrication de la bouteille ainsi que la consommation de la chaîne de fabrication. Si on ajoute à cela l'extrême dangerosité de la consommation de ces breuvages trop sucrés (10 % du poids total) sur la santé des consommateurs (caries dentaires, obésité, diabète... dont les morts se comptent en millions chaque année dans le monde), on se demande comment se fait-il que cette industrie n'ait pas été interdite depuis longtemps. Quand on pense à ce qu'ont fait les gouvernements pour le Covid-19, alors qu'il ne représente pas 5 % des dégâts commis par la *junk food*, on est en droit de se poser des questions sur l'honnêteté des dirigeants.

Concernant justement la *junk food,* McDonald's s'est illustré dernièrement en prenant une décision totalement absurde démontrant à quel point les multinationales n'ont qu'un seul objectif, gagner de l'argent, toujours plus d'argent, à l'infini. Ils ont décidé de mettre fin à la vente de bouteilles en plastique afin de respecter la nature. Du coup, ils ont décidé de vendre[26] de l'eau du robinet filtrée dans des gobelets en carton recyclable. Sauf qu'ils ont décidé de le vendre au prix de 7 € le litre d'eau filtrée, 7000 € le m^3 qu'ils achètent à la collectivité à... 4 € !

Il faudra absolument revenir sur ce mythe du recyclage des bouteilles en plastique que tout le monde croit être possible à l'infini alors qu'il n'est en réalité faisable que 2 ou 3 fois au maximum, car à force de manipuler le plastique, de le chauffer puis le refroidir, il perd toutes ses caractéristiques et propriétés ; il perd sa transparence et devient cassant. Donc, quand vous voyez le joli schéma triangulaire représentant 3 flèches vertes qui présentent un cycle vertueux de recyclage, c'est tout simplement une fake niouze. France 2 avait produit un reportage[27] de *Cash investigation* en septembre 2018, intitulé *Plastique, la grande intox*, qui démontre à quel point la promesse de recyclage des plastiques est une escroquerie. On va d'ailleurs se rendre compte que des associations qui luttent contre la pollution sont en fait financées par les industriels producteurs d'emballages en plastique ! On y apprend que la grande technique des industriels sera de faire culpabiliser le consommateur qui serait sale et irrespectueux de la nature en jetant ses déchets partout. Sauf que ce n'est pas la réalité car quel que soit X, des quantités monumentales de plastique non recyclables devront être stockées un jour ou l'autre dans la nature créant *ipso facto* une pollution très importante. Lorsque Coca-Cola va promettre d'utiliser du plastique renouvelable fabriqué à base de plantes, ce dernier est également mauvais pour la nature. Coca-Cola avait promis d'introduire 25 % de plastique recyclable dans ses bouteilles à l'horizon 2005, alors que le vrai chiffre est de 7 %. De plus, à quoi cela servirait-il d'utiliser du plastique propre pour boire du poison ? Quel est l'intérêt ? En réalité, le seul moyen de se débarrasser du plastique c'est d'utiliser des bouteilles en verre. Mais, encore une fois, à quoi bon si c'est pour boire n'importe quoi.

Le gaz de schiste et son exploitation dans le monde entier est une démonstration de la volonté de nos dirigeants de détruire l'environnement. D'abord, par une utilisation de quantités astronomiques d'eau, injectées dans la roche afin d'en extraire le gaz ; c'est le principe de la technologie de la fracturation hydraulique. Sauf que cette eau contient des centaines de produits chimiques ultra toxiques nécessaires à l'extraction du gaz. Ces produits vont se mélanger aux nappes phréatiques et albiennes qui seront, de ce fait, impropres à la consommation humaine et donc inutilisables. Pourtant, aujourd'hui, les mêmes multinationales poussent à l'utilisation du gaz de schiste, mais ils en interdisent la prospection dans les pays occidentaux ; du coup ils iront le chercher dans les pays africains, contrôlés par des juntes corrompues. Le documentaire[28] *Gasland* (2010) explique bien à quel point l'exploitation du gaz de schiste est criminelle, voire suicidaire. Non seulement les produits chimiques cancérigènes se mélangent à l'eau courante des habitants mais également le gaz ; du coup, l'eau devient inflammable, et ça il fallait le faire ! En réalité c'est l'équivalent de l'explosion d'une bombe atomique, la terre est inutilisable, l'agriculture impossible sauf si l'on veut tuer les gens avec les récoltes provenant de plantes arrosées avec de l'eau empoisonnée ; idem bien entendu pour le bétail qui ne pourra plus consommer cette eau empoisonnée.

Pour être plus précis, alors que nous sommes en 2005, 5 ans après la signature des Objectifs du Millénaire, l'administration Bush a fait voter une loi sur l'énergie qui exempte la fracturation hydraulique des régulations du Clean Water Act[29]. En d'autres termes, cette technique est du coup totalement légale et les sociétés qui l'utilisent ne seront pas obligées de donner la liste de tous les produits chimiques injectés sous terre, respectant ainsi le secret industriel au détriment de la santé des citoyens. Devinez qui était vice-président à la Maison-Blanche à l'époque ? Dick Cheney, l'ex-président du géant pétrolier Halliburton ; la boucle est bouclée.

Concernant le point suivant des ODD qui promeut l'industrie et l'innovation, comment croire ceux-là-mêmes qui ont détruit la planète pendant des décennies, qu'ils puissent, comme par magie, en devenir les sauveurs ! Il suffit de rappeler le concept de l'obsolescence programmée. Il y a 50 ans, un fabricant de machines à laver pouvait être fier d'affirmer que son produit allait laver le linge de toute une famille pendant 30 ans, calcaire ou pas calcaire. Aujourd'hui, absolument tout a été inversé, les industriels ont payé des ingénieurs pour les inciter à fabriquer des pièces détachées qui ne tiennent pas plus de 2 ans, le temps de la garantie légale. Ainsi, ils pourront vendre beaucoup plus de produits aux consommateurs qui devront en changer régulièrement vu leur très mauvaise qualité. Sans oublier la fameuse technique du nouveau modèle plus puissant, plus design, plus à la mode... qu'il faut absolument acheter afin de continuer d'exister socialement. Il est assez pathétique de voir des queues interminables de clients qui attendent depuis la veille devant leur magasins de téléphonie mobile afin de se procurer le dernier modèle Apple. C'est d'ailleurs une des marques les plus en avance dans l'utilisation du concept d'obsolescence programmée, avec une batterie de très mauvaise qualité. Sans oublier la dernière technique utilisée par les fabricants de téléphonie qui consiste à mettre la batterie à l'intérieur du téléphone sans pouvoir l'en extraire comme c'était le cas avant, afin de pouvoir la remplacer aisément en cas de défaillance ou d'usure ; aujourd'hui, il faut absolument tout changer pour pouvoir utiliser à nouveau son abonnement téléphonique.

Prêt à jeter - L'obsolescence programmée est un documentaire[30] qui a été diffusé sur Arte en 2010. Nous invitons le lecteur à le voir afin de mieux comprendre comment cette folie a été imposée à la planète entière. L'industrie a mis en place ce système en fabriquant des objets dont la durée de vie est très courte, en prenant le soin, à force de fabriquer de nouveaux modèles tout le temps, de ne pas commercialiser les pièces détachées, ce qui rend leur réparation quasi impossible. Du coup, l'Occident a commencé à produire une somme considérable de machines électriques ou informatiques comme les imprimantes, les ordinateurs, les téléphones, les frigos, les machines à laver... Une grande partie se retrouve aujourd'hui en Afrique de manière totalement illégale et qui va servir de gigantesques usines à recycler. Sauf que le recyclage est effectué de manière sauvage, majoritairement par des enfants qui vont brûler tout le plastique afin de récupérer les métaux qui rapportent le plus d'argent. Sauf que les fumées qui se dégagent sont hyper toxiques et que les résidus sur le terrain le sont tout autant, le résultat final étant une gigantesque pollution affolante et un nombre incalculable de maladies de la peau et des poumons sans oublier bien sûr les dégâts commis sur la faune et la flore.

L'exemple le plus intéressant et le plus convainquant que l'on peut trouver dans le documentaire *Prêt à jeter - L'obsolescence programmée* est celui de l'ampoule qui fonctionne depuis 1901, plus d'un siècle, dans une caserne de pompiers à Livermore en Californie et qui est filmée[31] 24 heures sur 24 par des webcams. Deux d'entre ces dernières ont grillé depuis mais pas la lampe qui continue d'éclairer la caserne !

En France, 40 millions de biens tombent en panne chaque année et ne sont pas réparés, se transformant directement en déchets dont la très grande majorité sont électriques ou électroniques. Tout le monde a pu constater la disparation au fil des trois dernières décennies, des réparateurs de quartier. En 2015, la France a fait voter une loi[32] qui qualifie l'obsolescence programmée de délit et pourtant, absolument rien n'a changé. Reste à savoir qui va déposer plainte et comment le plaignant avec son petit avocat à 3000 € va-t-il pouvoir faire face et combattre de manière équilibrée avec les équipes d'avocats d'Apple à 30.000 € d'honoraires chacun ! En réalité, la solution est très simple et connue de tous ; elle est même applicable immédiatement : il suffit d'imposer une garantie minimale de 20 ans voire 25 ans, en excluant bien entendu les pièces d'usure ; nul besoin de criminaliser quoi que ce soit, c'est au fabricant de garantir son produit. Bien entendu, cela n'a jamais été fait, même si des associations[33] en ont fait la demande et ont milité dans ce sens. C'est très simple à comprendre, le système économique mondial moderne étant basé sur la croissance, l'industriel ne peut pas se contenter de vendre un téléphone par foyer tous les 10 ans ou une machine à laver tous les 20 ans, il lui faut impérativement créer un turnover artificiel avec une durée de vie beaucoup plus courte. Sauf que tout ceci est parfaitement illégal et immoral, mais c'est ainsi que fonctionne l'économie moderne et, curieusement, cela ne semble pas déranger nos élites, pas même les consommateurs qui se font avoir. Le Pr Jean-Michel Claverie, virologue, a évoqué justement l'obsolescence programmée des vaccins anti Covid-19 dans une interview[34] sur *Spoutnik*, en référence à leur durée de vie actuelle de 3 mois !

Il y a clairement quelque chose de très malsain dans tout ce système, tout ce paradigme mortifère. On s'en rend compte lorsque l'on voit la différence et le décalage qu'il peut y avoir entre les magnifiques centres commerciaux avec leurs milliers de vitrines qui exposent à la vente des produits esthétiquement magnifiques et au design ultramoderne et la comparaison que l'on peut faire avec la poubelle qu'est devenue l'Afrique qui doit recycler tous ces objets de très mauvaise facture, à cause de l'obsolescence programmée ! On a l'impression qu'il y a la vitrine, la devanture qui doit faire rêver et convaincre, voire manipuler carrément le futur client ; par contre, ce dernier ne voit pas les coulisses de ce modèle économique, les dégâts directs causés à quelques milliers de kilomètres.

L'énergie propre est un des piliers fondamentaux des ODD, puisqu'il est question de diminuer notre consommation d'énergie aussi bien à la maison qu'en voiture... En réalité, les choix proposés par les écolos sont hypocrites. Prenons l'exemple des panneaux solaires qui sont fabriqués en Chine avec des produits catastrophiques pour l'environnement. Déjà, il va falloir que ces panneaux solaires traversent la moitié de la planète pour être installés sur votre toit ; le coût carbone d'un tel transport est déjà dans le rouge. Un panneau photovoltaïque n'est pas éternel, sa durée de vie varie entre 25 et 30 ans ; il va falloir du coup, à un moment donné, recycler des millions de panneaux. Une chose est certaine, on en retrouve énormément en Afrique alors qu'ils sont en fin de vie et qu'ils ne reproduiront aucune électricité. Début 2020, en Italie, une filière d'exportation de panneaux solaires en fin de vie a été démantelée[35]. Des centaines de tonnes de panneaux solaires défectueux ont été envoyés, des années durant, au Sénégal, au Burkina Faso, au Nigeria, au Maroc, en Mauritanie, et jusqu'en Asie, en Turquie et en Syrie !

De plus, la fabrication de ces panneaux utilise des terres rares (les dernières générations de panneaux) qui nécessitent une grande quantité d'énergie pour leur extraction, sans parler des nombreuses mines qui détruisent l'écosystème[36]. D'autant qu'il n'y aura jamais assez de panneaux solaires pour toute la planète, ça n'a pas de sens, c'est exactement la même problématique concernant les voitures électriques utilisant des batteries gourmandes en terres rares ; en réalité, la voiture électrique est un gadget de riche, voire de très riche. Les éoliennes avec le socle de 800 tonnes de béton et leur durée de vie courte sont également catastrophiques pour l'environnement - sans parler des dommages causés sur les oiseaux - d'autant que les matériaux utilisés pour la fabrication des pales ne sont même pas recyclables (fabriquées avec des matériaux composites, des mélanges de résine et de fibres de verre ou de carbone), elles sont abandonnés dans la nature car coûtent très cher en transport au vu de leur volume, nécessitant des camions spéciaux. De plus, un scandale encore plus gros concerne cette énergie soi-disant verte qui est en réalité subventionnée par le nucléaire. C'est encore une fois un problème de riche, ce modèle ne peut pas être appliqué dans les pays pauvres ni même en voie de développement, c'est un modèle économique intenable et excessivement coûteux.

Concernant la réduction des inégalités, en 2020 avec la crise sanitaire et sa gestion catastrophique, tout le monde a pu constater que cet objectif est déjà mort et qu'il ne sera jamais atteint. Les milliardaires d'hier sont encore beaucoup plus riches aujourd'hui, avec par contre une augmentation très importante du nombre de pauvres dans le monde ; pendant que la planète entière est en train de crever en silence, les milliardaires se goinfrent à souhait. En France, la fortune des milliardaires français a augmenté de 30 % selon *Libération*[37]. Dans le monde, le nombre des milliardaires a augmenté[38] de près de 14 % : « *proportion plus élevée d'entrepreneurs qui se concentrent légèrement plus sur les secteurs de la technologie et de la santé que le reste de la population milliardaire* ». Pour la première fois, le nombre de 3000 milliardaires a été dépassé avec une fortune totale de plus de 10.000 milliards de dollars qui a augmenté de 5.7 % avec la crise qui n'aura donc pas été si violente, du moins pas pour tout le monde. Ainsi, comme vous pouvez le constater, il existe un gouffre entre le discours officiel et la réalité.

Quant au point relatif à la paix et la justice, il faut dire que la crise sanitaire a démontré que nous vivons aujourd'hui en dictature et que la justice a très largement reculé dans le monde entier, notamment en Occident. Nous l'avons démontré dans les chapitres précédents, il n'y a plus d'État de droit en France, le recours à un Conseil de défense le démontre clairement. Les conflits d'intérêts sont extrêmement nombreux, les conseillers du gouvernement, McKinsey, sont des criminels impliqués dans un des plus grands génocides pharmaceutiques de l'histoire ; sans oublier bien entendu Pfizer dont les condamnations sont nombreuses. Malgré cela, ils ont la totale confiance de l'exécutif, des politiques et des médias. Le gouvernement a empêché des soignants de travailler en les suspendant et au même moment autorise des soignants positifs aux Covid-19 de travailler alors qu'ils sont testés positifs, en violation du code du travail et des principes fondamentaux de la médecine ! Ce même gouvernement qui oblige les gens à porter des masques en extérieur, alors que tout le monde sait que c'est inutile, contraint les enfants à mettre des masques à l'école alors qu'ils ne sont pas concernés par la maladie et qu'ils sont incapables d'utiliser correctement un masque. Ce même gouvernement permet aux préfets d'interdire aux piétons de manger debout dans la rue, dans les centres-villes, au risque de s'exposer à une amende très lourde... ! Faut-il rappeler qu'en Autriche, des peines de prison ont été votées à l'Assemblée pour les non vaccinés récidivistes ! En fait, ils n'ont pas attendu la crise sanitaire pour multiplier les lois liberticides comme la loi Séparatisme... Les autorités veulent empêcher les manifestants de filmer des policiers en train de massacrer un citoyen ! Bien sûr, en exploitant la peur du terrorisme, les autorités vous promettent la sécurité ; il faut juste leur obéir et tout ira bien, vous pourrez continuer à consommer.

On peut ajouter à cela l'utilisation quotidienne et à très grande échelle de la censure et de la diabolisation de tous les citoyens critiques qui refusent de se soumettre et continuent de réfléchir ; du jamais vu dans l'histoire. Les autorités ont laissé des entreprises médiatiques privées dicter au public le discours officiel ! Des milliers de citoyens sont censurés sans même passer par la case tribunal et sans avoir les moyens de se défendre, car il ne faut surtout pas critiquer la Doxa, ni s'écarter du narratif covidiste au risque de perdre la possibilité de continuer de publier sur les réseaux les plus importants du Net comme YouTube, Facebook ou Twitter. Nous avons été à de nombreuses reprises censurés et même diffamés par les médias officiels... Le concept de la liberté d'expression si cher à la France et pilier de la démocratie, a été assassiné du jour au lendemain, l'esprit *Charlie* volatilisé. Ainsi, vous pouvez critiquer et même insulter les musulmans ou les catholiques à longueur de journée en les blessant dans leurs convictions les plus intimes ; par contre vous seriez mal avisés de dire que le port du masque des enfants de 6 ans à l'école est dangereux pour leur apprentissage et pour leur santé mentale ! Non, dire ça est impardonnable, absolument condamnable.

Dans un des derniers numéros de *L'info en Question*, le 78, le Dr Philippe Bobola a été invité pour nous entretenir du nouveau paradigme du réchauffement climatique et de le déconstruire scientifiquement et méthodiquement. Il a cité M. Emmanuel Le Roy Ladurie, titulaire de la chaire d'Histoire de la civilisation moderne au Collège de France, auteur du livre *Histoire du climat depuis l'an mil* (Flammarion, 1967). On apprend dans ce livre que pendant cette période de l'histoire il y a eu des mini épisodes de glaciation et de réchauffement climatiques et pourtant l'industrie moderne n'y était absolument pour rien puisqu'elle n'existait pas encore. Selon lui, l'Angleterre avait un climat qui lui permettait d'avoir des vignobles ; un refroidissement de ce climat ne le lui permet plus aujourd'hui. Une période astronomique appelée le « minimum de Maunder » qui correspond à une époque approximativement située entre 1645 et 1715 et causée par une très faible activité solaire a également engendré une période de refroidissement que l'on peut retrouver dans l'activité artistique des peintres de l'époque avec plus de paysages enneigés ou glacés. Il existe dans l'histoire humaine d'autres minimums comme celui d'Oort (1010-1050) ou celui de de Spörer (1450-1550)... ; personne ne vous parlera de ces faits concrets et vérifiables qui vont à l'encontre du narratif de la crise climatique carbonée.

À l'opposé, la France a connu des épisodes de canicule extrêmement meurtriers. Un article[39] du *Monde* reprend les travaux[40] de M. Emmanuel Le Roy Ladurie : « *En 1719, un été sec et brûlant tue non pas 15 000, mais 450 000 personnes (sur 22 millions de sujets de Louis XV) en sus de la mortalité d'année normale. À l'échelle démographique de la France actuelle (60 millions d'âmes), il faudrait compter 1 227 000 décès.* » ! On est à une mortalité infiniment supérieure à celle de la canicule de 2003 ! L'article a été publié en 2006, avant cette hystérie climatique qui a donné naissance à une propagande grossière. Le Dr Philippe Bobola insiste sur le fait que le climat n'a jamais été stable dans le temps comme veulent nous le faire croire les manipulateurs d'aujourd'hui.

Il faut ajouter à l'activité solaire les anomalies orbitales de la terre décrites par Milutin Milanković - ingénieur, astronome et géophysicien - en 1941. Selon lui, le climat dépend de caractéristiques astronomiques de la terre et notamment la précession des équinoxes, l'inclinaison de l'axe de rotation de la Terre... Nous avons donc ici la démonstration qu'il existe des preuves validées par la science moderne, démontrant qu'il existe de grands facteurs d'ordre astronomique pouvant modifier le climat et que personne ne peut modifier ou manipuler. Ces informations existent depuis 80 ans et les scientifiques méconnaissent notamment les travaux de Milutin Milanković.

Il existe d'autres facteurs de variation très importants, terrestres ceux-là, jamais pris en compte par les sectateurs du carbone. Prenons l'exemple des océans qui sont les plus grands réservoirs de gaz carbonique. Le Dr Philippe Bobola rappelle que la masse de l'atmosphère représente 4/1000e de la masse des océans, pour donner une idée précise des quantités. La quantité de carbone générée par l'activité humaine représente à peine 5 % de la totalité du carbone émis sur la planète. À partir de ce chiffre, comment est-il possible de manipuler à ce point, le climat, avec une production aussi insignifiante ? Du coup, vu que les océans contiennent 95 % du gaz carbonique, comment est-il possible de les exclure des formules de calcul concernant la pollution carbone (la quantité de gaz carbonique dans l'atmosphère est de 0,036%.) ? En réalité, les modélisations utilisées par les thuriféraires d'Al Gore, sont aussi sérieuses et précises que les modélisations des covidistes dans le sens où elle ne vont prendre en compte que les paramètres qui les intéressent, en excluant des paramètres beaucoup plus pertinents, la ruse classique. De surcroît, plus on veut prédire loin dans le futur, plus les paramètres vont varier et le calcul devient tout simplement impossible, quelle que soit la puissance de l'ordinateur quantique utilisé. Du coup, nous expliquer aujourd'hui ce qui va se passer dans 30 ans à cause d'une augmentation de température de 0,8°C relève de la démence. Tous ces calculs avec des formules mathématiques interminables et intimidantes ne sont pas plus sérieux et précis que les sondages politiques ou les chiffres de Santé Publique France concernant le Covid-19. En réalité le monde moderne est basé tout simplement sur le mensonge et la tromperie.

Le Dr Philippe Bobola va détailler le fonctionnement de l'effet de serre en expliquant que le gaz responsable de 65 % de cet effet n'est pas le gaz carbonique mais la vapeur d'eau, une faible proportion (26 % seulement) est due au gaz carbonique ! Par exemple, les calculs du Giec vont diminuer selon lui d'un facteur 40 l'importance des nuages dans le changement climatique alors que nous savons que la vapeur d'eau représente les deux tiers de l'effet de serre. La fabrication des nuages dépend également des rayonnements cosmiques qui arrivent sur terre qui eux-mêmes dépendent de l'activité solaire ; tout ceci, bien entendu, n'est pas pris en compte par le Giec.

Il est possible également de démontrer la décorrélation entre augmentation de gaz carbonique et augmentation de température en étudiant les carottes glaciaires, selon le Dr Philippe Bobola, l'augmentation de la température précède celle du gaz carbonique. On est donc ici devant le conflit de la poule et de l'œuf.

Les carbonistes, eux non plus, n'ont pas, pris en compte un paramètre pourtant capital en ce qui concerne le carbone, celui de la flore. Pourtant, depuis l'école primaire, tout le monde sait que les plantes utilisent de grandes quantités de carbone. Lors d'une conférence, je me souviens d'avoir entendu un scientifique expliquer comment est-ce possible que des quantités astronomiques de bois puissent sortir de terre sans que le niveau de cette dernière ne baisse, sachant qu'une forêt produit plusieurs centaines de milliers de tonnes de bois ! En réalité, ce bois n'est rien d'autre que du carbone, de l'oxygène, de l'azote et de l'hydrogène, tous contenus initialement dans l'atmosphère ; il est composé de : 50 % de carbone, 42 % d'oxygène, 6 % d'hydrogène et 1 % d'azote. Faut-il rappeler que ce sont les grandes multinationales du WEF, destructrices de forêts naturelles, afin d'imposer des monocultures, qui empêchent la captation du carbone. La solution radicale consisterait d'ailleurs à veiller au reboisement des forêts.

Toute personne douée de raison comprendra que la notion de réchauffement climatique n'a rien de scientifique mais qu'elle répond à un objectif évident de contrôle des populations. Si les autorités considéraient le réchauffement climatique comme extrêmement dangereux, elles n'imposeraient pas des taxes qui permettent de continuer de polluer mais interdiraient carrément et immédiatement cette pollution. Que penser de la mesure du Giec qui demande d'avoir moins d'enfants ? Que dire de l'interdiction de construire des maisons individuelles ou de conduire des véhicules trop polluants ! La consommation de vêtements sera également drastiquement réduite ! Les déplacements des populations seront également restreints car producteurs de carbone ! Même votre nourriture a été étudiée puisqu'il sera interdit aux humains de consommer plus de 21 kg de viande chaque année ! C'est un monde cauchemardesque, une véritable dictature qui n'est basée sur rien ou plutôt sur de nombreux mensonges scientifiques

Il faut bien comprendre que la situation est très grave, extrêmement sérieuse car il s'agit ici de mettre en place un système de gestion de la société calquée sur le modèle du crédit social chinois. En d'autres termes, si vous ne faites pas assez d'efforts dans votre consommation électrique (surveillance via le compteur Linky), si vous avez réalisé plus de deux barbecues dans le mois, vous serez punis et interdits de voyager par exemple ou d'avoir accès à telles grandes surfaces... ; de la même manière que pour le pass sanitaire actuellement. C'est à ce moment précis que rentre en scène la 5G, indispensable pour le contrôle rapide et massif des populations via un débit très important, quasi instantané, ce qui était impossible à réaliser auparavant.

Si le modélisateur mathématicien est honnête et sérieux et s'il doit inclure dans sa formule de prévision climatique tous les paramètres dont nous avons parlé, il lui serait impossible de fournir le moindre calcul car tout ceci est extrêmement complexe et dépend de paramètres nombreux, variables et instables. Du coup, la formule a été simplifiée avec pour seule variable le carbone et le tour est joué. Au même moment, toute parole contraire à la Doxa sera punie, comme ce fut le cas du chercheur écossais Peter Ridd, viré[41] de son poste pour avoir eu l'audace d'émettre une hypothèse concernant la barrière de corail n'impliquant pas le carbone. Nous vivons exactement la mëme répression aujourd'hui avec la crise sanitaire du Covid-19.

Oui, la pollution est réelle mais elle n'a rien à voir avec le carbone. Qu'en est-il de la production et de l'utilisation industrielle de produits chimiques extrêmement toxiques qui se retrouvent dans la nature et dans notre environnement immédiat ? Aucune trace de ce problème majeur n'est rencontrée dans les calculs du Giec ! Faut-il rappeler que ce dernier a été impliqué il y a à un peu plus d'une décennie, en novembre 2009 pour être exact, dans un scandale, après la fuite de courriels internes (de 1996 à 2009), le fameux *Climategate*[42], deux semaines seulement avant le début de la conférence de Copenhague sur le changement climatique. On peut lire dans un courriel du 22 septembre 1999, que Keith Briffa, climatologue britannique, fait part de l'existence « *d'une pression pour présenter une jolie petite histoire au sujet « d'un réchauffement apparemment sans précédent depuis mille ans ou plus d'après les indicateurs », mais la réalité de la situation n'est pas aussi simple. Je pense que le réchauffement récent est semblable à celui d'il y a mille ans* » ! Nul besoin d'aller plus loin pour comprendre qu'il s'agit de la mise en place d'une histoire inventée de toutes pièces par des chercheurs corrompus. Comme toujours, les médias officiels vont minimiser ce scandale, car comme tout le monde le sait, la corruption n'existe pas dans le milieu scientifique moderne, c'est un mythe, une lubie de paranoïa complotiste.

Pendant ce temps, le cirque continue. Les entreprises font semblant de jouer le jeu en publiant une page[43] sur leur site Internet dans laquelle elles s'engagent à respecter les ODD, c'est toujours bon pour les affaires de se faire passer pour un patron responsable et respectueux de la nature. Pendant ce temps, *business as usual*, Greenpeace accuse[44] la BCE de soutenir trop d'entreprises polluantes.

L'oligarchie qui domine le monde sait parfaitement que les populations sont en colère car les richesses de la terre sont extrêmement mal gérées ; il y a trop de souffrance, de chaos, de misère dans le monde depuis trop longtemps. Sans oublier la violente crise économique qui arrive, due à l'hyper spéculation des marchés financiers voraces qui ont détruit la planète par l'endettement. Du coup, cette oligarchie veut mettre en place son Grand reset, un redémarrage à zéro, afin de prendre un total contrôle du monde. Mais, pour ce faire, il faut une raison valable qui tétaniserait la population et les empêche de réagir. Trois grandes raisons ont été utilisées ces 20 dernières années, commençant par le terrorisme, un fameux 11 septembre 2001. Depuis une dizaine d'années nous assistons à une montée en force de la grande escroquerie climatique avec la diabolisation de tous ceux qui pensent l'inverse et qui seront traités de climato-sceptiques, une mascarade qui va monter en puissance dans un futur proche. Enfin, depuis 2 ans, la vitesse supérieure a été passée avec la crise sanitaire du Covid-19 qui lui a permis de mettre en place et de faire voter des lois impensables il y a à peine 2 ans !

Mme Chloé Frammery est intervenue dans la vidéo de *L'info en Questions* n°78[45] pour rappeler que tous les climatologues pro changement climatique ayant produit des études sont financés par les mêmes sources. Bizarrement, il existe des milliers de climatologues qui se positionnent contre cette folie et qui sont indépendants financièrement. Elle a cité l'exemple de M. John Coleman, fondateur de la chaîne Weather Channel, qui a réalisé une interview[46] intéressante sur CNN en juin 2017, et a rappelé au présentateur que le changement climatique est une astuce politique qui n'a rien à voir avec la science et les faits. Il ajoute que chaque année, le gouvernement finance la recherche à hauteur de 2,5 milliards de dollars afin de prouver que le changement climatique est dû au carbone. À la fin de son interview, John Coleman va rappeler l'existence d'une pétition[47] signée à ce jour par 31.487 scientifiques, dont 9029 docteurs en climatologie, tous d'accord avec lui et niant l'existence du changement climatique qui serait dû à l'augmentation de l'activité humaine générant du carbone. Mme Chloé Frammery en profitera pour rappeler que Bill Gates est également un grand adepte du carbone zéro en repostant la vidéo de sa conférence[48] Ted publiée le 21 février 2010 ! Son idée fixe restera la diminution de la population car chaque être humain serait pour lui un criminel producteur de carbone et qu'il faut donc réduire la population mondiale pour sauver la planète ! Il est d'ailleurs curieux et même totalement malsain de voir ces gens parler systématiquement de catastrophes climatiques, de désastres, de morts par milliards... ; il y a quelque chose de véritablement pathologique derrière tout ça.

Vous ne l'avez peut-être pas remarqué, c'est d'ailleurs un autre point commun avec la crise sanitaire, Bill Gates parle bien de carbone « zéro » ; il veut donc que d'ici 2050, la planète entière ne produise plus de carbone, rien, nada. Ceci est tout simplement inconcevable et totalement stupide. C'est exactement la même stratégie du Covid-19 zéro que d'aucuns ont voulu, et veulent toujours mettre en place dans de nombreux pays dans le monde malgré un échec retentissant ! C'est d'une arrogance folle qui démontre à quel point les élites sont en roue libre, totalement déconnectées des réalités. Mais c'est également astucieux car c'est un objectif inatteignable et du coup ce cirque va durer très longtemps.

Il y a un autre lien direct entre cette escroquerie du changement climatique et la crise sanitaire puisqu'il y a une multiplication importante d'articles de recherche qui démontreraient que le changement climatique serait à l'origine d'une explosion de pathologies cardiaques, de cancers... C'est l'escroquerie dans l'escroquerie, une série de poupées russes, leur permettant désormais de camoufler l'explosion des effets indésirables futurs et les mettre sur le compte du satané carbone. Comme à l'accoutumée et comme par hasard, au même moment vous pourrez lire dans la presse des articles qui traiteront de ce sujet aussi bien en France[49] qu'en Suisse[50]... Fallait y penser !

Bien sûr, vous vous en doutez, tout un business est en train d'être mis en place pour sauver la planète en captant le CO2, au moyen par exemple d'immenses machines que financera certainement Bill Gates pour centupler ses milliards. Bizarrement, personne ne se demande quelle est la quantité d'énergie nécessaire pour cette captation d'autant qu'il va falloir ensuite stocker tous ces volumes ! Quand on cherche ne serait-ce que quelques secondes sur le Net, on se rend compte que les industriels[51] ne sont même pas certains en 2020 que cette technique soit si efficace et utile et pourtant elle est présentée comme une solution salvatrice !

C'est dans ce cadre de manipulation du climat que va intervenir la géo-ingénierie qui consiste à rejeter dans l'atmosphère une quantité importante de produits chimiques afin de diminuer les effets du réchauffement climatique ! Il suffit de lever la tête au ciel pour voir une quantité ahurissante de traînées chimiques que d'aucuns croient naïvement issues de l'aviation civile alors que les dessins dans le ciel ne correspondent absolument pas au calendrier régulier des avions de ligne ; que dire lorsque le tracé est courbe voire circulaire. En réalité ce n'est plus un secret, les autorités mondiales tentent de manipuler le climat depuis longtemps, mais les gens ne sont pas au courant (*cf.* projet SCoPEx de l'université de Harvard qui a rencontré de nombreuses difficultés[52]). Dans son intervention, Mme Chloé Frammery rappelle comment General Electrics (1940), avait déjà tenté, il y a des décennies, de créer des nuages (ensemencement) en balançant des produits chimiques dans l'atmosphère. Elle fait également état d'un article[53] de la *Tribune de Genève* du 15 août 2018, révélant que les autorités suisses avaient répandu dans l'atmosphère de l'iodure d'argent pour lutter contre la grêle, non sans ajouter que l'iodure d'argent est toxique pour les organismes aquatiques ; du coup on imagine que c'est de l'iodure d'argent intelligent qui va rester en suspension dans l'air et s'abstenir de redescendre sur terre !

Il ne s'agira pas de taxer les entreprises émettrices de carbone, comprenons-nous bien. Vous êtes, chers lecteurs, des producteurs de carbone, vous devrez payer votre taxe. Chacun d'entre vous aura son petit quota de carbone inscrit sur son application Smartphone et ne devra pas le dépasser au risque de se voir assigner un tas d'interdictions, exactement comme c'est le cas aujourd'hui avec le pass sanitaire. La quantité de carbone émise chaque année a été déterminée par la Doxa, elle est de 51 milliards de tonnes ; il suffira de diviser cette masse par le nombre d'habitants et le tour est joué.

Le Parisien du 18 janvier 2021 a publié un article[54] concernant la dernière réunion de Davos du WEF : « *Cette édition numérique de l'événement créé en 1971 par le professeur allemand Klaus Schwab aura pour thème « une année critique pour restaurer la confiance », un concept décliné autour de trois C : Covid, Climat, Coopération.* » ! C'est clair, les élites mondialistes non élues, qui ne représentent qu'elles-mêmes, n'ont qu'une seule idée en tête : comment mettre en place une coopération qui donne naissance à un Nouvel ordre mondial en prenant pour prétexte la crise sanitaire et le climat. Le WEF n'est pas le seul puisque, comme le rappelle Mme Chloé Frammery, à propos du réseau « Breakthrough Energy[55] » : « *Créé en 2015 par Bill Gates et une coalition d'investisseurs privés préoccupés par les impacts de l'accélération du changement climatique, Breakthrough Energy soutient les innovations qui mèneront le monde à zéro émission nette.* » et dont le conseil d'administration[56] est formé par : Jeff Bezos (Amazon), Marc Benioff (Salesforce), Mike Bloomberg, Richard Branson (Virgin), Reid Hoffman, Jack Ma (Ali Baba), Georges Soros, Tom Steyer (Farallon Capital), Meg Whitman (PDG de eBay), Mark Zuckerberg, Nat Simons (Meritage Group et Prelude Ventures), Mukesh Ambani (Reliance Industries Ltd., la personne la plus riche d'Asie)... Qui peut croire une seconde que ces vautours peuvent faire quelque chose de bien et d'utile à la planète ?

Un autre grand vautour est intéressé par toute cette mascarade, le fonds des Rockfeller. Il affirme sur son site[57] que : « *Le programme de développement durable fait progresser une gérance mondiale fondée sur l'écologie, économiquement saine, socialement juste, culturellement appropriée et conforme à l'équité intergénérationnelle. L'activité humaine est à l'origine du changement climatique, d'une perte rapide de biodiversité et d'une dégradation accélérée des systèmes de support de la vie sur Terre. Reconnaissant que l'impact du changement climatique incontrôlé menace tous les autres efforts de conservation, le programme concentre ses subventions sur la promotion de solutions au changement climatique.* » ! Sans gêne, il est question rapidement de « gérance mondiale » ! On ne peut pas laisser les pyromanes d'hier se présenter aujourd'hui, tels des pompiers volontaires qui se sacrifient pour éteindre leur propre feu.

On peut aussi émettre cette critique sur un autre protagoniste de cette géante tartuferie, l'ONU. Qu'en est-il de la crédibilité de l'ONU ? Dans son livre, *Faut-il brûler l'ONU* (éd. du Rocher, 2004, 359 pages), Jean-Loup Izambert nous en dit long et nous démontre par un nombre incalculable de scandales à quel point cette organisation doit être démantelée et que chacun rentre chez soi travailler pour l'intérêt de son propre peuple. Le nombre de scandales sexuels impliquant des membres de l'ONU, accusés de viols et de pédocriminalité dans de très nombreux pays à travers le monde est juste spectaculaire. Il n'est pas question ici de juger de l'efficacité ou de l'utilité de l'ONU concernant la faim, la pauvreté dans le monde, les guerres qui ont été déclenchées par les USA pour des motifs totalement inventés... L'avocate Emma Reily, spécialiste des droits de l'homme et travaillant à l'ONU a dévoilé[58] que « *Quand l' ONU reçoit des plaintes de Ouïghours, au lieu de les aider, l'ONU balance leurs identités au gouvernement chinois pour les enfermer dans les camps* ». Ainsi, les autorités chinoises pourront faire pression sur les familles plus facilement.

Non, pas du tout, il est question ici de juger son mode de fonctionnement. Le droit du travail des salariés de l'ONU n'est même pas respecté, les salariés étant victimes de harcèlement psychologique ainsi que d'une répression syndicale féroce ! C'est à peine croyable. Quand les casques bleus arrivent dans une zone donnée, il y a une explosion des prix ainsi que des loyers car ils amènent avec eux des devises. Au même moment on observe une explosion de la prostitution et de la corruption. L'auteur du livre cite un responsable syndical de l'ONU qui déclare : « *Les Nations Unies sont l'incarnation de la violation des droits de l'homme !* ». Il faut se l'avouer une bonne fois pour toutes, cette structure criminelle est une coquille vide, elle n'apportera rien de bon à l'humanité.

Vous l'aurez compris, on a beau retourner le problème dans tous les sens, tout le narratif de la Doxa concernant les ODD n'est que mensonges et tromperies.

Notes

1. https://www.nouvelobs.com/rue89/rue89-planete/20150126.RUE7557/une-pomme-de-1950-equivaut-a-100-pommes-d-aujourd-hui.html
2. https://www.rts.ch/info/sciences-tech/12396826-le-danger-des-pesticides-pour-les-abeilles-est-sousestime-selon-une-etude.html
3. https://productions-animales.org/article/view/3913#:~:text=La%20GH%20pourrait%20stimuler%20les,%C3%A9l%C3%A9vation%20de%20la%20production%20laiti%C3%A8re.
4. https://www.marianne.net/economie/l-ue-choisit-comme-conseiller-sur-l-environnement-blackrock-investisseur-dans-le-petrole
5. https://www.planetoscope.com/mortalite/778-nombre-d-enfants-mourants-de-faim-dans-le-monde.html
6. https://www.ecologie.gouv.fr/gaspillage-alimentaire-0
7. https://www.un.org/french/events/rio92/aconf15126vol1f.htm
8. https://www.who.int/fr/news-room/fact-sheets/detail/millennium-development-goals-(mdgs)
9. https://www.jeuneafrique.com/1197448/politique/famille-chefs-detat-francs-macons-le-reseau-tres-vip-de-le-drian-de-paris-a-abidjan/
10. https://www.defense.gouv.fr/air/missions/operations-exterieures/operations-exterieures
11. https://www.pourleco.com/politique-economique/barkhane-cout-de-loperation-militaire-et-civile-au-mali
12. https://www.rfi.fr/fr/afrique/20200111-mali-bamako-manifestation-contre-barkhane
13. https://www.francetvinfo.fr/monde/terrorisme-djihadistes/operation-barkhane/l-operation-barkhane-sert-elle-a-proteger-les-mines-d-uranium-francaises-au-sahel_3719887.html
14. https://www.dailymotion.com/video/xoaimp
15. https://www.lemonde.fr/societe/article/2020/10/06/un-million-de-nouveaux-pauvres-fin-2020-en-raison-de-la-crise-due-au-covid-19_6054872_3224.html
16. https://www.publicsenat.fr/article/societe/pauvrete-un-etudiant-sur-deux-ne-mange-pas-a-sa-faim-depuis-le-debut-de-la-crise
17. https://www.youtube.com/watch?v=W6TgP5RlsDQ
18. https://www.courrierinternational.com/article/2009/07/09/ce-medicament-antipaludique-qui-rend-fou
19. https://lactualite.com/sante-et-science/faut-il-avoir-peur-de-la-mefloquine/
20. https://www.cadtm.org/Jerome-Munyangi-L-Artemisia-est-la-solution-pour-l-Afrique
21. https://www.youtube.com/watch?v=31MtWSYhOAo
22. https://www.psycho-ressources.com/bibli/stats-pornographie.html
23. https://positivr.fr/boycott-coca-cola-eau-france/
24. https://www.planetoscope.com/boisson/245-consommation-d-eau-par-la-coca-cola-company-pour-la-production-de-ses-boissons.html
25. https://www.lanceurdalerte.info/2019/09/03/coca-cola-tant-deau-pour-une-bouteille/
26. https://www.cnews.fr/france/2021-09-27/eau-mcdo-pourquoi-la-nouvelle-offre-de-mcdonalds-fait-elle-polemique-1131258
27. https://www.youtube.com/watch?v=wZT3drAYIzo
28. http://www.film-documentaire.fr/4DACTION/w_fiche_film/32662_1
29. https://www.20minutes.fr/planete/577633-20100612-planete-gasland-documen-

taire-choc-tombe-mal-industrie-petroliere#:~:text=En%202005%2C%20l'administration%20Bush,dans%20le%20liquide%20de%20fracking.

30. https://www.youtube.com/watch?v=5eSoBBapXCg

31. http://www.centennialbulb.org/

32. https://www.cnetfrance.fr/news/l-obsolescence-programmee-est-un-delit-39822874.htm

33. https://www.environnement-magazine.fr/recyclage/article/2016/09/19/48094/plusieurs-associations-plaident-pour-une-extension-garantie-10-ans

34. https://www.lelibrepenseur.org/pr-claverie-virologue-ce-vaccin-est-une-escroquerie-un-echec/

35. https://www.agenceecofin.com/solaire/0702-73619-italie-une-filiere-de-contrebande-de-panneaux-solaires-usages-vers-l-afrique-et-le-moyen-orient-demantelee

36. https://www.libow.fr/blog-avis/blog/quel-impact-des-panneaux-solaires-sur-lenvironnement-et-pollution/

37. https://www.liberation.fr/economie/covid-19-pendant-la-crise-les-milliardaires-francais-se-frottent-les-mains-20210707_VRK2762HYBCBBGHXNXQOEAD7FI/

38. https://www.lesechos.fr/finance-marches/marches-financiers/la-crise-sanitaire-a-fait-bondir-le-nombre-de-milliardaires-en-2020-1348163

39. https://www.lemonde.fr/idees/article/2006/01/31/le-climat-un-alea-tres-politique-par-emmanuel-leroy-ladurie_736346_3232.html

40. https://meteoetclimat.fr/wp-content/uploads/2017/07/Histoire-du-Climat-web.pdf

41. https://www.climato-realistes.fr/intervention-de-peter-ridd-sur-la-grande-barriere-de-corail-a-oslo/

42. https://www.lemonde.fr/le-rechauffement-climatique/article/2009/12/08/le-climategate-seme-la-discorde-a-copenhague_1277438_1270066.html

43. https://www.carenews.com/le-rameau/news/odd-17-lancement-d-une-campagne-de-mobilisation-des-tpe-pme

44. https://www.lefigaro.fr/flash-eco/la-bce-soutient-trop-d-entreprises-polluantes-selon-greenpeace-20201020

45. https://odysee.com/@LeLibrePenseur.org:2/ieq-78-Bobola:e

46. https://www.facebook.com/turningpointusa/videos/1329123683803011/

47. http://petitionproject.org/

48. https://www.youtube.com/watch?v=JaF-fq2Zn7I

49. https://www.pourquoidocteur.fr/Articles/Question-d-actu/37186-Risques-cardiaques-cancers-infections-allergies-l-impact-changements-climatiques-sante

50. https://www.letemps.ch/sciences/changement-climatique-aura-un-impact-sante-futures-generations

51. https://www.industrie-techno.com/article/le-captage-direct-du-co2-dans-l-air-interesse-de-plus-en-plus-les-industriels.62669

52. https://www.france24.com/fr/info-en-continu/20210331-refroidir-la-plan%C3%A8te-annulation-du-lancement-controvers%C3%A9-d-un-ballon-scientifique-en-su%C3%A8de

53. https://www.tdg.ch/suisse/test-avion-lutter-grele-suisse/story/20465759

54. https://www.leparisien.fr/economie/forum-de-davos-le-president-xi-jinping-et-la-chine-en-tetes-d-affiche-18-01-2021-8419874.php

55. https://www.breakthroughenergy.org/

56. https://www.breakthroughenergy.org/investing-in-innovation/bev-board-and-investors

57. https://www.rbf.org/programs/sustainable-development

58. https://twitter.com/nasnacera/status/1323698962650566661

« *La tolérance atteindra un tel niveau que les personnes*
intelligentes seront interdites de toutes réflexions
pour ne pas offenser les imbéciles »
Fiodor Dostoïevski

Chapitre V

GRANDE RÉINITIALISATION ET ÉLITES MONDIALISTES

« *Et quand Nous voulons détruire une cité, Nous ordonnons à ses gens opulents [d'obéir à Nos prescriptions], mais (au contraire) ils se livrent à la perversité. Alors la Parole prononcée contre elle se réalise, et Nous la détruisons entièrement* »
Coran, Al-Isra, 16.

Afin de traiter ce sujet, nous allons étudier les cas de Klaus Schwab et de Bill Gates. Le premier est le patron du Forum économique mondial (WEF en anglais), le second est le patron de Microsoft et surtout de la Fondation Bill et Melinda Gates (FG), très active dans tout ce qui a trait à la crise sanitaire, la crise climatique et au Grand reset.

Qu'est-ce que la Grande réinitialisation (GR) ? Un complot des élites mondialistes ? Pas du tout. Un complot doit être caché, autrement il n'en est pas un et la Grande réinitialisation est un projet des élites mondialistes pour prendre le pouvoir planétaire au détriment des démocraties et des peuples. Comment est-il possible d'écrire cela ? C'est très simple, il suffit de lire leurs livres, écouter leurs interviews et d'en réaliser une synthèse. Le Great reset possède son propre site[1] Internet que tout le monde peut parcourir, tout y est expliqué dans le détail, on y reviendra.

Anthony C. Sutton donne une définition intéressante du complot. Ce dernier doit répondre à 3 conditions. Premièrement, il doit être secret. Deuxièmement, les activités mises en place doivent être illégales, autrement il n'a pas besoin d'être secret. Troisièmement, les comploteurs doivent avoir les moyens de mettre en place leurs plans, autrement c'est une simple discussion sans intérêt. Effectivement, on ne peut pas dire que c'est un complot car ils avancent aujourd'hui à visage découvert et cela depuis quelques années seulement car ils savent que les populations occidentales sont complètement lobotomisées, elles ont été abruties par des décennies de télévision, de propagande et d'école médiocre. Par contre, il est toujours question de mettre en place un plan machiavélique totalement illégal puisque non démocratique, les gens qui mettent en place la GR n'ayant été élues par personne, c'est un fait. Quant aux moyens disponibles, ils sont quasiment infinis, car il s'agit ici des hommes les plus riches du monde ayant pour complices les gouvernants qui ont à leur disposition des moyens très importants.

Dans le monde réel, n'importe quel citoyen qui se donne la peine de lire ce que nous avons détaillé ci-dessous, le programme de la GR du WEF, comprend très vite que c'est une vision totalement folle, dictatoriale du monde, fondée sur le chantage et la peur ; du coup, les mondialistes ont besoin des médias, comme caisse de résonance, pour faire croire que la GR est un plan de sauvetage de l'humanité. Un article[2] de Radio-Canada a été publié, tendant à défendre ce projet de GR et le définissant comme : « *initiative du FEM vise à construire un monde meilleur après la crise sanitaire et cherche plutôt à sauver le capitalisme qu'à le détruire, en mettant l'accent sur la protection de l'environnement et la coopération internationale.* » ! Il en existe des dizaines d'autres de cet acabit, aussi stupides qu'irréels ; comment est-il possible d'oser écrire un tel tissu d'inepties ? Les Décodeurs du *Monde* se sont attelés à la même tâche visant à dédiaboliser cette initiative, notamment dans un article[3] du 10 février 2021, intitulé : *Qu'est-ce que « The Great Reset », un livre devenu théorie du complot ?* sous-titré : « *Le dernier livre du fondateur du Forum économique mondial, Klaus Schwab, et de son ancien directeur suscite fantasmes et diabolisation. Son contenu diffère pourtant des thèses qu'on lui prête.* » En d'autres termes, nous n'avons même pas le droit de comprendre et d'analyser les écrits de Klaus Schwab, nos analyses sont obligatoirement erronées, selon les sous-fifres de la GR et, du coup, il faut absolument utiliser leurs filtres de compréhension afin de nous guider sur le droit chemin. Il s'agit également pour les journalistes de minorer la puissance du WEF comme s'il s'agissait de réunions de l'amicale des boulistes, discutant de planification mondiale. En Belgique, le site de la RTBF agira de la même façon, à travers l'article[4] *The Great Reset : un livre qui envisage l'après Covid alimente les théories conspirationnistes*, on peut y lire : « *Pour les deux auteurs : « Il s'agit de rendre le monde moins clivant, moins polluant, moins destructeur, plus inclusif, plus équitable et plus juste que celui dans lequel nous vivions à l'ère prépandémique ». Pour les deux économistes, il n'est d'ailleurs jamais question de sortir du régime démocratique, mais au contraire d'aller vers des sociétés plus équitables. Le contenu de l'ouvrage diffère donc largement de certaines thèses extrêmes qu'on lui prête.* ». Encore une fois, l'objectif est simple : discréditer toute critique de ce projet mondialiste qui ne peut être critiquable puisqu'il a pour seul objectif le respect total et entier des régimes démocratiques et la mise en place d'une société plus équitable, véritable paradis sur terre.

Qui est donc Klaus Schwab ? Peu de gens le connaissent et pourtant c'est un homme très puissant, au cœur de la machination qui est en train de se tramer aujourd'hui contre l'humanité. Pour le résumer en quelques mots, Klaus Schwab est l'incarnation, l'image hideuse du capitalisme le plus débridé et le plus criminel. Né le 30 mars 1938 à Ravensburg en Allemagne, il a longtemps vécu en Suisse. Marié à Hilde Schwab, sa secrétaire, le couple vit en Suisse et a eu deux enfants : Nicole Schwab, née en 1975, entrepreneure suisse et cofondatrice en 2009 du Gender Equality Project, elle a dirigé le Forum des Young Global Leaders de 2004 à 2006, émanation du WEF. Elle fut nommée en 2012 parmi les plus importantes femmes suisses, elle est également membre du Conseil d'administration de la Fondation Chanel ; Olivier Schwab est marié à une Chinoise et dirige le bureau du WEF à Pékin. Il a une formation d'ingénieur (École polytechnique fédérale de Zurich) et d'économiste (Harvard Business School), enfin, il est titulaire d'une maîtrise en administration publique obtenue à l'École d'administration publique de l'université Harvard (1967) ; il débutera sa carrière comme professeur de management industriel à l'Université de Genève (1971-2002). En 1971, il fonde à Davos, en Suisse, le Symposium européen du management qui devient en 1987, le Forum économique mondial, fondation non lucrative réunissant chaque année des dirigeants d'entreprises, des responsables politiques mondiaux, des intellectuels et des journalistes dans les domaines politiques, économiques, universitaires et celui de la société civile ainsi que pour une meilleure coopération, public/privé. Le WEF organise également chaque année en Chine la réunion « des nouveaux champions ». Sachant qu'il est le fondateur du WEF qu'il dirige à ce jour après 48 ans de règne sans partage, il faut croire que Klaus Schwab n'est pas très à cheval sur les principes démocratiques. Selon le *Figaro*[5] : « *4 jours, plus de 3000 participants de plus de 110 pays. 350 sessions vont s'enchaîner de 7 heures du matin jusqu'à minuit.* », les comploteurs ne chôment pas. Comment donc est financée cette structure ? *Le Figaro* y répond : « *Le Forum économique mondial emploie 700 personnes depuis ses bureaux à Genève, New-York, Pékin ou Tokyo. L'organisation est financée par les entreprises membres, qui versent une cotisation annuelle d'au minimum 40.000 euros* (sic). *S'ajoute à cela la participation au Forum annuel, qui démarre à 1800 euros.* » ; reste à savoir si les responsables politiques élus paient leur cotisation avec l'argent du contribuable ou leurs propres revenus ! « *Certaines entreprises paient de 100 à 600.000 € par an pour y envoyer leur CEO* » selon un article du *Soir* belge. C'est donc une trésorerie de plusieurs dizaines de millions d'euros pour financer 4 jours de conférences par an ! Dans un article[6] de *Libération* du 28 janvier 2000, intitulé *Les intérêts douteux de Schwab*, on apprend que : « *Le fondateur* [Klaus Schwab] *a ainsi été nommé au conseil d'administration d'une firme californienne, USWest (consultants pour l'Internet), qui a remporté un contrat de 8 millions de dollars avec le WEF. De même, il est au conseil de I to I et a reçu des stock-options de cette firme liée au e-business. Or I to I est l'une des seules à avoir un local au centre des congrès à Davos* » ! Pas très éthique tout ça, mais parfaitement dans l'esprit de la pratique quotidienne du libéralisme sauvage débridé. C'est l'entreprise française Publicis dirigée par Maurice Lévy, à travers sa la filiale Publicis Live, qui gère la logistique du WEF.

Klaus Schwab est également membre du comité de pilotage du très puissant et secret groupe Bilderberg[7]. Justement, afin de comprendre ce qui se trame au WEF, qui se retrouve à Davos, est l'avenir du monde sans que les citoyens ne le sachent ; cet article[8] du 21 janvier 2017 de Béatrice Delvaux du *Soir* belge, nous donne une idée précise de la situation. Alors que cette dernière voulait assister à une session concernant la défense européenne, elle trouve juste avant elle, le banquier suédois Jacob Wallenberg. Peu de gens connaissent cette famille et pourtant c'est l'une des plus puissantes au monde selon Wikipedia : « *La famille Wallenberg est une famille suédoise importante, la famille et la dynastie d'affaires prééminentes et les plus puissantes d'Europe, réputées comme banquiers, industriels, politiciens, bureaucrates et diplomates. Les avoirs de la sphère Wallenberg emploient environ 600.000 personnes et réalisent un chiffre d'affaires de 154 milliards de dollars par an.* » ! La journaliste cite ensuite quelques personnalités rencontrées au Central Lounge du Centre de Congrès : « ... *passent ainsi devant vous Christine Lagarde (FMI), le Prix Nobel Joseph Stiglitz, l'ex-président de la Commission Manuel*

Barroso – il nous lance « c'est l'élection française qui va tout décider » –, le roi Philippe qui nous fait un petit signe discret, les commissaires européens Federica Mogherini et Pierre Moscovici, lui-même suivi du ministre français de l'Économie et des Finances Michel Sapin. On comprend illico que ces deux-là vont se parler budget, ou socialisme ? Ah, tiens, voilà Bill Gates. » ! Et d'ajouter « *Jeudi, on pouvait ainsi discuter de l'état du monde lors d'un dîner avec les lauréats du Prix Nobel d'économie Angus Deaton, Christopher Pissarides, Robert Shiller et Joseph Stiglitz, ou améliorer l'état du monde lors d'un dîner à l'hôtel Derby avec les lauréats du prix Nobel scientifiques Elizabeth Blackburn (biologie), F. Duncan Haldane (physique) et Brian Schmidt.* », ce qui démontre que la science est complètement prise en otage par les tenants de ce paradigme capitaliste mortifère imposé comme une norme, un standard indépassable.

Il faut également s'interroger sur le fait que tous les gouvernements occidentaux prennent les mêmes décisions à quelques heures d'intervalle, au maximum quelques jours. Deux raisons pour que cela soit possible : avoir la même formation intellectuelle ou recevoir des ordres, il n'y en a pas d'autres. En réalité, c'est l'appartenance à ce réseau internationaliste qui a permis la formation intellectuelle des dirigeants de ce monde, dont Klaus Schwab et quelques autres sont les chefs d'orchestre. Au niveau local, le réseau qui permettra de diffuser le même message à tous les soldats du mondialisme est la franc-maçonnerie ; la grande majorité de nos dirigeants, journalistes... ne comprennent même pas ce qu'il se passe, ils obéissent bêtement et servilement.

Prenez par exemple l'expression « *Build Back Better* » ou « reconstruire en mieux » ! Du jour au lendemain, comme par enchantement, tous les dirigeants du monde occidental, mais pas seulement, ont commencé à répéter cette phrase tel un mantra ! Biden va commencer (c'était son slogan de la présidentielle de 2020), suivi de Justin Trudeau[9] puis Boris Johnson[10], le Premier ministre pakistanais Imran Khan[11], l'Italie[12], Angela Merkel[13], le G7[14]... Il y a pourtant dans le dictionnaire un florilège de mots pour ne pas avoir à utiliser exactement les mêmes ! En réalité, tout ceci n'est que le fruit d'un travail de longue haleine, de formation et de propagande, qui arrive enfin à sa phase finale de mise en place.

À la demande insistante du député néerlandais Pepijn van Houwelingen, membre du parlement, du parti Forum pour la démocratie (FvD), des lettres demeurées secrètes échangées entre le Forum économique mondial et les membres du cabinet [Gouvernement hollandais] ont été rendues publiques vendredi 17 décembre 2021, une correspondance qu'il a publiée et commentée lui-même sur son compte Twitter[15]. Bien entendu, vu le scandale aux Pays-Bas, Reuters s'empressera de publier un article[16] pour dire que tout va bien, point de complot, ce n'est rien d'autre qu'une correspondance classique, des invitations à participer au WEF. Pas si sûr et, pour y voir plus clair, rien de mieux que de lire les documents originaux qui sont accessibles.

Avant toute chose, on ne peut ne pas relever la forme extrêmement respectueuse, voire obséquieuse, allant jusqu'à appeler Klaus Schwab « *Your Excellency* » dans un courrier du ministre des finances datant de 2019 (*cf.* annexe n°24) ! « Son Excellence » est un prédicat honorifique à usage diplomatique ou ecclésiastique ainsi que pour les juges de la Cour internationale de Justice. À partir de quel moment le président d'une fondation à but non lucratif peut-il être désigné de la sorte, de surcroît par un ministre de gouvernement élu de tout un pays !

On peut lire dans cette correspondance le courrier du Premier ministre néerlandais inamovible Mark Rutte, à son poste depuis 2010, qui écrit : « *Merci de m'avoir invité à la 50e réunion annuelle du Forum économique mondial. [...] Permettez-moi de souligner l'importance du Forum économique mondial pour le gouvernement néerlandais. Au fil des ans, nous avons construit une relation solide, comme en témoigne la délégation néerlandaise importante lors de la réunion annuelle.* » Là encore, les propos sont trop élogieux, largement excessifs. Lorsque l'agence de presse internationale Reuters affirme qu'il ne s'agit que d'invitations classiques du forum à ses futurs participants, qu'en est-il de la demande par courriel du 7 décembre 2020 à 14:44 du staff de Schwab au Premier ministre Mark Rutte de lui écrire une petite recommandation pour son prochain livre qu'il n'a même pas encore lu ? Il lui est ordonné de produire un court texte de 1 à 3 phrases, 30 à 50 mots maximum avant le 15 décembre suivant ! Le Premier ministre va s'exécuter, bien entendu, et lui enverra le texte demandé le 15 décembre 2021 à 13:31 en rappelant à son correspondant que c'est une demande qui l'honore, avant de lui envoyer le texte suivant : « *Dans son dernier livre, mon ami le professeur Schwab présente une vision inspirante pour rendre l'économie mondiale plus équitable, plus durable et plus sûre. Une vision qui s'inscrit parfaitement dans le cadre de tous les efforts qu'il a déployés au fil des ans pour construire un monde meilleur. Une fois de plus, le professeur Schwab nous donne matière à penser et à réfléchir avec ce livre fascinant. - Mark Rune, Premier ministre des Pays-Bas*[17] » ! Il est à peine croyable que le président d'une fondation puisse faire une demande aussi pathétique à un premier ministre d'une nation de 17,4 millions d'habitants afin de promouvoir un livre ! Faut-il ajouter que Mark Rutte a participé à plusieurs réunions du groupe Bilderberg (2012, 2013, 2015, 2016 et 2017), d'où sa proximité avec Klaus Schwab.

Selon le Premier ministre Rutte, non seulement ses ministres participent aux activités du WEF qui est, rappelons-le, une institution étrangère, mais aussi les hauts fonctionnaires ! Le Forum économique mondial a également écrit à Sigrid Kaag, la ministre des Affaires étrangères néerlandaises : « *[...] vos contributions aux travaux de la Grande Réinitialisation seront exceptionnellement cruciales lors de la prochaine réunion annuelle. Votre participation aux délibérations de Davos garantira également que les Pays-Bas jouent un rôle majeur dans l'élaboration de l'avenir du système commercial international.* » ! On a ici clairement l'impression que c'est bien le patron qui décide du sort du monde qui motive ses troupes.

Là encore, contrairement aux mensonges de Reuters, la lettre envoyée le 14 mai 2020 à Sigrid Kaag au sujet du Groupe d'action mondial (un groupe restreint d'acteurs mondiaux choisis par le WEF) qui a pour objectif de *mettre en place les fondations d'une sécurité globale, d'une prospérité et d'une résilience pour les années à venir* (*sic*). Il est ajouté à ce courrier que toutes les « réunions seront strictement confidentielles », une phrase fondamentale, voire cruciale, pourtant totalement antidémocratique, mais qui semble avoir échappé aux fins limiers journalistes de Reuters, Qu'en est-il du projet théorique du Forum économique mondial qui n'a pas manqué de sauter sur l'occasion du Covid-19 pour le mettre en pratique ? Faut-il rappeler qu'en juin 2020, le prince Charles de Grande-Bretagne a déclaré[18] que la pandémie de COVID-19 représentait un « moment de réinitialisation » et une chance de transformer la crise en une opportunité de rendre l'économie et les sociétés mondiales plus durables, plus vertes, plus humaines, plus justes, plus fraternelles... bla... bla... bla... tout un tas de vocables, sonnant creux dans sa bouche ! Tout est là sous nos yeux pour ceux qui veulent voir et comprendre.

Qu'en est-il maintenant du programme de la Grande réinitialisation. Il suffit de lire son livre, à moins de vouloir économiser son temps et son argent et se contenter de la vidéo postée sur le compte YouTube du WEF le 14 juillet 2020, intitulée *COVID-19: The Great Reset*, on ne peut plus clair. Cette conférence filmée n'avait pour objectif que de faire la promotion de son livre écrit avec Thierry Malleret. Les propos tenus par Klaus Schwab, avec son insupportable voix nasillarde, sont d'une rare stupidité. Il affirme, mi-juillet 2020, que même s'il ne sait pas quelle sera l'issue de cette crise sanitaire, cette dernière va changer la face du monde, à l'instar de la précédente guerre mondiale ! Comment est-il possible de comparer deux événements aussi radicalement différents et dont le second a fait plus de 50 millions de morts ? Il insiste sur la crise économique et les 10.000 milliards de dollars injectés par les gouvernements occidentaux, mais il oublie de dire que personne ne leur a demandé de confiner ! Ils ont pris cette décision stupide et inefficace du confinement qui a déstabilisé l'économie et ils mettent cet échec sur le dos du virus. Il ajoute que cette crise va créer beaucoup de chômage comme si le sort des chômeurs l'intéressait ou intéressait un grand nombre des adhérents de son forum. N'est-ce pas Jeff Bezos qui remplace les humains par des robots dans ses entrepôts dès qu'il en a l'opportunité ? N'est-ce pas le géant de la pharmacie Sanofi qui annonce la suppression[19] de 1700 emplois dont 1000 en France en 2021 après avoir empoché 1,5 milliard d'euros de crédits d'impôts divers sur dix ans ! Sanofi avait pourtant distribué en 2020 un peu plus de 4 milliards d'euros de dividendes !

Ensuite, il affirme que le Nouveau Monde devra être plus résilient, que les gens seront demandeurs de plus de sécurité aussi bien physique que sanitaire ; que ce Nouveau Monde merveilleux sera obligatoirement plus inclusif car, selon lui, la société ne tiendrait pas du fait de la colère populaire qui augmente de plus en plus. Enfin, il ajoute que le prochain modèle sur lequel se basera ce merveilleux projet devra être durable, car la crise climatique nous pend au nez. Pour ce faire, le grand gourou de Davos propose de traiter cinq priorités.

Le premier point sera de redéfinir notre contrat social. Selon lui, il n'est pas responsable de vivre de l'endettement infini, ce fardeau que devront supporter les prochaines générations. Là encore, ce sont ses amis banksters, ces alchimistes de la monnaie qui ont ruiné la planète avec la financiarisation et la spéculation mises en œuvre depuis des décennies, qui bénéficient du sauvetage assuré par l'argent du contribuable dès qu'ils font faillite ; les peuples ne leur doivent rien. Les dettes sont totalement fictives, l'argent n'existait pas lorsqu'il a été prêté, on ne voit pas pourquoi il devrait être remboursé. Il fait semblant également de s'occuper du sort des pays du Sud qui vont, selon lui, souffrir beaucoup plus de la crise sanitaire. Prenons l'exemple du Nigéria, pays géant de 206 millions d'âmes. Depuis 2 ans, nous avons eu ce qu'on peut appeler 3 vagues épidémiques avec un total de 2991 décès sur 206 millions d'habitants, ce qui correspond à 14,5 décès par million d'habitants. On peut ajouter à cela que moins de 5 % de la population nigériane est monodosée, 2,1% sont vaccinés doublement, autant dire une quantité négligeable. De plus, la dernière vague épidémique qui date de début décembre est certes spectaculaire, mais complètement décorrélée de la mortalité qui est, elle, quasiment nulle depuis 4 semaines ! Ainsi, toutes les restrictions mises en place au Nigéria, mesures destructrices de l'économie n'avaient aucune raison d'être. Tout le raisonnement de Klaus Schwab s'effondre, d'autant que l'on peut multiplier les exemples avec d'autres pays comme l'Algérie (44 millions d'habitants, 6213 décès, 12,7% de vaccinés)...

Le second point crucial est bien entendu la crise climatique et la décarbonation du monde. Klaus Schwab assimile le CO_2 à un « virus » et il le dit sans rougir ! Si c'était le cas, il n'aurait pas survécu à ses propres poumons qui sont eux-mêmes producteurs de CO_2, sans oublier tout son corps étant donné que la matière organique est composée principalement de carbone. Mais il faut dire qu'avec tout le terrorisme sanitaire mis en place avec le virus du SARS-CoV-2, le terme est devenu très porteur ces temps-ci.

Le troisième point sera celui de la digitalisation du monde. Pour lui, la technologie est le salut de l'humanité. Il dit clairement que tout doit être digitalisé ou devra l'être d'autant que la crise Covid-19 a permis, selon lui, de faire de grandes avancées dans ce domaine (passe sanitaire, reconnaissance faciale, fichages des données personnelles...). L'objectif final étant la mise en place de l'identité numérique dont la promotion est de plus en plus assumée dans les médias. Une vidéo[20] de Thalès a été diffusée sur Internet le 27 mai 2021, c'est tout à fait assumé publiquement sur leur site web : « *Nous croyons en un monde plus sûr et plus durable, où chacun bénéficie d'une identité fiable et sécurisée. Pour soutenir cette vision, Thales propose des solutions d'identité et de biométrie aux gouvernements, aux pouvoirs publics et aux entités privées dans les domaines de l'identité civile et de la sécurité publique. Pour ce faire, nous produisons des documents hautement sécurisés tels que passeports, cartes d'identité, permis de conduire, etc. qui sont au cœur des programmes d'identité*[21]. » ! De plus, ils nous font croire que l'identité numérique est plus sûre que l'identité papier alors qu'elle sera, vous pouvez en être certains, beaucoup plus facile à pirater, les hackers pourront en voler des millions en une seule opération, peu coûteuse, alors que c'est impossible lorsqu'il s'agit de documents physiques. Le 16 septembre 2021 a été la journée internationale de l'identité, « ID-Day[22] ». Les Nations Unies ont pour projet mondial qu'une identité, dite légale, soit octroyée à tous les habitants de la planète. Sans oublier, concernant la France, l'ex-premier ministre Édouard Philippe qui a été embauché par le groupe Atos ! Alors qu'il est maire du Havre à temps plein, Édouard Philippe, sans aucune compétence dans le domaine de l'informatique, le cloud, la cybersécurité, les supercalculateurs quantiques... pourra gagner[23] jusqu'à 50.000 € par an. Faut-il rappeler au lecteur qu'Édouard Philippe est toujours membre détaché du Conseil d'État à ce jour, un véritable surhomme ! Avec ses 11 milliards d'euros de chiffre d'affaires annuel et ses 110.000 salariés, le groupe était dirigé par Thierry Breton qui a été nommé[24] par Macron en octobre 2019 Commissaire européen chargé de la politique industrielle, le marché intérieur, le numérique, la défense et l'espace, choix validé par Ursula von der Leyen ! Comme dénoncé par M. Vincent Jauvert dans son livre *La mafia d'État* (Seuil, oct. 2021, 200 pages), le pantouflage et le renvoi d'ascenseurs par la mafia des énarques représentent un réel danger pour la stabilité de la France. En d'autres termes, Édouard Philippe a commencé à mettre en place une société du contrôle et de la surveillance lorsqu'il était Premier ministre puis se retrouve comme par magie dans une des plus grandes entreprises mondiales de la mise en place du matériel nécessaire à ces contrôles !

Dans une vidéo[25], Mari Elka Pangestu[26], Directrice générale au WEF, responsable des politiques de développement et des partenariats (*sic*), lors de la dernière réunion de 2020 nous montre en arrière-plan la participation du Fonds monétaire international (FMI). Elle nous explique dans cette vidéo à quel point la digitalisation du monde est importante pour atteindre leurs objectifs en répétant avec un psittacisme mécanique le discours de Klaus Schwab. Elle en profite pour remercier la fondation Bill et Melinda Gates (FBMG) ainsi que les gouvernements britanniques et français qui les ont beaucoup aidés dans cette tâche ! Je ne suis pas certain que le peuple français soit au courant de l'implication de l'Élysée dans cette curieuse affaire.

Le projet le plus abouti aujourd'hui concernant la surveillance des masses via la technologie, présenté comme le summum[27] du bonheur sur terre, est celui mis en place par l'Arabie Saoudite et son prince régnant MBS ; il s'agit du projet Neom ! Il est question de mettre en place un e-gouvernement qui régnera sur une ville de 26.500 km² totalement autonome énergétiquement parlant et gérée par intelligence artificielle. La direction de ce projet pharaonique a été confiée à M. Klaus Kleinfeld, membre du groupe Bilderberg. Concernant le bonheur de tout le monde, ce n'est pas si certain, du moins ce n'est pas le cas de la tribu Howeitat qui a été dégagée manu militari de ses terres qu'elle occupe depuis des millénaires...

Il est intéressant de faire constater au lecteur que sur les sites Internet du FMI ou de la banque mondiale, les administrateurs ont mis en place un onglet Covid-19 ! Comme si ce dernier était un domaine à part entière comme l'agriculture, l'économie, les infrastructures, l'éducation... ! On peut y trouver une publicité pour le programme Covax mis en place entre autres par l'alliance Gavi de la FBMG et la CEPI ou Coalition pour les innovations en matière de préparation aux épidémies (elle-même créée et financée par la FBMG) afin de vacciner la planète entière contre le Covid-19. On peut trouver sur le compte YouTube de l'alliance Gavi, une vidéo[28] célébrant les 20 ans de sa création, filmant Klaus Schwab en train d'expliquer que l'idée de cette alliance a bien été lancée il y a 20 ans à Davos.

Après quelques jours de recherches, on comprend très vite que c'est un petit cercle restreint de milliardaires qui veulent diriger le monde et qui tournent en rond. Sur le site de la banque mondiale, en cliquant sur le bouton Covid-19, vous tombez sur des éléments de langage en tous points identiques à ceux des membres de la secte covido-climatiste : *construire une reprise résiliente et inclusive*, *Rebuilding Better*, *développement d'infrastructures climato-intelligentes...*

Le quatrième point, selon lui, sera de faire changer de vision aux entreprises afin de passer du court terme au long terme. Il essaie de nous vendre un modèle capitaliste d'entreprise qui serait beaucoup plus respectueux des salariés, des consommateurs, des fournisseurs, des collectivités locales... pas seulement des actionnaires (son fameux *Stakeholder capitalism*). Bien entendu tout ceci n'est que balivernes, car il existe de bien plus gros problèmes qui minent le capitalisme aujourd'hui, transformant les multinationales en véritables vautours que plus personne ne peut arrêter.

Enfin, le point cinq concerne la coopération mondiale nécessaire à la mise en place de ce nouveau paradigme et c'est justement ici que se rencontrent le WEF et le Nouvel ordre mondial.

Nous allons reprendre ces cinq points un par un. Concernant le contrat social, personnellement je n'ai pas signé le précédent et ne signerai certainement pas le prochain. Un contrat peut être reconduit tacitement s'il a été initialement signé, ce n'est pas le cas ici. Mieux, ils ne soumettent même pas ces changements à un quelconque référendum ! Ils jouent la carte de l'urgence vitale et de la volonté de sauver l'humanité et il faut les croire sur parole. Concernant le point deux, celui de la crise climatique, nul besoin de reprendre ici les arguments déjà détaillés au chapitre précédent, il faut juste rappeler qu'il est inconcevable et impensable de confier la sécurité du magasin au braqueur qui l'a dévalisée la veille. Nous pouvons juste affirmer que Schwab est un manipulateur qui trompe ses lecteurs car dans le chapitre *Le coronavirus et l'environnement, Nature et maladies zoonotiques*, il écrit : « *Les maladies zoonotiques sont celles qui se transmettent des animaux aux humains. La plupart des experts et des défenseurs de l'environnement s'accordent à dire qu'elles ont considérablement augmenté ces dernières années, notamment en raison de la déforestation (un phénomène également lié à une augmentation des émissions de dioxyde de carbone), qui augmente le risque d'interaction étroite entre l'homme et l'animal et de contamination.* » Il va plus loin en affirmant « *Nous savons maintenant que la pollution atmosphérique aggrave l'impact de tout coronavirus particulier (pas seulement l'actuel SRAS-CoV2) sur notre santé* » ! Or, on sait aujourd'hui depuis plus d'un an que l'origine du virus est clairement laborantine et que l'histoire du pangolin a été inventée de toutes pièces[29]. Le troisième point est le plus comique puisqu'il est irréalisable et en contradiction avec le second. Il faut bien comprendre que pour Klaus Schwab, le citoyen de demain est obligé d'avoir un Smartphone autrement il n'existera pas légalement. Quand on pense qu'il y a 2 milliards de personnes qui vivent sous le seuil de pauvreté et que des centaines de millions ont faim tous les jours, on se demande bien comment ce projet pourra prendre forme, d'autant que ces milliards de Smartphones sont extrêmement dangereux pour l'environnement étant donné leur composition en matières plastiques et la dangerosité de tous les métaux lourds contenus dans les batteries ! Vous remarquerez que toutes les solutions proposées par Klaus Schwab sont payantes ! Le quatrième point n'est rien d'autre qu'une promesse n'engageant que le naïf qui y croit, on ne voit pas par quelle magie il sera possible de transformer une hyène en agneau ! Enfin, le point cinq, si on y réfléchit deux secondes, pas plus, est certainement le plus absurde car il est inconcevable de diriger le monde entier avec un petit groupe de personnes qui, bien entendu, sera constitué des plus riches milliardaires de ce monde ; il suffit de voir comment a été gérée la crise sanitaire au moment de la guerre des masques sur les tarmacs des aéroports...

Il est pénible de lire dans la conclusion de l'ouvrage de Klaus Schwab les phrases suivantes dans lesquelles il fait semblant de s'intéresser au sort des minorités et des plus fragiles : « *La mort tragique de George Floyd (un Afro-Américain tué par un policier en mai 2020) illustre parfaitement ce point. C'est le premier domino ou la dernière goutte d'eau qui a marqué un point de bascule important, au cours duquel un sentiment d'injustice profond et accumulé, ressenti par la communauté afro-américaine des États-Unis, a finalement explosé sous la forme de protestations massives.* » ! Au même moment, son ami Bill Gates, propriétaire de Nokia, continue d'avoir recours au travail des enfants en Afrique pour extraire les terres rares dans des mines qui comptabilisent chaque mois plusieurs morts survenant dans des conditions ahurissantes de précarité et de violence (*cf.* plus bas les détails de ce scandale) ! C'est exactement la même chose pour son grand copain Wallenberg, propriétaire d'Ericsson... ! Klaus Schwab fait semblant également dans cette conférence - et dans son livre - d'être impressionné par le nombre de morts causées par le virus ; pourtant, le paludisme, la tuberculose, ou tout simplement la famine, tuent infiniment plus de gens chaque année sans pour autant pousser à un changement de paradigme qui nous jettera dans les bras de l'autoritarisme des ploutocrates ! Si Klaus Schwab est si préoccupé par les inégalités dans le monde, pourquoi ne demande-t-il pas à ses proches amis banksters de fermer les paradis fiscaux qui vampirisent aussi bien l'Occident que le reste du monde en pillant les richesses des peuples ?

Il suffit de lire les partenaires de la version 2020 du WEF pour comprendre à quel point Klaus Schwab se moque du monde ! Une liste[30] de 120 partenaires est affichée sur leur site, on va en sélectionner quelques-uns pour vouss démontrer l'ampleur de la supercherie. Les banksters Barklays, HSBC, Morgan Stanley, Crédit Suisse, Goldman Sachs, JPMorgan Chase & Co., UBS ! Toutes ces banques ont quasiment été condamnées par la justice pour de nombreux délits. Côté junk food, obésité et empoisonnement des masses, nous avons Coca-Cola, PepsiCo, Procter & Gamble, Nestlé... ! Côté Big Pharma, on retrouve AstraZeneca, Johnson & Johnson ainsi que MSD (Merck) ! On a déjà parlé du scandale meurtrier du Vioxx© de Merck ainsi que de leurs fausses[31] revues médicales dont *The Australasian Journal of Bone and Joint Medicine*, toutes éditées en Australie par Elsevier ! Coté pollution, nous avons le géant saoudien Aramco de l'industrie pétrochimique, le géant russe Lukoil et Chevron, le second groupe US, après ExxonMobil, qui voulait imposer l'extraction du gaz de schiste[32] à la planète entière ! L'ONG Carbon Disclosure Project a classé Chevron dans son rapport[33] de 2017 comme la 12e entreprise la plus productrice de carbone au monde, Aramco étant 2e et Lukoil 23e ! Un sans faute. On trouve également, dans le même domaine de la protection du climat, le groupe Volkswagen qui s'est illustré ces dernières années par le DieselGate[34], le scandale des véhicules diesel dont le logiciel de contrôle de la pollution des moteurs a été falsifié par le constructeur pour pouvoir vendre les véhicules et polluer un peu plus la planète ! Aucun des dirigeants n'a fait de la prison, ce qui leur permet de parader à Davos, à nous prodiguer des leçons de morale sur le climat. Bref, de grands amoureux de la nature et de la décarbonation.

En réalité, au risque de se répéter, la stratégie de Klaus Schwab est très simple. Il sait que son monde capitaliste qu'il connaît sur le bout des doigts est en train de s'effondrer et qu'il va falloir obligatoirement proposer autre chose, car les populations mondiales, à force de gronder et de bouillonner, la cocotte-minute risque de leur exploser à la figure. Très maladroitement, il tente dans son livre de faire croire que c'est le virus qui est la cause des quelques troubles constatés dans plusieurs pays à travers le monde alors qu'il n'est question que de la gestion catastrophique des élites politiques : « *En ce sens, les vastes manifestations sociales qui ont eu lieu en juin 2020 reflètent le besoin urgent de s'engager dans la Grande réinitialisation. En établissant un lien entre un risque épidémiologique (COVID-19) et un risque sociétal (manifestations), elles ont clairement montré que, dans le monde actuel, c'est la connectivité systémique entre les risques, les problèmes, les défis et aussi les opportunités qui importe et détermine l'avenir.* » ! Son analyse est erronée, elle a inversé complètement la causalité.

Pour finir avec ce tissu de sottises, le paragraphe le plus curieux de *Covid-19 : la Grande réinitialisation*, est certainement celui-ci : « *Depuis le début de la pandémie, nous avons été bombardés quotidiennement par un flux incessant de données mais, en juin 2020, soit environ six mois après le début de l'épidémie, nos connaissances sont encore très incomplètes et, par conséquent, nous ne savons pas encore vraiment à quel point la COVID-19 est dangereuse.* » ! Klaus Schwab avoue noir sur blanc qu'il ne sait pas du tout si le virus est si mortel, du coup, pourquoi les gouvernements du monde entier ont pris des décisions aussi folles, mais surtout, pourquoi veut-il lui aller encore plus loin en changeant complètement de paradigme ? Quand on ne sait pas, on se pose, on se calme, on ne prend pas de décision hâtive basée sur la peur, on réfléchit, on analyse et on essaie de comprendre.

Le Nouvel ordre mondial est l'objectif final de toute cette mascarade. Klaus Schwab en parle à de nombreuses reprises dans son livre. C'est toujours le même refrain, la crise sanitaire nous oblige à mettre en place une gouvernance mondiale : « *La Covid-19 nous a rappelé que les plus grands problèmes auxquels nous sommes confrontés sont de nature mondiale. Qu'il s'agisse de pandémies, de changement climatique, de terrorisme ou de commerce international, ce sont tous des problèmes mondiaux que nous ne pouvons aborder, et dont les risques ne peuvent être atténués, que de manière collective.* ». Hier c'était le terrorisme, aujourd'hui c'est la crise sanitaire et demain ce sera la crise climatique ; il y a toujours une bonne raison pour restreindre les libertés et faire appel à la gouvernance planétaire. Selon lui, le risque est global, donc la réponse doit être mondiale : « *De plus en plus souvent, les grands problèmes qui nous assaillent échappent même au contrôle des États les plus puissants ; les risques et problèmes que nous rencontrons sont de plus en plus mondialisés, interdépendants et interconnectés, tandis que les capacités de la gouvernance mondiale à cet égard sont dangereusement défaillantes, mises en danger par la réapparition du nationalisme.* » ! Encore une fois, d'autres maladies tuent beaucoup plus de gens chaque année, le cancer par exemple et ses 15 millions[35] de victimes dans le monde. Il devrait en parler à ses amis d'Aramco, Lukoil, Chevron, PepsiCo, Coca-Cola, Procter & Gamble... 15 millions de morts et pourtant aucune volonté depuis des décennies de mettre en place une quelconque structure mondialiste ! Pourquoi maintenant, pourquoi le Covid-19 ?

Le paragraphe suivant démontre à quel point la mise en place d'un gouvernement mondial est essentielle à ses yeux : « *En un mot, la gouvernance mondiale est au cœur de toutes ces autres questions. Par conséquent, on peut craindre que, sans une gouvernance mondiale appropriée, nous soyons paralysés dans nos tentatives de relever les défis mondiaux, en particulier lorsqu'il existe une si forte dissonance entre les impératifs nationaux à court terme et les défis mondiaux à long terme.* » ! En d'autres termes, point de salut en dehors du Nouvel ordre mondial. Au même moment, des journalistes corrompus affirment sans honte que le WEF n'a jamais parlé de Nouvel ordre mondial !

J'ai rarement lu un livre aussi stupide que celui de Klaus Schwab et Thierry Malleret ! C'est confondant de bêtise, léger, plein de contradictions et de mensonges.

Pour lui, par exemple, le fait que la France ait eu du mal à se procurer des masques, des tests, des médicaments... est dû au manque de coordination à l'international et à l'absence justement de gouvernance mondiale. Ça n'aurait donc rien à voir, à ses yeux, avec les délocalisations dues à la mondialisation capitaliste débridée qui a totalement désindustrialisé la France ! Pour lui, il estime qu'il est logique de fabriquer des milliards de masques à 10.000 km de Marseille, Lyon et Paris et du coup devoir à chaque fois parcourir cette distance extrêmement productrice de pollution !

Il me semble évident que sauver le monde est la dernière de ses réoccupation. Klaus Schwab n'a qu'un seul objectif, contrôler et dominer le monde. Pour ce faire, il a besoin d'acteurs très dynamiques comme Bill Gates.

L'extraordinaire escroquerie Bill Gates

Lorsque l'on entend le nom de Bill Gates, une grande majorité de la population pense qu'il s'agit d'un génie de l'informatique ayant fait fortune en vendant le fameux logiciel d'exploitation Windows. C'est pour une grande partie de l'opinion publique un excellent informaticien, en avance sur son temps, qui a réussi, grâce à sa détermination et à son ingéniosité, à conquérir le monde puisqu'il représente plus de 90 % du parc informatique mondial.

Ensuite, la deuxième idée qui vient à l'esprit est le côté philanthropique de Bill Gates. Là encore, une large proportion de la population pense que Bill Gates est d'une immense générosité, puisqu'il avait promis d'offrir toute sa fortune aux plus pauvres[36]. Qui oserait donc critiquer un homme aussi exemplaire, une âme aussi charitable et pure, ayant le cœur sur la main ?

Sauf qu'il y a, quand même, comme un couac dans cette histoire trop jolie pour être vraie, ce storytelling parmi certainement les plus osés de toute l'histoire avec un grand H, du jamais vu. Absolument tout ce que vous savez de Bill Gates est faux ; mieux, c'est l'exact contraire. Nous allons le démontrer en reprenant point par point la propagande mensongère de la Doxa.

Une des plus grosses caricatures de storytelling de ces dernières années concernant Bill Gates est le dernier article[37] de *Paris-Match* signé par son correspondant sur place aux USA, Olivier O'Mahony ! On eut dit un conte de fées à la Walt Disney ! Le titre à lui seul : *Bill Gates, médecin du monde,* est significatif et correspond à une usurpation de titre et de fonction. Mais la suite est encore plus spectaculaire ; reprenons ici quelques lignes : « *En vingt ans, c'étaient ses premières vacances. Un safari en Afrique. Cet automne 1993, quand Bill Gates atterrit en Tanzanie, il ne rêve que d'une chose : découvrir la savane, ses lions et ses girafes. Le voilà en Jeep, avec Melinda, sa fiancée, qu'il épousera quelques mois plus tard. Ils pensent « débrancher », faire une pause au bout du monde. Mais ce qui les frappe le plus, c'est l'extrême pauvreté qui règne autour d'eux. Les femmes décharnées sans chaussures. Les enfants qui souffrent de malnutrition. La détresse dans le regard des gens qu'ils croisent. Bill Gates n'a rien connu d'autre que Seattle, sa ville natale, où il vit toujours, et les hôtels de luxe où il dort en voyage d'affaires. Une telle misère, il n'avait jamais vu. Tout comme Melinda, il est bouleversé, changé pour toujours. Il veut devenir celui qui éradiquera la misère dans le monde.*

De retour à Seattle, il tente de comprendre. Le milliardaire est comme une éponge : tout ce qui passe à proximité, il l'absorbe. « Il s'épanouit dans la complexité », sourit Melinda qui jure que le cerveau de son mari est un « chaos total ». Selon son ami Bernie Noe, il est capable de lire et mémoriser jusqu'à 150 pages par heure. Chaque année, pendant une semaine appelée « Think Week » (semaine de la pensée), Bill Gates vit en autarcie dans une cabane au bord d'un lac, et avale une tonne de livres pour tenter de concevoir l'avenir. »

Quel âge mental faut-il avoir pour croire à de telles fadaises ? Comment est-il possible qu'un journaliste puisse oser écrire une telle feuille de chou, pour ne pas dire torchon ? Pire encore, quel genre de rédacteur en chef peut laisser passer une telle infamie ? Décidément le ridicule ne tue plus et c'est bien dommage.

Il y a tellement de choses à dire et à reprendre concernant ce papier digne des pires dictatures de l'histoire ; on se croirait en Corée du Nord ! La première qui vient à l'esprit est de se demander pourquoi Bill Gates n'a-t-il rien fait pour les 50 millions de pauvres[38] américains qui n'arrivent même pas à se nourrir correctement et encore moins à se soigner ! N'a-t-il pas vu dans les quartiers de Seattle des dizaines de milliers de SDF qui crèvent de tuberculose ? Tout ceci n'a clairement aucun sens !

Venons-en maintenant à la déconstruction du mythe Bill Gates en commençant par le côté « génie en informatique ». Pour étudier dans le détail la phénoménale supercherie de Bill Gates il vous faudra lire le livre[39] *Le hold-up planétaire. La face cachée de Microsoft* (éd. Calmann-Lévy, 1998, 187 pages) qui est un ouvrage d'entretiens de M. Dominique Nora avec l'informaticien Roberto Di Cosmo ; c'est un livre gratuit, disponible sur Internet. Je me souviens l'avoir lu il y a bien longtemps déjà, au début des années 2000 ! J'avais alors compris pourquoi mon système d'exploitation d'alors, Windows 98, puis 2000, fonctionnait si mal ! Pourquoi mon ordinateur plantait tout le temps, affichant ce satané écran bleu, pourquoi il fallait très régulièrement recourir à la combinaison des trois touches Ctrl+Alt+Suppr... !

On apprend dans ce livre que Windowsn, c'est simple, est le pire système d'exploitation du marché. Que Microsoft avait laissé dans les lignes de code un nombre incalculable de failles de sécurité qui faisaient la joie des hackeurs ! Mieux encore, Bill Gates n'a absolument pas inventé le langage de programmation Basic dont les créateurs sont MM. John Kemeny et Thomas Kurtz en 1964. La base du système d'exploitation que l'on connaît aujourd'hui a été acquise auprès de l'entreprise Seattle Computer pour 50.000 $, c'est l'ancêtre du MS-Dos qui était appelé à l'époque Q-DOs pour *Quick and Dirty Operating System* car son inventeur avait estimé l'avoir réalisé d'une manière rapide et donc mal conçu ! Bill Gates est tellement génial qu'il a dû piquer le concept de la souris à son concurrent Macintosh. Alors qu'au début, il fallait taper toutes les commandes sur le clavier, la souris viendra révolutionner l'utilisation des ordinateurs et ce n'est certainement pas Bill Gates qui en a été l'inventeur.

Du coup, étant donné que, dès le départ, Bill Gates a commencé sur une très mauvaise base, la suite sera catastrophique car il ne fera qu'ajouter des couches de programmation successives qui vont alourdir son système d'exploitation et multiplier ainsi les bugs et les plantages. On peut ajouter le logiciel Internet Explorer qui a également été racheté par Microsoft à la société Spyglass. C'est à se demander quelle est la valeur ajoutée de Microsoft !

Par contre, Bill Gates va s'appuyer sur deux ruses, deux stratégies qui vont lui permettre de gagner beaucoup d'argent. Premièrement, un marketing extrêmement agressif et sans limite aucune qui lui vaudra d'ailleurs d'être condamné[40] aussi bien par la justice américaine en 1993, que par la justice européenne plus tard, en 2004, après cinq ans d'enquête pour avoir enfreint les règles de concurrence communautaire. L'UE lui a infligé une amende de 497 millions d'euros. Le jugement de la commission européenne[41] explique que : « *Microsoft a abusé de son pouvoir de marché en limitant, de manière délibérée, l'interopérabilité entre les PC Windows et les serveurs de groupes de télétravail de ses concurrents, et en liant la vente de son lecteur Windows media avec Windows, son système d'exploitation présent sur la quasi-totalité des pc dans le monde. Ce comportement illicite a permis à Microsoft d'acquérir une position dominante sur le marché des systèmes d'exploitation pour serveurs de groupes de travail, produits logiciels qui sont au cœur des réseaux informatiques d'entreprise, et risque purement et simplement d'éliminer la concurrence sur ce marché. Par ailleurs, le comportement de Microsoft a affaibli, dans une très large mesure, la concurrence sur le marché des lecteurs multimédias. Ces abus, qui n'ont pas cessé, constituent un frein à l'innovation et sont préjudiciables aux jeux de la concurrence et aux consommateurs, qui ont, en définitive, moins de choix et doivent payer des prix plus élevés.* » ! Limpide.

Deuxièmement, alors que l'informatique était, au départ, un domaine totalement gratuit, ce dont il a usé et abusé, Bill Gates va créer une taxe qui va le rendre très riche puisque toute nouvelle personne désireuse d'acquérir un ordinateur devra payer Windows même si elle ne tient pas à l'utiliser et veut se rabattre sur les logiciels libres du type Linux ! Ce qui est fou, c'est qu'une telle pratique est totalement illégale et interdite par le code de la consommation – article L122-1 - et pourtant, il bravera cette interdiction pendant des décennies en France, sans la moindre réaction des autorités publiques ! Quand la justice américaine réussira à le condamner, il n'y aura comme par hasard, aucune sanction financière, ce qui l'encouragera très vite à récidiver à l'instar de ses associés de Big Pharma.

Comme ses logiciels sont très mal conçus, Bill Gates va régulièrement sortir de nouvelles versions que les clients seront obligés d'acheter afin de corriger les anciens bugs ! En réalité, Bill Gates a toujours vendu les versions béta de son logiciel d'exploitation en faisant croire à ses clients que la nouvelle version était un bond technologique alors que ce n'est rien d'autre qu'une correction qui aurait dû être gratuite ! On retrouve cette technique dans l'application « DeFrag », censée ranger les disques durs afin d'optimiser leur utilisation alors qu'il fallait tout simplement, dès le départ, organiser correctement l'enregistrement des fichiers, comme c'est le cas par exemple pour Linux, FreeBSD... ! Microsoft a réussi à faire passer des bugs pour des fonctionnalités ce qui, vous en conviendrez, est un exploit assez impressionnant !

De plus, Microsoft a souvent perdu les procès intentés par un grand nombre de concurrents ! Microsoft est devenu, pour avoir abusé de sa position dominante, un mastodonte, un géant informatique extrêmement riche. Il eut été d'ailleurs préférable de diviser l'entreprise en plusieurs parties comme cela avait été fait en 1933 avec la Standard Oil de Rockefeller.

M. Roberto Di Cosmo explique à la page 39 de ce livre que non seulement les programmes de Microsoft sont très mal faits mais qu'il est vraiment difficile de faire pire ! Bill Gates est devenu, selon cet auteur, un des plus grands spécialistes mondiaux de l'obsolescence programmée !

Mais comme ce n'est jamais assez, Microsoft va prendre en otage vos données informatiques comme tout le monde a pu le constater ou du moins une grande majorité. En effet, étant donné que tout votre traitement de texte a été réalisé avec la version 4.0 de Word, dès la commercialisation de la version 5.0, vous étiez obligés de vous la procurer au risque de ne plus pouvoir ouvrir vos fichiers ou ceux des autres ! C'est effectivement la mise en place d'une taxe Microsoft en toute illégalité, du pur chantage. Pas un mot des autorités publiques.

Dans le monde universitaire des informaticiens, les logiciels de Microsoft sont appelés *Crapware* ou « merdiciels » ! Bill Gates le dira au Département américain de la justice en avouant qu'Internet Explorer « *était au départ de très mauvaise qualité* », alors pourquoi le vendre ! Il ne s'en cache même pas. L'entreprise sera jugée coupable en 2002 et sera mise sous surveillance par le gouvernement ; mais, elle échappera au démantèlement, comme par magie.

Cela n'empêchera pas François Hollande de lui décerner le 21 avril 2017, la médaille[42] de Commandeur de l'ordre national de la légion d'honneur ! Ni HEC Paris de le nommer en 2007, docteur *honoris causa* !

Les logiciels de Microsoft sont tellement absurdes que vous pouvez trouver un flipper dans Word 7.0 ! De toute façon c'est systématique, chaque nouvelle version est plus lourde et donc lente et ce, malgré des processeurs infiniment plus performants ! M. Roberto Di Cosmo explique que le code source de Windows 95 contient 10 millions de lignes de codage, ce qui est gigantesque. Vous comprenez maintenant pourquoi il faut très régulièrement redémarrer les produits Microsoft ! Nous apprenons par ailleurs à la page 76, que lorsque Bill Gates viendra en 1988 présenter son nouveau logiciel Word 3.0, sa machine plantera[43] en pleine démo, affichant le fameux *Blue screen of death* !

Mais ce qui est vraiment déstabilisant c'est de lire le contrat de licence de Windows qui précise à l'alinéa 6 que « *Ni Microsoft corporation, ni ses filiales ne fournissent une assistance pour le produit logiciel* » ! C'est tout de même extraordinaire. Comment les autorités françaises et la DGCCRF ont-elles pu laisser faire une telle chose ? Peu de gens savent que la marine américaine avait doté ses navires de Windows NT, le résultat ne s'est pas fait attendre, après plusieurs plantages, un bateau a dû être ramené au port !

Là où Microsoft va dépasser encore les bornes, c'est lorsqu'elle va se mettre à saboter des logiciels concurrents installés sur la même machine, comme par exemple le navigateur Internet Netscape qui fonctionnera beaucoup moins bien que le sien.

Microsoft deviendra également le spécialiste mondial d'annonce de nouveautés qui n'existent pas, c'est le concept des « vaporware » ! Il est question d'utiliser le bluff afin de saboter la concurrence ! Et lorsque l'on dispose de la force de frappe médiatique et marketing de Microsoft, c'est diaboliquement efficace.

Microsoft excellera aussi dans le rachat des entreprises rivales. Il lui est même arrivé de copier et de voler la technologie de ses concurrents comme ce fut le cas avec la société Stac ! On peut également parler de ses déboires et de sa malhonnêteté envers l'entreprise RealNetworks ! Le problème réside dans le fait que Microsoft rachète une entreprise, dans le seul but de jeter à la poubelle les brevets de technologies meilleures que la sienne, sans jamais les utiliser, privant ainsi des consommateurs potentiels ! C'est clairement un frein à l'innovation, un danger réel pour la créativité informatique.

M. Roberto Di Cosmo parlera ensuite de la « stratégie du coucou » de Bill Gates et de sa fausse philanthropie lorsqu'il offre 40.000 ordinateurs à des bibliothèques municipales ou des écoles. Ce n'est qu'une façon de conquérir encore plus de parts de marché car ces mêmes bibliothèques devront ensuite se procurer les logiciels Microsoft au prix fort *ad vitam aeternam.* On apprend dans ce livre que Microsoft payait à l'époque 90 avocats, lobbyistes et consultants 800 $ de l'heure pour défendre ses intérêts ! C'est exactement le même principe appliqué par les fabricants de bandelettes réactives au glucose dans le sang, qui offrent gratuitement les lecteurs de glycémie spécifiques (avec code joint dans la boîte des bandelettes) sachant que le bénéficiaire de ce « cadeau » achètera régulièrement leurs bandelettes à des prix prohibitifs que la branche maladie de la Sécurité sociale remboursera gaîment !

Mais ce qui est troublant dans toute cette affaire, c'est le fait que soit disponible un logiciel d'exploitation 1000 fois plus performant et sûr et de surcroît totalement gratuit, comme Linux et qu'il ne soit pas utilisé notamment par les services publics ! Les informaticiens calculent la fiabilité des systèmes d'exploitation par « *l'uptime* », en d'autres termes, le temps écoulé entre deux redémarrages successifs. Sous Linux, certaines machines ont tourné plus d'une année en continu sans planter, ce qui est totalement inconcevable pour Windows dont l'uptime se calcule en heures ! Reste à savoir pourquoi les autorités publiques achètent des milliers de licences du système d'exploitation catastrophique de Bill Gates au lieu de se procurer un logiciel gratuit et bien plus performant ! Mystère ! À vrai dire, les lobbyistes ont très bien défendu les intérêts de Bill Gates. Pour mieux comprendre la sécurité de Linux, l'auteur rappelle que les entrepôts de L'Oréal, les pompes et caisse enregistreuses des stations-service Schlumberger, les ascenseurs Fugitech, le service postal américain, Mercedes-Benz, Sony, Philips, Alcatel, Cisco… utilisent tous Linux ! Il s'agit tout simplement des entreprises les plus prestigieuses au monde.

Rappelons également que cet argent que les services publics vont donner à Microsoft finira dans des paradis fiscaux, car Bill Gates est un grand amateur de l'optimisation fiscale selon le comptable britannique Richard Murphy qui qualifie Microsoft « *d'exercice géant de planification fiscale* ». Cet argent aurait pu servir à mettre en place des contrats de maintenance avec des entreprises locales en développant l'économie au lieu d'engraisser cette gigantesque entreprise qui ne respecte aucune loi.

M. Lionel Astruc dont une interview[44] récente a été réalisée par le site *Le Média*, nous apprend que si Bill Gates rapatriait sur le sol américain ses 92,9 milliards de recettes cachées dans des paradis fiscaux, il devrait s'acquitter d'un impôt de 29,6 milliards. Selon le *Sunday Times*, en faisant payer en ligne Windows 8 via sa filiale luxembourgeoise, Windows a tout simplement échappé à l'impôt britannique sur les sociétés s'élevant à 103 millions de livres sterling par an ! Ce même Bill Gates va aussi utiliser son argent et sa fortune pour faire du lobbying afin de freiner tous les projets de loi consistant à combattre l'optimisation fiscale ! C'est ce même Bill Gates qui va ensuite expliquer et conseiller aux nations du monde entier comment dépenser leurs budgets ! N'est-ce pas culotté ? Avant de vouloir aider les pauvres avec sa fondation, qu'il commence par payer la totalité de ses impôts qui serviront justement à éradiquer la pauvreté !

Venons-en maintenant au mythe de la philanthropie de la famille Gates. Depuis l'année 2000, après la création de la fondation Bill et Melinda Gates, le fondateur de Microsoft est présenté comme l'homme le plus généreux du monde par toute la presse internationale en commençant par le *New York Times*, *Le Monde*, *Time Magazine*… il en fera la une avec le chanteur Bono. Bizarrement, dans toute cette presse papier, pourtant prestigieuse, vous ne trouverez aucun article critique qui revient sur les mensonges et les multiples arnaques de Bill Gates !

Il se trouve qu'un ouvrage écrit par M. Lionel Astruc et intitulé *L'art de la fausse générosité* (éd. Actes sud, 2019, 128 pages), analyse le philanthro-capitalisme de Bill Gates. Un nombre incalculable de mensonges sont rapportés dans ce livre, qu'aucun média n'a eu l'honnêteté de dénoncer ces 30 dernières années ! C'est une véritable déconstruction du mythe Bill Gates ; M. Lionel Astruc a levé le voile sur une industrie malsaine, celle de la fausse générosité, de la charité ostentatoire, pire encore, de la charité « cheval de Troie » du capitalisme le plus décadent.

Avant tout, il faut savoir que lorsque Bill Gates a fait cette annonce au début des années 2000, il cumulait 50 milliards de dollars de fortune. Depuis, celle-ci a été doublée, ce qui signifie qu'il n'a pas dû être assez généreux. En réalité, contrairement à ce que le commun des mortels pourrait penser, Bill Gates n'a pas mis de côté 2 ou 3 milliards de dollars en faisant don du reste aux pauvres et aux malheureux, loin de là. On apprend, à la lecture du livre de M. Lionel Astruc, que M. Bill Gates a fait don de sa fortune à sa fondation qui doit la gérer. C'est ainsi que des dizaines de milliards sont investis dans les plus grandes entreprises du monde, parmi les plus polluantes, les plus mauvaises pour la santé, comme McDonald's ou Coca-Cola company, Bill Gates n'offrant que les dividendes réalisés par ces investissements, environ 5 milliards par an actuellement ! Vous conviendrez que ça n'a plus rien à voir avec ce qui a été promis.

La fondation va également financer des centaines d'universités, des ONG, ou des organes de presse comme *Le Monde* par exemple. Vous comprenez maintenant pourquoi il y a si peu d'articles critiques dans nos médias. Ce quotidien français a reçu au moins 4 millions d'euros de Bill Gates[45], on se demande bien pourquoi, sachant qu'il est dirigé par des milliardaires ! Il faut savoir également que la fondation a investi des milliards de dollars dans des programmes de formation de journalistes. Tout le monde suit la voie tracée par la fondation Gates ! C'est une véritable machinerie de propagande bien huilée et très efficace, unique dans l'histoire par sa force de frappe.

Ainsi, souvent, comme l'explique Lionel Astruc, on retrouve dans les médias des articles concernant un projet subventionné par la Fondation Bill & Melinda Gates, publiés dans un journal également subventionné par la fondation et écrits par des journalistes qui ont suivi ses programmes de formation. L'article s'appuyant bien évidemment sur les données recueillies par les universités et des chercheurs financés par les Gates ! L'auteur du livre explique qu'au début du siècle dernier de nombreux écrivains et journalistes tournaient en dérision les milliardaires de l'époque pour leur pseudo-générosité et leur charité ostentatoire comme les Rockefeller, Carnegie ou Ford ; ce qui, aujourd'hui, est totalement inconcevable.

À l'instar de l'entreprise Microsoft, tout ce que fera la fondation Bill et Melinda Gates est tordu et malsain ; c'est dans la nature même de Bill.

Bill Gates a fait sa fortune en s'appuyant sur les brevets. Sa fondation va répéter cette technique en soutenant toutes les technologies agricoles qui vont breveter le vivant comme par exemple les dangereux OGM. Quand ces entreprises déposeront des brevets sur des semences africaines, il ne lui est jamais venu à l'esprit de payer des droits d'auteur aux pays littéralement pillés et dont les agriculteurs devront plus tard payer ses entreprises afin de pouvoir utiliser leurs propres semences ! L'Union Africaine a estimé le coût de cette « biopiraterie » entre 5,6 et 8 milliards de dollars par an ! Car les semences que nous connaissons aujourd'hui ont été minutieusement sélectionnées par des centaines de générations d'agriculteurs au cours des siècles sans jamais déposer de brevet ! Monsanto n'a rien inventé, elle a détourné, copié et pillé.

D'ailleurs, Bill Gates a soutenu l'ADPIC ou Accord sur les aspects des droits de propriété intellectuelle qui touchent au commerce, en exerçant des pressions sur le G8 ce qui n'a fait, selon OXFAM, qu'aggraver les crises sanitaires à travers le monde.

Avec une telle politique, Bill Gates rend, à des populations africaines particulièrement pauvres, l'accès aux soins complètement impossible à cause de ses brevets. L'exemple de l'artemisia est éloquent ! De fait, Bill Gates ayant investi dans des projets de vaccination ou d'insecticides contre l'anophèle, comme le spray Actellic© du géant Syngenta, ne peut se permettre de laisser prospérer une telle concurrence sur le terrain !

Comme expliqué plus haut, la fondation Bill & Melinda Gates investit ses milliards dans les entreprises les plus douteuses au monde ; c'est simple, elle ne s'encombre absolument d'aucune morale, comme par exemple l'entreprise BAE Systems qui est le plus grand exportateur britannique d'armes. La fondation investit également dans l'industrie pétrolière à hauteur de 1,4 milliard de dollars chez BP, Anadarko petroleum. Bill Gates est également intéressé par la prospection minière en investissant dans la société brésilienne Vale qui a tout de même été la lauréate de l'entreprise « *ayant le plus de mépris pour l'environnement et les droits humains* » ! Ce n'est pas compliqué, selon le *Guardian*, la fondation Bill & Melinda Gates a investi dans 35 sociétés parmi les 200 plus polluantes au monde ! Ensuite ce sera McDonald's, Pepsico ou Coca-Cola (538 millions de dollars d'actions en 2014), qui sont parmi les pires ennemis de la santé publique au monde, ce qui n'empêchera pas Bill Gates de faire semblant de promouvoir une alimentation saine ! Bill Gates a investi également dans les plus grandes entreprises agroalimentaires au monde comme Mondelez International, Unilever, Kraft, Nestlé… les plus grands promoteurs de *junk food* ! Il est également un grand amateur d'OGM – Monsanto - car selon Bill Gates, toute solution aux problèmes du monde ne peut venir que de la technologie à l'instar de son grand ami Klaus Schwab.

Comment prendre au sérieux Bill Gates lorsqu'on le voit investir chez McDonald's, Pepsico et Coca-Cola alors que l'obésité touche des dizaines de millions d'Américains causant chaque année la mort d'environ 400.000 personnes dans son propre pays ? L'obésité qui est la première comorbidité du Covid-19.

Nous vous invitons à ce propos à regarder la vidéo de Data Gueule[46], intitulée *Philanthropie : le capital se fout de la charité* postée sur YouTube le 24 janvier 2000 et qui résume parfaitement cette situation véritablement malsaine.

Mais là où ça ne colle pas, c'est lorsque l'on se rend compte que la fondation

Bill & Melinda Gates, ainsi que son associé milliardaire Warren Buffet, investissent l'argent de la fondation dans des entreprises qui leur rapportent directement des dividendes ! Une partie écrasante de leur business se réalise avec des entreprises américaines, 75% selon Grain. Seulement 4% des dons ont été reçus par des ONG africaines… Il suffit d'étudier le cas du conglomérat Berkshire Hathaway pour s'en convaincre. En réalité, tout ceci fonctionne en circuit fermé comme le démontre M. Lionel Astruc avec l'ONG américaine Path, financée par la fondation, qui a noué un partenariat avec Merck, le géant de Big Pharma ! Du coup, on ne sait plus s'il s'agit de dons ou d'investissements car, comme expliqué ironiquement par l'auteur : « *Bill Gates est plus riche après ses dons qu'avant* » ! La crise sanitaire du coronavirus nous apprend que Bill Gates a énormément investi dans la santé et a pour volonté, selon un récent article[47] du *Figaro*, de faire vacciner 7 milliards d'individus.

Mais les gens ignorent que les prétentions de Bill Gates en matière d'agriculture sont encore plus folles ! Bien sûr, dans ses discours, il s'agit « *d'apprendre aux agriculteurs des modalités de production durables* » ! Lorsqu'il participe à des réunions onusiennes après avoir, en 2012, offert 200 millions de dollars au FIDA ou Fonds international de développement agricole, il demande aux pays de la planète « *d'apporter aux paysans pauvres la science et les technologies agricoles* » ! Pourtant, n'importe quel élève de CE1 pourrait facilement détecter une anomalie dans cette phrase ! On ne peut pas mettre à la disposition d'agriculteurs pauvres des technologies coûteuses, ça n'a absolument aucun sens et pourtant, c'est défendu vigoureusement par Bill Gates et ses laquais. Je l'ai déjà démontré dans de nombreuses vidéos et notamment à la sortie du livre et du documentaire de Marie-Monique Robin, *Le monde selon Monsanto*, que toute la propagande de l'industrie des OGM est fausse et ses résultats concrets sur le terrain produisant l'inverse des promesses tenues. Effectivement, il s'agit d'une des plus grandes escroqueries du siècle dernier puisque les agriculteurs se sont retrouvés à devoir acheter des semences coûteuses alors qu'elles ont toujours été gratuites pendant des millénaires et pire encore, de devoir acheter à des coûts exorbitants qui ont ruiné des millions de personnes, des produits phytosanitaires aussi inutiles que cancérigènes. Qui n'a pas entendu parler de ces milliers d'agriculteurs indiens qui se suicident en buvant précisément ce même RoundUp© dans le but de mettre fin à leur vie de servitude[48] ! Nous pouvons également ajouter que les rendements à l'hectare promis par l'industrie des OGM n'ont jamais été observés sur les champs de ces pauvres victimes car tout n'est que mensonge et tromperie !

L'association Global Justice Now a dénoncé une réunion organisée par la fondation Gates et l'USAID en mars 2015 à Londres. Il s'agissait d'expliquer à l'industrie des OGM comme Syngenta comment pénétrer de nouveaux marchés. Curieusement, aucune association d'agriculteurs n'y a été conviée, ce qui démontre quelles sont les priorités de ces faux philanthropes !

En réalité, sans le travail acharné de la fondation Bill & Melinda Gates, la planète entière aurait abandonné depuis longtemps cette folie des OGM selon Vandana Shiva. Ce n'est qu'une question de marketing et de publicité et bien sûr la légitimité acquise par Bill Gates à chaque fois qu'il est reçu par des chefs d'États. En réalité, le mythe du « riz doré » pour combattre la cécité, la « super-banane » ougandaise… auraient disparu depuis belle lurette. Mais, c'est d'autant plus facile et réalisable pour

Bill Gates qu'il n'a de comptes à rendre à personne !

Revenons maintenant à la question cruciale des vaccins qui intéresse tant Bill Gates ; ce dernier a d'ailleurs mis en place dès 1999 l'Alliance globale pour les vaccins et l'immunisation ou Gavi. Depuis, la fondation lui a fait don en deux décennies de 2,5 milliards de dollars ! Bill Gates a une très étrange manière de vendre le concept des vaccins avec la phrase suivante : « *Les vaccins sont une technologie d'une grande élégance. Ils sont peu coûteux, facile à administrer, ils protègent les enfants des maladies, c'est prouvé. Chez Microsoft, nous rêvions de technologies aussi puissantes tout en étant si simples* » ! C'est assez marrant d'entendre ces mots sortir de la bouche du plus mauvais informaticien du monde mais il est très inquiétant de le voir comparer la santé des humains à une vulgaire carte mère avec un disque dur ! Si les vaccins étaient aussi simples à concevoir pourquoi n'avons-nous toujours pas accès à ceux du sida ou du paludisme ?

Car il est bien question de vendre ces vaccins aux pays et non de les offrir gratuitement, la charité de Bill Gates ayant naturellement ses limites ! En effet, M. Lionel Astruc nous apprend que la fondation a poussé l'OMS à interdire l'artemisia afin de favoriser le vaccin Mosquirix de GSK qui nécessite par ailleurs pas moins de quatre injections pour être efficace ! Un véritable jackpot pour les laboratoires ! Vous pouvez, à ce propos, trouver sur le site du Monde.fr un article[49] publié le 24 avril 2019 qui revient sur ce vaccin avec, bien évidemment, aucune analyse des forces en présence : Bill Gates, Path, Gavi, GSK... Vous comprenez maintenant pourquoi.

Bien sûr, toutes les positions scientifiques contraires aux axes de recherche de Bill Gates et ses amis seront étouffées et placardisées comme l'affirme le directeur de recherches sur le paludisme à l'OMS, M. Aarat Kochi. On est avec Bill Gates ou contre lui et tous ceux qui sont contre lui seront anéantis ! C'est exactement la même stratégie totalitaire qui est utilisée aujourd'hui pour la gestion du Covid-19.

Comment se fait-il que Bill Gates ne parle jamais des effets secondaires graves des vaccinations, surtout lorsqu'il est question de nouveaux produits réalisés à la hâte sans aucune sécurité ! C'est d'autant plus grave et regrettable qu'il existe des moyens beaucoup plus efficaces, comme l'hygiène, pour éradiquer les maladies. C'est le cas par exemple de la poliomyélite, du tétanos ou du choléra... des moyens très simples, beaucoup moins coûteux et sans le moindre effet secondaire. Pourquoi personne ne parle des 60.000 morts recensées chaque année et causées par la leptospirose ou maladie du rat ? C'est tout de même très curieux ce choix sélectif que font certains concernant ces maladies ! Et puis, franchement, à quoi ça sert de vacciner un enfant qui va mourir de faim dans l'année qui suit ? Un peu de cohérence...

Il est possible que certains se posent la question de la réalité de la puissance de Bill Gates au sein de l'OMS. En réalité pour le comprendre, il faut savoir qu'il est l'un des plus grands contributeurs financiers de cet organisme mondialiste ! En 2015, la fondation Bill & Melinda Gates avait versé 11 % du budget de l'OMS. Avec le retrait des USA décidé par Donald Trump, la position de Bill Gates n'en sera que plus forte et plus renforcée les prochaines années.

Il y a également une autre anomalie dans le raisonnement de Bill Gates : en effet, pourquoi n'investit-t-il pas son argent dans la recherche contre des maladies chroniques non transmissibles ? Pourquoi ne s'intéresse-t-il qu'au sida, au paludisme et à la tuberculose ? Pourquoi cet attrait quasi magnétique pour les vaccins ? Ces maladies causent pourtant des millions de morts chaque année à travers le monde, alors qu'une grande part serait aisément évitable grâce à une bonne nutrition et une hygiène satisfaisante.

Et puis, depuis quand, lorsque l'on fait un don à quelqu'un, oblige-t-on celui qui le reçoit à faire ce qu'on lui ordonne ? C'est totalement absurde et clairement immoral. Sans oublier le fait que Bill Gates a court-circuité systématiquement le système de soins public des pays pour imposer sa politique ! C'est d'autant plus facile pour lui qu'il n'a été élu par personne et qu'il n'a absolument aucun compte à rendre. N'importe quel citoyen peut demander à son administration comment le Trésor public a dépensé telle somme d'argent ! Ce n'est pas le cas, bien sûr, avec Bill Gates et sa fondation ; la transparence est un concept étranger à Bill Gates. Il n'existe aucune évaluation internationale indépendante de l'activité de la fondation ! C'est unique au monde.

En outre, Bill Gates méprise superbement les structures gouvernementales. C'est ainsi que nous avons appris dans un récent article[50] que l'opposition politique nigériane, la CUPP ou Coalition des partis politiques unis, a publié dans la presse une déclaration accusant le fondateur de Microsoft d'avoir voulu court-circuiter l'Assemblée législative afin d'imposer une loi pour l'obligation vaccinale contre la somme de 10 millions de dollars, ce qui s'apparente clairement à de la corruption !

Il est très inquiétant de voir un homme très puissant vouloir imposer à la planète entière un seul modèle agricole qui est de surcroît le plus mauvais que l'on puisse imaginer. Idem pour la santé en voulant imposer le seul et unique modèle des vaccins. Ceci, vous en conviendrez, est extrêmement grave et dangereux. La fondation n'a pour seule obligation que de présenter sa comptabilité au gouvernement américain afin de conserver ses exonérations fiscales car, au cas où vous ne le sauriez pas, le statut légal d'une fondation est précisément de se faire passer pour caritative afin de bénéficier de très avantageuses exonérations fiscales.

Bill Gates est en train de devenir la personnalité la plus détestée sur terre malgré toute cette propagande philanthropique démentielle. Une pétition rassemblant près d'un demi-million de personnes a été envoyée à la Maison Blanche afin d'enclencher une enquête contre les agissements de Bill Gates notamment autour de l'Event 2016, événement qui consistait à réaliser une modélisation de pandémie mortelle de coronavirus tuant, en six mois seulement, 65 millions de personnes dans le monde et qui s'est déroulée trois mois seulement avant la vraie pandémie ! Cet Event 2016 a été co-organisé par la fondation Bill Gates, le centre John Hopkins pour la santé publique ainsi que le Forum économique mondial ! On se demande d'ailleurs pourquoi ce dernier est impliqué dans ce genre de modélisation intéressant une question sanitaire même s'il existe bien sûr des conséquences économiques ! Sauf que, lorsque en général un médecin soigne un malade, surtout si la situation est critique, il n'a pas à se soucier de son activité professionnelle dont il n'a cure !

On observe comme une volonté délibérée de terroriser la population en balançant des chiffres hasardeux très élevès, sortis de nulle part ! Nous savons d'ailleurs aujourd'hui que c'est le statisticien et mathématicien Neil Ferguson de l'Imperial College de Londres, qui a été la source d'une propagande terrorisante, via ses modélisations folles ! N'avait-il pas prédit des dizaines de millions de morts un peu partout dans le monde ? Nous savons aujourd'hui que l'Imperial College de Londres[51] est financé par la fondation Bill & Melinda Gates.

Maintenant que vous savez tout cela, et encore nous n'avons même pas traité la question de la pédocriminalité et des rapports de Bill Gates avec Jeffrey Epstein, ce que nous ferons plus loin, comment est-il possible de lire autant d'articles de presse aussi élogieux concernant ce personnage à de multiples reprises condamné aussi bien par la justice américaine qu'européenne, aux compétences si douteuses dénoncées par des journalistes comme M. Lionel Astruc ? Prenons quelques exemples de titres de la presse récente :

- *Bill Gates s'engage contre la tuberculose au Tiers-Monde*, *Figaro*, 24 mars 2006.

- *Pauvreté, éducation... Bill Gates prodigue ses leçons de chef d'entreprise*, *La Tribune*, 30 janvier 2013.

- *Billl Gates prédit la fin des pays pauvres dans 20 ans*, BFM, 22 janvier 2014.

- *Climat : Bill Gates lève un milliard de dollars pour sauver la planète*, *20 minutes*, 12 décembre 2016.

- *Pourquoi Bill Gates veut sauver l'Afrique du paludisme*, *JDD*, 18 avril 2018.

- *Comment Bill Gates prévoit de sauver le monde*, Vanity Fair, 22 septembre 2019.

- *Bill Gates : la philanthropie capitaliste au chevet de la santé*, *France Culture*, 7 octbre 2020.

- *Bill Gates, la Covid-19 et le combat pour vacciner la planète. Le milliardaire travaille avec l'OMS, les groupes pharmaceutiques et plusieurs ONG pour dompter le coronavirus à travers le monde, y compris dans les pays les plus pauvres. Réussiront-ils ?*, *NYT*, 25 novembre 2020.

- *Bill Gates : « notre fondation est faite pour sauver des vies », « pas pour tracer les individus »*, *Nice-Matin*, 28 janvier 2021.

- *Bill Gates : « Le climat, une priorité absolue ! »*, *Le Point*, 18 février 2021.

- *Bill Gates : « Je suis résolument optimiste »*, *Madame Figaro*, 26 février 2021.

- *Climat : comment Bill Gates veut sauver la planète*, *Les Échos*, 3 mars 2021.

- *Vaccins anti Covid-19 : la fondation Gates, un partenaire essentiel pour Covax*, *La Croix*, 2 juillet 2021.

- *COP26 : Bill Gates, Jeff Bezos...les milliardaires s'engagent pour la planète*, France 24, 4 novembre 2021...

Au même moment, vous allez pouvoir trouver des dizaines d'articles défendant Bill Gates contre les fameuses « théories complotistes » ! Il y a certainement des personnes qui exagèrent et qui délirent sur Internet concernant Bill Gates, on peut le concevoir, par contre, il est inacceptable de voir à quel point les médias lui cirent des pompes et sont incapables ne serait-ce que de le critiquer ou de revenir sur ses nombreux délits.

Rappelons néanmoins que *Cash Investigation* avait produit un documentaire[52] en novembre 2014 intitulé *Les secrets inavouables de nos téléphones portables.* On apprend que Nokia extrait des métaux rares (cassitérite, coltan...) dans les mines de Rubaya, en République Démocratique du Congo, que ces mines font travailler des enfants et que de nombreux éboulements ont tué beaucoup de travailleurs, 5 mineurs en moyenne décèdent chaque mois dans l'indifférence générale. Il se trouve que Nokia appartient à Microsoft qui appartient à Bill Gates. Un rapport[53] du Haut-Commissariat des droits de l'homme de l'ONU avait publié des informations intéressantes et effrayantes concernant ces minerais pour téléphones portables. Effectivement, il relie cette extraction aux guerres que le Congo a subies, responsables de 5 millions de morts : « *Ce rapport estime que 30.000 enfants ont été recrutés ou utilisés par des forces ou des groupes armés et victimes de viols, torture, traitements dégradants et inhumains, privation de leurs droits, travail forcé et meurtre, qu'au total cinq millions de personnes civiles sont mortes lors du conflit. À ces violences, à ces morts, il faut ajouter l'utilisation systématique du viol par toutes les forces combattantes à une échelle sans doute inédite dans l'histoire de l'humanité*[54] » !

Il faut vraiment voir la tête que fait Bill Gates lorsque le journaliste lui pose la question lors d'une conférence de presse du festival Solidays ayant pour objectif de présenter sa fondation ; il a tout simplement buggé, écran bleu de la mort. Son attaché de presse, tel un chien de garde, a essayé de le défendre mais ce n'était pas suffisant, c'était trop tard, tout le monde a vu le vrai visage de Kill Bill. Il a timidement expliqué qu'il n'était plus salarié de Microsoft comme si ça allait l'exonérer de sa responsabilité sauf que le journaliste lui rappelle qu'il fait toujours partie du Conseil d'administration de Microsoft et qu'il possède plusieurs centaines de millions d'actions de l'entreprise !

Nous avons pu constater l'existence de deux images radicalement différentes de Bill Gates, clairement antagonistes. La première est celle qu'il veut montrer au monde, c'est la très belle vitrine du Bill Gates philanthrope qui, lors d'un voyage en Afrique, va prendre pendant trois secondes un enfant noir pour faire de jolies photos qui seront utilisées par la presse mondiale. La seconde est celle de Kill Bill, l'homme qui gagne des milliards avec le business des téléphones portables et qui est responsable de guerres sanglantes et de massacres qui tuent des millions de personnes ! La mise en scène la plus détestable du couple Gates sera celle faite avec des prostituées indiennes. Le magazine *Forbes* a diffusé une photographie du couple Bill et Melinda assis au milieu d'un groupe de prostituées, en toute décontraction, offrant une image quasi christique, ne manquait plus que l'auréole lumineuse !

Il est donc vrai que l'on peut trouver ici et là une petite critique de Bill Gates mais elle est rarissime et elle ne dure que quelques secondes par rapport au travail de propagande incessant et quotidien qui veut absolument nous le présenter comme un Saint, le sauveur du monde.

Affaire Epstein

Nous allons maintenant parler d'une face encore plus sombre, ténébreuse de la personnalité de Bill Gates. Nous avons appris récemment dans un article du *New York Times*[55] repris par James B. Stewart, que Bill Gates avait rencontré de nombreuses reprises le pédocriminel réidiviste Jeffrey Epstein bien après sa condamnation à de la prison pour viols (nous y reviendrons au chapitre suivant concernant la pédocriminalité des élites mondialistes). Bill Gates a pourtant nié toute relation d'amitié ou d'affaire avec Jeffrey Epstein dans le *Wall Street Journal*[56] alors que l'article du *NYT* affirme qu'ils se sont rencontrés 6 fois et certainement bien plus en réalité dans le but de mettre en place un fonds caritatif avec la JP Morgan ! Il l'a effectivement rencontré à de nombreuses reprises et a même voyagé avec lui à bord de son avion privé le Lolita express (*cf.* annexe n°25). Selon certaines sources, c'est bien Epstein qui se vantait d'être le conseiller financier de Bill Gates !

À l'instar de la technique utilisée concernant le scandale humanitaire des téléphones Nokia, Bill Gates refusera[57] d'expliquer pourquoi il a pris le Lolita express de l'aéroport de Teterboro dans le New Jersey à Palm Beach le 1er mars 2013 ! En quelques clics seulement sur le Net, tout le monde peut voir la photo[58] embarrassante de Bill Gates avec Jeffrey Epstein qu'il voudrait certainement voir disparaître aujourd'hui. Il y a également le lien direct entre Bill Gates et Boris Nikolic, proche de Jeffrey Epstein, qui fut son conseiller scientifique.

Bill Gates se présente à la face du monde comme le grand protecteur des pauvres et des miséreux, le protecteur des femmes, des jeunes filles contre la prostitution mais en même temps il fréquente un des plus gros proxénètes pédocriminels de la jet-set mondiale ! D'aucuns vont crier à l'accusation gratuite car Bill Gates n'était pas censé savoir tout sur la vie sexuelle de Jeffrey Epstein. Sauf que cet argument ne tient pas la route sachant que la condamnation judiciaire a été rendue publiquement et que Bill Gates est censé posséder un cerveau multiprocesseurs et être supérieurement intelligent (*cf.* documentaire à sa gloire) ; une telle information n'aurait pas pu lui échapper ni à son service de protection.

Nous allons également apprendre dans un article[59] du *New York Times* publié le 18 octobre 2021 que Bill Gates avait un comportement douteux voire extrêmement critiquable envers la gent féminine de son entreprise, leur envoyant des courriels totalement inappropriés. On apprend dans cet article que le patron de Microsoft était un dragueur compulsif de ses salariées et que la direction de l'entreprise le savait et l'avait averti.

Cette affaire EpsteinGate démontre également à quel point la presse française n'existe plus, c'est la faillite complète. Il suffit de voir la longueur des articles de la presse anglo-saxonne traitant de ce sujet et l'absence totale d'investigation en France ! Les journalistes français (*sic*) ne font que reprendre avec des pincettes ce qui est publié en Angleterre et aux USA.

C'est d'ailleurs ce scandale qui va pousser Melinda à demander le divorce après 25 ans de mariage et comme vous pouvez le remarquer dans cet article[60] de France24, nulle mention de l'affaire Epstein alors que c'est, selon de nombreuses sources journalistiques anglo-saxonnes, la cause[61] principale de cette séparation. La lâcheté du journalisme français a des conséquences sur la vie de tous, car s'ils faisaient leur travail, tous ces escrocs et sociopathes ne pourraient continuer à manipuler tout le monde. Il suffit de voir l'interview[62] de Bill Gates sur PBS en train de bafouiller, totalement paniqué lorsque le journaliste lui a posé une question sur ses relations avec Jeffrey Epstein. Pourtant, les questions étaient bienveillantes, il est possible d'être beaucoup plus virulent et poser des questions encore plus gênantes relevant les contradictions et les mensonges.

Conclusion

- Bill Gates n'est pas un génie, c'est un très mauvais informaticien.
- Bill Gates n'a jamais offert sa fortune aux pauvres comme annoncé.
- Sa Fondation n'a rien de caritatif ni de philanthropique bien au contraire.
- Tout ce que dit Bill Gates est contredit sur le terrain.

Contentieux Robert Kennedy avec Bill Gates

RFK Jr. a publié sur son site le 9 avril 2020 un communiqué cinglant contre la politique vaccinaliste de Bill Gates. Effectivement, il l'accuse d'avoir été responsable d'une catastrophe sanitaire en Inde suite à une vaccination massive d'enfants de moins de cinq ans contre la poliomyélite. Il accuse[63] le vaccin oral d'avoir provoqué des paralysies flasques aiguës non dues à la polio mais bien au vaccin ! Il se trouve que ce vaccin est réalisé avec des souches encore vivantes de la poliomyélite et que celles-ci se multiplient dans l'estomac des malades et vont se déverser dans les égouts pour contaminer le reste de la population. Il affirme que ceci a été la cause d'un grand scandale politique en Inde et que le gouvernement a coupé tout lien avec ses organismes en leur demandant de quitter le pays. Il l'accuse également d'être responsable d'épidémie de polio en Afghanistan, aux Philippines et au Congo. Nous pouvons d'ailleurs lire dans un article[64] de *The Economist* en 2017, pour la première fois dans le monde, 75 % des cas de polio sont dus aux vaccins oraux vivants et non à la maladie elle-même : « *En 2017, les cas causés par des virus dérivés de vaccins ont dépassé, pour la première fois, ceux causés par la version sauvage. Le décompte pour 2018 montre un changement spectaculaire : 98 cas de poliomyélite d'origine vaccinale ; 29 cas de la version sauvage* ». Curieusement, comme toujours, absolument personne n'en parle dans les médias français. Ce qui est tout à fait normal car on se souvient tous des propos de l'ex-ministre de la santé de François Hollande, Marisol Touraine, Grande Prêtresse de l'église de vaccinologie, qui expliquait le 29 mai 2015 que « *les vaccins ça ne se discute pas*[65] » alors que si, ça se discute étant donné que le vaccin oral contre la poliomyélite est tout simplement dangereux. Quelques semaines plus tard, le 3 juillet 2015, Marisol Touraine va se ridiculiser[66] face à Jean-Claude Bourdin ne sachant pas lequel du DTP ou du BCG est obligatoire en France ! Comment est-ce possible ? C'est pourtant elle qui est censée connaître ce dossier sur le bout des doigts, ce qui n'est clairement pas le cas. Pour info, c'est bien le fils de Marisol Touraine qui a été condamné en 2013 à 3 ans de prison ferme pour avoir séquestré et bâillonné une dame de 59 ans dans le XIIIe arrondissement de Paris afin de la voler !

RFK Jr. parle également de l'expérience des vaccins contre le HPV mis en place par GSK en 2014 sur 23.000 jeunes indiennes ayant causé 1200 effets indésirables graves et 7 décès[67] ! Là encore, aucune information n'a filtré dans les médias français. Pourtant, une enquête officielle[68] du gouvernement indien a mis en évidence des comportements criminels de la part des équipes de GSK : pressions exercées sur les villageoises vulnérables pour qu'elles participent à l'essai, intimidation des parents, falsification des formulaires de consentement et refus de soins médicaux aux jeunes filles blessées. L'affaire est actuellement entre les mains de la Cour suprême indienne mais pas un mot sur BFM !

RFK Jr. cite un autre essai clinique datant de 2010 toujours avec GSK pour un vaccin contre le paludisme. 151 bébés africains sont morts[69] au cours de l'essai - contre une maladie qui a pourtant un traitement efficace qui s'appelle l'artemisia - sans oublier un nombre incalculable d'effets secondaires graves !

En matière d'essais cliniques sauvages sans aucun contrôle qui ont rendu furieux les Africains, il existe l'affaire des vaccinations forcées[70] contre la méningite réalisée en 2002 en Afrique subsaharienne avec la campagne MenAfriVac (village de Gouro, situé au nord du Tchad en 2012). Au moins 407 des 500 enfants vaccinés ont développé des paralysies ce qui est intolérable. On peut lire sous la plume de Sharmeen Ahmed, formé à la Golden Gate University School of Law, dans l'article[71] publié dans l'*Annual Survey of International & Comparative Law*, volume 22, la conclusion suivante : « *En fin de compte, ces campagnes de santé, sous le couvert de sauver des vies, ont déplacé des essais cliniques à grande échelle de médicaments non testés ou non approuvés vers des marchés en développement où l'administration de médicaments est moins réglementée et moins coûteuse.* » !

Il cite également l'économiste Patrick Bond, membre du gouvernement de Nelson Mandela qui a tenu les propos suivants concernant Bill Gates dans un article[72] publié le 18 juillet 2016 dans *Counter Punch* : « *Mais le plus grand tort causé à l'Afrique du Sud a été la promotion des droits de propriété intellectuelle par M. Gates. Des brevets de monopole à long terme ont été accordés à M. Gates non seulement pour ses logiciels Microsoft, mais aussi pour des médicaments vitaux. La propriété intellectuelle est devenue un obstacle fatal pour des millions de personnes séropositives qui, grâce aux profits des grandes sociétés pharmaceutiques, se sont vu refuser des médicaments contre le sida qui coûtaient 150.000 rands/an il y a quinze ans. La Fondation Gates a contribué au problème en insistant sur l'utilisation de médicaments de marque Merck dans ses cliniques du Botswana spécialisées dans le traitement du sida, s'est plaint Zackie Achmat de la Treatment Action Campaign (TAC) en 2001.* »

Bill Gates a affirmé dans une célèbre conférence[73] Ted que son objectif était de faire de cette décennie celle de la vaccination afin de diminuer la population mondiale car pour lui si les enfants sont en bonne santé, les couples africains ne seront pas obligés d'en faire 10 en espérant que quelques-uns survivent afin qu'ils puissent s'occuper d'eux lorsqu'ils seront âgés : « *D'abord nous avons la population. Le monde compte aujourd'hui 6,8 milliards de personnes. On devrait atteindre les 9 milliards. Avec de très bons résultats sur les nouveaux vaccins, les soins de santé, le contrôle des naissances, on pourrait le réduire de, peut-être, 10 ou 15 pour cent, mais on gardera un facteur d'augmentation d'environ 1,3.* »

Premièrement, de quoi je me mêle. Qui est-il pour se permettre une telle décision et d'où vient ce détestable paternalisme de la part, de surcroît, de quelqu'un de si mauvais ! Quelqu'un l'a-t-il élu pour prendre de telles décisions sans que l'on ne le sache ? Deuxièmement, faire des enfants est pour certains le plus bel acte au monde. Nous avons actuellement dans certains pays comme l'Algérie des familles qui font beaucoup d'enfants alors que la mortalité infantile est très basse. Faire des enfants ne représente pas un investissement comme le laisse à penser Bill Gates qui ne peut réfléchir sans penser fric-fric-fric... !

En 2014, RFK Jr. nous apprend qu'une association de médecins catholiques kényans a accusé l'OMS de stériliser leurs femmes avec le vaccin contre le tétanos qui contenait de la HCG[74] ! La conjugaison de l'anatoxine tétanique avec la HCG provoque une attaque des hormones de grossesse par le système immunitaire. Les résultats recherchés sont des avortements chez les femmes déjà enceintes et/ou la stérilité chez les femmes non encore fécondées. Les médecins kenyans ayant réalisé des analyses de plusieurs flacons de vaccin ont trouvé cette hormone dans la moitié d'entre eux alors qu'elle n'avait absolument rien à y faire !

Comme tous ces scandales sanitaires meurtriers ne sont pas assez suffisants pour nous terroriser, RFK Jr. cite un article[75] de M. Morgenson *et. al.* de 2017 dans lequel on apprend que l'introduction du vaccin DTC ou diphtérie, tétanos et coqueluche dans une population de Guinée-Bissau dans les années 80 a multiplié la mortalité par 5 chez les enfants vaccinés ! Les conclusions de l'étude glacent le sang lorsque l'on apprend que des millions d'enfants sont concernés par ce vaccin chaque année et que malgré cet article l'OMS continue de l'imposer aux Africains : « *Chez les enfants de 3 à 5 mois, le fait d'avoir reçu le DTC (± VPO) était associé à un taux de risque de mortalité (HR) de 5,00 (IC à 95 % : 1,53-16,3) par rapport aux enfants non encore vaccinés par le DTC. Les différences dans les facteurs contextuels n'expliquent pas cet effet. L'effet négatif était particulièrement fort pour les enfants qui avaient reçu uniquement le DTC et pas de VPO (HR = 10,0 (2,61-38,6)). La mortalité infantile toutes causes confondues après l'âge de 3 mois a augmenté après l'introduction de ces vaccins (HR = 2,12 (1,07-4,19)).* » ! L'auteur de l'article ajoute que l'administration de ce vaccin n'a jamais été précédée par une étude randomisée, il est simplement imposé par l'OMS. Comment est-ce possible ?

Bill Gates est également associé à Pfizer pour mettre à la disposition des femmes africaines un traitement de stérilité appelée le Sayana ! Traitement qui a été utilisée en 1966 pour la castration chimique des pédophiles ! Sans oublier les 19 millions de dollars offerts à une société[76] montpelliéraine en 2019 qui travaille sur un contraceptif biorésorbable injectable actif pendant 6 mois. La fondation a également versé 100.000 $ à une université de Caroline du Nord qui travaille sur la contraception masculine par ultrasons[77]. Bill Gates a décidément un très gros problème avec la fertilité des hommes et des femmes. Vous faut-il encore des preuves de la dangerosité de ce personnage et de son programme de vaccinations sauvages ?

Comment peut-il affirmer dès le début de la crise sanitaire de 2020 que le vaccin contre le coronavirus est la seule solution pour sortir de cette crise sanitaire alors que l'on ne sait même pas si cette maladie va se représenter les années suivantes, sous quel variant ou si elle est immunisante ? Toute personne s'intéressant au vaccin sait que les virus à ARNm sont très complexes à combattre par des vaccins. Faut-il rappeler que cela fait 40 ans que nous attendons un vaccin contre le sida qui a englouti des centaines de milliards de dollars en pure perte. Chaque année on nous présente dans les médias des avancées de recherches positives mais sans jamais conclure. Puis d'un coup, comme par magie, on nous explique que les scientifiques actuels sont capables de trouver un vaccin contre le coronavirus en 3 mois !

Si Bill Gates veut sauver l'Humanité, s'il aime vraiment son prochain, il commencerait par mettre en place des systèmes d'eau potable et de traitement des eaux afin de se débarrasser de toutes les maladies contagieuses à transmission hydrique comme les diarrhées, la polio, le choléra... Il participerait à la mise en place d'un programme mondial d'alimentation de tous puisqu'il n'est pas sans savoir que toutes les 5 secondes un enfant meurt dans le monde ce qui fait un total de 13.505.000 par an. Si Bill Gates veut sauver des vies, c'est très simple à faire et immédiatement efficace ; ce n'est pourtant pas ce qu'il fait puisqu'il prend le parti de promouvoir les OGM qui causent encore plus de misère, de pauvreté, de famine et surtout de destruction de l'environnement.

Nous savons que Bill Gates travaille étroitement avec l'organisme ID2020 qui veut mettre en place une identification numérique[78] pour 1,5 milliard de personnes qu'ils définissent comme vulnérables. Comme par hasard, Microsoft fait partie du projet, ainsi que l'alliance Gavi pour la vaccination, elle-même financée par la fondation BMG ! Au départ, il est question de faire dans l'humanitaire en proposant des identités numériques afin de garantir des droits juridiques alors que nous n'avons jamais entendu Bill Gates parler de ces guerres qui sont la cause justement de ces réfugiés et de leurs pertes de droits civiques ! Bien sûr, on pourra attendre longtemps de telles déclarations de la part du milliardaire qui a investi des dizaines de milliards dans l'industrie de l'armement ! Lorsque le système d'identification sera mis en place, rien n'empêchera ces mêmes personnes de l'imposer à la planète entière concernant maintenant l'épidémie de coronavirus. Ils n'auront pas besoin de l'imposer, ils ne rendront le déplacement, les voyages, le travail… possibles que pour ceux qui ont leurs carnets de vaccination numérique à jour.

Nous avons également vu lors de cette pandémie de coronavirus la mise en place de système de traçabilité des personnes contaminées comme ce fut le cas à Singapour ou en Corée du Sud. Là encore, au début, il est question de tracer les patients de manière anonyme et volontaire, momentanément puisque ces données sont censées être détruites après la pandémie. Sauf que les risques de dérives sont réels comme nous pouvons déjà le constater à Singapour. Il est très facile d'imposer ce genre de flicage numérique car toute personne qui refuse de le faire n'aura pas accès non plus au marché du travail, aux transports publics ou à la santé... ! Étant donné que c'est pour le bien de tous et qu'il s'agit de vie ou de mort, personne ne peut le refuser sans déclarer la guerre au système et s'isoler, il sera considéré et traité tel un pestiféré !

Le cas Bill Gates illustre parfaitement la réflexion d'Honoré de Balzac concernant la richesse : *derrière chaque grande fortune se cache un grand crime* ! Et vu l'énormité de la fortune de Kill Bill, cella donne une idée précise de l'énormité de ses crimes...

Toute la stratégie de Bill Gates ne fonctionnerait pas sans la machinerie de propagande de guerre médiatique. La terreur est essentielle à la mise en place de l'agenda de Kill Bill et ses amis. Sauf qu'ils sont allés trop loin, ils ont dépassé toutes les bornes et se sont ridiculisés au plus haut point. Le prix Nobel de chimie de 2013, le britannique M. Michael Levitt, se pose la question dans une interview : « *Comment avons-nous pu être dupés à ce point ?* » ! On a pu également voir le grand reporter Renaud Girard du *Figaro* expliquer sur un plateau de BFM le 30 mai 2020 que la gestion politique de cette crise sanitaire a été purement et simplement folle et déconnectée de toute réalité ! Nous vous invitons d'ailleurs à voir[79] *Le Libre Entretien* n°4 que nous avons réalisé avec le Dr Gérard Delépine qui démontre avec de nombreuses preuves factuelles l'inutilité du confinement, la fermeture des écoles... sans oublier la fumeuse histoire de 2e, 3e, 4e... vagues encore plus meurtrières ! Comment un professeur de médecine comme Jérôme Salomon peut-il parler de cette maladie et la comparer à la peste noire de 1346 ! Comment est-ce possible ? La panique a été tellement immense que certains pays africains qui n'ont eu aucun malade et encore moins un mort ont tout de même confiné !

Une image illustre pleinement cette volonté de traumatiser tout le monde, celle des carrés dessinés à la craie dans les cours de récréation des écoles dans lesquels des enfants étaient invités à y rester et ne surtout pas se mélanger aux autres alors que tout le monde savait qu'ils ne sont pas contaminants et qu'ils ne tombent pas malades, pourquoi continuer à les maltraiter ainsi ?

On ne peut pas ne pas penser au complot des amis de Bill Gates. Il est curieux de voir le patron de la Fed expliquer[80] que l'économie redémarrera uniquement si l'on trouve un vaccin ! Quelles sont ses compétences médicales pour faire une telle déclaration ? Idem en France, l'économiste Daniel Cohen a expliqué sur le plateau de *C l'Hebdo* de France 5 que le vaccin sera la seule solution à la crise ! Bien sûr, on est tous censés écouter ces économistes incompétents et rejeter tout ce qui vient de l'IHU de Marseille et de l'équipe du Pr Didier Raoult !

À quelque chose malheur est bon car cette crise a montré le vrai visage de la puissance du lobby de l'industrie pharmaco-chimique. Le roi est nu, effectivement nous sommes en train de vivre un moment apocalyptique dans le sens étymologique du terme, c'est-à-dire du « dévoilement » !

Big Pharma est tellement puissant qu'il est capable de tordre la réalité et de transformer un médicament comme l'hydroxychloroquine pris par des milliards d'individus dans le monde sans effets secondaires graves pour un poison mortel ! Croyez-moi, ce n'est pas donné à tout le monde de réaliser un tel exploit à la face du monde en prenant à témoin des centaines de milliers de médecins, de pharmaciens… qui savent pertinemment que c'est faux !

L'OMS, organisation mafieuse de la santé, a également perdu toute crédibilité et c'est tant mieux. Cette même organisation qui déclarait en 2009 que la grippe A H1N1 ferait 2 milliards de malades en terrorisant déjà la planète, n'a cessé de multiplier les bourdes sans conséquences ; cette fois-ci ce n'est plus le cas. Effectivement, nous avons vu le Burundi expulser les responsables locaux de l'OMS. Après la sortie de l'étude foireuse du Lancet, l'OMS a immédiatement suspendu les essais concernant l'hydroxychloroquine en demandant aux états du monde entier de cesser de la prescrire pour les Covid-19 ! Ceci n'a pas fonctionné heureusement puisque de nombreux pays ont refusé de le faire comme le Sénégal, le Maroc, l'Algérie, la Tunisie... Il serait temps que tous les pays africains, mais également européens, se débarrassent définitivement de cette organisation criminelle et corrompue à la solde de Big Pharma et de la FBMG. La volonté de Kill Bill et ses semblables est de faire croire au monde que seule la technologie peut trouver des solutions à nos malheurs ce qui est totalement trompeuse ! Pour preuve, ce sont les pays les plus riches et aux moyens techniques les plus sophistiqués qui ont comptabilisé le plus de morts lors de cette pandémie ! C'est une des leçons de cette crise qui nous imposera dans un futur proche un nouveau paradigme.

Pour résumer la situation, la puissance de Bill Gates dans cette affaire est assez préoccupante voire effrayante. Avec des moyens financiers colossaux, il fait absolument ce qu'il veut sans aucun contrôle. En finançant à grands coups de milliards l'OMS, il devient le véritable décideur. Ensuite, en finançant les absurdités de Neil Ferguson, il va permettre de créer la panique grâce à des modélisations mathématiques stupides et largement exagérées. Il suffira ensuite aux médias de relayer toute cette propagande 24h/7, ce que vont lui assurer les journalistes qu'il a formés via les journaux qu'il finance grassement. Toute critique de cette mascarade criminelle pourtant si visible, voire aveuglante, sera traitée de *complotisme* ! Tellement grossier. Bien heureusement, cette stratégie fonctionne de moins en moins, cette menace de disqualification a perdu de son efficacité ; il y a de plus en plus de personnalités qui assument totalement leur *complotisme*.

Afin de démontrer que cette crise sanitaire a été l'occasion rêvée d'un déchaînement des élites politiques, prenons l'exemple du Canada qui a secrètement suivi 33 millions[81] de téléphones de ses concitoyens pendant le confinement sans que personne ne le sache. Bien entendu, c'est pour leur propre bien mais c'est totalement illégal et contre l'État de droit. D'autant que cette surveillance n'a abouti a absolument aucune avancée scientifique, c'est clairement la preuve d'un changement de régime politique, le Canada plonge dans la tyrannie. Les dernières déclarations ridicules du très inquiétant Justine Trudeau qui décrit les antivax comme des « misogynes, racistes[82] » le démontrent également !

Pour finir, la promotion de Bill Gates n'est rien d'autre qu'un culte malsain de l'ego. Ce nouveau concept de philanthrocapitalisme sert à glorifier la ploutocratie après avoir détruit les états et ruiné les Trésors publics. Jadis, les sociétés étaient dirigées par des élites que l'on appelait l'aristocratie, c'est-à-dire les meilleurs d'entre-nous ; depuis les révolutions, la bourgeoisie a pris le pouvoir, c'est du coup l'homme le plus riche qui dirige, certainement pas le plus compétent.

Le projet le plus abouti aujourd'hui concernant la surveillance des masses via la technologie, présenté comme le summum du bonheur sur terre, est celui mis en place par l'Arabie Saoudite et son prince régnant MBS ; il s'agit du projet Neom ! Il est question de mettre en place un e-gouvernement qui régnera sur une ville de 26.500 km^2 totalement autonome énergétiquement parlant et gérée par intelligence artificielle. La direction de ce projet pharaonique a été confiée à M. Klaus Kleinfeld, membre du groupe Bilderberg. Concernant le bonheur de tout le monde, ce n'est pas si certain, du moins ce n'est pas le cas de la tribu des Howeitat qui a été dégagée manu militari de ses terres qu'elle occupe depuis des millénaires...

Afin de démontrer que cette crise sanitaire a été l'occasion rêvée d'un déchaînement des élites politiques, prenons le cas du Canada qui a secrètement suivi 33 millions de téléphones de ses concitoyens pendant le confinement sans que personne ne le sache. Bien entendu, c'est pour leur propre bien mais c'est totalement illégal et contre l'État de droit. D'autant que cette surveillance n'a abouti a absolument aucune avancée scientifique, c'est clairement la preuve d'un changement de régime politique, le Canada plonge dans la tyrannie. Les dernières déclarations du très inquiétant Justine Trudeau qui décrit les antivax comme des « misogynes, racistes » l'illustrent également !

Notes de fin

1. https://www.weforum.org/great-reset
2. https://ici.radio-canada.ca/nouvelle/1750586/great-reset-grande-reinitialisation-forum-economique-mondial-davos-complot-communisme
3. https://www.lemonde.fr/les-decodeurs/article/2021/02/10/qu-est-ce-que-the-great-reset-un-livre-devenu-theorie-du-complot_6069491_4355770.html
4. https://www.rtbf.be/info/societe/detail_the-great-reset-un-livre-qui-envisage-l-apres-covid-alimente-les-theories-conspirationnistes?id=10862526
5. https://static.lefigaro.fr/eidos-infographies/AFCQ_201904_Davos/html/AFCQ_201904_Davos.html
6. https://www.liberation.fr/futurs/2000/01/28/les-interets-douteux-de-schwab_313260/
7. https://www.bilderbergmeetings.org/background/steering-committee/former-steering-committee-members
8. https://www.lesoir.be/78550/article/2017-01-21/24-heures-davos-dans-le-nombril-du-monde
9. https://www.thestar.com/politics/federal/2020/10/26/justin-trudeau-promises-to-build-back-better-prompting-erin-otoole-to-say-there-is-no-pandemic-spending-plan.html
10. https://www.theguardian.com/commentisfree/2021/apr/01/boris-johnson-build-back-better-pledge-britain-empty-promises
11. https://www.thenews.com.pk/latest/863661-pm-imran-khan-calls-on-countries-producing-covid-19-vaccines-to-ramp-up-production
12. https://www.aggbusiness.com/feature/italy-aims-build-back-better
13. https://www.cleanenergywire.org/news/merkel-must-make-clear-moment-rebuild-better-greenpeace-head
14. https://www.voanews.com/a/europe_g-7-summit-kicks-build-back-better-message/6206906.html
15. https://twitter.com/PvanHouwelingen/status/1472352275981082628
16. https://www.reuters.com/article/factcheck-coronavirus-netherlands-idUSL1N2T6137
17. https://twitter.com/PvanHouwelingen/status/1473991002587381762
18. https://www.youtube.com/watch?v=hRPQqfwwuhU
19. https://www.lemonde.fr/economie/article/2021/01/18/sanofi-confirme-des-suppressions-d-emplois-dans-sa-branche-recherche-et-developpement_6066716_3234.html
20. https://www.youtube.com/watch?v=YSb0nLRte_A
21. https://www.thalesgroup.com/fr/europe/france/dis/gouvernement
22. https://www.latribune.fr/opinions/tribunes/le-defi-de-l-identite-numerique-garantir-des-droits-a-chaque-etre-humain-892397.html
23. https://www.capital.fr/economie-politique/la-future-remuneration-dedouard-philippe-chez-atos-1381412
24. https://www.la-croix.com/France/Goulard-Macron-propose-Thierry-Breton-comme-commissaire-europeen-2019-10-24-1301056253
25. https://cdn.lelibrepenseur.org/wp-content/uploads/2021/12/25214004/Mari-Elka-Pangestu-Identite-numerique-WEF-FEM-Fondation-gates.mp4
26. https://www.weforum.org/people/mari-elka-pangestu
27. https://www.youtube.com/watch?v=HFuAARRxHps

28. https://www.youtube.com/watch?v=CqtMcdWTUZo
29. https://lejournal.cnrs.fr/articles/la-question-de-lorigine-du-sars-cov-2-se-pose-serieusement
30. https://www.weforum.org/events/world-economic-forum-annual-meeting-2020/about
31. https://pharmacritique.com/2009/05/10/merck-et-elsevier-ont-edite-une-fausse-revue-medicale-outil-marketing-pour-fosamax-et-vioxx-ghost-management-revele-lors-du-proces-vioxx/
32. https://multinationales.org/Comment-Chevron-tente-d-imposer-le-gaz-de-schiste-a-l-Argentine-et-au-reste-du
33. https://b8f65cb373b1b7b15feb-c70d8ead6ced550b4d987d7c03fcdd1d.ssl.cf3.rackcdn.com/cms/reports/documents/000/002/327/original/Carbon-Majors-Report-2017.pdf
34. https://www.autoplus.fr/volkswagen/dieselgate-volkswagen-justice-europe-536384.html
35. https://www.planetoscope.com/mortalite/31-.html
36. https://www.gqmagazine.fr/pop-culture/article/bill-gates-ne-laissera-pas-toute-sa-fortune-a-ses-enfants-ou-ira-donc-largent-de-son-heritage
37. https://www.parismatch.com/Actu/International/Bill-Gates-medecin-du-monde-1682182
38. https://www.lexpress.fr/actualites/2/monde/pres-de-50-millions-de-pauvres-aux-etats-unis_1048543.html
39. https://www.dicosmo.org/HoldUp/HoldUpPlanetaire.pdf
40. https://www.ege.fr/infoguerre/2000/04/proces-microsoft-le-leader-mondial-du-logiciel-condamne-par-la-justice-us
41. https://eur-lex.europa.eu/legal-content/FR/TXT/PDF/?uri=CELEX:32007D0053&from=IT
42. https://www.parismatch.com/Actu/International/Bill-et-Melinda-Gates-une-medaille-pour-le-coeur-1242938
43. https://www.youtube.com/watch?v=IW7Rqwwth84
44. https://www.youtube.com/watch?v=Dqzt6yAmdDE
45. https://www.nexus.fr/actualite/news/fondation-bill-melinda-gates-le-monde/?fbclid=IwAR3CWh8d5EufDm6fGgoSc7MWExTpvfhluabNTL_ni5W9zq7tfJcst2VgmGg
46. https://www.youtube.com/watch?v=GT0XkfEB5T8
47. https://www.lefigaro.fr/sciences/bill-gates-veut-construire-des-usines-pour-les-futurs-vaccins-20200406
48. https://www.levif.be/actualite/international/en-inde-les-ogm-de-monsanto-pousseraient-les-paysans-au-suicide/article-normal-396877.html
49. https://www.lemonde.fr/afrique/article/2019/04/24/qu-est-ce-que-le-mosquirix-vaccin-antipaludique-teste-sur-360-000-enfants-au-malawi-au-ghana-et-au-kenya_5454471_3212.html
50. https://dailypost.ng/2020/05/04/bill-gate-offered-house-of-reps-10m-bribe-for-speedy-passage-of-compulsory-vaccine-bill-cupp-alleges/
51. https://www.gatesfoundation.org/ideas/media-center/press-releases/2005/11/imperial-to-develop-new-tests-for-managing-aids-treatment
52. https://www.francetvinfo.fr/replay-magazine/france-2/cash-investigation/cash-investigation-du-mardi-4-novembre-2014_730935.html
53. MONUSCO et Haut-Commissariat aux droits de l'homme de l'ONU, Rapport du Projet Mapping concernant les violations les plus graves des droits de l'homme et du

droit international humanitaire commises entre mars 1993 et juin 2003 sur le territoire de la République Démocratique du Congo, 2010.
54. https://www.cairn.info/revue-droit-et-societe-2016-1-page-117.htm
55. https://www.nytimes.com/2019/10/12/business/jeffrey-epstein-bill-gates.html
56. https://www.wsj.com/articles/the-mind-of-bill-gates-revealed-on-net-flix-11568107801
57. https://www.dailymail.co.uk/news/article-7377133/amp/Bill-Gates-REFUSES-re-veal-flew-Lolita-Express-Jeffrey-Epstein-prison-release.html
58. https://www.lelibrepenseur.org/bill-gates-la-photo-embarrassante-avec-jeffrey-epstein-quil-voudrait-voir-disparaitre/
59. https://www.nytimes.com/2021/10/18/business/bill-gates-microsoft.html
60. https://www.france24.com/fr/am%C3%A9riques/20210503-les-richissimes-philan-thropes-bill-et-melinda-gates-divorcent
61. https://siecledigital.fr/2021/05/10/divorce-gates-affaire-epstein/
62. https://www.ledauphine.com/faits-divers-justice/2021/09/26/affaire-epstein-bill-gates-dans-l-embarras-lors-d-une-interview
63. https://www.lavoixdunord.fr/866859/article/2020-09-18/polio-c-est-quoi-cette-his-toire-de-vaccin-qui-aurait-provoque-une-nouvelle
64. https://www.economist.com/the-economist-explains/2018/12/19/what-is-vaccine-derived-polio
65. https://www.franceculture.fr/emissions/du-grain-moudre/la-vaccination-ca-ne-se-discute-pas
66. https://www.lequotidiendumedecin.fr/actus-medicales/politique-de-sante/vac-cins-dtpolio-et-bcg-touraine-semmele-les-pinceaux
67. https://www.nature.com/articles/nature.2013.13700
68. http://164.100.47.5/newcommittee/reports/EnglishCommittees/Committee%20on%20Health%20and%20Family%20Welfare/72.pdf
69. https://www.nejm.org/doi/full/10.1056/nejmoa1102287
70. http://www.laleva.org/eng/2013/01/minimum_of_40_children_paralyzed_after_new_meningitis_vaccine.html
71. https://heinonline.org/HOL/LandingPage?handle=hein.journals/ansurintcl22&-div=7&id=&page=
72. https://www.counterpunch.org/2016/07/18/bill-gates-silver-bullet-misfi-ring-at-the-mandela-memorial-lecture/
73. https://www.ted.com/talks/bill_gates_innovating_to_zero/transcript
74. https://www.scirp.org/journal/paperinformation.aspx?paperid=81838
75. https://pubmed.ncbi.nlm.nih.gov/28188123/
76. https://www.lesechos.fr/pme-regions/innovateurs/la-fondation-de-bill-gates-mise-19-millions-de-dollars-sur-medincell-1152176
77. https://sante.lefigaro.fr/actualite/2010/05/12/10213-contraception-mascu-line-piste-ultrasons
78. https://id2020.org/
79. https://odysee.com/@LeLibrePenseur.org:2/le-libre-entretien-avec-le-dr-g-rard-del:3
80. https://www.lefigaro.fr/flash-eco/l-economie-ne-se-remettra-pas-totalement-sans-un-vaccin-selon-le-patron-de-la-fed-20200517
81. https://www.rtl.fr/actu/politique/presidentielle-2022-qu-est-ce-que-le-vote-par-cor-respondance-7900108605
82. https://twitter.com/MaximeBernier/status/1475841292961820677

« ... *mes amis pédophiles peuvent témoigner que ce n'est qu'exceptionnellement que j'utilise les réseaux de notre secte, où l'on se refile les gosses, et où l'unique séduction est celle du portefeuille (qui joue, de façon ou d'autre, un rôle d'importance dans les relations sexuelles entre adultes et enfants, où la frontière qui sépare l'amour de la vénalité n'est jamais clairement tracée).* »

Gabriel Matzneff

Chapitre VI

COMPLOT DES ÉLITES PÉDOCRIMINELLES

« *Les médias ne parlent que d'Omicron mais pas du plus grand réseau pédophile du monde* [Epstein et Ghislaine Maxwell]. *Pourquoi ?* »
Karl Zéro

Nous avons traité de la pédocriminalité dans de très nombreux articles publiés depuis plusieurs années sur notre site www.lelibrepenseur.org ; autant de la pédocriminalité en général que de l'élitiste en particulier. Récemment, notre série de vidéos intitulée *Balance Ton Ogre*[1] y a été postée répertoriant les affaires pédocriminelles rendues publiques et nous avons inauguré cette série en présentant l'affaire Gabriel Matzneff. Cette série entend démontrer qu'il existe bel et bien en France une caste, une secte pédocriminelle bénéficiant de protections politiques, judiciaires et médiatiques qui lui ont permis de sévir pendant des décennies. Aautant pour Gabriel Matzneff que pour Roman Polanski, Olivier Duhamel... malgré des faits établis, très nombreux et vérifiables, on nous oppose systématiquement l'argument de la prescription légale ; c'est une stratégie imparable très efficace à n'en point douter.

Affaire Gabriel Matzneff

Je peux m'enorgueillir d'être la personne qui a le plus et très tôt dénoncé Gabriel Matzneff sur les réseaux sociaux et sur notre site Lelibrepenseur.org, au cours des dix dernières années. Je connais en effet parfaitement l'histoire de Gabriel Matzneff et je saisis cette opportunité pour remercier la personne qui m'avait donné les fils à tirer, à savoir Paul-Éric Blanrue, un fin connaisseur de ce pédocriminel assumé.

Comme tout le monde le sait, Gabriel Matzneff est enfin tombé, Dieu merci. Toutes les maisons d'édition ont retiré de la vente ses journaux intimes, à l'exception des romans et des essais. Gallimard a donc annoncé[2] retirer son *Journal* le 7 janvier 2020, dans lequel il faisait précisément l'apologie de la pédocriminalité, parce qu'il savait que c'était illégal et donc poursuivable. Matzneff écrit et rapporte tout dans ses journaux intimes, absolument tout, en l'occurrence comment, il a couché avec un gamin ou une gamine de 8 ans. Comme je ne me fie jamais à la rumeur répandue sur les réseaux sociaux, j'ai pris la peine de vérifier par moi-même en lisant ses écrits dont j'ai réalisé les fac-similés des passages les plus accablants afin d'illustrer mon propos. Il s'agit notamment de *Mes amours décomposés* (journal intime des années 83 et 84) dont il indique la date : lundi 1er novembre. « ... *Après-midi à visionner des films pornographiques pédophiles chez JCG. Je connaissais certains de ses films pour les avoir vus à Dijon chez le malheureux Jacques S. Celui-ci les a remis à JCG quelques jours avant de se suicider. Sur la dizaine de films qu'il m'a projetés, films privés très supérieurs aux séries en vente à Amsterdam et au Danemark, trois au moins étaient excitants, beaux ; une fille de 13 ans et deux garçons de son âge, deux garçons de 12 ans et 13 ans et trois garçons âgés de 10 à 14 ans, se caressant, se suçant, se possédant, se faisant minette et feuille de rose. C'était charmant mais une fois de plus j'ai vérifié combien j'étais peu spectateur, ce que j'aime, c'est vivre et non regarder vivre les autres.* ». Là, à ce moment précis de ma lecture, j'ai le sang qui bouillonne et les idées qui traversent mon esprit me renvoient à une quête effrénée de justice, tant ce que je lis est insupportable. À la page 222 il poursuit : « ... *J'écris ceci au Hilton. Tout à l'heure (mes notes sur les femmes, vers 16 heures), au Robinson's ..., C'était le bon choix comme aurait dit Giscard ; oui, un joli gamin, pétillant de malice, parlant un bon anglais, écolier bien propre, 13 ans. Il n'a pas voulu que je le baise, mais il m'a sucé à merveille et m'a fait jouir. Puis, nous sommes descendus à la piscine. Cela m'a rappelé l'âge d'or de Manille, le temps du D. M.* »

Je suis désolé de faire subir aux lecteurs cette prose putride, mais le sujet l'impose pour mieux appréhender les contours hideux de ce personnage répugnant et abominable.

À la page 226 du même journal, on peut lire : « *Normin. C'est la première fois que j'amène un garçon de 12 ans, et pas un gosse des rues, un petit écolier en uniforme et cartable au dos, dans un hôtel de passe. Impression inouïe... La peau douce, le corps gracile, la bouche industrieuse, le culo divino d'un Gilbert, 13 ans, d'un Normin, 12 ans, me donnent beaucoup de plaisir, mais un corps de très jeune fille non totalement épanoui ...* »

Enfin, dernier extrait de la page 314 du même livre : « *16heures. La différence entre une fille de treize ou quatorze ans et une fille de onze ans, c'est que la première, si un vilain monsieur tel que moi lui dit « Tu as de jolies mains », notera le compliment dans son journal intime, au lieu que celle de onze ans ira aussitôt le répéter à sa mère : « Gabriel m'a dit que j'avais de jolies mains. » Je ne sais si Anne a apprécié que, dès qu'elle a le dos tourné, je drague sa fille de onze ans...* » !

Voilà ce qu'a publié Gallimard, la maison d'édition la plus prestigieuse en France (collection *L'infini, nrf*), le *Journal intime* de Gabriel Matzneff dans lequel il raconte comment il viole des gamins et des gamines miséreux d'Asie mais également de France. Oui, Matzneff viole des gamins et il en fait commerce avec sa maison d'édition qui lui permet de gagner de l'argent, d'avoir des revenus. Bizarrement, la justice n'a jamais poursuivi la maison d'édition dans cette affaire ! Qu'attend-elle pour jeter en prison toute cette engeance ?

Nous savons aussi que Gabriel Matzneff était un visiteur du soir de François Mitterrand, l'ancien président de la république. Il se baladait avec une lettre[3] élogieuse écrite par celui-ci, une sorte de lettre de cachet, à laquelle il attribuait, à l'image d'un talisman, un pouvoir de protection, comme en a témoigné Me Vanessa Springora dans son livre *Le Consentement*, qui a précipité la chute de ce monstre. Elle témoigne qu'à l'âge de quatorze ans, elle était allée consulter un médecin pour se plaindre des rapports douloureux que lui faisait subir Matzneff. Pour toute réponse, ce médecin, faisant fi de son âge quasi pré-pubère, lui proposa « généreusement » une petite chirurgie de l'hymen pour faciliter la pénétration ! Un véritable cauchemar ! De nombreuses personnes ont adressé, en vain, des plaintes à la police.

Le 21 janvier 2020, un article[4] du journaliste indépendant Bruno Larebière fait état de l'audition, en qualité de témoin, de l'ex-ministre Michèle Barzach, dans l'affaire Matzneff. Elle était ministre de la Santé et de la famille de Jacques Chirac, à l'époque du RPR, de 1986 à 1988.

On retrouve dans le *Journal* de Matzneff à la date du 13 novembre 1973 : « *Je crois qu'aujourd'hui, chez la gynéco, Francesca a pris la pleine mesure de mon amour, qu'elle a éprouvé que je me sens responsable d'elle, que je l'aime vraiment, et pas qu'au lit. C'est grâce à Juliette Boisriveaud que nous avons eu ce rendez-vous chez le docteur Michèle Barzach. Nous y sommes allés avec la crainte d'être critiqués, sermonnés, aussi avons-nous été très agréablement surpris. Michèle Barzach est une jeune femme douce, jolie, attentive, qui, à aucun moment n'a cru devoir faire la morale à ce monsieur de trente-sept ans et à sa maîtresse de quinze. Elle a, je pense, tout de suite compris que nous formons un vrai couple, que nous nous aimons.* »

Dans ses journaux intimes anciens, Gabriel Matzneff explique que pour éviter une grossesse et sachant que la pilule était interdite pour les mineures, il fit bouger ses réseaux et réussit à obtenir un rendez-vous chez une gynécologue, en la personne de Michèle Barzach précisément. Pour les centaines de filles qu'il fréquentait, il se rendait régulièrement chez elle pour obtenir des ordonnances lui permettant de violer des gamines sans risquer une grossesse. Elle était semble-t-il au courant, selon ses dires. C'est donc à ce titre qu'elle sera entendue en qualité de témoin. Michèle Barzach, était censée être une féministe, protectrice de la condition féminine, mais apparemment, s'agissant de la protection des enfants, ces femmes n'en ont cure. C'est une autre féministe, Juliette Boisriveaud, âgée de 41 ans à l'époque qui va servir d'entremetteuse entre Matzneff et Barzach. Elle a selon *Libération* « *un CV déjà long comme le combat des femmes vers l'émancipation* ». Juliette Boisriveaud et Michèle Barzach étaient des amies, la deuxième a même piqué le mari de la première ! Il faut savoir que cette dame a été présidente de l'Unicef, une institution internationale censée protéger les enfants ! Michèle Barzach a déclaré[5] le mardi 5 juin 2012 alors qu'elle prenait la présidence de l'Unicef : « *Dans la continuité de ma vie consacrée aux femmes et aux enfants, je servirai avec conviction et enthousiasme la stratégie de l'Unicef fondée sur la notion d'équité, pour permettre l'accès des plus vulnérables aux droits fondamentaux que sont la santé, la nutrition, l'éducation et la protection...* » ! Décidément rien ne les arrête.

Nous savons que c'est Jean Tibéri, l'ancien maire de Paris, à droite de l'échiquier politique, qui a dégoté et attribué un logement social[6] à Matzneff. Nous savons aussi que ce dernier a bénéficié, il y a une vingtaine d'années, d'une subvention[7] de l'ordre de 165.000 €, alors qu'il passait sa vie dans les hôtels et les restaurants les plus chics de Saint-Germain où le moindre croque-monsieur coûte pas moins de 20 €. Il faut rappeler que ces avantages proviennent de l'argent public, l'État finance et subventionne un pédocriminel. En outre, Matzneff a été le récipiendaire de deux médailles dont l'une remise par Jacques Toubon de la droite politique, c'était l'insigne d'officier des Arts et des Lettres[8]. Que l'on ne nous fasse donc pas croire qu'en France, seule la gauche est pédophile, ce n'est pas vrai. La pédophilie prospère dans tous les milieux politiques, de l'extrême gauche à l'extrême droite, c'est un fait. *Valeurs Actuelles* a essayé dans un article[9] fort maladroit publié le 11 janvier

2020 de rattacher la pédocriminalité élitiste parisienne exclusivement à la gauche, ce qui est factuellement fallacieux, ce que nous nous emploierons à démontrer. Il suffit de citer son ami de toujours Alain de Benoist pour commencer à comprendre l'ampleur de cette escroquerie.

Récapitulons : nous sommes en présence d'un médecin qui propose à une fillette venue chercher son secours, une petite chirurgie de l'hymen pour moins souffrir quand elle se fait violer et d'une dame gynécologue qui délivre, en violant la loi, des ordonnances de contraceptifs à des mineures ! Pendant ce temps, la police n'a rien vu, rien entendu, la justice non plus. Dans quel monde vivons-nous ?

Matzneff publie une soixantaine d'années de journaux intimes dans les plus grandes maisons d'édition tout en réalisant un profit substantiel de la vente de ses écrits pédocriminels. Il a été défendu par Jean d'Ormesson, David Abiker, Bernard Pivot, Thierry Ardisson... et pratiquement par tous les noms prestigieux du monde des lettres parisien.

Gabriel Matneff a été très proche du couple Pierre Bergé et Yves Saint Laurent qui l'avaient aidé à payer ses loyers avant qu'il n'obtînt la petite HLM offerte par Jean Tibéri, le maire de Paris à cette époque.

Rappelons encore qu'il était proche de Bernard-Henri Lévy qui l'adorait ainsi que de Yann Moix. Beaucoup ont écrit des textes dithyrambiques sur le pédocriminel Gabriel Matzneff et c'est passé comme une lettre à la poste. C'est sidérant, même si pour notre part nous le savions depuis longtemps et que nous n'avons cessé de le dénoncer, n'en déplaise au gourou mythomane Alain Soral qui répétait à l'envi que ce n'était pas des enfants. Si, 10 ans ce sont des enfants, contrairement à ce qu'affirmait ce dernier en parlant de jeunes filles pour minimiser la gravité des faits dont était accusé son ami Matzneff.

Ces gens doivent cesser de mentir car Matzneff est bel et bien un pédocriminel. De plus, il est allé aux Assises défendre[10] Jacques Dugué qui n'était rien d'autre qu'un serial violeur d'enfants, chez qui il a été retrouvé des centaines de milliers d'images pornographiques pédocriminelles et qui a pris 30 ans aux Assises de Chambéry, il y a une dizaine d'années. Rappelons que c'est ce monstre qui avait écrit, repris par *Libération* de Serge July, que des enfants de 5 ans adoraient se faire sodomiser par des adultes.

Matzneff était publié également par *Le Point* dans sa rubrique « *Le diable dans le bénitier* », ce qui nous conduit à penser et à dire que nous sommes véritablement dans le satanisme le plus décomplexé.

Pour finir, citons son livre *Les Passions schismatiques* paru en 1977, notamment le dernier chapitre intitulé *« L'Enfant »*, dans lequel il écrit : « *Ma nature don-juanesque aime trop la conquête, la drague et la séduction et mes amis pédophiles peuvent témoigner que ce n'était qu'exceptionnellement que j'utilise les réseaux de notre secte où l'on se refile les gosses et où l'unique séduction est celle du portefeuille.* » ! Il reconnaît ainsi lui-même qu'il appartient à une secte qui se refile des enfants moyennant de l'argent, à l'image de Jacques Dugué et de Nordhal Lelandais, des gens à la recherche perpétuelle de « chair fraîche » et qui vont la chercher de X manières ; il peut aussi s'agir de parents indignes qui vendent leurs enfants comme dans l'affaire Outreau.

Ces gens ont bénéficié de la protection de Jack Lang qui a signé la pétition de

1977 publiée par *Le Monde* et initiée par Gabriel Matzneff, Frédéric Mitterrand etc.

Je rappelle que j'ai eu à me défendre dans un procès que m'avait intenté Pierre Bergé pour avoir publié sur notre site Lelibrepenseur.org, une photo dans laquelle on le distinguait aux côtés de Frédéric Mitterand et Jack Lang. Frédéric Mitterand est lui aussi un pédophile assumé, puisqu'il l'avoue lui-même, ayant eu l'impertinence d'offenser les enfants et de dire que *« les enfants au-dessus de quatorze ans, c'est dégueulasse ».*

Ceux qui ont pu assister à l'audience du procès en appel tenu le jeudi 6 février 2020 à la Cour d'appel de Paris (ex-XVIIe Chambre), m'opposant à Pierre Bergé étaient loin d'imaginer que l'avocat de Pierre Bergé n'était autre que Me Emmanuel Pierrat, avocat et ami très proche de Matzneff qui lui a dédicacé son journal intime *Les Demoiselles du Taranne,* en écrivant ces quelques mots : « *Pour Emmanuel Pierrat, responsable des quelques pertinents crochets* -[...]- *qu'on rencontre de temps à autre dans cet ouvrage dont il fut le premier et attentif lecteur.* » ! Il n'a pas eu le courage de venir plaider en personne aussi bien en première instance qu'en appel, il a préféré envoyer sa collaboratrice ; il savait pertinemment que s'il était venu, il aurait eu à subir l'énoncé de son amitié avec Matzneff. Il est important d'ajouter ici que Pierrat est un des avocats les plus importants de la place de Paris dans le domaine précis des droits d'auteur et tout ce qui est droit de la presse. C'est un franc-maçon de haut grade, avec un réseau très puissant que ce soit dans le milieu de la littérature, au niveau du Barreau des avocats sans oublier ses très nombreux passages télévisuels.

Pourtant, les crochets de Me Emmanuel Pierrat, censés filtrer les passages de Gabriel Matzneff les plus brûlants et exposés à la censure, ont laissé passer les plus abominables faits, même s'il a été un *lecteur attentif.* Dans tous les cas, Me Pierrat savait parfaitement que son client et ami était un dangereux pédocriminel et malgré cela, il ne l'a jamais dénoncé et est même resté son fidèle ami, passant ensemble leurs vacances à Venise, à Rome... dans la bâtisse d'une dame richissime ayant un lien avec les Éditions Léo Scherr. Pour un avocat, censé défendre le droit et faire respecter la loi, c'est véritablement inquiétant, il ne peut dire qu'il ignore l'existence de l'article 40 du code de procédure pénale.

Pour ceux qui doutent encore, voici ce qu'a écrit Matzneff *himself* dans *Un galop d'enfer* (La Table ronde, années 1977-1978) : « *Mon Dieu ! quand je compare le désir raisonnable que m'inspire une belle jeune femme telle que Véronique au bouleversement absolu qu'une jolie jeune fille de quinze ans comme Marie-Elisabeth opère en moi, il me fait bien l'avouer que, quoi que j'en aie parfois, je suis foncièrement, et irrémédiablement, pédophile.* » Rien à ajouter.

En résumé, c'est le tableau répugnant des élites françaises germanopratines décadentes qui vient d'être brossé. Elles savaient tout dans les moindres détails mais ont choisi d'observer le silence et de protéger ce dangereux prédateur d'enfants. Cette omerta va se répéter encore et encore pour de nombreux autres pédocriminels du milieu littéraire germanopratin comme Christian Giudicelli.

Qui est Christian Giudicelli ?

Peu de gens connaissent son nom, même si dans le milieu littéraire parisien, il est très puissant, étant donné qu'il travaille chez Gallimard, la maison d'édition française la plus prestigieuse. Les gens ne le savent peut-être pas mais c'est un véritable privilège dans ce milieu décadent de l'intelligentsia germanopratine que d'être édité chez Gallimard.

Christian Giudicelli est né à Nimes en 1942 et a obtenu le Renaudot pour son roman *Station balnéaire* publié chez Gallimard le 29 août 1986. Il est membre du jury Renaudot depuis 1993 et exerce une mainmise sur le milieu littéraire depuis des décennies. Très vite, il fera partie du comité de lecture de Gallimard, l'éditeur de son ami Gabriel Matzneff et son propre éditeur, sachant qu'il y a édité plusieurs ouvrages. Ce sont donc des gens qui se congratulent et s'applaudissent les uns les autres tout en se décernant des prix littéraires. C'est ainsi que fonctionne le milieu littéraire parisien.

Giudicelli a travaillé dans la nouvelle revue française (nrf) chez Gallimard, à la revue *Combat*, *La Quinzaine littéraire*, le *Figaro Magazine* et, bien sûr France culture et Radio service public ainsi qu'à une petite collection des Éditions du Rocher. Encore une fois, le service public a encore une fois financé un pédocriminel comme ce fut le cas pour Matzneff avec la HLM de la mairie de Paris et la subvention annuelle du Comité national du livre etc.

Il est extrêmement puissant sur la place de Paris, il suffit de lire un article[11] fort élogieux publié le 7 mars 2016 par Jérôme Béglé dans le *Point* dont il était le directeur adjoint de la rédaction, dans lequel il expliquait qu'à la sortie de son livre *Planète Nemausa*, Christian Giudicelli était devenu la *nouvelle idole des Lettres*. Voici le sous-titre de l'article : « *Son livre "La Planète Nemausa", mélange d'autoportrait et de réflexions sur la vie et l'art, recueille un torrent de louanges. Enfin !* »

Ariane Schöner explique dans un article du *Monde* du 6 janvier 2020 comment il avait fait des pieds et des mains pour décerner en 2013 le Renaudot Essai à son ami de pédocriminalité et de tourisme sexuel à Manille, précisément à l'hôtel Tropicana. Gabriel Matzneff disait dans ses livres que Christian Giudicelli était *Eight one one* (811) en référence au numéro de sa chambre, sachant qu'à Manille la langue usitée est l'anglais ; et lui, c'était *Eight 0 four* (804) expliquant dans le menu comment il couchait avec des gamins de huit à douze ans dans la chambre 804 et que des gamins tambourinaient à la porte pour prendre part à ces orgies barbares.

C'est ce qu'écrit Gabriel Matzneff, mais d'aucuns prétendent qu'il s'agit en fait d'éphébophilie et non de pédocriminalité, puisqu'il serait question de filles mineures de 15 ans. C'est totalement mensonger et d'ailleurs, comment pourrait-on le découvrir si ce n'est en lisant ses livres où il parle de *Eight one one*, ce que personne ne fait malheureusement. En effet, dans les *Nouveaux Émiles de Gab la rafale,* son ouvrage publié aux Éditions Léo Scherr, un éditeur à surveiller de très près et qui devrait être entendu par la justice, on apprend que c'est chez lui, dans sa galerie d'art, que Me Emmanuel Pierrat a fait le choix de célébrer Gabriel Matzneff. C'est sa femme Nathalie Rheims qui accueillait dans une de ses maisons en Italie, Gabriel Matzneff qui est aussi proche d'Angie David, directrice des Éditions Léo Scheer depuis quelques années.

Donc, dans les *Nouveaux Émiles de Gab la Rafale*, il est écrit le plus simplement du monde qu'il le dédicace à *Eight one one*, Christian Giudicelli : « *Pour Christian Giudicelli, alias Eight one one, Philippe de Saint Robert, alias le baron Octave, et René Schérer, alias le professeur Poilibus...* ». Ensuite, Christian Giudicelli dans le livre *Gabriel Matzneff* à la collection Sombre, expliquera que c'est bien lui *Eight one one*. La boucle est ainsi bouclée ; ils assument totalement sans aucun problème.

Pour finir, Christian Giudicelli a réalisé une interview dans *L'Obs* dans laquelle il précise qu'il ne regrette absolument rien, autrement dit, il ne regrette point d'avoir violé des gamins de 8 ans à Manille. C'est à se demander ce qu'attend la police. Il explique qu'il y a comme une moraline, le fameux mot de Nietzsche qui sera utilisé par une autre folle du monde des lettres, Josyane Savigneau qui considère que condamner le viol d'enfants de huit ans, c'est de la... moraline. Ainsi donc, s'offusquer que des monstres de 60 ans violent des gamins de huit ans, c'est à ses yeux de la moraline et pour ces gens-là, nous sommes taxés de conservateurs, voire d'arriérés, de rétrogrades tandis qu'eux seraient les lumières, en avance sur le temps, nous servant même de guides nous indiquant comment il faut penser et qui violer. Ce qui les arrange surtout c'est de pouvoir violer vos enfants, sachant qu'eux-mêmes n'en ont pas et n'en font pas. Gab la Rafale n'a pas d'enfant, il viole ceux des autres.

Que dit donc Christian Giudicelli ? « *Je serai à côté de Gabriel Matzneff, s'il me le demande.* » Donc, il le soutient en expliquant que si on doit taper sur Matzneff, il faudra aussi taper sur Gide, Balthus, Montherlant... Ben oui ! Gide est un pédophile, Balthus c'est pareil, Montherlant aussi. Giudicelli a le culot de parler de jalousie, insinuant par là que nous serions jaloux du succès de Matzneff ! Il faut être complètement stupide pour produire de tels arguments, propres aux rappeurs et aux collégiennes. Il parle aussi de haine dans cette interview, comme si nous étions animés par ce sentiment, alors que personne ne connaît personnellement Matzneff ! Non, non, nous parlons juste de Code pénal dont nous tenons à ce qu'il soit scrupuleusement respecté, point ! Nous tenons simplement à protéger les enfants victimes de ces prédateurs.

Il a en outre eu le culot de dire : « *Il y a plus grave que ça, le travail des enfants* », comme si les enfants qu'ils s'enfilaient par centaines à l'hôtel Tropicana de Manille ne travaillaient pas et qu'il ne s'agissait que de sentiments et d'amour. C'est pire, en fait, car ils ont fait travailler des enfants en les prostituant ; c'est d'autant plus grave que cette activité criminelle est organisée depuis des lustres. Pire, en rentrant à Paris, ils couchent leurs crimes sur papier pour en vendre le récit aux quelques lecteurs sociopathes qui s'en délectent ; cette activité s'apparente quasiment à du proxénétism eavec pour complices des maisons d'éditions prestigieuses.

Dans cette interview, Giudicelli ira encore plus loin dans l'immonde en affirmant que le livre de Springora ne va pas servir la cause des femmes. Que vient faire un tel argument quand on sait que ce qui lui est reproché c'est le viol de gamins de huit ans. Giudicelli feint d'oublier que nous parlons de Vanessa Springora à l'époque où elle avait quatorze ans. Était-elle une femme à cet âge-là, alors qu'elle n'a pas encore achevé sa croissance, ni son développement physique sur les plans anatomique et physiologique ? Non, Vanessa Springora n'était pas encore une femme à cet âge-là ! Que vient donc faire ici la cause des femmes ? Bien au contraire, le livre de Springora sert la cause des femmes dans la mesure où elle les met en garde contre ces prédateurs et le danger qui guette leur progéniture. Il sert la cause des femmes car il évitera à ces dernières d'être victimes de pédocriminels dans leur enfance, les aidant à comprendre que ce qu'elles vivent est anormal.

Ces gens n'ont vraiment aucune limite et il faut espérer que la justice passera. Giudicelli ainsi que Philippe Sollers ont été entendus par la police mais à ce jour aucune suite n'a été donnée.

Frédéric Mitterrand, un pédocriminel de longue date

Qu'en est-il de Frédéric Mitterrand, un autre pédocriminel du sérail élitiste parisianiste, faut-il rappeler qu'il a quand même obtenu le maroquin de la culture. Qui est donc Frédéric Mitterrand ? Rappelons, avant toute chose, que l'oncle de Frédéric Mitterrand, François Mitterrand, qui a été le président de la République française durant deux septennats successifs, soit quatorze années, avait soutenu Gabriel Matzneff, en écrivant notamment un texte intitulé *L'opposition sous les Césars*, dans lequel il promouvait la prose putride de Gabriel Matzneff, y compris après la publication de son livre *Les moins de seize ans* et jusqu'au scandale de Denis Bombardier, chez Pivot. C'est à ce moment-là qu'il a invité Denise Bombardier à l'Élysée pour lui dire avec quelque atermoiement : « *Oui, non..., c'est un pédophile, je ne le savais pas* », alors qu'il le savait parfaitement. En réalité il avait publié dans la revue *Matulu* en juillet 1983 son texte dans lequel on trouve l'extrait suivant concernant Matzneff : « ... *Gabriel Matzneff tient le journal de sa vie depuis l'âge de 16 ans et ne semble connaître qu'un seul ennemi : la pesanteur. Une inspiration hédoniste, puisée aux racines du monde méditerranéen, l'entraîne et le guide.* », sachant que *Les moins de seize ans* a été publié en 1974, il était au courant de la monstruosité du diariste.

Tout le monde le sait, Frédéric Mitterrand a écrit son livre autobiographique *La mauvaise vie* en deux tomes que, pour ma part, j'ai lus intégralement et dont j'ai annoté les passages les plus sulfureux. Dans ce livre, Frédéric Mitterrand reconnaît le plus simplement du monde qu'il violait des gamins en Asie, comme le faisait Gabriel Matzneff. À un moment donné, il va se rabattre sur le Maghreb et notamment la Tunisie – ce qu'il appellera « La solution Maghreb » - ce qui lui sera rendu aisé grâce à la protection du dictateur criminel Zine El Abidine Ben Ali qui a transformé son pays en place mondiale du tourisme sexuel, comme l'avait fait aussi à Marrakech le monarque marocain. On sait qu'il vivait à Hammamet dans une villa et que ses factures d'électricité étaient réglées par les Ben Ali, si bien qu'à la chute de ces derniers, il les soutint sur tous les plateaux français de télévision et de radio, en expliquant qu'ils n'étaient pas des dictateurs[12], du moins pas trop méchants. Nous sommes donc en présence d'un autre pédocriminel qui l'assume sans complexe, l'écrit et en fait aussi commerce en rentrant à Paris car on imagine mal ce malade vendre ses livres à Tunis. Nous savons que Ben Ali était un dictateur cruel qui torturait ses « sujets ». Il lui arrivait même de les déposséder de leurs biens avec le concours d'un notaire véreux, après une une bonne petite séance de torture dans une geôle de commissariat. Quant à Leila Trabelsi, son épouse, c'était une corrompue, la marraine d'une véritable mafia, celle du clan Trabelsi, qui s'était enrichi pendant le règne de son mari sur le dos du peuple. Férue de sorcellerie qu'elle pratiquait, elle officiait avec sa mère, Hajja Nana. En 2008 l'association internationale cryptomaçonnique Lions Club lui décerna la distinction « Compagnon de Melvin Jones » puis la même année, elle reçut le Blason d'or de l'Organisation de la femme arabe ! C'est ainsi que les élites mondialistes se congratulent entre corrompus. Le couple Ben Ali prendra la fuite pour s'exiler en Arabie Saoudite, logé aux frais du royaume. Ils seront condamnés[13] à 35 années de prison par contumace pour détournement de fonds publics et malversations ; ainsi sont les amis de Frédéric Mitterrand.

Ce dernier, comme on pouvait s'y attendre, défendra tout le temps Roman Polanski et ce, depuis qu'il est poursuivi par la justice américaine et, notamment, lorsqu'il a été assigné à résidence dans son chalet suisse de Gstaad en 2009, muni d'un bracelet électronique. À la télé, il tiendra ces propos : « *Si le monde de la culture ne soutenait pas Roman Polanski, cela voudrait dire qu'il n'y a pas de culture dans notre pays. Je pense que tous les Français doivent être avec Polanski dans cette épreuve*[14] » ! En d'autres termes, Frédéric Mitterrand qui se sert de sa position de ministre de la culture de Sarkozy pour défendre sur les ondes un pédocriminel, fait du lobbying pour son ami Roman ! Il n'hésitera donc pas à faire usage de son autorité ministérielle et politique pour défendre un pédocriminel qui, il y a quarante ans, avait violé et sodomisé une gamine, Samantha Geimer, après l'avoir droguée dans la villa de Jack Nicholson. Roman Polanski est un fugitif qui a fui la justice des États-Unis. Qui prend sa défense ? Un ministre français de la culture rémunéré avec l'argent public ! Si, en France, on devait organiser un référendum, il y a de très fortes probabilités que le peuple approuve son extradition afin qu'il réponde de ses crimes devant la justice de son pays. Seuls les pédocriminels décident du contraire.

Frédéric Mitterrand fera la voix-off d'un court-métrage pro-pédophile, *Mon copain Rachid*, de Philippe Barassat (1997), dans lequel on parle de verge, de sexe, de rapports sexuels, de nudité etc. Un article[15] intéressant de *Numerama* a été publié le 12 octobre 2009 à propos de ce court-métrage avec pour introduction le texte suivant : « *En ayant sans relâche diabolisé la liberté offerte aux pédophiles par un Internet non filtré, pour justifier un contrôle du réseau, le gouvernement devrait inviter Frédéric Mitterrand à démissionner s'il veut garder sa cohérence. Comment, en effet, présenter un projet de loi Loppsi qui prévoit un filtrage des contenus réputés pédophiles sans contrôle judiciaire, au détriment de la présomption d'innocence, et soutenir dans le même temps au nom de cette présomption d'innocence un ministre dont la dernière casserole en date est la participation à un court-métrage pour le moins tendancieux ?* ». Tout le monde sait à quel point les policiers s'occupant de la traque des réseaux pédocriminels sur Internet sont très peu nombreux en France ; l'État ne leur a octroyé que très peu de moyens. Rappelons que dans les années 70, Frédéric Mitterand avait organisé dans son cinéma l'Olympic, un séminaire d'une semaine sur la promotion de la pédocriminalité.

Dans l'émission de Thierry Ardisson, sur Paris Première, *93 Faubourg Saint Honoré*, Frédéric Mitterrand battra le record de Gabriel Matzneff qui avait titré son livre *Les moins de seize ans*. Il dira devant une assistance hilare, comme chez Bernard Pivot : « *Les plus de quatorze ans, c'est dégueulasse, demandez à Michael Jackson*[16] » ! Il couche avec des gamins de 8-9 ans et ceux qui l'écoutent confesser ses crimes trouvent le moyen d'en rire, trouvant son récit tellement drôle. Il avait en face de lui Stéphane Bern qui éclata de rire. Il y avait également, autour de la table, Stéphane Guillon et sa femme, la fille du professeur Choron, Michèle Bernier, l'animateur de *Vidéo Gag* Bernard Montiel... Cette vidéo date de 2005, il a été invité par Thierry Ardisson pour présenter justement son dernier livre de l'époque, *La mauvaise vie*. Là encore, rappelons que Thierry Ardisson, un personnage de droite, appartenant au courant royaliste, a toujours donné la parole dans ses émissions aux pédocriminels comme Frédéric Mitterrand ou Gabriel Matzneff.

Qu'ont-ils de drôle et d'amusant des actes aussi sordides ? Lui qui, à 40-50, 60 ans, va coucher avec des gamins de 10 ans en Thaïlande ou en Tunisie, ne se rend-il pas compte qu'à son âge et selon sa propre échelle, c'est lui le dégueulasse. Cela signifie que ces gens sont de vrais prédateurs sexuels. Ils s'octroient le droit de coucher avec de la « chair fraîche » alors qu'eux-mêmes sont de vieux croulants. Il ne se rend pas compte de ce qu'il dit et de l'extraordinaire contradiction des propos qu'il tient ; d'où l'anomalie, d'où la pathologie, d'où le crime.

À propos de Matzneff et après la parution du livre de Vanessa Springora, *Le Consentement*, Frédéric Mitterrand dira dans l'émission des *Grandes Gueules* de RMC : « *Je n'aime pas la meute*[17] », sous-entendu la meute contre le pauvre Gabriel Matzneff. À aucun moment, il ne condamnera les faits et gestes de son ami et il aura même le culot de nous reprocher à nous, de nous en prendre à un pauvre vieillard de 83 ans.

Un épisode de la vie de Frédéric Mitterrand est encore bien plus grave quoiqu'il n'y a pas plus grave que le viol d'un enfant innocent : il s'agit de son adoption plénière de deux frères tunisiens alors qu'en terre d'islam, outre que l'adoption plénière est formellement interdite, il faut savoir que l'adoption simple doit obéir à des critères rigoureux : l'enfant adopté doit être « orphelin », ce qui n'est manifestement pas le cas ici puisque les deux frères adoptés par Frédéric Mitterrand ont été cruellement arrachés à leur famille ; la personne qui adopte doit être « musulmane », ce qui n'est pas le cas, là aussi. L'homme doit être « marié » ; il ne doit pas être « homosexuel » alors qu'il est de notoriété publique que Frédéric Mitterrand n'est pas marié et qu'il assume ouvertement son homosexualité. Au surplus, Frédéric Mitterrand a largement dépassé l'âge pour se porter candidat à une adoption.

Pour arriver à ses fins, il est évident que Frédéric Mitterrand a dû bénéficier de la complicité du couple criminel Ben Ali-Trabelsi et qu'il a nécessairement commis un faux et usage de faux en écriture publique, aussi bien en Tunisie qu'en France, ce qui est un crime passible des assises. En arrivant en France, il a, là aussi, dû bénéficier de facilités pour valider au moyen de manœuvres dolosives une telle procédure. Car comme expliqué précédemment et nonobstant la violation des critères requis pour une adoption simple, l'adoption plénière est interdite en Tunisie où il ne peut s'agir que de *Kafala*, c'est-à-dire une adoption simple spécifique au droit musulman, sans aucune possibilité de filiation. Dès lors qu'il réussit à leur faire porter son nom et à les inscrire sous ce nom dans les différents établissements scolaires et autres institutions, l'on est en droit de se poser des questions. C'est la raison pour laquelle j'avais en vain, hélas, sollicité la justice pour qu'elle s'intéressât à cette affaire et qu'elle intervînt pour y apporter les éclaircissements nécessaires, à savoir s'agissait-il d'une adoption légale ou d'un monstrueux kidnapping ?

Ces gens ont-ils la possibilité de se soustraire aux lois et de les survoler ? Voilà la question qui mérite d'être posée, car ils sont là et passent leur temps à nous piétiner, ils violent des gosses et font ce qu'ils veulent avec l'état-civil... La question reste donc toujours posée. Comment a-t-il fait pour adopter à son âge, relativement avancé, deux jeunes frères tunisiens, musulmans encore enfants, non orphelins en n'étant pas lui-même musulman, en n'étant pas marié et en clamant son homosexualité ?

Lorsqu'il y a quelques années (2016), j'ai réalisé une vidéo[18] dénonçant ces faits, une vidéo vue des dizaines de milliers de fois, aussi bien sur YouTube avant notre censure que sur Dailymotion où la vidéo[19] existe encore, aucune plainte contre ma personne n'a été déposée par Frédéric Mitterrand.

Olivier Duhamel, le sommet de la pyramide !

Nous avons cité, dans les cas précédents, des pédocriminels frayant dans le panier de crabes de la littérature parisienne. Nous avons également vu une ministre de Chirac, médecin de son état, promue à la tête de l'Unicef France après avoir couvert les crimes de Matzneff. Nous avons aussi cité les noms de toute la caste médiatique protectrice, de Bernard Pivot à Thierry Ardisson... Mais là, nous allons nous attaquer à du gros gibier, véritablement le sommet de la pyramide de l'élite parisienne, Olivier Duhamel.

C'est une histoire d'une extrême gravité puisqu'il y a eu mort d'homme en la personne de Marie-France Pisier. Elle permet, néanmoins, de comprendre qui nous dirige réellement tant elle est directement liée à ce que l'on appelle l'élite, l'élite politique française officielle, donc l'élite médiatique, puisqu'Olivier Duhamel était à la Rotonde[20] en avril 2017 pour fêter la victoire d'Emmanuel Macron en compagnie de Daniel Cohn-Bendit avec lequel, rappelons-le, il a écrit un livre. Nous apprendrons ensuite qu'il avait même déjeuné secrètement[21] avec Brigitte Macron entre les deux tours de la présidentielle en comité restreint.

On est donc dans l'élite de l'élite, sans parler de l'élite secrète qui officie au sein du Club Le Siècle, une franc-maçonnerie dans la maçonnerie, ultra élitiste, impénétrable où personne ne parle. On y dénombre des journalistes dont Pujadas ce qui permet de comprendre pourquoi il invite très souvent Olivier Duhamel et ses amis sur LCI, des hommes d'affaires, des politiciens dont Martine Aubry... Selon *Midi libre*[22], 12 ministres de Macron appartiennent à ce club secret : « *...l'ancien Premier ministre Édouard Philippe, le ministre de l'Intérieur Gérald Darmanin, le ministre de l'Éducation Jean-Michel Blanquer, le ministre du Travail Élisabeth Borne, l'ancienne ministre du Travail Muriel Pénicaud, la ministre de l'Industrie Agnès Pannier-Runacher, le ministre des Transports Jean-Baptiste Djebbari, le ministre du Commerce extérieur Franck Riester, le ministre des Armées Florence Parly, le ministre des Outre-mer Sébastien Lecornu, la ministre déléguée au Logement Emmanuelle Wargon, la ministre de la Fonction publique Amélie de Montchalin. Sont aussi cités Clément Beaune, le secrétaire d'État aux Affaires européennes et Alexis Kohler, le secrétaire général de l'Élysée.* » ! Depuis janvier 2020, Olivier Duhamel est le patron du Club Le Siècle (du 1er janvier 2020 au 4 janvier 2021). Il est aussi le patron de Sciences Po, l'école qui fabrique les élites politiques de demain.

Un article[23] avait été publié sur notre site Lelibrepenseur.org, brossant un tableau général du personnage : il est agrégé de droit public, professeur émérite des universités à Sciences Po, spécialiste du droit constitutionnel sachant que c'est lui qui a rédigé la bible du droit constitutionnel de la Ve république et de la « Gôche » française, la référence des étudiants de Sciences Po. Il a été professeur aux universités de Besançon, Paris Nanterre, Panthéon Sorbonne, à l'Institut politique de Paris jusqu'à la fin 2010. Il est président de la Fondation nationale des sciences politiques de 2016 au 24 janvier 2021.

Olivier Duhamel est avocat au Barreau de Paris et a prêté serment le 20 décembre 2010. Il est membre du Club des juristes et officie dans le cabinet de Jean Veil, le fils de Simone, un grand groupe d'une quarantaine de juristes présidé par Bernard Caseneuve et auquel appartient également Jean Veil. (Source Wikipédia). Il travaille sur Europe 1, LCI... On se souvient de sa tribune[24] de défense de DSK, s'attaquant notamment aux journalistes qui allaient fouiller dans ses frasques et on comprend beaucoup mieux, dès lors, pour quelles raisons.

Cela étant dit, que s'est-il donc passé ? Camille, la fille de Bernard Kouchner et d'Évelyne Pisier, qui est la compagne de Louis Dreyfus directeur du *Monde*, un Young Leader qui fait partie de la French American Foundation, lui-même fils de Tony Dreyfus, a publié aux Éditions du Seuil un ouvrage *La Familia grande*, en total secret. Dans ce livre, Camille Kouchner dénonce son beau-père Olivier Duhamel qui a épousé sa mère Évelyne Pisier en secondes noces – c'est le cas d'ailleurs de Bernard Kouchner qui avait quitté Évelyne Pisier pour se remarier avec Christine Okrent – et l'accuse d'avoir agressé sexuellement son jeune frère Antoine âgé de 13 ans, qu'elle appelle Victor dans son livre. Même s'il ne s'agissait que de sexe oral, autrement dit sans pénétration et même si Olivier Duhamel n'était que son beau-père, il reste que ce dernier a véritablement commis un inceste.

Ce porc a donc agressé le petit Victor pendant deux ans. Au bout d'une année, celui-ci s'en est ouvert à sa sœur Camille en lui disant qu'il en avait honte et qu'il ne fallait pas le dire. Elle le voyait donc entrer dans sa chambre et faire ce qu'il avait à faire sans pouvoir agir. Je n'ose imaginer leur souffrance !

Olivier Duhamel a tout avoué en garde à vue. Il a tenu 48 heures puis a tout confessé. Hélas, il y a prescription légale mais l'indignité de ce personnage est apparue au grand jour. Tout cela avait été rendu possible par l'alcoolisme dont souffrait, à cette époque, Évelyne Pisier.

Olivier Duhamel est le fils de Jacques Duhamel et de Colette Rousseau. Jacques Duhamel a eu 4 enfants : Jérôme, énarque, décédé en 1971, Olivier le héros de cette misérable histoire, Gilles inspecteur général aux Affaires sociales et Stéphane PDG de RTL, *La Provence*, etc. Jacques Duhamel avait une sœur, Monique Duhamel mariée à Jean-Louis Funck-Brentano, médecin. Ce couple a donné naissance à Thierry Funck-Brentano qui deviendra dès 1992 un responsable important chez Lagardère, dans les ressources humaines. Il épousera Marie-France Pisier, la sœur d'Évelyne Pisier. Olivier Duhamel et Évelyne Pisier auront deux enfants, Camille et Antoine (Victor) et adopteront deux enfants chiliens Aurore et Simon. À cet effet, il serait judicieux que les policiers enquêteurs s'intéressent à ce Simon afin de s'assurer qu'il n'a pas, à son tour, été victime du porc.

Donc, au bout d'une année, à la fin des années 80, Camille la sœur de Victor, racontera tout à sa mère, mais cette dernière couvrira Olivier Duhamel. Elle va même oser dire : non, il n'y a pas eu pénétration, il n'y a eu que du sexe oral, ce n'est pas si grave et qu'à notre époque c'est comme ça. Cette histoire a donc été cachée pour qu'elle n'explose pas médiatiquement.

À un certain moment, son frère Gilles, a voulut confier ses enfants à Olivier Duhamel pour passer des vacances dans sa résidence du Sud, dotée d'une piscine. Mais comme les parents avaient peur qu'il leur fît subir les mêmes sévices, ils le lui dirent et là, ça a littéralement explosé. C'est à ce moment précis que Marie-France Pisier, la célèbre actrice, a tout appris et a voulu tout dévoiler et attaquer en justice Olivier Duhamel qui aurait pu être jeté en prison car il n'y avait pas encore prescription.

Mais Évelyne Pisier s'est opposée à ce projet et a défendu véhémentement Olivier Duhamel. Du coup, il y a eu une très grosse embrouille entre les deux sœurs qui ne se sont plus parlé depuis.

Marie-France Pisier a, comme par hasard, fini « suicidée » dans sa piscine avec une très grosse chaise en fer forgé qui lui bloquait la nuque et un taux élevé d'alcool et de psychotropes dans le sang. Une enquête très légère a conclu au suicide. Nous ne savons donc pas de quoi est morte réellement Marie-France Pisier et l'enquête mériterait d'être rouverte.

Quant à la victime, Victor, elle a certes déposé une main courante en 2011 mais n'a pas souhaité déposer plainte, si bien qu'Olivier Duhamel a fini par bénéficier de la prescription. Néanmoins, on peut reprocher au policier ayant reçu la main courante de ne pas avoir fait jouer l'article 40 du Code de procédure pénale imposant l'obligation « *pour toute autorité constituée, tout officier public ou fonctionnaire, dans l'exercice de leurs fonctions* » de signaler des crimes ou délits dont il a connaissance. Ce qui ne nécessite donc pas la présence ou l'adhésion de la victime.

Rappelons qu'Évelyne Pisier qui fut la maîtresse de Fidel Castro à Cuba, est une agrégée, une féministe et une championne de tout ce dont on faisait la promotion en France à l'époque, à savoir la dépravation sexuelle. Hyper lettrée, issue de famille lettrée, mariée à des agrégés, des ministres, des gros cerveaux, on se dit, qu'à ce niveau-là, dans des milieux aussi raffinés, de telles dérives ne peuvent pas se produire, alors qu'en réalité, ça ne l'a nullement empêchée de se comporter comme une décérébrée, inculte et alcoolique. Finalement, c'est là que se produisent les choses les plus abjectes, les plus glauques. D'aucuns affirment que c'est une intellectuelle, une féministe et que sais-je encore, alors qu'elle n'a même pas été capable de défendre son propre fils ! À ce moment-là, Bernard Kouchner est au courant, il voulait lui « *casser la gueule* », selon sa propre expression, mais sa fille Camille l'en a empêché. La bonne affaire ! Pour info, en 1977, Bernard Kouchner signera la pétition[25] du journal *Le Monde* apportant un soutien à Gabriel Matzneff et quelques années plus tard, c'est son propre fils - sa chair et son sang - qui sera abusé par un adulte, dans une relation incestueuse ! Il n'a pas été capable de le défendre.

Nous sommes face à une mère incapable de protéger son fils pendant des années et qui défend plutôt son agresseur sexuel, allant jusqu'à lui trouver des excuses, et un père qui ne réagit pas et ne fait rien. Nous sommes donc dans une famille dénuée du moindre sentiment de paternité ou de responsabilité et qui, devant un tel scandale, observe le silence, en réalité une véritable omerta afin de préserver un certain statut social, donner « *bella figura* » et sauver les apparences pendant que tout s'effrite et n'attend que la déflagration finale.

Ainsi, dans cette famille qui se croit prestigieuse, Olivier Duhamel travaillait chez Jean Veil, ce qui explique qu'ils sont tout le temps sur les plateaux télé et qu'ils tapent la bise à Macron... Faut-il rappeler que ce dernier a lui aussi été victime de pédophilie ; il avait 15 ans et malgré le veto de ses parents, Brigitte Auzière née Trogneux l'a quand même détourné ; ils sont tous pareils, qui se ressemble s'assemble.

Avec des élites aussi décadentes et débauchées, rien de plus simple pour les corrompre et les tenir. Ce que je veux dire par là, c'est que lorqu'une personne a des dossiers aussi brûlants aux fesses, elle est tenue, elle ne peut plus rien faire. L'ex-patron de Sciences Po, Richard Descoings aussi appelé Richie, passait son temps à partouzer un peu partout avec des jeunes, le nez enfariné, il est donc tenu car fragile. Si vous ne le saviez pas, les services de renseignements étranger sont informés.

Quand on sait que les capitalisations boursières de Big Pharma sont plus importantes que le budget de la France, d'aucuns peuvent se permettre de financer des services de renseignements, pouvant embaucher 10.000 agents si nécessaire, plus que la DST et la DGSI réunies avec des moyens beaucoup plus importants et sophistiqués. Ils peuvent donc écouter et suivre tout ce beau monde et exercer un chantage, *blackmailing* comme disent les Américains (écoutes téléphoniques, enregistrements vidéos, infiltrations...).

C'est ce qui nous amène, dans le cadre de cette affaire, à parler du club Le Siècle. De quoi s'agit-il ? C'est une franc-maçonnerie cachée, un club élitiste secret – une liste[26] des participants au 831e dîner du 26 février 2020 a néanmoins pu être publiée et confirmée par Mediapart – et pour y appartenir, il faut être coopté par 2 à 3 membres dont un du Directoire et encore ! On n'est reçu qu'en tant qu'invité dans un premier temps, le dossier d'admission étant réétudié plus tard, plusieurs années après. C'est dire que la confiance ne règne pas. Ils savent parfaitement ce qu'ils font et parmi eux il y a les médias. Ils se connaissent tous entre eux et se réunissent en face de l'Assemblée nationale. Des manifestations ont été organisées pour les dénoncer, mais les CRS les ont toujours protégés ! Ce sont eux qui contrôlent ce pays. Avec les loges, ils donnent les directives politiques qui seront concrétisées sur le papier par les deux Assemblées lesquelles ne sont là que pour valider, en faisant semblant de voter. Ils votent le plus souvent à des heures tardives avec un taux de présence ridicule, juste pour faire avancer leur agenda. Il n'est donc pas question, ici, de théorie du complot, mais de complot tout court, mené par des comploteurs décadents dont le chef est un porc, un pédocriminel.

On sait que Daniel Cohn-Bendit (DCB) a écrit avec Olivier Duhamel un livre intitulé *Petit dictionnaire de l'euro*. Les deux ont été députés européens. Rappelons que dans sa jeunesse, DCB gardait des gamins à Francfort et selon ses dires les laissait lui tripoter sa braguette ; il a écrit dans son livre *Le grand bazar*, (éd. Belfond, 1975) : « *Il m'était arrivé plusieurs fois que certains gosses ouvrent ma braguette et commencent à me chatouiller. Je réagissais de manière différente selon les circonstances, mais leur désir me posait un problème. Je leur demandais : 'Pourquoi ne jouez-vous pas ensemble, pourquoi m'avez-vous choisi, moi, et pas d'autres gosses ?' Mais s'ils insistaient, je les caressais quand même". 'J'avais besoin d'être inconditionnellement accepté par eux. Je voulais que les gosses aient envie de moi, et je faisais tout pour qu'ils dépendent de moi* ».

Depuis au moins une quinzaine d'années, sur les réseaux sociaux et sur internet, on prête à Bernard Kouchner son adhésion à la promotion de la pédocriminalité et on dénonce ses amitiés avec d'autres pédocriminels. Pour se défendre, il explique avec la plus mauvaise foi que c'est Jack Lang qui lui a ramené la pétition avec Frédéric Mitterrand et qu'il l'a signée sans savoir exactement de quoi il s'agissait. Trop facile.

Les enfants Kouchner qui, eux, connaissent la vérité, savent que nous avons raison.

Kouchner ose dire à présent qu'il est fier de sa fille qui a eu le courage de dévoiler cette affaire et de dénoncer le violeur. À sa place, beaucoup se seraient fait hara-kiri alors que lui-même affiche une abominable indignité. Ils sont tous complices d'un violeur ! Comment est-ce possible ? Depuis quand laisse-t-on faire une telle horreur ? Et ces gens passent leur temps à nous faire la morale à la télé, notamment aux musulmans en leur expliquant doctement et avec suffisance ce qui est faisable et ce qui ne l'est pas.

À propos de la pandémie, Kouchner avait déclaré en mars-avril dernier que Macron gérait parfaitement la crise sanitaire. Il s'est tout le temps planté et dans tous les domaines, politique et économique. Il s'est planté dans sa propre famille et tout ce milieu putride le savait.

Qui donc était l'amie de ce couple et qui savait tout de cette histoire ? Élisabeth Guigou, qui, du reste n'était pas la seule, ils étaient tout un groupe. Une commission d'enquête sur l'inceste a été créée et dirigée par... Élisabeth Guigou pardi, pourquoi pas présidente de l'Unicef pendant qu'on y est.

Cette femme a été ministre lorsque la gauche était au pouvoir et ce, durant plusieurs années au cours desquelles, elle n'a strictement rien fait pour lutter contre la pédocriminalité. Une situation tragi-comique en ce sens qu'elle n'a rien cru devoir faire quand la pédocriminalité avait touché ses amis Pisier et là, elle souhaite s'occuper de millions de petits Français. Quelle noble attention ! D'aucuns sont tentés d'affirmer qu'Olivier Duhamel est un cas isolé et qu'il ne représente pas à lui seul l'élite française. Le préfet d'Île-de-France, ex-secrétaire général du gouvernement, M. Marc Guillaume, était au courant[27] depuis au moins deux ans et n'a rien fait. C'est l'ex-ministre de la culture de François Hollande, Aurélie Filippetti, qui était à l'époque enseignante à Sciences Po qui en avait informé dès 2018 son directeur Frédéric Mion. Elle avait été informée de ce secret de famille par deux amis très proches du couple Duhamel-Pisier. Frédéric Mion avait tenu au courant le préfet Marc Guillaume qui a décidé de ne rien faire. Il a même appelé en catastrophe Aurélie Filippetti pour lui dire : « *Il ne faut pas qu'on puisse penser qu'on savait* » puis une deuxième fois pour lui demander « *de ne pas confirmer que Marc Guillaume était au courant* » ! Un préfet qui méconnaît l'article 40 du code de procédure pénale, c'est quand même un sacré préfet. Ils ne sont utiles qu'à prendre des arrêtés préfectoraux d'obligation du port du masque en extérieur ! Est-il utile d'ajouter que Marc Guillaume appartient au club Le Siècle puisqu'il appparaît dans la liste des invités[28] du 26 février 2020 à la page 34 ! La ligne de défense du préfet sera de dire qu'il s'agissait de « simples rumeurs » ; c'est ce que fera également l'ami d'Olivier Duhamel, l'avocat Jean Veil, fils de Simone. Ce célèbre avocat de la place de Paris a eu tout de même une technique de défense assez culottée qui relève de la chutzpah puisqu'il a confirmé à des journalistes de *Libération*[29] qu'il était au courant depuis longtemps et qu'il ne pouvait pas dénoncer son ami Olivier par respect du « secret professionnel » ! Cet argument qui ne tient pas la route aurait pu être accepté s'il avait coupé tout lien avec ce violeur d'enfants, ce qu'il n'a pas fait. Il est assez inquiétant de constater à quel point un nombre important de personnalités haut placées à Paris ne soient pas choquées par le fait qu'un adulte viole un enfant !

De surcroît, les gens qui ont fréquenté le couple Duhamel-Pisier ne peuvent plus dire qu'ils ne savaient pas comme tentent de le faire accroire Élisabeth Guigou et tant d'autres ! Les photos pornographiques des gamins étaient accrochées aux murs de la maison du Var comme l'a expliqué la journaliste Arianne Chemin[30] sur le plateau de *C à vous* en janvier 2020 ! Les indices étaient nombreux...

Quant à Frédéric Mion, le directeur de Sciences Po, qui avait affirmé au tout début du scandale, qu'il venait d'apprendre la nouvelle avant de se raviser et d'avouer qu'il savait depuis 2018, il a démissionné de son poste le 9 février 2021. Puis, comme par magie, le lendemain, par arrêté, il est réintégré au Conseil d'État à partir du 10 février 2021. Il n'a pas perdu son temps. Malgré ses nombreux mensonges et sa complicité dans la protection des pédocriminels récidivistes, il est remercié et réintégré au Conseil d'État, n'est-ce pas merveilleux ! Faut-il rappeler que c'est un proche de l'ex-premier ministre d'Édouard Philippe, effectivement ça peut aider. En France, plus vous êtes pourri, corrompu, fourbe, mythomane, plus vous serez remercié en accédant à des postes de responsabilité, avec les salaires qui vont avec.

Même le très médiatique Alain Finkielkraut a défendu Olivier Duhamel sur LCI avec une phrase ahurissante dont il a le secret, puisque ce n'est pas la première fois qu'il défend des pédocriminels (Polanski, Matzneff...). Finkie veut juste savoir s'il y a eu consentement ou non entre Olivier Duhamel et le petit Victor, 14 ans ! Il doute, le philosophe sénile ! Il devrait corriger et réécrire le code pénal, ça ira beaucoup plus vite. On se demande d'ailleurs ce que changerait le consentement à cette situation, comme si ça pouvait amoindrir la monstruosité de l'acte ! Une chose est certaine, ça ne le choque pas. Finkie a été viré de LCI, il ira crier au complot, à la censure[31] et à la tyrannie de l'ordre moral car bien entendu, il est bien plus grave de se faire virer d'un emploi de chroniqueur que de violer un gamin pendant des années !

La situation est donc sérieuse, nos élites sont corrompues et sont tenues par le chantage, c'est évident. Jeffrey Epstein ne faisait que ça, il filmait les gens comme le fait le Mossad, de même que les Russes d'ailleurs avec leurs fameuses « hirondelles » : ils compromettent leurs victimes souvent mariées dans des relations sexuelles illégitimes ou perverses, celles-ci étant rendues possibles par la consommation d'alcool et de cocaïne, tant et si bien que l'on a pu voir des personnes hétérosexuelles s'adonner à des rapports homo ou avec une gamine de 15 ans savamment maquillée pour lui donner des allures d'une jeune fille mature. Dès que la vidéo est tournée, la victime est tenue en laisse pour toujours. D'innombrables vidéos et photos pornographiques ont été découvertes dans le disque dur de Robert Hunter Biden dit Hunter Biden, le fils du président américain. Ces images traînent sur le web sans que cela ne choque quiconque. Personne ne condamne car en fait, ils se tiennent tous par la barbichette. On comprend dès lors pourquoi la situation va si mal. Assurément, nous sommes dirigés par des sociopathes.

En résumé, nous avons donc affaire à une élite composée d'agrégés et de diplômés des grandes écoles parmi lesquels Olivier Duhamel qui a formé à Sciences Po, nombre de générations d'étudiants qui le considèrent comme un demi-dieu ; c'est lui qui dirigeait la célèbre institution et gérait son budget. Cette élite comportait aussi un dirigeant de Lagardère, une quantité de ministres, des actrices, un juge à la Cour de justice de la république, des énarques dont un inspecteur général aux affaires sociales (IGAS) avec un gros salaire et de grandes responsabilités puisque ce sont eux qui s'occupent de la gestion de l'administration. Tout ce beau monde est mouillé jusqu'au cou dans des affaires scabreuses voire sordides au point où l'on est en droit de se demander s'il n'y a pas dans toute cette gentry des relents de frankisme, une secte eschatologique et millénariste de gens cinglés, impatients de hâter la fin du monde. Tout cela est hélas réel puisque dévoilé sur la place publique ; nous attendrons, pour notre part de voir où tout cela mènera et nous aurons probablement l'occasion d'y revenir.

Bref, tout cela n'est pas nouveau mais présente l'énorme intérêt de démontrer aux personnes sceptiques qui n'y croient pas ou plus exactement qui ne veulent pas y croire, tant cette réalité est violente, qu'effectivement, ces réseaux élitistes puissants et décadents existent bel et bien !

Le cas Michel Fourniret et ses liens avec la franc-maçonnerie

Le cas de Michel Fourniret est certainement un des plus gros scandales judiciaires français. Pourquoi ? Parce que, tout simplement, il a pu sévir pendant une vingtaine d'années sans aucun problème, n'était-ce l'intervention de la police belge qui l'a arrêté et mis fin à ses décennies d'impunité criminelle. Le journaliste Oli Porri Santoro nous apprend dans un article du premier numéro du nouveau magazine trimestriel de Karl Zéro, *L'envers des affaires*, que plus de 30 ADN différents relevés dans sa camionnette n'ont toujours pas été identifiés. Un autre matelas appartenant à ce tueur en série contenait à lui seul 10 ADN différents ; certains spécialistes de la question estiment le nombre de victimes de Fourniret à plus de 70, c'est donc certainement le plus grand serial killer de France. Le couple démoniaque dirigé par Michel Fourniret a été arrêté en 2008 alors qu'il sévissait depuis la fin des années 80. Il a été jugé pour seulement 7 affaires, autant dire pas grand-chose.

Qu'en est-il du parcours criminel de Michel Fourniret ? Il purgera de 1984 à 1987 une peine de prison pour une dizaine de viols de mineures (pas cher payé le viol !) qui va l'amener à rencontrer un membre du gang des postiches qui va lui demander de l'aider à récupérer le trésor des nombreux braquages du gang. Michel Fourniret sera libéré pour conduite exemplaire, ce qui est un comble lorsque l'on sait que c'est un violeur multirécidiviste et un assassin ! Comment est-ce possible d'écrire une telle chose sur un document administratif officiel ? Pire encore, tout cela ne l'empêchera pas d'occuper en 1999 un poste de surveillant dans une école communale ! Est-ce de l'incompétence ou de la complicité ? Nous vous laissons juge. On apprend également que lors de son arrestation par les autorités belges en 2003, ces dernières ne sont jamais parvenues à obtenir le casier judiciaire de Fourniret, car il a été effacé !

À sa sortie de Fleury-Mérogis et après s'être rendu la nuit du 12 avril 1998 au cimetière Fontenay-en-Parisis avec la compagne de son codétenu, Mme Farida Hamiche (dont le corps n'a jamais été retrouvé), afin de récupérer le trésor du gang des postiches, il en profite pour l'assassiner et garder la totalité du magot. Il s'en suivra, dès lors, surtout avec les moyens importants qu'il possédait désormais, une longue période de chasse et de massacres. Selon son fils Sélim, il se rendait régulièrement en Belgique pour échanger les lingots et les pièces d'or du trésor contre des billets de banque (la presse de l'époque parle de 34 lingots d'or, de

6000 pièces d'or et de 80 kg de bijoux). C'est ainsi qu'il deviendra châtelain après l'acquisition du château de Sautou sans éveiller la curiosité de personnes, malgré un paiement en espèces, l'équivalent de 183.000 € !

Michel Fourniret est un monstre, n'ayant aucune limite. Il utilisera son couple ainsi que son fils en bas âge, Sélim, afin de faciliter ses enlèvements ; il est vrai que l'on ne peut être que confiant face à une couple avec un enfant ; ses victimes acceptaient de monter dans son fourgon sans crainte aucune. Lorsque Oli Porri Santoro et son fils lui rendaient visite en prison, il leur a montré une fois, tout en ricanant, comment il brisait le cou de ses victimes. L'expert psychologue Jean-Luc Ployé affirmera concernant Michel Fourniret que : « *Les Américains peuvent nous l'envier ! Fourniret est, selon moi, le tueur en série le plus abouti, et le plus organisé dans la perversion. Cet homme ne respire pas le même oxygène que nous !* »

Dans l'émission *Balance ton post !* sur C8, présentée par Éric Naulleau, le fils Fourniret, Sélim, ainsi que le journaliste Oli Porri Santoro ont pu s'exprimer le 10 décembre 2020, à l'occasion de la sortie de leur livre, *Le fils de l'ogre* (éd. Max Milo, 2021, 315 pages). Oli Porri Santoro en profitera pour faire une déclaration explosive puisqu'il nous apprendra que Michel Fourniret était très proche d'un grand vénérable maître de la loge des *Frères unis et inséparables* du Grand Orient de France, un certain Pierre-Louis Deschamps. Curieusement, la vidéo a disparu des replays de C8 ; Karl Zéro s'en est plaint et il a pu la reposter sur son compte Facebook[32]. Sur le plateau de *Balance ton post !*, Sélim va confirmer l'appartenance de son père à la franc-maçonnerie, ensuite ce sera Oli Porri Santoro qui parlera d'une lettre de Michel Fourniret reçue le 5 janvier 2015 et dans laquelle il parle de son Maître Pierre-Louis Deschamps ! Il s'agissait dans ce courrier de « machines » commandées par ce dernier à Michel Fourniret ! Est-ce de véritables machines ou avons-nous affaire à un langage codé ? Nul ne le saura puisque aucune enquête policière n'a été diligentée. Sélim Fourniret et Oli Porri Santoro ont confirmé avoir donné tous ces documents à la police ainsi qu'à l'IGPN et pourtant le Vénérable Maître Deschamps n'a jamais été convoqué par la police. Il faut ajouter que le journaliste Porri Santoro avait affirmé le 13 novembre 2018 dans une interview[33] radio chez Maïténa Biraben sur RMC qu'il avait été empêché de publier son livre en Belgique et qu'il avait reçu de nombreuses menaces de la part de francs-maçons qui ne voulaient pas qu'il publie le nom de Pierre-Louis Deschamps !

Bien entendu, il n'est pas question ici d'accuser tous les membres de la franc-maçonnerie d'appartenir à des réseaux pédocriminels ou de participer à de tels crimes abjects. Pas du tout, car ce serait stupide et inexact. La grande majorité des francs-maçons sont là pour créer un réseau pour faire des affaires. Une petite minorité intègre les loges dans un cheminement philosophique, voire spirituel. Par contre, au sommet de la pyramide il y a clairement des gens totalement déséquilibrés, des sociopathes sans foi ni loi, des adeptes d'une spiritualité dégénérée et inversée, avec une arrogance folle et un ego surdimensionné, qui participent à ces orgies pédocriminelles. C'est d'ailleurs une des explications les plus probantes concernant la protection de Michel Fourniret et de bien d'autres pendant de longues années. Nous savons tous qu'un grand nombre de magistrats, policiers, dont la moitié des commissaires appartiennent à la franc-maçonnerie. Les ministres de l'Intérieur et de la justice, les ministères régaliens en général, ne peuvent pas ne pas appartenir à la maçonnerie en France, c'est un secret de polichinelle. Nous avons également un nombre important d'experts en tout genre, de médecins, d'huissiers qui appartiennent à ce réseau occulte, cultivant le secret et malfaisant. Tous ces corps de métiers prestigieux pourront faire en sorte que jamais aucune affaire ne pourra aboutir contre leurs intérêts. Je renvoie le lecteur à mon premier livre, *La faillite du monde moderne*, pour plus de détails concernant la franc-maçonnerie et leur doctrine inversée.

Par on ne sait quel raisonnement bancal et tordu, Michel Fourniret sera innocenté d'un nombre important de crimes, au motif que la victime n'aurait pas été vierge ou qu'elle habiterait trop loin de son domicile ! Cette décision extravagante, folle, est totalement irresponsable car elle a empêché la résolution de nombreux crimes. Est-ce l'oeuvre d'un frère la truelle voulant protéger un autre frangin ? L'autre moyen de défense qui revient systématiquement dans la bouche des autorités dès qu'il s'agit d'un pédocriminel récidiviste est le fameux concept du « loup solitaire ». Ainsi, comme par magie, il n'existera jamais de réseau pédocriminel en France, alors qu'ils existent partout ailleurs dans le monde. Le fait que Michel Fourniret dise au président de son procès de 2008 : « *Si je pouvais parler, je le ferais Monsieur le président* » démontre qu'il n'est rien d'autre qu'un exécutant à la solde de gens beaucoup plus puissants qu'il ne le sera jamais.

L'enquête qui a permis la publication d'un article fleuve de M. Oli Porri Santoro dans *L'envers des affaires* nous apprend beaucoup de choses. Une rescapée de l'ogre des Ardennes, Mme Dahina Le Guennan affirmera : « *On a effectivement décrit Michel Fourniret comme un tueur isolé, parce que ça fait joli sur le papier. Moi je crois que c'est surtout Monique Olivier qui était solitaire, mais pas lui. Tout au long de l'instruction, entre 1984 et 1987, il a été dit que Michel Fourniret faisait plus ou moins partie de la franc-maçonnerie et du Rotary club. Cette proximité, les inspecteurs de la PJ de Versailles me l'ont certifiée.*[34] ». Le journaliste confirmera l'appartenance de Fourniret au Rotary club de 1966 à 1982. Toute personne intéressée par le sujet sait que ce club élitiste n'est rien d'autre qu'une cryptomaçonnerie.

On apprend également dans cet article que malgré la condamnation de Michel Fourniret à une amende de 1.039.740 € de dommages et intérêts à verser aux victimes, il n'en a payé que la somme ridicule de 49.638 € jusqu'en 2014, puis plus rien. Ce qui ne l'a pas empêché d'envoyer des mandats postaux à son fils Sélim avec la complicité des autorités pénitentiaires qui le laissaient faire au lieu de payer et de dédommager ses nombreuses victimes !

Le journaliste fait état, à la page 51 de *L'envers des affaires*, de propos sataniques tenus par Michel Fourniret, parlant de « *30 diablotins* » et de « *Maître des enfers* » ainsi que de scènes de cannibalisme, mais ce qui est le plus inquiétant c'est le fait que Michel Fourniret assure ne jamais avoir violé ses victimes qu'il aurait juste assassinées. Pour preuve, il affirme et assume sans complexe être impuissant. Il a dit devant la cour d'assises en 2008 : « *Je reconnais 4 de ces faits. Je ne reconnais ni la tentative de viol, ni le viol* » ! tout ceci ne fait que confirmer le fait que Michel Fourniret était un chasseur de chair fraîche qu'il fournissait à d'autres consommateurs.

Pour affermir cette réalité de plus en plus évidente, M. Oli Porri Santoro se rend autour du château de Sautou. Ce manoir du XIXe siècle, ses 2 tourelles et ses 15 hectares de terres sont devenus le domicile de la famille Fourniret de 1988 à 1991. Ayant réussi à obtenir le témoignage de William, le fils de Monique Olivier, l'histoire du château de Sautou se révèle être tout autre. En réalité, selon William, la famille Fourniret vivait dans une dépendance et non dans le château. Il n'avait pas le droit d'aller où il voulait et n'est d'ailleurs jamais rentré à l'intérieur du manoir qui était fermé selon lui pour cause de travaux. Dans une lettre datée du 24 janvier 2016, Michel Fourniret parle d'un *escalier secret, de monte-charges et d'ascenseurs* qui seraient *réservés au seigneur* ! Il ajoute : « *Incognito, agit et manigance le Diable* ». Le 23 février 2004, les pelleteuses des enquêteurs vont déterrer deux corps autour du château ! Encore plus terrifiant, à la page 54 de son enquête, le journaliste évoque la proximité géographique de ce château avec celui de Marc Dutroux - le château des Amerois à seulement 36 km - ainsi que les témoignages de Nathalie Waeterschoot parlant d'un réseau dont elle a été victime et qui l'avait emmenée une fois dans un château des Ardennes.

Une révélation explosive de son enquête concernant le château de Sautou, nous apprendra, à la page 54, qu'à l'époque de l'installation de la famille Fourniret, ils étaient surveillés de très près par la DGSE, car ils étaient soupçonnés d'être des sympathisants d'Action directe. Dans un rapport de police, on peut même lire : « *Des allées et venues ont pu être observées à l'approche du château, et il n'est pas exclu que des personnes y habitent en permanence. Monique Olivier a été vue achetant de la nourriture et différentes boissons alcoolisées en quantité assez importante.* » ! Drôle de priorité pour ces agents de la DGSE capables de savoir combien de bouteilles de whisky et de sachets de chips ont été achetés, mais qui n'ont pas vu le serial killer assassiner et enterrer deux de ses victimes dans les jardins du château ! En dehors de ce fait anecdotique, ce témoignage est la preuve que Fourniret organisait des banquets dans le château ; reste à savoir qui étaient les invités. Nous apprenons également qu'il y a construit 14 salles de bains, on se demande bien pourquoi ?

Michel Fourniret était également proche d'un prêtre dominicain excommunié et devenu le gourou de la secte pédocriminelle belge « Noire Eau ». Ce malade mental préconisa le *massage des organes sexuels et la promiscuité copulative* avec des gamines de 10 ans ! Il sera condamné en 1996 à 3 ans de prison dont 2 avec sursis par le tribunal de Neufchâteau. Ceci n'empêchera pas, selon M. Oli Porri Santoro, la radio d'extrême droite, Courtoisie, de l'inviter à parler de poésie (*sic*) le 1er mars 2013.

Ensuite, l'enquête mène le journaliste sur les traces du service militaire de Michel Fourniret en tant que parachutiste pendant la guerre d'Algérie. Selon son fils, c'est là que Michel Fourniret a été entraîné à tuer mais également à violer lors des scènes de torture. Il sera d'ailleurs, l'année de son retour en France en 1963, condamné avec sursis pour attouchements sexuels sur des gamines. Il va récidiver en 1966, ce qui le conduira à son premier divorce. Mais c'est le témoignage de l'ex-mari de Monique Olivier, André M., ex-agent du contre-espionnage français à la DST, qui va ajouter une autre dimension à la personnalité de Michel Fourniret qu'il qualifie de *barbouze* capable d'exécuter des contrats. Ce dernier s'est accusé lui-même dans un courrier découvert dans sa cellule le 19 mai 2004 de l'assassinat de l'ancien ministre du Travail de Valéry Giscard d'Estaing, le franc-maçon Robert Boulin. L'enquête judiciaire ayant conclu au suicide, cet aveu n'a jamais été pris en considération par la justice ! Monique Olivier avait promis d'aider Michel Fourniret dans sa quête criminelle à condition d'assassiner son ex-mari ; il va commencer par incendier son atelier de peintre. Commence alors un interminable enchaînement de bourdes judiciaires extraordinaires. André M. va déposer plainte contre le couple Fourniret et malgré le sursis, Michel va s'en sortir sans aucune égratignure. Pire encore, ce dernier intentera un procès contre lui pour lui ôter la garde de ses enfants, ce qu'il réussira à obtenir ! Comment est-ce possible avec le casier judiciaire de ce violeur pédocriminel multirécidiviste ? Il est impossible que cette décision soit le fruit du hasard ou d'une incompétence, l'affaire est trop grave, le juge ne pouvait qu'être complice. Il s'agit d'un certain Jacques Bourguignon, également impliqué dans l'affaire Émile Louis qu'il a participé à saboter, ainsi que l'affaire Dunant. André M. se verra dans l'obligation de kidnapper ses propres enfants afin de les sauver. Il sera obligé de changer de domicile à de nombreuses reprises car à chaque fois Michel Fourniret les retrouvait ; le calvaire va s'arrêter lorsque ce dernier sera emprisonné en 2003.

Tout, absolument tout raccroche Michel Fourniret à la franc-maçonnerie jusqu'au constructeur du château de Sautou en 1871, un certain Georges Corneau, Grand Maître du Grand Orient de France de 1913 à 1920. Ce dernier a lancé la colonie de vacances « La Vénerie » en 1921. L'auteur de l'article démontre à quel point cette colonie était malsaine et que l'épouse Corneau fut impliquée dans un infanticide en décembre 1896 ! Il faut savoir que des colonies de vacances étaient organisées dans ce château jusqu'en 1972. M. Oli Porri Santoro émet l'hypothèse d'une possible initiation de Michel Fourniret à ces pratiques barbares lorsqu'il était jeune.

Cet excellent article se termine par l'interview du Maître maçon Pierre-Louis Deschamps, un entretien lunaire dans lequel il essaie d'expliquer qu'il a bien connu Michel Fourniret, qu'il l'a vu à de nombreuses reprises mais qu'il n'était au courant de rien. Il avoue pourtant savoir qu'il avait été emprisonné, ce qui l'avait poussé à aider sa première épouse restée seule avec ses deux enfants. Quel type d'homme pourrait ne pas s'intéresser aux raisons de l'incarcération d'un ami ou d'une connaissance ? C'est totalement improbable d'autant que le GODF a avoué que Michel Fourniret avait tenté une demande d'entrée en loge, ce qui enclencha une enquête très poussée, trois enquêtes pour être plus précis, selon les mots de Pierre-Louis Deschamps. De plus, il explique qu'il n'entretenait avec lui que des relations professionnelles depuis qu'il l'avait embauché pour fabriquer des machines dans un grand laboratoire de géotechnique autoroutière ! Comme si l'état n'avait pas assez d'ingénieurs ultra diplômés et tout aussi compétents pour ce genre de tâches ! Mais le summum de l'hypocrisie concernant la ligne de défense de Pierre-Louis Deschamps sera d'affirmer à la page 85 qu'il trouve les viols d'enfants absolument détestables et qu'il serait même pour le rétablissement de la peine de mort, ce qui est certainement le pire blasphème pour un franc-maçon ; il en fait trop, il fait du zèle et ça se voit. Il se trahit d'ailleurs dans ce passage en affirmant qu'il avait autour de lui suffisamment de « frères » policiers pour l'empêcher de nuire s'il l'avait désiré. Sans oublier qu'il a parlé longuement dans cette interview de sa carrière de militaire et d'agent de renseignements, ce qui fait de lui un suspect encore plus plausible. La dernière question posée par le journaliste laisse pantois, il va tout simplement lui demander : « est-il possible que Michel Fourniret ait réellement accompli seul tous ces forfaits ? » ; la réponse de Pierre Louis Deschamps est glaçante : « *Je ne sais pas. À la limite, même si je le savais, je ne le dirais pas* » ! En d'autres termes, il le sait, il le cache à la police et à la justice, autrement, une personne sensée ne pourrait dire une telle chose autour d'une affaire aussi grave alors que des dizaines de familles cherchent encore les corps des leurs afin de pouvoir enfin faire leur deuil et de continuer leur vie.

L'affaire Jeffrey Epstein

Nous avons parlé dans le cas qui précède d'Olivier Duhamel pour démontrer à quel point les élites parisiennes étaient infestées de pédocriminels et de complices passifs. Le cas de Jeffrey Epstein nous plonge dans un autre monde, celui du réseau international. Après avoir été arrêté le 6 juillet dernier à l'aéroport de Teterboro, dans le New Jersey alors qu'il était de retour de Paris et après avoir été inculpé pour des agressions sexuelles commises sur des mineures entre les années 2002 et 2005, ciblant des très jeunes filles, dont certaines étaient encore au collège, alors qu'il attendait son procès prévu pour 2020, Epstein a été retrouvé mort samedi 10 août 2019 vers six heures du matin au Metropolitan Correctional Center, une prison pourtant reconnue pour sa sécurité de haut niveau. Cette prison est tellement sécurisée qu'elle porte même le surnom du « *Guantanamo de New York* » ; elle a d'ailleurs accueilli le grand baron de la drogue mexicain Guzman, surnommé « El Chapo » célèbre pour ses évasions !

Malgré une tentative de suicide le 23 juillet 2019 alors qu'il était seul dans sa cellule, Jeffrey Epstein a été étrangement retiré du système de surveillance anti-suicide le 29 juillet pour une raison qui défie l'entendement, alors qu'il aurait dû être accompagné d'un codétenu et surveillé physiquement toutes les 30 minutes, selon le protocole en cours. Nous apprendrons le 14 août que les deux personnes en charge de sa surveillance ont manipulé et falsifié leurs rapports et ont été mutées car accusées d'avoir dormi et laissé le détenu sans contrôle pendant trois heures. Qui peut croire à de telles sottises ? Qui peut, ne serait-ce qu'une seconde, avaler de telles couleuvres ? Les gardiens ont été inculpés[35] depuis par la justice new-yorkaise. Le pénitencier est censé détenir le prisonnier le plus sulfureux de la planète, tout le personnel le sait mais il va se débrouiller quand même pour accumuler autant d'erreurs et de fautes professionnelles en si peu de temps ! De surcroît, les deux gardiens dormiront au même moment alors qu'ils auraient pu le faire à tour de rôle ! Sans oublier la caméra de surveillance qui, curieusement là encore, ne fonctionnait pas ! Le comportement du directeur de la prison qui, il faut le dire est responsable d'une telle négligence, est tout simplement suicidaire, car il aurait dû s'assurer des parfaites conditions de détention et de sécurité du criminel le plus surveillé de la planète ! Mais l'information qui va troubler encore plus les lecteurs est l'absence de suicide dans ce pénitencier de haute sécurité durant les 4 dernières décennies ! Mieux encore, la dernière expertise psychiatrique de Jeffrey Epstein signalait qu'il n'était pas suicidaire[36] et qu'il avait donné rendez-vous le dimanche suivant à son avocat, il était prêt à se défendre, d'autant qu'il a déjà fait de la prison pour les mêmes faits ! On peut ajouter également que des cris ont été entendus ce matin-là et il faut dire que quelqu'un qui se suicide n'est pas enclin à crier puisque c'est lui-même qui a décidé de son sort ! Bref, tout ceci ne tient absolument pas la route. Même le *Nouvel Obs*[37] n'arrive pas avaler la pilule et glisse petit à petit vers le conspirationnisme ! Il faut ajouter que cette affaire ne manque pas de zones d'ombre comme l'assassinat[38] du fils d'une juge responsable d'un volet de l'affaire Epstein tué par un assassin déguisé en livreur qui a d'ailleurs grièvement blessé son mari.

Epstein a de nombreuses propriétés immobilières, dont notamment, une luxueuse résidence à New York au 9 East 71st Street en face de Central Park qui vaut, à elle seule, 100 millions de dollars ; une grande villa à Palm Beach, en Floride surnommée « *La maison du péché* » ; un appartement à Paris (22 avenue Foch) ; un ranch de 4 000 hectares incluant un manoir à Stanley (Nouveau-Mexique) et une maison avec des chambres d'hôtes sur son île privée près de Saint-Thomas, appelée « *Petit Saint-James* » (Little Saint-James). Il est accusé d'avoir organisé des orgies avec des dizaines de filles à travers le monde et même à bord de son avion privé et ceci depuis des décennies ; on vous laisse imaginer le nombre potentiel de victimes dont l'âge de la plus jeune, à ce jour, est de 12 ans !

Les personnes impliquées dans ce scandale international sont très riches et ont les moyens de leurs ambitions criminelles. Jeffrey Epstein a déjà été condamné par la justice américaine pour les mêmes faits. Toute la jet-set yankee et européenne savait ce qu'il faisait. D'autant qu'il affirmait qu'il lui fallait au minimum trois orgasmes par jour ; du coup, il est impossible à quiconque ayant décidé de le fréquenter de passer à côté de cette déviance malsaine puisque c'était sa principale occupation à longueur de journées (Il était, pour ainsi dire, atteint de la même maladie que DSK). C'était une activité à l'échelle industrielle au point où Epstein aurait jusqu'à ce jour réglé 17 cas à l'amiable[39] devant les tribunaux US ! En 2015 le très célèbre site américain Gawker[40] avait déjà dénoncé le réseau pédocriminel de Jeffrey Epstein dans un article vu 60 millions de fois ! Ce n'est effectivement plus un secret depuis longtemps ! Lors d'un entretien avec le journaliste James B. Stewart le 16 août 2018, concernant l'affaire Tesla, Jeffrey Epstein n'a pas pu s'empêcher de parler de sexualité et de son intérêt pour les jeunes femmes, en étant totalement hors sujet ! C'est un grand malade, incroyablement dangereux, et aucune autorité n'a su protéger la société de ses crimes !

Il existe par contre une théorie du complot dans ce complot déjà assez violent, consistant à dire que la personne suicidée n'est pas Jeffrey Epstein mais quelqu'un d'autre ! Faut vraiment être tordu pour aller sur ce terrain, car même si c'était le cas, cela ne servirait absolument à rien, puisque le complot des élites pédocriminelles est désormais éventé ! Au contraire, le fait de le tuer dans une prison de très haute sécurité ne fait que confirmer l'existence et la puissance quasi illimitée de cette élite occulte ! Au lieu de dépenser son temps dans cette voie sans issue, il serait plus avantageux et intelligent d'enquêter sur le véritable réseau de Jeffrey Epstein et des moyens utilisés pour le protéger durant ces 40 années !

Qu'en est-il de l'autopsie de Jeffrey Epstein ? Il est vrai que le choix porté sur Michael Baden par l'équipe juridique de Jeffrey Epstein, comme médecin légiste, est plus que douteux, sachant que ce dernier est également celui qui a autopsié Kennedy et Martin Luther King ! Les dernières conclusions concernant l'autopsie révèlent que des os du cou ont été brisés dont l'os hyoïde. Selon un article du *Washington Post*, les experts sollicités affirment que ces fractures se rencontrent plus souvent dans les cas de strangulation et non de suicide. Ceci n'a pas empêché CNews[41] de dire le contraire le 16 août 2019.

Pour en finir avec cette histoire de complot, et pour enfin prouver à quel point Éric Naulleau fait preuve d'une grande stupidité et de mauvaise foi, si cette affaire avait eu lieu en Russie, toute l'élite parisienne politico-médiatique aurait crié à coup sûr à la conspiration poutinienne !

La stratégie de défense d'Epstein est toujours la même. Toute femme souhaitant porter plainte sera accusée de vouloir extorquer des fonds au pauvre Jeffrey, victime de son immense richesse ! C'est ce que fera le professeur de droit à Harvard et avocat célèbre Alan Dershowitz pour sa défense, car il sera lui-même accusé des mêmes crimes ! Un peu léger comme argument mais efficace, d'autant que ça terrorise les plaignantes et c'est pour cela qu'il y en a si peu et que régulièrement, elles déposent plainte de façon anonyme.

La première condamnation de Jeffrey Epstein, en 2008, fait suite à une plainte d'une mère déposée à Palm Beach après les viols de sa fille de 14 ans. La police fera des découvertes accablantes de très nombreuses photos dans la demeure de Jeffrey Epstein ainsi que la découverte d'un système d'enregistrement de caméras, aux desseins criminels, comme le « chantage » puisqu'il enregistrait absolument tous les rapports sexuels des nombreuses hautes personnalités qui passaient chez lui ! La condamnation judiciaire a été étonnamment légère puisqu'il a écopé d'une peine de 18 mois dans une prison qui lui permettait d'aller travailler à l'extérieur six jours sur sept d'autant qu'il n'a purgé que 13 mois de cette condamnation. Il a en outre été inscrit à vie sur le fichier des délinquants sexuels au niveau trois, c'est-à-dire avec risque élevé de récidive, ce qui ne l'a pas empêché de continuer à travailler, à s'enrichir et à violer des dizaines d'autres victimes mineures.

Pour ce qui est de l'issue « heureuse » de cette affaire hallucinante, il la doit au procureur Alexander Acosta qui était Secrétaire au travail de Donald Trump et qui a dû démissionner de son poste en juillet 2019 après les nouvelles accusations visant Epstein. Même le shérif de Palm Beach a fait des déclarations accablantes contre le traitement extrêmement clément dont a bénéficié le détenu Epstein[42]. Alexander Acosta lui a concocté un accord qui empêche des victimes de le poursuivre et qui protège tous ses complices éventuels dont Ghislane Maxwell ! Un juge fédéral a même conclu que cet accord a violé tous les droits des victimes et qu'il n'avait aucune base légale ! Mais, chuuut, le complot n'existe pas !

Malgré cette condamnation infamante, toute l'élite mondialiste a continué à le fréquenter comme si de rien n'était. De rares personnalités ou institutions ont rendu l'argent des dons comme la police de Palm Beach, mais pas l'université d'Harvard ! On aimerait bien savoir ce que pense de cette affaire le département de philosophie et d'éthique de l'université d'Harvard ! Quelle belle bande d'hypocrites.

En 2015, Mme Virginia Roberts Giuffre déposera une plainte contre Jeffrey Epstein l'accusant de l'avoir violée et agressée physiquement et d'avoir été tout simplement son « esclave sexuelle » de 1999 à 2002. Elle a affirmé également avoir recruté d'autres filles mineures et avoir couché avec Alan Dershowitz et le prince britannique Andrew. En 2016, malgré ces très graves accusations contre un récidiviste classé niveau 3, aucune enquête n'avait encore commencé ! Elle affirma dans son procès en diffamation contre Ghislaine Maxwell : « *Toute ma vie a consisté à simplement faire plaisir à ces hommes et à garder Ghislaine et Jeffrey heureux. Toute leur vie a été centrée sur le sexe*[43] » !

Malgré la condamnation de Jeffrey Epstein en 2008 pour pédophilie, le prince Andrew, le fils de la reine Elizabeth, a continué à le fréquenter comme le prouve la photographie[44] où on les voit se balader à Central Park à New York trois ans plus tard ! *Dis-moi qui tu fréquentes je te dirai qui tu es* dit l'adage populaire. C'est Ghislaine Maxwell qui était très proche du gotha britannique grâce à son père qui a présenté le prince Andrew à Jeffrey Epstein au club Mar-a-Lago de Donald Trump à Palm Beach au début des années 90. C'est à partir de ce moment que Jeffrey Epstein va s'introduire au sein de la royauté britannique, puisque c'est en 2000 qu'il a réussi à être invité d'honneur lors d'une cérémonie estivale au château de Windsor pour célébrer l'anniversaire de la reine. Il a dû faire la fête avec Jimmy Savile ! Il suffit de lire l'article[45] du *Daily Mail*, *Le pédophile Jeffrey Epstein "était l'invité de la somptueuse fête d'anniversaire de 400 000 £ de la princesse Beatrice au château de Windsor aux côtés de Harvey Weinstein et Ghislane Maxwell"*, pour comprendre à quel point ce milieu est infâme.

Dans un autre article du *Daily Mail*, on apprend que « *Six mois plus tard, il était invité à une soirée à Sandringham que le prince avait organisée pour célébrer le 39e anniversaire de Miss Maxwell. Entre temps, elle a emmené Epstein à une soirée de « prostituées et souteneurs » dans une boîte de nuit new-yorkaise animée par l'ancien mannequin de lingerie Heidi Klum dans une tenue S & M en latex noir.* » ! Merveilleux ! Une superbe soirée pour rendre hommage aux efforts quotidiens des proxénètes du monde entier ! Nous vous invitons si vous voulez vous renseigner sur cette affaire à lire systématiquement les articles anglais et vous rendre compte à quel point le journalisme français est pathétique. Il vous suffira d'utiliser la fonction traduction de votre navigateur web pour pouvoir constater la différence folle de traitement journalistique entre les deux pays. En France, les articles sont infiniment plus courts et sont souvent des copiés collés des dépêches AFP.

Nous apprendrons dans cet article du *Daily Mail*, par son homme de ménage M. Juan Alessi, qu'il avait assisté une fois à des agressions sexuelles avec trois gamines françaises de 12 ans !

Par le biais de cette proximité royale et de ce « vautrement » lamentable dans le crime, Jeffrey Epstein s'est donc fait de nouveaux amis. Des rumeurs disent même que la reine est une de ses clientes. C'est M. Murray Gell-Mann[46], physicien lauréat du prix Nobel qui l'affirme !

Il y a une quantité impressionnante de ce type d'affaires et de plaintes qui arrivent en justice pour finir avec des accords confidentiels ! Cette affaire démontre qu'il n'existe pas de justice aux États-Unis, puisque les plus riches d'entre les pédocriminels peuvent payer leurs victimes quelques millions de dollars et continuer à sévir et à violer d'autres enfants en toute impunité, la fameuse technique du « *deal* » à l'américaine.

Le 16 avril 2019, Maria Farmer va déposer une nouvelle plainte contre Jeffrey Epstein et Ghislaine Maxwell pour exactement les mêmes types de faits commis sur elle-même et sa sœur qui avait à peine 15 ans ! Le 22 juillet 2019 ce sera au tour de Mme Jennifer Araoz, de déposer une plainte pour avoir été violée, elle aussi, à l'âge de 15 ans, dans son manoir de New York.

Revenons au jour de l'arrestation de Jeffrey Epstein dans le New Jersey. Son Boeing 727 délicatement baptisé « Lolita express » en référence au livre de Nabokov qui faisait l'apologie de la pédophilie, et portant le numéro N908JE, revenait de Paris. Toute personne saine d'esprit se poserait du coup la question de l'existence d'un réseau pédocriminel dans la capitale française. C'est d'autant plus le cas que Jeffrey Epstein possédait depuis très longtemps une très belle résidence au 22 avenue Foch dans les beaux quartiers parisiens, résidence dans laquelle il recevait un grand nombre de personnalités dont notamment Ehud Barack, l'ex-premier ministre israélien, qui a été photographié[47] rentrant dans la bâtisse en essayant de cacher son visage ! Peine perdue puisqu'il a été identifié et sa photo diffusée dans le monde entier. Le fait de se camoufler de la sorte démontre qu'il savait ce qu'il faisait, il n'était pas là par hasard.

En France, le paradis des pédoriminels, nous avons pu assister à une mascarade gouvernementale assez choquante dont la responsable est la Garde des Sceaux Mme Nicole Belloubet qui s'était déjà illustrée au début du mandat de Macron par une déclaration de patrimoine minorée[48] ! Elle a oublié de déclarer trois biens immobiliers, une broutille. Effectivement, après la déclaration de Marlène Schiappa et la publication d'un communiqué de presse demandant à la justice d'enquêter sur cette affaire Epstein, la ministre de la justice a recadré[49] Schiappa en déclarant que le gouvernement n'avait pas à s'immiscer dans une procédure judiciaire. Sauf que ceci est totalement faux, au regard de l'article 40 du Code de procédure pénale qui exige des corps constitués et de toute autorité ou fonctionnaires de signaler au procureur tout délit ou crime afin d'enquêter. Il ne s'agit pas du tout d'une immixtion dans une enquête en cours, mais d'une simple déclaration au procureur comme le prévoit la loi et l'y oblige. Cette sortie est d'autant plus curieuse que nous avons vu le cabinet du premier ministre Édouard Philippe transmettre au procureur des informations afin d'aller perquisitionner les locaux de Mediapart et les obliger à trahir le secret des sources ! Qui lui en aurait voulu ou reproché de s'attaquer à un réseau pédocriminel ? Qui ? On a rarement vu un comportement aussi hypocrite et plus culotté.

Cette déclaration de la ministre de la justice ne fait qu'ajouter encore plus de confusion à cette affaire qui prouve déjà l'existence d'un complot mondial consistant à mettre en place et à protéger un réseau pédocriminel destiné aux élites. Il faut dire que l'on ne peut rien attendre de positif de la part de ce gouvernement, puisque Emmanuel Macron est lui-même impliqué dans une relation pédophile avec Brigitte sa prof de français de l'époque, mariée et mère de famille alors que lui-même n'avait que 15 ans ! Détail qui a son importance dans ce genre d'affaire.

Nous avons pu également observer le secrétaire général de l'union des magistrats, M. Jacky Coulon, sur BFM TV expliquer que le seul moyen qu'une plainte soit déposée est qu'elle le soit par les victimes, ce qui est encore une fois totalement faux, vu l'existence de cet article 40 déjà cité. Mentir à ce point sur un plateau télé relève de la maladie mentale.

Cette position incompréhensible est extrêmement grave d'autant que les ramifications de son réseau criminel en France sont évidentes et plusieurs victimes françaises potentielles existent. Faut-il rappeler que ce monsieur se vantait d'avoir besoin d'au minimum trois rapports sexuels par jour ? Comment imaginer une seconde qu'il puisse rester plusieurs mois chaque année en France sans avoir à assouvir ses déviances criminelles et ses perversions ?

Très vite un autre complice de Jeffrey Epstein va faire son apparition, un certain Jean-Luc Brunel. C'est un nom puissant qui a fait fortune dans le monde du mannequinat et qui est pourtant très connu depuis fort longtemps. Il a disparu de la circulation, personne n'est arrivé à le contacter jusqu'à son arrestation[50] en décembre 2020. Un article de *Libération* ainsi qu'une enquête de Mediapart démontrent à quel point le milieu du mannequinat est en réalité un paravent pour proxénètes. Même le patron de Victoria's Secret, Leslie Wexner, est un proche de Jeffrey Epstein, ce qui prouve à quel point ce milieu est pourri. Ce que vous voyez en façade avec ces très jolies jeunes filles à moitié nues et bien maquillées n'est en réalité que la partie émergée de l'iceberg qui est présentée au public. Dans les coulisses c'est un monde glauque de centaines de filles qui viennent de très loin, traversent la moitié de la planète en croyant faire carrière comme Cindy Crawford ou Claudia Schiffer et finissent en réalité comme des prostituées cocaïnomanes couchant très facilement dans l'espoir de décrocher le gros lot du responsable qui va faire décoller leur carrière ! Les différents témoignages montrent que M. Jean-Luc Brunel, à l'instar de Roman Polanski, aimait alcooliser et droguer ses victimes avant de les violer, c'était son petit kif, le « viol silencieux ». Étant donné la gravité des faits, le défilé Victoria's Secret a depuis été annulé.

Nous avons déjà parlé de maints sujets mais nous avons omis d'aborder le CV de Jeffrey Epstein. Quelles sont ses origines, ses compétences... ? Quelle est sa formation universitaire et quelles sont ses qualifications dans le monde de la finance ? Il est né le 20 janvier 1953, étant l'aîné d'une fratrie de quatre enfants, dans le quartier de Brooklyn à New York, de parents juifs. Il est issu d'une famille modeste puisque sa mère ne travaille pas et son père est responsable d'espace public, c'est-à-dire jardinier. Il a fréquenté les écoles publiques jusqu'à l'université où il fera des études en mathématiques sans jamais obtenir de diplôme officiel. En tant qu'enseignant, il fera la connaissance d'Alan Greenberg le PDG de Bear Sterns ; ce sera le début de son aventure dans le monde de la finance. Il rejoint cette banque en 1976 et deviendra très vite trader pour la quitter pour des raisons obscures puisqu'il sera viré quatre ans plus tard en 1980. C'est ainsi qu'il ouvrira sa propre boîte en 1981, puis en 1988 ce sera la J. Epstein & Company.

En réalité, la fortune de Jeffrey Epstein est aussi fictive que toutes les fortunes financières créées à Wall Street. Pour s'en convaincre il suffit juste de lire les papiers dithyrambiques concernant Bear Sterns notamment dans le magazine *Fortune* qui a classé cette banque entre 2005 et 2007 comme la plus admirée aux USA ! Ça ne l'a pas empêchée de couler lamentablement une année plus tard et de disparaître malgré son rachat par la JP Morgan Chase ! Tout ceci n'est que du vent, comme ce fut déjà le cas pour le magnat britannique Robert Maxwell, le père de Ghislaine, et pour bien d'autres escrocs de la finance internationale.

Rappelons là encore la célèbre phrase de Balzac, « *Derrière chaque grande fortune se cache un grand crime* », et c'est encore une fois le cas de Jeffrey Epstein. Devenir milliardaire en si peu de temps et fréquenter les hommes les plus puissants du monde ne peut être une entreprise accidentelle. Une seule et unique réponse peut expliquer la naissance miraculeuse de cette fortune : Jeffrey Epstein est un agent du Mossad dont la fortune a été assurée par cette organisation tentaculaire afin de pénétrer les plus hautes sphères du pouvoir mondial par des actions philanthropiques très médiatisées et enfin grâce à toutes les vidéos de sextapes réalisées dans ses différentes résidences luxueuses comme cela a été démontré par la justice en 2008. Certains témoignages affirment que Jeffrey Epstein se vantait d'être un agent secret. La première perquisition dans sa résidence new-yorkaise a mis en évidence un passeport autrichien périmé[51] portant sa photo mais avec un autre nom et sur lequel était apposé un visa d'entrée en Arabie Saoudite.

Afin d'appuyer cette affirmation, nous avons deux arguments forts qui vont finir par vous convaincre. Premièrement, le père de Ghislaine Maxwell, elle-même impliquée dans ce trafic sexuel pédocriminel, était un magnat des médias britanniques, mort dans d'obscures circonstances car il était "galement un agent du Mossad israélien. En effet, Robert Maxwell était d'origine juive tchécoslovaque dont la fortune était encore une fois mystérieuse. Il s'engagera dans l'armée britannique, sera membre du parlement puis fera très vite fortune un petit peu comme Jeffrey. Il sera un grand défenseur de l'entité sioniste et sera enterré d'ailleurs à Jérusalem après que son corps eut été découvert dans l'Atlantique à la suite d'une malheureuse « chute » de son luxueux yacht ! En réalité Robert Maxwell travaillait pour l'entité sioniste depuis 1948 en l'aidant à se procurer des pièces détachées d'avions dès leur première guerre. Son aide fut cruciale. Selon sa page Wikipédia anglaise, six chefs et anciens chefs des services de renseignements israéliens ont assisté à ses funérailles à Jérusalem. Dans un article du *Telegraph*[52], on l'accuse même d'avoir été agent russe tout en affirmant qu'il fut lié au MI6 et au Mossad. Ensuite, nous avons un autre indice récent de sa proximité avec des plus hauts responsables politiques sionistes, les photographies réalisées par un tabloïd anglais montrant Ehud Barack essayer maladroitement de se cacher le visage avant d'entrer dans sa résidence parisienne de l'avenue Foch.

On apprend aussi que Jeffrey Epstein a investi 1,5 million de dollars avec Ehud Barack[53] dans une start-up nommée Carbyne et créée par d'anciens membres des services secrets israéliens et du cabinet de l'ex-Premier ministre Ehud Barack. Carbyne a également des liens importants avec l'administration américaine puisque Michael Chertoff, ex ministre de l'Intérieur de George Bush, siège dans son conseil consultatif ! Peter Thiel est également investisseur dans Carbyne.

Peter Thiel, un des cofondateurs de PayPal, va faire tomber le site Gawker qui a dénoncé à juste titre le réseau pédocriminel d'Epstein. Il leur en voulait car ils avaient rendu publique son homosexualité en 2016. C'est ce même Peter Thiel propriétaire de Palantir qui est une entreprise informatique de gestion de Big Data proche de la CIA et qui est censée justement les aider à faire tomber des réseaux pédophiles ! Il y a tout un monde entre les promesses et les actes. Cette même entreprise Palantir était impliquée dans le scandale Cambridge Analytica de manipulations sur Facebook afin de faciliter l'élection de Donald Trump. Comme par hasard, Peter Thiel sera désigné comme conseiller au numérique de Trump. La France est également cliente de cette entreprise puisque la DGSI a signé[54] un contrat avec elle, autant dire qu'elle était complètement contrôlée par la CIA. En 2018, elle va s'émanciper de cette entreprise et trouver une solution 100 % française.

Parlons maintenant de sa proximité avec de très grandes personnalités politiques mondiales comme l'ex-président yankee Bill Clinton. Nous allons nous attarder sur Bill Clinton mais nous pouvons citer également Tony Blair, Justin Trudeau ou même Donald Trump puisque celui-ci se vantait dès 2002 de la compagnie de Jeffrey Epstein au motif qu'il était amusant et aimait les « jeunes » filles ! Le mot jeune est bien sûr entre guillemets et a aujourd'hui une connotation assez sordide. Il existe de nombreuses photographies où on le voit avec Jeffrey Epstein. Il ne faudrait surtout pas croire que seuls les démocrates sont touchés par ce fléau de la pédophilie, en effet, même le parti conservateur est touché. Nous pouvons rappeler ici le cas de George Aref Nader[55], conseiller de Donald Trump ainsi que MBS et MBZ, c'est un proche de Bill Clinton. Il a été dernièrement impliqué et arrêté dans une affaire de pédocriminalité pour possession d'images sans oublier qu'il avait déjà été condamné en 1985 ! Nader est considéré comme un agent du renseignement israélien vu sa proximité avec Benjamin Nétanyahou. On peut également affirmer que Jeffrey Epstein était proche du prince héritier de la Saoudie maudite MBS, puisque le journaliste James B. Stewart affirme que sur les murs de l'entrée de sa résidence new-yorkaise, on pouvait trouver une photographie de ce dernier, tout sourire !

Nous pouvons également ajouter que le pilote de Jeffrey Epstein pendant 20 ans, M. Larry Visoski, convoqué par la justice, a effacé tous ses comptes sur les réseaux sociaux mais on peut néanmoins trouver quelques photos accablantes comme celle prise en 2016 avec l'ex-directrice de campagne, aujourd'hui conseillère de Donald Trump, Kellyanne Conway ainsi qu'un des recruteurs de Jeffrey Epstein, Marcinkova.

On a tous remarqué sur les réseaux sociaux une petite guéguerre entre les gauchistes et l'extrême droite. Les premiers accusent Trump d'appartenir au réseau pédocriminel d'Epstein tandis que les seconds accusent le parti démocrate US d'être une pépinière de pédophiles ! Quand ces naïfs vont-ils enfin comprendre qu'à ce niveau du pouvoir il n'y a plus de parti politique qui compte, tout le monde mange à la même table du diable avec délectation !

La peinture à l'huile retrouvée dans la résidence new-yorkaise de Jeffrey Epstein présentant Bill Clinton dans la robe bleue[56] de Monica Lewinski, chaussé de talons aiguilles rouges démontre à quel point ces gens sont détraqués et atteints d'un nombre incalculable de déviances sexuelles. Ce sont pourtant eux qui dirigent les nations les plus puissantes du monde et qui déclarent des guerres depuis des décennies en massacrant des populations civiles entières au nom de la démocratie et de la civilisation. Il serait temps de mettre un terme à cette mascarade.

La proximité de Jeffrey Epstein avec Bill Clinton est certainement plus importante qu'avec celle du prince Andrew. Le carnet de bord du « Lolita express » révèle que Bill Clinton a voyagé à de très nombreuses reprises, jusqu'à 25 fois (*cf.* annexe n°25) ! On peut également voir le couple Jeffrey Epstein et Ghislaine Maxwell invité au mariage de Chelsea Clinton. Rappelons que Mme Virginia Roberts accuse Jeffrey Epstein ainsi que son avocat de l'avoir violée à bord même de ce Boeing 727.

Jeffrey Epstein était un visiteur du soir régulier de la Maison-Blanche lorsque Bill Clinton était président. Nous avons différents documents qui démontrent qu'il avait fait des dons aussi bien à la Maison-Blanche qu'à Bill Clinton ou à sa femme Hillary. En 1993, les archives montrent qu'Epstein a fait don de 10.000 dollars à la White House Historical Association, c'était la première année du mandat de Bill Clinton ! On peut tomber également sur un courrier[57] écrit par Mme Lynn Forester de Rothschild à Bill Clinton datée du 27 avril 1995 pour le remercier de son entretien avec Jeffrey Epstein. C'est cette dernière qui va présenter Epstein à Alan Dershowitz l'été 1996 lors d'une soirée organisée par Martha Rothschild ! Pour finir, on peut le voir également dans des magazines en compagnie de Clinton à Brunei ! Grâce à Ghislaine Maxwell, Jeffrey Epstein a pu se rapprocher également de Lloyd Blankfein, le grand manitou de Goldman Sachs qui se prenait littéralement pour Dieu[58] ! Il était également proche de Larry Summers, l'ex-président de l'université d'Harvard et secrétaire au Trésor américain de 1999 à 2001 ! La liste des personnalités les plus importantes est interminable !

En 2002 Bill Clinton a confié au *New York Magazine* : « *Jeffrey est à la fois un financier très performant et un philanthrope engagé, doté d'un sens aigu des marchés mondiaux et d'une connaissance approfondie. J'ai particulièrement apprécié ses idées et sa générosité lors de son récent voyage en Afrique pour travailler sur la démocratisation, l'autonomisation des pauvres, les services aux citoyens et la lutte contre le VIH.* » ! Il nie bien sûr toute connaissance des crimes de son ami Jeffrey et vous êtes priés de le croire sur parole, malgré sa propre vie sexuelle tumultueuse ! Nous apprenons également que Ghislaine Maxwell avait pris ses vacances avec Chelsea Clinton en 2009 et a assisté à son mariage[59] en 2010, non sans avoir participé en 2013 à la Clinton Global Initiative, une ONG qui lutte contre la pauvreté en Afrique !

Bien sûr, toute personne plus ou moins proche de Jeffrey Epstein ne peut pas être accusée d'appartenir à ce réseau pédocriminel. Malheureusement pour Bill Clinton, le site Gawker a mis en ligne le carnet de bord du Boeing 727 dans lequel on voit apparaître son nom des dizaines de fois. Clinton a partagé l'avion d'Epstein avec Ghislaine Maxwell sur au moins 11 vols dans une courte période, entre 2002 et 2003 ! Fox News affirme que Bill Clinton aurait réalisé au moins 26 voyages[60] sur le « Lolita express » contrairement à ses affirmations ! La moindre des choses pour un ex-président des États-Unis eût été d'éviter de fréquenter un délinquant sexuel pédophile comme lui par respect à sa fonction !

Ce qui est proprement insupportable au plus haut point c'est le fait d'en faire si peu lorsqu'il est question de pédocriminalité chez les élites politiques ou artistiques occidentales et a contrario, d'en faire des tonnes lorsqu'il est question de l'église catholique par exemple.

D'ailleurs, un point crucial est à éclaircir car beaucoup d'internautes accusent les juifs de diriger ce réseau. Il est vrai qu'un grand nombre de personnalités juives appartiennent à ce réseau de pédocriminels comme on a tous pu le constater : Jeffrey Epstein, Woody Allen, Leslie Wexner, Alan Dershowitz, Bryan Singer... nous attendons d'ailleurs avec impatience une chronique d'Éric Zemmour sur RTL concernant ce pourcentage élevé de ses coreligionnaires, lui le spécialiste des statistiques concernant les Noirs et les Arabes. Sauf que, la réalité est tout autre et qu'un grand nombre de non juifs appartiennent également à ce réseau fermé mondialiste, internationaliste de prédateurs sexuels : il y en a parmi les Noirs avec les cas de Bill Cosby ou de R. Kelly. Il y en a aussi parmi les Blancs, tant chez les protestants que chez les catholiques ou les athées, aussi bien chez les Démocrates que chez les Républicains dont Bill Clinton et Donald Trump à titre d'exemple. Le Français Jean-Luc Brunel n'a pas l'air d'avoir des origines yiddishs ! Il y en a également chez les musulmans comme on a pu le constater avec le scandale pédophile monstrueux des Pakistanais en Grande-Bretagne ! Même les Indiens sont régulièrement touchés par ces scandales de pédophilie concernant de grands gourous ! Si on veut combattre ce mal d'essence purement satanique, on se doit d'ouvrir les yeux et de ne surtout pas croire qu'une seule ethnie est capable du pire, c'est faux et tout simplement stupide.

Il serait intéressant de parler de la question la plus importante lorsqu'il s'agit de pédocriminalité, celle du satanisme. En effet, très peu de gens - certainement pas les médias - parlent de satanisme. En réalité la question est très simple à comprendre. Il est tout naturellement impossible et anti-biologique d'éprouver la moindre attirance sexuelle envers un enfant pré-pubère puisqu'il ne présente aucun des attributs physiques susceptible de susciter le moindre attrait chez un adulte normal ; son anatomie et ses organes n'ayant pas atteint le stade de maturité nécessaire à une quelconque activité sexuelle. Ressentir de l'attirance envers des collégiens et des collégiennes relève de la déviance la plus malsaine et de la perversion. Le seul intérêt pour ces gens-là serait de détruire l'innocence de la victime et d'absorber son âme, tel un vampire. C'est d'ailleurs ce qui se passe à chaque fois puisque les enfants victimes de ces crimes sont totalement détruits et plongent dans l'alcoolisme et les drogues pour finir en général suicidés et eux mêmes pédocriminels. Nous savons par ailleurs qu'une doctrine a été mise en place par certains rabbins sabbataïstes hétérodoxes et déviants, consistant à faire accélérer la venue de l'Antéchrist en multipliant les péchés et les crimes, nous en avons déjà parlé à de multiples reprises notamment dans *La faillite du monde moderne*.

Comment peut-on expliquer que l'État du Danemark ait pu laisser des milliers d'enfants se faire violer quotidiennement dans leurs propres structures officielles pendant des décennies à partir de 1945. Ce scandale dit des « garçons de Godhavn » a tellement fait de bruit dans ce pays que la Première ministre a dû présenter des excuses[61] aux victimes ! Comment est-il possible qu'un tel nombre de viols aient été possibles sans qu'aucune plainte n'ait été déposée ni la moindre enquête diligentée par la justice pendant 30 ans jusqu'en 1976 ! Ceci nous rappelle la tristement célèbre affaire Jimmy Savile en Grande-Bretagne, l'animateur télé pour enfants qui a violé des centaines de victimes pendant une quarantaine d'années sans jamais être inquiété ! Il a été décrit par Scotland Yard comme le « *Pire prédateur sexuel de l'histoire du pays* » ce qui ne l'a pas empêché d'être décoré[62] officiellement par la reine d'Angleterre ! Autre point commun avec tant d'autres prédateurs de son genre, il n'a jamais été condamné par la justice, car protégé. Étant donné que Jimmy Savile était le pire prédateur sexuel d'enfants de l'histoire de l'Angleterre, on peut raisonnablement estimer que la police britannique de cette époque est la pire police de l'histoire du pays... ou son complice ! Y a-t-il eu pour autant des sanctions contre les responsables de cette faillite sécuritaire ? Bien sûr que non, manquerait plus que ça ! Vous pourrez trouver sur le Net de très nombreuses photos de Jimmy Savile tout sourire avec le prince Charles, Diana, Margaret Thatcher...

Beaucoup de gens ignorent qu'un grand nombre des membres de l'élite hollywoodienne pratiquent le satanisme et la sorcellerie. Il suffit de se balader sur leurs réseaux sociaux pour faire des découvertes assez ahurissantes. Le compte Twitter du Petit Guénonien poste régulièrement des images assez parlantes afin de démontrer cette réalité occultée par les médias. Comment se fait-il que le frère de 7 ans de Kim Kardashian dessine un Baphomet[63], le symbole suprême des satanistes ? Cette famille doit sa célébrité à une vidéo pornographique diffusée par la mère de Kim Kardashian et dont le beau-père Caitlyn Jenner a changé de sexe pour devenir une femme tout en se mettant en couple à 70 ans avec une femme devenue homme, de 50 ans sa cadette et qui veulent aujourd'hui pratiquer une GPA pour avoir un enfant ! Et attention à ce que vous dites, autrement vous serez condamnés par le Magistère de la Vérité, car ce choix de société est incritiquable ! Vous pourrez également apercevoir la symbolique occultiste de la pyramide et de l'œil qui voit tout et que l'on retrouve sur le billet de un dollar, la monnaie mondiale, représentant également un symbole maçonnique très fort. Vous le trouvez sur les albums de musique comme Lady Gaga[64] ou sur les couvertures de magazines avec les stars du moment comme Rihanna... Vous pouvez voir des enfants faire le geste comme la famille d'Asia Argento[65] ! Pire encore, vous pourrez constater dans le dessin animé pour enfants le plus connu au monde puisqu'il s'agit de *Dora l'exploratrice*, la symbolique de l'association pro pédophile des BoyLovers, représentée par une pyramide spiralée bleue - appelée également *BLogo*, que l'on trouve sur le DVD du film *Dora and the lost city of gold*, association dénoncée par le FBI comme étant pédocriminelle (*cf.* annexe n°26) ! Pourquoi la pyramide est-elle le symbole par excellence de la franc-maçonnerie ?

Tous ces scandales, comme il a été dit plus haut, n'ont rien de nouveau, puisqu'il y a à peine quatre ans, le film[66] *An open secret* a été réalisé aux États-Unis par M. Gabe Hoffman pour dénoncer précisément ces réseaux pédocriminels au sein de l'industrie hollywoodienne. Le film avait reçu une très bonne critique mais n'a jamais été distribué comme vous pouvez le constater. Nous vous invitons d'ailleurs à le voir sur Internet puisqu'il y est disponible. On apprend dans ce documentaire l'existence de prédateurs comme Marty Weiss qui était agent pour enfants, condamné par la justice pour pédocriminalité, Marc Collins-Rector, homme d'affaires et délinquant sexuel fiché, son partenaire d'affaires de l'époque, Brock Pierce, et le célèbre réalisateur Bryan Singer. Ce dernier continue tranquillement de travailler à Hollywood comme si de rien n'était. Il faut bien se rende compte d'une chose : il y a un très grand nombre de films hollywoodiens pour enfants diffusés à Noël, dont les jeunes acteurs stars ont été violés ! À partir d'aujourd'hui, vous regarderez ces films d'un autre œil !

La seule défense possible aujourd'hui contre ce tsunami de preuves accablantes de l'existence réelle de cette élite pédocriminelle mondiale sera l'accusation de « complotisme » ! C'est ce que va faire le Grand ministre de la Vérité Éric Naulleau sur Twitter en ratant une énième occasion de se taire. Du coup, un autre internaute lui a répondu de manière extrêmement intelligente : « *Quand la réalité ressemble à la théorie du complot alors ce n'est pas la réalité* » ! Un très grand nombre d'internautes sur Twitter ont également posté des commentaires du même acabit en démontrant à quel point les anti complotistes étaient aujourd'hui ridiculisés par l'affaire Jeffrey Epstein.

Ce qui est par contre alarmant, c'est de ne pas voir encore des millions de personnes marcher sur la Maison Blanche pour demander des comptes, à l'instar des marches blanches que l'on a vues en Belgique suite à l'arrestation de Marc Dutroux ! C'est incompréhensible !

La justice américaine publiera 2000 documents sur l'affaire Epstein : des politiciens, chefs d'entreprise, princes et un premier ministre étaient impliqués. Toute cette masse de documents devrait aider grandement encore une fois le Procureur de Paris qui n'a pas l'air pressé d'ouvrir une enquête, comme si, seul Epstein était coupable de la mise en place de ce réseau mondial ! Comme si seul Jeffrey Epstein pouvait mettre en place toute cette organisation internationale tentaculaire qui allait chercher dans les quatre coins du monde des jeunes filles mineures afin de les mettre à disposition de ses riches clients ! Qui peut croire à de telles fables ?

Alors que le Procureur de la république ne semble pas pressé de retrouver Ghislaine Maxwell, le militant anti-pédophile Stan Maillaud croupit en prison au Venezuela, des moyens policiers colossaux ayant été mis en œuvre pour le retrouver puisqu'il a été arrêté par Interpol ! Nous avons donc peu de moyens pour mettre un terme aux agissements pédocriminels de récidivistes déjà condamnés par la justice, par contre ces moyens réapparaissent dès lors qu'il s'agit de condamner un militant actif contre la pédophilie.

Je pourrais ajouter ici des tonnes de preuves concernant ce fléau de la pédocriminalité en France et rappeler par exemple nombre de scandales qui touchent l'école. Nous pouvons reprendre les déclarations de Me Marie Grimaud qui explique justement sur RMC qu'il y a des centaines de pédophiles en liberté dans notre pays et que le système judiciaire n'est pas du tout adapté à la gravité de cette menace : « *La France est l'Eldorado des pédophiles* [67] » selon elle, puis ajoute : « *La sanction est beaucoup plus lourde pour le dealer que pour le violeur d'enfants. C'est la réalité, il est grand temps de l'affronter et peut-être pourrons nous éviter des drames comme celui d'Angélique* ». Elle affirme également qu'un grand nombre de pédophiles existent dans les hautes sphères politico-médiatiques. À cela nous pouvons ajouter les dérives ahurissantes que maître Michel Amas a constatées dans les services sociaux qu'il dénonce dans des vidéos sur YouTube depuis quelques temps. Pour résumer la situation, les services sociaux retirent des enfants à des parents pour des raisons de conflits et se retrouvent dans des familles où ils se font agresser sexuellement ! On peut ajouter l'histoire du magistrat dans le Loiret qui détenait 5000 images pédopornographiques ! Ou bien le nouveau scandale de pédophilie dans le centre sportif de l'Olympique Lyonnais de football, visant des filles de moins de 16 ans !

Vous comprenez maintenant beaucoup mieux pourquoi la loi française a fait baisser le seuil légal des rapports sexuels consentis. C'est tout simplement pour offrir des cheptels d'enfants innocents à ces prédateurs que vous ne pourrez même plus attaquer en justice.

Après l'accumulation de toutes ces informations et détails, nous pouvons affirmer aujourd'hui qu'une élite criminelle dirige le monde et qu'elle peut se permettre toutes les déviances imaginables. On peut également attester qu'après 40 ans de viols sur des enfants à travers le monde au vu et au su de tous, Jeffrey Epstein a été protégé car il faisait partie des services de renseignements. Nous sommes gouvernés par des criminels, le loup est dans la bergerie. Reste à savoir qui détient maintenant les centaines de DVD qui contiennent les vidéos d'orgies pédocriminelles des hommes les plus puissants de ce monde ! Comment se fait-il que la police ne communique pas sur ce sujet alors qu'elle en a récupéré un grand nombre lors de la perquisition de la résidence new-yorkaise de Jeffrey Epstein ? On peut assurer ici que les personnes qui détiennent ces enregistrements sont parmi les plus puissantes au monde !

Aux USA, on peut citer un nombre incalculable de scandales sexuels en commençant bien entendu par l'affaire Roman Polanski. Ensuite ce sera l'affaire Harvey Weinstein qui a violé des centaines de femmes pour qu'elles puissent tourner dans ses films des studios Miramax ! Tout le monde le savait, c'était un secret de polichinelle et personne n'a rien fait. Nous avons également l'affaire Woody Allen qui mêle pédocriminalité et inceste ; alors qu'il a été black-listé aux USA, il est toujours protégé en France ! Nous avons de plus l'affaire Roger Eugene Ailes, ex-patron de la Fox (appartenant à Rupert Murdoch). Cet énième porc, made in America, a quasiment agressé sexuellement toutes les présentatrices de la Fox pendant des décennies ! Alors qu'il était censé représenter une chaîne de télé conservatrice, il était impossible aux femmes, c'était interdit dans le règlement, de porter des pantalons. Toutes les tables des plateaux télé permettaient de réaliser de larges plans sur leurs jambes, sans oublier, il va de soi, les décolletés plongeants... !

L'affaire Marie-Hélène Dini

C'est une affaire rendue publique par de nombreux journaux comme le *Canard enchaîné* ou *Marianne*[68]. Il s'agit de l'agression en octobre 2019 puis de la tentative d'assassinat le 24 juillet 2020 de Mme Marie-Hélène Dini (54 ans), devant son domicile à Créteil, par deux hommes - le chauffeur s'appelle Carl (25 ans), le passager quant à lui répond au prénom de Pierre (28 ans) - qui l'attendaient dans une Clio noire. Elle doit la vie à son voisin qui a alerté la police car la présence depuis plusieurs heures de ces deux hommes l'inquiétait. L'affaire est sérieuse étant donné qu'ils étaient équipés d'armes à feu chargées. Lors de leur garde à vue, ils vont affirmer aux policiers qu'ils sont en réalité des agents de la DGSE en mission pour la France, qualifiant Mme Marie-Hélène Dini d'agent du Mossad. À partir de là, les enquêteurs vont aller de surprise en surprise. Interrogée, la DGSE va nier l'appartenance de ces deux personnes à son contingent d'espions, ils seraient, selon elle, affectés à de simples missions de surveillance de la base militaire. Les deux ont le grade de caporal et portent les alias au sein de la DGSE de « Adelar » pour Carl et « Dagomar » pour Pierre.

Pourtant, les deux gardés à vue à l'intérieur de la brigade criminelle de Paris ne changeront pas de version malgré ce démenti officiel, ils affirment avoir été manipulés par leur supérieur. Des enquêteurs vont poursuivre leur travail d'investigation afin de retrouver le marionnettiste de cette affaire, un certain Yannick P., ancien de la DGSI (direction de la sécurité intérieure en charge du contre-espionnage et de l'antiterrorisme) qui s'est reconverti dans la sécurité en ouvrant sa propre boîte. L'audition de Yannick P. va conduire les enquêteurs vers un autre protagoniste de cette affaire, un certain Sébastien L. au profil caractéristiques de barbouze. C'est ce dernier qui va se procurer la Clio volée et mettra en place une balise GPS dans la voiture de Mme Dini. Ce dernier reconnaît avoir embauché les deux militaires pour exécuter la cible sans jamais vouloir donner le nom du commanditaire. L'enquête suit son cours et apparaît dans cette affaire un commandant de la DGSI, un haut gradé, nommé commandant B. ce dernier est membre d'une loge maçonnique des Hauts-de-Seine, la loge Athanor, aujourd'hui dissoute. Il ne va pas tarder à balancer deux noms de frères impliqués dans ce complot, W et P. Un dernier membre de la loge sera dénoncé, un certain Jean-Luc B., qui serait le commanditaire. Les enquêteurs commencent à comprendre le mobile de toute cette affaire car Jean-Luc B. est à la tête d'une société de coaching à l'instar de Marie-Hélène Dini qu'il considère comme une menace professionnelle. Le contrat est de 50.000 €. Selon *Vanity Fair*[69], les enquêteurs ont trouvé au domicile de Jean-Luc B. « *deux fusils à pompe, un semi-automatique, un troisième de précision, des chargeurs, une bombe lacrymogène, des centaines de cartouches et même une aide à la visée laser pour les tirs de nuit.* », un peu trop chargé pour un simple coach d'entreprise.

Sauf que l'affaire ne s'arrête pas à la tentative d'assassinat de Mme Dini puisqu'il sera aussi question d'un corps enterré dans une forêt il y a 2 ou 3 ans par les deux premiers militaires, on apprendra plus tard qu'il s'agit du corps d'un pilote d'automobile endetté, Laurent Pascquali, qui sera retrouvé par un cueilleur de champignons, faisant la une de la presse locale. Un médecin biologiste lui avait avancé la somme de 200.000 € afin de devenir son sponsor sauf que le pilote n'a jamais affiché le logo du laboratoire biologique du médecin. Reste à savoir pourquoi ce dernier, au lieu de déposer plainte comme toute personne normale le ferait, a décidé de passer par une bande de dangereux barbouzes. « *C'est à se demander si toute la société a basculé du côté obscur* » *dixit* Me David-Olivier Kaminski dans un article[70] de *Vanity Fair.*

On apprendra également que fin 2018, la tête d'un syndicaliste CGT de l'Ain avait été mise à prix par son patron et qu'il devait être exécuté prochainement pour la somme de 75.000 euros. Là encore, comment un couple d'industriels dans le plastique peut-il du jour au lendemain se transformer en assassin aussi facilement ? C'est le fiasco de Créteil qui mettra fin à l'opération. Quelques années avant, le 10 octobre 2016, Jean-François Le Helloco, un élu du Val-de-Marne est passé à tabac par deux individus cagoulés alors qu'il s'apprêtait à prendre sa voiture pour aller travailler. Début juillet 2021, une quinzaine de personnes ont été mises en examen ou écrouées dans ce dossier.

J'ai déjà dénoncé la franc-maçonnerie dans de très nombreux travaux notamment dans mon premier livre *La faillite du monde moderne*. J'ai parlé aussi bien de sa doctrine inversée et falsifiée puisqu'il faut rappeler qu'initialement la franc-maçonnerie était déiste et que c'est le Grand Orient de France qui a décidé d'exclure la croyance en Dieu. La franc-maçonnerie était initialement opérative puisqu'il était question de tailleurs de pierre capables de bâtir les plus belles cathédrales tandis qu'aujourd'hui, elle n'est rien d'autre qu'une bande d'ignorants qui spéculent et théorisent ce qui était jadis mis en pratique. C'est un très bon moyen de se créer un réseau puissant pour faire des affaires et également pour mousser son ego en faisant croire au fameux secret maçonnique ; c'est une astuce qui fonctionnera toujours afin d'appâter les plus naïfs et les plus médiocres d'entre les êtres humains. Ils passent leur temps à s'auto féliciter de leur grade à coups de Vénérable Maître et Très Cher Frère... avec les initiales systématiquement en majuscules(TCF, VM). Il a été question également de l'infiltration de la franc-maçonnerie par des idéologies sectaires dangereuses comme le *sabbataïsme* ou le *frankisme* dont je parle longuement dans mon premier livre. Ce sont des doctrines millénaristes apparues au milieu du XVIIe siècle et qui ont pour objet l'accélération de la fin du monde. Pour atteindre cet objectif, toutes les abominations, les crimes les plus abjects sont autorisés, promus et encouragés.

Concernant les affaires politiques, nous en avons dénoncé des dizaines en citant de nombreux ouvrages comme celui de Pierre Péan, *La république des mallettes* qui nous a informés de l'appartenance d'Alexandre Djouhri à la franc-maçonnerie, plus précisément à la loge de la lyre de Salomon. On peut également citer *Rose mafia*, de Gérard Dalongeville ou la série de livres de Sophie Coignard : Le *Rapport Omerta 2002, 2003* et *2004*, où l'excellent *Un État dans l'État. Le contre-pouvoir maçonnique* (2009). Très régulièrement, sur le site lelibrepenseur.org, nous dénonçons le pillage de l'Afrique dirigée d'une main de maître par le GODF et la GLNF, c'est un secret de polichinelle. Presque tous les présidents africains ont été initiés dans les loges.

Faut-il rappeler également les derniers scandales politico-médiatiques d'Alexandre Benalla, l'ex-homme à tout faire d'Emmanuel Macron, lui aussi franc-maçon et qui vient d'être condamné à une peine de prison. Nouveau scandale médiatique, Mme Nathalie Collin a accusé le puissant franc-maçon et propriétaire de médias Jean-Michel Baylet de l'avoir violée !

Pour comprendre à quel point la secte maçonnique est puissante en France, nous vous invitons à lire 7 pages[71] du livre *Passions* de Jean-Jacques Servan-Schreiber, publié en 1991. Vous allez apprendre comment l'ex-préfet de police de Paris Jean Baylot possédait des dossiers compromettants concernant toute l'élite politique parisienne et qu'il était quasiment inamovible grâce à ses amitiés fraternelles puissantes (*cf.* l'affaire des fiches du GODF au tout début du XXe siècle). Quand François Mitterrand a décidé de le limoger suite à un scandale, Mendès-France va recevoir toute la nuit la visite de tous les hommes politiques les plus puissants jusqu'à recevoir un coup de fil du président de la république !

Il serait temps que les Français sachent que c'est bien la franc-maçonnerie qui dirige le pays et que depuis des décennies il est inconcevable qu'un ministre régalien n'appartienne pas à la secte. Il me semble que très peu de Français le savent, ils pensent naïvement que nous vivons dans un pays démocratique exemplaire et que c'est le peuple qui choisit librement ses élus. Il faut rapidement se rendre compte que si la France va si mal c'est justement parce qu'elle est dirigée par cette secte maléfique car il ne suffit pas de tenir les rênes du pouvoir, il faut également en accepter la responsabilité.

Revenons à la problématique de la pédocriminalité en France. Comment est-il possible que dans une société qui se dit civilisée, après avoir aboli la peine de mort pour des raisons humanistes, des violeurs d'enfants se retrouvent libres au bout de 3 à 5 années de prison pouvant de nouveau multiplier leurs viols ? Bien entendu, il s'agit ici de justice et donc de loi. Ces dernières sont votées dans les deux Assemblées par une majorité de francs-maçons ; il existe même une fraternelle parlementaire ou FraPar, fondée en 1947 par Henri Caillavet et Paul Ramadier, de députés et de sénateurs et ça ne choque personne. Alors que les chartes des obédiences maçonniques affirment avec conviction, la main sur le cœur, qu'ils ne s'occupent pas de politique en France, il suffit d'aller sur le site du Journal officiel[72] pour voir écrit noir sur blanc : « Domaines d'activités : activités politiques » ! Les gens connaissent tous les groupes politiques de l'Assemblée ou du Sénat mais ne savent même pas ce qu'est la FraPar ! Dans une interview[73], le président de la FraPar, Christian Bataille, va le plus simplement du monde expliquer quel est le rôle de cette Fraternelle : « *Quant au rôle de la Fraternelle parlementaire, il est de faire en sorte que les principes qui rassemblent les francs-maçons au-delà de toutes leurs différences puissent inspirer les législateurs que nous sommes et que nous puissions également relayer, lorsqu'elles nous sollicitent, les obédiences dans leurs attentes et leurs préoccupations.* » ! Alors que nous pouvons assister à des petites guéguerres inter-obédiences, lorsqu'il s'agit de politique, ils sont tous d'accord pour soutenir en place une société civile française qui obéisse à leurs desiderata. Nous parlons ici de lois, de ce qui gère votre quotidien, tous les aspects de votre vie.

Dans un documentaire de Karl Zéro concernant l'affaire Jacques Heusele, mystérieusement suicidé, un assureur qui menait une double vie, il interviewe Me Bernard Méry qui rapporte les déclarations[74] inquiétantes d'une juge responsable de cette affaire : « *Dans ce dossier, il y a la franc-maçonnerie, on ne peut rien faire* » ! À la suite de la publication de deux livres dénonçant les magouilles maçonniques au sein de la magistrature intitulés *Justice, franc-maçonnerie, corruption* (éd. Spot, 1998) et *Les Nouveaux parrains* (éd. La Liberté d'expression, 1999), le barreau de Paris fera radier[75] Me Bernard Méry qui restera sans revenus pendant 18 mois avant de gagner au niveau de la Cour de cassation. Rappelons pour finir que Me Emmanuel Pierrat, l'avocat de Pierre Berger et l'ami intime de Gabriel Matzneff, est un haut gradé de la franc-maçonnerie parisienne, il est de surcroit membre du barreau de Paris.

Si la peine de mort a été abolie en France, c'est le fait de la franc-maçonnerie. Si les crimes sexuels contre les enfants, passibles des assises, se correctionnalisent quasi systématiquement, c'est également le fait de francs-maçons. Selon Karl Zéro, moins de 1% des viols d'enfants finissent aux assises. Dans son dernier documentaire[76], *1 sur 5*, Karl Zéro dénonce cette dérive folle qui n'a pas de sens dans une société qui se respecte, se dit civilisée et qui veut, de surcroît, exporter son modèle au reste du monde, quitte à faire usage de bombardiers, de drones et de mobiliser des soldats sur le terrain. Malgré les très nombreux témoignages et la problématique monstrueuse des 20 % d'enfants violés en France, Karl Zéro n'aura pas droit à une promotion médiatique extraordinaire, bien au contraire, son film sera censuré et traité de complotiste ! Par contre, vous pourrez voir à longueur de journées des émissions d'une stupidité abyssale, qui n'ont pour autre objectif que d'abrutir toujours plus la population et la divertir pour lui faire oublier sa misérable condition.

Afin de comprendre ce qui se passe, il faut toujours voir les actes sur le terrain et ne jamais prendre en considération les paroles. Qu'en est-il de la lutte contre la pédocriminalité sur Internet ? Les moyens sont ridiculement dérisoires. Alors que les réseaux foisonnent sur le dark web, la France dispose de gendarmes astreints à travailler avec des ordinateurs défaillants pour traquer des pros de la dissimulation qui, eux, sont dotés de moyens largement supérieurs. Pourtant, il est si simple de les hameçonner avec un faux compte d'une gamine de 10 ans, sachant que des associations[77] de citoyens ont réussi à faire arrêter de nombreux pédocriminels de la sorte. De toute façon, les prédateurs arrêtés seront libérés 4 ou 5 ans après du fait que leurs affaires seront correctionnalisées dès que possible et pendant ce temps les enfants continuent d'être victimes de cette barbarie. Pendant ce temps, très régulièrement, on apprend qu'un policier[78,79,80,81,82], voire un membre de la brigade des mineurs, a été arrêté pour possession d'images pédopornographiques.

Il serait intéressant que le lecteur se demande pourquoi de temps à autre, deux ou trois fois par an, les autorités lancent un avis de recherche concernant la disparition d'une gamine alors qu'il en disparaît des centaines chaque année et qu'on n'en parle jamais ! En réalité, c'est exactement comme les saisies de drogue spectaculaires que les autorités mettent en scène de temps à autre pour faire accroire qu'elles travaillent durement à mettre fin au traffic de drogue. Sauf que la prise de cocaïne de 100 kg ne représente pas 1 % de la consommation annuelle ; idem pour les enfants disparus dont on voit les portraits dans les commissariats dès qu'on s'y rend pour déposer une plainte !

Comment traiter de la pédocriminalité sans dénoncer sa quasi-institutionnalisation à l'école de la république ! Ségolène Royal avait dénoncé le 3 janvier 2020 sur RMC le recasage d'enseignants pédocriminels dans les DOM-TOM afin de calmer les esprits et de les éloigner de leur terrain de chasse : « *Avant on mutait discrètement les professeurs pédophiles et si possible dans les Outre-mer, comme ça c'était loin et on n'en entendait plus parler* ». Le député guyanais Gabriel Serville avait posé la question à l'Assemblée, ce qui avait fait scandale à l'époque, sauf que rien n'a été fait pour mettre fin à cette folie. Ségolène Royal confirmera ses propos dans un message[83] sur sa page Facebook. Bien entendu, comme on pouvait s'y attendre, l'actuel ministre de l'Éducation nationale Jean-Michel Blanquer niera[84] cette réalité.

Chaque jour amène son lot de nouveaux scandales sexuels, les deux derniers en date concernent Patrick Poivre d'Arvor le célèbre animateur de TF1 ainsi que Nicolas Hulot, autre célèbre animateur de TF1 défendu par... Maître Alain Jakubowicz, l'avocat de Nordahl Lelandais. Toujours la même problématique, les affaires sont tellement anciennes, les auteurs protégés par leur hiérarchie et leur entourage, qu'il y a aujourd'hui prescription. L'exemple de Nicolas Hulot est extrêmement violent puisqu'il s'est même permis de se défendre sur le plateau de BFM la veille de la diffusion du dernier reportage d'Élise Lucet - *Envoyé spécial* du 25 novembre 2021 - sans même l'avoir vu, ni personne d'ailleurs ! Les deux vont sonner l'hallali médiatique et se positionner comme des victimes d'un système qui les a condamnés d'avance ; rien de tel que la victimisation pour se sortir d'un tel pétrin. Sauf que les plaintes et témoignages[85] se multiplient depuis la diffusion du reportage concernant Nicolas Hulot ainsi que Patrick Poivre d'Arvor, puisqu'une de ses victimes présumées - l'écrivaine et journaliste Florence Porcel - a décidé de déposer plainte[86] en constitution de partie civile.

Le plus gênant dans l'affaire Nicolas Hulot réside dans le fait que l'ancien ministre de la Transition écologique de Macron a été défendu bec et ongles par Marlène Schiappa[87] en 2018 alors qu'elle était Secrétaire d'État chargée de l'Égalité entre les femmes et les hommes et de la Lutte contre les discriminations ! Faute lourde à la symbolique catastrophique qui ne lui a pourtant pas fait perdre son poste pour autant.

Du côté belge, un ex-enquêteur de l'affaire Dutroux a écrit aux politiques ainsi qu'aux journalistes afin de rouvrir le dossier bis de ce scandale sexuel : « *J'ai toutes les preuves de ce que j'avance*[88] » affirme-t-il. Aimé Bille, ex-enquêteur de la BSR de Bruxelles, retraité ayant travaillé sur le dossier, souhaite que la vérité explose enfin et que les parents des victimes sachent ce qu'il s'est réellement passé. Effectivement, l'affaire Marc Dutroux est tentaculaire, il y a un nombre important de témoins X qui ont été auditionnés et nous savons aujourd'hui que l'enquête a été totalement bâclée par les autorités, comme démontré plus haut.

Je sais, la lecture des pages précédentes donne le vertige mais c'est malheureusement la réalité de notre vie terrestre. En tant qu'adultes responsables, en tant que parents, nous n'avons pas le droit de fermer les yeux et de laisser faire ces prédateurs.

Notes

1. https://www.lelibrepenseur.org/rappel-balancetonogre-n1-le-cas-gabriel-matzneff/
2. https://www.la-croix.com/Culture/Gallimard-retire-vente-Journal-Matzneff-2020-01-07-1201070253
3. https://www.nytimes.com/fr/2020/02/11/world/europe/france-gabriel-matzneff-pedophilie.html
4. https://institutdeslibertes.org/exclusif-affaire-matzneff-lancienne-ministre-michele-barzach-entendue-comme-temoin/
5. https://toute-la.veille-acteurs-sante.fr/12038/michele-barzach-elue-presidente-de-l%E2%80%99unicef-france/
6. https://www.capital.fr/economie-politique/le-loyer-ridicule-que-verse-gabriel-matzneff-dans-le-quartier-latin-1359368
7. https://www.touscontribuables.org/les-combats-de-contribuables-associes/gaspillages-publics/gabriel-matzneff-s-offre-du-caviar-et-des-grands-crus-aux-frais-du-contribuable
8. https://www.francetvinfo.fr/culture/livres/affaire-gabriel-matzneff/quand-gabriel-matzneff-a-ete-decore-de-l-insigne-d-officier-des-arts-et-des-lettres-par-jacques-toubon_3763825.html
9. https://www.valeursactuelles.com/clubvaleurs/societe/la-gauche-et-la-pedophilie-une-histoire-monstrueuse/
10. https://www.journaldemontreal.com/2011/11/13/les-pedos-sortent-du-placard
11. https://www.lepoint.fr/livres/christian-giudicelli-nouvelle-idole-des-lettres-06-03-2016-2023313_37.php
12. https://www.liberation.fr/planete/2011/01/23/frederic-mitterrand-exprime-ses-regrets-aux-tunisiens_709307/
13. https://www.lefigaro.fr/international/2011/06/20/01003-20110620ARTFIG00753-les-ben-ali-condamnes-a-35-ans-de-prison-par-contumace.php
14. https://www.ledevoir.com/societe/574443/roman-polanski-le-point-de-bascule
15. https://www.numerama.com/magazine/14204-mitterrand-la-bite-de-rachid-et-l-effet-boomerang-de-la-loppsi.html
16. https://www.20min.ch/fr/story/frederic-mitterrand-plaisante-sur-l-age-des-partenaires-sexuels-150849855212
17. https://rmc.bfmtv.com/emission/affaire-matzneff-je-n-aime-pas-la-meute-contre-un-ecrivain-assure-frederic-mitterrand-1832413.html
18. https://www.lelibrepenseur.org/adoption-ou-kidnapping-comment-frederic-mitterrand-sest-il-pris-pour-adopter-2-enfants-tunisiens-video-en-fr-et-ar/
19. https://www.dailymotion.com/video/x6u89kt
20. https://www.gala.fr/l_actu/news_de_stars/le-saviez-vous-olivier-duhamel-etait-a-la-rotonde-avec-emmanuel-macron-le-soir-de-sa-victoire_461475
21. https://www.planet.fr/politique-olivier-duhamel-et-brigitte-macron-leur-dejeuner-secret-suscite-la-polemique.2130794.29334.html
22. https://www.midilibre.fr/2021/02/04/qui-sont-les-douze-ministres-demmanuel-macron-membres-du-cercle-tres-discret-le-siecle-9353144.php
23. https://www.lelibrepenseur.org/olivier-duhamel-accuse-de-pedocriminalite-et-dinceste/
24. « *O. Duhamel avait signé une tribune où il s'en prenait à ces « chiens » de journa-*

listes s'acharnant sur Strauss-Kahn. Ma mère avait sans doute relu le texte. Mon frère m'a téléphoné : « Comment il ose ! » »

25. https://www.lemonde.fr/archives/article/1977/01/26/a-propos-d-un-proces_2854399_1819218.html écrira C. Kouchner.

26. https://veculemedia.fr/liste-des-participants-au-diner-de-fevrier-2020/

27. https://www.marianne.net/politique/gouvernement/affaire-duhamel-les-aveux-de-marc-guillaume

28. https://veculemedia.fr/liste-des-participants-au-diner-de-fevrier-2020/

29. https://www.liberation.fr/france/2021/01/18/affaire-duhamel-la-siderante-defense-de-jean-veil_1817911/

30. https://www.lelibrepenseur.org/olivier-duhamel-ces-photos-derangeantes-de-ses-beaux-enfants-accrochees-dans-sa-maison/

31. « *LCI me bâillonne. Je suis sous le choc. On ne vire pas les gens pour ça. Comme si j'avais commis un délit irrémédiable. Mais qu'on écoute mes propos dans leur intégralité ! Et si on les trouve toujours ambigus, qu'on me demande de m'expliquer à l'antenne* ».

32. https://www.facebook.com/karlzeroabsolu/videos/836617053783460/

33. https://www.ivoox.com/rmc-13-11-l-invite-m-comme-audios-mp3_rf_30029960_1.html

34. *L'envers des affaires*, n°1, mai-juillet 2021, page. 42.

35. https://www.nouvelobs.com/justice/20191119.OBS21318/les-gardiens-de-prison-de-jeffrey-epstein-inculpes-a-new-york.html

36. https://www.lefigaro.fr/flash-actu/usa-la-these-du-suicide-de-jeffrey-epstein-contestee-par-un-expert-20191030

37. https://www.nouvelobs.com/justice/20191030.OBS20512/la-these-du-suicide-de-jeffrey-epstein-contestee-par-un-expert-engage-par-la-famille.html

38. https://www.nouvelobs.com/monde/20200720.OBS31371/fusillade-chez-une-juge-en-charge-de-l-affaire-epstein-son-fils-tue-par-un-homme-habille-en-livreur.html

39. https://www.nydailynews.com/entertainment/gossip/billionaire-jeffrey-epstein-shells-money-latest-sex-abuse-lawsuit-article-1.436147

40. https://www.gawker.com/here-is-pedophile-billionaire-jeffrey-epsteins-little-b-1681383992

41. https://www.cnews.fr/monde/2019-08-16/affaire-epstein-ghislaine-maxwell-reperee-dans-un-fast-food-los-angeles-870185

42. https://www.liberation.fr/planete/2019/07/12/affaire-epstein-le-ministre-du-travail-americain-alexander-acosta-demissionne_1739686/

43. https://www.leparisien.fr/faits-divers/affaire-epstein-ghislaine-maxwell-l-entremetteuse-introuvable-14-08-2019-8133294.php

44. https://www.bbc.com/news/uk-49411215

45. https://www.dailymail.co.uk/news/article-7439679/Harvey-Weinstein-paedophile-tycoon-Jeffrey-Epstein-attended-Princess-Beatrices-18th-birthday.html

46. https://threader.app/thread/1105984171330191365

47. https://fr.timesofisrael.com/affaire-epstein-barak-poursuivra-le-daily-mail-et-ses-insinuations-sordides/

48. https://www.leparisien.fr/politique/patrimoine-belloubet-admet-avoir-oublie-de-declarer-trois-biens-immobiliers-15-09-2019-8152608.php

49. https://www.leparisien.fr/politique/affaire-epstein-belloubet-recadre-schiappa-et-taquet-qui-reclamaient-une-enquete-12-08-2019-8132601.php

50. https://www.nouvelobs.com/justice/20201219.OBS37771/affaire-epstein-l-agent-de-mannequins-francais-jean-luc-brunel-mis-en-examen-et-ecroue.html

51. https://www.franceinter.fr/monde/les-victimes-la-journaliste-le-ministre-donald-trump-voici-les-personnages-cles-de-l-affaire-epstein
52. https://www.telegraph.co.uk/news/uknews/1445707/FO-suspected-Maxwell-was-a-Russian-agent-papers-reveal.html
53. https://www.timesofisrael.com/jeffrey-epstein-was-ehud-baraks-business-partner-as-late-as-2015-report/
54. https://www.usinenouvelle.com/article/la-dgsi-renouvelle-son-contrat-avec-l-americain-palantir-faute-de-systeme-100-francais.N908289
55. https://www.lemonde.fr/blog/filiu/2018/06/03/le-tres-louche-intermediaire-de-trump-dans-le-golfe/
56. https://www.lelibrepenseur.org/bill-clinton-etait-le-compagnon-de-celebrite-le-plus-proche-de-jeffrey-epstein/
57. https://www.thedailybeast.com/jeffrey-epstein-visited-clinton-white-house-multiple-times-in-early-90s
58. https://www.lesechos.fr/2018/07/le-banquier-qui-faisait-le-travail-de-dieu-1120284
59. https://www.gala.fr/l_actu/news_de_stars/ghislaine-maxwell-intime-de-bill-clinton-le-fils-de-donald-trump-jette-le-trouble_451109
60. https://www.foxnews.com/us/flight-logs-show-bill-clinton-flew-on-sex-offenders-jet-much-more-than-previously-known
61. https://www.20minutes.fr/monde/2582771-20190813-nom-danemark-pardon-quarante-apres-abus-foyers-enfants-danemark-excuse
62. https://www.dailymail.co.uk/news/article-3122130/How-Savile-seduced-royals-s-claimed-nearly-godfather-Harry-predatory-DJ-wormed-way-heart-Palace-life.html
63. https://hollywoodlife.com/2016/01/26/kylie-jenner-devil-instagram-photo-rob-kardashian-blac-chyna-relationship-dating/
64. https://www.elle.fr/People/La-vie-des-people/News/Paranoia-12-stars-qui-seraient-Illuminati/Lady-Gaga
65. https://tpchronicles.com/the-occult-world-of-asia-argento-anthony-bourdains-ex-girlfriend/
66. https://www.lapresse.ca/cinema/nouvelles/201903/12/01-5217908-an-open-secret-le-film-quhollywood-ne-voulait-pas-voir.php
67. https://rmc.bfmtv.com/emission/meurtre-d-angelique-la-france-est-l-eldorado-des-pedophiles-1433462.html
68. https://www.marianne.net/societe/police-et-justice/projet-dassassinat-dune-coach-revelations-sur-les-barbouzes-de-la-dgse-et-de-la-franc-maconnerie
69. https://www.vanityfair.fr/pouvoir/article/faux-espions-meurtre-et-francs-macons-comment-des-hommes-ordinaires-ont-cree-une-entreprise-criminelle
70. https://www.vanityfair.fr/pouvoir/article/faux-espions-francs-macons-et-assassinats-ceci-est-une-histoire-vraie-qui-va-finir-au-cinema
71. https://www.lelibrepenseur.org/la-franc-maconnerie-cette-puissante-secte-qui-dirige-la-france/
72. https://www.journal-officiel.gouv.fr/associations/detail-annonce/associations_b/20090007/1589
73. https://www.cairn.info/revue-humanisme-2015-1-page-97.htm
74. https://www.youtube.com/watch?v=eqdoZBO6i6A
75. http://bernard.mery.free.fr/
76. https://www.1sur5.org/
77. https://www.midilibre.fr/2021/08/05/traque-a-la-cyber-pedocriminalite-faut-il-encourager-les-internautes-a-agir-9715583.php

78. https://www.leparisien.fr/faits-divers/hauts-de-seine-un-policer-pedophile-condamne-a-18-ans-de-prison-05-03-2021-LHY6X7IRABALDAENXCTDTWBYEY.php
79. https://www.bfmtv.com/police-justice/marseille-un-policier-de-la-brigade-des-mineurs-ecroue-pour-viol-sur-mineur_AD-202109200416.html
80. https://www.ouest-france.fr/ile-de-france/seine-et-marne/seine-et-marne-un-policier-ecroue-il-aurait-agresse-sexuellement-la-fille-d-une-collegue-7306727
81. https://www.lavenir.net/cnt/dmf20211015_01625588/le-casier-judiciaire-d-un-pedophile-efface-pour-pouvoir-travailler-a-la-police
82. https://lepharedunkerquois.nordlittoral.fr/art/a-la-une/arras-un-policier-soupconne-de-pedophilie-se-suicide-en-ia672b0n238266
83. https://www.facebook.com/segoleneroyal/posts/10158104284619661
84. https://www.rci.fm/deuxiles/infos/Societe/Pedophilie-dans-leducation-les-populations-dOutre-mer-exigent-des-reponses#
85. https://www.gala.fr/l_actu/news_de_stars/nicolas-hulot-accuse-de-viol-elise-lucet-annonce-que-dautres-femmes-reflechissent-a-temoigner_481623
86. https://www.nicematin.com/faits-divers/affaire-patrick-poivre-darvor-vers-une-nouvelle-enquete-pour-viol-729737
87. https://twitter.com/Libre_Insolent/status/1463509571226554374
88. https://www.sudinfo.be/id429596/article/2021-11-25/un-ex-enqueteur-de-laffaire-dutroux-ecrit-aux-politiques-pour-quon-rouvre-le

« *Soyez un libre penseur et n'acceptez pas tout ce que vous entendez comme la vérité. Soyez critique et évaluez ce en quoi vous croyez.* »
Aristote

« *Dans les discours et dans les choses, ce sont deux sortes de personnes que vos grands médecins. Entendez-les parler, les plus habiles gens du monde ; voyez-les faire, les plus ignorants de tous les hommes.* »
Le malade imaginaire, **Molière**.

CONCLUSION
QUE FAIRE ?

« *Le monde ressemble à une assemblée d'ivrognes écervelés où le seul à souffrir est celui qui a toute sa tête.* »
Saeb Tabrizi, poète Perse.

Il n'est pas aisé de conclure ce livre tant les événements s'accélèrent à une vitesse vertigineuse au point où chaque jour, les décisions sont plus folles que celles prises la veille. J'ai également attrapé le Covid-19 fin novembre ce qui m'a légèrement retardé mais ça m'a permis de connaître la maladie de près, de la soigner et de suivre son évolution. Oui, le Covid-19 se soigne ! Une excellente vidéo a été réalisée par Mme Ema Krusi, disponible sur son site[1], interviewant le Dr Odile Ouachée, médecin généraliste à Paris, qui explique comment elle s'y prend avec ses patients. Personnellement, ce sera avec de l'ivermectine (18 mg pour 90 kg), vitamine C (1 gramme 3 fois par jour), vitamine D (1 ampoule de 100.000 UI), du zinc (15 mg, 3 fois par jour) ainsi que de l'aspirine pour fluidifier le sang (1 gr, 3 fois par jour). En cas de surinfection bactérienne, prise d'antibiotiques notamment l'azithromycine et si l'état se dégrade avec une tempête cytokinique, ne pas hésiter à prendre les corticoïdes. La Surveillance du taux d'oxygène dans le sang se fera plusieurs fois par jour et devra être supérieur à 95 %, autrement il faudra louer un concentrateur d'oxygène. Il va de soi que j'étais suivi par un médecin, tout ceci nécessite un minimum de savoir-faire et des compétences. J'ai passé 3 mauvaises journées au lit puis la situation s'est améliorée petite à petit mais lentement ; je déconseille donc formellement de prendre cette maladie à la légère sauf si on a 20 ans et qu'on est en pleine forme. J'ajoute que j'ai travaillé 18 mois pendant les 4 précédentes vagues épidémiques sans jamais être contaminé par un patient alors qu'en tant que chirurgien dentiste je suis le professionnel de santé le plus exposé aux risques de contamination à cause de l'utilisation d'aérosols. Il a fallu que j'arrête d'exercer car non vacciné pour attraper le Covid-19 naturellement, ce qui me permet maintenant de travailler ! Le monde marche véritablement à l'envers depuis deux ans maintenant.

L'exécutif n'a plus aucune limite, les télétoubibs sont en roue libre. Ces morticoles tiennent en décembre 2021 le même discours terrifiant, mot pour mot, que ce qu'ils affirmaient en mars-avril 2020 alors que plus de 90 % de la population est vaccinée (selon les chiffres officiels) ! C'est anormal, c'est un aveu de l'échec de la politique vaccinale et de l'efficacité de leurs produits expérimentaux. Ce sont toujours les mêmes qui s'expriment, ceux qui sont grassement payés par Big Pharma, les *key opinion leaders* avec un Bruno Mégarbane en pleine forme, ce chef de service de réanimation de l'hôpital Lariboisière passe son temps sur les plateaux télé, vous pouvez le voir le soir sur LCI et le lendemain matin au réveil sur BFM ! J'ai même eu la surprise de le voir fin décembre, un jeudi soir, à presque minuit sur BFM ! En tant que fonctionnaire de l'hôpital public, il est constamment en abandon[2] de poste. Vous remarquerez qu'il valide systématiquement toutes les décisions du gouvernement : pass sanitaire puis pass vaccinal, 3e dose, vaccination des enfants, confinements... Il pousse à la 3e dose allant à l'encontre des recommandations[3] de l'OMS ! Il est tout de même assez curieux de l'observer, s'appliquant à terroriser tout le monde en prétendant que son service risque d'exploser et qu'il ne supportera jamais l'arrivée de nouveaux patients Covid-19 ; mais au lieu d'être à son poste à gérer ses équipes, organiser correctement son service et soigner les malades, il est plusieurs fois par jour sur les plateaux télé à jacter inutilement, encore et encore...

Mais le plus déconcertant et qui semble fou, ce sont les propos de Dominique Costagliola, de l'Inserm, clairement échappée d'un asile psychiatrique. Elle affirme tout de go et toute honte bue, qu'« *il n'y a pas de question à se poser* » ! Cette dame s'est réveillée un matin, puis s'est dirigée vers les locaux de LCI - au lieu d'aller bosser en tant que fonctionnaire payée avec l'argent public - puis elle a décidé de piétiner toute la déontologie médicale en une seule phrase (l'article[4] n°36 est très clair, le consentement du patient doit être recherché *dans tous les cas*), tous les fondamentaux de la science et de la philosophie. Et le journaliste qui lui faisait face, Darius Rochebin, de sourire bêtement et d'acquiescer comme toujours ! Mais le plus comique reste à venir. Selon elle, « *une troisième dose va aider le système immunitaire à avoir une meilleure réponse.* » ! Tout ceci n'est que conjectures, elle ne sait absolument pas si ça va fonctionner, d'autant que la 1ère et la 2e dose se sont soldées par un échec déplorable. Du coup, pour les réparer, ils appellent à une 3e dose, exactement la même avec la même souche virale initiale, rien de plus logique dans un cerveau déficient. Pour finir, et comme le pire ne déçoit jamais, elle ajoutera : « *On peut donc espérer une réponse plus durable.* » ! Elle n'est donc pas certaine, c'est juste de l'*espoir*, ce qui nous positionne très loin de la science dont elle ne cesse de se targuer. Dominique Costagliola espère ! Du coup, se basant sur ses espérances, on est obligés de vacciner nos enfants pour lui faire plaisir ! Ceci a-t-il encore un lien avec la science ? Il n'a pas fallu attendre longtemps pour affirmer que Dominique Costagliola a eu tort une nouvelle fois puisque le délai de la 3e dose a été raccourci à 3 mois, validé[5] par la HAS ! En réalité, ils vont plus loin puisque la HAS recommande un délai de 3 mois après la primovaccination, à cause soi-disant du variant Omicron alors que tous savent que le vaccin actuellement en circulation est fabriqué avec la souche initiale du virus qui n'a strictement rien à voir avec le variant Omicron ! Pour être plus précis et clair, les autorités médicales sont en train de réaliser une vaccination en 2022 sur le variant Omicron avec un vaccin fabriqué en 2020 sur la souche Alpha de 2019 ! Imaginez un médecin vacciner aujourd'hui contre la grippe avec les souches de 2019 ! Il serait traité de fou, de charlatan et radié fissa. C'est comme si un médecin, traitant une infection bactérienne sévère résistante à la pénicilline, continuait à la prescrire en augmentant la posologie, au lieu de changer de famille d'antibiotiques !

Le ministre allemand de la santé, Karl Lauterbach, a déclaré[6] le 22 décembre 2021, alors que son pays n'a pas fini d'administrer la 3e dose (37% seulement de la population est triplement dosée) qu'une 4e dose de vaccin sera nécessaire, selon lui ; il a d'ailleurs déjà commandé 80 millions de doses supplémentaires ! Ceci est la démonstration dans le monde réel que Dominique Costagliola est incompétente.

Le problème qui se pose aujourd'hui est que ces pseudo experts et autres télétoubibs multiplient leurs interventions hasardeuses et mensongères sur les plateaux télé, sans avoir de contradicteur leur faisant face ; en somme, ils refusent les débats. Le Pr Christian Perronne a proposé[7] à Delfraissy, patron du Conseil scientifique, un débat public contradictoire qu'il a refusé. Plus grave encore, est le fait de voir ces professionnels de la santé diviser la société, participer à la fracture toujours plus profonde entre vaccinés et non vaccinés, accusant ces derniers d'être les responsables de la circulation du virus et de la saturation des servies de réanimation, tout en sachant que c'est faux. Le statisticien Pierre Chaillot, animateur de la chaîne *Décoder l'éco* sur YouTube a réalisé une vidéo[8] le 23 décembre 2021 intitulée *Non, les non-vaccinés ne saturent pas les réanimations !* dans laquelle il démontre, chiffres officiels à l'appui, que c'est fallacieux. Leur responsabilité dans les futurs violences sociales est immense (*cf.* ce qui se passe en Guadeloupe, Guyane, Pays-Bas…). Le Pr Günter Kampf de l'Institute of Hygiene and Environmental Medicine allemand a publié un article[9] scientifique le 7 avril 2021, démontrant que les personnes vaccinées transmettent la maladie autant que les non vaccinées. Pire encore, des tests PCR ayant été réalisés avec un nombre de cycles relativement bas, démontrent qu'ils ont une forte charge virale, ce qui signifie qu'ils sont très contagieux, contrairement aux fables quotidiennes des médias. Vu la propagande très grave et gigantesque, menée à l'échelle mondiale et tendant à culpabiliser les non vaccinés, il publiera une tribune[10] dans le Lancet le 20 novembre 2021 dans laquelle il renouvellera son propos : non, il n'existe pas d'épidémie de non vaccinés, c'est totalement faux. Cela fait donc neuf mois que les autorités politiques et sanitaires le savent, le pass sanitaire ne sert à rien. Au même moment, on apprend de la bouche du patron de l'AP-HM, François Crémieux, que les prescriptions d'hydroxychloroquine réalisées à l'IHU de Marseille par les équipes du Pr Didier Raoult sont légales[11] alors qu'une majorité de Français croit malheureusement l'inverse à force de propagande, de mensonges et de tromperie de la part des morticoles, du coup ils ne se soignent toujours pas lorsqu'ils tombent malades !

Il est très compliqué de finaliser ce livre car l'exécutif s'affole, il utilise actuellement le terrorisme sanitaire comme il ne l'a jamais fait auparavant avec l'apparition du variant Omicron. Du coup, les morticles sont obligés de suivre et de multiplier les sottises et ça se voit. Le constat est terrible : la France a été confinée ; elle a été masquée ; la population a télétravaillé ; elle s'est distanciée et s'est vaccinée à 90%... et pourtant ça n'a pas marché. Du coup, selon les covidistes, il faut encore plus confiner, plus masquer, encore distancier, multiplier les doses vaccinales... et ainsi de suite ! On ne change pas une équipe ni une technique qui perd. La dernière[12] astuce du morticole Gilbert Deray sera d'affirmer sur le plateau de Cnews face à Laurence Ferrari avec une chutzpah phénoménale : « *Ça n'existe pas l'immunité naturelle* » ! Ainsi, il ne vous reste qu'une seule solution pour survivre, la vaccination à vie.

Toutes ces contradictions et ce stress continu sont en train de rendre gagas un grand nombre de personnes dont l'homme d'affaires oullioulais Mourad Boudjellal, le président du RCT, rugby club toulonnais. Il a tenu des propos virulents contre les télétoubibs dans l'émission[13] des *Grandes gueules* sur RMC le 10 décembre 2021 : « *Moi j'ai envie de dire aux Delfraissy, aux Karine Lacombe, aux Bruno Mégarbane, à tous ceux qui viennent... mais fermez vos gueules. On n'en peut plus de vous entendre depuis 2 ans, mais fermez vos gueules. Vous n'y comprenez rien au Covid, vous venez juste montrer votre gueule à la télé pour exister, mais vous y comprenez rien au Covid* » ! Il n'en peut plus de constater les échecs et de surcroît, d'être infantilisé toujours plus par les mêmes qui, hier, ont pris les mauvaises décisions. Il est pourtant triplement vacciné, a soutenu Macron lors de la précédente présidentielle et a failli être candidat LaRem aux législatives à Toulon ; il a été décoré de la Légion d'honneur en 2018. On imagine que M. Mourad Boudjellal va multiplier ce genre de sorties, reste à savoir si le patron de RMC va lui permettre de continuer à dire ce qu'il pense ou va-t-il le virer très prochainement ; l'avenir nous le dira ! M. Mourad Boudjellal n'est pas le seul à se réveiller aujourd'hui et à pousser un coup de gueule, on peut ajouter à la liste Michel Onfray qui vient de publier le 20 décembre 2021, très en retard, un texte[14] sur le site *Front populaire* dans lequel il revendique un « *droit au scepticisme* », de pouvoir mettre en place la démarche rationnelle du doute méthodique cartésien ! Il n'a toujours pas compris qu'il ne faut surtout pas demander l'autorisation de penser, ni d'agir ; il faut tout simplement faire les choses et les assumer jusqu'au bout. Beaucoup plus sérieuses, les déclarations de M. Nicolas Leblond, le doyen de la faculté de droit des Hauts-de-France, dont la tribune au *Figaro*[15] - *Covid-19 : voulons-nous vivre à vie sous un régime de restrictions de libertés ?* - a fait beaucoup de mal à la Doxa. Ajoutons à cette dernière la longue tribune[16] de Mme Muriel Fabre-Magnan, professeure de droit à Paris I, auteure de nombreux ouvrages de droit dont *L'institution de la liberté*. Le texte est puissant, les mots utilisés sont lourds de sens puisqu'elle parle de « *mort de l'État de droit* », du non-respect des concepts fondamentaux de la justice qui amène à la délégitimation du pouvoir qui est déjà très forte en France et ceci va obligatoirement, selon elle, se payer un jour : « *L'heure est grave. Faut-il expliquer ce qu'il advient d'une société où le droit n'est plus légitime ?* ».

Les déclarations des exécutifs européens sont également assez impressionnantes de bêtise. Que penser du ministre allemand de la Santé, Jens Spahn, qui estime[17] que ses compatriotes seront « *vaccinés, guéris ou morts* » d'ici la fin de l'hiver à cause de l'Omicron ? Quel être humain sensé peut-il dire une telle énormité ? Pourtant, de nombreuses études[18] ont été publiées qui démontrent que ce dernier variant cause 5 fois moins d'hospitalisations et quasiment pas de mortalité ; mais non, il faut continuer à terroriser les populations coûte que coûte. Que penser d'un Olivier Véran qui déclare[19] que les créneaux de vaccination des enfants « *partent comme des petits pains* » ? Notons qu'il use ici du langage d'un vendeur de tapis alors qu'il est question de l'intégrité physique des enfants qui, rappelons-le, ne sont pas concernés par le Covid-19. Martin Hirsch[20] va également y mettre du sien : « *Omicron est un sniper qui, dès qu'il a une cible devant lui, il la tire* », sauf qu'il oublie de préciser que la balle est celle d'un paintball, qu'elle n'est pas mortelle vu que l'on observe clairement une décorrélation spectaculaire entre les cas Covid-19 et la mortalité aussi bien en France qu'en Angleterre, en Afrique du Sud... (*cf.* annexe n°27) !

Le système est en panique. Preuve en est le passage à la télévision de Caroline Fourest pour pousser à la vaccination des enfants, elle qui n'en a pas eu ! En moins de deux minutes elle va enchaîner sur LCI près d'une dizaine de contrevérités ahurissantes et de mensonges. Nous avons analysé[21] point par point ses délires covidistes, c'est effarant de sottise (*cf.* annexe n°28). Qu'est-ce qui l'autorise à tenir de tels propos alors qu'elle n'y connaît absolument rien ? Pourquoi a-t-elle le droit de passer sur LCI ? Pourtant Caroline Forest est connue pour ses mensonges notamment chez Laurent Ruquier qui a décidé de ne plus jamais l'inviter[22] dans ses émissions : « *Quand Caroline Fourest, sur ce fauteuil, nous a dit, m'a dit et a dit à Aymeric Caron, 'j'ai gagné en appel'* [...], *il faut savoir qu'à cette heure-ci, 1 heure du matin, on n'a aucun moyen de vérifier si elle dit vrai. Quand quelqu'un me dit ça, je la crois car je ne peux pas penser un seul instant qu'on puisse nous mentir. C'est pour ça qu'effectivement, j'ai demandé à Aymeric Caron de se taire et de croire ce que disait Caroline Fourest.* [...] *Moi, je l'ai crue.* [...] *Il aurait été tout simple de nous dire j'ai fait appel, attendons la fin du jugement pour savoir la vérité, si je serai définitivement condamnée. Au lieu de ça, elle a menti en disant qu'elle avait gagné. J'ai pris une décision, je n'inviterai plus jamais Caroline Fourest sur ce plateau et sur aucun plateau de mes émissions car je ne veux pas qu'on me mente, surtout quand c'est au détriment évidemment d'un de mes collaborateurs* ». Les propos de Caroline Fourest sont extrêmement violents puisqu'elle tente de culpabiliser les parents qui doutent de l'utilité et de l'efficacité de la vaccination, d'autant qu'il va falloir vacciner 4 fois par an, de manière trimestrielle. Elle osera dire sur LCI : « *Il faut demain qu'ils se demandent si leur enfant est malade, s'il a un Covid-long, s'il est handicapé à vie ou s'il meurt, comment ils vivront le fait de ne pas l'avoir protégé ?* » ! Illustration parfaite de terrorisme sanitaire pratiqué par une incompétente se basant sur des mensonges, car en 18 mois de crise sanitaire, SPF comptabilise chez les enfants 15 décès au total malgré les 400.000 enfants gravement malades et les millions d'autres parmi lesquels le virus circule depuis le début, sans causer de soucis majeurs. Aujourd'hui, en janvier 2022, les autorités essaient de faire passer les hospitalisations de l'épidémie de bronchiolites pour du Covid-19 afin de terroriser encore plus les parents ; c'est très facile à vérifier, il s'agit d'enfants de moins de deux ans.

Concernant la vaccination des enfants, certains responsables ont complètement perdu les pédales. Une école de Los Angeles a vacciné des élèves sans la permission de leurs parents après les avoir soudoyés en leur offrant de la pizza et non sans leur avoir demandé de ne rien dire à leurs parents[23] ! On nage en plein délire, le corps enseignant a complètement perdu les pédales.

Pendant que les plateaux télé déroulent le tapis rouge à Caroline Fourest, d'autres experts n'ont pas droit au même accueil. Prenons l'exemple du Dr Christian Vélot, généticien moléculaire, il passe très rarement à la télé car il gêne le narratif officiel. Signataire de la Tribune[24] des 400 : « *A-t-on encore le droit d'exercer son esprit critique en France ?* », il affirme dans une interview, sur le site[25] de *France Soir* : « *Ne faisons pas un remède pire que le mal* » car pour lui « *la sécurité est incompatible avec l'urgence* ». Il ajoutera dans une récente interview[26] sur TVL qu'il n'est pas sérieux de faire des mélanges de vaccins en injectant en première dose de l'AstraZeneca, en 2e du Pfizer est en 3e du Moderna (comme l'a fait Olivier Véran) car il sera impossible ensuite d'effectuer le moindre travail sérieux de pharmacovigilance. En cas de pépin, on aimerait bien savoir, au niveau juridique, qui sera responsable de l'effet indésirable ? On apprendra d'ailleurs le 8 décembre 2021 sur le site[27] de l'Inserm qu'un essai clinique, Coviboost, est en cours de réalisation afin de comprendre quelle sera la réaction des cobayes humains lorsqu'on mélangera les différents vaccins : « *L'essai COVIBOOST vise à étudier la réponse immunitaire suite à l'injection en 3ème dose de deux candidats vaccins à base de protéine recombinante associée avec un adjuvant développé par Sanofi Pasteur et GSK et celle d'une 3ème dose du vaccin Pfizer-BioNTech.* » ! Les Français ayant accepté la vaccination sont donc engagés dans un double essai clinique. Le premier est celui des vaccins eux-mêmes qui sont toujours en phase 3. Le second est celui de ce mélange barbare et charlatanesque de vaccins. Comprendre : ils injectent puis ils étudient alors que d'habitude ils réalisent une étude sur une petite cohorte pendant 7 à 10 ans avant d'injecter toute la population.

Il est toujours plus urgent pour les médiamensonges d'inviter Caroline Fourest au lieu du Pr Jean-Michel Claverie. Ce dernier va publier, le 6 septembre 2021, une tribune[28] dans *Les Échos* dans laquelle il affirme que la vaccination est un échec, prenant l'exemple des cas contradictoires de l'Inde et de l'Israël. Il terminera sa tribune par un rappel utile selon lequel, la science « officielle » n'a jamais fait bon ménage avec la vérité et il suffit, pour le vérifier, de constater la censure de tous ceux qui s'opposent au narratif officiel de la Doxa. Dans une récente interview[29] sur *Spoutnik*, le Pr Claverie est plus virulent : « *Ce vaccin est une escroquerie… un échec. On n'a jamais vu un vaccin qui dure 3 mois* », il ajoute :en été et « *C'est une idéologie que de vouloir arrêter la circulation du virus, surtout quand on sait maintenant que le vaccin n'empêche pas la transmission !* ». Concernant la vaccination des enfants, pour le Pr Claverie « *cette décision n'est absolument pas légitime au regard du très faible nombre de cas graves dans cette tranche d'âge* ».

Ce sont les tenants de la Doxa qui changent d'avis comme de chaussettes depuis deux ans maintenant ; les fameux *complotistes* n'ont jamais changé d'avis depuis le début. En 2020 on affirmait qu'ils allaient mettre en place un pass sanitaire, une vaccination obligatoire, une surveillance généralisée ainsi que la commercialisation de vaccins inefficaces, on a été traités d'*antivax complotistes paranoiaques*. Nous sommes en 2022, contrairement aux allégations de Macron, le pass sanitaire a bien été mis en place cet été et s'est même mué en pass vaccinal en janvier 2022 qui n'est rien d'autre qu'une vaccination obligatoire déguisée assumée par l'exécutif (et totalement illégale) ; les restaurateurs s'apprêtent à contrôler l'identité de leurs clients ; et les délais de la vaccination se raccourcissent à 3 mois, ce qui confirme leur inefficacité. Pourtant, nous sommes toujours traités d'*antivax complotisss paranoiaques*. La situation va devenir tragicomique quand les doublement vaccinés refuseront la 3e dose, tout en se faisant traiter d'*antivax complotisss* et que les triplement vaccinés commenceront à avoir peur d'eux ! Le pass vaccinal a d'ailleurs été mis en place non pas pour vacciner les antivax mais pour maintenir la pression sur les doublement vaccinés afin qu'ils s'injectent la 3e dose sans trop rechigner (puis la 4e...).

Cela fait bien longtemps qu'ils ont dépassé le stade du charlatanisme, les covidistes pataugent dans la folie la plus profonde depuis des mois. Prenons le dernier exemple en date, le confinement des cas contacts pendant... 17 jours ! Face au variant Omicron, Véran a décrété, contre l'avis du Conseil scientifique, dont on se demande à quoi il peut bien servir, un isolement de 10 à 17 jours pour les cas contacts, vaccinés ou pas, de nouvelles règles ont été confirmées et publiées sur le site[30] de la Sécurité sociale : « *Compte-tenu de la particularité de ce variant, vous devez vous isoler immédiatement pour 7 jours (ou 17j si vous partagez son domicile).* » ! Pourquoi 17 jours ? Nul ne le sait, ce chiffre n'est basé sur aucune étude scientifique, il est sorti d'un chapeau magique comme tout le reste. Très vite, l'exécutif s'est rendu compte qu'un délai aussi long allait bloquer le pays et avoir un effet désastreux encore pire que le confinement qui permettait à des millions de salariés de travailler. À partir du moment où on a plus de 300.000 cas positifs par jour, un cas positif ayant au minimum 3 à 4 cas contacts, voire plus, cela mettrait près d'un million de personnes par jour en confinement pour une longue durée, d'autant qu'on nous explique que ce variant Omicron contamine en moyenne 10 personnes ! Du coup, le gouvernement a décidé d'assouplir[31] ces règles pourtant déjà mises en place. Ceci démontre encore une fois que l'exécutif ne se base quasiment jamais sur la science avant de prendre une décision lourde de conséquences.

Mais ce qui est complètement malsain c'est le fait que personne ne se pose la question de « qui va payer la note finale » ?! D'autant que l'État veut faire piquer 4 fois par an, le système de soins tout entier passera son temps à vacciner et à tester les gens. pour atteindre l'objectif, il faudra vacciner « tous » les jours, 365j/365, 734.000 personnes ce qui est inconcevable et impossible concrètement ! Si on ajoute à cette somme déjà astronomique (vaccins + salaires), les milliards de tests inutiles, je repose la question : qui va payer la note finale ? L'état a dépensé en tests 1 milliard d'euros pour le seul mois de décembre 2021 ! La note doublera pour le mois de janvier vu les millions de tests réalisés sur les écoliers...

Dans cet article[32], un rapport des lords britanniques fait état d'une quantité impressionnante de preuves démontrant que la mise en place des pass sanitaires est totalement inefficace, si on compare les régions anglaises qui l'ont mis en place avec celles qui ne l'ont pas fait. On peut également comparer différents pays. En réalité, le constat est grave, car c'est plutôt l'inverse qui est constaté ; ce sont les pays qui l'ont mis en place qui ont les pires résultats. Non seulement le passeport sanitaire ne fait pas baisser la circulation du virus mais il ne fait pas non plus augmenter le taux de vaccination générale ! L'article finit par une conclusion limpide : « *Il s'agit donc de souffrir pour ne rien gagner. Alors, quel est l'intérêt ?* ». La dernière vidéo[33] du Pr Didier Raoult va plus loin car il accuse la vaccination d'être responsable de l'explosion des cas positifs à cause des anticorps facilitants !

On apprend ce mois de décembre 2021 qu'un « Pass sérologique » a été mis en place à Monaco[34] permettant de retarder la 3e dose de vaccin. Alors que les cas de Covid-19 flambent toujours, ce certificat permet de retarder l'injection de la dose de rappel pour les personnes qui bénéficient d'une protection naturelle ; logique. Au même moment, en France, des personnes ayant eu le Covid-19 il y a moins d'un mois ont été vaccinées. Tout le monde a remarqué que plus personne ne parle d'immunité collective, ce concept pourtant connu des immunologistes a totalement disparu de la bouche des télétoubibs et des journalistes comme par magie. Idem pour la capacité du corps humain à se défendre contre un virus en fabriquant des anticorps et en développant une immunité cellulaire très efficace qui permet une mémorisation à long terme largement plus efficace que l'immunité vaccinale artificielle. Les covidistes sont avant tout des négationnistes. Le Pr Éric Caumes essaie depuis quelques jours timidement d'inverser le narratif en affirmant que l'immunité naturelle est plus efficace que la vaccinale mauis il est le seul actuellement a osé un tel blasphème à la télévision. Le 28 mais 2021 il affirmait[35] l'inverse chez Bourdin sur RMC : « *On a des vaccins qui sont probablement plus efficaces que l'immunité naturelle* » ! Il trouve aujourd'hui que vacciner les gens en pleine période épidémique, sans même demander un test sérologique, relève de la faute médicale !

Ce désordre que tout le monde peut constater ne tombe pas du ciel, les télétoubibs ne sont pas issus d'une génération spontanée et l'exécutif non plus. La lecture du livre de M. Vincent Jauvert, *La mafia d'état* (éd. du Seuil, oct. 2021, 200 pages), explique parfaitement pourquoi nous en sommes là ! Il devrait y avoir une loi qui impose, à tous les Français, la lecture de cet ouvrage, peut-être comprendront-ils alors que leur pays a été littéralement bradé par une mafia d'énarques et de polytechniciens au service du grand capital et du Nouvel ordre mondial. Ces délinquants connaissent parfaitement les rouages de l'État, l'administration ainsi que la justice, s'ils veulent faire quelque chose, ils ne s'encombrent pas des règles de l'État de droit. Prenons l'exemple d'Édouard Philippe, Premier ministre, qui trois semaines seulement après avoir quitté son poste se retrouve, le 28 octobre 2020, au conseil d'administration d'Atos. Pourtant, l'article 432–13 du code pénal aurait pu permettre d'opposer un veto définitif à ce pantouflage puisqu'il lui fallait attendre un délai de 3 ans avant de rejoindre une entreprise privée, mais la HATVP n'a pas estimé nécessaire de faire appliquer la loi dans son cas ! Pourtant cette même autorité de contrôle l'avait blâmé en 2014 pour avoir très mal rempli sa déclaration de patrimoine. Tous les arguments avancés pour essayer d'expliquer cette nomination sont d'une mauvaise foi spectaculaire, ils sont à la limite de l'insulte. Atos va publier un communiqué affirmant et vantant « *sa solide expérience du secteur privé et son expertise juridique acquise au sein du conseil d'État et à travers sa formation d'avocat spécialisé* » ! Tout était mensonger car ses passages en Conseil d'État et au barreau de Paris sont extrêmement courts d'autant qu'il exerçait en même temps des mandats locaux chronophages. En réalité, tout ceci n'est que cooptation, copinage et renvoi d'ascenseur. Édouard Philippe va retrouver chez Atos Philippe Marenne, inspecteur des finances qu'il a côtoyé sur les bancs de l'ENA. Il est également très proche de Jean-François Cirelli, le patron de BlackRock France et l'un des importants actionnaires d'Atos. Enfin, on apprend à la page 44 du livre qu'Édouard Philippe avait installé en octobre 2017 la commission CAP22 chargée de mettre en place une grande réforme du service public, il y a nommé... Jean-François Cirelli. Édouard Philippe avait remplacé Nicolas Bazire - bras droit du milliardaire Bernard Arnault et ami intime de Nicolas Sarkozy - qui a quitté son poste chez Atos la veille de sa condamnation par le tribunal correctionnel de Paris dans le cadre de l'affaire Karachi à 3 ans de prison ferme pour « abus de biens sociaux ». Du coup, en juin 2021, Nicolas Bazire a obtenu le renouvellement de son siège au conseil d'administration de Carrefour, dirigé par Alexandre Bompard, un des meilleurs amis d'Édouard Philippe selon l'auteur.

L'épouse d'Alexandre Bompard, Charlotte Caubel, est également très proche de l'ex-Premier ministre puisqu'elle a été sa conseillère justice pendant trois ans. Un véritable panier de crabes.

On apprend dans ce livre que 40 % des patrons du CAC 40 sont issus des grands corps de l'État. Ils se partagent les sièges des conseils d'administration, limités par la loi à 5, par cooptation. Ils peuvent ainsi obtenir quelques centaines de milliers d'euros chaque année grâce aux jetons de présence. Souvent, ils n'ont absolument aucune compétence dans le domaine, comme c'est le cas pour Édouard Philippe chez Atos qui est une entreprise informatique. Ils ont quasiment tous appartenu au club Le Siècle, un nom qui revient souvent dans le livre de M. Vincent Jauvert. Une véritable petite mafia qui cultive le secret et qui se partage le gâteau France alors que cette dernière est en train de couler sous nos yeux. À la lecture de ce livre, on ne peut s'empêcher d'avoir la nausée lorsque l'on comprend à quel point ces personnalités censées être très intelligentes, bien éduquées par des familles aisées, aiment l'argent par dessus tout ; alors qu'elles touchent des salaires mirobolants à la tête d'entreprise privées qu'elles ont elles-mêmes démantelées, qu'elles cumulent des jetons de présence dans de nombreuses grandes entreprises, elles gardent précieusement leurs postes de conseillers d'État détachés afin de toucher une misérable retraite, si on devait la comparer à leurs revenus qui se comptent en millions d'euros ! L'élite française actuelle a clairement un très gros problème avec l'argent. Nous pouvons faire exactement le même constat du côté du corps médical qui a été totalement corrompu par Big Pharma pendant des décennies ; ceci a été démontré à de nombreuses reprises dans différents livres (*cf.* chapitre I).

Comme le rappelle M. Vincent Jauvert, toute cette petite caste se croit très intelligente et au-dessus de la mêlée. Pourtant depuis 30 ans, le constat de leur gestion des affaires de l'État est juste désastreux : la justice est en ruine, la gestion des prisons est honteuse, l'école de la république est déclassée, l'hôpital public est en faillite, la police présente un taux de suicide consternant, la dette explose, le chômage est endémique, 10 millions de Français vivent sous le seuil de pauvreté... pendant que cette mafia se gave avec l'argent public.

M. Romain Colucci, fils de Coluche et bénévole aux Restos du cœur a déclaré, la veille de Noël, dans une interview[36] sur France Inter : « *Il y a beaucoup de jeunes qui viennent aux Restos. 50% des 1,2 million de bénéficiaires ont moins de 25 ans.* ». Le secours catholique a, quant à lui, publié dans son dernier rapport, les chiffres de la pauvreté ; selon lui, 10 % des Français ont eu recours cette année aux distributions alimentaires : « *Quand les revenus suffisent à peine à régler le loyer, la santé, les dettes, la pension... ou quand il faut faire face à un imprévu (comme l'arrêt des cantines en 2020), on rogne sur la partie variable des dépenses, à commencer par l'alimentation et le chauffage* ». Le profil des demandeurs est très varié, on y trouve des étudiants, mais également des retraités, des indépendants, des salariés, des mères isolées... Au même moment, Bruno Le Maire, ministre de l'économie, déclare le 22 décembre 2021 sur Cnews[37], face à Laurence Ferrari : « *Ce qui devrait frapper tous les Français, ce sont les résultats exceptionnels de l'économie française* » ! Vous comprenez à ce moment précis que le ministre de l'économiouie vit dans un monde virtuel qui n'a rien à voir avec le nôtre. En d'autres termes, selon lui, il pleut à verse depuis 30 jours sur toute la France, mais personne n'est mouillé. En réalité, il se base sur des chiffres totalement falsifiés à l'instar de ceux du Covid-19, avec lesquels il vient faire le mariole à la télévision ; sauf que le monde réel finit toujours par s'imposer.

C'est le docteur et chirurgien Bernard Kron qui résume parfaitement la situation dans un tweet[38] du 27 décembre 2021 concernant les énarques : « *On a donné aux énarques le meilleur système de santé du monde n°1 il y a 25 ans : Coluche disait « Donnez la gestion du Sahara à un énarque et dans six mois, il importera du sable ». Il y a 30.000 médecins étrangers dans nos hôpitaux et nos enfants partent en Roumanie étudier* ». Nous l'avions invité le 28 avril 2021 dans un *Libre Entretien* n°13 pour nous présenter[39] son dernier livre *Blouses blanches, colère noire* (éd. Max Milo, 2021).

Pendant ce temps, alors que la France s'écroule, Marlène Schiappa va participer à « *Tous en cuisine* » avec Cyril Lignac sur M6. Mais pas de panique, on se calme, tout va bien, vous êtes entre de bonnes mains. L'affaire Amélie de Montchalin, débarquée d'un avion suisse par le commandant de bord car elle n'avait pas de pass sanitaire, illustre parfaitement cette faillite morale. Un scandale qui a été soigneusement caché par des médias corrompus.

Encore une fois, tout ceci n'aurait pas été possible sans les médias, complices d'un des plus grands plans de propagande et de tromperie de toute l'histoire de l'humanité. Il n'est plus possible de leur trouver des prétextes en expliquant que cette crise sanitaire nous est tombée dessus et que l'on n'a pas su la gérer… ; ils savent parfaitement ce qu'ils font, ils savent que c'est illégal et pourtant, ils persévèrent. Prenez l'exemple du piètre chroniqueur de LCI Renaud Pila qui publie le 24 décembre 2021, un tweet[40] hallucinant de violence : « *66% des Français ne voulaient pas se faire vacciner il y a un an, 80% sont vaccinés aujourd'hui. Concernant les enfants, 66% des parents ne veulent pas les faire vacciner aujourd'hui. L'évolution sera la même dans les mois à venir, rien ne sert de brusquer.* » ! Il valide la nécessité de vacciner les enfants alors qu'il n'a aucune compétence particulière. Il valide également la stratégie du chantage et de l'extorsion du consentement mise en place par le gouvernement, car il n'est pas du tout question ici de consentement éclairé et il le sait. Il est difficile d'être plus méprisant envers les gens.

Un article[41] du *Huffpost* a osé titrer : *Pass sanitaire : Pourquoi mépriser les antivaccins n'est pas une solution* ! Ils avouent donc *mépriser* leurs adversaires ! Un tel comportement est dangereux dans une société déjà fragile, car il va accentuer les fractures. Pourtant, un article[42] du prestigieux MIT américain affirme que les antivaccins sont en général plus intelligents, plus instruits et plus sophistiqués[43] que les autres. Ils étudient les chiffres officiels, les données et les analysent pour en tirer des conclusions. En réalité, ce sont des personnes indépendantes, adeptes de la philosophie aristotélicienne de la libre pensée. Les vaccinolâtres ne sont rien d'autre que des moutons qui ne réfléchissent plus depuis longtemps et appliquent les directives de gouvernements voyous qui les ont pourtant déjà trompés à de nombreuses reprises. Ce sont donc les plus ignorants et les moins courageux qui méprisent ceux qui sont supérieurs à eux, aussi bien intellectuellement que moralement.

Ces médias ne cessent d'affirmer que c'est une épidémie de non-vaccinés, que les services de réanimation sont remplis à 90 % par des non-vaccinés alors qu'ils savent pertinemment que c'est totalement faux ; les chiffres officiels de la Drees[44] démontrent l'inverse : 36,5 % seulement des décédés ne sont pas vaccinés, les 2 autres tiers sont tous vaccinés une fois, voire 2 fois et 8 % ont même eu leur 3e dose.

Quant aux réseaux sociaux, la propagande a atteint des sommets de folie puisque Facebook a censuré un article du... BMJ ! La revue scientifique la plus prestigieuse au monde a été censurée par un vulgaire site de rencontre car l'article a critiqué le vaccin du dieu Pfizer, le blasphème ne pouvait donc pas rester[45] impuni ! Bien entendu, vous ne trouverez aucune condamnation de cette hérésie par les élites politiques ou médicales françaises officielles.

Nous vivons un moment historique, tant il est extraordinairement massif et mondial. Mettre en place de tels mensonges nécessite des techniques qui ont déjà été utilisées notamment lors de l'expérience génocidaire communiste. L'historien Michel Heller, spécialiste de la propagande soviétique, parle lui de « *mensonge extensif* » dans son livre *70 ans qui ébranlèrent le monde* (éd. Calmann Lévy, 1994, 160 pages). Le communisme a dû mettre en place une industrie du mensonge assez phénoménale s'appuyant sur l'instauration d'une nouvelle religion ; Heller parle du *parti-démiurge*, refusant bien entendu tout blasphème, qui sera condamné à mort ou au goulag. Comme toujours, l'enfer étant pavé de merveilleuses intentions, cette folie génocidaire promet au peuple un avenir radieux, l'accès au paradis. Après 70 ans de massacres et de misère, l'énorme château de cartes de mensonges communistes s'est écroulé. Pour aller plus loin dans cette comparaison, nous vous invitons à remplacer dans le paragraphe ci-dessous, issu de la conclusion du livre de M. Bruno Riondel, *L'effroyable vérité : Communisme, un siècle de tragédies et de complicités* (éd. L'artilleur, janv. 2020, 800 pages) les mots *marxiste-léniniste* par covidistes ou covidisme : « *L'idéologie ~~marxiste-léniniste~~ covidiste n'est pas qu'une simple théorie politique ; elle est aussi, plus fondamentalement, une praxis, c'est-à-dire qu'elle constitue l'outil puissant de la subversion qu'elle génère dans le but de révolutionner en profondeur les rapports sociaux. Elle se modifie ainsi perpétuellement en fonction de la réalité qu'elle rencontre et qu'elle pervertit sans fin. Celle-ci la modifiant en retour en la conduisant à se repositionner idéologiquement en fonction de la nouvelle réalité donnée, suivant la logique intrinsèque qui caractérise le ~~matérialisme dialectique marxiste~~ covidisme. Le développement du relativisme moral qui en découle suscite, dans les sociétés ~~communistes~~ covidistes, des effets graves d'instabilité au sein des masses désorientées par l'absence de normes éthiques supérieures et communes à chacun, que seule une violente répression policière, couplée à l'entretien d'une terreur permanente, par les autorités, permet de maîtriser.* ». Cet entretien de la terreur tout le monde peut l'observer, nous pouvons y trouver les huit critères de la torture psychologique covidiste (*cf.* annexe n°29). Ces 8 critères sont connus depuis très longtemps et sont utilisés aujourd'hui systématiquement par les gouvernements mondiaux ; ce n'est rien d'autre que de la torture psychologique, ce qui rend les populations victimes de leurs gouvernants. Vous comprenez maintenant pourquoi les gens sont devenus extrêmement stupides ; ils sont tout simplement isolés, terrorisés, épuisés, confus..., ils ne comprennent absolument rien à ce qui leur arrive, ils veulent juste que ça cesse quel que soit le prix à payer : se vacciner 20 fois, porter le masque 24 heures sur 24, accepter le confinement...

L'exécutif qui nous dirige est clairement habité de très mauvaises intentions. Tout n'est que mensonge et mise en scène. Voir Emmanuel Macron soigneusement masqué à 2 m d'un écran pendant le Conseil de défense du 27 décembre 2021 au fort de Brégançon est une insulte à 67 millions de Français ; il avait omis de porter le masque et de respecter les distanciations au palais de l'Élysée lorsqu'il a fêté sa victoire avec le Variété Football Club le 14 octobre dernier ! Vous pouvez voir sur une vidéo[46] du *Parisien* plusieurs dizaines de participants danser et chanter tout en buvant des boissons alcoolisées, le virus n'existait plus.

Il faut bien que les Français comprennent qu'ils sont dirigés par des sociopathes sans foi ni loi, qui ne reculent devant rien, d'autant, que s'ils perdent, ils devront abandonner tous leurs privilèges.

D'un autre côté, nous vivons clairement dans une société malade, les jeunes ne veulent plus faire d'enfants, certains se stérilisent pour sauver la planète ! Les gens sont devenus tellement matérialistes et hédonistes qu'ils n'acceptent pas de faire des enfants sur une planète en difficulté. Il suffit de voir ce qui se passe sur Instagram ou sur Snapchat pour comprendre que la jeunesse est complètement larguée, totalement zombifiée. On remarque d'ailleurs l'absence des jeunes dans les manifestations du samedi, alors que cette jeunesse est certainement la plus grande victime de la gestion catastrophique de cette crise. Ils n'ont même plus assez de jugeote et de courage pour réagir.

Le responsable de cet état d'esprit, de ce nouveau paradigme nihiliste n'est rien d'autre que le matérialisme. Du coup, nous ne pouvons pas traiter de la question du covidisme sans parler de la problématique centrale de la spiritualité, plus exactement, de l'absence de spiritualité dans les sociétés occidentales. Il va falloir absolument traiter de ce sujet majeur qui explique cette panique généralisée, celui de la peur de la mort.

Prenons un exemple simple. Alors que la France possède des moyens infiniment supérieurs, au niveau de l'hôpital public, à ceux de l'Algérie étant donné que le budget de la santé en France est supérieur au PIB algérien, les rapports à la maladie de ces deux populations sont radicalement opposées. Pourtant, les seconds devraient avoir beaucoup plus peur du virus que les premiers qui ont les moyens de se faire soigner. Un nombre important d'Algériens sont décédés dans les hôpitaux par manque d'oxygène, ce qui est inconcevable en France même si ça arrive de plus en plus, au vu de la dégradation des moyens de l'hôpital. Pourtant, la population algérienne est l'une des moins vaccinée au monde avec un taux inférieur à 13 % de doublement vaccinés, malgré une propagande gouvernementale importante. L'état d'esprit de la population algérienne est également différent dans le sens où elle ne croit absolument plus au discours étatique qui ne peut être qu'incompétence, mensonges, tromperie et propagande. En France, malheureusement, malgré les très nombreux scandales d'État, un pourcentage important de personnes continue à penser que l'État est protecteur. De plus, avec 44 millions d'habitants, l'Algérie comptabilise 1 million de nouvelles naissances chaque année, 300.000 nouveaux-nés de plus que la France qui compte pourtant 67 millions d'habitants ! Malgré de graves difficultés et une inquiétante instabilité politique, les gens n'ont pas peur du lendemain, ils acceptent de vivre, font des enfants, manifestent par millions, sont d'une maturité politique assez impressionnante avec une jeunesse extraordinaire. D'aucuns penseront que s'il y a si peu de vaccinés, c'est à cause du manque de moyens et de doses disponibles, ce qui est totalement faux puisque le gouvernement algérien multiplie les appels à la vaccination, un stock de 13 millions de doses arrivant à expiration et exposé, du coup, à être détruit et jeté[47]. Cette différence radicale de comportement et d'action face à la crise sanitaire ne peut s'expliquer que par le rapport à la mort et la spiritualité.

Cette question de la spiritualité est d'autant plus importante que le Covidisme est une religion ou, du moins, s'impose comme telle avec des interdits, des blasphèmes qui peuvent coûter l'excommunication, s'exprimant par la marginalisation, voire l'exclusion de la vie sociale. Nous avons même pu entendre des médecins utiliser des termes assez curieux comme le « *vaccin est magique*[48] » comme le fera le Pr William Dab sur LCI face à Darius Rochebin. Le *Journal international de médecine* parlera de « *miracle* » dans un article[49] du 31 décembre 2020 en référence à une réussite de la campagne de vaccination israélienne alors qu'aujourd'hui tout le monde peut constater que c'est un lamentable fiasco, sachant qu'ils en sont à leur 4e dose en 12 mois ! Juste avant, le 13 novembre 2020, France Culture a titré[50] *Pfizer a-t-il créé le vaccin miracle ?...* N'est-ce pas Christine Lagarde qui nous a expliqué dans un tweet[51] du 5 septembre 2021 que le virus allait nous « hanter » tel un esprit revanchard ! Curieux choix de vocabulaire ! Celui qui ira le plus loin sera incontestablement le président du Conseil scientifique Jean-François Delfraissy dans une interview sur BFM le 24 janvier 2021 : « *On a affaire à un virus diabolique et beaucoup plus intelligent qu'on ne le pense* » ! Nous ne sommes pas loin du complot satanique pour exterminer l'humanité. Sans oublier les tentatives de divinations pour connaître le futur qui sera systématiquement sombre afin de manipuler les populations comme l'ont fait à de nombreuses reprises des religions à travers l'histoire.

Il est d'ailleurs très curieux de voir ces scientistes vaccinolâtres nous traiter d'obscurantistes alors qu'eux-mêmes ne sont rien d'autre que les nouveaux prêtres du Grand Temple Covidiste de la Suprême Trouille. Il n'y a jamais eu pires charlatans et rétrogrades que les adeptes du tout vaccinal dont les décisions ne se basent jamais sur des faits établis par la science mais sur de simples croyances, nous l'avons démontré à de nombreuses reprises.

La croyance en Dieu est devenue tellement taboue en France que certains s'autorisent à railler les croyants ! Un zététicien dont le nom m'échappe, avait fait une vidéo en se moquant à un moment donné de mes capacités intellectuelles, du fait que je sois musulman et donc croyant en l'existence de Satan. En dehors du fait que ce soit d'une intolérance folle, le paradigme moderne français a engendré des monstres. Ce qui est assez drôle c'est le fait que ce type de personne se prenne pour le nombril du monde en pensant être l'élite de l'humanité, la très petite partie la plus intelligente de tous. Faut-il leur rappeler que le pays le plus puissant du monde, qui domine la géopolitique, l'économie, la culture, l'informatique... est peuplé de croyants (les WASP et les catholiques) ! Sans oublier bien entendu de très grands scientifiques de l'histoire de l'humanité aussi bien anciens que modernes qui croient en Dieu, parmi eux Albert Einstein, ce dernier ne croyait pas au Dieu de la Bible mais en un Dieu créateur, un principe immuable harmonieux[52].

Ce rejet de la spiritualité par une partie de la population française adepte du scientisme positiviste est également assez curieux car, lorsque l'on sait que le pays tout entier est dirigé par la franc-maçonnerie[53] - il n'y a aucun ministère régalien qui ne soit pas dirigé par un franc-maçon -, qui n'est rien d'autre qu'un culte religieux pratiqué dans des loges bâties sur le modèle du temple de Salomon, un prophète biblique, on ne peut qu'être étonné par l'ignorance profonde de cette partie de la population. N'est-ce pas le franc-maçon et ex-ministre socialiste Vincent Peillon qui a fait la déclaration[54] suivante : « *Il faut que nous inventions, pour établir la république, une spiritualité, voire une religion spécifique. Ça germe donc dans les milieux républicains, beaucoup dans les milieux francs-maçons sous le second empire, [...] La république pour s'établir a besoin de former sa propre religion qu'ils vont appeler d'ailleurs, et ça c'est un paradoxe incroyable, en tout cas une surprise pour moi, la laïcité.* » ! Je vous renvoie à la lecture de mon premier livre *La faillite du monde moderne* pour plus de détails sur la franc-maçonnerie.

On a l'impression que l'être humain ne peut s'extraire de sa réalité spirituelle. Même en rejetant avec une violence inouïe les religions monothéistes, il suffit de quelques mois seulement pour qu'il retombe dans la spiritualité en en créant une nouvelle ! C'est assez comique à observer.

Je suis personnellement totalement indifférent aux croyances des uns et des autres. Chacun croit en ce qu'il veut, se pose ou non des questions existentielles, cherche ou pas des réponses. Cela dépend de beaucoup de paramètres, de son histoire familiale, de son éducation, des épreuves de la vie... chacun essaie de s'en sortir comme il peut. Il y a juste un comportement malhonnête et hypocrite de certains, consistant à attendre des jours de malheur pour commencer à croire et à chercher du réconfort, c'est le travers de tous les êtres humains que nous sommes. Il ne s'agit pas ici de faire du prosélytisme, Dieu n'en a pas besoin ; il s'agit d'étudier le paradigme scientifique moderne et le rôle qu'il a joué dans le maintien de cette crise sanitaire et le rôle qu'il va jouer dans l'écroulement final de cette modernité. Nous pouvons également observer que de nombreux croyants sont prompts à utiliser des arguments scientifiques pour démontrer l'existence de Dieu. Par expérience, ceci est totalement inutile. En réalité, afin de chercher quelque chose d'immatériel, il faut utiliser le langage immatériel, la métaphysique par exemple.

Ce qui est intéressant à observer aujourd'hui, depuis à peine une décennie, c'est que tout a été inversé, après que la science a été utilisée le siècle dernier pour démontrer l'inexistence de Dieu, les avancées technologiques ont été si importantes que la science aujourd'hui démontre l'existence de Dieu ; les preuves sont innombrables. Pour en parler, nous vous invitons à vous procurer le livre *Dieu. La science. Les preuves. L'aube d'une révolution*, publié aux éditions Guy Trédaniel par MM. Michel Bolloré et Olivier Bonnassies. Le premier est ingénieur en informatique, maître ès sciences et docteur en gestion des affaires. Le second est ancien élève de l'école polytechnique, diplômé de l'institut HEC. En réalité, je l'ai toujours affirmé, pour croire en Dieu, nul besoin de preuves matérielles, ça n'a pas de sens ; la croyance en Dieu est une question immatérielle, un privilège que seul Lui peut octroyer pour des raisons qui lui sont propres. Me concernant, la création me suffit amplement pour être certain qu'un créateur est à l'origine de ce que j'observe. Trois arguments, que je pense être très importants, pourraient clore à eux seuls le débat de l'existence divine : le nombre d'or, le fractal et le fait de retrouver le même modèle de la création aussi bien dans l'infiniment grand que dans l'infiniment petit. Ces trois points fondamentaux de la création ne peuvent pas être dus au hasard, c'est inconcevable. Comment expliquer que la beauté et l'harmonie créées par les proportions dorées puissent être reconnues et appréciées par l'œil humain au point d'être à la base de la civilisation, de l'Art... ? Mais ce que va nous apprendre le livre *Dieu. La science. Les preuves,* qui a nécessité trois ans de travail avec une vingtaine de scientifiques et de spécialistes de haute volée, c'est que les dernières découvertes de la mécanique quantique et les énormes avancées techniques des appareils de mesure prouvent maintenant clairement qu'une volonté créatrice a été à l'origine du cosmos. Les auteurs expliquent que le matérialisme qui n'était rien d'autre qu'une croyance comme une autre est en train de devenir une croyance totalement irrationnelle minée de contradictions. Prenons l'exemple de la mortalité de l'univers, c'est une preuve irréfutable et irréfragable dès le début de la création. Il y a d'ailleurs possibilité de démontrer que l'univers a un début et aura une fin. Sauf que le matérialisme nie la possibilité d'un début de l'univers car rien ne peut naître du néant absolu, il est donc condamné à exister depuis toujours. C'est un raisonnement binaire qui s'offre à nous car si on peut prouver que l'univers a un début, cela démontrerait l'existence de Dieu ; les récentes découvertes sur la mort thermique de l'univers vont terroriser beaucoup de positivistes athégristes ! Une autre conclusion s'impose : si l'univers est le début, étant donné sa merveilleuse complexité, il doit avoir une finalité. Toute cette débauche folle d'énergie, de beauté, de précision... se doit d'avoir une finalité.

Nous avons donc une multitude de démonstrations qui prouvent que le monde a un commencement, qu'il a donc un créateur et qu'il aura une fin. Pourtant, les adeptes du matérialisme nihiliste continuent de refuser de prendre en considération ces preuves à l'instar des covidistes, qui malgré les nombreuses preuves de la non dangerosité du variant Omicron continuent de faire accroire aux gens que l'on va tous mourir, ce qui est parfaitement illustré par les déclarations[55] de Dominique Castagliola qui parle de « *roulette russe* », concernant la gestion de la crise sanitaire par le gouvernement, ce sont d'ailleurs les mêmes.

Si l'univers va s'éteindre comme une bûche dans une cheminée, ça veut tout simplement dire qu'il a été allumé et qu'il a donc un début, reste à savoir qui a allumé la bûche ? il n'est pas concevable que cette bûche se soit allumée toute seule à cet endroit, car il faut préalablement la découper et la transporter après l'avoir laissée sécher. Ensuite, il va falloir la mettre dans la cheminée et allumer le feu qui nécessite un certain savoir-faire. En réalité, l'univers est basé sur un certain nombre de constantes physiques extrêmement précises comme la constante de Planck par exemple : $h = 6{,}6360 \times 10^{-34}$ JS. On parle ici de 34 zéros après la virgule ! S'il survenait une erreur sur un seul zéro, le monde s'écroulerait sur lui-même. Rien ne peut expliquer une telle précision, et encore moins le hasard car les chiffres sont vertigineux, ils ne sont pas concevables par un esprit humain.

Mais là où ça devient encore plus spectaculaire, infiniment plus intéressant et carrément prodigieux c'est lorsque l'on passe de l'infiniment grand à l'infiniment petit biologique, la cellule « eucaryote » humaine par exemple. Nous allons avoir un plus haut degré de complexité, dans un très petit volume de surcroît. Il suffit d'étudier et de décrire une cellule humaine pour comprendre à quel point le hasard n'a pas sa place dans le monde vivant. Déjà, encore une fois, à l'instar de l'infini qui est inconcevable par un esprit humain, il est difficile d'admettre que deux brins d'ADN de 2 m de long soient dans un noyau qui est lui-même contenu dans une cellule qui fait 20 microns c'est-à-dire 20/1000e de millimètre de diamètre ! Ensuite, vous avez toute une machinerie extrêmement complexe équivalente à une grande métropole comme Paris ou New York : la mitochondrie pour l'énergie, les ribosomes qui fabriquent les protéines, les réticulums endoplasmiques rugueux et lisses et l'appareil de Golgi qui fabriquent et modifient les protéines, tout le cytosquelette qui permet le transport des molécules... tout ceci en interdépendance totale. Certains scientifiques estiment à 1 million par seconde le nombre d'opérations chimiques réalisées dans une cellule ; ces opérations vont conditionner les suivantes et ainsi de suite avec une interconnexion également entre les cellules, le système nerveux central, bien entendu la vascularisation qui va amener la matière première nécessaire à la vie cellulaire (O_2, sucre, lipides, acides aminés, vitamines, oligo-éléments...) et dégager tout ce qui a été catabolisé (les déchets) ! Ceci est loin d'être exhaustif, très loin même d'autant que nous avons également des cellules spécialisées (neurones, cellules hépatiques, rénales, bâtonnets rétiniens, cellules immunitaires défensives...), indispensables à la vie et d'une très grande diversité. Nous avons donc des milliers de milliards d'opérations chimiques qui se réalisent chaque seconde dans tout le corps humain et la moindre erreur d'encodage dans l'ADN va donner des cellules cancéreuses qui peuvent être mortelles et cela n'arrive que très rarement malgré notre environnement empoisonné ; là encore, le hasard n'a pas sa place dans cette complexité. D'aucuns ont essayé de calculer la probabilité que la vie sur terre soit apparue par hasard, le résultat obtenu n'a plus aucun sens mathématique. En réalité, il est beaucoup plus sage et sain d'esprit de croire en l'existence d'un créateur que l'inverse, en se basant tout simplement sur les preuves physiques et en utilisant la science la plus dure et la plus pure, la mathématique.

Ce qui est encore plus vertigineux c'est le fait de savoir que l'infiniment petit n'a pas de limite dans la petitesse, plus on agrandit l'image et plus il y a des choses à découvrir ; c'est d'ailleurs encore une fois le principe du fractal. Autre point, loin d'être anecdotique, comment expliquer que l'infiniment grand galactique nous montre des étoiles organisées en colimaçon dont les proportions sont respectueuses du nombre d'or puis retrouver ces mêmes proportions harmonieuses dans la fleur de tournesol, la pomme de pin, les cornes d'un bouc ou tout simplement les proportions de votre visage ou de votre main ? En réalité, c'est très simple à comprendre, il suffit de lire une vingtaine de pages pour saisir l'essentiel et pourtant un grand nombre de nos contemporains le refuseront.

Il ne reste à Macron qu'une seule porte de sortie pour gagner la présidentielle, celle du *bouc émissaire*. Stratégie médiévale dangereuse car elle risque de disloquer définitivement la société française qui est déjà gravement fracturée. Au même moment, il se présente comme un porteur de lumière en mettant en place sa Commission contre le complotisme ; énième contradiction lourde que les journalistes et experts toutologues vont encore ignorer.

À quelque chose malheur est bon, dit-on à juste titre, et cette crise politique est en fin de compte une bonne chose, car elle permet de remettre l'église au milieu du village. Elle nous oblige à faire table rase du passé et nous incite à prendre notre temps, à faire ce que nous n'aurions jamais pu faire si on avait continué avec notre routine quotidienne. Il n'était plus possible de continuer à vivre ainsi, ça n'avait plus de sens.

Tout le monde arnaque tout le monde à longueur de journée, les médias mensonges possédés par des milliardaires continuent de dépenser 2 milliards d'euros d'argent public chaque année pour nous mentir et les politiciens qui nous dirigent multiplient les scandales et les condamnations judiciaires (*cf.* chapitre II). Le système s'écroulait sous nos yeux : la justice, la police, l'école, l'hôpital, la famille, l'administration, les médias, le monde politique... ; c'est dans l'ordre des choses en fin de compte.

Que faire ?

Cette crise était nécessaire et obligatoire, elle est vitale.

Combien de documentaires avons-nous vus concernant des arnaques et des escroqueries ! Tout le monde sait que le milieu de la restauration, à une très grande majorité, ne fait que vendre des produits industriels en indiquant fallacieusement sur les ardoises que c'est fait maison. Qu'en est-il de Big Pharma et des dizaines de milliers de salariés - 99.310 selon le lobby du Leem[56] - qui vendent de la mort tous les jours. Le monde de la banque, de l'assurance et des des syndics de propriétés n'est rien d'autre qu'escroquerie et fourberie à longueur de temps. Le monde de la publicité n'est que mensonge et manipulations. L'univers de l'information et du journalisme n'est rien d'autre que propagande et tromperie. Le monde de la santé a brillé par son incompétence et sa lâcheté depuis maintenant 2 ans. Depuis des décennies, les paysans français vendent à leurs consommateurs des produits toxiques et cancérigènes, après avoir pollué la quasi-totalité de l'environnement. Les constructeurs automobiles ont trafiqué les ordinateurs de bord pour leur permettre de détecter le moins possible de pollution émise par leurs moteurs et ainsi polluer encore plus l'atmosphère. Tous les constructeurs de produits électriques, électroniques, jouets, meubles... fabriquent depuis des années des objets défaillants conformément à la politique de l'obsolescence programmée. 1.200.000 salariés de l'Éducation nationale - 50 milliards d'euros de budget annuel - fabriquent chaque année près de 800.000 bacheliers illettrés, certainement le pire scandale ! À ce désordre interne, faut-il ajouter le mal que nous multiplions à l'étranger : vente d'armes en toute illégalité à l'Arabie Saoudite afin de continuer à bombarder le Yémen et tuer des centaines de milliers de civils. Pillage des ressources naturelles africaines - cacao, uranium, pétrole, gaz, or, terres rares... - via la mise en place de gouvernements corrompus aidés militairement par l'Élysée. Destruction de la Libye par Nicolas Sarkozy qui a déstabilisé toute la région et permis la mise en place de groupements terroristes et l'ouverture de frontières facilitant des déplacements massifs de migrants. En remontant un peu plus dans le temps, on peut ajouter le cas de l'Irak, détruit à deux reprises, ce qui a permis l'installation de Daech... Après autant de crimes et de massacres, le retour du boomerang s'est peut-être fait attendre, mais il est là aujourd'hui et on se le prend en pleine figure.

S'informer et informer les autres

La première chose à faire, l'arme la plus redoutable et la plus efficace reste la science, le savoir. Il est inconcevable de gagner une bataille si on ne connaît pas son ennemi, si on ne sait même pas que l'on est en guerre, ce qui est le cas d'un grand nombre de nos concitoyens. Il faut en premier lieu s'instruire soi-même, faire l'effort de lire, voir des conférences et il faut dire qu'elles sont nombreuses sur Internet. Vous pouvez également trouver un nombre incalculable de livres à lire gratuitement sur le Net. Il est d'ailleurs assez consternant de constater à quel point le savoir est facilement accessible aujourd'hui et en même temps à quel point les gens sont ignorants. Ceci démontre qu'il ne s'agit pas d'une question de moyens, mais de volonté personnelle. Une carte d'abonnement à la bibliothèque municipale ne dépasse pas les 20 € par an, elle est gratuite pour les étudiants et les chômeurs. Il faut également s'entourer de gens intéressants, il faut fréquenter les gens qui vous élèvent et qui vous apportent tous les jours quelque chose de positif. Ensuite, après avoir accumulé un certain savoir, il faut immédiatement penser à le partager autour de soi. Il y a moyen de partager la connaissance, par la discussion avec un ami ou un voisin en lui proposant la lecture d'un livre ou la visualisation d'une conférence intéressante. Vous pouvez également penser à tracter, coller des affiches, si vous en avez les moyens techniques et les compétences, réaliser des vidéos, écrire des textes, des articles à diffuser sur Internet... La lecture d'un seul livre peut révolutionner le monde. Bien entendu, c'est capital, voire vital, il faut absolument promouvoir et développer l'école à la maison ; laisser les enfants s'abrutir au sein de l'école de la république est tout simplement indigne et suicidaire.

L'instruction se base sur deux principes. L'aspect quantitatif qui consiste à lire le maximum de livres afin de cumuler un savoir important et varié. Il n'est pas question non plus de croire tout ce que l'on lit, il faut vérifier systématiquement les faits, les croiser et en discuter avec d'autres personnes. Le second aspect est justement qualitatif. Après avoir analysé tant d'informations et cumulé tant de savoir, il faut être capable de réaliser des synthèses afin de rassembler les informations éparses et leur donner un sens. Le système de santé est intimement lié à l'économie qui est elle-même liée aux décisions politiques qui seront influencées par le lobby pharmaceutique ; ceci aura des conséquences dans le monde réel, pouvant être dramatiques sur les patients mais également sur les professionnels de santé. Afin de régler un problème, il faut s'attaquer à la cause, non pas à la symptomatologie.

L'instruction nous permet également de savoir que nous ne sommes pas seuls et que parmi les meilleurs esprits actuels, certains sont convaincus de la mascarade sanitaire comme le démontre M. Jean-Pierre Luminet, astrophysicien de renom, conférencier, écrivain et poète français, spécialiste mondial des trous noirs et de la cosmologie qui a publié sur sa page Facebook le texte titré *Alternons hauteurs célestes et bassesses terrestres* (*cf.* annexe n°30) : « *Ce que nous traversons collectivement depuis bientôt deux ans, et qui ne pourra s'arrêter qu'à l'issue d'une insurrection ne passant pas par des urnes truquées d'avance, ressemble à une gigantesque entreprise de contrôle social et de soumission de la population, à l'instar de la fameuse « Expérience de Milgram »* ».

S'unir. Créer des réseaux

Cela a été répété à de nombreuses reprises dans les pages qui précèdent, la division est l'arme la plus dangereuse de nos adversaires. Les élites décadentes ont depuis des années, des décennies, fait tout ce qui était en leur pouvoir pour diviser la population. La stratégie a commencé par la destruction des familles et l'explosion des divorces en fragilisant les couples et ce grâce à la télévision, une certaine littérature ainsi que la presse people. M. Patrick Buisson le démontre dans son dernier livre *La Fin d'un monde*, (éd. Albin Michel, 2021, 528 pages), en quelques années seulement un nouveau modèle s'est imposé ayant eu des conséquences dramatiques sur l'équilibre de la société. C'est toujours la même stratégie, la même technique. Le système va inoculer dans la tête de ses cibles des idées subversives qu'elles croiront avoir eues naturellement, d'elles-mêmes. Lorsque la propagande des entreprises américaines de tabac va décider d'agrandir et doubler son marché en faisant fumer la gent féminine, elle saura utiliser la télévision afin de faire croire aux femmes que fumer c'est super cool ! On apprendra quelques décennies plus tard que cette pratique est cancérigène, voire mortelle et extrêmement dangereuses pour les fœtus... mais c'est trop tard, le mal est déjà fait. Ensuite, ce sera la destruction du lien entre les parents et les enfants. Les médias ont ensuite créé le concept de l'adolescent révolté qui, je le rappelle, n'existe qu'en Occident ; ce curieux concept n'existe pas en Orient. Il sera présenté comme extrêmement cool de se révolter contre ses parents qui sont super méchants car ils lui demandent de ranger sa chambre ou de réviser ses leçons et faire ses devoirs. On le voit clairement dans les séries américaines ; systématiquement, le grand baraqué beau gosse qui séduit la plus jolie blonde du lycée est aussi le plus stupide du lycée. La société moderne est devenue extrêmement conflictuelle ce qui est une anomalie car nous sommes censés vivre dans l'opulence, rien ne manque.

Il faut donc contrer cette stratégie de la division et de l'atomisation de la société en individus fragilisés en recréant du réseau, l'union fait la force. Il faut bien sûr se rapprocher de sa propre famille, renouer les liens, revenir aux fondamentaux. Il faut ensuite créer du réseau local de voisinage, entre amis... afin de résister plus facilement aux difficultés du quotidien ; il faut le faire le plus vite possible car cela nécessite du temps de créer des liens durables. Internet peut être d'une grande aide dans la création de ces réseaux à condition de sortir très vite du virtuel pour revenir dans le monde réel. Si on prend l'exemple de cette crise sanitaire et l'extrême difficulté pour les malades de trouver, par exemple, de l'ivermectine pour se soigner, le réseau peut le permettre sans grande difficulté via un simple coup de fil. Étant donné la crise économique qui arrive et à laquelle nous avons consacré tout un chapitre, le réseau sera également d'une grande aide. Il faudra également songer à remettre au centre de nos relations commerciales le troc. Il ne sera pas question uniquement d'échanger de la marchandise mais également des compétences. Il est préférable de se faire aider par un ami électricien ou mécanicien en cas de besoin que de réaliser un devis à 1500 € dont une grande part ira en charges, pas du tout dans la poche de l'artisan ! Les sociétés africaines fonctionnent ainsi depuis longtemps et c'est ce qui leur permet de survivre dans des environnements hostiles, étant gouvernés par des truands. De plus, absolument personne ne peut vous en empêcher tandis que l'argent est traçable et que l'État mafieux peut y mettre son nez à tout moment.

Mais ce qui est le plus important dans le fait de s'entourer de gens compétents, intelligents, travailleurs, humains, c'est de se retrouver entouré de gens de bien qui soient sur la même longueur d'onde, c'est très important pour l'équilibre psychique. On ne peut pas se séparer du monde, se couper de notre environnement qui est malheureusement plein de covidistes, il faut donc pouvoir se ressourcer dans un milieu sain, normal, vivant ; autrement il en va de notre propre santé.

Se préparer au pire

Loin de nous la volonté de tomber dans l'excès du survivalisme à l'américaine qui consiste à se préparer à une guerre mondiale en creusant des bunkers et en réalisant des stocks alimentaires pour tenir 10 ans. Il ne s'agit pas de cela, il s'agit de se préparer comme le faisaient les générations précédentes pendant des siècles. Il n'est pas concevable qu'une famille ne possède pas plus de 3 jours de nourriture à la maison, ce n'est pas sérieux. Pour le reste : énergie, électricité, produits ménagers, argent de côté...

Nous savons qu'un effondrement économique majeur nous pend au nez, nous savons que les distributeurs automatiques de billets seront très vite vidés. Nous allons donc commencer par le nerf de la guerre, l'argent. Il faut avoir le minimum d'argent sur son compte courant, juste le nécessaire pour payer ses factures. Il est essentiel d'avoir des liquidités chez soi, afin de pouvoir réagir rapidement en cas de crise. Il faut également acheter dès que possible de l'or, des petites pièces d'or disponibles sur le marché (Napoléon, croix suisse, Louis, 50 pesos mexicains...). En effet, en cas de crise nous risquons de devoir faire face à une dévaluation importante et rapide de la monnaie papier tandis que les métaux précieux comme l'or ou l'argent vont monter en flèche ; c'est une règle millénaire, c'est ainsi que fonctionne l'humanité depuis toujours et ce n'est pas demain que cela risque de changer. En cas de crise de ce type, vous imaginez bien que les cryptomonnaies seront totalement inutiles.

Concernant l'alimentaire, il faut avoir au moins de quoi tenir trois mois et c'est très simple à réaliser et peu coûteux. Il suffit de prendre 2 heures de son temps pour aller récupérer au supermarché le plus proche des pâtes, du riz, du sucre, le sel, les épices, du café, du miel, de la farine, des conserves, du lait en poudre, de l'eau filtrée... le tout sera de vérifier les dates de péremption afin qu'elles soient les plus éloignées possible. Si rien ne se passe pendant ce temps, il vous sera toujours loisible de les consommer tout en reconstituant votre stock. Sachant à quel point le prix des denrées flambe, vous ne pourrez que réaliser une sacrée économie. Il faudra penser à faire de même avec les produits d'hygiène, une armoire à pharmacie complète et à jour...

Pour ceux qui ont un peu de chance et qui habitent à la campagne ou ont un bout de terrain en ville, il faut systématiquement penser à planter des arbres fruitiers ainsi que des légumes. Pourquoi pas mettre en place un poulailler voire un clapier. Il faut rapidement le faire car ça demande un certain temps pour cueillir sa première récolte ou apprendre à élever correctement des poules. Certains arbres fruitiers ne nécessitent absolument aucun entretien et donnent chaque année, pour certains, des centaines de kilos de fruits, pourquoi s'en priver d'autant que le prix d'un kilo de fruits est aujourd'hui rarement en dessous des 3 €, le double pour les produits bio !

Faut-il rappeler que Cuba a résisté à un embargo de plusieurs décennies de la part des USA en ayant eu l'idée de planter des légumes et des fruits sur les toits de tous les bâtiments, sur les balcons... Même en ville, alors que la terre est rare, le fait de planter des légumes dans des bacs peut donner des résultats spectaculaires. C'est simple, Cuba est devenu le premier pays au monde en culture urbaine biologique[57] ; certaines villes sont autonomes en légumes à plus de 85 % ! Ce n'est pas du bricolage mais une façon de pouvoir se nourrir avec des aliments frais qui sont cueillis à quelques centaines de mètres de chez soi, gorgés de vitamines et qui ne nécessitent pas des transports de plusieurs milliers de kilomètres ! Bien entendu, le réseau vous permettra de compléter ce qui vous manque en cas de nécessité ou, au contraire, de pouvoir lui venir en aide.

Concernant la terre, nous vous invitons à lire l'excellent livre du couple Claude et Lydia Bourguignon, *Le sol, la terre et les champs* (éd. Sang de la Terre-Medial, 2022, 256 pages). On apprend dans cet ouvrage majeur que la terre peut être réparée quelle que soit sa situation. Nul besoin de matériel sophistiqué ou de matériaux coûteux, c'est souvent avec des astuces gratuites que nous avons les résultats les plus efficaces.

Sécession

L'État s'est transformé au fil des années en monstre aussi incompétent qu'insatiable, incapable d'apporter le moindre bien-être à la société. D'ailleurs, au cours d'une discussion tenue avec mon père il y a quelques décennies, il m'a dit que s'il n'y avait pas de gouvernement - il parlait de l'Algérie -, le pays irait beaucoup mieux. La Belgique en a fait l'expérience puisqu'elle a vécu près de 2 ans sans gouvernement[58], 541 jours entre 2019 et 2020, ce qui n'a pas conduit à la ruine du pays bien au contraire. Les gouvernants détruisent systématiquement chaque jour ce qui fonctionne depuis des décennies. Les députés votent toujours plus de lois et de réglementations qui freinent toute initiative. Pire encore, cet État qui est censé gérer correctement les affaires des citoyens devient vorace puisqu'il ponctionne plus de 50% du PIB[59], de la richesse du pays tout en répétant à longueur de journée, dès que possible, sur les médias que les caisses sont vides et qu'il faut toujours plus de taxes, de cotisations, toujours plus d'impôts. Bien sûr, plus vous payez d'impôts et moins il y a de service public. Nous en sommes à près de 250 milliards d'euros de dépenses de santé avec un hôpital public moribond et des déserts médicaux de plus en plus nombreux et vastes ; c'est à se demander où va l'argent !

Nous avons édité il y a trois ans un livre de M. Paul-Éric Blanrue, *Sécession. L'Art de désobéir* (éd. Fiat Lux, 304 pages). Il était question dans ce livre justement du concept de *sécession* qui est devenu la seule solution possible et souhaitable afin de sortir de ce chaos et de la mainmise de cet État ; c'est d'autant plus urgent que nous observons actuellement la fin de l'État de droit depuis deux ans, ce qui lui ôte toute crédibilité. À partir du moment où le gouvernement piétine, en une seule décision, tout autant le code pénal, que le code de santé publique, la constitution et les différentes conventions et accords internationaux signés, il ne doit plus être respecté ; bien au contraire, il doit être combattu, dénoncé et rejeté avec détermination.

L'auteur du livre revient justement sur l'anomalie de l'État moderne, sa volonté de tout détruire, freiner, complexifier, décourager... Il appelle à s'opposer à l'hyperclasse mondialiste qui détient le pouvoir réel. Se séparer des normes morales officielles et des institutions officielles financées par l'État donc avec notre argent. Selon lui, des parasites ont pris possession de l'État et du coup, des ressources du Trésor public, ce qui a pour conséquences de faire exploser les taxes et les impôts : 483 impôts, contributions, cotisations et taxes[60]. Sans oublier les 400.000 normes, 125.000 décrets et 10.500 lois, 3756 pages dans le code du travail ! Il faut absolument lire le livre *Normes, réglementations… Mais laissez-nous vivre !* (éd. Plon, 2020, 318 pages) de Marie de Greef-Madelin et Frédéric Paya pour comprendre à quel point le législateur français est devenu fou, la bureaucratie à la française est dangereuse. Selon les auteurs, cette débauche de textes légaux coûte aux Français 60 milliards d'euros, chaque année[61] ! Quel est le salarié ou le chef d'entreprise français qui comprend comment fonctionne une fiche de paie, qu'il lève la main ! La situation empire chaque année vu les nouvelles lois, normes, règles... qui seront proposées par le gouvernement.

De plus, il y a tout de même une réflexion importante à faire concernant la démocratie. Il me semble évident qu'il est illogique d'accepter le résultat des urnes lorsque la moitié seulement des votants plus 1 voix a gagné ! C'est d'autant plus inacceptable lorsqu'il s'agit de lois lourdes de sens qui modifient complètement le paradigme civilisationnel (PMA, GPA, mariage pour tous, filiation, euthanasie...). Il est impossible d'accepter le résultat des urnes à l'Assemblée lorsqu'une loi est votée à 3 heures du matin avec moins de 10 % des députés présents ! Dès que le parti vainqueur est au pouvoir, il va s'atteler à manipuler les manettes qui lui permettront de conditionner le public. L'école est le principal outil de propagande ; viennent ensuite les médias mais également les associations ; les Français ignorent que ces dernières touchent 42 milliards[62] d'argent public par an ! L'État, les ministères, les régions, les départements, les communes... versent cette somme spectaculaire aux 1,3 million d'associations françaises (21 milliards d'euros sous forme de subventions directes et 21 autres milliards sous forme de commandes du secteur public ! Il n'est pas question ici de revenir sur l'utilité d'un grand nombre de ces associations, il nous semble capital d'informer le citoyen français que sur ces 1,3 million d'associations, seulement 200 d'entre elles vont toucher 70% de ces 42 milliards ! Ayant suivi, en tant que Marseillais, l'activité associative et politique locale, nous savons que ces associations servent aussi à faire du clientélisme afin de s'assurer la victoire lors de prochaines élections.

D'aucuns vont défendre le référendum d'initiative citoyenne ou RIC. L'exemple de la Suisse[63] qui a voté oui pour les restrictions sanitaires fin novembre 2021 ne peut que refroidir les ardeurs de certains. En effet, un peuple effrayé, terrorisé et inculte ne peut que mal voter. De plus, si certains veulent des restrictions, ils n'ont pas à les imposer aux autres ; la mise en place de ce RIC est totalement absurde et n'a pas lieu d'être. En réalité, la liberté doit être totale pour tous, sauf en ce qui concerne les grands principes (vol, meurtre, viol...) et nul ne peut imposer aux autres ce qu'il considère comme réconfortant pour lui.

Les lois communes doivent être peu nombreuses, extrêmement limitées, conformément à un principe de droit connu « *La liberté doit rester la règle, les restrictions l'exception* ». D'ailleurs, dans une société constituée de personnes civilisées, nul besoin de légiférer pour bien se comporter. Malheureusement, l'État dépasse toutes ses prérogatives, il veut se mêler absolument de tout : de l'éducation sexuelle de vos enfants, de la réécriture des manuels d'histoire, du calibre des courgettes et des tomates mais également des œufs, de la morale, de la culture, de la quantité de viande que vous allez manger, du moteur de votre voiture, du nombre de douches que vous devrez prendre chaque jour, des vaccinations que vous devrez effectuer... ; c'est véritablement une anomalie historique, du jamais vu. Il est d'ailleurs assez comique de constater que de nombreux Français croient qu'à l'époque des rois, la vie était plus difficile et plus réglementée alors que c'est exactement l'inverse. Les impôts et les taxes étaient infiniment inférieurs à ce que nous constatons aujourd'hui par exemple. D'ailleurs, les citoyens de l'époque se révoltaient pour beaucoup moins que ce que nous supportons aujourd'hui.

Ainsi, le meilleur moyen de s'en sortir est de créer sa propre communauté et de faire sécession d'avec l'État, sans demander la permission d'ailleurs car il est important de comprendre que la liberté ne se monnaie pas et ne se négocie pas. Bien entendu, il n'est pas question ici d'une sécession territoriale, pas du tout. Il s'agit de réaliser une sécession politique pour mettre fin à cette tyrannie d'une rare stupidité, représentant un réel danger pour la stabilité de la société. Il suffit de se réunir entre gens de bonne volonté qui se mettent d'accord sur les mêmes grands principes afin de mettre en place ce projet de vie commune. Ils se rendront vite compte que l'organisation mise en place va leur coûter dix fois moins cher que ce que demande l'État à tous les niveaux : sécurité, école, santé...

Économiquement, les solutions existent, des dizaines de monnaies locales[64] circulent en France depuis plus d'une décennie. À ce jour, il en existe exactement 82 en France - Gonette, Doume, Gentiane, Galais, Épi... - impliquant plus de 10.000 professionnels et 40.000 particuliers séduits par la démarche. La bonne nouvelle est que cette option a de nombreuses vertus puisqu'elle va permettre un changement du mode de consommation des citoyens en préférant la production locale à la camelote chinoise ! Rien de tel pour mettre fin à l'obsolescence programmée. Celle-ci va également permettre de recréer du lien car il est beaucoup plus humain d'entrer en contact avec des producteurs locaux que d'aller pousser un caddie pendant 2 heures dans la grande surface du coin ! La mise en place d'un tel projet va démontrer aux gens à quel point l'escroquerie monétaire du dollar ou de l'euro est phénoménale ! C'est un moyen de reprendre en main sa destinée car il s'agit bien là du nerf de la guerre, du point névralgique le plus important que tout le monde veut contrôler (banksters et états).

En réalité nous n'avons pas le choix, car l'État est en train de s'effondrer littéralement sous nos yeux. Nous l'avons vu lors de la crise des Gilets jaunes, il se fallait de peu pour que l'Élysée tombe, ce qui avait fait dire à Jean-Michel Apathie : « *L'État tient à un fil et ce fil c'est la police* » ! Tout ceci est très instable d'autant que le gouvernement et les politiciens en général ont perdu toute crédibilité, il suffit de voir les taux d'abstention toujours plus élevés à chaque élection. Au lieu d'attendre l'effondrement et de le subir, il serait beaucoup plus profitable pour tous de le préparer afin d'absorber l'onde de choc et de redémarrer sur de meilleures fondations.

L'année 2022 sera singulière, elle risque de secouer, c'est même une certitude. Comme l'exprimait, à juste titre, Antoine de Saint-Exupéry : « *Pour ce qui est de l'avenir, il ne s'agit pas de le prévoir, mais de le rendre possible.* », il faut se préparer à ce qui va advenir et également semer les graines d'un avenir meilleur afin de le rendre possible.

En attendant la Providence.

Salim Laïbi, 17 janvier 2022.

Notes de fin

1. https://emakrusi.com/video/rencontres-sur-le-terrain-dr-odile-ouachee-trousse-de-soin-covid-24-06-2021/
2. https://www.lelibrepenseur.org/le-morticole-cathodique-bruno-megarbane-passe-a-la-tele-jour-et-nuit/
3. https://www.lefigaro.fr/flash-eco/omicron-les-pays-riches-mis-en-garde-par-l-oms-contre-une-ruee-sur-la-3e-dose-20211209
4. Article 36 (article R.4127-36 du code de la santé publique) :
Le consentement de la personne examinée ou soignée doit être recherché dans tous les cas. Lorsque le malade, en état d'exprimer sa volonté, refuse les investigations ou le traitement proposés, le médecin doit respecter ce refus après avoir informé le malade de ses conséquences. Si le malade est hors d'état d'exprimer sa volonté, le médecin ne peut intervenir sans que la personne de confiance, à défaut, la famille ou un de ses proches ait été prévenu et informé, sauf urgence ou impossibilité. Les obligations du médecin à l'égard du patient lorsque celui-ci est un mineur ou un majeur faisant l'objet d'une mesure de protection juridique sont définies à l'article R. 4127-42.
5. https://www.has-sante.fr/jcms/p_3306955/en/covid-19-deux-recommandations-pour-contrer-omicron-et-ses-consequences
6. https://www.lindependant.fr/2021/12/22/covid-apres-israel-lallemagne-juge-necessaire-une-4e-dose-de-vaccin-10008351.php
7. https://crowdbunker.com/v/Aq0RKYrx
8. https://www.youtube.com/watch?v=Or5KmoQhkdM
9. https://www.mdpi.com/2673-947X/1/1/1/htm
10. https://www.thelancet.com/journals/lancet/article/PIIS0140-6736(21)02243-1/fulltext
11. https://www.20minutes.fr/sante/3203447-20211222-coronavirus-marseille-prescriptions-hydroxychloroquine-ihu-illegalite-selon-ap-hm
12. https://www.lelibrepenseur.org/gilbert-deray-a-pete-un-cable-sur-cnews-ca-nexiste-pas-limmuniça reste ça reste néanmoins complot une machination soit parce que comment dire ça reste un complot signé mais utilisateur remplaçant le terme machination mercite-naturelle/
13. https://www.facebook.com/watch/?ref=external&v=447859866777731
14. https://frontpopulaire.fr/o/Content/co727663/le-droit-d-etre-sceptique
15. https://www.lefigaro.fr/vox/societe/covid-19-voulons-nous-vivre-a-vie-sous-un-regime-de-restrictions-de-libertes-20211223
16. https://www.lefigaro.fr/vox/societe/muriel-fabre-magnan-l-etat-de-droit-est-il-malade-du-covid-19-20211221
17. https://www.ouest-france.fr/sante/virus/coronavirus/covid-19-les-allemands-seront-vaccines-gueris-ou-morts-a-la-fin-de-l-hiver-9224ceb2-4b7a-11ec-86fe-f93f315cdcf6
18. https://www.lelibrepenseur.org/omicron-presente-un-risque-dhospitalisation-reduit-de-80-en-afrique-du-sud/
19. https://www.lci.fr/sante/cinquieme-vague-coronavirus-vaccination-des-enfants-de-5-a-11-ans-contre-le-covid-19-les-rendez-vous-partent-comme-des-petits-pains-assure-olivier-veran-2205400.html
20. https://www.lelibrepenseur.org/martin-hirsch-omicron-est-un-sniper-qui-des-quil-a-une-cible-devant-lui-il-la-tire/
21. https://www.lelibrepenseur.org/caroline-fourest-qui-na-pas-denfant-culpabilise-les-

parents-en-multipliant-les-mensonges/
22. https://www.youtube.com/watch?v=VY8hyPQxeYo
23. https://cdn.lelibrepenseur.org/wp-content/uploads/2021/12/29112329/Ecole-LA-USA-vaccine-enfants-sans-conscentement-des-parents.mp4
24. https://qg.media/2021/08/30/tribune-a-t-on-encore-le-droit-dexercer-son-esprit-critique-en-france/
25. https://www.francesoir.fr/videos-lentretien-essentiel/ne-faisons-pas-un-remede-pire-que-le-mal-entretien-essentiel-avec
26. https://cdn.lelibrepenseur.org/wp-content/uploads/2021/12/26142039/Dr-Christian-Velot-dose-rappel-vaccin-covid19.mp4
27. https://presse.inserm.fr/doses-de-rappel-covid-19-debut-des-inclusions-de-lessai-coviboost/44358/
28. https://www.lelibrepenseur.org/le-pr-jean-michel-claverie-alerte-sur-linefficacite-de-la-vaccination-covid-19/
29. https://www.lelibrepenseur.org/pr-claverie-virologue-ce-vaccin-est-une-escroquerie-un-echec/
30. https://www.ameli.fr/paris/assure/covid-19/symptomes-gestes-barrieres-cas-contact-et-isolement/en-cas-de-contact-avec-une-personne-malade-du-covid-19
31. https://www.francetvinfo.fr/sante/maladie/coronavirus/variant-omicron/covid-19-pourquoi-le-gouvernement-entend-assouplir-les-regles-disolement-avec-le-variant-omicron_4892397.html
« **Variant Omicron : isolement obligatoire des cas contact d'une personne contaminée par ce nouveau variant.** Si l'Assurance Maladie vous a contacté et informé que la personne positive était susceptible d'être atteinte du variant Omicron, les règles d'isolement et de test sont spécifiques : compte-tenu de la particularité de ce variant, vous devez vous isoler immédiatement pour 7 jours (ou 17j si vous partagez son domicile), et ce même si vous êtes totalement vacciné, si vous réalisez un test antigénique (TAG) et que ce dernier est positif, vous devez faire un test RT-PCR de confirmation qui permet d'identifier l'existence d'un variant, vous devez prévenir vos propres contacts du risque encouru afin qu'ils se testent immédiatement et renforcent leurs gestes barrières. »
32. https://dailysceptic.org/2021/12/11/return-of-the-jedi-rebel-alliance-in-house-of-commons-prepares-for-battle-over-vaccine-passports/
33. https://www.youtube.com/watch?v=_x-eozrCCNM
34. https://france3-regions.francetvinfo.fr/provence-alpes-cote-d-azur/alpes-maritimes/covid-monaco-lance-un-pass-serologique-permettant-de-retarder-la-3e-dose-de-vaccin-2371783.html
35. https://www.bfmtv.com/sante/professeur-eric-caumes-on-a-des-vaccins-qui-sont-probablement-plus-efficaces-que-l-immunite-naturelle_VN-202105280105.html
36. https://twitter.com/franceinter/status/1474273116717211664
37. https://www.dailymotion.com/video/x86i4pr
38. https://twitter.com/drkronbernard/status/1474716212248690693
39. https://odysee.com/194150304_LLE-13---Dr-Bernard-Kron:a
40. https://twitter.com/renaudpila/status/1474290889694629893
41. https://www.huffingtonpost.fr/entry/covid-19-pourquoi-mepriser-les-antivaccins-nest-pas-une-solution_fr_61163569e4b0454ed70c6ead
42. https://arxiv.org/pdf/2101.07993.pdf
43. https://guyboulianne.com/2021/08/01/letude-du-mit-confirme-que-les-gens-hesitant-a-se-faire-vacciner-sont-hautement-informes-scientifiquement-instruits-et-sophistiques/
44. https://www.lelibrepenseur.org/le-pourcentage-des-non-vaccines-decedes-au-19-

dec-2021-est-de-36-5/
45. https://www.bmj.com/content/375/bmj.n2635/rr-80
46. https://www.youtube.com/watch?v=msXHPXX1ZfU
47. https://www.aa.com.tr/fr/afrique/alg%C3%A9rie-covid-19-risque-de-perdre-un-stock-de-13-millions-de-doses-de-vaccin/2414485
48. https://www.lelibrepenseur.org/lefficacite-de-la-dose-de-rappel-est-magique-absolument-spectaculaire-dixit-le-pr-dab-william/
49. https://www.jim.fr/e-docs/vaccination_covid_le_miracle_israelien_185876/document_actu_pro.phtml
50. https://www.franceculture.fr/emissions/la-question-du-jour/la-question-du-jour-emission-du-vendredi-13-novembre-2020
51. https://twitter.com/Lagarde/status/1434441968403234818
De surcroît elle se plante complètement dans le calcul car 60 milliards de dollars ne pourraient suffire à vacciner la planète entière étant donné le prix des vaccins Pfizer et Moderna ainsi que la nécessité de faire 4 doses chaque année *ad vitam aeternam*
52. Il a écrit en 1929 au rabbin Herbert Goldstein croire *« au Dieu de Spinoza qui se révèle dans l'harmonie de tout ce qui existe mais non en un Dieu qui se préoccuperait du destin et des actes des êtres humains ».*
53. https://www.nouvelobs.com/politique/20130104.OBS4501/ces-francs-macons-qui-nous-gouvernent.html
54. https://www.dailymotion.com/video/x15bn32
55. https://www.lemonde.fr/planete/article/2021/12/28/dominique-costagliola-avec-le-variant-omicron-on-joue-a-la-roulette-russe-en-esperant-le-meilleur_6107492_3244.html
56. https://www.leem.org/l-industrie-pharmaceutique-en-france-emploi-et-localisation
57. https://www.youtube.com/watch?v=8Mg9EpUB1VU
58. https://www.leparisien.fr/economie/impots-taxes-cotisations-la-france-est-championne-d-europe-29-11-2018-7956621.php
59 https://www.liberation.fr/planete/2020/10/01/belgique-un-gouvernement-apres-quasiment-deux-ans-de-crise_1801047/
60. https://www.ifrap.org/budget-et-fiscalite/la-liste-des-483-taxes-impots-contributions-et-cotisations-en-france
61. https://www.youtube.com/watch?v=x947SlWKMFA
62. https://www.capital.fr/economie-politique/associations-comment-trouver-42-milliards-deuros-par-an-rien-quen-traversant-la-rue-1327126
63. https://www.france24.com/fr/europe/20211128-covid-19-les-suisses-approuvent-par-r%C3%A9f%C3%A9rendum-la-loi-sur-le-passe-sanitaire
64. https://www.linfodurable.fr/social/des-monnaies-locales-pour-transformer-les-modes-de-consommation-26697

ANNEXES

Annexe 1

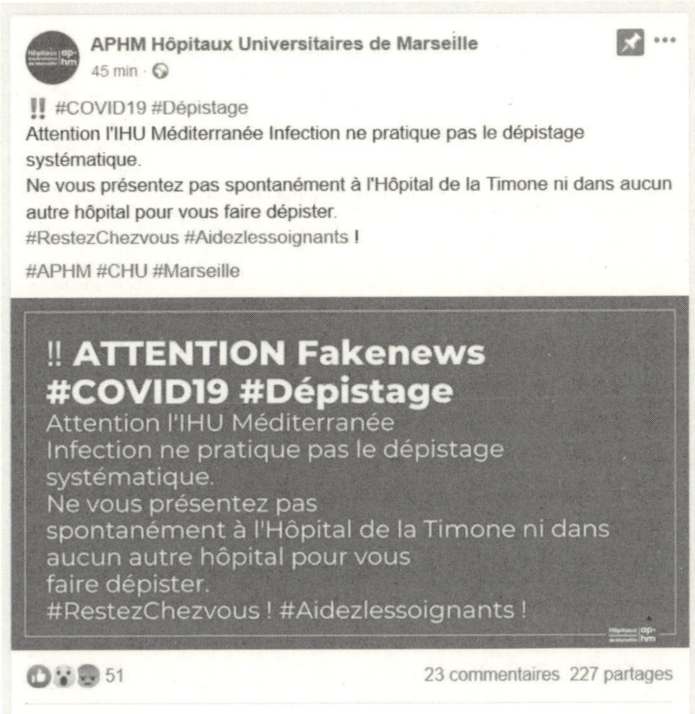

APHM Hôpitaux Universitaires de Marseille
45 min

‼ #COVID19 #Dépistage
Attention l'IHU Méditerranée Infection ne pratique pas le dépistage systématique.
Ne vous présentez pas spontanément à l'Hôpital de la Timone ni dans aucun autre hôpital pour vous faire dépister.
#RestezChezvous #Aidezlessoignants !

#APHM #CHU #Marseille

‼ ATTENTION Fakenews
#COVID19 #Dépistage
Attention l'IHU Méditerranée
Infection ne pratique pas le dépistage systématique.
Ne vous présentez pas spontanément à l'Hôpital de la Timone ni dans aucun autre hôpital pour vous faire dépister.
#RestezChezvous ! #Aidezlessoignants !

51 — 23 commentaires 227 partages

Agence régionale de santé Paca
21 mars 2020

#FakeNews

Ne vous présentez pas spontanément à l'hôpital de la #Timone de #Marseille pour vous faire dépister #Covid_19

#RestezChezVous

‼ ATTENTION Fakenews
#COVID19 #Dépistage
Attention l'IHU Méditerranée
Infection ne pratique pas le dépistage systématique.
Ne vous présentez pas spontanément à l'Hôpital de la Timone ni dans aucun autre hôpital pour vous faire dépister.
#RestezChezvous ! #Aidezlessoignants !

APHM Hôpitaux Universitaires de Marseille
21 mars 2020

‼ #COVID19 #Dépistage
Attention l'IHU Méditerranée Infection ne pratique pas le dépistage systématique.
Ne vous présentez pas spontanément à l'Hôpital de la Timone ni dans aucun autre hôpital pour vous faire dépister.
#RestezChezvous #Aidezlessoignants !

#APHM #CHU #Marseille

100 — 53 commentaires 131 partages

Annexe 2

DEPARTMENT OF HEALTH & HUMAN SERVICES Public Health Service

National Institutes of Health
Bethesda, Maryland 20892

October 20, 2021

The Honorable James Comer
Ranking Member, Committee on Oversight and Reform
U.S. House of Representatives
Washington, D.C. 20515

Dear Representative Comer:

Thank you for your continued interest in the work of the National Institutes of Health (NIH). I am writing today to provide additional information and documents regarding NIH's grant to EcoHealth Alliance, Inc.

It is important to state at the outset that published genomic data demonstrate that the bat coronaviruses studied under the NIH grant to EcoHealth Alliance, Inc. and subaward to the Wuhan Institute of Virology (WIV) are not and could not have become SARS-CoV-2. Both the progress report and the analysis attached here again confirm that conclusion, as the sequences of the viruses are genetically very distant.

The fifth and final progress report for Grant R01AI110964, awarded to EcoHealth Alliance, Inc. is attached with redactions only for personally identifiable information. This progress report was submitted to NIH in August 2021 in response to NIH's compliance enforcement efforts. It includes data from a research project conducted during the 2018-19 grant period using bat coronavirus genome sequences already existing in nature.

The limited experiment described in the final progress report provided by EcoHealth Alliance was testing if spike proteins from naturally occurring bat coronaviruses circulating in China were capable of binding to the human ACE2 receptor in a mouse model. All other aspects of the mice, including the immune system, remained unchanged. In this limited experiment, laboratory mice infected with the SHC014 WIV1 bat coronavirus became sicker than those infected with the WIV1 bat coronavirus. As sometimes occurs in science, this was an unexpected result of the research, as opposed to something that the researchers set out to do. Regardless, the viruses being studied under this grant were genetically very distant from SARS-CoV-2.

The research plan was reviewed by NIH in advance of funding, and NIH determined that it did not to fit the definition of research involving enhanced pathogens of pandemic potential (ePPP) because these bat coronaviruses had not been shown to infect humans. As such, the research was not subject to departmental review under the HHS P3CO Framework. However, out of an abundance of caution and as an additional layer of oversight, language was included in the terms and conditions of the grant award to EcoHealth that outlined criteria for a secondary review, such as a requirement that the grantee report immediately a one log increase in growth. These

The Honorable James Comer
Page 2

measures would prompt a secondary review to determine whether the research aims should be re-evaluated or new biosafety measures should be enacted.

EcoHealth failed to report this finding right away, as was required by the terms of the grant. EcoHealth is being notified that they have five days from today to submit to NIH any and all unpublished data from the experiments and work conducted under this award. Additional compliance efforts continue.

The second document is a genetic analysis demonstrating that the naturally occurring bat coronaviruses used in experiments under the NIH grant from 2014-2018 are decades removed from SARS-CoV-2 evolutionarily. The analysis compares the sequence relationships between:

- SARS-CoV-1, the cause of the SARS outbreak in 2003;
- SARS-CoV-2, the cause of COVID-19 pandemic;
- WIV-1, a naturally occurring bat coronavirus used in experiments funded by the NIH;
- RaTG13, one of the closest bat coronavirus relatives to SARS-CoV-2 collected by the Wuhan Institute of Virology; and
- BANAL-52, one of several bat coronaviruses recently identified from bats living in caves in Laos.

While it might appear that the similarity of RaTG13 and BANAL-52 bat coronaviruses to SARS-CoV-2 is close because it overlaps by 96-97%, experts agree that even these viruses are far too divergent to have been the progenitor of SARS-CoV-2. For comparison, today's human genome is 96% similar to our closest ancestor, the chimpanzee. Humans and chimpanzees are thought to have diverged approximately 6 million years ago.

The analysis attached confirms that the bat coronaviruses studied under the EcoHealth Alliance grant could not have been the source of SARS-CoV-2 and the COVID-19 pandemic.

If you or your staff have questions, NIH would be pleased to brief you on these documents.

Lawrence A. Tabak, D.D.S., Ph.D.
Principal Deputy Director

Annexe 3

5. Évolution des niveaux de confiance envers les scientifiques en 2020

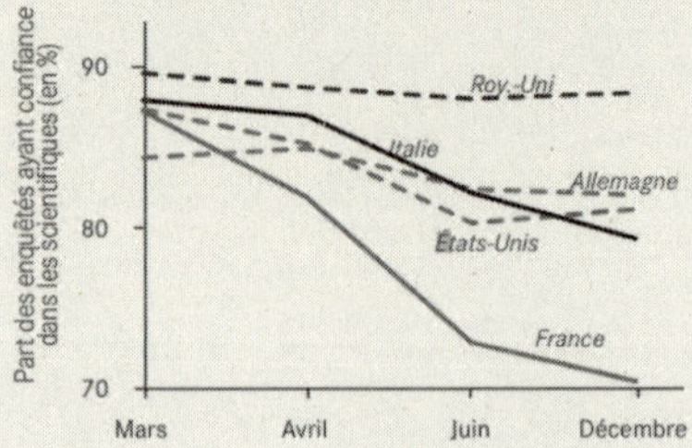

Algan A., D. Cohen, E. Davoine, M. Foucault et S. Stantcheva (2021) : «Trust in Scientists in Times of Pandemic: Panel Evidence from 12 Countries», *Proceedings of the National Academy of Sciences*, vol. 118, n° 40.

6. Adhésion aux mesures restrictives en 2020

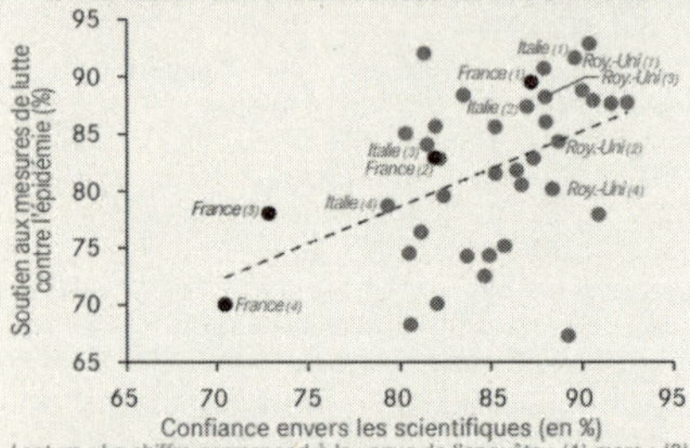

Lecture : Le chiffre correspond à la vague de l'enquête : (1) mars ; (2) avril ; (3) juin ; (4) décembre. En France, la part des enquêtés ayant confiance dans les scientifiques est passée de 87,2 à 70,4 % entre mars et décembre 2020.

Algan A., D. Cohen, E. Davoine, M. Foucault et S. Stantcheva (2021) : «Trust in Scientists in Times of Pandemic: Panel Evidence from 12 Countries», *Proceedings of the National Academy of Sciences*, vol. 118, n° 40.

Annexe 4

Circulation des virus respiratoires

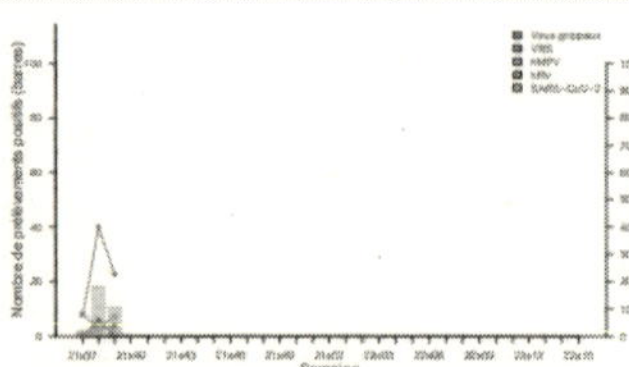

Prélèvements positifs et taux de positivité des virus respiratoires à partir des cas d'IRA prélevés par les médecins Sentinelles (pédiatres et généralistes) depuis 2020s37

Depuis la semaine 2021s37 (13 septembre 2021), 86 patients présentant une IRA vus en consultation de médecine générale et pédiatrie ont été prélevés dans le cadre de la surveillance Sentinelles (prélèvements salivaires). Ces prélèvements sont testés pour différents virus respiratoires, dont le SARS-CoV-2 (COVID-19) et les virus grippaux.

Concernant la grippe, deux prélèvements ont été testés positifs pour un virus grippal depuis la reprise de la surveillance. Il s'agissait de deux cas de virus grippaux de type A. Les deux ont été isolés en semaine 38 (mi-septembre).

En semaine 2021s39, 39 patients présentant une IRA vus en consultation de médecine générale ou pédiatrie ont été prélevés :

- 1/39 (2,6%) était positif au **SARS-CoV-2 (COVID-19)** (données consolidées pour 2021s38 : 1/35 (2,9%)).
- Aucun n'était positif pour **un virus grippal** (0/31 testés) (données consolidées pour 2021s38 : 2/35 (5,7%)).
- 7/31 (22,6%) étaient positifs au **rhinovirus (hRV)** (données consolidées pour 2021s38 : 14/35 (40,0%)).
- 1/26 (3,8%) était positif au **virus respiratoire syncytial (VRS)** (données consolidées pour 2021s38 : 1/35 (2,9%)).
- 2/26 (7,7%) étaient positifs au **métapneumovirus (hMPV)** (données consolidées pour 2021s38 : 1/35 (2,9%)).

Cas d'IRA dus à la COVID-19 vus en consultation de médecine générale

Activité stable

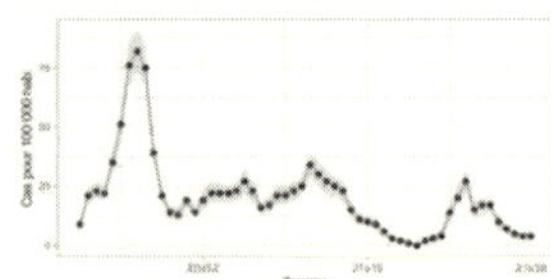

Taux d'incidence des IRA dues au SARS-CoV-2 (COVID-19) vues en médecine générale depuis 2020s37

En semaine 2021s39, le taux d'incidence des cas d'IRA dus au SARS-CoV-2 (COVID-19) vus en consultation de médecine générale a été estimé à 4 cas pour 100 000 habitants (IC 95% [2 ; 5]), ce qui représente 2420 [1 355 ; 3 485] nouveaux cas de COVID-19 ayant consulté un médecin généraliste. Ce taux est stable par rapport à celui de la semaine précédente (données consolidées pour 2021s38 : 4 [2 ; 5], soit 2 444 [1 355 ; 3 533] nouveaux cas d'IRA dus à la COVID-19 vus en médecine générale).

En Conclusion

L'augmentation observée de l'activité des IRA (voir page 1) peut s'expliquer par la circulation d'autres virus respiratoires que le SARS-CoV-2 (COVID-19). Cette augmentation est principalement observée chez les enfants entre 0 et 4 ans.

D'après les prélèvements réalisés par les médecins Sentinelles en ce début de saison, on peut noter une circulation des rhinovirus (hRV), virus respiratoire syncytial (VRS), métapneumovirus (hMPV) et la détection de deux virus grippaux de type A en semaine 38, dont les prélèvements provenaient des régions Ile-de-France et Bourgogne-Franche-Comté.

La mise en place de la surveillance virologique des IRA pour la saison 2021/2022 au réseau Sentinelles se poursuit. Des descriptions plus détaillées des résultats de cette surveillance seront présentées dans les semaines à venir.

Annexe 5

Giorgio Agamben (philosophe italien), discours sur le passeport covid devant la commission des affaires constitutionnelles du Sénat italien, 7 octobre 2021.

Je voudrais m'arrêter sur deux points seulement à porter à l'attention des parlementaires qui auront à se prononcer sur la transformation en loi du décret-loi sur le passeport covid.

1. La première est la contradiction évidente du décret en question. Vous savez que, grâce à un décret, le gouvernement est exempté de toute responsabilité pour les dommages causés par le vaccin. Et la gravité de ce préjudice est démontrée par le fait que l'article 3 du même décret mentionne explicitement les articles 589 et 590 du code pénal, qui font référence à l'homicide involontaire et aux blessures par négligence.

Comme l'ont noté des juristes faisant autorité, cela signifie que l'État ne se sent pas capable d'assumer la responsabilité d'un vaccin qui n'a pas terminé sa phase de test. Et pourtant, dans le même temps, elle tente d'obliger les gens à se faire vacciner par tous les moyens, sinon en les excluant de la vie sociale et maintenant, avec le décret que vous êtes en train de voter, en les privant même de la possibilité de travailler.

Est-il possible d'imaginer une situation plus anormale sur le plan juridique et moral ? Comment l'État peut-il accuser d'irresponsabilité ceux qui décident de ne pas se faire vacciner, alors que c'est ce même État qui, le premier, décline formellement toute responsabilité quant aux éventuelles conséquences graves du vaccin ?

J'aimerais que les parlementaires réagissent à cette contradiction, qui est à mon avis une monstruosité juridique.

2. Le deuxième point sur lequel je voudrais attirer votre attention n'est pas la question médicale du vaccin, mais la question politique du passeport covid. Des scientifiques et des médecins ont déclaré que le laissez-passer covid n'avait aucune signification médicale en soi, mais servait à forcer les gens à se faire vacciner. Cependant, je pense qu'il faut dire le contraire : que le vaccin est un moyen d'obliger les gens à avoir un laissez-passer covid, c'est-à-dire un dispositif de contrôle et de suivi des individus, ce qui est sans précédent.

Les politologues savent depuis un certain temps que nos sociétés sont passées du modèle de la « discipline » à celui des sociétés de « contrôle », fondées sur un contrôle numérique quasi illimité des comportements individuels. Ils sont maintenant devenus quantifiables. Nous nous habituons à ces dispositifs de contrôle. Mais, je vous le demande, jusqu'où sommes-nous prêts à accepter ce contrôle ?

Est-il possible que les citoyens d'une société qui se dit démocratique soient plus mal lotis que les citoyens de l'Union soviétique sous Staline ? Vous savez que les citoyens soviétiques étaient obligés de montrer un laissez-passer chaque fois qu'ils se déplaçaient d'un pays à l'autre. Mais nous devons montrer un laissez-passer pour aller au restaurant, au musée, au cinéma et maintenant pour aller au travail.

Comment est-il possible d'accepter que, pour la première fois dans l'histoire de l'Italie, après les lois fascistes de 1938 sur les non-aryens, on crée des citoyens de seconde zone soumis à des restrictions qui -- sur un plan strictement juridique -- sont identiques à celles subies par les non-aryens ?

Tout porte à croire que les décrets-lois qui se succèdent doivent être considérés comme faisant partie d'un processus de transformation des institutions et des paradigmes du gouvernement. Une transformation d'autant plus insidieuse que, comme pour le fascisme, elle se fait sans changer le texte de la Constitution, mais subrepticement. Le modèle qui est ainsi érodé et effacé est celui des démocraties parlementaires avec leurs droits et garanties constitutionnels. À leur place se trouve un paradigme de gouvernement dans lequel, au nom de la biosécurité et du contrôle, les libertés individuelles sont destinées à subir des limitations croissantes.La focalisation exclusive sur les contagions et la santé me semble nous empêcher de percevoir la signification de cette grande transformation de la sphère politique et nous empêche également de réaliser que la sécurité et l'urgence ne sont pas des phénomènes transitoires, mais constituent la nouvelle forme de gouvernabilité. Je crois que, dans cette perspective, il est plus urgent que jamais que les parlementaires se penchent sur la transformation politique en cours, qui, à terme, est destinée à vider le Parlement de ses pouvoirs, le réduisant à approuver simplement -- au nom de la biosécurité -- des décrets qui émanent d'organisations et de personnes qui n'ont pas grand-chose à voir avec le Parlement.

Annexe 6

Annexe 7

Annexe 8

ansm
Agence nationale de sécurité du médicament et des produits de santé

RÉPUBLIQUE FRANÇAISE

La Directrice générale

Saint-Denis, le 07 SEP. 2021

Envoi par courriel avec avis de réception
1A 177 291 2588 8

Maître,

Vous m'avez adressé, en votre qualité d'avocat de l'Association Internationale pour une médecine Scientifique Indépendante et Bienveillante (AIMSIB), de la Ligue Nationale Pour la Liberté des Vaccinations (LNPLV) ainsi que de l'association BonSens.org, un courrier en date du 26 août 2021, par lequel vous me faites part de votre inquiétude à l'égard de plusieurs sujets d'ordre juridique concernant le respect de délais impératifs issus de règlements européens, de l'annexe II de chaque autorisation de mise sur le marché (AMM) conditionnelle reprise dans le rapport public d'évaluation européen (EPAR) des différents vaccins anti-covid-19.

A cet égard, je suis à même de vous préciser les éléments suivants.

S'agissant dans le cas présent de spécialités pharmaceutiques bénéficiant d'AMM centralisées octroyées par la Commission Européenne, les demandes d'AMM, les demandes de modifications ainsi que les demandes de renouvellement de celles-ci sont déposées par les industriels auprès de l'Agence européenne des médicaments (EMA) pour évaluation de ces éléments.

En conséquence, je vous informe que j'ai transmis votre demande à la Directrice exécutive de l'EMA afin que celle-ci puisse vous apporter les éléments de réponse souhaités.

Je vous prie d'agréer, Maître, l'expression de ma considération distinguée.

Dr Christelle RATIGNIER-CARBONNEIL

Directrice générale de l'ANSM

Annexe 9

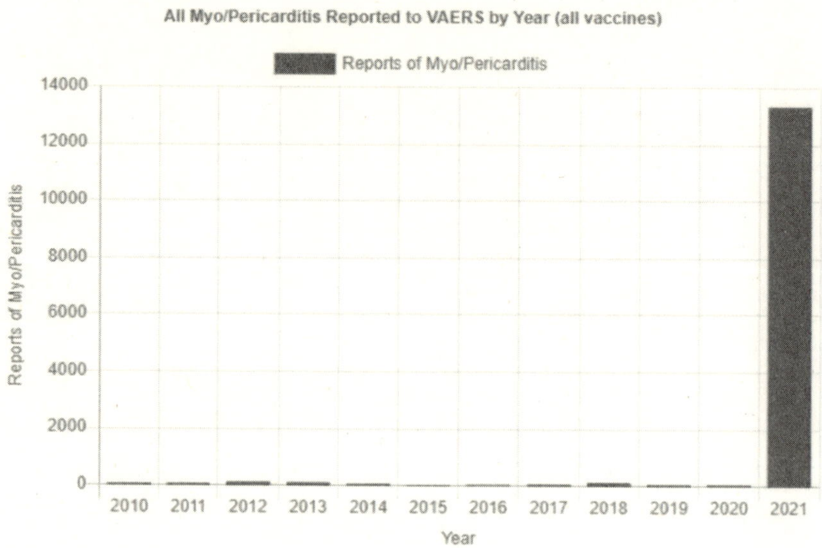
All Myo/Pericarditis Reported to VAERS by Year (all vaccines)
Reports of Myo/Pericarditis
Reports of Myo/Pericarditis
14000
12000
10000
8000
6000
4000
2000
0
2010
2011
2012
2013
2014
2015
2016
2017
2018
2019
2020
2021
Year

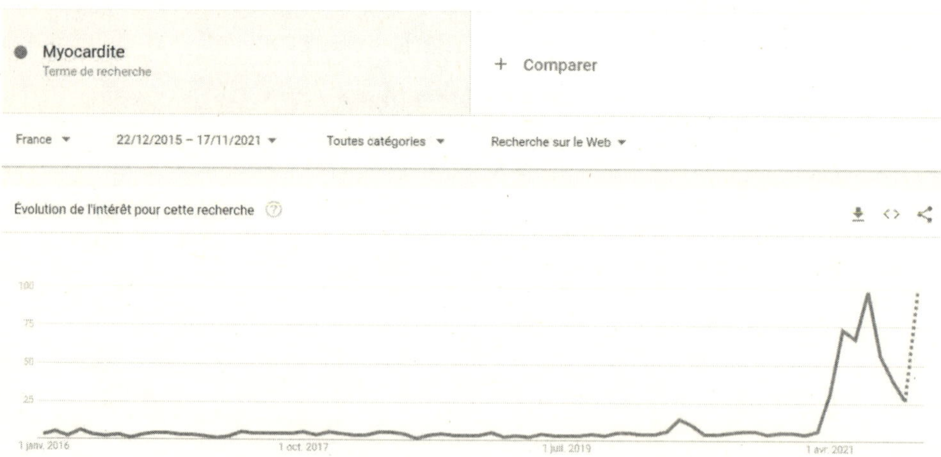
Myocardite
Terme de recherche
+ Comparer
France
22/12/2015 – 17/11/2021
Toutes catégories
Recherche sur le Web
Évolution de l'intérêt pour cette recherche
1 janv. 2016
1 oct. 2017
1 juil. 2019
1 avr. 2021

Annexe 10

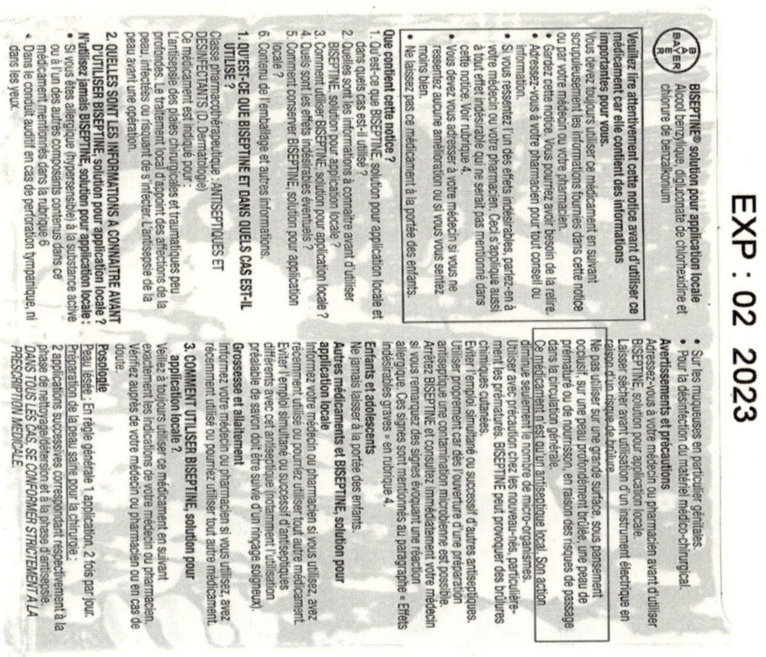

EXP : 02 2023

BISEPTINE® solution pour application locale
Alcool benzylique, digluconate de chlorhexidine et chlorure de benzalkonium

Veuillez lire attentivement cette notice avant d'utiliser ce médicament car elle contient des informations importantes pour vous.
Vous devez toujours utiliser ce médicament en suivant scrupuleusement les informations fournies dans cette notice ou par votre médecin ou votre pharmacien.
- Gardez cette notice. Vous pourriez avoir besoin de la relire.
- Adressez-vous à votre pharmacien pour tout conseil ou information.
- Si vous ressentez l'un des effets indésirables, parlez-en à votre médecin ou votre pharmacien. Ceci s'applique aussi à tout effet indésirable qui ne serait pas mentionné dans cette notice. Voir rubrique 4.
- Vous devez vous adresser à votre médecin si vous ne ressentez aucune amélioration ou si vous vous sentez moins bien.
- Ne laissez pas ce médicament à la portée des enfants.

Que contient cette notice ?
1. Qu'est-ce que BISEPTINE, solution pour application locale et dans quels cas est-il utilisé ?
2. Quelles sont les informations à connaitre avant d'utiliser BISEPTINE, solution pour application locale ?
3. Comment utiliser BISEPTINE, solution pour application locale ?
4. Quels sont les effets indésirables éventuels ?
5. Comment conserver BISEPTINE, solution pour application locale ?
6. Contenu de l'emballage et autres informations.

1. QU'EST-CE QUE BISEPTINE ET DANS QUELS CAS EST-IL UTILISE ?
Classe pharmacothérapeutique : ANTISEPTIQUES ET DESINFECTANTS (D. Dermatologie)
Ce médicament est indiqué pour :
L'antisepsie des plaies chirurgicales et traumatiques peu profondes. Le traitement local d'appoint des affections de la peau, infectées ou risquant de s'infecter. L'antisepsie de la peau avant une opération.

2. QUELLES SONT LES INFORMATIONS A CONNAITRE AVANT D'UTILISER BISEPTINE, solution pour application locale ?
N'utilisez jamais BISEPTINE, solution pour application locale :
- Si vous êtes allergique (hypersensible) à la substance active ou à l'un des autres composants contenus dans ce médicament mentionnés dans la rubrique 6
- Dans le conduit auditif en cas de perforation tympanique, ni dans les yeux.
- Sur les muqueuses en particulier génitales.
- Pour la désinfection du matériel médico-chirurgical.

Avertissements et précautions
Adressez-vous à votre médecin ou pharmacien avant d'utiliser BISEPTINE, solution pour application locale.
Laisser sécher avant utilisation d'un instrument électrique en raison d'un risque de brûlure.
Ne pas utiliser sur une grande surface, sous pansement occlusif, sur une peau profondément brûlée, une peau de prématuré ou de nourrisson, en raison des risques de passage dans la circulation générale.
Ce médicament n'est qu'un antiseptique local. Son action diminue seulement le nombre de micro-organismes.
Utiliser avec précaution chez les nouveau-nés, particulièrement les prématurés. BISEPTINE peut provoquer des brûlures chimiques cutanées.
Eviter l'emploi simultané ou successif d'autres antiseptiques.
Utiliser proprement car dès l'ouverture d'une préparation antiseptique une contamination microbienne est possible.
Arrêtez BISEPTINE et consultez immédiatement votre médecin si vous remarquez des signes évoquant une réaction allergique. Ces signes sont mentionnés au paragraphe « Effets indésirables graves » en rubrique 4.

Enfants et adolescents
Ne jamais laisser à la portée des enfants.

Autres médicaments et BISEPTINE, solution pour application locale
Informez votre médecin ou pharmacien si vous utilisez, avez récemment utilisé ou pourriez utiliser tout autre médicament.
Eviter l'emploi simultané ou successif d'antiseptiques différents avec cet antiseptique (notamment l'utilisation préalable de savon doit être suivie d'un rinçage soigneux).

Grossesse et allaitement
Informez votre médecin ou pharmacien si vous utilisez, avez récemment utilisé ou pourriez utiliser tout autre médicament.

3. COMMENT UTILISER BISEPTINE, solution pour application locale ?
Veillez à toujours utiliser ce médicament en suivant exactement les indications de votre médecin ou pharmacien. Vérifiez auprès de votre médecin ou pharmacien ou en cas de doute.

Posologie
Peau lésée : En règle générale 1 application, 2 fois par jour.
Préparation de la peau saine pour la chirurgie :
2 applications successives correspondant respectivement à la phase de nettoyage/détersion et à la phase d'antisepsie.
DANS TOUS LES CAS, SE CONFORMER STRICTEMENT A LA PRESCRIPTION MEDICALE.

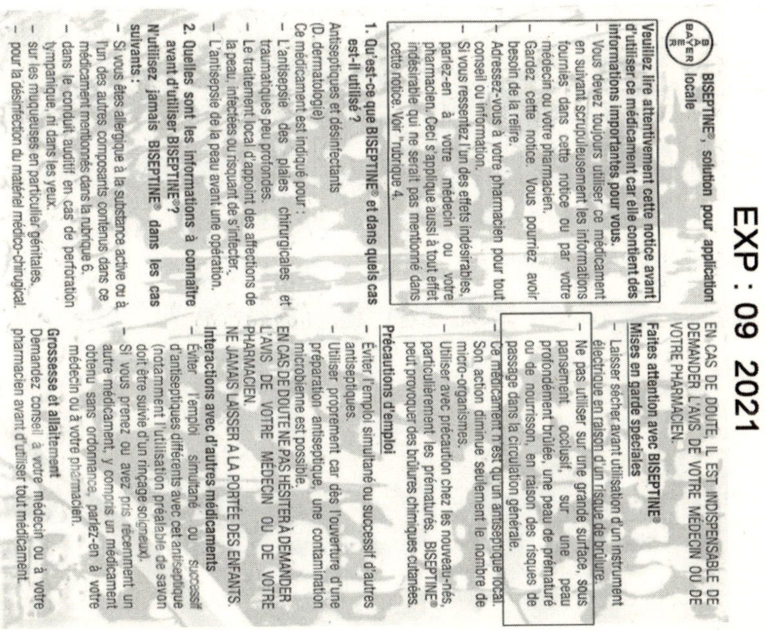

EXP : 09 2021

BISEPTINE®, solution pour application locale

Veuillez lire attentivement cette notice avant d'utiliser ce médicament car elle contient des informations importantes pour vous.
- Vous devez toujours utiliser ce médicament en suivant scrupuleusement les informations fournies dans cette notice ou par votre médecin ou votre pharmacien.
- Gardez cette notice. Vous pourriez avoir besoin de la relire.
- Adressez-vous à votre pharmacien pour tout conseil ou information.
- Si vous ressentez l'un des effets indésirables, parlez-en à votre médecin ou votre pharmacien. Ceci s'applique aussi à tout effet indésirable qui ne serait pas mentionné dans cette notice. Voir "rubrique 4.

1. Qu'est-ce que BISEPTINE® et dans quels cas est-il utilisé ?
Antiseptiques et désinfectants
(D. dermatologie)
Ce médicament est indiqué pour :
- L'antisepsie des plaies chirurgicales et traumatiques peu profondes.
- Le traitement local d'appoint des affections de la peau, infectées ou risquant de s'infecter.
- L'antisepsie de la peau avant une opération.

2. Quelles sont les informations à connaître avant d'utiliser BISEPTINE®?
N'utilisez jamais BISEPTINE® dans les cas suivants :
- Si vous êtes allergique à la substance active ou à l'un des autres composants contenus dans ce médicament mentionnés dans la rubrique 6.
- dans le conduit auditif en cas de perforation tympanique, ni dans les yeux.
- sur les muqueuses en particulier génitales.
- pour la désinfection du matériel médico-chirurgical.

EN CAS DE DOUTE, IL EST INDISPENSABLE DE DEMANDER L'AVIS DE VOTRE MÉDECIN OU DE VOTRE PHARMACIEN.

Faites attention avec BISEPTINE®
Mises en garde spéciales
- Laisser sécher avant utilisation d'un instrument électrique en raison d'un risque de brûlure.
- Ne pas utiliser sur une grande surface, sous pansement occlusif, sur une peau profondément brûlée, une peau de prématuré ou de nourrisson, en raison des risques de passage dans la circulation générale.
- Ce médicament n'est qu'un antiseptique local. Son action diminue seulement le nombre de micro-organismes.
- Utiliser avec précaution chez les nouveau-nés, particulièrement les prématurés. BISEPTINE® peut provoquer des brûlures chimiques cutanées.

Précautions d'emploi
- Éviter l'emploi simultané ou successif d'autres antiseptiques.
- Utiliser proprement car dès l'ouverture d'une préparation antiseptique, une contamination microbienne est possible.

EN CAS DE DOUTE NE PAS HÉSITER À DEMANDER L'AVIS DE VOTRE MÉDECIN OU DE VOTRE PHARMACIEN.
NE JAMAIS LAISSER A LA PORTÉE DES ENFANTS.

Interactions avec d'autres médicaments
- Éviter l'emploi simultané ou successif d'antiseptiques différents avec cet antiseptique (notamment l'utilisation préalable de savon doit être suivie d'un rinçage soigneux).
- Si vous prenez ou avez pris récemment un autre médicament, y compris un médicament obtenu sans ordonnance, parlez-en à votre médecin ou à votre pharmacien.

Grossesse et allaitement
Demandez conseil à votre médecin ou à votre pharmacien avant d'utiliser tout médicament.

Annexe 11

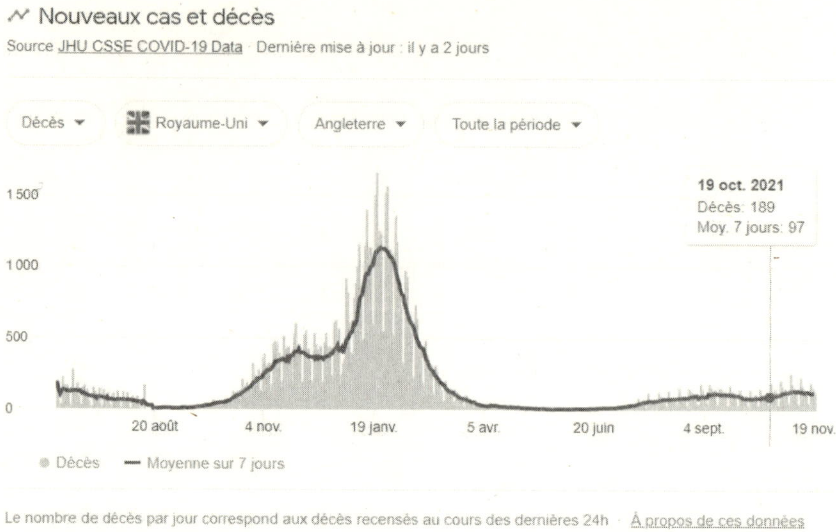

19 oct. 2021	20 oct. 2021	21 oct. 2021	22 oct. 2021	23 oct. 2021	24 oct. 2021	25 oct. 2021
Décès: 189	Décès: 134	Décès: 66	Décès: 143	Décès: 125	Décès: 34	Décès: 34
Moy. 7 jours: 97	Moy. 7 jours: 102	Moy. 7 jours: 96	Moy. 7 jours: 103	Moy. 7 jours: 103	Moy. 7 jours: 102	Moy. 7 jours: 104

Annexe 12

National Vaccine Information Center
Your Health. Your Family. Your Choice.

Search Results

From the 9/10/2021 release of VAERS data:

Found 701,561 cases where Vaccine is COVID19

Table

Event Outcome	Count	Percent
Death	14,925	2.13%
Permanent Disability	19,210	2.74%
Office Visit	110,838	15.8%
Emergency Room	57	0.01%
Emergency Doctor/Room	80,337	11.45%
Hospitalized	60,565	8.63%
Hospitalized, Prolonged	176	0.03%
Recovered	225,091	32.08%
Birth Defect	430	0.06%
Life Threatening	15,012	2.14%
Not Serious	302,278	43.09%
TOTAL	† 828,919	† 118.15%

† Because some cases have multiple vaccinations and symptoms, a single case can account for multiple entries in this table. This is the reason why the Total Count is greater than 701561 (the number of cases found), and the Total Percentage is greater than 100.

Annexe 13

Altice Europe N.V. ATC

Capital Research & Management Co. (World Investors)	125 411 942	12,1%
Carmignac Gestion SA	46 544 593	4,48%
Capital Research & Management Co. (Global Investors)	32 310 944	3,11%
Altice Europe N.V.	31 937 455	3,08%
Twelve Capital AG	21 686 596	2,09%
The Vanguard Group, Inc.	18 302 000	1,76%
Norges Bank Investment Management	18 274 751	1,76%
Capital International Ltd.	13 372 651	1,29%
Dexter Goei	13 298 285	1,28%

Gilead Sciences GILD

Actionnaires

Nom	Actions	%
The Vanguard Group, Inc.	101 623 014	8,04%
Capital Research & Management Co. (Global Investors)	85 132 885	6,74%
Putnam LLC	83 388 336	6,60%
Capital Research & Management Co.	64 780 000	5,13%
SSgA Funds Management, Inc.	58 068 763	4,60%
BlackRock Fund Advisors	33 307 533	2,64%
Capital Research & Management Co. (World Investors)	20 775 851	1,64%
Geode Capital Management LLC	19 224 037	1,52%
Dodge & Cox	17 452 273	1,38%
Renaissance Technologies LLC	16 962 944	1,34%

Annexe 14

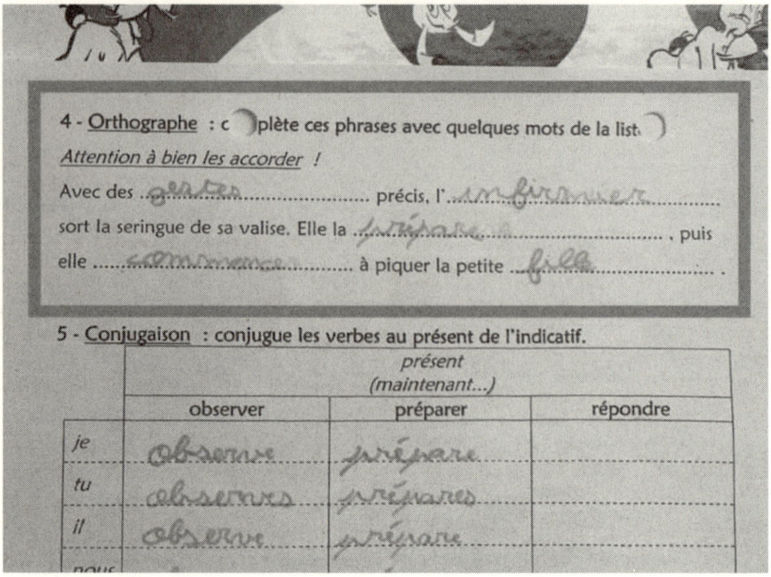

4 - Orthographe : c[omplète] ces phrases avec quelques mots de la list[e]
Attention à bien les accorder !
Avec des ...gestes... précis, l'...infirmier...
sort la seringue de sa valise. Elle la ...prépare... , puis
elle ...commence... à piquer la petite ...fille... .

5 - Conjugaison : conjugue les verbes au présent de l'indicatif.

	présent (maintenant...)		
	observer	préparer	répondre
je	observe	prépare	
tu	observes	prépares	
il	observe	prépare	
nous			

Annexe 15

Dessins d'enfants de 5 à 6 ans exposés à moins de une heure de télévision par jour.

Dessins d'enfants de 5 à 6 ans exposés à plus de trois heures de télévision par jour.

Annexe 16

A

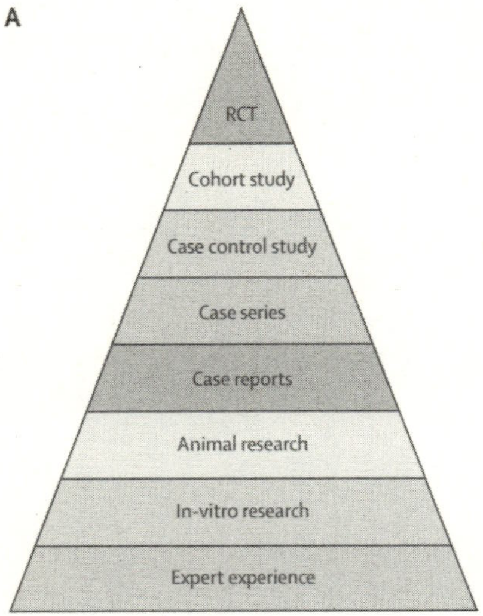

B

Quality of evidence	Study design	Lower quality if*	Higher quality if†
High	Randomised trial	Study limitations - 1 serious - 2 very serious	Large effect + 1 large + 2 very large
Moderate		Inconsistency - 1 serious - 2 very serious	Dose response + 1 evidence of a gradient
Low	Observational study	Indirectness - 1 serious - 2 very serious	All plausible confounders + Would reduce a demonstrated effect or + Would suggest a spurious effect when results show no effect
Very low		Imprecision - 1 serious - 2 very serious Publication bias - 1 likely - 2 very likely	

***Figure* 1: Hierarchy of evidence: traditional EBM versus GRADE**

Comparison of traditional EBM hierarchy of evidence (1991–2004)[26] with GRADE classification of the quality of evidence (confidence, certainty; 2004 to present).[27] (A) Traditional EBM hierarchy of evidence. (B) GRADE classification of the quality of evidence. EBM=evidence-based medicine. GRADE=Grading of Recommendations Assessment, Development, and Evaluation. RCT=randomised controlled trial. *Quality of study moves down one or two grades. †Quality of study moves up one or two grades.

Annexe 17

Actu au Scalpel #21 : Aziz Zemouri, le journaliste complotiste spécialisé dans les fake news !

Faisant preuve d'un amateurisme étonnant, Aziz Zemouri du *Point* vient de commettre une faute professionnelle en publiant un article truffé de mensonges, de contradictions, d'omissions ou d'approximations ; nous allons en apporter la preuve en le décortiquant point par point.

Mais avant d'entrer dans le vif du sujet, il convient de relever quelques points importants sur le contexte de la publication de cet article. Comme par magie, il survient moins d'une semaine après le rejet de la plainte de l'indic de police, Omar Djellil, manipulé par Salah Bariki, le conseiller occulte de Jean-Claude Gaudin pour les affaires de culte (fonction totalement illégale !), ainsi que l'ex-président du Crif local, Clément Yana ! M. Zemouri s'était déjà illustré par un article à charge accusant Mme Nassera Benmarnia de détournement de fonds après une plainte de… Omar Djellil ! Encore lui ! Tout ceci dans l'unique intention d'atteindre Patrick Mennucci dont elle était la suppléante. Mme Benmarnia a été totalement blanchie après une longue enquête de la brigade financière ! C'était une énième dénonciation calomnieuse d'Omar Djellil relayée par Zemouri ! Nous pouvons également parler du procès gagné par P. Mennucci contre une équipe de complotistes qui a voulu invalider son élection législative en déposant plainte auprès du Conseil Constitutionnel et en fabriquant de « faux témoignages » ! Devinez qui était impliqué en première ligne dans cette manœuvre, puisque c'est lui qui a déposé la plainte, et qui s'en est tiré comme par magie : Omar Djellil ! Parlons également de la tentative de déstabilisation de la candidature d'Alain Juppé à la présidentielle entreprise par le même Omar Djellil dont on devine l'identité des commanditaires ! Le journaliste Claude Askolovitch a publié un article intéressant sur cette affaire dans Slate, titré *L'alliance de la fachosphère et des ultras du sarkozysme pour éliminer Juppé* dans lequel il écrit le 20 novembre 2016 : « *Omar Djellil, connu pour avoir fréquenté le FN à Marseille, désormais témoin clé d'une intoxication.* » !

Le passage le plus effarant dans cet article accusant Salim Laïbi de complotisme, est le fait d'insinuer qu'il serait protégé par la Chambre Disciplinaire de l'Ordre des chirurgiens-dentistes ! Ce qui serait donc un « complot », n'est-ce pas Monsieur Zemouri ! Bienvenue au club ! Se rend-il seulement compte de la gravité de l'accusation portée contre la présidente de la Chambre Disciplinaire qu'il rend coupable de « rétention d'informations » ?

Ajoutons à cela – fait aggravant pour un journaliste professionnel comme lui – que Zemouri, revêtant l'habit d'un mercenaire de la plume, a publié son article à charge – un concentré de propos diffamatoires – sans jamais prendre attache avec le concerné, Monsieur Salim Laïbi, dans un souci strictement scrupuleux d'entendre le deuxième son de cloche et de vérifier ses « informations » à la source. Manquement professionnel qui peut lui coûter cher devant un tribunal. Ce faisant, il a piétiné allègrement le huitième devoir du journaliste tel que défini dans la Charte de Munich qui en compte dix. Il n'y a, de surcroît, aucune précaution oratoire dans ce qu'il écrit, on ne relève que des affirmations à l'emporte-pièce et des « certitudes », des propos jamais exprimés au conditionnel ! Cet article du *Point* ne contient aucun début de preuve, aucun hyperlien, pas le moindre document étayant ou prouvant ses dires ! À l'évidence, le seul but recherché par cet article diffusé dans un hebdomadaire national, ainsi que sur les réseaux sociaux de ce dernier, est de nuire à Monsieur Salim Laïbi.

Passons maintenant à la déconstruction de ce château de boniments.

Premier mensonge : l'accusation d'appartenance à l'extrême droite !

Ce n'est pas la première fois que cela arrive puisqu'une présentatrice de France 3 région, avait annoncé en 2012, lors de la campagne des législatives, que Monsieur Salim Laïbi était le candidat FN alors qu'il n'avait aucune étiquette politique et que le FN avait présenté le sien propre, dans sa circonscription ! Faut-il renvoyer Zemouri à la trilogie « Félonie Nationale », une série de trois vidéos réalisées par Salim Laïbi, ayant été vues des dizaines de milliers de fois et qui démontent la supercherie FN ? D'autant que Monsieur Salim Laïbi ne s'inscrit pas du tout dans l'échiquier politique moderne et qu'il est abstentionniste intégral. Sa seule et dernière participation sans étiquette en 2012 répondait à l'opportunité qui lui était offerte de disposer d'une tribune et donc d'avoir le libre accès à la parole pour faire connaître et avancer ses idées, et surtout, de vivre de l'intérieur l'expérience d'une campagne pour en dénombrer et décrire les arcanes. Depuis, il s'attache à diffuser les idées de la philosophe Simone Weil développées dans sa *Note sur la suppression générale des partis politiques*. Le mensonge de Monsieur Zemouri sera démenti le jour même de la diffusion de son article par un membre du Front National, le crowleyen Christian Bouchet, sur son Twitter comme le démontre la capture écran. Christian Bouchet dont nul n'ignore les sentiments qu'il nourrit envers la personne de Salim Laïbi, et pour cause !

Par contre, on peut affirmer avec certitude que son drôle d'informateur, Omar Djellil – qui a été condamné par la justice pour diffamation contre un journaliste de la *Provence* – avait appelé à voter aux cantonales pour Jean-Marie Le Pen et avait fait rentrer Monsieur Stéphane Durbec, élu frontiste, dans la mosquée de la porte d'Aix ! D'ailleurs, Zemouri n'est pas sans savoir qu'Omar Djellil qu'il traite de « puissant prosélyte » a fait la promotion du Front National puisque c'était le sujet de son article du 20 octobre 2011, Les musulmans de Le Pen. Dans cet article, Zemouri présente Omar Djellil comme responsable de la mosquée de la porte d'Aix en omettant d'expliquer qu'elle avait été littéralement « volée » à Monsieur Allili, son ex-président, après l'établissement d'un faux PV d'Assemblée Générale. Lorsqu'il décrit Omar Djellil comme un pieux musulman, il faudra qu'il nous explique ce qu'il fait tous les vendredis, depuis des années, aux heures de la prière collective au restaurant Le Scoop, appartenant à Fazia Hamiche, élue du 15e et 16e arrondissements de Marseille, face au journal *La Provence*, accompagné de ses patrons Salah Bariki, Clément Yana mais également d'un agent des Renseignements Généraux, un certain Didier. Enfin, il affirme que l'ARE ou Alliance républicaine éthique, initiée avec l'élu frontiste Stéphane Durbec, « *s'étend désormais à toute la France et prospère à vive allure sur la Toile* » ! Ah bon ! Où ça ? À new Fake news. Ce même Omar Djellil qui a posté une vidéo ordurière dans laquelle – à la minute 28:18 – il affirmait que Monsieur Salim Laïbi n'avait jamais participé à aucune marche pour la Palestine ; pire encore, les seules marches auxquelles il a participé l'ont été pour soutenir la Russie et l'Iran ! Les photos ci-dessous prouvent le contraire, puisque on le voit bien manifester à deux reprises pour la Palestine, quant à l'Iran et la Russie c'est tout simplement totalement faux !

A. Zemouri devrait savoir qu'outre cette condamnation pour diffamation, son informateur s'est illustré par une agression physique contre une élue comme l'explique *La Provence* du 5 avril 2012 : « *Autre plainte dans le secteur, celle déposée par la Front de gauche Marie Batoux contre l'indépendant Omar Djellil, proche du FN, pour une « gifle »...* ». Omar Djellil, selon certains témoignages dignes de foi, aurait sur le dos plusieurs mains courantes pour violences conjugales et aurait même des antécédents psychiatriques, ce qui expliquerait qu'il puisse être manipulé aussi facilement par ses donneurs d'ordre.

D'autant que nous n'avons aucune leçon à recevoir de la part d'un hebdomadaire qui a publié la fake news concernant le faux assassinat du journaliste russe Arcadi Babtchenko et tant d'autres !

En réalité, le *Bloc-notes* de Botul suffit à lui seul à discréditer pour toujours la rédaction du *Point*. Rappelons que ce dernier avait utilisé la carte du complot pour défendre son ami DSK ! Ça commence à faire beaucoup de complotistes parmi les journalistes du *Point* ! Ajoutons que Botul et le *Point* ont été condamnés par la justice en 2011 pour avoir confondu Pierre et Bernard Cassen du *Monde diplomatique* tout en lui refusant le droit de réponse légal ! Confondant d'amateurisme et de mauvaise foi !

Il faut ajouter à tout cela son fameux reportage bidonné par Aziz Zemouri, diffusé le 18 septembre 1995 sur France 2 concernant le trafic d'armes dans les quartiers. Nous apprenons dans un article du *Monde* du 15 avril 1996, intitulé *Le tribunal de Paris estime qu'un reportage de l'émission « La preuve par l'image » a « trompé » les téléspectateurs*, que le président de la XVIIe Chambre du TGI de Paris, Jean-Yves Monfort, a estimé que : « *Non seulement le film (...) a trompé les spectateurs sur la réalité et les circonstances des faits qu'on prétendait leur montrer par des commentaires fallacieux et des artifices grossiers* » il ajoutera « *Les conditions mêmes du tournage sur les lieux ont comporté le recours à des procédés mensongers de mise en scène incompatibles avec les exigences d'un reportage journalistique* » ! Les magistrats ont confirmé que les images avaient été retouchées pour faire croire que c'était des caméras cachées sans oublier que les journalistes se sont fait passer pour des acheteurs d'armes alors que celles-ci étaient factices ! Mme Martine Aubry qui avait réalisé une conférence de presse afin de dénoncer ce bidonnage avait été attaquée en justice par Aziz Zemouri. Ce dernier a perdu puisque Martine Aubry a été relaxée.

Ajoutons à cela que l'accusation d'appartenance à l'extrême-droite vient d'un journaliste qui travaille dans le même journal que Monsieur Claude Imbert qui assume une islamophobie totalement décomplexée, à la télévision, affirmant « *Il faut être honnête. Moi, je suis un peu islamophobe. Cela ne me gêne pas de le dire.* » ! Que fait la justice ? Que fait le procureur de la république ? Qui protège Claude Imbert depuis des décennies ?

D'ailleurs, comment peut-on, à la fois, être désigné sous les deux étiquettes d'islamiste et d'extrême-droite ? Est-ce raisonnable ? Est-ce sérieux ? On pourrait lui retourner le même reproche, lui qui a écrit un livre pour promouvoir la pensée du fériste Tariq Ramadan ! Tandis qu'il faisait sa publicité pour frère Tariq, Monsieur Salim Laïbi n'a cessé depuis presque une décennie de dénoncer ce Tartuffe au comportement douteux ! Faut-il signaler encore que la stratégie de défense actuelle de Monsieur Tariq Ramadan et ses alliés consiste à crier au complot contre Caroline Fourest ?

Deuxième mensonge : faire état systématiquement de la fonction de médecin !

Monsieur Salim Laïbi n'est pas médecin, mais chirurgien-dentiste, subtilité qui semble échapper à ce super journaliste ? Du reste, cette allégation est totalement fallacieuse puisque le titre de docteur n'avait été utilisé que durant la campagne des législatives en 2012, comme le lui permettait le code électoral ! Aziz Zemouri n'a qu'à prouver le contraire ; cela le conduirait pour une fois à se décarcasser un peu et lui apprendre à ne pas reproduire servilement un papier écrit sur les rives du Vieux-Port phocéen.

Troisième mensonge : homosexuels, juifs, francs-maçons et musulmans modérés

Le pointilleux journaliste affirme que le site collectif lelibrepenseur.org ne parle « que » de ces quatre sujets, alors que comme tout un chacun peut le constater, il peut se passer des semaines sans que l'un de ces sujets ne soit traité, ni même abordé, car ne faisant pas l'actualité. Il suffit de surfer quelques minutes sur le site pour le constater. D'autant qu'il n'a jamais été question de juifs sur notre site mais de sionistes, ce qui constitue une nuance de taille, nous semble-t-il. Nous n'avons aucune animosité envers les homosexuels en tant que tels, mais nous estimons avoir le droit de critiquer le lobbying LGBT ; nous sommes encore dans un pays libre. Faisant référence aux musulmans « modérés », ce journaliste essaie de faire passer Monsieur Salim Laïbi pour un intégriste ; il faudrait alors qu'il explique à ses lecteurs comment se fait-il que ce dernier reçoive des menaces de mort de la part de djihadistes ! Il y a comme qui dirait, une contradiction pesante.

D'autant que Salim Laïbi vient de gagner définitivement le procès qu'il avait intenté à contre Alain Soral, appartenant à la mouvance d'extrême-droite de Marine Le Pen, sur le même thème, l'ayant lui aussi accusé d'appeler au djihad. Perdant de sa superbe, Alain Soral, pour se tirer d'affaire, a « courageusement » nié avoir tenu les propos incriminés ; il a perdu définitivement en appel puis en cassation.

Quatrième mensonge : n'est « jamais inquiété » !

C'est une importante contradiction de cet article puisque dans la même phrase, le super journaliste explique que Monsieur Salim Laïbi n'est jamais inquiété tout en ajoutant qu'il a reçu plus de 19 plaintes ! Estime-t-il qu'être convoqué à plusieurs reprises, devoir constituer des avocats, avoir à se déplacer pour se défendre et ce, pendant de longues années, cela s'appelle ne « jamais être inquiété » ? Ce journaliste est-il conscient de ce qu'il écrit, du sens des mots qu'il emploie ?! Ceci se confirme avec le signalement du procureur Tarabeux en 2017 qui a désigné un juge d'instruction. Celui-ci a classé l'affaire sans suite ! Est-ce que pour Zemouri, ceci ressemble à de l'impunité ? C'est plutôt du harcèlement et de l'acharnement ! La juge d'instruction serait-elle, elle aussi, dans le complot censé protéger Monsieur Salim Laïbi ? Il s'agit là d'une accusation grave, car accuser ouvertement et publiquement un juge d'instruction ainsi que la présidente de la Chambre Disciplinaire de rétention d'information est gravissime et relève de l'outrage à magistrat, passible de la correctionnelle (1 an d'emprisonnement et 15 000 € d'amende encourus).

Quand Zemouri affirme : « *Laïbi passe en permanence entre les mailles du filet. Interrogé sur son inaction, le parquet de Marseille n'a pas donné suite à nos multiples sollicitations* ». Il ment plusieurs fois dans la même phrase puisque les plaintes ont bel et bien existé, les procédures ont suivi leur cours normal et le procureur a diligenté une enquête ; il n'était donc pas dans l'inaction. On ne peut pas dire une chose et son contraire dans une même phrase, ce n'est pas sérieux, voyons ! En réalité, Monsieur Zemouri ne reproche pas l'inaction mais la « non condamnation » ! Son article est donc totalement à charge. En reconnaissant de multiples sollicitations adressées au parquet, Monsieur Aziz Zemouri confirme le harcèlement.

Cinquième mensonge : désavoué par ses pairs

Cette allégation est prodigieusement grave, car totalement fallacieuse. Monsieur Salim Laïbi a gagné son procès en appel contre Omar Djellil devant la Chambre Disciplinaire nationale. Dire une chose pareille relève du négationnisme judiciaire et c'est puni par la loi. Concernant le Conseil de l'Ordre des Bouches-du-Rhône, il n'a tout simplement pas souhaité faire appel du premier jugement. Mais ça, Zemouri ne pouvait pas le savoir, car il n'a pas fait son travail d'enquête comme le lui commandaient la déontologie et l'éthique de sa profession.

Sixième mensonge : omissions malveillantes

Monsieur Aziz Zemouri « oublie » d'informer ses lecteurs que les 10 plaintes rejetées par la chambre disciplinaire en première instance ont toutes été déposées par Alain Soral – disciple de Marine Le Pen – et ses salariés. Elles ont toutes été rejetées car elles n'avaient strictement rien à voir avec la profession de chirurgien-dentiste, tout simplement ; ce n'était qu'une opération de harcèlement avortée, tentée par le gourou et sa secte. D'autant que lesdits plaignants n'ont pas souhaité faire appel de cette décision. De surcroît, l'un des plaignants, infirmier de son état, Monsieur Frédéric Maucherat, a été condamné, dans cette affaire, par son ordre professionnel. Est-ce un complot ?

Aziz Zemouri fait aussi dans la manipulation de l'information. Quand il titre son deuxième paragraphe : « Onze plaintes rejetées », il ne cherche pas moins qu'à tromper son monde en faisant accroire aux lecteurs qu'il s'agit de plaintes différentes, ce qui à ses yeux leur conférerait une certaine gravité et accablerait Monsieur Salim Laïbi. Or, il s'agit de la même plainte rédigée dans les mêmes termes par dix comparses, dont Alain Soral sur son instigation, dans un texte stéréotypé comportant les mêmes fautes d'orthographe ! Aziz Zemouri devrait savoir que lorsqu'une plainte est infondée en droit elle est rejetée par les juges, fût-elle déposée par mille plaignants.

Ce qui est hilarant dans cette affaire c'est que Monsieur Alain Soral attaquait Salim Laïbi – ses mémoires faisant foi – en l'accusant d'être protégé par le « lobby juif » marseillais tandis que Aziz Zemouri l'accuse, lui, de s'attaquer aux juifs ! Qui croire ? Il faudra qu'ils accordent leurs violons…

Il cite Alain Soral et Dieudonné M'bala M'bala, en essayant perfidement de faire accroire que ce sont les alliés de Salim Laïbi, « omettant » sciemment de dire que ce dernier est le principal artisan de leur décrédibilisation et de leur chute vertigineuse, leur pire ennemi depuis 2014.

A. Zemouri va également oublier de dire que les 600 pages de la plainte envoyée à la Chambre disciplinaire nationale ont toutes été imprimées sur du « papier à en-tête officiel » de la mairie de Marseille ! Ce qui prouve, pour le coup, que la plainte a été, en fait, diligentée par Salah Bariki et son « associé » Clément Yana. L'utilisation indue et abusive de papier à en-tête officiel relève de la Cour d'assises ! C'est une des raisons évidentes du rejet de la plainte mais ça, il ne pouvait le savoir encore une fois, n'ayant pas fait son travail d'enquête et de vérification. Faut-il informer ce journaliste du dimanche que le Code de Santé Publique interdit à la Chambre Disciplinaire de reprocher tout engagement politique à un professionnel de santé, c'est l'Article L4123-1 : « En aucun cas, il n'a à connaître des actes, des attitudes, des opinions politiques ou religieuses des membres de l'ordre.» !

Justement, lorsqu'il est affirmé dans cet article que des confrères dentistes « *s'alarment du manque de courage de l'Ordre* », pourquoi Monsieur Zemouri ne donne-t-il pas les noms de ces personnes ? Les seules personnes qui manquent de courage sont ces dentistes qui témoignent en anonyme ! Ils enfreignent en cela les principes les plus élémentaires de confraternité ! Il est à remarquer d'ailleurs que la prétendue critique de « ces » mystérieux confrères, reprise par Zemouri, concerne comme par hasard la shoah ! Rappelons que Clément Yana, dentiste de son état, a été impliqué dans une drôle d'affaire puisqu'il était conseiller au culte de Monsieur Jean-Noël Guérini et qu'il octroyait des centaines de milliers d'euros de subventions pour construire des lieux de culte, ce qui est totalement illégal, il a même été épinglé dans un rapport de la Chambre Régionale de la Cour des Comptes. Le Conseil de l'Ordre des chirurgiens-dentistes devrait également s'intéresser de près au cas de Clément Yana qui avait fait la une des médias locaux, et dont le comportement ne peut que porter atteinte à l'honneur et la dignité de la profession de chirurgien-dentiste !

Septième mensonge : comité de soutien pour Faurisson et Ryssen !

Ceci est une pure diffamation, une affabulation née d'un cerveau fragile qui ne se rend pas compte de la gravité de ses allégations. Il va vraiment falloir que Zemouri puisse prouver tout ceci à la barre. Encore une fois, si ce journaliste du dimanche avait fait correctement son travail, il aurait appris que Monsieur Faurisson – comme H. Ryssen – est régulièrement critiqué sur le site Lelibrepenseur.org, mais pour le savoir il eut fallu enquêter sérieusement, ce qu'il n'a pas fait.

Autres mensonges et omissions en vrac :

Ce pigiste à gage essaie de faire passer Monsieur Salim Laïbi pour un hurluberlu, sauf qu'il omet de dire encore une fois, que c'est un universitaire surdiplômé, aux compétences certaines. Mieux encore Monsieur Salim Laïbi a à son actif la dénonciation d'un nombre important de scandales aussi bien financiers, politiques, sanitaires… révélés bien avant qu'ils ne soient connus du grand public. Zemouri « oublie » sciemment de citer le travail de Monsieur Salim Laïbi sur la crise des subprimes, qu'il avait annoncée une année avant que les médias eux-mêmes n'en parlent, dont son hebdomadaire.

Lorsqu'il parle de « vaccination préventive », ce qui est au passage un plaisant pléonasme – on n'en est plus à une sottise près – il oublie de dire que Monsieur Salim Laïbi est un lanceur d'alertes sérieux et vigilant, dénonçant toutes sortes de dérives. Est-ce utile de rappeler à Aziz Zemouri le scandale monumental des 95 millions de doses de vaccin contre la grippe A H1N1 achetées à 2 milliards d'euros et que l'on a dû jeter à la poubelle, car le spectre de la pandémie avait été monté de toutes pièces ! Le journaliste du *Point* omet également de parler de la critique du Mediator© de Servier exprimée par Monsieur Salim Laïbi, bien avant la sortie du livre du Docteur Irène Frachon et l'éclatement du scandale ; le Mediator© s'est avéré être un poison responsable de la mort de plusieurs centaines de Français, voire des milliers. Lorsqu'il affirme que Monsieur Salim Laïbi pratique le « négationnisme médical », que peut bien signifier une telle ânerie ? Que la médecine n'existerait pas ? Pourquoi dans ces conditions, a-t-il opté pour un cursus universitaire de 12 années, ayant le souci constant de se tenir à jour, sa dernière formation pointue sanctionnée par un diplôme en mars 2018 ? À moins que ce ne soit une technique bigbrotherienne qui consisterait à diaboliser l'adversaire en utilisant des termes qui vous disqualifient à jamais ! Pour Aziz Zemouri, critiquer quoi que ce soit relève du « négationnisme » ! À le suivre dans son délire, critiquer les choix du sélectionneur de l'équipe de France relèverait du « négationnisme footbalistique » !

Le simple fait de parler « d'enquête préliminaire » dans le sous-titre de l'article – ce qui est totalement mensonger – participe de la volonté de Zemouri d'altérer la vérité puisqu'en fait, il était question d'une plainte instruite et jugée ! Il n'est même pas capable d'écrire correctement « libre-penseur » qui, en réalité, s'écrit sur notre site, « lelibrepenseur » tout collé ! Ce qui prouve encore une fois qu'il n'est jamais venu sur le site, ou très rarement, et qu'il ne connaît absolument pas son contenu ; c'est factuel !

Il appert, à la lecture de cet amas de contre-vérités, que ce dont rêvent les adversaires de Monsieur Salim Laïbi – un rêve immonde, particulièrement morbide – est qu'il soit tout bonnement radié du tableau de sa profession pour le plonger dans la précarité et le réduire au silence. Ils le disent ouvertement, sans honte aucune. Aziz Zemouri et ses commanditaires doivent cependant comprendre une bonne fois pour toutes que cela ne suffira certainement pas à le faire taire, bien au contraire.

Le site lelibrepenseur.org

Or, Monsieur Salim Laïbi n'a commis aucun crime ; il n'a fait l'objet d'aucune condamnation infamante. Il exerce paisiblement et honnêtement son métier dans le respect de l'éthique et de la déontologie professionnelle, ce dont il s'honore. Ses patients le lui rendent bien, à sa grande satisfaction, n'en déplaise à ses détracteurs.

Oui, Salim Laïbi, n'en déplaise à l'auteur de cet article diffamant et honteux, a dénoncé et ne cessera de dénoncer la pédophilie, la pédocriminalité ainsi que tous les crimes et toutes les magouilles ; il ne cessera de pourfendre leurs auteurs, fussent-ils les plus haut placés dans l'échelle sociale.

De plus, le site collectif lelibrepenseur.org entièrement dévolu au bénévolat s'est imposé sur la scène médiatique comme une référence. Au fil des années, grâce à un travail sérieux, soucieux du détail et de la fiabilité de la source d'information, il a acquis une notoriété certaine, se hissant au rang de véritable observatoire de la situation sociopolitique et économique nationale, internationale et géopolitique. Ses analyses pertinentes ont permis souvent d'anticiper les événements et de réaliser des prévisions justes et quasi infaillibles. À ce titre, il a su se constituer un réservoir de lecteurs de plus en plus important qui, à leur tour, apportent leur précieuse contribution en insufflant une dynamique nouvelle et révolutionnaire de par leurs commentaires souvent pertinents et leurs suggestions, allant, pour certains d'entre eux, jusqu'à participer directement ou indirectement aux sujets traités. C'est cette voix qui porte loin que l'on veut réduire au silence. En 2016, selon les chiffres officiels du ministère de la culture, le journal *Le Point* a reçu 855 302 € de subventions d'État ! Il vit donc sous perfusion, grâce à nos impôts et ceci pour publier des articles mensongers, diffamatoires et pire encore, « commandés » par des tiers. Alors que l'hebdomadaire *Le Point* cumule des dizaines de condamnations judiciaires pour diffamation entre autres, publicité illégale pour le tabac… Il continue pourtant à toucher ses 850.000 € de subventions d'État ! S'agit-il d'un complot ? Qui protège *Le Point* ?

Puisque le titre de l'article pose une question claire : *Qui protège Salim Laïbi ?* On va y répondre. Ce ne sont ni les extraterrestres, certainement pas les martiens, ni les reptiliens, aucun illuminati dans les parages, juste la loi ainsi que des magistrats honnêtes et compétents, sans omettre de citer mon excellente avocate, Me Haoulia Naïma que je salue ici. Il va sans dire que nous ne cesserons de louer l'Éternel pour sa miséricorde.

Monsieur Salim Laïbi se réserve le droit de poursuivre en justice l'auteur d'un tel comportement indigne de la profession de journaliste ; il exige également un droit de réponse. Une plainte sera déposée au Conseil de Déontologie Journalistique afin de dénoncer un tel torchon. Toutes les personnes qui relaieront ce tissu de mensonges devront également en répondre devant la justice.

Ajoutons que cet article n'est que la énième preuve claire et matérielle d'un acharnement d'une équipe municipale à la dérive, en panique, impliquée dans de nombreux scandales financiers et politiques (rappelons ici uniquement l'affaire du SAMU social, l'employeur d'Omar Djellil, et du détournement de 5 millions d'euros !). Il donne également une idée du fonctionnement et des rapports incestueux plus que honteux du journalisme hexagonal avec les milieux politiques interlopes. Enfin, il faut dire que les commanditaires de ce tissu de mensonges, pour être allés aussi loin dans l'abject et avoir pris autant de risques, ont perdu tout contrôle et sont carrément affolés et aux abois.

Nous conseillons à Zemouri d'occuper son temps à la préparation d'un deuxième ouvrage avec Monsieur Tariq Ramadan concernant les conditions de détention et le traitement judiciaire des Maghrébins en France.

Dernière minute

Nous portons à la connaissance de nos lecteurs et auditeurs qu'à la suite de l'article diffamatoire, un droit de réponse a été publié le 15 juin à 9h52. sur le site du *Point*.

Mme LORANT, Présidente honoraire des tribunaux administratifs et cours administratives d'appel et présidente de la Chambre Disciplinaire de Première Instance de la région Paca Corse de l'ordre des chirurgiens dentistes, nie toute protection en ma faveur comme on pouvait, à l'évidence, s'y attendre. Elle traite l'article de diffamatoire. On peut lire dans ce droit de réponse que le journaliste n'a jamais contacté Madame Lorant. Que les informations qu'il livre sont fausses comme elle l'explique parfaitement à propos du déroulement précis de la procédure.

En ce qui nous concerne, nous continuerons, plus que jamais, notre travail de contre-propagande et de dénonciation du mensonge en éditant encore plus de livres et en vous faisant découvrir des écrivains atypiques et brillants. Nous vous invitons à nous soutenir en lisant nos livres et en diffusant l'information au plus grand nombre.

Nous avons réussi, aux éditions Fiat Lux, à publier 25 ouvrages originaux, en 5 ans ; ils sont disponibles sur notre site mais également sur Amazon, Price Minister, Cultura, en librairie ainsi que dans de nombreux points de vente aussi bien à Marseille que Paris ou Bruxelles…

Nous ne pouvons que louer la Providence pour cet article à charge signé par Aziz Zemouri, ce qui prouve encore une fois la véracité de nos accusations concernant le harcèlement et l'acharnement de l'équipe municipale marseillaise. Nous vous invitons cher lecteur à nous soutenir dans la prochaine procédure judiciaire contre ce journaliste via l'ADSL, ou association de soutien du site lelibrepenseur.org. Par avance merci.

Annexe 18

Cause toujours : la sottise d'un certain « journalisme » français étonnera encore longtemps !

Le journal virtuel d'extrême droite, Causeur, a publié récemment un article d'une confondante bêtise, truffé d'erreurs et de mensonges, notamment par omission. C'est le travail d'un certain Alexis Brunet qui m'avait d'ailleurs envoyé un mail pour me poser des questions dont il avait déjà les réponses, sauf qu'il lui fallait travailler un tant soit peu. Comment est-il possible d'écrire un tas de sottises aussi éloignées de la vérité en s'appuyant d'ailleurs sur les dires de zozos de la pire espèce ! Nous allons donc dans cet article revenir point par point sur leurs accusations ridicules et totalement fantaisistes ; vous verrez c'est tellement simple au vu des preuves en notre possession.

Avant toute chose, vous remarquerez le choix peu innocent de l'image d'illustration et la volonté d'humilier de l'auteur de l'article (Salim Laïbi est chirurgien-dentiste à Marseille. Entre deux détartrages, il lui arrive de…). Cette propension à dénigrer la formation de chirurgien-dentiste venant d'un vulgaire écrivaillon officiant de surcroît sur un site fasciste est juste délicieuse et ne peut être qu'appréciable. D'ailleurs, vous remarquerez comme on pouvait s'y attendre, la présence, au-dessous de l'article, de commentaires racistes rédigés par des fans de Monsieur Brunet. Cela fait déjà plusieurs jours que ces commentaires sont publiés sans aucune modération ; on imagine que la rédaction les assume totalement.

Ensuite, ce sera un enchaînement de contrevérités et d'approximations. Nous n'avons jamais appelé à la sécession d'avec l'État lors du premier confinement, mais bien avant, lors de la publication de l'ouvrage de Monsieur Paul-Éric Blanrue, *Sécession* ! Un titre qui ne sera même pas cité dans ce papier, ce qui donne une idée précise de la qualité du travail journalistique de l'auteur de l'article. N'est-ce pas assez comique de venir critiquer cette idée de la sécession de l'État, alors qu'un très grand nombre de politiciens et de médecins ont demandé à mettre en place une décentralisation qui serait beaucoup plus efficace pour lutter contre le virus. Tout le monde a d'ailleurs loué la réussite du modèle fédéral allemand dans la gestion de la crise sanitaire.

Autre mensonge, Salim Laïbi ne s'est jamais précipité chez le Pr Raoult pour faire le plein de chloroquine d'autant qu'il est question d'hydroxychloroquine ! Salim Laïbi ne préconise pas non plus de se gaver de vitamine C pour lutter contre le covid-19, il ne fait que reprendre les travaux d'un grand nombre de chercheurs et de médecins à travers le monde d'autant que la vitamine C ne représente qu'une partie de la solution contre le covid-19 (zinc, vitamine D, activité physique et sport en plein air…).

Concernant l'accusation d'appartenance au mouvement QAnon lancée par *Le Point*, reprise par Sputnik et *Valeurs actuelles*, le journaliste de Causeur n'a pas estimé nécessaire de corriger l'information du menteur récidiviste Aziz Zemouri ! Il ne dit pas non plus que ce dernier est sous le coup d'une plainte au sujet d'un article gravement diffamatoire qu'il a publié en juin 2018 ! Pour ce « baveux » de caniveau, diffamer de la sorte un citoyen ne constitue pas une singularité et encore moins une faute. À ses yeux, voilés par la haine, ça passe. Le tribunal en jugera.

Ensuite, Alexis Brunet va essayer de salir la réputation de Salim Laïbi en rappelant des faits anciens qui se sont déroulés il y a plus de huit ans autour de Dieudonné et Alain Soral ! Bien sûr, il omettra de rappeler que depuis 2014, Salim Laïbi n'a eu de cesse de dénoncer, tant à travers de nombreuses vidéos que dans un ouvrage commis à cet effet (*Le mythomane, la face cachée d'Alain Soral*) l'escroquerie Alain Soral et Dieudonné ! Comment a-t-il pu s'arranger pour passer à côté d'une telle information, d'autant qu'Alain Soral a lui-même déclaré que Salim Laïbi était son pire ennemi sur terre (*sic*) ! Il omet également de dire que Salim Laïbi a gagné trois procès en appel contre le mythomane Alain Soral.

Ensuite ce sera la défense du sionisme comme on pouvait s'y attendre d'un bon journaliste de Causeur. Mais avant de traiter de l'affaire Judith Waintraub, rappelons qui sont les fondateurs de Causeur.

Les fondateurs de Causeur sont connus, il suffit de faire un tour sur leur page Wikipedia. Parmi les fondateurs, on retient les noms d'Élisabeth Lévy et Alain Finkielkraut dont le discours est connu de tous pour sa modération légendaire à l'endroit de l'islam et des musulmans ! Élisabeth Lévy s'est illustrée le 24 avril 2002 dans le *Figaro* en publiant son article *L'antifascisme ne passera pas* qui en dit long sur son personnage quasiment vissée à son siège du plateau de Pascal Praud de Cnews, lui aussi réputé pour sa modération envers les sujets traitant de l'islam et des musulmans. Le 2 mai de cette même année et dans le même journal, c'est Éric Zemmour qui publiera *La marche contre les fantômes*, comprenez l'extrême droite n'existe pas en France. Il y a juste des militaires nazis dans l'armée mais à part ça tout va bien.

Élisabeth Lévy, rédactrice en chef de Causeur, s'est étonnée de ne pas voir les Françaises musulmanes prendre l'initiative de retirer leur voile ne serait-ce que quelques jours pour rendre hommage à Samuel Paty, car dans sa tête elles sont coupables de ce crime odieux ! Faut-il rappeler que cette dame a voté Mitterrand en 1988 et a travaillé chez *Marianne* ! C'est cette même personne qui a déclaré tout de go qu'un boulanger ne devrait pas être obligé d'embaucher « *un juif, un Arabe ou un Noir, s'il éprouve à leur encontre une antipathie spontanée* » ! Un autre fondateur et animateur important de ce site réactionnaire est le journaliste franco-israélien Gil Mihaely…

On peut également ajouter, pour ternir encore plus un portrait l'est déjà suffisamment, la personne de Roland Jaccard, ami intime du pédocriminel récidiviste Gabriel Matzneff. Il en parle très souvent sur son blog dans lequel on apprend qu'il allait à la piscine Deligny avec lui alors qu'il draguait des gamins de 10 ans ! Tout va bien dans le meilleur des mondes de Causeur, Jaccard n'arrivera pas à choquer Élisabeth Lévy qui a défendu mordicus DSK lors de son affaire de viol new-yorkais.

Du coup on comprend que l'auteur de ce tissu de mensonges, Alexis Brunet, soit choqué par la phrase : « *Il n'y a que des pédocriminels qui dirigent la France ! On peut commencer par les médias, la haute couture, les avocats, les journalistes* » ! Matzneff n'a-t-il pas été, pendant des décennies, défendu par François Mitterrand et toute la gauche socialiste de la mairie de Paris ? Frédéric Mitterrand n'est-il pas un pédocriminel assumé, à lire son livre *La mauvaise vie* ? N'a-t-il pas été ministre sous Sarkozy ? Qu'en est-il du député européen Daniel Cohn Bendit [DCB] ? Peut-on passer sous silence l'extraordinaire scandale Olivier Duhamel, violeur de son propre beau-fils pendant des années et protégé par le célèbre avocat Jean Veil et Science Po tout en étant à la tête du plus gros lobby parisien, le club Le Siècle, auquel appartiennent 11 membre actuel du gouvernement de Macron ! La liste est encore très longue mais on va s'arrêter là. Quant au financement de ce torchon d'extrême droite, il est assuré, malgré ses pertes abyssales qui ne cessent de s'accumuler, par un certain Gérald Penciolelli qui fut membre de la direction d'Ordre nouveau ce qui en dit long sur son appartenance à l'extrême droite ! Gérald Penciolelli est actionnaire également de *Minute* ! On comprend mieux la teneur raciste des commentaires sous l'article.

Concernant l'affaire Judith Waintraub, faut-il rappeler que cette journaliste coutumière de plateaux télé avait posté un message sur Twitter traitant une jeune étudiante voilée qui réalisait des vidéos de recettes de cuisine pas chères pour étudiants, de « terroriste » responsable du carnage du 11 septembre ! Rien que ça !

On imagine que Monsieur Alexis Brunet trouve ce tweet raciste et islamophobe tout à fait normal et acceptable, entrant dans le cadre de la liberté d'expression. De plus, selon Alexis Brunet, il n'existerait pas en France de lobby sioniste travaillant pour les intérêts de Tel Aviv ! Il y a des tonnes de livres qui décrivent parfaitement l'existence de ce lobby mais Alexis Brunet pense qu'il n'existe pas. Affirmer le contraire ne peut faire de vous qu'un dangereux complotiste ! Comment est-il possible d'être aussi ridicule, comment est-il possible de nier à ce point le réel ? D'ailleurs c'est leur droit, ils ont complètement le droit de défendre leur cause, qui peut leur en vouloir ? Par contre, c'est notre droit aussi de les combattre, de dénoncer la politique de colonisation et d'apartheid menée en Palestine. Alexis Brunet devrait lire les travaux de Rony Brauman et de tant d'autres…

Judith Waintraub est l'exemple même de la sioniste hystérique qui a conçu un objectif la diffusion de la haine dans la société française comme l'a parfaitement rappelé la sénatrice Esther Benbassa : « *Le twit anti musulman de J. Waintraub est odieux. Il ne justifie pas les menaces qui la visent. Elle a donc mon soutien. Reste que la haine engendre la haine et que le rôle d'une journaliste n'est peut-être pas de nourrir cette dynamique-là. J'assure Imane de toute ma sororité.* » La France en cette période extrêmement tendue n'a pas besoin de gens aussi irresponsables. Malgré cette affaire extrêmement grave, Judith Waintraub réussira tout de même l'exploit de se victimiser ! C'est tout simplement extraordinaire.

Le journaliste va nier l'existence d'un lobby sioniste en France car à ses yeux, c'est un fantasme absurde de paranoïaque ! On ne va pas lui en vouloir sachant que Causeur est dirigé par des sionistes invétérés, quasi pathologiques qui ne s'en cachent même pas, mais personne n'a le droit de le dire ; sauf qu'en ce qui nous concerne, nous l'assumons ; nous l'affirmons haut et fort et nous l'affirmerons encore. En France nous avons un député ultra sioniste à l'Assemblée – Meyer Habib – qui travaille contre les intérêts du pays et contre les ordres du gouvernement et de son ministre des Affaires étrangères et ça ne choque personne ! À part ça le lobby sioniste n'existe pas…

Ensuite, Alexis Brunet parlera du Hirak algérien et de la rencontre de Salim Laïbi avec Saïd Sadi. Bien entendu, il ne dira pas que Salim Laïbi a lui aussi déposé une plainte pour agression physique puisqu'il a été frappé à deux reprises par Saïd Sadi. La plainte est en cours d'instruction. Car oui, en réalité, c'est bien Saïd Sadi qui a asséné des coups à Salim Laïbi ; il suffit de regarder la vidéo du direct pour s'en rendre compte.

Étant donné que cet article n'avait pour seul objectif que de diffamer et de salir la réputation de Salim Laïbi, son auteur va interviewer un certain Gamal Abina que vous connaissez certainement sur ce site puisque nous avons déjà dénoncé sa légendaire vulgarité. Mais la où c'est comique, c'est de lire dans la présentation qui a été faite de Gamal Abina, qu'il est un journaliste ce qui est totalement faux. C'est un simple chroniqueur radio, un antifasciste qui a été très proche de Dieudonné ce qu'Alexis Brunet omettra de préciser. Peut-il seulement nous montrer un seul article journalistique digne de ce nom écrit par ce si mauvais dessinateur ? Quel est le numéro de sa carte de presse ?

Pourquoi a-t-il oublié de montrer le pathétique dessin réalisé par Gamal Abina, présentant Serge Dassault en train de faire une quenelle ? On voit d'ailleurs ce dernier prendre dans ses deux mains des liasses de billets verts ! Est-ce parce qu'il est juif ? Alexis Brunet aurait dû enquêter un peu plus avant de venir déverser ses idioties sur son site d'extrême droite.

Gamal Abina s'est totalement déshonoré en tant qu'antifasciste, mais il faut comprendre que c'est parce qu'il était totalement aveuglé par sa haine pathologique de Salim Laïbi qu'il a accepté cette interview sur ce site d'extrême droite. Il faut dire aussi qu'il n'avait pas trop apprécié que l'on diffusât afin de dénoncer son double jeu et sa violence, un message ordurier qu'il avait adressé à un critique.

Ensuite, l'auteur de cet article s'acharnera à défendre la secte maçonnique, ce qui est son droit absolu. Nous n'allons pas revenir ici sur la très grande puissance de cette secte en France puisque tous les ministères régaliens sont dévolus obligatoirement aux loges ; c'est un secret de polichinelle. L'actualité nous donnant encore une fois raison, rappelons, n'en déplaise à Monsieur Alexis Brunet, le scandale de la loge Athanor impliquée en France dans différents assassinats et tentatives d'assassinats, avec en son sein un commandant des services de renseignement ainsi que plusieurs membres des forces de l'ordre. Sans oublier toutes les magouilles du système criminel mafieux de la françafrique tenue d'une main de fer par la franc-maçonnerie depuis Charles De Gaulle et Guy Penne. Faut-il lui rappeler l'appartenance d'Alexandre Djouhri à la loge de la Lyre de Salomon comme l'avait dénoncé feu Pierre Péan dans son excellent ouvrage La république des mallettes ! On peut également lire les rapports omerta de Sophie Coignard pour avoir une idée précise de la puissance de la secte maçonnique, sans oublier son excellent *Un État dans l'État. Le contre pourvoir maçonnique*.

Concernant son ouvrage *Ils aiment l'islam*, Salim Laïbi a tenu tout simplement à présenter des textes anciens démontrant à quel point la propagande anti musulmane actuelle n'a strictement rien à voir avec ce que pensaient les grands auteurs, savants et politiciens occidentaux des siècles derniers à propos de cette religion et de ses adeptes. Pour ce faire, il a rassemblé plus de 100 citations assez exceptionnelles des plus grands philosophes, historiens, journalistes, politiciens appartenant à tout l'échiquier, de l'extrême droite à l'extrême gauche pour démontrer à quel point la propagande islamophobe actuelle – voire « islamomaniaque » – n'a pas pour origine un quelconque problème avec l'islam, mais plutôt avec une idéologie mortifère qui s'impose de plus en plus en France, le sionisme. La raison d'être de cet ouvrage est donc à l'opposé de ce que veut faire accroire ce pseudo journaliste, bien au contraire ; il se veut être un trait d'union à même d'apaiser les tensions et d'éteindre les braises sur lesquelles des criminels sans foi ni loi s'évertuent à souffler de tous leurs poumons.

Ensuite, comme pour sombrer encore plus dans le ridicule, Alexis Brunet choisira d'interviewer Omar Djellil qui n'est autre que le factotum du Crif et des services de renseignements locaux marseillais ! C'est tellement grossier que l'actuel patron du Crif, Bruno Benjamin, va lui aussi témoigner dans cet article !

Omar Djellil s'est illustré lors d'une campagne électorale d'affichage à Marseille, en assénant une gifle à une élue marseillaise, Madame Marie Batoux ! Il a déjà été condamné par la justice pour avoir diffamé un journaliste de *La Provence* en 2014, M. Frédéric Guilledoux. Il a été impliqué dans une très curieuse affaire politique de faux témoignages mais s'en est miraculeusement sorti ! Il avait réalisé un recours contre l'élection de Patrick Mennucci en utilisant tout simplement de faux témoignages. Même le juge était étonné de l'absence d'Omar Djellil à la barre des accusés : « *La procureure a d'ailleurs déploré une instruction "médiocre" et estimé que d'autres protagonistes auraient dû être "mis en examen", ou du moins écoutés comme témoins assistés* ». On peut citer également une histoire de violence et de bagarre entre ce O. Djellil et un autre acteur associatif marseillais de l'UFM, Monsieur Nordine Hagoug, bien plus âgé que lui. Mais le plus risible c'est sa fiche Copains d'avant dans laquelle il se présente comme travaillant au sein du cabinet du maire de Marseille alors que ça n'a jamais été le cas : c'est tout simplement une usurpation de fonction. Alexis Brunet a utilisé pour son article ordurier un fabulateur ridicule connu à Marseille comme un mythomane dérangé.

Concernant le lien entre Salim Laïbi et l'avocat du CCIF, on peut dire ici que c'est une faute professionnelle lamentable et du pur racisme car cela voudrait dire qu'un avocat n'a pas le droit de défendre le CCIF et que c'est plus grave s'il a un patronyme arabe ! En réalité Me Chergui est l'avocat d'une partie des affaires du CCIF et c'est son droit le plus total, d'autant qu'il n'est pas le seul avocat de Salim Laïbi qui en comptabilise au moins 4 dont 3, un Français de souche, une femme…

Quant au dernier paragraphe de l'article d'Alexis Brunet, on a rarement lu autant de stupidités ! L'auteur clairement complotiste propose une théorie totalement loufoque qui consiste à faire accroire que parce que l'oncle de Salim Laïbi, décédé il y a près de 30 ans, a été à la tête des services de renseignements algériens lui vaudrait protection aujourd'hui ! Il va s'appuyer pour cela sur l'article mensonger et diffamatoire du *Point*, également complotiste, signé le mythomane Aziz Zemouri. Ce qu'il oublie de dire c'est que Kasdi Merbah a été assassiné par la junte militaire au pouvoir en Algérie à la solde de Paris et des intérêts de l'Élysée. Il a été assassiné par la clique de Larbi Belkhir, Khaled Nezzar, Mohamed Médiène, Smain Lamari… Nous connaissons tous les rapports d'amitié entre le boucher Khaled Nezzar ou le sanguinaire Smain Lamari avec Yves Bonnet, l'ex patron de la DST ! Là encore, c'est un secret de polichinelle. Rappelons également qu'après l'indépendance, les rapports politiques entre la France et l'Algérie étaient extrêmement tendus et qu'il est vraiment stupide d'affirmer l'inverse aujourd'hui.

On comprend maintenant pourquoi la France va si mal ; elle est composée d'une élite incompétente qui n'a pas le niveau et qui est prête à toutes les compromissions et à toutes les bassesses pour continuer à percevoir un salaire à la fin du mois. Comment quelqu'un qui se dit journaliste peut-il publier autant de sottises, de mensonges et de contrevérités sans rougir de honte ? Il est clair que l'on ne sera jamais d'accord, il est clair que nous avons des visions du monde différentes, mais il y a des façons de faire. À la place d'Alexis Brunet, la honte m'empêcherait de respirer et de vivre dignement vu le classement mondial RSF de la France concernant la « liberté de la presse » ! La Jamaïque et le Costa Rica sont dans le top 10 ! Alexis Brunet est 34e…

Annexe 19

Bonjour chers consœurs et confrères,

Je voulais poster ce message afin de partager mes réflexions et mon expérience concernant cette très grave crise politico-sanitaire que nous vivons. Je suis nouveau sur ce groupe Facebook, j'ai 46 ans, je suis diplômé de la faculté d'odontologie de Marseille (mars 1999) et je travaille en libéral depuis plus de 15 ans.

En lisant ici et là quelques commentaires concernant la crise sanitaire et l'obligation vaccinale, je me rends compte qu'il y a une très petite minorité très active de moralisateurs pro vaccinalistes, des covidistes convaincus, grand bien leur fasse. De l'autre côté, sur les 25.000 membres du groupe, j'observe qu'il y a une majorité silencieuse qui se pose des questions mais qui ne veut pas se confronter à la Doxa. C'est tout à fait compréhensible étant donné la peur que peuvent avoir certains de se faire blâmer par l'Ordre. Il faut dire que nous avons été très bien dressés à la faculté à toujours avoir peur des mandarins qui avaient droit de vie et de mort sur les étudiants que nous étions. Sauf que j'ai dans mon entourage un grand nombre d'amis dentistes qui ont le même avis que moi, d'autres non, mais nous avons l'impression que sur cette page Facebook c'est l'inverse.

On remarque d'ailleurs la présence d'un petit groupe de petits dictateurs qui ont l'insulte très facile, la condamnation prompte, qui se comportent comme des trolls du Net ! Certains devraient relire le code de déontologie, plus spécialement l'article 56 sur la confraternité. On remarque également que toute la virulence et la violence de certaines interventions ne sont que virtuels car dans la vraie vie il n'y a plus personne...

Sauf que nous vivons maintenant un moment extrêmement grave de l'histoire de la France. Avec cette nouvelle loi imposant le « pass sanitaire », le gouvernement crée une société ségrégationniste totalement assumée voulant instaurer une « vie de merde » pour les non-vaccinés comme déclarés par un conseiller ministériel dans les colonnes de *Libération* avant-hier.

Me concernant, je suis un libéral, un véritable libéral. Je suis pour la liberté vaccinale de chacun comme il le souhaite. Faut-il rappeler aux vaccinés qu'ils ne craignent plus rien, du coup pourquoi avoir peur des non-vaccinés ? Ça n'a aucune logique scientifique. Mais, nous n'en sommes pas à une contradiction près. Comment expliquer qu'il faille faire un test PCR au fin fond des fosses nasales alors que le virus est censé sortir de nos bouches et être freiné par les masques ! Personne ne se pose cette question simple ! Nos lèvres devraient être pleines de virus, du coup pourquoi l'écouvillon ? Faut-il rappeler que la moyenne d'âge des décès est au-dessus de 80 ans, plus que l'espérance de vie qui est de 79 ans en France ! Ne fallait-il pas plutôt mettre les moyens pour protéger les plus âgés et les patients avec comorbidités ! Il y a 0 mort dans la tranche d'âge des moins de 15 ans en France, du coup j'aimerais bien savoir pourquoi vacciner les plus de 12 ans (en septembre vous verrez, il s'agira de vacciner les plus de 6 ans) ! S'il y a un seul mort à cause d'un choc anaphylactique d'un gamin de 13 ans, ce sera un meurtre !

Comment est-il possible d'accepter le fait d'interdire aux médecins de soigner leurs malades après avoir accumulé 10 années d'études ? C'est une première historique. Comment se fait-il que les autorités ordinales n'ont pas protégé leurs adhérents ? Êtes-vous au courant des rapports de la Cour des Comptes concernant les Ordres des médecins et des chirurgiens-dentistes publiés dernièrement ? Ils sont catastrophiques dans tous les domaines de la gestion.

Comment est-il possible d'accepter autant de mensonges des gouvernants qui affirmaient hier qu'il n'était pas question de mettre en place des pass sanitaires et de discriminer les gens en raison de leur santé allant jusqu'à faire voter une loi interdisant aux commerçants de mettre en place cette ségrégation puis ensuite faire l'inverse quelque semaine plus tard ?

Je me rappelle très bien de mes années d'études dans lesquelles j'ai fréquenté des copains intelligents et travailleurs, beaucoup de grandes gueules aussi. Nous n'étions pas politisés à l'époque, nous n'avions ni le temps ni l'envie vue la charge de travail quotidienne. Sauf qu'aujourd'hui la situation est dramatique et qu'il va falloir commencer à agir autrement nous allons glisser vers une dictature totale, une société de surveillance extrêmement dangereuse pour les libertés individuelles et collectives. Il ne s'agit absolument pas d'une crise sanitaire, il est question ici d'un changement de paradigme complet, d'un changement de modèle sociétal. Toutes ces restrictions n'ont aucune date limite dans le texte de loi votée hier et avant-hier à l'Assemblée ! Toutes ces restrictions seront réutilisées dans d'autres domaines comme la crise écologique par exemple.

Alors la question se pose, êtes-vous prêts à être infantilisés encore des années par des gouvernants incompétents qui n'ont absolument aucune représentativité populaire étant donné les derniers scores aux élections municipales et départementales vu que Macron/LaRem n'ont pas dépassé 3,5 % des inscrits avec un taux d'abstention historique ! Comment est-il possible d'être si peu représentatif et de chambouler la vie des Français à ce point avec moins de 25 % des députés présents, les autres ont certainement préféré partir en vacances batifoler avec leur secrétaires... !

Certains vont m'expliquer que nous allons tous mourir si nous ne faisons rien à cause du variant Delta. C'est ce qu'on nous raconte depuis mars 2020 et pourtant le taux de mortalité est extrêmement faible. De plus, nous ne pouvons pas nous appuyer sur les chiffres de mortalité car il a été interdit aux médecins de soigner leurs malades sans oublier le sort catastrophique réservé aux Ehpads dans lesquels les résidents ont été aidés à passer dans l'au-delà par une injection de Rivotril© !

Savez-vous aux moins chers confrères et consœurs que le taux d'incidence du SARS-CoV-2 en semaine 27 et de 4/100.000 selon les chiffres officiels du réseau Sentinelles. Ce dernier s'occupe de la surveillance d'un certain nombre de maladies infectieuses depuis une quarantaine d'années, vous pourrez observer la présence du logo de Santé Publique France, du Ministère des Solidarités et de la Santé, de l'Inserm et de l'université Paris Sorbonne sur chaque rapport hebdomadaire. Il s'agit de la comptabilisation des vrais malades avec symptomatologie, testés positifs, dans plus de 700 cabinets à travers le territoire national. Car oui, contrairement aux mensonges d'Olivier Véran, il n'y a pas eu 18.000 malades le 20 juillet dernier mais 18.000 tests positifs avec une très grande majorité d'asymptomatiques ainsi que de symptomatiques jeunes qui s'en sortiront à coup sûr. Du coup, pourquoi faire croire que ce sont des malades qui vont encombrer les hôpitaux tout en fermant des milliers de lits diminuant les moyens de l'hôpital public pour ensuite s'en plaindre ! C'est tout de même spectaculaire de constater cette gabegie, ces nombreux mensonges, sans que personne ne réagisse à la mesure de la gravité de ce que nous vivons.

Faut-il rappeler également que les vaccins sont toujours en phase 3 expérimentale et qu'il est complètement mensonger de faire croire que nous avons du recul parce qu'il y a 3 milliards de vaccinés ! C'est pourtant ce qu'a dit à de nombreuses reprises Olivier V éran sans rougir ! Même les Décodeurs du *Monde* ont été obligés de démentir après avoir appelé Pfizer qui a confirmé la phase 3 ! C'est un détail important car il faut absolument procéder au recueil du « consentement éclairé » du patient afin de l'inclure dans un essai thérapeutique, ce qui n'est absolument pas le cas aujourd'hui puisqu'il y a une imposition de la vaccination. Et oui, il faut comptabiliser avec les 112.000 victimes du Covid-19 une autre victime, le code de déontologie médicale. C'est d'ailleurs en phase 3 qu'il a été remarqué la présence de nombreux effets secondaires graves notamment les thromboses qui ont fait interdire le vaccin AstraZeneca aux moins 55 ans, voire totalement interdit dans certains pays scandinaves ! Quelqu'un peut-il m'expliquer comment peut-on fabriquer un vaccin en moins de 6 mois puis l'autoriser sur les femmes enceintes ? Moi qui croyais que la durée de la grossesse était depuis toujours de 9 mois chez les êtres humains ! On m'aurait menti !

D'aucuns vont nous rappeler que nous sommes dans une situation d'urgence, d'extrême urgence, et qu'il faut vite réagir... Faux ! Comme rappelé plus haut, le taux d'incidence est très faible mais il y a mieux encore. La mortalité du variant Delta est également très faible à en croire les courbes épidémiologiques en Angleterre par exemple. Nous pouvons effectivement constater une forte augmentation des cas positifs avec près de 50.000 nouveaux cas par jour sauf que la mortalité reste faible comme tout le monde peut le constater. Faut-il croire que ce variant Delta se transforme en simple rhume comme l'avait déjà prévu de nombreux médecins ! Peut-être et ce serait merveilleux.

Je ne sais pas pour vous mais moi j'en ai ras la casquette de cette propagande, de la censure de tout ce qui va contre la Doxa, du discours infantilisant insupportable, du terrorisme sanitaire des politiciens mais également des morticoles cathodiques très souvent stipendiés par Big Pharma a en croire leurs fiches sur le site officiel transparence.gouv.fr !

J'ai vu que certains sur cette page Facebook étaient dégoûtés de devoir rembourser une part substantielle du DiPA ! Pourtant, l'État a grassement rémunéré des restaurateurs à 10.000 € par mois pendant plus de 10 mois et ça continuera jusqu'à fin août ! C'est tout simplement un moyen de corruption qui a empêché toute révolte contre ces restrictions absurdes. Car faut-il rappeler les confinements n'ont absolument pas été utile selon une étude très large d'un des plus grands épidémiologistes au monde, le professeur John Ioannidis, mais ça c'est une autre question. Concernant le DiPA, il fallait s'y attendre car il faut être bien naïf pour croire le gouvernement. Ce dernier préfère injecter des dizaines de milliards d'euros dans des tests PCR plus que douteux et sans autorisation de mise sur le marché, les vaccins excessivement chers commandés par centaines de millions...

Saviez-vous qu'Emmanuel Macron a été le banquier de Pfizer lors d'une vente entre ce dernier et Nestlé ? Savez-vous également que l'entreprise McKinsey qui vient de se faire condamner à verser une amende de plus de 570 millions de dollars conseille Macron, elle est impliquée dans le scandale meurtrier des opioïdes de synthèse aux États-Unis ! Savez-vous également que les conseils de McKinsey, dirigée en France par Victor Fabius, vont être validés par le Conseil Constitutionnel, dirigé en France par son père Laurent Fabius ! Ce n'est même plus un conflit d'intérêts, c'est une insulte assumée.

Saviez-vous que Pfizer a été condamné 70 fois les 20 dernières années à plusieurs milliards de dollars d'amende ! Savez-vous également que c'est la première fois que Moderna fabrique un vaccin de sa vie ! Quant aux experts et plateaux télé ce sont les mêmes experts stipendiés par l'industrie et qui affirmaient que le tabac n'est pas cancérigène, que la Dépakine© c'est très efficace, le Mediator© un merveilleux médicament, l'OxyContin© un extraordinaire antalgique indispensable à la vie de 70.000 morts chaque années aux USA... ! La liste est longue, très longue (sang contaminé, Distilbène©, Vioxx©, perturbateurs endocriniens, bisphénol...). On ne va pas parler du concept de *bad science* ou *junk science*, dénoncée par les rédacteurs des plus prestigieuses revues scientifiques comme l'avait fait Richard Horton du Lancet ou Marcia Angell du NEJM. Il suffit de rappeler à tous le plus grand scandale scientifique de tous les temps, la fraude publiée par le Lancet par Surgisphere pour discréditer l'hydroxychloroquine avec ses 96 000 faux malades !

Nous sommes tous des scientifiques, j'ai validé mon DEA en anthropologie biologique à la faculté de médecine de Marseille utilisant statistiques et autres méthodes de recherche. Là n'est pas la question. Il s'agit ici de corruption de la science par l'argent fleuve de l'industrie. L'ex ministre du budget socialiste Cahuzac avait expliqué au tribunal - c'est sur la page Wikipédia - que Pfizer lui versait des sommes importantes d'argent sur un compte suisse afin de financer les activités politiques de Michel Rocard ! Va falloir se réveiller les amis.

Comment est-il possible, chers consœurs et chers confrères, d'accepter que le Conseil d'État puisse insulter autant les Français en affirmant que le « pass sanitaire » est totalement légal pour les activités du quotidien (après avoir affirmé l'inverse le 6 juillet en réponse à la plainte de la *Quadrature du Net*), en écrivant et motivant son avis au point 13 : à condition que le « pass sanitaire » ne soit pas une incitation à la vaccination alors qu'il n'est rien d'autre que cela, c'est un véritable chantage mafieux ! Sommes-nous encore dans un État de droit ? J'en doute.

Pour finir, je sais que tout ce que je dis là est déstabilisant et démoralisant mais c'est ainsi, c'est la réalité de notre pauvre monde. Il est hors de question que je me couche par ce que j'aurais peur des conséquences ; il est hors de question que je me taise, c'est inconcevable. J'ai décidé de fermer mon cabinet à partir du 15 septembre si la loi m'oblige à me faire vacciner. J'ai décidé d'aller manifester à chaque fois qu'une mobilisation se fera pas loin de chez moi contre le « pass sanitaire » et pour la liberté vaccinale. Il y a d'ailleurs parmi les manifestants beaucoup de vaccinés qui sont contre la tyrannie sanitaire actuellement mise en place. Celui qui veut se faire vacciner n'a qu'à le faire, c'est son droit. Celui qui ne veut pas se faire vacciner pour X raisons ne doit pas être imposé et certainement pas licencié ou menacé, c'est inacceptable.

Merci de m'avoir lu, en vous souhaitant d'excellentes vacances ainsi qu'un repos mérité.

Annexe 20

Depuis deux ans, nous assistons à un coup d'état mondial dans lequel une élite financière et idéologique a réussi à prendre le contrôle d'une partie du gouvernement national, des institutions publiques et privées, des médias, du pouvoir judiciaire, des responsables politiques et religieux. Tous, sans distinction, sont devenus esclaves de ces nouveaux maîtres pour assurer le pouvoir, l'argent et l'affirmation sociale à leurs complices. Les droits fondamentaux, présentés jusqu'à hier comme inviolables, ont été foulés aux pieds au nom d'une urgence. Aujourd'hui une urgence sanitaire. Demain, une urgence écologique. Et après cela, une urgence internet.

Ce coup d'État mondial prive les citoyens de toute possibilité de défense, puisque les pouvoirs législatif, exécutif et judiciaire sont complices de la violation du droit, de la justice et de la finalité pour laquelle ils existent. C'est un coup d'État mondial, car cette attaque criminelle contre les citoyens s'étend au monde entier, à de très rares exceptions près. C'est une guerre mondiale où les ennemis sont nous tous, même ceux qui, sans le vouloir, n'ont pas encore compris la signification de ce qui se passe. C'est une guerre menée non pas avec des armes, mais avec des règles illégitimes, des politiques économiques perverses et des limitations intolérables des droits naturels. Des organisations supranationales financées en grande partie par les conspirateurs de ce coup d'État s'immiscent dans le gouvernement des nations individuelles et dans la vie, les relations et la santé de milliards de personnes. Ils le font pour l'argent, certes, mais encore plus pour centraliser le pouvoir, afin d'établir une dictature planétaire. C'est la grande remise à zéro du Forum économique mondial, l'Agenda 2030 des Nations unies. C'est le plan du Nouvel ordre mondial, dans lequel une république universelle asservit tout le monde et annule la foi au Christ.

Face à ce coup d'état mondial, il est nécessaire de former une alliance internationale anti-mondialiste, qui rassemble tous ceux qui veulent s'opposer à la dictature, qui n'ont pas l'intention de devenir les esclaves d'un pouvoir de façade, qui ne sont pas disposés à annuler leur propre identité, leur propre individualité, leur propre foi religieuse. Si l'attaque est globale, la défense doit également être globale. Je lance un appel aux gouvernants, aux responsables politiques et religieux, aux intellectuels et à toutes les personnes de bonne volonté, les invitant à s'unir dans une alliance qui lance un manifeste anti-mondialiste, réfutant point par point les erreurs et les déviations de cette dystopie du Nouvel ordre mondial, et proposant des alternatives concrètes pour un programme politique inspiré par le bien commun, les principes moraux du christianisme, les valeurs traditionnelles, la protection de la vie et de la famille naturelle, la protection de l'entreprise et du travail, la promotion de l'éducation et de la recherche, et le respect de la création. Cette alliance anti globaliste devra rassembler les nations qui entendent échapper au joug infernal de la tyrannie et affirmer leur propre souveraineté, en concluant des accords de collaboration mutuelle avec les nations et les peuples qui partagent leurs principes et l'aspiration commune à la liberté, à la justice et au bien. Elle devra dénoncer les crimes des élites, identifier les responsables, les dénoncer aux tribunaux internationaux et limiter leur pouvoir excessif et leur influence néfaste. Elle devra empêcher l'action des lobbies, surtout en luttant contre la corruption des fonctionnaires de l'État et de ceux qui travaillent dans l'industrie de l'information. Et en gelant les capitaux utilisés pour déstabiliser l'ordre social. Dans les nations où le gouvernement est inféodé à l'élite, ils pourront établir des mouvements de résistance populaire, et des communautés, donc de libération nationale, comprenant des représentants de tous les secteurs de la société qui proposent une réforme radicale de la politique inspirée par le bien commun et fermement opposée au projet néo-malthusien de l'agenda mondialiste.

J'invite tous ceux qui veulent défendre une société chrétienne traditionnelle à se réunir dans un forum international, qui se tiendra dès que possible, dans lequel des représentants de diverses nations se réuniront pour présenter une proposition sérieuse, concrète et créative. Mon appel va vers les dirigeants politiques et les gouvernants qui se soucient du bien de leurs citoyens, en laissant de côté le vieux système des partis politiques et la logique imposée par un système asservi au pouvoir et à l'argent. J'appelle la nation chrétienne à se rassembler d'est en ouest, en invitant les chefs des États et les forces vives des institutions, de l'économie, du travail, de l'université, de la santé et de l'information à se joindre à un projet commun, en bouleversant le vieux système et en mettant de côté l'hostilité conçue par les ennemis de l'humanité au nom du *divide et impera*. Nous n'acceptons pas les règles de notre adversaire, car elles sont faites précisément pour nous empêcher de réagir et d'organiser une position efficace et insaisissable. J'appelle les nations et leurs citoyens à s'allier sous la croix de notre Seigneur, Jésus-Christ, le seul Roi et Sauveur, le Prince de la Paix, in hoc signo vinces. Fondons cette alliance anti-mondialiste. Donnons. C'est un programme simple et clair. Et libérons l'humanité d'un régime totalitaire qui rassemble en lui les horreurs des pires dictatures de tous les temps. Si nous continuons à tergiverser, si nous ne comprenons pas la menace qui pèse sur nous tous, si nous ne réagissons pas en nous organisant en une résistance ferme et courageuse, ce régime infernal qui s'installe partout ne pourra pas être arrêté.

Et que le Dieu Tout-Puissant nous assiste et nous protège.

Carlo Maria Viganò, 18 novembre 2021.

Annexe 21

Note personnelle

à M. Alexis KOHLER

Cher Alexis,

Comme suite à votre demande, je vous confirme que lors de ma prise de fonction de Ministre de l'Economie, de l'Industrie et du Numérique, j'étais déjà informé de vos liens familiaux avec les actionnaires de contrôle de la société MSC, ainsi que de la volonté que vous aviez exprimée de rejoindre cette entreprise quelques mois auparavant.

Vous m'avez d'ailleurs formellement remis, au moment de votre entrée aux fonctions de directeur de mon cabinet, un courrier demandant à ne jamais avoir à traiter des dossiers et questions concernant cette société.

Dès lors, les mesures d'organisation ont été prises dans ce sens, M. Julien DENORMANDIE, directeur adjoint du cabinet, ayant été chargé, en lien direct avec moi, de tous les sujets substantiels et des négociations concernant la société MSC qui étaient dans le périmètre de mes attributions ministérielles.

Emmanuel MACRON

Annexe 22

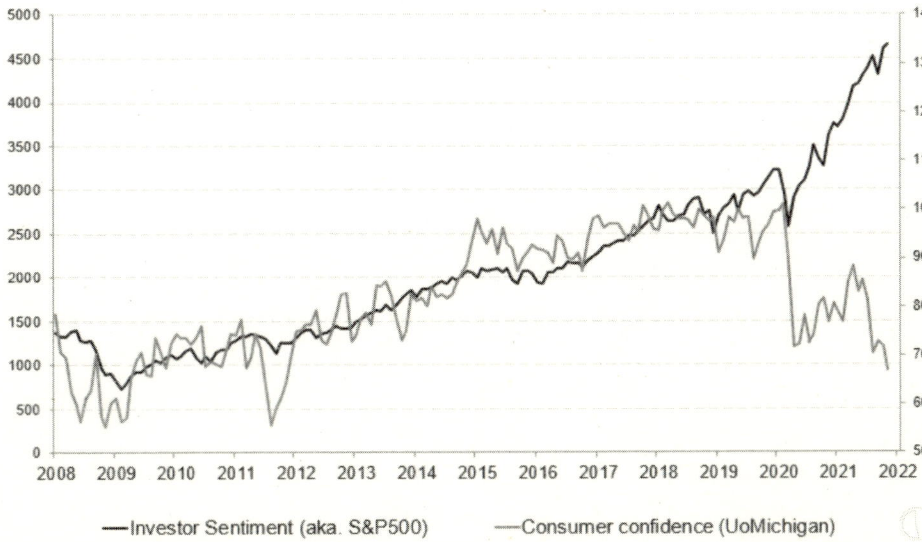

Annexe 23

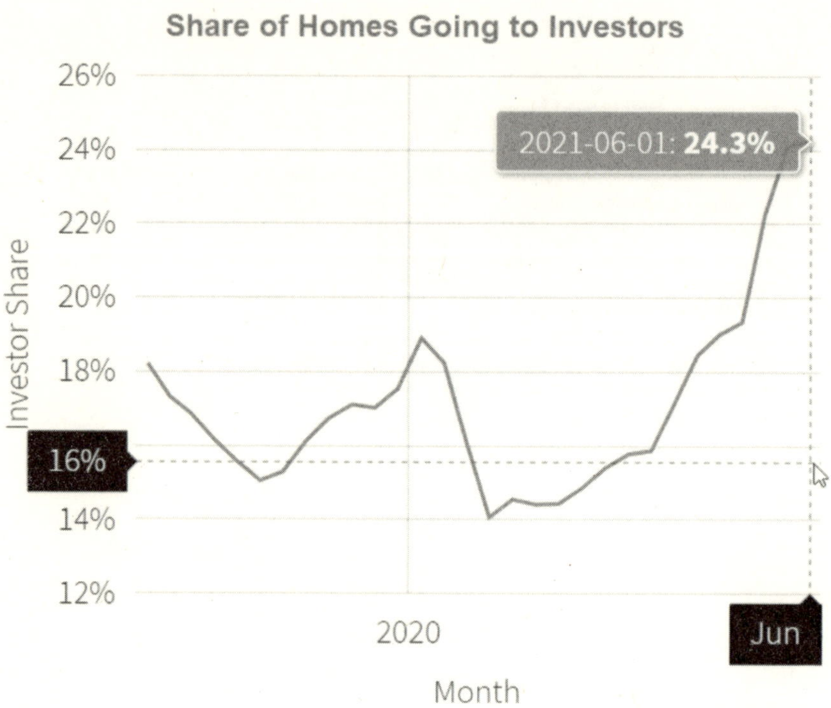
Share of Homes Going to Investors
26%
24%
22%
20%
18%
16%
14%
12%
Investor Share
2021-06-01: 24.3%
2020
Jun
Month

Annexe 24

MINISTER OF FINANCE
OF THE NETHERLANDS

Persoonsgegevens

The Hague, February, 14th, 2019

Your Excellency,

Thank you very much for your letter of 31 January regarding the Annual Meeting of the World Economic Forum, which was dedicated to the theme Globalization 4.0: Shaping a Global Architecture in the Age of the Fourth Industrial Revolution.

It was my pleasure to participate at the Annual Meeting, in particular at the Informal Gathering of World Economic Leaders (IGWEL) session on Building Agile Financial Systems amid Gathering Headwinds.

Well-functioning financial systems, and therefore the future of financial systems, are crucial for economies and ensuring sustainable growth. It was very interesting to explore this topic in Davos and I would like to further work on both technical and political developments with you such that all countries can benefit from the opportunities of (financial) globalization.

I have asked my staff to discuss with your colleagues whether there are opportunities to engage more during the year, for example on the before mentioned themes.

I very much appreciate the supportive and encouraging role of World Economic Forum to build on the results of Davos 2019 and to continue delivering on its mission.

Yours sincerely,

[redacted]

00001:61 277547

Annexe 25

Date 2013	Aircraft Make and Model	Aircraft Identification Mark	Points of Departure & Arrival — From	To	Miles Flown	Flight No.	Remarks, Procedures, Manouvers, Endorsements	Number of Landings	Aircraft Category... Airplane	Glider
FEB 7	B-727-31H	N908JE	PBI	BQK		507	LV CH	1/1	1 1	
13	G-1159A	SIMULATOR	DFW	DFW			RICKY GREAVES - INSTRUCTOR HOLDING JOE FERNANDEZ		2 0	
14	"	"	"	"			SAME AS ABOVE HOLDING	3/3	2 0	
16	G-1159B	N909JE	TEB	PBI		2245	LV	1/1	3 0	
18	"	"	PBI	TEB		2246	LV	•	2 8	
22	"	"	TEB	ABQ		2247	LV	1/	4 9	
24	"	"	ABQ	LGB		2248	LV		1 7	
26	"	"	LGB	TEB		2249	LV		4 8	
MAR 1	"	"	TEB	PBI		2250	BILL GATES LV		2 5	

Date 2002	Aircraft Make and Model	Aircraft Identification Mark	Points of Departure & Arrival — From	To	Miles Flown	Flight No.	Remarks, Procedures, Manouvers, Endorsements	Number of Landings	Aircraft Category... Airplane	Glider	He
JAN 15	B-727-31	N908JE	LGA	BGD		47	JE	1/1	7		
15	"	"	BGD	HPN		48	JE, JESSICA		8		
17	"	"	HPN	TIST		49	JE, GM, SK, AP, CINDY LOPEZ, JOANNE, 1 FEMALE		3 4		
20	"	"	TIST	PBI		50	JE, GM, SK, AP, CINDY LOPEZ, JOANNE, MAGS + TEDDY ALEXANDER, STUART FIGLIO KRASNICH	1/1	2 6		
22	"	"	PBI	HPN		51	JE, GM, SK, AP, CINDY LOPEZ, JOANNE	1/	2 5		
25	"	"	HPN	PBI		52	JE, GM, SK, AP, ALBERTO PINTO, TWO FICKARDT, STEVE E. SHADOWN TEMPLE		2 7		
27	"	"	PBI	TIST		53	JE, GM, AP, SK, ED TUTTLE, 1 MALE, 1 FEMALE	1/	2 4		
30	"	"	TIST	JFK		54	JE, GM, SK, AP, ED TUTTLE, CINDY LOPEZ	1/	3 7		
FEB 5	"	"	JFK	P…							
9	"	"	PBI	M…							
9	"	"	MIA	H…		57	BILL CLINTON, 4 SECRET SERVICE, 2 MALES, 1 FEMALE, JE, GM, SK, AP				
10	"	"	HPN	L…		58	JE, GM, SK, AP, FLEUR PERRY LANG,				
13	"	"	LFPB	E…							
14	"	"	ESSA	LIML		60	JE, SK	1/	2 2		
15	"	"	LIML	EGGW		61	JE, SK	1/	2 4		
15	"	"	EGGW	BGR		62	JE, GM, SK		1 8		
16	"	"	BGR	PBI		63	JE, GM, SK	•	7 2		
18	G-1159B	N909JE	PBI	ABY		1559	JE		3 5		
18	"	"	ABY	PBI		1560	EMPTY	1/1	1 4		
								1/1	1 1		

I certify that the statements made by me on this form are true.

Pilot's Signature David Rodgers

	Landings	Airplane		Glider	He
Page Total	10 / 2	51	0		
Amount Forward	6507 / 6162	8490	9	3 3	112
Total to Date	6517 / 6169	8541	9	3 3	112

Annexe 26

UNCLASSIFIED//LAW ENFORCEMENT SENSITIVE

FEDERAL BUREAU OF INVESTIGATION
INTELLIGENCE BULLETIN
Cyber Division, Innocent Images National Initiative

31 January 2007

(U) Symbols and Logos Used by Pedophiles to Identify Sexual Preferences

(U//FOUO) This intelligence bulletin addresses Crimes Against Children Standing Intelligence Requirements Set contained in Q-FBI-2200-005-06, HRWC CAC-VI.A.5.

(U//LES) Pedophiles, to include those who sexually abuse children as well as those who produce, distribute, and trade child pornography, are using various types of identification logos or symbols to recognize one another and distinguish their sexual preferences. To specifically indicate the pedophile's gender preference, members of pedophilic organizations encourage the use of descriptions such as "boylove", "girllove", and "childlove."[1] These symbols have been etched into rings and formed into pendants, and have also been found imprinted on coins.

(U) The BoyLover logo (BLogo) is a small blue spiral-shaped triangle surrounded by a larger triangle, whereby the small triangle represents a small boy and the larger triangle represents an adult man.[2] A variation of the BLogo is the Little Boy Lover logo (LBLogo), which also embodies a small spiral-shaped triangle within a larger triangle; however, the corners of the LBLogo are rounded to resemble a scribbling by a young child.[3] Images of the BLogo and LBLogo symbols are depicted below.

UNCLASSIFIED

(U) BLogo aka "Boy Lover"

UNCLASSIFIED

(U) LBLogo aka "Little Boy Lover"

UNCLASSIFIED

(U) BLogo imprinted on coins

UNCLASSIFIED

(U) BLogo jewelry

UNCLASSIFIED//LAW ENFORCEMENT SENSITIVE

1

Annexe 27

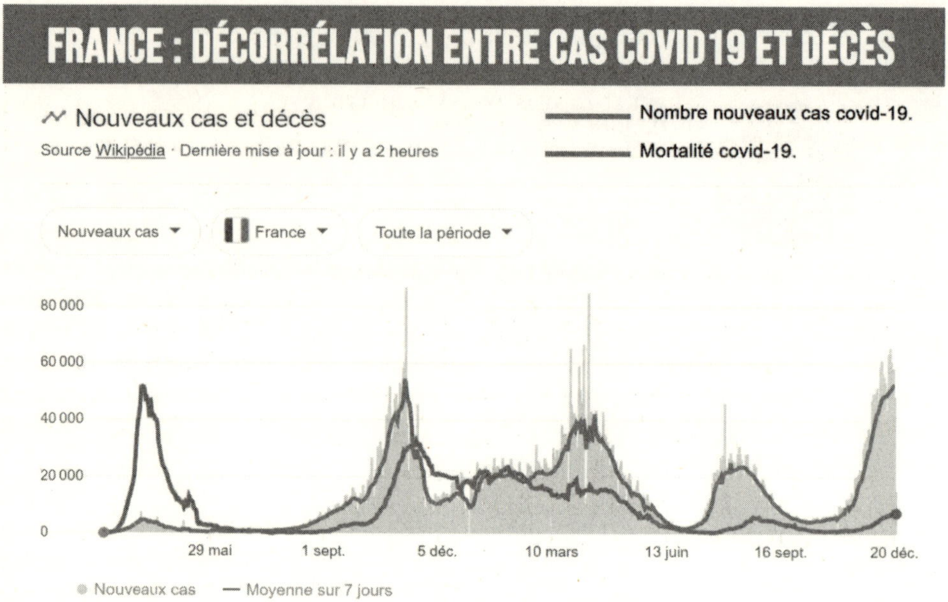
FRANCE : DÉCORRÉLATION ENTRE CAS COVID19 ET DÉCÈS
Nouveaux cas et décès
Source Wikipédia · Dernière mise à jour : il y a 2 heures
Nombre nouveaux cas covid-19.
Mortalité covid-19.
Nouveaux cas
France
Toute la période
80 000
60 000
40 000
20 000
0
29 mai
1 sept.
5 déc.
10 mars
13 juin
16 sept.
20 déc.
Nouveaux cas
Moyenne sur 7 jours

Annexe 28

Caroline Fourest qui n'a pas d'enfant, culpabilise les parents, en multipliant les mensonges !

Comment est-il possible, en moins de 2 minutes, en 106 secondes exactement, d'enchaîner autant de bêtises et de mensonges ? Elle vient clairement de battre un record. Mais avant de commencer à analyser les fadaises de Caroline Fourest, admirez le titre affiché à l'écran : Non-vaccinés : les nouveaux pestiférés ? qui est d'une violence inouïe, ce qui nous fait dire que tout ceci finira mal, vraiment très mal. Reprenons donc point par point les délires de cette folle furieuse. **1**- « *Je comprends très bien que les parents se disent...* » : NON, elle ne comprend rien puisqu'elle n'a pas d'enfant, malgré son âge avancé (46 ans). Elle ne comprend rien et elle ne comprendra jamais rien car tant qu'elle n'aura pas fait des enfants, elle n'a pas la moindre idée de ce que cela représente. Il n'y a d'ailleurs pas de mots dans tous les dictionnaires du monde pour exprimer correctement et pleinement ce que ça représente. C'est d'ailleurs assez exceptionnel de se voir dicter ce que nous devons faire en tant que parents par un Macron qui n'a pas d'enfant, Gabriel Attal qui n'a pas d'enfants et maintenant Caroline Fourest !

2- « *Une chance sur 3 millions qu'il ait une thrombose* » : d'où vient ce chiffre ? On ne sait pas trop et on ne le saura jamais. Faut-il rappeler que le vaccin Moderna a été interdit aux moins de 30 ans en France à cause de ce risque de thromboses ? Faut-il ajouter que le vaccin Moderna a été interdit dans différents pays scandinaves à cause de cet effet secondaire ? Faut-il également rappeler que le vaccin AstraZeneca a été interdit aux -55 ans à cause de ce même risque.

3- « *Je préfère tenter le diable* » : C'est la nouvelle du jour, Caroline Fourest est devenue croyante, sauf que ce n'est pas du tout du côté divin qu'elle se positionne mais du côté du diable qu'elle préfère « tenter » ! Ce n'est pas du tout certain qu'il accroche, mais c'est son droit de tenter...

4- « *Demain on sait que les plus jeunes commencent à être touchés et demain les plus jeunes feront de plus en plus de formes graves* » : ce n'est pas du très bon français comme vous pouvez le constater mais c'est surtout une « prévision » qu'elle nous fait en direct sur LCI ! Donc non seulement elle veut tenter le diable mais là elle se met à faire de la divination, ce qui est tout à fait logique. Cela fait 2 ans maintenant que les enfants ne sont pas touchés malgré plusieurs variants, par contre elle nous a sorti sa boule de cristal en affirmant, sans trembler, devant la télévision , à des centaines de milliers de personnes que les enfants sont en danger ! Ce n'est rien d'autre que du terrorisme sanitaire basé sur une prédiction apocalyptique qu'elle vient de sortir de son cerveau malade ! Il est vrai qu'elle n'en a que faire d'une aggravation du Covid-19 sur les enfants puisqu'elle n'en a pas.

5- « *Il faut demain qu'il se demande si leur enfant est malade, s'il a un Covid long, s'il est handicapé à vie ou s'il meurt, comment ils vivront le fait de ne pas l'avoir protégé ?* » : c'est la partie la plus violente de ses visions apocalyptiques ; la pythie rentre dans le détail. Primo, cette maladie ne concerne pas les enfants, faut-il rappeler. Deuxièmement, le Covid long n'existe pas pour les adultes qui contractent la maladie, on voit mal comment il pourrait exister pour les enfants qui ne sont pas concernés ! Concernant le handicap, c'est nouveau ça vient de sortir. Pour ce qui est de la mortalité, encore une fois, nous avons les chiffres officiels des 18 premiers mois de crise sanitaire, on ne recense, dans le monde entier, aucun décès dû au Covid-19, chez les enfants sains, c'est-à-dire sans comorbidités.

6- « *Les vaccins pour les nourrissons ça existe depuis toujours* » : oui, mais c'est pour des maladies qui tuent les enfants, De plus ces vaccins ont suivi le circuit de fabrication classique qui nécessite entre 7 et 10 ans d'études avant leur commercialisation. Cela fait à peine un mois que les États-Unis ou l'Israël vaccinent des enfants, non seulement la fabrication de ces vaccins a été excessivement rapide, mais nous n'avons absolument aucun recul. Comparer le vaccin DTP à la thérapie génique ARNm du Covid-19 est une insulte à l'intelligence et à la science ; elle ment et elle le sait. Elle parle depuis à peine 45 secondes et nous en sommes déjà à plus de 6 mensonges devant le silence complice impressionnant d'une journaliste encore plus stupide qu'elle, qui laisse passer absolument toutes les sottises déblatérées par Caroline Fourest !

7- « On a maintenant plus d'un an de recul sur ce vaccin » : sur les adultes oui, et encore, mais certainement pas sur les enfants ! Vous pouvez inoculer les vaccins à 1000 milliards de personnes mais tant que les enfants n'ont pas été vaccinés, nous n'avons absolument aucun recul ; ce qui est aussi le cas des femmes enceintes qui ont été vaccinées tels des rats de laboratoires.

8- « *Les grands-parents vont passer des Noëls extrêmement stressants, extrêmement angoissants* » : sauf qu'elle oublie de dire que les grands-parents sont déjà triplement vaccinés ! Du coup, à quoi peut bien servir ce vaccin ? La journaliste encore une fois, face à elle, est passive et ne lui porte aucune contradiction ; c'est un pur exercice de propagande et de terrorisme sanitaire.

9- « *Même si chacun fait un test, tout le monde va passer des fêtes un peu compliquées* » : elle va encore plus loin dans sa folie, les grands-parents sont triplement vaccinés, les parents sont triplement vaccinés, ils sont tous testés négatifs mais ils vont devoir « avoir très peur » selon la Foufou ! Du coup, à quoi peuvent bien servir tous ses vaccins qui nous coûtent des dizaines de milliards d'euros, sans parler des tests négatifs remboursés par la Sécurité sociale ?!

En réalité, tout ce qu'elle dit n'a aucun sens, on le sait, elle a choisi le camp du mal, celui des ténèbres, du mensonge, de la manipulation, de la peur... à la rigueur, c'est son droit. Maintenant, on aimerait savoir pourquoi elle passe à la télévision ! Quelles sont ses compétences techniques et scientifiques pour parler de tout ceci et pousser les parents à vacciner leurs enfants ? Ça n'a absolument aucun sens. Une chose est certaine, la diffusion de fausses nouvelles est un délit de droit pénal, délit aggravé lorsque les informations créent des troubles à l'ordre public ce qui est le cas ici, puisqu'il s'agit de terroriser les populations. Ce discours, à lui seul, produira à celles et ceux qui l'auront écouté, des dommages extrêmement lourds sur la santé des plus fragiles, des plus stressés, des hypocondriaques..., quelqu'un de naïf, un covidiste en hypertension qui écoute ces 106 secondes de délire, met sa santé en danger. Les autorités ont empêché les médecins de soigner, privant les patients de tirer profit ne serait-ce que de l'effet placebo de leur travail ; par contre, elles permettent à des fous de multiplier leur effet nocebo sur les plateaux télé, de manière totalement irresponsable.

Annexe 29

Les 8 Critères de la Torture Psychologique d'après la Charte de Biderman

1 - Isolement	Priver la victime de tout soutien social. Développer chez elle une préoccupation intense d'elle-même. La rendre dépendante de l'autorité.
2 - Monopolisation de la perception	Fixer l'attention sur une situation difficile immédiate. Censurer les informations contraires à l'autorité. Punir l'indépendance et réduire la capacité de déplacement de la victime.
7 - Humiliation et dégradation	Convaincre la victime que résister porterait atteinte à son estime de soi alors qu'en capitulant elle agit pour la bonne cause. La réduire à un niveau de survie animale par la suppression de tous les plaisirs "non-essentiels".
3 - Epuisement	Réduire sa capacité de résistance mentale ou physique en l'épuisant à remplir des tâches inutiles.
4 - Menaces	Cultiver la peur, le stress et le désespoir en inondant la victime d'informations anxiogènes. Le menacer de se retrouver encore plus isolée des autres si elle pense à résister.
5 - Indulgences occasionnelles	Promettre une récompense en échange de soumission et procurer une motivation positive après soumission. Empêcher l'accoutumance aux privations imposées en lâchant un peu la bride en de rares occasions.
6 - Démonstration de puissance	Suggérer l'inutilité et la futilité de la résistance face à une autorité beaucoup plus puissante.
8 - Imposer des demandes stupides	Développer l'habitude à la soumission par des directives stupides, inutiles ou illogiques.

Annexe 30

Alternons hauteurs célestes et bassesses terrestres

En première partie adapté d'un billet d'un de mes contacts, qui depuis ces dernières années analyse avec une féroce lucidité la situation sociale, politique et économique du pays. Je reprends ensuite la main. Les quelques cerveaux mentalement conditionnés qui sévissent encore sur mon mur, dont le seul mantra de type pavlovien est le mot « complotiste », vont pouvoir s'en donner à cœur joie.

Beaucoup de gens s'imaginent à tort que, parce qu'il avance tout et son contraire, le gouvernement est incompétent, et de ce fait le dédouanent de toutes les énormités qu'il produit à cadence accélérée, comme dans un vent de panique. Et de prendre pour preuve la vieille citation de Michel Rocard « Toujours préférer l'hypothèse de la connerie à celle du complot. » Il y a, certes, une sacrée dose de connerie dans l'équipe gouvernementale. Par charité je ne citerai pas de noms, vous ferez votre choix personnel en puisant dans un large panier.

Mais les personnes qui dirigent vraiment ne sont pas connes. Tout a sciemment été fait pour brouiller les cartes et la compréhension des populations (y compris à l'échelle mondiale), qui ont été soumises à de nombreuses injonctions paradoxales, ces doubles contraintes incompatibles théorisées dans les années 1950 au sein de l'école de Palo Alto par l'anthropologue Gregory Bateson, à l'origine de troubles mentaux comme la schizophrénie. Je rappelle qu'il s'agit d'une situation dans laquelle une personne est soumise à deux contraintes ou pressions contradictoires. C'est également une technique de manipulation mentale instinctivement utilisée par les pervers narcissiques. Pour la personne qui y est soumise ou se sent prisonnière de la situation, étant de plus dans l'incapacité de communiquer à son sujet, le problème est insoluble et peut engendrer, si elle est peu sûre d'elle-même, à la fois troubles et souffrances mentales.

Les exemples sont innombrables dans la gestion de la pandémie et de ses prétendues vagues successives. En France cela a commencé en mars 2020 par :

- confinez-vous, mais allez travailler,
- ne vous rencontrez pas, mais soyez solidaires,
- restez chez vous, mais faites du sport,
- le masque est inutile, mais il est pourtant obligatoire,
- pour protéger nos enfants, acceptons de les maltraiter,
- pour sauver nos seniors, laissons-les mourir de solitude dans les EHPAD,
- pour éviter les attroupements, fermons les petits magasins,
- pour préserver notre santé, fermons les salles de sport,
- pour sauver nos hôpitaux, détruisons notre économie etc.

Cela a largement empiré mi-2021, avec les contradictions, mensonges et contre-mensonges permanents concernant le pass sanitaire annoncé comme limité dans le temps, l'efficacité des vaccins que toutes les données scientifiques honnêtes voient baisser chaque semaine, la jadis déclarée impensable obligation vaccinale pour les enfants désormais à l'ordre du jour et perfidement préparée dans les médias (l'immonde Castex allant jusqu'à accuser sa fille de 11 ans de lui avoir transmis le virus), et cent autres infamies.

En réalité il s'agit d'une technique de manipulation parfaitement maîtrisée et d'un des grands ressorts insidieux du totalitarisme, qui fait disjoncter la masse des cerveaux lassés par tant de paradoxes, afin de mieux les soumettre et les dominer.

Force est de constater que cette stratégie est redoutablement efficace, puisque la plupart des gens perdent tout esprit critique et sont comme hébétés, incapables de la moindre réaction. C'est une insidieuse guerre psychologique qui nous est livrée, un jeu parfaitement pervers.

L'acceptation généralisée aux règles les plus absurdes ne peut fonctionner que grâce au conformisme et à l'instinct grégaire de la plupart des individus, y compris ceux en principe plus éduqués que la moyenne. Un facteur très puissant, qui chez la plupart entrave toute forme de discernement et de jugement personnel, et qui peut expliquer beaucoup de choses concernant l'ahurissante passivité de la présente situation, et ce dans toutes les couches intellectuelles de la société. Le monde universitaire et de la recherche – le mien-, dont on aurait pu attendre une once supplémentaire de réflexion, est particulièrement touché par cet endormissement.

Ce que nous traversons collectivement depuis bientôt deux ans, et qui ne pourra s'arrêter qu'à l'issue d'une insurrection ne passant pas par des urnes truquées d'avance, ressemble à une gigantesque entreprise de contrôle social et de soumission de la population, à l'instar de la fameuse « Expérience de Milgram ». On doit obéir aveuglément aux décisions les plus aberrantes, au nom du respect de l'autorité supérieure, car c'est elle qui serait détentrice de l'expertise scientifique, des compétences et du savoir, malgré des conflits d'intérêts patents qui sautent aux yeux. Or cette Haute Autorité de Santé, nommée arbitrairement par le gouvernement qui l'a en outre dispensée de tout contrôle extérieur et « travaille » donc dans la plus stricte opacité, fonctionne ni plus ni moins comme une junte militaire.

On doit cette politique au cabinet-conseil McKinsey & Company, surnommé « La Firme ». Spécialisé dans le “Nudging”, à savoir les techniques de marketing incitatif, basées sur l'ingénierie sociale et l'économie comportementale, de façon à induire certaines actions dans la population en la manipulant de manière infra-consciente, le cabinet américain qui conseille en stratégie les patrons du Cac 40, les chefs d'Etat et les ministres, a rédigé le programme présidentiel de 2017 et élaboré la stratégie vaccinale. Y travaille notamment, en tant que rien de moins que directeur associé, Victor Fabius, le fils de Laurent, lequel préside le Conseil Constitutionnel dont beaucoup de naïfs ont récemment été surpris de voir que ce dernier entérinait totalement les décisions dictatoriales votées par l'Assemblée – c'est-à-dire par 5% des représentants du peuple, puisque telle est aujourd'hui la démocratie française.

J'ajoute pour la (très) petite histoire qu'en l'an 2000, Laurent Fabius, qui présidait alors l'Assemblée nationale, m'avait invité à dîner au Palais Bourbon en compagnie d'une demi-douzaine d'autres invités du monde artistico-intellectuel (je me souviens par exemple de l'excellent réalisateur de cinéma Robert Guédiguian). Cela donnait bonne conscience aux politiciens de l'époque de faire semblant de s'intéresser à ce qu'ils pensaient être l'élite intellectuelle du pays – aujourd'hui ils invitent plutôt les rappeurs, les transgenres et autres chanteurs de variétés étrangers. Hé bien je puis vous assurer – mais sera-ce une surprise ? - que le niveau de conversation de Monsieur Fabius était d'une affligeante banalité (et le repas vraiment pas terrible).

Jean-Pierre Luminet, 17 décembre 2021.

TABLE DES MATIÈRES

Cet ouvrage a été achevé d'imprimer
en U. E. – Janvier 2022.

Les livres de l'auteur :

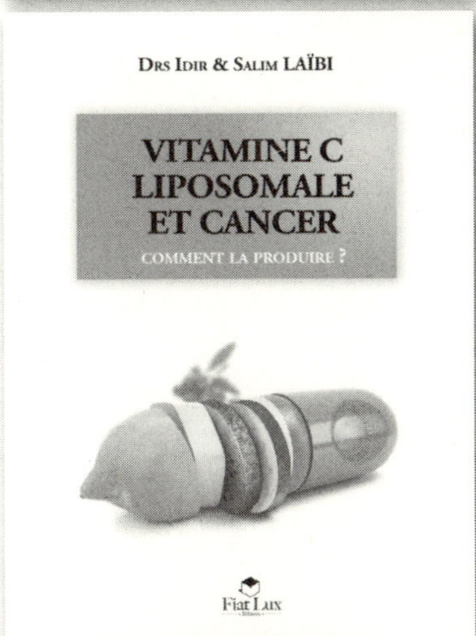

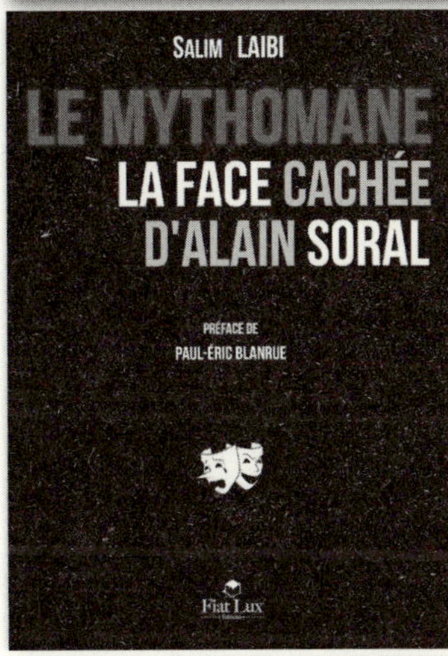

Notes :

-

-

-

-

-

-

-

-

-

-

-

-

-

-

-

-

-

-

-

-